KB105783

맹자의 땀, 성왕의 피

Sweat of Mencius, Blood of the Sacred Kings
Confucian Civilization and Universal Human Values

by SangJun Kim

ACANET, Seoul, Korea, 2016

맹자의 땀
성왕의 피

김상준 지음

Sweat of Mencius,
Blood of the Sacred Kings
Confucian Civilization and Universal Human Values

대우학술총서
603

아카넷

앨런 실버(Allan Silver) 선생님께

차례

▽

동아시아 유교문명과 인류 보편적 가치

1.

서구중심 문명 판도의 재편과 동아시아 유교문명권의 부상(浮上). 새 천 년 들어 대두된 거대한 전환의 움직임이다. 대전환의 이 두 측면은 서로 의미 있게 연관되어 있는가? 즉 동아시아 유교문명권은 문명 판도의 지구 적 재편에 주도적인 역할을 하고 있는가? 할 수 있는가?

이 책은 이 물음에 대한 오랜 숙고의 결과다. 우리는 동아시아 유교문명 의 성취를 인류 보편적 가치의 좌표 위에서 재발견하였다. 이는 동시에 인 류 보편적 가치의 재발견, 재해석 과정이기도 하였다. 보편이란 멈춰 있는 무엇이 아니다. 확장하고 심화하는 것이다. 이 책은 유교문명이 걸어온 길 을 재해석하여 인류의 보편 차원을 확장하고 심화시킨다. 인류문명의 바 람직한 재편은 바로 이 길, 인류 보편 가치의 확장과 심화를 통해 이루어 질 것이다. 이러한 확장과 심화를 통해 보이지 않았던 문명 간 통로들이 넓고 다채롭게 열리고, 횡단 불가능하다 생각했던 해협들로 수많은 배들이 오갈 수 있게 된다.

이러한 숙고는 현실의 긴박한 변화와 무관할 수 없다. 이제는 아주 코앞의 현실이 되어버린 '세계질서 재편'이라는 변화의 핵심에 동아시아, 그 중에서도 특히 중국의 급속한 도약이 있다. 중국의 도약은 '동아시아 4룡 (한국, 타이완, 싱가포르, 홍콩)'의 도약, 그리고 그 이전 일본의 도약이라고 하는 일련의 연쇄적 도약의 묶음 속에 있다. 그러나 중국의 도약 이전과 이후의 상황은 아주 다르다. 과거 '동아시아 4룡'의 도약이란 결국 일본 모델의 모방을 넘어서지 못했다. 그래서 '일본이 이끄는 기러기 편대'라고도 했다. 그러나 이제 이 말은 한물간 옛이야기가 되었다. 일본은 오히려 멈춰 서고, 이제 중국이 동아시아 약진의 선두에 서 있다. 이 변화의 의미는 심대하다.

'일본의 부상' 그리고 '일본이 이끄는 기러기 편대'란 '기존의 세계질서, 문명 판도의 재편'과는 무관했다. 선두에 선 일본은 '아시아를 벗어나 서구가 되자', 즉 '탈아입구(脫亞入歐)'라는 구호를 이마에 질끈 동여매고 있었다. 한국을 비롯, 뒤따르는 기러기 편대도 다를 바 없었다. 그래서 '일본이 이끄는 기러기 편대'란 기존 서구중심의 자본주의 세계질서, 문명 판도를 그대로 뒤따르고 완성해준다는 의미를 가지고 있었다.

한때 유행했던 '유교자본주의론'도 '일본이 이끄는 기러기 편대론'의 아류에 불과했다. 따라서 그 단계까지는 "동아시아가 지구적 문명 재편의 축이 될 수 있는가?"라는 질문이 진정으로 심각하게 제기된 적이 없었다. 동아시아 문명이 지구적 차원의 문명적 보편과 그 확장과 심화에 대해 '탈아입구'가 아닌 그 자신의 입장에 서서 정면으로 대면해보지 못했기 때문이다. 따라서 '일본의 부상'이나 '동아시아 4룡' 또는 '유교자본주의론'이 운위되던 단계까지는 동아시아 문명에 대한 관심이 있었다 하더라도, 그것은 서구문명의 시각에서의 이국적 취미나 호기심 또는 서구문명의 보조물로 보는 차원에 머무르고 있었다.

　그러나 이제 달라졌다. 중국이 국내총생산(GDP) 규모에서 일본을 앞섰고, 그 격차가 갈수록 커질 것임은 누구의 눈에도 명백한 사실이 되었다. 중국이 한국, 일본을 포함한 동아시아 국가들의 최대 교역 국가가 된 것은 이제 뉴스거리도 못된다. 이제 중국을 포함한 동아시아가 유럽과 미국을 앞서는 세계 최대 경제권이 될 날도 그다지 멀지 않다. 이러한 변화가 경제에 머무르지 않고, 정치와 문화 전반에 미칠 것임도 분명하다. 물론 그 과정이 결코 평탄하지만은 않을 것이다. 크고 작은 굴곡과 동요가 분명히 따를 것이다. 그러나 변화의 큰 방향만은 이제 그 누구도 부인하지 못하게 되었다.

　중국과 일본이 걸어온 경로는 크게 다르다. 일본이 메이지유신 이후 '탈아입구'를 부르짖었을 때, 그것은 아시아와 그 중심인 중국을 버리고 구라파가 되겠다는 뜻이었다. 실제 제국주의 유럽처럼 행세하여 조선과 중국, 그리고 아시아 전반을 차례로 침략했다. 이제 그렇듯 짓밟히고 버려졌던 중국이 다시 일어서고 있다. 또한 세계인들은 중국이 장구한 시간 동안 세계문명의 중심이었음을 새삼 '재발견'하고 있다. 서구 역사가들은 그들의 조상들이 오랜 세월 중국 문명을 그렇게 생각해왔음을 지난 기록과 유물을 통해 밝혀내고 있다. 그리하여 중국이 굴욕 속에 잊혀졌던 시간이 불과 200년에 지나지 않았음을 불연 깨닫고 놀라고 있다.

　중국은 동아시아를 상징한다. 오랜 역사 동안 중국은 한국과 일본, 베트남과 동남아시아, 몽골과 실크로드를 포괄하는 광대한 동아시아 권역의 중심이었다. 따라서 이제 동아시아 약진의 선두에 중국이 섰다는 사실은, 탈아입구의 아시아가 아니라, 아시아의 아시아로서 문명 판도의 중심에 서게 되었다는 것을 말한다. 그리하여 이제 적지 않은 세계인들이 다가올 세계질서, 문명 판세의 큰 변화를 해가 바뀌고 계절이 바뀌는 것과 같은 불가피한 변화(providential change)로까지 인식하고 있는 상황이다. 세계 문명의 기본 판도가 200~300년 전의 양상으로 회귀하고 있음을 느끼고 있다. 이로써 "동아시아 문명이란 과연 무엇인가?"라는 질문이 심각한 의미를 갖게 되었다. 이제 "동아시아가 문명 재편의 축이 될 수 있는가?", 그리고 "동아시아 문명이 진정으로 인류의 중심문명이 될 수 있는가?"라는 질문이 지극히 실제적인 현실의 문제가 되었기 때문이다.

이러한 상황이 곤혹스러운 쪽은 오히려 동아시아인들 자신이다. 두 가지 질문, "동아시아 문명이란 과연 무엇인가?", 그리고 "동아시아 문명이 진정으로 인류문명사의 중심에 설 수 있는가?"에 대해서 그들 스스로 명확한 답을 가지고 있지 못하기 때문이다. 서구문명을 따라잡는 데만 정신없이 분주했던 까닭에, 갑자기 이러한 질문이 심각하게 제기되었을 때, 자신들이 이 질문에 대해 답할 준비가 전혀 되어 있지 않음을 발견하고 당황하고 있다. 인류문명은커녕 동아시아 내부에서조차 문명적 공통분모를 공유하고 있는 것인지, 그에 기반한 소통과 교류가 가능할 것인지, 믿음을 가지지 못하고 있다. 몸은 다 커서 성인이 되었는데, 성인다운 생각과 행실을 제대로 못하고 있다고 할까? 존재와 의식의 불일치라고 할까?

문명이란 GDP의 증가나 경제의 발전만이 아니다. 경기(景氣)란 언제든 물거품처럼 꺼질 수도 있는 것이다. 진정한 문명이란 세계인이 받아들일 수 있는 심오하고 고상한 보편적 가치의 추구, 그리고 그를 실현하기 위한 부단한 분투의 역사를 반드시 포함해야 한다. 진정한 문명에는 일시적인 흥망성쇠와 무관하게 수천 년 세월 동안 중심을 지키는 항구적인 축이 있다. 모였다 흩어지는 표면의 요란한 파도가 아닌, 장구한 세월 깊은 바다를 흐르는 거대한 해류가 있다. '인류문명사의 중심'이라고 했을 때는 더더욱 그렇다. 동아시아 문명이 그렇듯 세계인이 존경심을 가지고 배우고 받아들일 수 있는 '중심문명'[1]으로서의 보편적 가치와 역사를 갖고 있는가? 동아시아인들은 이 질문 앞에 19세기의 서세동점(西勢東漸) 이래 한없이 위축된 모습을 보여왔다. 지금도 크게 다르지 않다.

보편적 가치란 자국주의, 자대(自大)주의, 패권주의의 대극에 있다. 한때 일본이 흥성했을 때, 그리고 지금 중국이 굴기할 때, 양국의 항간에 유행했던 자국주의, 자대주의는 문명적 의미의 보편적 가치와 무관하다. 미국의 조지 부시가 이러한 자국주의, 자대주의, 일극주의로 미국에 대한 세계인의 신망을 땅에 떨어뜨렸던 사실을 유념하자. 보편적 가치란 세계인의 양심을 울리는 가치다. 인류 보편의 가장 깊고 고상한 윤리적 심성에 공명을 일으키는 가치 체계와 행위 양식이다. 동아시아 문명이 과연 그러한 보편적 가치를 담고 있는가? 그러한 보편적 가치를 실현하기 위해 쉼 없이 분투했는가? 이 질문에 대해 동아시아인들은 자신 있게 답할 준비가 되어 있는가?

2.

이 책의 발상은 1990년대 중반 필자의 늦깎이 뉴욕 유학 중에 시작되었다. 중국의 부상과 함께 동아시아의 문명사적 대두는 이미 그때 명확해 보

---

1) 여기서 '중심문명'이란 '다른 문명을 지배하는 어느 특정한 패권적 문명'을 뜻하지 않는다. 역사를 길게 보면 '인류의 중심문명'이란 어느 유일한 하나가 아니었음을 알 수 있다. 어느 문명이든 유일한 일극적 중심문명이 될 것으로 영원히 점지받고 태어났다는 식의 생각은 망상이요 신화다. 인류의 중심문명이란 애초부터 여럿이었다. 크게 보면 보통 '세계윤리종교'라고 분류되는 힌두, 불교, 유교, 기독교, 이슬람 문명, 다섯이 그 주역이었다. 제1장에서 살펴볼 '축의 시대' 이후 오랜 세월 그러했다. 그들 중심문명들 간의 교류도 오랜 세월 동등하고 풍요로웠다. 18세기 즈음부터 기독교 문명이 일극주의를 내세우고 다른 문명들에 오리엔탈리즘의 망령을 뒤집어씌우기 이전까지는 그러했다. 이제 그러한 일극시대가 종말을 고해가고 있다.

였다. '서구 패권 이후의 세계'의 새로운 문명 상황이 먼 지평 위에 떠오르고 있는 것을 어렴풋하기는 하나 분명하게 느낄 수 있었다. 새로운 시대를 준비해야 한다고 생각했다. 그렇다면 그렇듯 부상하고 있는 동아시아 문명의 정체성은 과연 정확히 무엇인가? 이것이 가장 먼저 떠오른 문제의식이었다. 동아시아 문명의 중심 내용, 축은 과연 무엇인가? 독일의 철학자 야스퍼스가 '인류 고양의 보편적 축'이라고 했던 바로 그 '축(軸, axis)' 말이다.

나는 그것을 유교에서 찾았다. 그리고 2000년 컬럼비아 대학교에서 그 주제로 박사학위 논문을 마쳤다. 유교문명의 키워드를 '정치와 윤리 사이의 긴장'에서 찾는 내용이었다. '모럴폴리틱(Moralpolitik)'이라는 개념을 사회과학과 역사학의 관점에서 새롭게 '발명(invent)'하는 작업이기도 했다. 모럴폴리틱 안에서 정치와 윤리 사이의 긴장은 극도로 고조된다. 정치와 윤리의 날카로운 긴장은 문명 수준이 높을수록 두드러지게 나타나는 보편적인 특징이기도 하다. 이 긴장이 동서 문명의 윤리감각을 벼리고 심화시켜 왔다.

그러나 동아시아 유교문명에 대한 나의 관심은 그렇듯 순수학술적인 관심 또는 세계정세의 큰 변화에 대한 주시에서만 비롯된 것은 아니었다. 그 배경에는 지극히 개인사적인 동기가 함께 있었다. 유학 전 20대와 30대 초반까지의 나의 삶이 바로 '정치와 윤리 사이의 긴장'의 문제와 깊이 맞물려 있었다. 당시는 군부정치의 폭압에 맞서 수많은 지식인, 학생, 평범한 노동자, 시민들이 저항에 나섰던 시대였다. 한국의 위대했던 민주화 운동 기간인 1960년대부터 1980년대까지의 30년이 온통 그랬다. 나 자신도 그 흐름 속의 하나였고, 그 거대한 저항과 헌신의 에너지 속에 인류 보편적 가치에 합치하는 무엇이 있음을 감지하고 있었다. 그 에너지 속에 인류의 미래에 기여할 큰 힘이 잠재해 있다고 믿고 있었다. 10여 년 미뤄두었던 공부를 다시 시작하기 위해 뉴욕에 왔을 때, 무엇보다 우선 그 에너지의 정체가 정확히 무엇인지 이해하고 싶었다. 그 뿌리를 알고 싶었다. 오래 고심하던 어느 날 그것을 유교에서 보았다. 순간적으로 모종의 통찰이 섬광처럼 뇌리에 꽂혔다. 그 에너지는 유교만의 것이 아니라 인류문명에 보편적인 것임도 그 순간 이해할 수 있었다. 문제의식의 양단이 이렇게 하나로 합치하게 되면서 나는 유교 연구에 몰입할 수 있게 되었다.

여기서 한 가지 분명히 해둘 점이 있다. 동아시아 문명의 축을 유교에서 찾았고, 유교에서 보았다 하였지, 유교에서'만' 보고, 유교에서'만' 찾았다 함이 아니다. 동아시아가 유교 하나로 묶여진다 하면 큰 망발이다. 유교는 선진(先秦) 시대 제자백가의 놀라운 풍요로움 속에서 나왔다. 특히 도가나 법가는 큰 축이다. 또한 불교와 분리하여 유교를 생각한다는 것 역시 불가능하다. 그렇게 보면 유교를 동아시아 안으로만 묶는 것도 정확하지 않다. 이미 한(漢)나라 연간부터 힌두 사상의 영향이 불교를 통해 중국으로 들어왔고, 그와 동시에 유교문명의 영향은 동남아시아에 미치고 있었다. 오늘날 유교권의 범위는 주로 화교의 확산을 타고 초지역적인 것이 되었다. 모든 문명권이 글로벌하게 뒤섞이고 있다.

결국 내가 유교의 역사에서 보았고, 찾았다고 하는 인류 보편의 윤리성이란 무엇보다 힌두-불교 세계의 심오한 구제(救濟) 사상, 그리고 노장현학(玄學)의 도저한 깊이와 전혀 무관할 수가 없다. 특히 송학(宋學) 이후의 유교는 불교, 노장과 깊이 연관되어 있기도 하다. 이 책의 인연이 예술이나 종교에 초점을 맞추는 것으로 되었더라면 필경 불교나 힌두 또는 노장을 이야기하는 책이 되었을 것이다. 그러나 굳이 내가 "유교에서 보고, 유교에서 찾았다"고 하는 이유는, 나의 삶의 궤적으로 인하여 내가 이 책에서 집중하게 되었던 것이 현실 정치와 사회제도 문제였기 때문이다.

동아시아 역사에서 현실의 권력관계, 사회관계의 중추를 이루고 있었던 것은 단연 유교였다. 유교의 힘은 현실 문제의 하드코어를 회피하지 않고 정면으로 마주했다는 데 있었다. 윤리종교로서의 유교가 현실의 외곽에 서지 않고 현실의 중앙, 통치의 중심에 서서 현실의 문제를 대면했다는 것. 이 점이 다른 윤리종교와의 커다란 차이다. 그 결과 통치질서 내에 윤리적 관심이 어느 문명권보다 깊숙이 투영될 수 있었다. 군주의 폭력적 권력 행사에 대한 과감한 비판과 억제, 통치에서 공정함과 공공성의 추구, 민의 복리에 대한 관심, 안정된 항산(恒産) 정책의 추구, 국세관계에서 평화와 공존의 추구 등이 유교체제의 두드러진 특징이었다. 집약하자면, '내치에서 비폭력, 경제에서 소농항산, 국제관계에서 평화'가 되겠다. 이러한 동아시아 유교체제의 특징은 미래 인류사회의 평화와 공존, 그리고 번영을 위해 기여할 바가 큰, 중요한 인류 자산 중 하나다.

3.

유교의 성취가 정치종교로서 현실을 직접 대면했다는 점에서 나오지만, 동시에 유교적 과거에 대한 일반의 거부감도 여기서 비롯된다. 무엇보다 유교는 동아시아 구체제(앙시앵 레짐)의 집권체제요, 지배이념이었다. 특히 조선과 중국이 그러했고, 또 이 두 나라가 19세기 서세동점의 상황 속에서 아주 극적으로 몰락했기 때문에, 몰락의 책임, 망국의 책임을 유교가 몽땅 뒤집어쓰게 되었다. 서세에 의해 망했지만, 민(民)에 의해 거듭 죽은 셈이었다. 그렇듯 외세에 망하고, 민심에서 죽은 유교가 오늘날 도대체 어디에 살아남아 있다는 말인가?

그렇다. 쉽게 보이지 않는다. 그러나 그렇게 보일 뿐이다. 엄연히 압도적으로 지금, 이곳, 한국과 동아시아 유교권 사회의 정치와 경제, 그리고 문화와 일상생활의 면면 어디에나 존재한다. 이 점이 이 책의 주요 메시지 중 하나다. 독자가 이 책의 어느 쪽을 펼치든, 그것이 단순히 지나버린 과거의 이야기가 아니라, 바로 오늘 여기 우리들 자신의 이야기이기도 함을 느낄 수 있을 것이다.

나는 유교를 보존하자고 소리 높이는 사람들 속에서보다 오히려 유교를 날카롭게 비판하는 사람들 속에서, 바로 그렇듯 눈에 보이지 않으나 엄연한 현실로 이 사회 구석구석 어디에나 존재하고 있는 유교를 본다. 유교는 동아시아 비판 전통 윤리정신의 핵이다. 아무리 위대한 레짐도 죽기 마련이지만, 위대한 전통과 정신은 죽지 않는다.

내가 이런 말을 하면 흔히 "그렇다면 당신이 생각하는 유교가 뭡니까?"라는 질문을 받는다. 그럴 때마다 나는 "천하위공(天下爲公)입니다" 한마디로 답한다. 『예기(禮記)』의 한 대목이다. 인간문명, 천하의 모든 일은 공(公)의 실현을 향해 나간다는 뜻이다. 공(公)이란 요즘 말로 하면 공공성이요 정의다. 이 '천하위공'의 정신에서 나온 것이 유교의 '우환(憂患)' 의식이다. 우환 의식이란 무엇인가? '천하위공'이 위태로운 상황에 처했을 때, 사람의 마음 깊은 곳에서 우러나오는 근심이다. 불의와 폭력이 범람하는 세태를 목도하면서 느끼는 윤리적 고통이다. 그것이 바로 공맹(孔孟)의 마음이었다.

동아시아 여러 나라 중에서도 한국인들은 유교의 이러한 특징을 누구보다 쉽게 이해한다. 유교가 군주의 절대권력, 폭력적 주권 행사를 매섭게 비판하고 엄하게 다스렸음을 한국인들은 너무나 잘 안다. 머리 이전에 몸으로 느낀다. '3대 세습'을 감행한 북한이 지극히 '유교적'이라는 내외의 항간의 속설은 난센스다. 왕위는 세습이 아니라 선양(禪讓)에 의해 전승돼야 한다는 것이 공맹의 유교원론(原論)이다. 왕조시대 군주란 바로 국가다. 국가를 매섭게 비판하고 엄하게 다스리는 존재는 무엇인가. 오늘날은 국민이요 시민이다. 그 역할을 과거에는 유교가 했다. 특히 조선 유교가 엄하게 했다. 오늘날 세계인들이 놀라는 한국 민주주의의 위대한 전통과 활력이 어디서 왔는가? 조선 유교에서 왔다.

유교에는 인류사 보편적인 윤리정신이 있다. 평화와 정의를 사랑하는 마음이다. 폭력과 불의에 결연히 반대하고 맞서 싸우는 자세다. 평화 속에 서로 다른 문물과 국가가 공존하는 국제질서를 옹호한다. 이 점을 아직 세계는 잘 모른다. 유교를 제대로 이해하지 못한다. 유교를 생생한 현실의 힘이 아니라 관념 덩어리로만 알게 한 기왕의 유교 연구도 이러한 오해에 한몫을 했다.

2004년 11월 '비판 이론'의 세계적 대가 하버마스 선생을 도쿄에서 만난 적이 있다. 선생께서 평생 강조한 비판철학과 윤리정신이 어디서 오는 것인지 물었다. 아울러 동아시아 유교 전통에 그런 것이 있다는 것에 대해 어떻게 생각하는지 물었다. 선생은 다소 당황해하면서 "전근대사회에서 유래한 종교적, 형이상학적 가치의 위험성"을 언급했다. 우회적이나 부정적으로 답변한 것이다. 여기서 나는 감히 이것을 선생의 한계라고 말하겠다. 현대의 비판 전통은 선생이 생각하듯 유럽의 계몽주의에서만 온 것이 아니다. 훨씬 오랜 연원을 가지고 있다. 물론 유교에서만 온 것도 아니다. 이 책에서 나는 그것이 16만 년 전 아프리카 한 '인간'의 이마에 흘렀던 '맹자의 땀'에서 비롯된 것이라고 했다(제2장). 불의(不意)에 봉착하게 되는 타인의 고통을 목격하고 느끼게 되는, 스스로 전혀 예기치 못한 격심한 충격. 약자, 지워진 자, 억눌린 자의 고통에 대한 민감성. 여기에 모든 현존 인류의 윤리감각, 비판 정신의 기원이 있다고 했다. 유교의 핵심에 그러한 보편적 인류애, 윤리정신이 있다.

나는 이 책을 한국인, 동아시아인의 한 사람이기 이전에, 오랜 과거 아프리카에서 유래한 인류의 한 사람, '맹자의 땀'을 지닌 한 인간으로서 썼다. 유교를 숭상하여 다른 종교와 문화를 격하하고, 내 조국인 한국을 높여 다른 나라를 낮추려는 생각은 추호도 없다. 여러 다른 나라와 문명에 대한 우월감도 열등감도 없다. 나는 유교 신봉자가 아니라 오히려 비판자에 가깝다. 또 한국인으로 태어났지만 한국 현실의 부정적인 측면에 대해 매우 비판적이다. 이러한 자기비판의 자세에 유교 정신의 핵심이 있다고 믿는다. 오히려 내 전통, 내 나라가 아니기 때문에 다른 전통, 다른 문화, 다른 나라의 좋은 모습에 쉽게 매료되기도 한다. 한국인들은 '목에 칼이 들어와도 바른 말을 했던' 올곧은 유교를 생생히 기억하고 있지만, 민중 위에서 상전 노릇이나 하려 했던 권력화한 유교의 또 다른 얼굴도 잊지 않고 있다. 나는 이 책에서 그 두 모습을 공평하게 드러내 보이려 노력했다. 이제 그 판단은 독자들의 몫이 되었다.

4.

이 책은 방법론의 책(book of methodology)이기도 하다. 독자들은 유교 그리고 동아시아 유교문명을 바라보는 방법의 쇄신, 또는 방법의 쇄신에 대한 고민을 이 책 모든 구절에서 찾아볼 수 있을 것이다.

그 방법의 핵심은 '비판'이다. 나는 유교를 찬양하려고 하지도 않았고, 비난하려고 하지도 않았다. 오직 비판적으로 대면했다. 그러한 방법으로 유교 속에서 인류문명의 보편적 펀더멘털을 찾고자 했다. 비판은 맞섬이요 충돌이다. 맞섬을 위한 맞섬, 충돌을 위한 충돌이 아니다. 발견의 방법이다.

물리학에서는 새로운 미립자를 발견하기 위해 LHC(Large Hadron Collider), 즉 거대입자가속기를 이용한다. 상상을 초월하는 엄청난 속도로 가속시킨 입자들을 서로 충돌시켜 여기서 튕겨 나온 미지의 미립자를 찾는다. 비판의 방법도 비슷하다. 가속과 충돌은 비판의 수단이다. 문제의 중심을 회피하지 않고 정면으로 대면하여 바로 그 중심에 날카로운 비판의 빛을 투사한다. 문제의 중심과 비판의 예봉의 충돌 속에서, 그 스파크로부터 무엇인가 새로운 미지의 것이 튕겨 나오는지 면밀히 관찰하고 분석한다. LHC 가속 결과 발견된 새로운 입자에 관한 소식은 늘 수많은 사람들을 흥분시킨다. 나 역시 유교를 엄정한 비판의 날로 두들기면서 여러 새로운 입자를 찾을 수 있었다. 많은 지적 흥분과 기쁨을 맛보았다. 이제 그 흥분과 기쁨을 독자들과 나누고 싶다.

그 새로운 입자들이 '맹자의 땀'이었고, '성왕의 피'였다. 윤리와 종교의 근원이었고, 바른 정치와 따뜻한 사회의 축이었다. 푸른 염원이었고 불굴의 의지였다. 생명이었고 사랑이었다. 이 속에서 인류문명의 보편적 펀더멘털을 읽었다. 이러한 발견이 유교'만'의 고유한 무엇이라는 식의 생각을 우선 버려야 한다. 여러 문명들에서 이러한 인류 보편의 펀더멘털들을 확인하고 확장해갈 때, 인류문명은 한 단계 높은 협동과 공존의 단계로 고양해갈 수 있을 것이다. 앞서 말한 바와 같이, "이러한 확장과 심화를 통해 보이지 않았던 문명 간 통로들이 넓고 다양하게 열리고, 횡단 불가능하다 생각했던 해협들로 수많은 배들이 오갈 수 있게 된다."

매우 중요한 문제이니만큼, 방법 문제에 대해 필자가 고민해왔던 것을 좀 더 구체적으로 풀어 설명해보겠다. 이 책의 연구 방법에 대한 고민은 "내가, 내가 아닌 시각에서, 나를 볼 수 있는가?"라는 질문으로 요약할 수 있다. 맨 처음 이 주제에 대한 연구를 시작했을 때, 난 유교를 나로 인식하지 않았다. 철저히 유교 바깥의 시선에서 유교를 '아주 낯설게' 보았다. 앞서 유교 연구를 마음먹게 된 동기들을 이야기했지만, 그때까지 유교는 아직 머릿속에서 고민 끝에 찾은 '저 밖의' 어떤 관찰 대상이었다고 말하는 것이 정확할 것이다. 내 가슴 안, 내 몸 안에 있지 않았다. 소년기에 서양문학에 탐닉하고 청년기에 서구사상에 심취했던 나의 의식세계에서 유교는 어디까지나 저 강 건너, 또는 저 문 밖에 서 있는 낯선 손님에 가까운 무엇일 뿐이었다. 다만 그 낯선 손님이 나와 모종의 인척 관계가 있다는 정도를 '머릿속으로' 알고 있는 정도였다고 할까. 오히려 철저히 외부자의 시선으로 낯설게 바라보자고 마음먹었다. 그렇게 나의 유교 연구는 시작되었다. 이런 식의 철저히 낯설게 봄 속에 '맞섬'과 '충돌'이 있었다. 앞서 말한 LHC를 다시 상기해도 좋겠다. 어쨌거나 이런 식의 대면과 대치 속에 그 나름의 발견들이 있었다.

얼마 동안 그렇게 하다 보니 문제가 그렇게 간단치 않음을 깨닫게 되었다. 유교는 내게 '저 밖의 대상'으로 멈춰 서 있지 않았다. 그 상(像)이 다면체적으로 퍼져나가면서 어느 순간 내가 나 자신을 보고 있다는 것을 알게 되었다. 그처럼 퍼져나가는 다면체의 일부가 내 안으로 들어오면서 나 자신에게 빛을 반사하기 시작했다. 내가 유교 안에 있었고, 내가 유교였다. 당황스러웠다. 그럴 수가 없다! 그러나 아무리 곰곰이 들여다보아도 부인할 수 없는 사실이었다. 더구나 그렇다면 내가 나를 보는 것인데, 이것이 객관적일 수 있는가? 타당할 수 있는가? 아니, 도대체 가능한 것인가? 내 눈동자를 내가 보는 것이 가능한가라는 의문과 같은 당혹스러움이었다. 빠져나오기 어려울 것 같은 곤경이었다. 꽤 오랜 시간 혼란스러웠다.

이 기간 연구 주제와 직접적인 연관이 없는 주제와 영역들의 책을 닥치는 대로 남독(濫讀)하는 것으로 시간을 보냈다. 주로 세계 여러 고대 문명의 역사, 종교, 예술 분야, 특히 비서구문명권에 관한 책을 마구잡이로 읽었다. 처음에는 생각을 중지한 채, 아무 생각 없이 읽어댔다. 그러던 중 연구가 딛고나갈 지탱점, 또는 탈출구가 반대의 투사 속에 어렴풋이 비치기 시작했다. 이번에는 시선의 투사를 반대로, 유교의 시선으로 유교 밖을 '아주 낯설게' 보기 시작한 것이다. 또 다른 맞섬과 충돌의 방법이었다고 할까. 이 방향의 투사 결과 역시 상당한 소득을 가져다주었다. 결국 "내가, 내가 아닌 시각에서, 나를 보아야 한다"는 것인데, 문장은 모순이지만, 결국 그렇게 되어야 했고, 이 모순이 현실 속에서 풀리는 길이 있었다.

이후 이러한 시점 전환이 반복적으로 계속되었다. 이집트학에서 유교를 (아주 낯설게) 보다가 또 반대의 시각에서 (아주 낯설게) 보고, 생물학에서 유교를 보다가 또 반대로 보고, 탈근대 이론 시각에서 유교를 보다가 또 반대로 보고, 등등. 부수한 반복 끝에 이러한 방법이 꽤 쓸 만하고 수확이 좋다는 것을 알게 되었다. 진화발생생물학(evolutionary developmental biology, Evo-Devo)에서는 생물의 여러 종의 외양이 완전히 상이해 보이나 몸의 기본 구성 원리는 놀라울 정도로 같고, 그 구성 원리를 조율하는 특수한 유전자(hox 또는 homeo 유전자) 군이 있다고 말한다. 이 책에서도 그런 식의 발견이 많다. 시선 교체를 통한 낯설게 보기 방법이 그러한 발견을 위한 도구였다. 이러한 강한 시선 교체 자체가 비판의 방법에 다름 아니었다. 맞섬과 충돌의 방법. 이러한 시선 바꾸기 방법을 '강한 시차(parallax)[2]의 방법'이라 부르는 이들이 있음을 나중에 알게 되었다(가라타니 고진, 슬라보예 지젝 등). 결국 모두가 체계적인 되비침, 즉 성찰(reflexion)의 방법이다. 좋은 비판이란 결국 깊은 성찰이다.

5.

이 책은 4부로 구성되어 있다. 제1부는 유교의 근본원리, 제2부는 유교의 작동 원리, 제3부는 유교 동아시아, 제4부는 유교 조선을 다룬다. 뿌리

---

2) parallax는 원래 과학 용어로, 다른 시점을 이용해 별의 거리를 계산하는 방법이다. 시점 전환을 발견의 수단으로 활용한 이 책의 방법적 취지와 정확히 같다.

에서 시작하여 점차 넓게 펼쳐가다 마지막 부분에서 조선의 구체적인 사례들을 통해 총체적으로 마무리하는 구성이다. 이 책의 각 장은 모두가 서로 다른 주제 영역을 다루고 있다. 그러나 그 글 모두는 같은 주제 의식 아래 통일되어 있다.

제1부는 인류문명사의 흐름 전체를 다시 새롭게 보는 방법에서 시작한다. 그렇게 해야 유교와 유교세계를 다시 새롭게 볼 수 있기 때문이다. 시각 전환의 핵심은 제1장 '중층근대성론'에 들어 있다. 제1장의 목표는 우리에게 너무나 익숙하고 너무나 깊이 내재화되어 있는 서구중심의 고전적 근대성 이론을 완전히 새로운 근대관으로 대체하는 데 있다. 특히 여기서 제기하는 새로운 시간관에 주목해주기 바란다. 이 점은 이 책 결론에서도 다시 풀어 설명했다. 제2, 3장은 중층근대성론의 관점에서 유교의 정초(定礎) 지점을 재발견한다. 그것은 '맹자의 땀'과 '성왕의 피'로 요약된다. '맹자의 땀'은 장례 풍습이 생기기 이전에 들판에 방치된 부모의 처참한 시신을 목격한 고대인이 땀을 흘리며 괴로워했다는 『맹자』의 구절에서 가져온 것이다(제2장). '성왕의 피'란 요순우탕 등 유교 성왕(聖王)의 행적을 기록한 『서경』의 감추어진 이면에서 발견한 핏자국, 왕권을 둘러싼 폭력을 말한다. 유자들은 이 '성왕의 피'를 한사코 지우려 했다. 피로부터 완전히 자유로운 군주를 창조하려 했던 것이다(제3장). 결국 '맹자의 땀'은 유교의 윤리적 기원을, '성왕의 피'는 유교 비판성의 기원을 풀어주는 키워드라고 할 수 있다. '맹자의 땀, 성왕의 피'를 이 책의 제목으로 삼은 이유는 이 두 개념이 그만큼 유교문명을 이해하는 핵심이라고 생각하기 때문이다.

앞서 유교체제의 특징이 '군주의 폭력적 권력 행사에 대한 과감한 비판과 억제, 통치에서 공정함과 공공성의 추구, 민의 복리에 대한 관심, 안정된 항산(恒産) 정책의 추구, 국제관계에서 평화와 공존의 추구' 등에 있다고 하였다. 이 자체가 새로운 발견은 아니다. 부분적으로 유교에서 그러한 특징을 발견한 연구들은 적지 않다. 그러나 이러한 일련의 특징들이 나타나도록 한, 이 전체의 특징을 마스터키처럼 한 올로 규정하고 또한 풀어주고 있는 숨은 논리를 발굴한 것이 이 책의 새로움이다. 갈라져 투쟁하는 두 개의 성스러움이 있다. 한편에는 폭력의 독점자인 군주의 성스러움이, 다른 한편에는 폭력에서 절대적으로 자유로운, 완벽하게 도덕적인 이상적 군주의 성스러움이 날카롭게 대립한다. 이 책은 유교 교리의 핵심인 성왕(聖王)론의 논리 내부에서 그 대립을 추출해낸다. 여기에서 지금까지 알려지지 않았던 유교 종법(宗法)론의 내밀한 본질이 드러나고, 2000년 유교정치를 특징짓는 모럴폴리틱의 내적 작동 원리가 밝혀진다. '성왕론에 내재한 모럴 안티노미'의 발굴, '사전적(事前的) 종법'과 '사후적(事後的) 종법'의 구분과 연계에 관한 이론, '왕권견제형 모럴폴리틱'과 '왕권강화형 모럴폴리틱'의 투쟁사와 그 내밀한 연계 관계 등은 이 책에서 최초로 제시하는 유교사회 분석 틀이다. 아울러 이와 같은 유교문명의 특징들이 윤리적 인간의 진화적 형성사, 그리고 칼 야스퍼스가 '기축문명(axial civilization)'의 탄생이라고 불렀던 인류문명의 윤리화 현상과 깊은 관련이 있음을 밝혔다. 제1부에는 이 책의 모든 내용이 집약되어 들어 있다. 이 책이 단순히 유교에 관한 책만이 아니라 인류문명 전체를 새롭게 보는 시각을 제공하는 것임을 제1부의 내용만을 가지고도 충분히 이해할 수 있을 것이다.

제2부의 키워드는 '모럴폴리틱'이다. 모럴폴리틱이란 정치와 윤리가 합체된 도덕정치다. 유교에서 그 수단은 예(禮)인데, 따라서 모럴폴리틱은 예치(禮治)라고도 할 수 있다. 그러나 그 안에 강한 윤리적 교의가 있다. 그 교의는 왕권을 비판적으로 계도하는 신성한 계보를 강조한다. 그 계보를 유교에서는 '도통(道統)'이라고 한다. 신성한 하늘의 뜻을 깨친 뛰어난 유자들의 계보라는 뜻이다. 따라서 모럴폴리틱은 도통의 계보를 잇고자 하는 유자들의 정치이기도 하다. 유교군주라면 그 자신이 모럴폴리틱의 언어, 모럴폴리틱의 일원으로 통치에 임하지 않을 수 없었다. 그 결과 모

럴폴리틱은 유교세계 전체의 포괄적인 작동 원리가 되었다. 제2부에서는 유교세계의 정치, 사회, 일상에서 이 원리가 어떻게 작동했는지를 살폈다.

제1, 2부가 주로 이론적, 철학적 고찰이라면, 제3, 4부는 구체적인 역사 분석이 주를 이룬다. 이 책은 유교세계가 영구히 정체되어 있었고, 오직 서구세력이 들어와 충격을 가함으로써 정체에서 깨어났다는 널리 퍼진 항간의 통념을 뒤집는다. 오히려 동아시아와 유라시아 문명이 근대세계로 가는 인류사적 여정의 서막을 열었음을 밝힌다. 제3부는 우선 그 근거를 동아시아 전체사 차원에서 규명한다. 유럽사가들은 '긴 16세기'라는 말을 애용한다. 대략 1450년에서 1640년까지의 기간에 유럽이 근대세계를 열고 인류사의 선두에 서게 되었다는 의미를 담고 있다. 그러나 유럽의 긴 16세기의 배경에는 송, 원 제국이 진앙지가 되었던 '최초의 본격적인 세계화'의 커다란 파고가 있었다. 동아시아가 유라시아 전체에 그렇듯 거대한 임팩트를 가할 수 있었던 근거는 무엇이었는가? 제3부는 그 근거를 11~13세기 연간 중국 강남 지역을 핵으로 하여 전개된 초기근대혁명에서 찾는다. 그리고 이 시기를 '유럽의 긴 16세기'에 대비하여 '동아시아의 긴 12세기'라 부른다. 역사적 근대의 시발을 초기근대로부터 보고, 그것이 송원 연간 동아시아에서 시작하였음을 밝힌 것이 중층근대성론의 요점이다. 근대의 역사 좌표를 다시 설정함으로써 근대와 근대성에 대한 인식 틀이 크게 확장 전환된다. 이에 따라 역사의 시대구분과 각 시대를 기술하는 역사 서술의 관점과 방법도 크게 변한다.

11~13세기 동아시아 초기근대혁명을 기반으로 하여, 19세기 산업시대 도래 이전 시대까지 전 지구적으로 가장 높고 안정된 생산력 수준을 유지했던 '동아시아 유교소농체제'가 발전해왔다. 아편전쟁 직전인 1820년, 중국을 중심으로 한 동아시아가 세계 GDP의 40퍼센트 이상을 점하고 있었다. 이 통계는 산업화 이전 세계에서 동아시아 논농사 소농체제가 품고 있었던 엄청난 저력을 단적으로 보여준다. 앞서 유교문명의 업적 중 하나

로 들었던 '안정적 소농항산(恒産)체제'란 바로 '동아시아 논농사 소농체제'를 말한다. 제9장에서는 동아시아 유교소농체제의 경험이 오늘날 갖는 적극적이고 대안적인 의미에 대해서도 검토하였다. 아울러 유교사회 영구 정체론의 이론적 근거들(특히 아시아적 생산양식론)을 철저히 비판하고, 사회구성체 이론 구성 방법의 새로운 대안을 제시했다(제8장).

제4부는 17세기 이후 조선 후기의 역사에 집중한다. 조선에서 초기근대의 양상이 선명해지기 시작하는 때는 17세기 후반부터다. 상징적인 사건은 1659년의 기해예송(己亥禮訟)이다. 이로부터 조선의 유교정치는 전국화한다. 유교 공론장이 전국적으로 빽빽해지고 한 달만에 정치 여론이 전국을 휘돌아 조정으로 피드백한다. 천여 명, 심지어 만여 명의 향촌 유생들이 연명한 정치서찰(상소)이 연거푸 중앙 정국을 강타한다. 17세기에 조선이 달한 수준의 농밀하고 팽팽한 전국정치(national politics), 공론정치가 행해지고 있던 나라는 찾아보기 힘들다.

또한 이 시기부터 정약용이 '온 나라가 양반 되기'라 불렀던 뜨거운 양반열이 불붙기 시작한다. 18세기에 거세게 확산되고 19세기 초중엽에 절정에 이른다. 유교 소농사회의 정착과 깊은 관련을 갖는 현상이었다. 오늘날 한국사회에 특이하게 강한 평등화 경향의 역사적 기원은 조선 후기의 양반열에 있다. 세계사상 유례없는 신분상승압이자 평등화 에너지였다.

유교정치는 군주의 주권을 내파(內破), 즉 안으로부터 깨뜨리는 숨은 본질을 가지고 있다. 그 내파의 힘은 민권정치, 민주정치의 동력과 연결된다. 우리에게 자유 전통, 민주, 평등 사상, 국가 너머를 생각하는 문명관, 그리고 인민주권론은 결코 서구 외래 사상만이 아니다. 유교체제에 이미 내장되어 있었다. 유교세계의 현실 속에서 끊임없이 가열되어 꿈틀거리던, 살아 있는 힘이었다. 제4부는 조선 후기 사회에 발생했던 여러 사건들에 대한 상세한 분석을 통해 이를 입증한다. 제4부에서 다루는 조선의 여러 사례들은 독자들에게 너무나 익숙할 것이다. 그러나 그 익숙한 사례들을 바라보고 해석하는 관점과 방법, 그리고 내용은 기존의 것들과 크게 다르고, 많은 부분 전적으로 새로운 것임을 느낄 수 있을 것이다.

결론에서는 동아시아 유교문명을 보는 방법 문제와 유교 재발견의 요점을 총정리했다. 새로 태어날 유교는 밝고 능동적인 시민사상과 시민윤리가 될 것이라 했다. 그럴 때 천하위공의 정신이 제약 없이 진정으로 만개할 수 있을 것이라 했다. 아울러 현시점이 동아시아가 지구권 문명 재편에 능동적인 역할을 할 수 있는 매우 귀하고 중차대한 때임을 강조했다. 우선 20세기의 좁디좁은 냉전적 사유의 틀을 버려야 한다. 자승자박을 먼저 풀어야 동아시아 공통의 문명적 잠재력을 꽃피울 수 있다. 유교 재발견, 거듭남의 의미와 역할이 여기에 있다. 그럴 때에야 동아시아 문명이 인류문명의 한 단계 높은 상승에 기여할 수 있을 것이다.

6.

이 책은 필자가 2009년 초판, 2011년 증보판을 낸『미지의 민주주의』의 자매편이다. 나는 이 책을『미지의 민주주의』와 거의 동시에 썼다. 오늘은 이 책을, 내일은 저 책을 쓰는 식이었다. 현재의 지구적 상황을 주시하면서, 내가 추구하는 주제 속에서 과거와 미래 역시 동시에 보고자 했다. 맹자의 땀, 성왕의 피가 결코 지난 과거만이 아니듯, 미지의 민주주의 역시 결코 미래에만 존재하는 부재(不在)의 희망이 아니다. 모두 현재, 이곳에 맞물려 있다. 두 책을 같이 써갔기 때문에 난 어느 한편, 즉 현재의 시사적 관심 쪽으로 기울거나, 아니면 과거에 대한 호고(好古)적 관심으로 쏠리는 것으로부터, 균형을 취할 수 있었다. 두 책 속에서 서로 평행하고 지탱하는 부분을 곳곳에서 찾을 수 있을 것이다.

이 책은 여러 경계를 넘나들고 있다. 유교에 관한 책이지만 유교만을 들여다보고, 유교만을 이야기하지 않았다. 동서든 고금이든, 어떤 학문 분야든, 유교를 정확히 이해하고 설명하기 위해 필요하다 생각되면 망설이지 않고 뛰어들었다. 처음에는 번번이 길을 잃고 헤매기도 했다. 그러나 이 주제를 오래 붙잡고 씨름을 하다 보니 어느 순간부터 길이 보이기 시작했던 것 같다. 이제 책으로 정리하면서 그동안 고민했던 모든 문제를 가능한한 애매함 없게 깨끗하고 과감하게 표현하고자 했다. 이 책에서 다루는 주제들은 어느 하나 만만하지 않다. 그러나 전문가가 아닌 누구라도 쉽게 납득할 수 있게 가능한 한 간명하고 대중적인 표현을 쓰도록 노력했다. 특히 이론부가 아닌 역사 서술에서 그런 방식을 택했다. 이러한 이유들로 인해 이 책은 기존의 학술서와는 스타일이 상당히 다르다. 이 책의 초고에 대해 "충격적일 정도로 참신하다"라든가, "현란할 정도로 독창적이다"라는 평을 받았다. 호감과 주저가 함께 담긴 평이라 생각한다. 연구 관행, 저술 관행, 그리고 문제를 해석하는 내용과 방향 모두가 기존의 것들과 크게 다르기 때문일 것이다.

새로운 주장을 하는 데는 늘 두려움이 따른다. 더구나 새로운 입장에 대해 보수적인 태도가 강한 학계에서는 더욱 그렇다. 그러나 이 책을 내면서 지금 내가 진정 두렵게 생각하는 것은 기존의 정설/통념과 크게 다른 주장을 몇 가지 내놓게 되었다는 점에 있지 않다. 오히려 더 새롭고 더 과감하게 생각하고 쓰지 못했던 것은 아닐까 하는 점이 두렵다. 유교나 동아시아에 관한 우리의 이해는 가까운 미래에 크게 변할 것이다. 전혀 상상하지 못했던 새롭고 독창적인 견해들이 풍부하게 쏟아져 나올 것이다. 큰 전환이 뻔히 예견되는 상황 속에서 혹시 나 또한 낡은 생각을 하고 있었던 적은 없었던가. 이 책에도 그러한 잔재들이 남아 있지 않을까. 그 점이 두렵다.

돌이켜보면 혼자의 힘으로는 감당하기 어려운 거대한 영역에 발을 디뎠다. 이 영역 내의 작은 골짜기들에 지식들이 쌓여 있었지만 영역 전체에 대한 지도는 존재하지 않았다. 이 전체 영역은 여전히 미지의 땅이었던 셈이다. 망설이고 주저하면 내가 지금 처한 이곳, 좁은 협곡에 갇히고 만다. 미지의 앞길에 대한 두려움을 떨치고 과감하게 계속 나아가야 했다. 우선 영역 전체에 대한 조망을 획득하고 싶었다. 일단 첫 가로지르기는 이로써 마친 것 같다. 이 첫 여행은 물론 아주 서투른 시작에 불과하다. 이 영토에 대한 완전하고 세밀한 이해란 한 사람의 힘으로는 결코 엄두도 낼 수 없는 일이다. 부족함이 많을 것이다. 더 밝은 혜안과 더 큰 용기를 가진 많은 분들이 이 서투른 첫 여행에서 제출한 보고를 엄격하게 재검토하고, 또 다른 새 출발에 나서 이 영역에 대한 이해를 보다 깊고 완전하게 해주기를 바랄 뿐이다.

주제가 크기도 했고, 게으름과 그 밖의 여러 이유로 인한 공백이 겹쳐, 첫 발상에서 출간까지 너무 오랜 시간이 걸렸다. 감사를 드려야 할 분들이 너무나 많다. 뉴욕에서의 첫 발상을 흥미롭게 듣고 같이 흥분해주었던 여러 지인들, 학위를 마치고 귀국한 이후 아주 낯설었을 주장을 따뜻하게 경청해주었던 학계의 여러분들, 특히 '과', '전공', '사제 관계' 등의 학연이 저자와 전무함에도 오직 지음(知音)의 순수함으로 힘껏 격려해주었던 여러 고마운 분들, 책으로 정리하는 데 음양의 도움을 준 한국학술협의회와 아카넷 출판사의 여러분들, 그리고 늘 곁에서 못난 사람의 건강과 안위를 걱정해주는 아내와 가족. 헤아리자면 끝이 없을 것이다. 모두에게 큰 은택을 입었다.

그분들 모두를 여기 열거할 수는 없다. 다만 컬럼비아 대학교의 앨런 실버(Allan Silver) 교수만은 여기서 밝혀 나의 감사한 마음을 특별히 전하고 싶다. 선생은 나의 최초의 발상과 기획을 잘 이해하고 격려해주셨을 뿐 아니라, 연구 진행 과정에서 되갚기 어렵고 감당하기 힘든 전폭적이고 큰 믿음을 주셨다. 컬럼비아 대학교에서의 4년 동안 오직 연구와 집필에만 전념할 수 있었던 모든 조건도 선생께서 마련해주셨다. 엄한 선생이자 동시에 자애로운 아버지 같은 분이셨다. 선생이 안 계셨으면 이 책도 없었을 것이다. 이제 내가 교수님(professor)이라 부르면 싫어하신다. 그냥 앨런(Allan)이라 부르라 하신다. 이 책을 앨런 실버 선생님께 바친다.

2011년 3월 회기동 연구실에서 김상준

2쇄에 붙여

초고를 넘길 때 충분히 다듬지 못했던 문구들, 출판사에서 보내준 인쇄 교열본의 오타나 오기들 중 미처 발견하지 못했던 것들을 이번에 바로 잡았다. 더하여 제1장 제3절 4) 후반 한두 쪽 서술의 일부를 제8장의 내용과 연결하여 다듬고, 제3장 제4절 첫 단락의 인용 근거를 넓혔다. 이와 관련한 참고문헌을 서넛 추가했다. 보정(補正) 2쇄가 되겠다.

2012년 초여름 프린스턴에서 김상준

신장판 출간에 붙여

출간 이후 많은 분들이 이 책을 과분할 만큼 높이 평가하고 사랑해주셨다. 깊이 감사드린다. 출간 5년을 맞아 이제 가벼운 '페이퍼백'으로 새 옷을 입었다. 이렇게 하여 많은 이들이 조금이라도 적은 부담으로 이 책을 읽게 되기 바란다.

2016년 8월 회기동 연구실에서 김상준

其顙有泚睨而不視
見死不更其守
不二斬無二統
道統王統

1

중층근대와 유교

제1장

중층근대성
근대성 이론의 혁신

보편사적 의미를 갖는 근대성은 "서구, 오직 서구에서만(in the West, in the West only)" 형성되었다고 했던, 막스 베버의 추상 같은 권위가 서린 『종교사회학논총』「저자서문」의 구절들은 오늘날에도 여전히 그 묵중한 울림을 유지할 수 있는가? 한편으로는 윤리적 도전, 다른 한편으로는 역사적 사실의 도전을 직시하지 않을 수 없을 것이다.

인류학자 패비언이 날카롭게 정리했던 것처럼, 근대성 담론은 한편으로 '야만인(savage)'의 이미지를, 다른 한편으로 '시간의 등급'을 창조했다(Fabian, 1983). 이 시간의 등급 속에서 서구인은 미래로 달리는 근대의 화살촉 끝 '진보의 광명(Lumina of Progress)'의 시간을, '야만인'은 문명시계의 저편 과거 '암흑의 핵심(Heart of Darkness)'의 시간을 산다. 인류는 이제 광명과 암흑을 양극으로 하는 시간의 서열적 스펙트럼을 살아가는 것으로 상정된다. 근대가 창출한 시계시간(clocktime)은 모든 시간을 균일화시켰지만, 역설적으로 그 시간은 더 이상 같은 시간이 아니다.

이러한 '시간의 등급'의 뒤편에 서 있다는 것은 물질적, 경제적으로 후

진적일 뿐 아니라 정신적, 문화적으로 열등함을 뜻한다. 이 주어진 시간
서열의 뒷줄을 달리게 된 자(문명, 사회, 국가)란, 그를 통해 그 시간 서열이
구축되어갔던, 피로 얼룩진 정복사의 희생자들이기도 했다. 근대성 담론
은 이 희생자들에게 정신적 열등함의 원죄까지 씌운다. 이는 또 다른 폭
력, 아니 물리적 폭력보다 더욱 깊고 거대한 윤리적 폭력이 아닐 수 없다.

지구화는 일견 근대성의 지구적 확산으로 현상하지만, 그 결과 우리가
목도하게 된 것은 서구근대성으로의 수렴이 아니라 다양한 모습의 여러
근대성의 발현이다(Featherstone, Lash, Robertson, 1997; Taylor, 1999; Kaya,
2003). 그리하여 과연 근대성은 하나인가, 여럿인가, 아니면 애당초 없는
것인가를 묻는다(Wittrock, 2000; 김상준, 2003; 전성우, 2005). 동시에 바로
서구의 중심부에서 베버가 정식화했던 고전적 근대성의 부정적 결과에 대
한 비판적 성찰이 심화된다. 기든스와 벡으로 대표되는 '성찰적 근대성'
이론이란 위기에 빠진 고전적 근대성 이론의 비판적 되돌아봄을 새로운
동력으로 삼아 재구성해보자는 자구책이다.[1] 또 한 가지, 묻혔던 역사의
망자(亡者)들조차 '사실'의 이름으로 다시 현재에 출몰하여 "서구, 오직
서구에서만"을 표방했던 고전적 근대성 이론의 사실성과 타당성을 추궁
하고 있다. 즉 베버가 권위 있는 어조로 단호하게 부정했던 비서구의 '보편
사적' 과거가 새로운 역사적 증거들에 의해 속속 밝혀지고 있다. '글로벌
히스토리'의 출현으로 서구중심적 역사 서술은 크게 변했다.

---

1) 그러나 기든스와 벡의 성찰근대성론은 서구중심적 근대성론에 대한 근원적 재고(再考)
   와 대안 제시라는 차원에 이르지는 못하고 있다. 이들은 기존 서구근대성의 쇄신을 주장
   할 뿐, 그 서구중심성에 문제를 제기하는 것은 아니다. 오히려 이들의 입장이 기왕의 서
   구중심적 담론을 재포장하여 비서구와의 차별적 간극을 더 넓히는 데 일조하고 있을 뿐
   이라는 비판까지 제기되고 있는 형편이다(Argyrou, 2003; Shields n. d.). 하지만 이렇게
   단정해버리기에는 아직 이르다. 이들이 여전히 왕성히 활동하고 있는 이론가들이라는
   점에서 (특히 벡이 그렇다) 그들의 열린 가능성을 두고보아야 할 일이다.

그리하여 막스 베버가 "서구, 오직 서구에서만"이라고 하여 정립해놓았던 근대성 이론의 패러다임이 기로에 서게 되었다. 물론 베버의 입론은 여전히 주류 패러다임이다. 그러나 대안 패러다임의 도전도 만만치 않다. 이제 패러다임의 성공적 전환 여부는 대안적 이론의 정합성과 완결성에 달려 있다. 가장 주목할 만한 흐름은 다중근대성(multiple modernities) 또는 대안근대성(alternative modernities)을 표방하는 입장이다. 다중근대성론은 1998년 *Daedalus* "early modernities" 특집호에서 처음 그 진용을 드러냈다. 아이젠슈타트, 비트록, 아나슨 등 비교역사사회학자들이 이 입장을 대표한다(Eisenstadt and Schluchter, 1998; Eisenstadt, 2000, 2001, 2002; Eisenstadt, Riedel, Sachsenmaier, 2002; Wittrock, 1998, 2000; Anarson, 2001; Kaya, 2004; Hung, 2004). 반면 대안근대성론은 문화이론, 문예-정치 비평, 인류학 등 다양한 영역에서 제기되고 있다(Appadurai, 1996; Gilroy, 1993; Ong, 1999; Gaonkar ed., 2001). 그만큼 널리 분포되어 있고 논지도 다채롭지만 이론적 체계화나 결집력에 있어서는 다중근대성론 진영에 미치지 못한다. 전자는 비서구근대성의 전개 양상에 주목하고 후자는 주로 서구 내의 소수인종사회 또는 이민자사회에서의 다채로운 근대성의 표출 양상에 관심을 기울인다. 전자는 근대성의 문명적 다중성을, 후자는 문화적 다중성을 강조한다고 말할 수도 있다. 그러나 이들 입장은 근대성을 단수가 아닌 복수로 이해하면서 근대성 이론의 대안적 패러다임을 모색한다는 점에서 근본적으로 같다. 이하에서는 그 공통점에 주목하여 이 둘을 묶어 다중근대성론이라 부르기로 한다. 여기에 대안적 함의가 포함된 것으로 이해하면 되겠다.

다중근대성론은 근대성이 하나가 아닌 여럿(multiple)으로 나타나고 있다는 엄연한 사실을 분명히 인식하고 이를 이론적으로 정립하려고 노력한다. 그러나 두 가지 문제(약점과 한계)가 있다. 먼저 다중근대성론이 상정하고 있는 근대성관이 정확히 무엇인가가 분명하지 않다는 점이다. 차이만을 강조한다면 구분되는 문화 단위의 수만큼 근대성이 존재할 수도 있다는 것이냐는 냉소적인 반론도 가능하다(Dirik, 2003; Schmidt, 2006; Lee, 2006). 이 점은 다중근대성론의 약점이다. 둘째, 다중근대성론에서도 근대성의 시작은 유일한 하나, 즉 베버가 말했던 바와 같이 서구에서 시작된 서구근대성이라는 점이다. 이는 다중근대성론이 베버적 입론의 핵심 가정에 아직 의존하고 있음을 보여준다. 이것이 다중근대성론의 한계다. 그렇다 보니 결국 이 이론에서 비서구사회에서의 다중근대성이란 그 개념의 지지자 중 한 사람인 가온카가 스스로 말하듯 서구근대성의 "창조적 수용(creative adaptation)" 이상의 것이 될 수 없다(Gaonkar, 2001:18). 결국 다중근대성론은 고전적 근대성론의 테두리를 크게 벗어나지 못하고 있다. 이러한 약점과 한계 때문에 다중근대성론은 아직 고전근대성론의 대안 패러다임이 될 만한 자체 완결성과 정합성을 확보하지 못하고 있다.

필자와 아이젠슈타트 등 주요 다중근대성론자들은 베버 사회학의 개념틀을 가지고 비교문명적 연구를 수행하다 베버의 근대성론에 문제의식을 갖게 되었다는 공통된 경로를 갖고 있다. 그러나 이들의 다중근대성론은 아직 반보의 진전에 머무르고 있다. 이 글은 앞서 언급된 다중근대성론의 한계와 약점을 돌파해보려 한다. 그 결과 제시되는 새로운 근대성 이론을 우리는 '근대성의 역사적 중층 구성론(이하 중층근대성론)'이라고 부르기로 한다. 근대성의 다중성이란 오직 그 역사적 중층성을 아울러 고려할 때만 일관된 이론적 의미를 갖게 된다. 또한 근대성을 그렇게 볼 때라야만, 근대성의 폭과 깊이를 전면적으로 이해할 수 있게 되고, 그때 비로소 이 개념은 서구라는 국지적 차원(parochial dimension)을 넘어서는, 그 말의 참된 의미에서의 보편성에 접근해갈 수 있다. 아울러 근대성의 현재와 과거에 대해서만이 아니라 그 미래의 전개 방향에 대해서도 보다 정확한 상을 갖게 될 수 있을 것이다.

근대성 이론은 사회과학의 메타이론이다. 아니, 현대 모든 학문의 가장 밑바탕에 깔린 불문(不問)의 대전제, 제1메타이론에 속한다 할 것이다.[2] 메타이론은 매우 중요하지만 그 배경에 역사적 실증이 없다면 그것은 공허할 것이다. 기존 서구중심의 고전적 근대성론이 나름의 실증적 역사연구에 기반하고 있는 것처럼, 이를 대체하고자 하는 새로운 가설(hypothesis)인 중층근대성론도 마땅히 그러해야 할 것이다. 이 장 이후 이 책의 모든 내용은 중층근대성 가설을 떠받치는 실증을 담고 있다. 물론 이 책만으로 그러한 실증이 완료될 수는 없다. 중층근대성론과 같은 아주 근원적인 수준의 거대 가설을 떠받칠 실증적 작업이란 매우 방대한 것이어서 한 사람의 힘으로 완료를 운위한다는 것 자체가 도대체 어불성설이다. 다만 이 글이 실증 연구의 기반이 없는 한갓 역사철학적 도상(圖上) 연습의 산물이 아니라는 점, 하나의 새로운 가설을 제기할 수 있을 정도의, 나름의 오랜 실증적 연구가 배경에 있다는 점을 미리 밝혀둔다.

---

2) 여기서 '모든 학문'이라 했을 때는 인문사회과학만이 아니라 자연과학까지 포함한다. 근대성 이론의 메타이론적 관점과 자연과학의 방법론, 철학은 깊이 맞물려 있다. 탈근대(post-modern)를 표방하는 조류는 이미 자신들이 이렇듯 총체적인 메타이론으로서의 근대성 관념을 탈피했다고 주장하고 싶을 것이다. 그러나 이것이야말로 관념일 뿐이다. 우리가 보기에 다양한 조류의 모든 탈근대 이론도 여전히 근대와 근대성의 큰 틀 안에서 움직이고 있다. 이 글도 탈피를 향한 하나의 움직임일 수 있다. 그러나 움직임의 시작과 완료는 진혀 다르다. 우리가 진정으로 '탈피했다'라고 말하기 위해서는, 변화하는 현실의 거대한 진행이 전제될 것이다. 현실의 거대한 변형만큼, 우리 사고법과 관념체계 역시 발본적인 재구성이 요청될 것이다. 상당히 긴 시간이 우리 앞에 놓여 있다. 이제 우리는 시작하고 있다고 겸허하게 인정하고 주위의 현실을 냉정하게 보아야 한다. 이 글, 그리고 이 책은 그러한 시작점에 세운 하나의 소박한 망루(望樓)다.

1. 근대성의 유럽물신주의

이 작업을 근대의 역사지도를 지구 차원에서 개괄해보는 거시적 조감(鳥瞰)으로 시작해보기로 하자. 우선 흔히 생각하듯 근대가 서유럽에서 시발되어 확산되어갔다는 통념을 따라가 보자. 이 여행은 15세기 말, 16세기 초엽 포르투갈의 리스본 항, 스페인의 파로스 항에서 아프리카로, 인도로, 아메리카로 떠나는 유럽의 범선들 몇 척으로 시작할 것이다. 일찍이 헤겔은 근대성이란 콜럼버스의 아메리카 발견에서 시작되었다고 하지 않았던가(그러나 이후 이 글은 이러한 통념을 크게 수정할 것이다). 이들과 조우했던 북미와 남미 대부분의 원주민들과 사하라 이남 아프리카, 남아시아 태평양 군도의 많은 부족들은 비참하게 궤멸되거나 노예의 운명으로 전락했다. 이어 17, 18세기로 이어진 유럽의 팽창 과정에서 호주, 뉴질랜드, 그리고 오세아니아의 수많은 군도의 원주민들 역시 동일한 비극적 운명을 맞았다. 이들 문명은 유럽 문명과의 조우 과정에서 사실상 소멸하거나 원형을 크게 잃었다. 이들 지역 내에서 원형 문명은 크게 손상되어, 통째로 이식되어온 유럽근대문명의 바다 위에 섬처럼 점점이 '보존'되어 있다.

그러나 유럽과 조우했던 모든 문명권의 운명이 다 그러했던 것은 아니다. 북아프리카와 아시아의 이슬람, 힌두-불교, 유교-불교 문명권이 그렇다. 이곳으로도 유럽 문명은 침투했다. 아니 이들 지역의 유럽 문명과의 교류 역사는 이른바 '유럽의 대항해(大航海)' 훨씬 이전으로 거슬러 올라간다. 그러나 이 지역의 기존 문명들은 살아남았다. 그 과정을 통해서 오늘날 유럽과는 또 다른 유형의 근대문명으로 존속하고 있다. 그 결과 오늘날 근대문명은 지구의 대부분 지역을 포괄하게 되었다. 그러나 그 근대문명의 모습은 하나가 아닌 여럿이다. 유럽근대만이 아닌 다양한 형태의 비유럽근대가 분명한 실체를 가지고 존재하고 있다.

이를 어떻게 해석할 것인가. 지구적으로 확장하는 유럽근대문명과의 조우 과정에서 붕괴한 문명과 살아남은 문명이 존재했다는 사실, 그리고 여전히 존속하고 있는 다양한 비유럽근대문명의 존재의 의미는 무엇인가. 단순히 몇몇 전통 문명들이 유럽근대문명의 침투에 저항할 만한 문명 수준을 보유하고 있었다는 것을 의미하는 것일까. 그렇다면 결국 오늘날 존속하고 있는 비기독교, 비유럽근대문명이란 침투된 기독교, 유럽근대문명의 정도만큼만 근대문명이고, 나머지 존속하고 있는 비유럽적인 고유한 문명소(文明素)들은 모두 비근대적 잔존물, 불순물들에 불과한 것일까. 그래서 이곳 비유럽근대문명들은 아직 순수한 근대문명이 되지 못하며, 오직 그 '비유럽적' 잔존물을 완전히 소거(掃去)한 이후에만 완전한 근대문명이 된다는 것일까.

내가 아닌 타자가 나일 수는 없다. 반드시 그래야 한다면 세계에는 오직 나만이 존재해야 한다. 즉 타자를 말살해야 한다. 이러한 논리의 결과가 유럽근대문명과의 조우로 소멸한 문명들의 운명일 것이다. 아직 남아 있는 비유럽근대문명의 존재 역시 그러해야 한다는 것일까. 그러나 이는 정복으로든 자발적인 내적 변화로든 이제는 이미 현실적으로 불가능한 것으로 보인다. 그럼에도 논리적으로 그래야만 하는 것이라면 그것은 자멸의 길이다. 종(種)의 다양성이 없다면 그 종은 머지않아 생물계에서 사라질 것임을 예고한다. 이는 과학으로서의 생물학-진화론이 확고한 증거로 뒷받침해주는 주요 교훈 중 하나다. 이를 근대문명에 대입해봐도 마찬가지다. 오직 하나의 근대문명이란 존재할 수도 없고, 만일 그렇게 된다면 그것은 근대문명이 종식되어간다는 신호일 것이다. 이는 탈근대의 서광(曙光)이 아니라, 반대로 인류문명의 종말을 예고한다. 우리가 탈근대를 거론한다면 그것은 오직 근대문명의 다양성과 그 상호작용 속에서 형성되어갈 무엇일 것이다. 또한 그렇듯 생성된 탈근대문명 역시 다양할 것이다. 오직 하나의 근대문명이라는 논리는 이렇듯 파괴적이며 동시에 자멸적이다. 타자를 파괴하면서 동시에 자신의 서 있는 지반을 허문다.

그렇다면 현존하고 있는 근대문명의 다양성이 의미하고 있는 바는 무엇일까? 비기독교, 비유럽근대문명이 근대적인 까닭이 오직 기독교, 유럽의 근대문명을 도입하였기 때문이고, 도입하여 닮아간 정도만큼 근대적일 뿐이라는 생각이 오류일 뿐 아니라 위험한 것이라면, 우리가 그다음 생각할 수 있는 것은 무엇일까? 논리적으로 너무나 자연스러워 보이는 다음 단계의 사고는 다음과 같다. 오늘날 근대문명으로 존속하고 있는 비기독교, 비유럽 문명 내부에 유럽근대문명과의 조우 이전부터 근대문명으로 발전해 갈 능력과 요소가 이미 갖추어져 있었다는 것이다.

이 생각 자체가 완전히 새로운 것은 아니다. 다양한 계열의 내재적 발전론은 모두 이런 생각에 뿌리를 두고 있다. 그러나 기왕의 내재적 발전론은 아직 유럽중심주의(Eurocentrism)의 폐해로부터 자유롭지 못하다. 이들 입장에서 비서구사회의 내재적 발전이란 결국 서구적 경로를 밟게 되어 있는, 그러나 시기적으로 뒤처져 있을 뿐인, 그러한 내재성을 말하는 것이기 때문이다. 로스토류의 근대주의적 발전이론이 그렇다. 정도의 차이는 있지만 마르크스주의 유물사관 역시 이 점에서 크게 다르지 않고, 다중근대성론 역시 예외가 아니다. 이러한 입장은 결국 기독교, 유럽근대문명만이 완전한 근대문명이라는 사고의 함정으로부터 근본적으로 탈피하지 못하고 있다.

이 지점에서 사유를 한 단계 심화시키기 위해 화폐의 논리를 비유로 들어보자. 일단 어떤 특정한 사물(금이라 해두자)이 유통수단으로서 화폐의 지위를 확보하게 되면 다른 모든 상품이 금과의 상대 가치를 통해 자신의 가치를 표현하게 된다. 모든 상품의 사용가치가 교환 가능한 금의 양으로 수량화된 가격으로 인식된다는 것이다. 이 현상이 지배적으로 되면 가격

(교환가치)이 사용가치를 압도하여 사용가치가 실종되기에 이른다. 마르크스는 이런 현상을 상품물신주의라 불렀다. 근대문명에 대한 우리의 인식에도 일종의 유럽물신주의가 작용하고 있다고 할 수 있다. 오직 유럽의 근대문명에 비추어볼 때만 비유럽 문명의 근대성을 인식할 수 있다는 것이다. 이러한 근대성의 유럽물신주의(fetishism of european modernity)는 결국 비유럽 문명의 근대성의 고유한 내용을 인식 지평에서 지워버리는 마술적 착시를 일으킨다.

우리가 내인론(內因論, 내재적 발전론)을 새롭게 재정립해야 한다면, 바로 근대문명의 유럽물신주의를 근원에서 재고하여 불식시킬 수 있게 해주는 방법론적 틀을 구축하는 데서 시작해야 한다. 물론 그 결과 재정립된 내인론이란 외인론과 이항 대립하면서 논리적 완결성을 갖는 것이 아니라 (이는 불구적 논리다), 외인론을 내부에 포함하면서 비로소 논리적 완결성을 갖추게 되는, 확장된 의미의 내인론이 될 것이다. 외인만으로 발생은 없다. 유럽과 비유럽은 근대 이전의 오랜 교호 과정에서 근대로의 진행의 씨줄과 날줄을 직조해왔다. 유럽의 근대 역시 중동과 아시아와의 교류의 소산이다.

근대세계란 세계성을 전면적으로 실현한 최초의 공간이다. 세계성의 계기는 유럽 문명만이 아닌 여러 비유럽 문명들에도 풍부하게 잠재하고 있었다. 유럽근대문명은 다만 세계성이 전면적으로 실현되는 과정을 근대 형성의 최종 과정에서 촉매하였을 뿐이다. 또한 그 촉매 과정을 통해서 비로소 유럽이 근대문명으로 진입하였던 것이기도 하다. 그런 의미에서 유럽근대문명은 일종의 화폐 기능을 선점하면서, 지구상의 여타 비유럽문명들에 대한 일종의 지구적 교환 가능성(global commensurability)의 매체 역할을 하였다고 말할 수 있다. 다음 절에서 상술하겠지만 유럽은 근대 이전부터 여러 주요 문명권 간에 형성되어왔던 지구적 교환의 인프라를 최종 단계에서 접수했던 것에 불과하다. 그러나 이러한 사실이 모든 재화의 구체적인 사용가치가 화폐 역할을 하게 된 특정 금속의 그것으로 뒤바뀌고 말았다는 것을 의미하는 것은 아니다. 다시 말해, 그러한 유럽 기준의 지구적 유통의 결과 모든 비유럽근대문명들의 고유한 실체는 사라져버리고 오직 유럽근대문명의 관점과 기준과 실체만이 존재하게 된 것이 아니었다.

강을 건넜으면 뗏목은 버려야 한다. 뗏목을 이고 산을 넘을 순 없다. 이제는 신용장 서명 하나로 전 지구적 거래가 이루어지는 시대다. 그럼에도 여전히 황금만이 유일한 화폐라고 우기며 모든 거래에 황금 결제를 요구한다면 어떻게 될까? 이는 물론 비유일 뿐이다. 이 비유를 통해 우리가 말하려 하는 바는 간단하다. 유럽근대문명만이 근대성을 이해하기 위한 유일한 기준이요 실체라는 환상을 타기해야 한다. 그런 환상을 통해 비서구의 근대적 자기인식이 이루어졌다는 고통스러운 사실을 솔직히 인정하자. 그러나 아울러 그것이 환상이었음을 우선 분명히 확인해두어야 할 것이다. 그래야만 그 환상을 딛고 가로질러 갈 수 있을 것이고, 또 그럴 때에야 환상을 넘어 새로운 지평에 이를 수 있다.

'근대성의 유럽물신주의'로부터 해방되어 활짝 열린 역사적 시야에서 근대의 역사를 지구 차원에서 다시 그려보면 다음과 같을 것이다. 근대성의 원형적 계기는 지구상의 몇 문명권―중동, 그리스, 이란, 인도, 중국의 몇 지점들―에 일찍이 주어졌다. 이들 문명권들 간에는 부분적이지만 단속적 교류들이 존재했다. 이러한 내재적 계기와 문명 간 교류에 의해 근대성의 근거는 점차 성장해왔다. 그러한 교류망(networks)의 어느 매듭들(knots)에서 가능성이 아닌 현실성으로서의 근대, 즉 '역사적 근대'가 시발된다. 그리고 이러한 시발점들은 부단히 움직이고 명멸하는 문명교류의 망을 따라 확산되어갔다. 오늘날 목도하는 다양한 근대문명의 존재는 이러한 역사적, 문명적 교직 과정의 결과다.

2. 근대성의 역사적 중층 구성

이상의 분석은 근대성의 구조가 장기적인 역사의 흐름 속에서 중층적으로 형성되어왔을 것이라는, 즉 근대성은 몇 개의 중첩된 층으로 구성되어 있을 것이라는 착상으로 이어진다. 이를 '근대성의 역사적 중층 구성론' 또는 줄여서 '중층근대성론'이라고 부르기로 한다. 여기서 '구성'이란 어떤 완결된 고형적 구조가 아니라 부단한 흐름과 형성 속에 있는 유동적 구성, 즉 'formation'을 말한다. '중층근대성론'은 앞서 언급했던 근대성의 유럽물신주의를 극복할 수 있게 하고, 오늘날 우리가 목도하고 있는 근대성의 다양한 표출 양상을 일관되게 설명해줄 수 있는 대안적 근대성 이론이다.

근대성의 역사적 중층은 몇 개의 큰 단계를 경과하면서 형성, 누적되어왔다. 이는 크게 원형기-식민기-지구화기라는 세 개의 단계로 대별해볼 수 있다. 현존하는 모든 근대문명은 이렇듯 근대성의 세 단계 중층의 누적으로 이루어져 있다는 점에서 형태론적 동형(同型)이다. 다만 그 각각의 문명권들이 이 세 개의 역사적 과정을 경과하는 경로가 달랐기 때문에 현재 우리가 목도하고 있는 각각의 근대문명의 내용도 서로 다를 수밖에 없는 것이다.

먼저 근대성의 가장 저변에는 앞서 "지구상의 몇 문명권에 일찍이 주어졌다"고 하였던 근대성의 원형적 계기가 놓여 있다. 그 핵심은 초월성과 세계성이고, 그 구체적인 표현은 기원전 몇 문명권에 출현했던 윤리종교, 윤리철학, 그리고 이를 흡수했던 고대 제국의 출현에서 뚜렷이 드러난다.

우리는 이러한 원형적 계기를 원형근대성(proto-modernity)이라고 부른다.

역사에서 원형근대성의 층위는 각 문명권의 장구한 시간 속에서 다채롭게 전개되었다. 이 역사 과정의 최종 단계이면서 동시에 새로운 근대세계의 특징이 발생했던 시대를 역사학자들은 '초기근대(early modern era)'라고 부른다. 우리는 이 초기근대를 '역사적 근대'의 시발로 본다.[3] '역사적 근대'는 바로 우리가 지금 살고 있는 시대이기도 하다. 매크로한 시각에서 보면 '초기근대'는 지금 우리가 살고 있는 시대와 동시대다. 역사적 근대는 원형근대성이 존재했던 여러 문명권에서 비슷한 시기에 다발적으로 출현했다. 오직 서구에서만 출현했고, 이것이 비서구로 확산되어갔다는 견해는 역사적 사실과 맞지 않는다.

여기서 '근대적인 것(the modern)'과 '역사적 근대(historical modern)'와의 구분은 월러스틴의 '자본주의'와 '역사적 자본주의'의 구분과 비견해볼 수 있다(월러스틴, 1993). 역사적 근대 이전에도 근대의 원형적 요소는 풍부하게 존재했으며, 역사적 자본주의 이전에도 자본주의의 원형적 특징은 광범위하게 발견되어왔다.[4] 우리가 '원형근대성'이라 부르는 것은 그리스, 로마, 중근동, 유럽, 인도, 중국의 고대사 및 중세사에서 넓게 발견되는 근대성의 원형적 요소, 특징들을 말한다. 그러나 원형근대성의

---

3) 이렇게 보아야 '근대＝서구', '근대화＝서구화'라는 잘못된 도식으로부터 벗어날 수 있다. '근대화＝서구화'라는 도식은 근대를 18세기 말 19세기 이후의 현상으로 제한해서 본다. 반면 초기근대를 근대의 시작으로 보면, 역사적 시대로서의 근대의 문명적 지평이 유럽에 국한되지 않고 유라시아 차원으로 활짝 열린다. 이러한 통찰은 마셜 호지슨(Marshall Hodgson)의 이슬람 연구나 교토학파의 중국사 연구에서 그 단초를 찾을 수 있다. 호지슨이 이슬람의 중간시대(the middle periods)라고 하고, 교토학파가 중국사의 근세(近世)라고 불렀던 시기가 그러하다. 그러나 이들의 통찰은 근대성 이론 자체를 재구성하는 차원으로 나아가지 못했다.

4) 그러나 역사적 자본주의 체제의 기점에 대해서 우리는 월러스틴과 의견을 달리한다. 이에 대해서는 이 장 4절 4항 참조.

시대와 역사적 근대는 결코 동일한 것이 아니다. 그 사이에는 발본적으로 중요한 전변(轉變)이 존재한다. 이 점은 이후 상세하게 논하기로 한다(이장 4절).

'역사적 근대'의 출현과 함께 하나의 역사적 시기로서 근대가 시작되었다. 유럽의 경우 '초기근대', 즉 유럽의 역사적 근대는 대략 15~16세기에 시작되었다고 보는 것으로 대체적인 합의가 이루어지고 있다. 이 분야의 연구는 방대하고 체계적으로 이루어져왔다. 그에 비하면 비서구문명권에서의 초기근대에 대한 연구는 아직 더디고 분산적인 상태다. 예외라면 1998년 일군의 사회학, 역사학 연구자들이 "Early Modernities"라는 흥미로운 제호하에 초기근대가 여러 문명권에서 다양하게 전개되었다는 주장을 체계적이고 설득력 있게 제기한 것이다(*Daedalus*, 1998 여름호). 유럽근대문명의 출현과 침탈 이전부터 나름의 고유한 양식의 초기근대가 비서구 문명권에서 다양한 형태로 전개되고 있었다는 착상이 여기서 가능해진다.

우리가 보기에 초기근대의 최초의 표출 양상은 서유럽이 아니라 중국 송원 연간의 사회경제적, 정치문화적 전개 양상에서 풍부하게 발견된다. 그 특징은 절대주의적 통치권의 확립과 비판적 권위를 확보한 학인-관료 집단의 형성, 농업생산력의 발전과 농촌 수공업의 성장, 수력 양수기, 수력 풀무, 대형 방적기 등의 기계 발명과 코크스 제련 등 철강 부문에서의 혁신 등에서 보이는 다양한 기술혁명과 초기 공업화, 도시, 교통, 화폐 및 금융, 상업 및 무역 영역의 인프라 발전이다. 그 기반은 송대에 이루어졌고[5] 몽골제국은 그 성취를 흡수하여 당시로는 가공할 만한 수준의 전쟁, 행정, 건설, 교역 역량을 갖춘 세계체제를 구축했다. 이슬람-인도 문명권

---

5) 시바 요시노부와 마크 엘빈의 송대 농업혁명, 상업혁명, 교통혁명, 초기 공업화설 참조(斯坡義信, 1968, 1997; Elvin, 1973). 이러한 설에 근거하되 그 의미를 포괄적인 일반사 속에서 고찰한 Hobson(2004), Frank(1998)도 참조.

의 경우는 오스만-사파비-무굴제국의 번영기(16~17세기)가 그에 해당한다. 이 시기는 유럽의 초기근대의 형성 과정과 거의 병행한다. 이 초기근대의 출현 과정에는 서구가 비서구에 미친 영향보다 오히려 비서구가 서구에 미친 영향이 훨씬 컸다.[6]

이른바 유럽의 '대항해' 시기 또는 '긴 16세기'로 불리는 이 시기에 유럽은 희망봉을 돌아 서아시아, 남아시아, 동아시아에 도달한다. 프랭크는 이 사건을 유럽 중심의 세계체제 형성의 기점으로 삼는 월러스틴에 반대하여 이미 강력하게 작동하고 있던 중국-인도-이슬람 교역 체계에 가장 미약했던 유럽이 최초로 해상을 통해 직접 연결된 계기로 본다(Frank, 1998; Hobson, 2004).[7] 16세기에 호르무즈, 인도, 말레이, 자바, 남중국 일대에 최초로 출현한 유럽 세력은 이제 막 초기근대가 개시된 상태에 있었고, 해상 교역의 몇 거점을 장악했지만 그 지배력은 아직 국지적이고 미약했다. 전체적인 힘 관계에 있어서 이 당시 유럽은 동아시아-인도-이슬람의 주요 세력들에 비해 열세에 있었다. 18세기에 이르러서야 인도, 인도네시아 등에서 서구 진출 세력의 지배가 확고해지면서 19세기에 본격화, 전면화된 제국주의적 식민정책의 발판을 확보하게 된다.

---

6) 유럽근대의 형성에 비서구문명(아시아)의 영향이 매우 컸다는 주제의 연구는 Needham(1954~1959)과 Lach and Van Kley(1965), Hodgson(1974)의 기념비적 연구 이래 많이 이루어졌다. 과학 분야는 Needham(1971, 1990), Rahman(1984), al-Hassan and Hill(1986), Kuhn(1988), Temple(1999), 경제사 및 사회사 분야는 Chaudhuri(1990), Frank and Gills(1993), Chase-Dunn and Hall(1997), Frank(1998), Pomeranz(2000), Hobson(2004), 문화·사상 분야는 주치안지(2003), 클라크(2004) 등을 참고. 이러한 연구 성과들은 중층근대성 이론의 틀 안에서 비서구문명권 초기근대의 양상에 관한 풍부한 자료로 재해석될 수 있다.

7) 16세기 포르투갈의 한 공식 문서는 "많은 사람들이 포르투갈을 발견한 것은 인도라고 말하고 있다"고 전한다(Boxer, 1990 : ix; Frank, 1998 : 58에서 재인용). 바스쿠 다가마의 유럽-희망봉-인도 항해가 인도 구자라트 출신 뱃사람들의 안내에 의한 것이라는 사실도 마찬가지 이야기를 전해주는 것이다(Hobson, 2004).

따라서 근대성의 두 번째 층위인 식민-피식민근대성(colonizing-colonized modernity)은 유럽이 희망봉을 돌아 해상으로 아시아에 도달한 15세기 말에서 16세기가 아니라 그 1~2세기 이후, 즉 유럽 진출 세력의 우위가 서서히 형성되는 시기에 구성되기 시작했다고 볼 수 있다. 후발자였던 유럽이 아시아 교역망에서 점차 우위를 확보할 수 있었던 가장 중요한 근거는 아메리카라는 요인, 특히 중남미에서 대량 채굴된 은(銀)이었다. 은의 흐름은 아메리카-유럽-중동-인도를 돌아 중국으로 몰려 들어갔다. 상품의 흐름은 반대로 되었다. 유럽이 대량의 은을 확보할 수 있었던 것은 우선 아메리카에서 발견된 엄청난 규모의 은광들 때문이었지만, 채굴과 축장을 가능하게 했던 노예의 존재도 함께 보아야 한다. 유럽인들은 아메리카에서 대량 몰살된 노동력을 충원하기 위해 아프리카에서 아메리카로 1000만 명 이상의 노예를 대거 강제 이주시켰다. 이들과 살아남은 아메리카 원주민의 노예노동을 기초로 각종 노예 농장과 노예 광산이 대규모로 운영될 수 있었다. 그 결과 막대한 자본축적이 가능했다. 이 시기 유럽에 축장된 은이 최종적으로 흘러든 명대와 청대의 중국은 세계 교역망의 최대 상품생산 거점이 되었고, 그 결과 중국 강남을 위시한 동아시아의 몇 지역에서 근대에 육박하는 이른바 '애덤 스미스형'의 사회 분업 양상이 전개된다(Frank, 1998 ; Arrighi, 2007).

이 과정에서 식민 거점 몇 곳을 안정적으로 확보한 유럽 수 개국에서도 초기근대를 넘어서는 발전 양상이 나타나기 시작했다(17~18세기). 이 시기가 근대성의 제2층위, 즉 식민-피식민근대성 층위의 시발점이다. 서구는 이후 급속한 성장 과정을 밟고 머지않아 '본격근대' 단계로 진입하였다. 여기서 결정적인 시점은 원형근대성이 확실히 존재했고 나름의 초기근대의 경험을 가지고 있었던 인도가 사실상 식민화되었던 18세기 중반(무굴제국이 플래시 전투에서 패배하고 조세권을 영국에 양도한 시점)으로 보인다. 영국 직물 산업의 공업화(18세기 말~19세기 초)는 본격근대 개시의 중요한 징표인데(영국의 산업혁명), 이는 광범한 식민지 시장의 안정적 확보와 지배를 떼어놓고는 전혀 이야기할 수 없다. 서구의 비서구에 대한 압도적 우위는 오직 본격근대로 진입한 이후인 19세기부터만 가능했다. 본격근대 진입 이전의 서구와 비서구의 차이란 결코 결정적인 것도, 운명적인 것도 아니었다. 이러한 역사적 진행의 복합적 실상에 비추어볼 때, 이른바 식민근대 담론은 너무나 단순(simplistic)하다.

식민-피식민근대성의 구성 양상은 선행하는 제1기와는 상당한 차이를 보인다. 제1기에는 원형적 근대성의 내적 전개와 변동이 상대적으로 주요한 측면이었던 반면, 제2기에는 식민자(colonizer)와 피식민자(colonized)의 상호 관계가 근대성 형성의 주요 측면이 된다. 최근 제기되고 있는 식민지 근대성 논의는 바로 이러한 근대성의 제2층위의 형성 논리에 관한 담론으로 이해할 수 있다.[8] 근대성에 관한 기왕의 논의들 대부분은 바로 이 근대성의 제2층위를 비서구 근대의 시발점으로 간주하여왔다. 근대화된 서구와의 조우인 식민화를 통해서만 비서구문명이 근대로 진입하게 되었다는 것이다. 이러한 관점과 중층근대성론의 차이는 이제 명확해졌을 것이다. 역사적 근대는 비서구에서 먼저 시작되었다. 후발자였던 서구는 비서구의 기존

---

8) 중층근대성론의 시각에서 본 식민지근대성론의 핵심은 식민본국(colonizer)과 식민지 (colonized)의 근대성이 표리의 일체를 이루고 있다는 점이다. 한국의 식민지근대성 논 의에서 이 점을 분명히 표명하고 있는 글은 윤해동(2004)이다. 식민지근대성 개념은 *positions: east asia cultures and critique* 창간호(1993)에 처음 출현했고, 이 내용을 Barlow(1997)가 발전시켰다. 그러나 이들 논의에서도 근대성의 유일한 기원은 서구라는 가정이 전제되고 있다. 최근 한국에서 전개되는 식민지근대성론은 한편으로는 철저한 근대외래론(이영훈 편, 2004; 이대근 외, 2005)으로, 다른 한편으로는 푸코적인 식민지 근대 규율권력론(김진균·정근식, 1997; 공제욱·정근식 편, 2006)으로 양분된다. 전자 는 근대성을 경제 발전의 시각에서만, 후자는 규율권력 강화라는 시각에서만 본다. 이 양측은 근대에 대한 규범적 태도에서 대립되지만 한국 근대가 오직 일제 식민 통치를 통 해 형성되었다는 견해는 공유하고 있는 것으로 보인다.

교역망에 늦게 탑승했고 그 이점을 가장 많이 누렸으며 그 결과 비서구를 추월할 수 있었다. 그 추월 후 2세기, 이제 세계사는 다시 요동치고 있다. 사람들은 이제 21세기가 중국과 인도의 세기가 될 것이라 말하고, 이러한 상황이 새로운 것이 아니라 2~3세기 이전의 세계 판도로의 회귀임을 문 득 깨닫고 있다. 인류사의 시간 감각에서 2~3세기란 그다지 긴 시간이 아니다.

어쨌거나 서구의 추월과 우위의 시기, 원형근대와 초기근대의 자부할 만한 문명적 배경을 가진 사회들의 식민화 경험은 분명 엄청난 트라우마였다. 이 강요된 수용의 트라우마가 서구근대와 각자의 고유 문명이 완전히 이질적, 대립적인 것이라는 관념을 부추겼을 것이고, 그리하여 한편으로는 완전 서구화(즉 고유 문명의 부정), 다른 한편으로는 철저한 서구 부정의 이데올로기가 지배적인 것이 되었다. 그러나 이 양자는 트라우마의 양 편향일 뿐, 실제 역사 과정을 정확히 표현하지는 못한다.

오늘날 근대성의 최상층, 즉 지구근대성(global modernity)의 층위는 이른바 '후기식민주의(post-colonialism)' 시대에서부터 형성되기 시작하였다. 전 세계로 확장된 유럽의 내전인 제1, 2차 세계대전의 결과 대부분의 비유럽 식민지들은 해방되었다. 그러나 탈식민 과정은 문명 간 고립의 방향으로 귀결되지 않았다. 오히려 반대다. 문명 간 교류는 오히려 더욱 가속되었다. 그 최근의 현상이 우리가 목도하고 있는 지구화다. 이 지구화 현상을 정확히 이해하기 위해서는 근대성의 본질을 우선 명확히 인식해야한다. 지구화 현상은 근대성의 내재적 속성이 전면적으로 표현된 결과다. 근대성이 전개되는 가장 본질적인 계기 중 하나가 바로 세계성이기 때문이다. 세계성이란 보편성의 지향이다.

여기까지의 논의를 정리하자면, 근대성은 역사적으로 세 단계의 층위가 연속적이고 누적적으로 중첩되면서 구성되어왔으며, 그 전개는 후기 단계로 갈수록 가속적으로 진행되고 있다는 것이다. 이 세 개의 층위는 상호 깊은 연관을 이루면서 형성되어왔다. 식민-피식민근대성은 그 이전의 원형근대성이 이루어낸 문명적 틀의 연속선 위에서 형성된다. 이어 전개되는 지구근대성 역시 원형근대성과 식민-피식민근대성의 복합 구성의 기반 위에서 전개되어간다. 일단 이 단계까지의 논의를 정리해보기 위해 이상의 고찰 결과를 간략히 도식화해보면 아래와 같이 될 것이다.

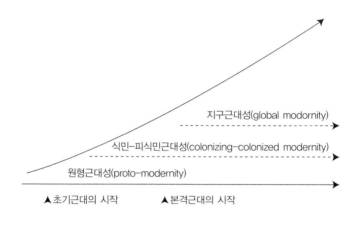

〈그림 1〉 근대성의 역사적 중층 구성

위 그림에서 가장 밑의 제1층위는 원형근대성(proto-modernity), 두 번째 제2층위는 식민-피식민근대성(colonizing-colonized modernity), 맨 위의 제3층위는 지구근대성(global modernity)을 표현한다. '초기근대'는 제2층위가 시작되기 전 어느 시점에서 여러 문명권에서 개시되고, '본격근대'는 제2층위가 시작된 대략 1~2세기 이후에 개시된다. 물론 그 정확한 시점들은 문명권과 나라들에 따라 차이가 있다.

각 선의 화살표는 시간의 흐름을 말한다. 위의 실선이 양의 기울기로 상향 곡선을 그리는 것은 문명의 전개에 따른 인구, 문화, 문물, 교류의 가속적 확대를 표현한다. 이 기울기는 최근 형성된 근대성의 층위(위 그림에서는 지구근대성의 층위)가 시간의 흐름에 따라 점차 지배적으로 되어갈 것임을 보여준다. 그렇다고 하여 그 하위 층위들이 소멸하는 것은 아니다. 상대적인 비중이 낮아질 따름이다. 아래 원형근대성 실선에 기울기가 없는 것은 근대성의 원형적 층위는 존속하되 그 부분이 확대하는 것은 아님을 표시한다. 두 실선 사이에 두 층위의 시작이 열려 있고 점선으로 되어 있는 것은 열려 있는 연속성과 각 층위 간의 상호 연동성, 침투를 표현한다. 위 두 층위의 시작이 열려 있다는 것은 이들 층위의 출현이 제1층인 원형근대성의 전개 흐름과 무관하지 않음을 뜻한다. 세 개의 층위가 실선이 아닌 점선으로 구분되는 것은, 이 층위 사이에는 많은 구멍이 뚫려 있다는 것, 즉 그 세 개의 층이 서로 삼투적으로 영향을 주고받아 왔음을 표현한다.

현존하는 모든 근대문명이 위와 같은 근대성의 중층 구조를 가지고 있다. 유럽근대문명이든 힌두 근대문명이든 마찬가지다. 구조적 상동(相同)이되, 그 구체적 내용에서 상호 차이가 있을 뿐이다. 따라서 근대성의 지구적 전체상은 〈그림 1〉이 여러 개 입체적으로 겹쳐 서로 영향을 주고받고 있는 모습이 된다. 이러한 중층근대성론의 입장에서는 유럽근대문명만이 순수한 근대고, 비유럽근대문명은 아직 완전히 순수하지 못한 근대라는 발상과 논리 자체가 성립될 수 없다. 근대성 진행의 다양한 경로가 존재하고 있을 뿐이다. 그 다양성은 세 개의 층위의 기원과 전개 방식, 그리고 그들 상호 간 교직 방식의 다양성에서 비롯한다.

3. 중층근대성론의 근대성 개념

1) 고전적 근대성 개념과 그 한계

이상 논의에서 분명해진 것은 근대성을 보다 사실적으로 이해하기 위해서는 장기 지속적이고 비교 문명적인 시각에서, 브로델이 채용했던 말을 빌려 다시 말하면, '세계시간(le temps du monde)'의 관점에서 바라보아야 한다는 사실이다. 그러기 위해서는 서구 근대의 특정 역사적 현상을 바로 보편으로 등치해버렸던 기존의 근대성 개념을 지양해야 한다. 말 뜻 그대로 버리되, 그 의미 있는 핵심은 상승시켜 보존하자는 것이다.

기왕의 근대성 개념은 막스 베버에 의해 가장 압축적으로 제시되었다: 계산 가능하게 조직된 자유노동에 기초한 합리적 자본주의, 이를 가능하게 한 제도적 중추로서의 합리적 법과 행정체계(관료주의), 그리고 이와 선후를 이루면서 진행되는 과학, 문화, 예술, 종교, 경제, 정치 영역의 합리화(rationalization)와 분화(differentiation). 이는 그의 『종교사회학논총』의 유명한 「저자서문」에 집약적으로 표현되어 있다. 한마디로 집약하면 전 사회의 합리화고, 그 기본축은 ①합리적 자본주의, ②합리적 법－행정 체계(법치국가), 그리고 ③합리적 사회분화다. 베버는 이 셋이 완전한 수준에서 일체가 되어 나타난 곳은 "서구, 오직 서구에서만"이라고 했다(상동: 13). 그래서 베버의 근대성론은 서구근대성론이다. 보편사적 의미를 갖는 근대성은 오직 하나일 수밖에 없고 그것은 서구에서 발생하고 발전한 근대성이다.

위 정의는 역사적, 지리적으로 국지적일 뿐 아니라, 내용적으로도 근대성의 전면(全面)을 포괄하지 못한다. 베버의 근대성론은 결과주의적 논증 구조를 가지고 있다. 그의 비교 문명 연구는 왜 비서구에서는 근대가 성립될 수 없었는가, 그리고 왜 서구에서만 근대가 성립될 수 있었던가라는 결론을 미리 세워놓고 이를 거꾸로 입증하는 방식으로 행해졌다(상동: 27~28). 그러니 서구의 전근대는 근대로 이어지는 증거로, 비서구의 전근대는 근대가 불발된 증거로 풀이되지 않을 수 없다. 이미 판정되어 있는 결론의 소급 확인은 과거로 무한히 거슬러 올라간다. 심하게 말하면, 마치 왕후장상의 씨는 애초부터 따로 있었다는 식이다.

현재를 가지고 과거를 재단하는 이러한 논증 방법은 역사의 실체를 왜곡하는 전형적인 오류 추리 중 하나다. 이런 시각에서는 비서구근대의 과거뿐 아니라 현재와 미래에서 나타났고 또 나타날 근대적 현상의 고유성을 볼 수 없다. 최근의 연구는 초기근대 시기 근대적 발전 가능성은 서구에서보다 비서구의 주요 문명권에서 오히려 풍부하게 나타나고 있었음을 보여준다(Chaudhuri, 1990; Blaut, 1993; Goody, 1996; Frank, 1998; Pomeranz, 2000; Hobson, 2004). 서구는 후발자의 이점을 이용하여 다른 문명의 근대적 요소를 빠르게 흡수하였고, 특정한 역사적 국면을 이용해서 본격근대로 진입하는 계기를 앞서 포착하였을 뿐이다.[9]

베버의 근대성 정의는 서구에서 나타난 근대성의 양상조차 제대로 포괄하지 못한다. 그 일례로 칼리니스쿠 이래 지적되어왔던 근대성에 반(反)하는 근대성, 즉 문화적·미적 근대성은 전혀 설명할 수 없다(Calinescu, 1987〔1977〕; Toulmin, 1992; Gaonka, 2001). 따라서 오늘날 포스트모던 담론이 근대성 에토스의 모종의 정수를 표현하고 있다는 점도 베버의 근대성 이론은 설명할 수 없다. 물론 '쇠우리'로 요약되는 베버 자신의 근대성에 대한 비관 자체에 그러한 '근대성에 반하는 근대성'의 단초가 들어 있다. 그러나 그것은 베버의 근대성 정의로는 포착되지 않는다. 그의 저작에

---

9) 18세기 후반에 이르면 서구인의 동양관(특히 중국관)이 선망에서 비하로 급격히 뒤바뀐다. 동서의 힘 관계 역전이 문명 담론에 재빠르게 반영된 결과였다(Hung, 2003).

흩어져 있는 파편들 속에, 그의 근대성 규정 바깥에, 보이지 않는 그늘로 모습을 비치고 있을 뿐이다.

위 정의의 더욱 근본적인 문제점은 자본주의적, 자유주의적 경로로 근대성의 폭을 제한하고 있다는 점이다. 그러나 근대성의 흐름 속에는 다양한 비자본주의적, 비자유주의적 현상이 존재해왔고, 앞으로도 그러할 것이다. 동구에서의 '현실사회주의' 실패가 그와는 다른 조류의 다양한 비자본주의적 현상과 실험이 존재해왔고, 앞으로도 존재할 것이라는 엄연한 사실을 지울 수 있는 것은 아니다. 이와 같은 비자본주의적, 비자유주의적 근대성의 에토스는 '합리화'만으로 요약될 수 없다. 연대성, 공공성, 박애주의, 에코이즘 등 합리화로 환원될 수 없는 여러 특징과 가치들이 있다.

근대성의 징후로서 사회 분업(division of labour)의 발전은 매우 중요하다. 이 개념과 관련된 첫 번째 문제는 분업을 마치 서양 근대에서만 비로소 발전했던 것으로 생각하는 엄청난 착각이다. 그러나 『국부론』이 출판된 1776년의 애덤 스미스는 중국과 인도가 유럽에 비견되는 분업 수준에 도달해 있다는 사실을 자명하게 받아들이고 있었다. 중국을 당대의 가장 부유한 국가로 인식할 수 있었던 그 시대의 평범한 상식이 그로 하여금 그런 판단을 가능하게 해주었던 것이다. 그럼에도 200여 년이 지난 오늘날의 통념은 애덤 스미스 당대의 상식을 오히려 엄청난 착각으로 간주하는 분위기다. 그 시간 동안 얼마만큼의 역사와 역사의식의 변형과 왜곡이 발생했는지를 반증해주는 대목이라 할 것이다. 다행히 역사적 실재는 복원되고 있다. 최근 일군의 경제사 연구자들은 대규모 공장제 자본주의의 대두 이전, 스미스적 유형의 분업적 시장 발전(Smithian dynamics of market development)의 극점(極點)은 유럽에서가 아니라 17~18세기 중국에서 먼저 도달하였다는 연구 결과를 내놓고 있다(Wong, 1997 ; Frank, 1998 ; Pomeranz, 2000 ; Arrighi, 2007). 이러한 연구 결과 위에서 오늘날 지구사 분야의 태두라 할 윌리엄 맥닐은 스미스적 분업이 사회 시스템적으로 발생하는 시장사회(스미스의 용어로는 상업사회)가 최초로 출현했던 곳이 송대 중국이라 명시한다(맥닐, 2007 : 174).

두 번째 문제는 베버의 분화(differentiation) 개념이 이러한 사회 분업의 무한한 지속, 즉 분지(分枝), 그리고 분화된 개체들 간의 독립성을 내포하고 있다는 점이다. 이 테제는 과장되어 있고, 현실을 정확히 반영하지 못한다. 무한 분화는 발생하지 않는다. 오히려 역분화(기능 통합)도 발생한다. 아울러 현실에서는 분화된 사회 영역들을 이어주는 공공성, 연대성의 맥락이 강조된다. 그렇기 때문에 예를 들어 경제와 규범, 정치와 윤리가 철저히 분리되는 것을 근대의 핵심 표징으로 보는 관점 역시 일면적이고, 문제를 전체로 보면 착시요 오류다. 근대에도 경제든 정치든 규범 또는 윤리와 불가분 결합된다. 문제는 어떤 규범, 어떤 윤리와 결합되느냐에 있을 뿐이다. 이런 문제는 근대성의 미래를 생각할 때 매우 중요한 고려 사항이다. 베버의 근대성 미래 진단이 지극히 어두웠던 것은 그의 근대성에 대한 이해가 일면적이었던 것과 무관하지 않다. 결국 베버류의 고전적 근대성론은 근대성의 역사(과거)를 좁게 이해하였을 뿐 아니라 그 현재와 미래까지 협소하게 재단하여버린다.

2) 대안적 개념

재정립된 근대성 개념은 중층근대성론의 필수적인 부분이다. 그것은 앞서 정리한 고전적 근대성 개념의 한계를 넘어설 수 있어야 할 것인데, 그러자면 ① '합리화'만으로 국한될 수 없는 근대성의 다원적 에토스와 ② 서구만이 아닌 비서구 근대의 역사적 경로의 다양성을 포괄해주는 것이어야 할 것이다. 그러한 개념은 베버의 근대성 규정이 빠뜨린 사항들을 하나씩 추가해가는 방식으로는 결코 획득될 수 없다. 다양의 추가는 무한할 것이고, 무한정 늘어난 항목들은 개념화 자체를 불가능하게 할 뿐 아니라 무의미하게 만든다.[10] 보편을 지향하는 개념화는, 반대의 방향, 즉 서구/비서구 근대의 다양한 경로를 포괄적으로 검토한 후, 그 다양의 공통 근거를 한 단계 높은 추상을 통해 포착하는 방향으로 나간다. 베버의 근대관은 그 속에서 하나의 하위 범주가 될 것이다. 그것은 앞 절에서 현존하는 모든 근대문명에서 공히 관찰된다고 하였던 근대성의 '구조적 상동성'의 핵심을 집약해주는 것이 될 것이다.

그러한 대안적 정의는 다음과 같이 요약된다: 근대 현상의 핵심 원리, 즉 근대성이란 성속의 통섭 전도, 즉 성이 속을 통섭했던 세계에서 속이 성을 통섭(統攝, encompass)하는 세계로의 이행을 말한다(〈그림 2〉).

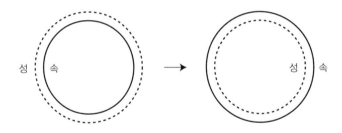

〈통섭 I〉 원형적 통섭 구조(성이 속을 통섭) → 〈통섭 II〉 근대적 통섭 구조(속이 성을 통섭)

〈그림 2〉 대안적 근대성 개념: 성속의 통섭 전도

위 정의는 간명하지만 기존의 고전적 정의들보다 설명력이 넓고 강하다. 통섭이란 원리에 의한 통괄(統括)적 포섭(包攝)을 의미한다.[11] 성속이란 베버

10) 슈미트의 다중근대성론 비판은 이 점에 맞추어져 있다(Schmidt, 2006).

와 러브조이 등이 말하는 타세성(otherworldliness)와 차세성(thisworldliness)의 구분을 말한다(Weber, 1946, 1978; Lovejoy, 1936). 타세성은 (현상)초월적 가치와 제도를, 차세성은 (현상)내재적 가치와 제도를 표현한다. 이러한 넓은 의미의 성속의 구분은 동서 문명에 공통되며, 구석기 유적에서부터 그 구분의 단초가 발견된다. 다만 원형근대성의 창출이라는 계기 속에서 그 구분은 정밀하게 체계화되었고, 그 사이의 긴장이 날카로워졌을 뿐이다(제2장 참조).

근대의 표징인 과학화, 합리화, 산업화, 도시화, 개인화, 민주화는 모두 성과 속의 통섭이 전도된 결과로 나타난 현상들이다. 통섭 전도란 자연과 사회제도가 그 자체로 신성한 것 또는 신성한 힘의 작용으로 이해되지 않고, 인간의 힘에 의해 개조되고 구성되는 것으로 인식되는 것을 말하기 때문이다. 이 전도를 통해 인간의 창조적 힘의 내적인 기원에 대한 의문은 더 이상 신학적 자명함이 아닌 철학적 추구의 대상으로 전환한다. 베버가 말하는 합리화, 그리고 합리적 자본주의, 합리적 법-관료제, 사회분화는 통섭 전도라는 대전환에 따른 역사적 결과의 한 가지 현상 형태, 따라서 하위 범주의 하나일 뿐이다. 문화적-미적 근대성, 후기근대성, 비자본주의적 근대성, 그리고 비서구근대의 다양한 형태 역시 〈그림 2〉의 정의 아래 포괄될 수 있다.

'성속 통섭 전도'는 종교사회학에서 말하는 세속화 테제(seularization thesis)의 합리적 핵심을 보존하지만, 기존의 세속화 주류 테제와의 차이점은 성(聖) 차원의 존속을 명확히 한다는 점이다.[12] 성속은 불가분의 상관관

---

11) 통섭(統攝) 개념의 착상은 뒤몽(Dumont, 1980)이 말하는 'encompassment'에서 비롯했다. 필자는 이 용어를 2000년 처음 사용했는데(Kim, 2000; 김상준, 2003), 그 말은 빌려왔지만 현대사회에 대한 함의는 뒤몽과 크게 다르다. 물론 윌슨의 'consilience'를 번역한 사회생물학의 통섭과는 전혀 다른 맥락의 개념이다.

계에 있고 이 점은 우리가 인간인 이상 영원히 그러할 것이다. 다만 그 통섭 질서가 변화했을 뿐이다. 속이 성을 통섭한다는 것의 철학적 핵심은 이성을 그 한계 속에서 고찰한다는 칸트의 언명으로 요약할 수 있다. 한계 속에서 고찰한다는 칸트의 언명은 한계 너머를 버린다는 소극적 의미가 아니라, 한계의 고찰 속에서 이성의 역능이 고양된다는 적극적인 의미였다. 푸코는 칸트의 이러한 언명을 "현재를 문제화하는 시각"이라고 요약했다(Foucault, 1984). 이는 현재의 질서, 또는 이미 알려진 것[旣知] 너머로 부단히 확장되는 비판성, 성찰성의 심화라고 말할 수 있다. 이러한 미지성(未知性)의 접면(接面)에서 발생하는 스파크는 오늘날에도 여전히 지적, 윤리적 고양의 근원이 되고 있다(김상준, 2009). 근대 자체를 비판적으로 성찰하는, 근대성에 반하는 근대성의 근원은 여기에 있다.

성과 속, 그리고 성속의 통섭 양상과 그 전도 양상은, 구조적으로 상동이지만, 그 내용에 있어서는 문명에 따라 각각 문화적인 차별성을 갖는다. 신성한 것은 신, 다르마, 진(眞), 도(道), 이(理) 등 다양한 이름을 갖지만 이를 통해 현세의 질서가 상대화된다는 점에서, 현세를 상대화시키는 초월적 존재, 개념, 영역이라는 점에서 '구조적 상동(相同)'이다. 유럽 중세 가

---

12) 고전적인 세속화(secularization) 테제는 근대사회에서 성스러움의 영역(특히 종교)이 장기적으로 약화, 주변화될 것이고, 궁극적으로 세속적 가치와 제도에 의해 대체될 것이라는 전망을 포함한다. 이 입장은 마르크스, 베버, 뒤르켐 등 사회학을 정초한 고전 이론가들에게 공통된 것이었고, 1960년대까지도 도전받지 않았던 종교사회학의 주류 견해였다. 그 후 이 테제를 둘러싼 공방은 Casanova(1996, 제1장)에 잘 정리되어 있다. 이 고전적 테제에 대한 최초의 체계적인 비판자였던 데이비드 마틴이 최근 이 문제를 다시 정리한 Martin(2005)도 참조할 만하다. 그렇다고 마틴과 카사노바를 비롯한 고전적 테제에 대한 비판자들이 세속화 테제 자체를 부정하는 것은 아니다. 근대사회에서 종교의 영역이 존속하는 방식과 위상이 변화했음을 그들도 인정한다. 그러나 그것을 약화와 (장기적인) 소멸로 해석하고 전망하는 것은 반대한다. 지구적 차원에서 종교의 존속 그리고 부분적인 부흥이라는 현실은 비판자들의 입장을 강화시켰지만 논쟁은 여전히 지속 중이다.

톨릭의 교황 정치, 유교의 성인 정치[성왕(聖王)론과 도통(道統)론의 결합], 불교의 전륜성왕(sangha-cakravatin) 정치, 힌두교의 브라만-푸로히타(purohita) 정치, 이슬람의 이맘-울라마(imam-ulama) 정치는 역사적으로 각각 다르게 현상하지만 성이 속을 통섭했다는 구조에 있어서는 상동이다. 내면화된 신성함의 이름 역시 문명권과 철학 사조에 따라 다르게 표현되지만 그것이 현실을 밝히고 바로잡는 윤리적 계기와 진리의 동기로 작용한다는 점에서는 같다.

그리하여 〈그림 2〉와 〈그림 1〉을 나란히 놓을 때 중층근대성론의 개요가 정리된다. 〈그림 1〉은 역사적 진행의 중층성을 펼쳐 보이고 〈그림 2〉는 그 진행의 다이내믹스를 압축해 보여준다. 역사적 근대 이전으로 소급되는 원형근대성이라는 층위를 중층근대성론의 개념 안에 포함시킨 이유가 이 그림의 중첩 속에서 간명하게 드러난다. 성속의 통섭 '전도'는 오직 전도될 성속의 통섭 관계의 존재를 전제로 한다. 즉 성이 속을 통섭했던 세계질서가 존재했기 때문에, 그것을 뒤집어놓은 근대적 질서(그 시발이 초기근대다)가 탄생할 수 있었다.

성이 속을 통섭하는 세계질서의 기원은 막스 베버가 말하는 고대 '세계윤리종교'의 출현과 맞물린다. 세계윤리종교의 탄생과 함께 의식과 제도의 차원에서 세계성과 초월성이 출현하고, 그 결과 현존 질서가 최초로 의문에 부쳐졌다. 이러한 점들은 세계윤리종교의 공통적 특징이다. 야스퍼스는 고대 이스라엘의 예언자들, 인도와 중국의 철학자와 성인들, 이란의 조로아스터교, 그리고 그리스의 윤리철학이 비슷한 시기에 출현했던 점에 매료되면서 이 시기를 기축(基軸)시대(Axial Age)라 명명한 바 있다(Jaspers, 1953).[13] 이 토양에서 자라난 불교, 유교, 유대-기독교, 이슬람,

---

13) 기축시대에 대한 심화된 연구는 *Daedalus* 1975년 봄호의 논문들, Voegelin(2000),

칼 야스퍼스(1883~1969)

힌두교 문명이 원형근대성의 담지체 (carrier)였다.

기축문명을 근대성의 원형이라고 말하는 이유는, 앞서 말한 바와 같이, 그 구도에서만 성속의 통섭 역전으로 요약되는 역사적 근대가 출현할 수 있었기 때문이다. '통섭 I' 없이 '통섭 II'는 없다. 또한 '통섭 I'의 질서는 고대 제국의 높은 문명 수준을 수반했다. 근대성이 달성한 물질적, 지적, 윤리적 수준은 원형근대성의 도달 없이는 불가능했다. 그렇기에 고대 문명의 성취들이 오늘날에도 진정한 경의(敬意)를 수반하는 영감과 경탄의 원천이 될 수 있는 것이다.

아울러 '통섭 I'의 질서는 막대한 긴장을 수반했다. 그 긴장의 근본적 원천은 막스 베버가 날카롭게 통찰했던 바와 같이 현세적 질서가 초월적 질서에 의해 상대화되었기 때문이다. 즉 성속 통섭의 틀 자체가 강한 긴장의 원천이 되었다. 그 긴장의 내파(內破) 결과 '통섭 II'의 질서가 출현했다. 막스 베버의 종교사회학과 역사사회학은 그러한 통섭 관계에서 비롯한 역사적, 제도적 긴장을 강조했고, 이러한 긴장 관계가 세계윤리종교가 발흥했던 모든 문명들에서 공통된 것이었음을 언급했다. 야스퍼스가 기축문명의 공통된 특징에 주목했던 것은 베버의 이 통찰에 힘입은 바 크다. 또한 베버는 이러한 통섭 관계의 전도가 근대로의 진입의 결정적 징표임도 의식하고 있었다. 그의 『프로테스탄트 윤리와 자본주의 정신』은 유럽에서

Armstrong(2006) 참조. 사회학적 시각에서의 연구는 Eisenstadt(1986), Kim(2000), Anarson and Eisenstadt(2004), Bellah(2005) 참조.

발생했던 통섭 전환('통섭 I'에서 '통섭 II'로의 역전)에 대한 하나의 뛰어난 사례 분석이라 할 수 있다. 그렇지만 비서구근대성과 관련된 논의에서 베버는 이러한 탁월한 통찰들을 모두 거두고 만다. 그의 논지가 일관성을 잃는 지점이다. 타세성과 차세성 간의 날카로운 긴장이 세계윤리종교가 발전했던 모든 문명권에 전개되고 있었다는 베버의 통찰에 보다 충실하다면, 그러한 긴장의 결과 기존의 통섭 관계에 파열구를 내고 그 구도를 전회(轉回)시키는 움직임이 그러한 문명권들 속에서 나름의 역사적 맥락을 따라 다양한 형태로 펼쳐졌을 것이라고 생각하는 것이 훨씬 자연스럽고 논리적으로 일관된다.

3) 통섭 전환의 양상

가장 널리 알려진 '통섭 전환'의 예는 유럽의 종교개혁이다(김상준, 2003 ; Kim, 2007). 중세 가톨릭 교황정치는 성이 속을 통섭하는 전근대 모럴폴리틱의 유럽적 표현 형태였다. 개신교는 현세의 질서 자체를 신성화한 중세 가톨릭 교리에 반발했다. 예정설은 현세 인과(因果)의 의미를 종교적으로 중립화시켰다. 그 결과 신성함의 근거는 내면화된다. 이때 수반된 유럽의 물질적 초기근대 과정 역시 잘 알려져 있다. 제3신분의 성장은 중세교권체제를 흔들었고 이것이 결국 통섭 전도의 물질적 근거가 되었다. 현세 질서를 신성화하는 교리에 대한 도전은 늘 있어왔지만 그 질서의 전도가 현실에서 실현되려면 그만한 물질적 기반이 아울러 성숙되어야 했다. 통섭 전도가 안성 국면에 이르기까지 유럽은 최소한 2~3세기에 걸치는 격동을 헤쳐가야 했다. 정치혁명과 산업혁명이 서유럽의 주요 국가에 충분히 파급된 이후인 19세기 초중반에야 그러한 안정에 도달했다고 말할 수 있을 것이다.

물론 이러한 과정과 함께 그 역사적 배후에 놓여 있는 비서구문명과의 교호의 영향에도 주목해야 한다(이 측면은 잘 알려지지 않았다). 16세기 유럽이 비서구문명과 전례 없이 농밀한 교호의 장(場)에 있었고 당시의 문명수준보다 우월했던 비서구의 영향을 강하게 받고 있었다는 점을 고려한다면, 유럽의 초기근대가 비서구문명이 가한 충격이라는 요인에 의해 크게 촉발되었다고 보는 것은 자연스러운 결론이다. 일례로 후일 영국의 산업혁명을 가능케 했던 주요 기술적 발명들이 거의 대부분 비서구 특히 중국에서 유래했던 것임을 밝혀주는 연구들은 이러한 결론에 당연히 포괄된다(Needham, 1971, 1990; Hodgson, 1974; Kuhn, 1988; Temple, 1999; Pomeranz, 2000; Hobson, 2004). 유럽 초기근대의 시점을 이탈리아 르네상스가 정점에 이른 15세기로 잡더라도 사정은 정확히 같다. 이탈리아 도시국가의 번영은 동방무역을 떼놓고는 이야기할 수 없다. 당시 제노바나 베네치아는 이슬람-인도-중국으로 이어지는 거대한 동방무역의 망에 탑승함으로써 번영을 구가할 수 있었다. 아울러 유럽의 초기근대 출현에 그처럼 커다란 영향을 주었던, 당시로서는 서구보다 우월하였던 비서구문명권에서 초기근대가 먼저 출현하였으리라는 것 역시 자연스러운 추론이다. 여기서는 중국의 예만 언급해보기로 한다.

우리는 앞서 "초기근대의 최초의 표출 양상은 서유럽이 아니라 중국 송원 연간의 사회경제적, 정치문화적 전개 양상에서 풍부하게 발견된다"고 하고 "절대주의적 통치권의 확립과 비판적 권위를 확보한 학인-관료 집단의 형성, 농업생산력의 발전과 농촌 수공업의 성장, 수력 양수기, 수력 풀무, 대형 방적기 등의 기계 발명과 코크스 제련 등 철강 부문에서의 혁신 등에서 보이는 다양한 기술혁명과 초기공업화, 도시, 교통, 화폐 및 금융, 상업 및 무역 영역의 인프라 발전"을 그 징후로 들었다. 이러한 현상들은 이 부분 각주에서 밝힌 것처럼 이 분야 전문가들에 의해 오래전부터 연구

되고 인정되었던 사실들이고, 초기근대가 서구가 아니라 비서구(그중 가장 유력한 후보가 중국이다)에서 먼저 시작되었을 것이라는 발상은 역사학자들 간에는 이미 자주 암시되어왔다. 그러나 그것이 기왕의 근대성론을 대체할 체계적인 이론으로 제시되지는 못했다. 이런 작업은 아무래도 사회학에서 이루어져야 했을 것인데, 막상 사회학의 영역에서는 베버류의 서구 유일 보편성 입장이 너무나 강고했기 때문이다. 월러스틴의 세계체제론조차도 그러한 근본 전제를 벗어나지 못하고 있다. 그러나 새로운 연구의 누적은 서구유일보편성론－서구근대기원론 가설을 더 이상 지탱하기 어려운 것으로 만들고 있다. 새로운 증거가 이론의 변경을 요청한다.

앞서 언급한 송원 연간에 관찰되는 초기근대의 증좌들을 성속 통섭 전도라는 틀로 볼 수 있는 가장 매크로한 근거는 이 시기가 한－당으로 이어졌던 중국의 고대 제국 질서가 무너지고 새로운 질서가 수립되었던 시기였다는 점에 있다고 생각한다. 한당 제국과 위진남북조, 5대 10국의 오랜 전란과 무정부 상황이 교체했던 이 시기 중국은 한족 문화권 밖의 허다한 유목민들이 중원으로 내려와 왕조를 세웠다가 스러져갔고 유교, 도교 등 고유 종교만이 아닌 불교, 기독교, 이슬람, 조로아스터교 등의 외래 종교가 육로와 해양을 통해 진입하여 뜨겁게 경쟁하기도 했던 당대(當代) 세계 제국의 공간이기도 하였다.

그 결과 한당 제국의 중추였던 세습귀족 체제가 결정적으로 무너졌다. 그리하여 송대에 이르러 '사대부(士大夫)'라는 칭호는, 경－대부－사로 이어지는 귀족 혈족의 기왕의 관직 명칭과는 다른, 재촌－재야의 지도층, 교양층, 즉 향신(鄕紳)이라는 새로운 의미를 갖게 된다. 성(聖)의 구현이었던 황실, 조정(朝廷)의 질서는 더 이상 절대적인 신성함의 지위를 독점하지 못한다. 조정만이 아닌 재야가 공(公)의 영역이 되었기 때문이다. 이로써 관직에 있지 않은 향촌의 녹림처사도 당당하게 공론의 주체가 될 뿐 아니라, 이를 통해 공 개념의 함의 자체가 현실 체제의 황통(皇統)의 정당성을 초월하는 보다 높은 수준의 보편성과 정당성을 확보하게 되었다. 여기서 하버마스가 말했던 부르주아 공론장의 유교적 표현 형태를 읽을 수 있다. 아니, 근대적 공관(公觀)은 중국에서 일찍이 선취(先取)되었다고 말하는 것이 정확하다. 아울러 근대국가의 표징인 인구조사나 조세체계의 규모와 질에 있어서 송대 이후의 중국, 특히 명청(明淸)의 국가체제는 다른 문명권의 국가들을 압도하고 있었다.

세습귀족 체제의 붕괴는 귀족적 장원 체제의 해체이기도 하였다. 그 결과 광범한 농민층이 새로운 상황(즉 신분적으로 보다 자유롭고 보다 평등한 상황)에 놓였다. 송대 연구자들이 강조해왔던 농업, 상업, 교통 – 해운, 화폐 – 신용, 과학기술 부문의 급속한 발전(시바 요시노부, 마크 엘빈 등은 이를 '혁명'이라고 불렀다)은 이러한 새로운 사회경제적 상황과 무관하지 않다. 특히 남송 시대의 강남 개발과 이앙법을 통한 농업생산력의 상승 그리고 그 생산 주체가 된 대규모 자립적 벼농사 소농의 존재가 큰 역할을 하였다. '동아시아 소농사회' 개념을 오래 탐색해온 한 연구자는 "몽골제국의 성립과 함께 시작되고 16세기에 획기적으로 확대되는 세계시장은 동아시아, 특히 중국의 부를 기점으로 해서 발동된 것이고 그 원천은 집약적인 벼농사의 성립에 있었다"고 동아시아 수도작 소농의 세계사적 존재 의의를 정리한다(미야지마, 2003: 124). 송 이래 중국에서 성립한 절대주의적 황권이란 바로 이러한 황제 이하 전 인민의 평등(月印千江 萬川明月)이라는 새로운 신분적 상황의 표현이기도 하였다. 이 절대주의란 16세기경 유럽에 등장하는 절대주의 체제와 비견된다. 근대주권의 초기 형태 역시 동아시아에서 선행하고 있었던 것이다.[14]

---

14) 송대 이후 중국에서의 근대적 주권의 초기 형태를 좀 더 정확하게 말하자면, 신분 수평화와 유교적 공론장, 그리고 절대주의적 황권의 결합으로 이루어져 있었다. 중국은 기

송대 중국의 번영을 보여주는 「청명상하도」(12세기 작품). 다양한 직종 분화와 높은 생활 수준, 그리고 놀라운 회화적 사실성을 한눈에 보여준다.

원전 3세기부터 관리들이 인구조사, 토지조사에 기초해 세금을 걷었다. 현대적 형태를 방불케 하는 전국적 규모의 체계적인 인구조사는 18세기부터 실시되었다. 이러한 사실을 종합해보면 20세기 후반 푸코, 아감벤 등이 근대주권의 특징으로 강조했던 '생명정치(biopolitics)의 통치성(governmentality)' 역시 가장 먼저 형상을 갖추었던 곳이 중국과 그 영향하의 동아시아였음을 알 수 있다. 푸코나 아감벤 등이 강조한 근대주권의 악마성과 함께 그에 대한 비판 역시 이 속에서 함께 끓고 있었다. 이 책 제3장 10절, 제4장 7절, 제7장 3절의 논의 참조.

정주학(또는 주자학)[15]의 이기론(理氣論)은 이러한 정황 속에서 출현했다. 이-기의 명확한 준별이 새롭다. 한당 시기까지 중국적 사유에서 이 양자는 뚜렷이 구분되지 않는다. 세계는 천(天, 유교), 진(眞, 불교), 도(道, 도교)의 신성함 속에 잠겨 있었다. 즉 성이 속을 통섭하고 있었다. 그러나 이제 정주학에서 세계는 기로 이루어지고 기에서 이(理)가 분리된다. 정주학에서 이는 내면화된 윤리 개념이다. 이제 이는 기의 바다 속에서 힘써 탐구하여 찾아야만 하는 대상이 되었다. 이제 자연과 사회질서가 그 자체로 성스러운 것으로 표상되지 않고 그 속에서 작동되어야 할(所當然) 이의 원리가 발견되고 구성되어야 한다. 정주학의 완성자인 주희는 지층과 화석에 근거한 우주진화론을 생각했고 자연 관측을 위한 기계 설계에 몰두했던 자연과학자이기도 하였다(야마다, 1991). 윤리학자로서 주희는 이가 현세의 사물과 현상에 '당위'로서 관철되어야 하는 것이지만, 현세의 질서는 늘 이로부터 이탈하고 폭주할 수 있다고 보았다. 정주학에서 이의 궁극적 담지자는 현세의 힘을 대표하는 군주의 황통(皇統)이 아닌 윤리적 지향을 대표하는 학자의 도통(道統)에 있었다. 여기에 정주학의 근본적 비판성이 있다. 이러한 태도를 현실에서 구현해줄 사회세력이 출현했다는 것이 중요하다. 그래서 그 이전에도 단편적으로 존재했던 통섭 전도의 단초가 그 시기에 이르러 현실화될 수 있었다.

물론 주희 당대에는 금압의 대상이었던 정주학이 결국 관학으로 전화되어 보수화되기도 했다. 그러나 도통과 황통을 준별하는 원리는 존속했고 재야의 공론 세력은 오히려 점차 확대되어갔다. 명말 청초의 대중유교 현

---

15) 남송의 유학자 주희(朱熹, 1130~1200)가 집대성한 유학 체계를 오늘날은 보통 주자학이라고 부르지만, 19세기까지의 조선과 중국에서는 통상 정주(程朱)의 가르침, 정주학이라 했다. 주희에게 큰 영향을 주었던 북송의 정이(程頤, 1033~1107)의 학문까지를 함께 아우르는 말이다.

상이 그 두드러진 일례다. 정주학, 넓게 보아 송학(末學)[16]은 외래 종교(또는 교의)가 번성하였던 한당 시기의 경험에 대한 유교 측의 적극적 대응의 산물임을 아울러 강조한다. 송대의 초기근대란 물질적 측면에서든 사상적 측면에서든 문명 간 교호의 산물이기도 했다.

이러한 송대의 초기근대적 성과는 반짝하다 사라지는 것이 아니었다. 근대세계로 가는 초고속 연결망을 깔았다고 하는 몽골제국이 송의 성과를 계승했고, 14세기 중후반 흑사병으로 인한 일시적이나 급격했던 쇠퇴의 공백을 새로 들어선 명나라가 빠르게 메웠다. 명청 시대에는 송대의 초기근대적 달성 수준을 한 단계 상승시켰다. 이 시기 중국은 도시화와 상업화 등 사회적 분업 수준과 통치 체제의 체계성과 효율성이 단연 세계 최정상에 있었다. 그 결과 세계경제에서 중국과 동아시아가 점하는 비중은 18세기 초반까지도 오히려 꾸준히 상승했다. 세계 GDP에서 중국이 점하는 비중은 아편전쟁 직전인 1820년대에 32.9퍼센트(동아시아 전체는 41.1퍼센트)라는 놀라운 비율로 정점에 이른다(Maddison, 2007).

이 모든 사실을 인정한다 하더라도, 아편전쟁 이후 서세의 침탈에 의한 중국의 급격한 퇴조는 이 모든 사실을 의미 없는 것으로 만드는 것일까? 오히려 반대로 이러한 점이 근대성의 역사를 흥미롭고 역동적인 것으로 만들고 있다. 역사에서 영원한 선두는 없다. 보다 근본적으로 보면 '선두'라는 발상 자체가 문제다. 보편성이 오직 서구사에만 있다고 하는 입장은 영원한 선두를 과거에서는 물론이려니와 미래에서도 서구에게 점지한다.

---

16) 고지마(2004a, 2004b)는 주돈이-장재-정호-정이-주희의 정주학만이 아니라 범중엄, 왕안석, 구양수, 소식, 소철의 송대 유학 학맥, 육구연의 심학, 원대의 허형, 오징, 명대의 양명학, 청대의 예학까지를 포괄하여 송학이라고 부른다. 주희가 집대성한 입장은 유학사에서 근본적인 분기점으로, 이러한 큰 흐름 속에 이후 유가의 주요 흐름들이 모두 존재한다고 보는 것이다. 이러한 입장은 많은 유학 연구자들이 국제적으로 공유하고 있는 것이기도 하다.

바로 그런 관점이 '선두'라는 단선적 발상을 창조했다고 할 수 있다. 이 입장에서 비서구의 미래는 영원히 결정되어 있다. 즉 서구가 이미 걸어간 길, 과거의 시간이다. 이는 신화일 뿐이다. 미래는 언제나 미지다. 철학적으로도 오류다. 역사에서 보편성이란 다양한 구체 속에 공통적으로 발견되는 어떤 상동성을 의미하는 것이지, 어떤 특정한 구체 자체가 유일한 보편일 수 없다. 아울러 보편성이란 전칭(全稱) 명제를 말하는 것이니 그것은 영원히 미래에 열려 있는 것이기도 하다. 〈여기〉, 〈지금〉에 닫혀있는 '전칭'이란 형용모순이요, 성립 불가능한 개념이기 때문이다.

성속의 통섭 전환이란 오랜 시간을 두고 사회의 전 부면에서 진행되는 지극히 장기적이고 복합적인 과정이지, 단 한 번의 사건으로 완결되는 단기적 사태가 아니다. 원형근대성이 여러 곳에서 비슷한 시기에 시발되었던 것처럼, 역사적 근대의 시발도 여럿이었다. 이렇듯 여러 곳에서 다발적으로 진행된 역사적 근대는 내외인(內外因)의 교차 속에서 격심한 반전과 굴곡을 경과했다. 역사적 근대란 그렇듯 여러 문명들의 전개와 교직(交織)의 복합적 다발의 흐름 속에서 형성되어왔고 성속의 통섭 전환은 그 과정을 통해 서서히 완성되어왔다.

'복합적 다발'은 이중의 의미를 갖는다. 먼저 주요 문명들이 교호하면서 엮어왔던 근대성의 글로벌한 교직 다발이다. 둘째로는 이러한 글로벌한 맥락 속에서 각 문명권 그리고 그 안의 각개 사회가 구체적으로 형성해가는 근대성의 내적 교직 다발이다. 이 두 개의 복합적 교직 다발은 DNA와 같이 나선형(helix)으로 꼬여 흐르는 모양으로 하나의 실체를 이룬다. 앞서 〈그림 1〉은 글로벌한 맥락에서 근대성의 중층성과 토착적 맥락의 중층성 모두를 표상해준다. 다만 양자의 교직의 폭과 구체화되는 영역의 범위가 각 문명권과 각 해당 사회에 따라 다를 뿐이다. 근대성이란 이러한 복합적 교직의 전체 맥락을 설명해주는 의미 구조인 것이지, 그 교직 다발의 어떤 특정한 가닥의 흐름만을 배타적으로 지칭하는 것일 수 없다. 근대성이란 인류문명의 합작품이었지 특정 문명이나 지역의 특산물, 독점재(獨占財)가 아니었다.[17] 근대성의 미래 역시 마찬가지일 것이다.

초기근대, 즉 역사적 근대가 송원 연간에 시작되었을 것이라는 가설은 고전적 근대성과는 완전히 다른 근대성 개념을 전제한 것임을 유념해주기 바란다. 서구기원론을 중국기원론으로 바꿔놓은 것, 즉 같은 게임을 하되 선두를 바꿔서 하자는 식이 아니다. 중층근대성론은 어느 특정 지역, 문명권에만 보편성이 점지되어 있다는 고전적 근대성론의 신화와 단호히 절연한다. 송원 연간의 초기근대는 당시 그 지역이 문명 교류의 주요 교차점이

---

17) 이 글이 문명과 근대를 등치하고 있지 않느냐, 그렇다면 그 이전과 구별되는 특정한 시기, 시대로서의 근대는 변별성이 없어지지 않겠느냐는 논평이 있었는데, 이는 이 글의 논지를 정확히 읽어내지 못한 데서 비롯한 오해다. 세계문명사적 시각에서 근대성의 역사를 보아야 한다고 주장하는 것은 맞다. 우리는 우선 원형근대성을 발전시킨 복수의 문명을 거론했지만, 원형근대성과 역사적 근대는 분명히 구분한다. 역사적 근대는 분명 하나의 매우 특이한 역사적 계기로부터 기인하였다. 그리고 그 역사적 근대의 발현 양상, 즉 성속의 통섭 전도 양상 역시 매우 다양하게 전개되었음을 누차 강조했다. 한 문명권 내의 여러 사회에서도 근대성의 역사에는 많은 차이가 존재한다. 따라서 예컨대 중국 문명, 힌두 문명권 내의 여러 사회들에 있어서 역사적 근대의 진입 시기와 전개 방식 역시 서로 상당히 다를 수밖에 없었다. 문명 간 교호 양상도 사회마다 매우 달랐다는 점을 고려해야 한다. 그렇기 때문에 단순히 고래(古來)의 문명권 단위로만 사회를 폐쇄적으로 묶어버리는 것은 커다란 오류다. 헌팅턴의 문명충돌론의 문제점은 위기에 처한 서구문명의 지배적 지위의 유지를 위해 서구문명 가치의 재고창과 단결을 부르짖으면서 타 문명을 다시 한 번 오리엔탈리즘으로 대상화한다는 점에 있다. 그러나 아시아 문명이 하나가 아닌 것처럼, 서구문명도 하나가 아니다. 문명 교차를 통해 문명적, 문화적으로 다기(多岐)화한 세계 상황을 헌팅턴은 굳이 외면하려 한다. 문명과 근대를 그대로 등치하는 입장이 있다면, 그것은 오히려 기왕의 고전적 유럽 중심적 근대성관일 것이다. 특정 문명의 경로(그레코/로만―유럽, 그리고 유대/크리스천―유럽)만을 근대와 등치시키고 있기 때문이다. 우리는 이러한 '특정 문명(서구문명)=근대'라는 사고방식을 깨끗이 지우자고 주장하고 있다. 그렇듯 깨끗이 지운 위에 점점 더 구체적으로 밝혀지고 있는 실제의 역사적 진실에 맞게 근대성의 역사를, 편견에서 자유로운 시야를 가지고 새롭게 구성해보자고 제안하는 것이다.

자 진원(震源)이었기에 가능했다. 이론적으로 보면 초기근대란 원형근대성의 배경을 가진 어떤 문명권에서라도, 문명 교호의 내외적 교직 맥락이 맞아 떨어졌을 때, 출현 가능한 일이다. 다만 현재까지의 역사적 증거들로 볼 때, 초기근대는 송원 연간에 최초로 종합적이고 지속적인 양상으로 전개되었던 것으로 보인다. 그러한 역사적 근대의 양상이 다른 문명권에서도 이어 나타나고 발전하며 후일 일정 국면에 보다 오래 지속된 근대문명보다 우위에 서게 될 수 있다는 것은 얼마든지 가능할 뿐 아니라 오히려 자연스러운 일이다.

이렇듯 복합적인 흐름 속에서 구성된 근대성의 중층에서 각 층위들(원형, 식민-피식민, 지구근대성의 층위들)은 독립된 별개, 불변의 상수로 존재할 수 없다. 예를 들어 한국사회에서 원형근대성의 층위는 유교적 요소가 두드러진다. 조선 후기에 이르면 중국의 송대 그리고 명말 청초에 비견해 볼 수 있는 성속의 유교적 통섭 전환의 징표들이 사회 도처에서 중복적으로 드러난다. 이러한 징표들을 종합해보면 조선에서 역사적 근대의 시점(始點)은 최소한 개항 이전 16~17세기로 거슬러 올라간다(제4부 참조). 이후 식민기, 해방 이후 분단과 지구화기를 경과하면서 유교적 제도, 관습, 상징은 근대성의 다른 층위와의 관계 속에서 변용, 탈각, 접합된다. 마찬가지로 식민근대와 지구근대의 층위도 이렇듯 지속되는 살아 있는 역사적 배경과의 교호 속에서만 그 구체적인 형상을 획득한다.

사회과학적 언어와 개념의 보편성은 중층근대성론의 관점 속에서 근원부터 재음미되어야 할 것이 많다. 예를 들어 국민국가, 자본주의(경제 및 시장), 시민사회, 공공성(공론장) 등 자주 쓰는 몇 개의 개념만을 생각해 보더라도 지금껏 이들 개념의 내용은 사실상 서구 몇 개 사회의 근대사에서 전개된 경로와 양상을 지칭하는 것에 다름 아니었음을 알 수 있다. 그렇다 보니 이들 개념이 비서구사회에 적용될 때는 이들 사회의 역사적 전개 양상이 서구의 '모델', '이념형'에 얼마나 가까운 것이었는가에 따라 그 순도(純度)를 평가하는 식의 단순 대입식 연구 태도를 피하기 어려웠다. 그러나 중층근대성론에서 이는 뒤집어진다. 즉 서구 몇 개국에서의 근대 경로는 지구적 차원에서 전개된 근대성의 한 표현 양상이 된다. 이러한 문제들을 근원적으로 해결하기 위해서는 결국 사회과학과 역사학의 많은 언어들, 기본 개념들이 재음미되고 재해석되어야 할 뿐 아니라, 다양한 역사적 경로의 구체성과 사회 구성의 복합성/중층성을 담아줄 새로운 언어와 개념들이 적극적으로 개발되어야 할 것이다. 구체성에 대한 더 깊은 연구와 함께 더 많은 이론적 구상력과 개념적 창조성이 필요하다.

4) 중층근대성과 자본주의, 그리고 그 너머―사회구성체적 시각

근대성 개념은 자본주의보다 포괄적이다. 역사적 체제로서 자본주의는 18세기 중후반 영국에서 본격화되었다. 반면 역사적 근대는 아직 비자본주의적 단계인 초기근대를 포괄한다. 월러스틴은 세계체제와 세계 자본주의 체제를 동일시하지만 이러한 관점에는 여러 가지 문제점이 있다. 월러스틴에게 '자본주의=근대', 즉 '역사적 자본주의=역사적 근대'다. 유럽이 바닷길로 아시아와 아메리카에 도달한 16세기에 '세계경제=세계체제=세계 자본주의 체제'가 성립하였다고 보는 것이다. 이 세계 자본주의 체제의 망에 포섭된 모든 체제는 기본적으로 16세기부터 자본주의적이고 따라서 근대적이다. 그의 관점에서도 근대의 기점은 전지구적으로 확장된다. 그러나 ① '세계체제=세계 자본주의 체제'의 등식은 성립하지 않는다, ② 여전히 유럽중심주의적 역사 해석에서 자유롭지 못하다.

지금까지의 논의만으로도 월러스틴의 한계는 충분히 드러났다고 생각하지만, 논점을 보다 명료하게 하기 위해 사회구성체 논의와 관련한 최근의 논의 하나를 소개해보기로 한다. 그것은 역사상 존재했던 사회구성체를 세 가지 교환양식— '국가 중심의 약탈＝재분배 교환양식', '공동체 중심의 호혜＝의무 교환양식', '시장 중심의 상품 교환양식'—의 접합(articulation)으로 재해석하자는 가라타니의 제안이다(가라타니, 2007). 비서구의 근대성 문제 또는 근대성 개념과 역사의 재구성이 가라타니의 관심사는 아니다. 그가 자유로운 사유를 펼치는 이론가인 점은 사실이지만 아직 고전적 근대성론의 한계 내에 머물러 있는 측면도 있다. 그럼에도 그의 교환양식 접합론은 해석 여하에 따라 중층근대성의 이론 체계 안에 무리 없이 포괄될 수 있는 친화성을 가지고 있다.

가라타니의 교환양식 접합론은 아시아적-고전 고대적-봉건적-자본제적 사회 구성을 단선적, 순차적 발전 계열로 보았던 기왕의 마르크스주의적 관점—이는 고전적 근대성론과 완전히 부합되는 입장이기도 하다—을 발전적으로 해체할 잠재력을 가지고 있다. 가라타니가 주장하는 것처럼 아시아적-고전 고대적-봉건적 사회 구성이란 모두 '국가 중심의 약탈＝재분배적 교환양식'이 다른 두 교환양식을 압도하고 있었던 사회이고, 이들 간에는 어떤 시계열적 발전 단계 같은 것은 존재하지 않는다. 반면 자본주의 사회구성체란 시장 중심의 상품 교환양식이 다른 두 교환양식을 압도하고 있는 사회다.[18] 이런 의미에서의 자본주의 사회는 18세기 중후반에야 최초로 영국에서 출현했다. 흔히 말하듯 16세기부터가 아니다. 또 자본주의 사회 구성 역시 세 교환양식의 접합일 수밖에 없고, 따라서 그 접합 양식의 차이에 따라 여러 가지 다양한 모습으로 나타날 수밖에 없

---

18) 그러나 가라타니의 교환양식 접합론에도 분명한 한계와 맹점이 있다. 그가 고전적 근대성론의 시각을 완전히 극복하지 못한 까닭이다. 특히 '아시아적 사회구성체'라는 개념이 그렇다. 이 책 제8장, 특히 5절과 6절은 이 점을 상세히 논증하고 이러한 비판 위에서 '유형 접합'에 의한 새로운 사회구성체론을 제시해두었다.

다. 예를 들어 세수(稅收)가 GDP의 50퍼센트에 이르는 북구 복지국가에서 재분배적 교환양식은 매우 강력하다. 최근 '사회적 경제(social economy)'로 불리는 자원적(自願的)-호혜적 교환양식의 범주도 이른바 선진국일수록 오히려 성장하고 있는 추세다.(김상준, 2009 ; 2011)

역사적 근대를 자본주의와 등치하는 관점은 많은 주요한 역사적 사실들을 맹점 지대에 방치한다. 역사적으로 존재했고 또 여전히 존재하고 있는 현존 사회주의 체제를 자본주의의 변형으로 무리하게 설명해야만 하는 월러스틴의 세계체제론의 난점도 그러한 결과다. 자본제적 사회 구성이 아직 지극히 초보적 단계에 머물러 있던 동서의 모든 사회가 '세계체제=세계경제'가 형성되고 그 일부로 편입되는 순간(월러스틴에 의하면 16세기), 바로 자본주의 사회 구성으로 변모한다는 가정 역시 너무나 무리하다. 역사적 근대의 흐름 속에는 자본주의뿐 아니라 비자본주의적 체제와 운동들도 엄연하고 풍부하게 존재했다. 앞서 설명했듯 중층근대성론에서 역사적 근대의 기점은 월러스틴이 말하는 16세기 훨씬 이전이다. 유럽이 해로를 통해 아시아에 도달하기 이전에 이미 세계경제는 육상과 바다에 공히 작동 중이었다. 문제는 그러한 세계경제의 형성 시점이 아니라 그러한 컨텍스트 속에서 발생했던 성속의 통섭 전환의 존재 여부였다. 그러한 기점으로부터 18세기 중후반 영국이 본격근대로 진입하기 이전까지 세계경제에 포괄된 어느 사회도 상품 교환양식이 여타의 두 교환양식을 압도하지 못하고 있던 비자본주의적, 전자본주의적 상태였다. 송대 이후 특히 명청 시대 동아시아의 경제양식은, 이탈리아 출신 세계체제론자 아리기의 표현을 빌려 말하면, '애덤 스미스형의 비자본주의적 시장체제'였다. 이 체제는 서구에서 성장한 '마르크스-슘페터형 자본주의적 시장체제'와는 크게 다르다(Arrighi, 2007).

근대성이란 자본주의적 발전을 그 일부로 포함하지만 그보다 훨씬 더 포괄적인 개념이다. 우리는 그것을 성속의 통섭 전환이라는 대안적 개념으로 설명했다. 근대성의 발생과 전개라는 문제는 단순히 자본주의적 요소의 발아 및 발전으로 축소될 수 없다. 월러스틴도 그러하지만, 연구자들의 반(反)자본주의적 지향이 '근대성＝자본주의'라는 등식을 거의 무의식적으로 전제하도록 한다. 반면 자본주의 찬미론자들은 정반대의 이유에서 이 등식을 애호한다. 그러나 어느 편이든 '근대성＝자본주의' 등식은 성급하고 역사적 시야가 짧은 것이다. 반자본주의적 탈근대론이든, 친자본주의적 역사 종언론이든 자본(시장) 중심의 상품 교환양식의 역사적 존재 방식과 운명에 대해 우상화에 가까운 비현실적인 가정을 하고 있다.

인류 역사가 크게 변화했던 굴곡점의 시발은 자본주의가 아니라 성속의 통섭 전도라는 계기였다. 자본주의의 역사는 근대성 역사 내부의 소(小)역사일 뿐이다. 오늘날에도 순수한 자본주의란 존재하지 않는다(역사상 한 번도 그런 체제는 존재하지 않았다). 서로 다른 교환양식과 생산양식들이 다양한 형태로 접합되어 왔다. 따라서 역사적 근대를 어떤 특정한 유형의 자본주의 하나로 재단할 수 없다. 통섭 II의 세계에는 여러 다양한 사회 구성이 존재해 왔고 앞으로도 그러할 것이다. 이 점은 이 책 제8장 6절에 분명히 밝혀두었다.

가라타니의 논의에서 또 하나 흥미로운 점(사실 이 점이 그의 주장에서 핵심이다)은 그가 앞에 나온 세 교환양식에 더하여 제4의 교환양식으로 '어소시에이션(association)'이라는 운동적 위상, 또는 칸트적 의미의 '규제적 이념'을 추구하는 이념적 교환양식을 아울러 제안하고 있다는 것이다. 그는 이 교환양식이 "역사적으로는 보편 종교가 설명하는 '윤리'로 나타난 것"이고 "역사상 나타난 사회운동은 대부분 종교운동이라는 형태를 취하고 …… 사회주의 운동 역시 이 위상에서 나타났다"고 한다(상동: 50). 이러한 계기는 우리가 앞서 설명했던 '성속의 통섭 관계 형성과 그 전도'라는 계기와 완전히 부합한다. 중층근대성론의 용어로 말하면, 전자(보편 종교의 출현)는 원형근대성의 형성 계기고, 후자(개혁적 사회운동)는 역사적 근대성의 형성 계기다. 가라타니가 말하는 '보편 종교'란 정확히 이 글에서 언급된 세계윤리종교를 말한다. 제4의 교환양식을 물리학적 진공이라 풀이해도 무방할 것이다. 진공은 그 자체로 무(無)이지만 엄청난 힘을 유발하는 물리학적 실재다. 우리는 그것을 현상의 인과(因果)를 넘어선 '시간 밖의 시간', '공간 밖의 공간'의 계기라고 말한다. 이러한 윤리적 계기가 현실의 인과라는 감옥에 갇힌 인류사를 진보의 방향으로 추동해왔다. 이 점에 관한 한, 가라타니의 입장과 중층근대성론의 요점은 일치한다.

4. 결론: 다이내미즘으로서의 중층근대성

한 평자는 중층근대성론이 브로델의 역사관과 비슷한 점이 있다고 지적했다. 브로델은 역사에서 세 개의 시간(장기지속-콩종튀르-사건), 세 개의 층위[물질생활-경제(시장)-자본주의]를 본다. 중층 구성의 세 층위는 외관상 브로델과 유사한 것으로 볼 수 있다.[19] 평자는 이 유사점을 '지층(地層)의 상상력'이라 했다. 지층의 상상력이라는 지적에는 공감하지만, 브로델의 사관(史觀)과 이 글의 입장에는 여러 가지 점에서 상당한 차이가 있다고 생각한다. 이 점을 중심으로 중층근대성론의 이론적 특성을 종합하여

---

19) 또 다른 유사한 층위 발상은 서구근대성의 원형을 이루는 세 개의 메타문화(metaculture)
―기독교, 그노시즘(gnosticism), 속세주의(Chthonic=paganism)―를 구분해보았던 터리아키언에서도 찾아볼 수 있을 것이다(Tiryakian, 1996). 앞서 검토했던 가라타니의 교환 양식 접합론도 각 교환 양식의 시원을 역사 속으로 깊게 끌고 들어간다는 점에서 유사하다.

정리해보는 것으로 제1장의 결론을 대신하기로 한다.

　브로델의 사관은 구조주의적이고 결정론적이다. 층위의 하부(장기지속−물질생활)가 상부(사건−자본주의)를 결정한다. 하부 구조가 대양이라면 상부 구조는 대양의 물결이다. 상부 구조는 대양의 물결처럼 일시적이고 덧없다. 그러나 제3절 〈그림 1〉로 요약된 근대성의 중층은 상변이 양의 기울기로 열려 있다. 따라서 시간이 흐를수록 하부의 층위가 근대성의 전체 구성에서 점하는 비중은 상대적으로 감소한다. 또한 브로델과는 반대로 상층이 하층을 결정한다. 이것이 해석 과정으로서의 역사학의 본질이 아니겠는가 생각한다. 중층근대성론은 고전근대성론이 사망 선고를 내린 비서구문명의 근대사를 되살린다. 지하에 묻혀 있던 역사의 망자(亡者), 시야에서 벗어나 있던 근대성의 타자(他者)가 21세기라는 새로운 상황의 전개 속에서 새로운 의미를 획득하고 새롭게 발견된다.

　이것이 제4절 〈그림 2〉의 요점이라고도 할 수 있다. 성속의 분별과 긴장은 인류문명을 추동해온 원동력이었다. 인류는 '통섭 I'을 통해 고등 문명으로 진입했고, '통섭 II'를 통해 역사적 근대로 진출했다. 통섭 관계의 최초 형성 과정에서든 전도 과정에서든 그 주창자들이 과거의 재발견을 주장하였던 것은 우연이 아니다. 공자는 요순을, 주자는 공맹을 보았다. 구약의 예언자들은 아브라함을 보았고, 루터와 칼뱅은 다시 구약의 예언자들을 보았다. 인도의 개혁 사상가들은 늘 『우파니샤드』와 『바가바드기타』로 돌아간다. 이 점이 그들의 사유가 근원적으로 보수적이었음을 입증한다고 본다면 그것은 너무나 단견이다. 그들은 현재에 없는 현재, 즉 미래를 보고 있었다. 그것은 현재에 없는 것이므로 과거를 빌려 이야기할 수밖에 없었다. 그들이 현재에 없는 현재를 보았던 까닭은 그들이 살고 있는 현재가 너무나 많은 부조리와 폭력으로 가득 차 있었기 때문이다. 현재에 없는 현재를 보는 그들의 비전은 현존하는 시공의 인과(因果) 안에서는 탄생할 수 없다. 현실

질서의 인과의 밖, '시간 밖의 시간'의 차원이 없다면 인류문명의 결정적인 돌파(breakthrough)는 존재할 수 없었다.

근대성의 중핵에는 이러한 비전과 돌파가 있다. 세계윤리종교의 탄생을 원형근대성의 출현으로 보았던 이유는 그들 교의가 현실에 대한 비판의식과 현실을 넘어서는 비전을 인류 역사상 최초로 체계적인 형태로 제공했기 때문이다. 그러나 그러한 비전이 '시간 밖의 시간'의 계기에 의해 촉발되었다 해도 그 진행은 현실의 시공 속에서 펼쳐지지 않을 수 없다. 윤리종교의 교단이 현세적 힘 관계의 주역이 되고 여기에 대한 반발이 이어진다. 이단(heterodoxy)이란 정통(orthodoxy)에 대한 교의 체계를 갖춘 저항이다. 이단에 대한 단죄가 이어지지만 결국 역사적 상황이 무르익었을 때 이단은 역사에서 당당한 시민권을 획득한다. 이렇게 보면 아이젠슈타트가 언급했던 것처럼 근대성의 역사는 이단의 역사다(Eisenstadt, 1981a, 1981b).

근대성의 역사는 여전히 지속 중이다. 근대성의 역사는 계급 착취의 역사(마르크스), 도구 합리성에 갇힌 쇠우리의 역사(베버), 홀로코스트의 역사(호르크하이머, 아도르노), 기율과 감시의 역사(푸코, 포스트모더니즘)이며, 비서구에 대한 수탈과 배제의 역사(종속이론, 포스트식민주의론)이기도 했다. 이러한 비판적 진단 속에서야말로 근대성의 중핵이 여전히 살아 있다.

근대성이 해방시킨 과학기술과 물질적 생산력은 애초에 혁명적 의미를 가지고 있었다. 그 역시 현재에 없는 현재를 보는 비전과 새로운 것을 창출해내는 돌파가 없었다면 불가능했다. 그러나 그것이 인간에 의한 인간의 지배, 수탈, 차별의 도구로 전화할 때 비판적 이성은 여기에 이의를 제기한다. '통섭 I'의 시기에 경화(硬化)된 성(聖)의 지배가 저항의 대상이 되었듯, '통섭 II'의 시기에는 굳어가는 속(俗)의 지배가 이의 제기와 저항의 대상이 된다.

한 시기를 풍미했던 '탈근대'의 문제 제기 역시 근대성의 중핵에 있는

"현재에 없는 현재를 보는 비전과 새로운 것을 창출해내는 돌파"의 소산이었다. 조심스러운 예측이지만, 앞으로 1세기 이내에 '통섭 II'의 구조에 근본적인 변형이 발생할 가능성은 그다지 크지 않을 것 같다. '통섭 II'의 통섭력은 그만큼 깊다. 근대사회 구성의 원리를 깊이 규제하고 있을 뿐 아니라, 근대 인류의 정신적 내면, 인간성의 펀더멘탈을 이루고 있다. 이러한 펀더멘탈이란 시대의 사조나 유행에 의해 쉽게 바뀌는 무엇이 아니다. '포스트모던' 바람은 근대의 특징을 여실히 드러낸 한 사조였지, 수천 년래의 통섭 구조, 즉 인류사적 펀더멘털의 변형이 아니었다.

그러나 당연한 말이지만 '통섭 II'의 시기가 '역사의 종말'일 수 없다. 미래의 인류는 그 너머를 여는 또 하나의 '근본적인' 돌파를 반드시 거듭 이루어내고 말 것이다. 그러나 그것이 정확히 어떠한 것이 될 것인지 우리는 아직 모른다. 다만 앞선 역사가 그랬듯 여기서도 현존 질서의 인과(因果)를 넘어서는 '시간 밖의 시간', '공간 밖의 공간' 차원의 스파크, 윤리적 계기들이 매우 중요한 역할을 할 것이라는 점이 역사가 우리에게 가르쳐주는 바다. 그러한 '근본적인 돌파' 이후의 인류는 새로운 인류일 것이다.

결국 중층근대성론은 근대성의 역사 속에서 자기 쇄신의 추동력과 다이내믹스를 주목하고 이를 근대성의 핵심적 속성으로 간주한다. 반면 브로델은 변화하지 않는 것, 즉 인구, 환경, 물질생활의 조건이라는 기본적 부피〔그는 '천장과 마룻바닥' 또는 '수(數)의 문제'라고도 말한다〕가 주는 제약에 주목한다. 물론 그의 논의가 자본주의를 영원하고 절대적인 숙명으로 과도하게 생각하는 경향에 대해 참신한 해독제와 새로운 상상력을 선사해주는 것도 사실이다(심광현, 2002). 또 자본주의의 역사를 유럽 우위 이전 그리고 비서구의 역사 속에서 넓게 확장하여 분석함으로써 '근대성의 유럽 물신주의'를 벗어나게 할 풍부한 암시를 주기도 한다(이 점은 월러스틴보다 뛰어나다). 그럼에도 근대성의 자기 쇄신에 대한 관심이 그의 저작의 주조

를 이루고 있다고 말하기는 어렵다.[20]

　지층의 사유가 역사 저층(底層)의 작용을 인식한다는 점에서 브로델과 중층근대성론은 공통점을 갖는다. 그러나 중층근대성론에서는 미래를 열어가는 비전과 돌파의 자원(repertory)으로서 지층의 잠재성에 주목한다. 반면 브로델의 구도에서 거대한 저층은 거꾸로 그러한 성격의 비전과 돌파에 근본적인 제한을 설정하고 모든 변화를 삼켜 그 변화를 무화(無化)시키는 장기지속의 바다다. 강조점이 서로 반대 방향을 가리키고 있는 셈이다.

　끝으로 브로델은 세계적 시각, '세계시간'의 관점에서 근대사를 본다는 점에서 기왕의 서구 일변도의 역사관에 새로운 이정표를 세웠지만 여전히 서구중심적 시각을 근본적으로 벗어나지 못했다. 근대사의 최근 200년이 철저히 서구중심적으로 구축되어왔다는 점을 감안하면 어쩔 수 없는 한계라고 볼 수도 있다. 그러나 중요한 점은 그것이 한계임이 점점 더 분명하게 인식되고 있다는 사실이다. 근대성을 생각하는 근본적인 틀을 바꾸어야 한다. 근대성에 관한 언어 모두가 발본적으로 재해석되고 재구성되어야 한다. 패러다임의 대전환은 이미 분기점을 넘었다.

---

20) 필자가 검토한 것은 그의 주저로 간주되는 Braudel(1972, 1973), 브로델(1995, 1996, 1997)이다.

제2장

맹자의 땀

인류 진화와 도덕적 몸의 탄생

1. 유교와 근대

'중층근대성론'은 유라시아 문명의 큰 흐름 속에서 근대-근대성의 전개를 보았다. 먼저 기원전 800~200년에 유라시아 주요 문명권에서 출현했던 세계윤리종교 속에서 '원형근대성'을 찾았다. 그리고 그 원형근대성의 계기가 1000여 년 이후 동서 여러 문명권에서 '역사적 근대'로 움터 올랐음을 보았다. 따라서 원형근대의 계기가 선명했던 유교세계의 내부에서 근대의 출현을 본 것은 무척 자연스러운 일이다. 이미 공맹의 유교 창건기에 원형근대성이 모습을 갖추었고, 송대 이후 유교권에서 '역사적 근대'가 시작되었다. 그렇지만 중층근대성론은 이제 갓 제기되었다. 이론에 대한 증거를 이제부터 차근차근 제시해야 한다.

우선 동양의 근대는 오직 19세기 서세동점, 즉 서구세력의 동양 침탈로부터 시작된 것이고 그 이전의 유교세계와 근대와는 아무런 관련도 없다는 통념이 너무나도 강하다. 이 통념을 나는 '근대=서구' 도식이라 부른다. 이 도식에 따르면 근대란 순전히 서구에서 시작된 순전히 서구적 현상일 뿐이다. '근대=서구' 도식에는 '근대화=서구화', '근대성=서구성'이라는 도식이 당연히 따라온다. 이 도식은 우리의 의식에 엄청난 영향을 미치고 있다. 너무나 압도적이어서 우리가 미처 충분히 의식하지도 못하고 있을 정도다.

그러나 이러한 도식에 대한 의문이 여러 곳에서 조심스럽게 제기되고 있다. 이 장은 그중 한 의견, 의문의 여지없이 이 땅의 A급 동양철학자 중 한 사람이라 할 수 있는 한형조 교수가 제기한 견해에 주목해보기로 한다. 동양철학계는 '근대=서구'라는 통념이 특별히 강한 곳이기도 하다. 그래서 한 교수의 문제 제기가 더욱 각별한 의미가 있다. 여기서 우리는 한 교수가 제기한 화두를 실마리로 삼아 이야기를 시작할 것이다(2절). 그러나 이 장의 주요 목적은 제1장에서 제기한 중층근대성론의 근거를 역사 속으로 더욱 깊게 끌고 올라가, 태초의 평원 위에서 보다 분명하게 확인해 보이는 데 있다(3~7절).

2. 한형조 교수가 제기한 문제 : 중국 송대 주희와 유럽근대 스피노자의 사유가 왜 비슷할까?

『왜 조선유학인가』 2008년 한형조 교수가 출간한 책의 제목이다. 앞서 2000년에는 『왜 동양철학인가』라는 책도 냈다. '왜 X인가'라는 언명 형식은 항상 어딘지 비장한 느낌을 준다. 그 X의 존재와 가치, 필요성에 대한 주창, 강한 확신의 언명 형태이기 때문일 것이다. 동시에 그처럼 강한 언명 형태를 빌려야만 세간의 주목을 끌 수 있을 만큼 그 X가 알려져 있지 않거나, 억눌려 있거나, 주변화되어 있다는 것을 말해준다. 그래서 늘 '왜

X인가'라는 언명 형식은 깃발을 높이 든 외로운 선각자나 운동가의 이미지를 떠올리게 한다.

외로운 선각자나 운동가라니! 날카로운 분석력과 맛깔스러운 글발로 이미 장안의 종잇값을 한참 올려놓은 한 교수에게 적합한 이미지가 아닐지도 모르겠다. 그가 홀로 서 있는 것도 아니고, 더구나 동양철학이나 조선유학이 아무도 들어주는 이 없는 잊혀진 존재도 이제 더 이상은 아니기 때문이다. 때는 바야흐로 지구화의 시절이고, 한국인임에 대한 열등감에서 한참 벗어난 이 땅의 선남선녀들이 '우리 것'을 찾아보겠다고 전국 서점의 동양철학, 한국사 코너를 제법 성시를 이룰 만큼 채우고 있지 않은가.

그럼에도 왜 8년이라는 짧지 않은 시간이 지난 후 또다시 '왜 X인가'? 이유가 있을 법하다. 책 제목을 가지고 공연한 말깜을 늘어놓아 보자는 뜻이 아니다. 책 제목이 한 교수의 심중을 전하는 바가 있다고 보기 때문이다. 두 권의 '왜 X인가'를 비교하여 살펴보니 그간 부드럽고 세련되고 넓어진 것은 분명하되 한 교수의 문제의식의 핵은 여전하다.

첫째, 우리 사회는 철저히 근대화, 서구화된 근대사회다(한 교수는 근대화와 서구화를 같은 뜻으로 쓴다). 둘째, 동양사상과 조선유학의 언어, 가치관, 세계관은 근대세계의 그것과 근본적으로, 원리적으로 다르다. 상황이 이러하기에 이 사회에서 동양철학과 조선유교는 여전히 아직도 소수고, 약세요, 찬밥 상태라고 보는 것이다. 물론 한 교수는 여기에 단서를 붙인다. "단, 과거의 방식만을 고집하고 묵수한다면"이라고.

그렇다면 그런 상황을 헤쳐나갈 방안은 무엇인가? 2008년의 '왜'와 2000년의 '왜'를 비교해볼 때, 놀라운 일관성에도 불구하고 달라진 점이 있다. 2000년의 '왜'에서는 근대비판과 '탈근대'의 전망에 무게를 실었다면, 2008년의 '왜'에서는 근대에 몸을 맞춰 스스로를 펴 보이는 쪽으로 강조점이 이동한 듯하다. 2000년의 '왜'가 근대를 소외와 물화, 이득 추구의

'취득적 사회'로 규정하고 이를 강하게 비판하며 그 대안으로 동양철학을 제시했다면, 2008년의 '왜'는 취득적 사회의 이해 추구 원리를 '기학(氣學)적 현실주의'로 인정해주면서 그 위에 '이학(理學)의 재발견'을 통해 새로운 문명의 단서를 찾아보자고 제안한다.

그런데 『왜 조선유교인가』(이하 『조선유교』)에는 두 개의 '왜'에서 겹쳐지는 문제의식과 함께, 이 책에만 나타나는 새로운 또 하나의 의미심장한 복선이 깔려 있다. 그것이 가장 선명하게 드러난 곳은 한 교수가 주자학을 스피노자 철학과 등치시킨 「주자신학(神學)논고시론」이다. 두말할 것 없이 스피노자는 서구 근대철학의 비조 중 한 사람이다. 이 논문만이 아니다. 『조선유교』 전반이 그 보이지 않는 배경에, 행간에, 유럽의 근대 사유와 유교적 사유를 늘 동렬의 비교선상에 두고 이야기를 풀어가고 있는 것이 아닐까라는 느낌이 있다. 이 점이 『왜 동양철학인가』와의, 겉으로는 잘 드러나지 않지만, 실은 가장 중요한 차이점이 아닌가 싶다.

그럼에도 역시 동양철학, 조선유교는 근대, 근대성과는 원리적으로 다르다. 이런 생각, 생각이라기보다는, 근본적 전제가, 거의 선험적 형태로, 여기저기 불쑥불쑥 거의 공리(axiom)나 명제(thesis)와 같은 형태로 한 교수의 저작 곳곳에서 튀어나온다. 그리고 깊이 깔려 있다. 따라서 한편으로는 동양철학과 유교사상에 근대적 에토스와 뭔가 통하는 것이 있지 않은가라는 단서, 증거 또는 희망 같은 가는 끈들과, 또 다른 한편으로는 역시 근대적 사유 구조란 동양적인 마음철학의 깨달음 구조와는 도저히 닿을 수 없는 심연의 차이가 있지 않은가라는 강한 배경적 확신이 뒤섞여 뭔가 잘 어우러지지 않는 이중음을 발화(發話)하고 있다.

이 불협 이중음, 아포리아는 물론 한 교수의 것만이 아니다. 동양철학(한국철학), 동양사학(국사학)계의 오랜 숙명이요 고뇌와 같은 것이다. 이 학문 영역 전체가 태생적으로 그런 무거운 짐을 지고 태어났다고 할 수 있다. 조선유교의 문제에 관해서 이 고뇌스러운 짐을 해결하는 하나의 손쉬운 방법이 있었으니 그것이 바로 '실학=근대론'이었다. 한마디로 유교는 전근대지만, 실학은 근대였다, 또는 근대의 싹이었다고 보는 것이다. 한 교수는 한 시대를 풍미했던 바로 그 '실학=근대론'을 『조선유학』에서 싹둑 자른다. 한 교수가 그것을 단칼에 잘라낸 이유는 그러한 유의 '실학=근대론'이란 결국 '변명'에 불과하다고 보기 때문이다. "우리도 그런 게 (근대적 요소) 있었거든요……" 그런 거 이제 하지 말자는 것이다. 그렇게 남 쳐다보며 구차하게 하지 않아도 충분한 자기 내용이 있다는 자부심의 표현이기도 하다.

그러나 한국과 아시아의 전통적 흐름에서 근대적 동태를 찾아보고자 했던 것은 필자를 비롯한 아시아권의 거의 모든 관련 연구자들에서 피할 수 없는 마음의 경향, 일종의 정신적 의무가 아니었나 싶다. 조금 다른 맥락에서 마루야마 마사오가 말했던 "혼의 구제"까지는 아니었다 하더라도 말이다.[1] 실은 한 교수도 그의 학위 논문(『주희에서 정약용으로』)에서 그런 방향의 작업을 했던 셈이다. 그것을 남보다 아주 뛰어나게 했다고 하겠다. 정약용에서 근대의 싹을 본다고 말이다. 그러니 이제 그런 유의 근대 맹아

---

1) 마루야마 마사오의 『일본정치사상사연구』를 말한다. 마루야마의 지적 성실성과 성취는 뛰어난 것이었지만, 결국 '헤겔의 문법=유럽근대의 목적론적 역사철학' 안에서 일본 지성의 '혼의 구제'를 구했다는 점, 더 구체적으로는 도쿠가와 일본 사유의 일단(오규 소라이)이 주자학으로 대표되는 '동양적=전근대적 사유'와 '단절=결별'을 이룸으로써 일본이 유럽적 근대의 흐름 안으로 합류할 수 있었다고 주장하였다는 점에서 근본적인 한계가 있다. 도마뱀 꼬리 자르기 식의 이런 사유법으로는 근대성을 진정으로 보편적 맥락에서 이해할 수 없다. 마찬가지로 주자학이든 유학 일반이든, 또는 불가/도가든, 동아시아 사유의 세계사적 위상과 진면목 역시 제대로 이해할 수 없다. 근대성을 생각하는 틀 자체를 바꾸어야 한다(이 책 제7장 5절의 마루야마, 시마다 겐지, 아라키 겐코, 미조구치 유조 등에 관한 논의 참조). 그렇다 하더라도 『일본정치사상사연구』의 발간 당시에는 마루야마의 언어가 일본 파시즘에 대한 자기반성과 전쟁책임론에 철저했던 전후 일본 민주파의 공통 언어이자 정신적 지주가 되었다는 사실을 잊어서는 안 될 것이다.

실학론을 스스로 싹둑 잘라버리는 마음에는, 그 칼끝을 스스로에게도 겨누는, 즉 스스로 세운 기왕의 입론, 또는 그 잔재를 확실히 정리하고 한 단계 넘어서자는 비장한 결의의 뜻도 없지 않았을 것이다. 유교, 그리고 동양 사상의 정수를 "근대성의 그물로는 잡을 수 없다"고 단언하는 대목에서 그런 비장한 기운을 느낀다(『조선유학』, 183).

사실 실학과 유교를 굳이 구분한다는 것이 이상한 일이기는 했다. 원래 유학을 실학이라고 불렀다. 이 점을 특히 강조하고 나왔던 것이 송대 정주학, 즉 주자학이다. 조선 후기 '개혁적'이라 분류한 몇 사람을 얼기설기 골라서 이들만 쏙 빼서 실학자라 이름 붙이고, '이 사람들은 그렇게 고루한 사람들이 아니거든요' 하는 것은 역시 이상하다. 가만히 들여다볼수록 서로 다른 것보다 서로 같은 것이 더 많다. 최한기를 빼면 실학자로 분류해놓은 유형원, 이익, 정약용과 같은 사람들이 어쩌면 더욱 제대로 된 유교 정통주의자들이었다. (물론 '정통 유가=전근대'라는 등식이 과연 성립하느냐는 문제는 완전히 다른 퍼즐이다. 이 글은 바로 그 퍼즐을 풀어보기 위한 것이기도 하다.)

그런데 그다음이 문제다. 한 교수는 "권력에 관심이 있다면 근대 쪽에 서는 것이 유리하다"고 하면서 근대라는 개념에 뭔가 의지하려고 하는 것이 "진리 이전의 힘의 게임"이라고 했다(『조선유학』, 174). 동양철학을 말하면서 근대를 운운하는 경향에 대해 학문 외적 일침을 놓은 것이다. 축구 경기의 레드카드처럼 강력한 한방이다. 이런 극약 처방을 하였을 때는 한 교수 심중에 여러모로 의미하는 바가 있었을 것이다. 그런데 필자로서는 조금 다른 맥락에서 같은 사실을 조금 달리 말할 수도 있지 않겠나 싶다. 학풍상 근대에 뭔가를 의지하려고 했다고 할 수 있는 실학론이 근자에 힘을 잃게 된 것은 '실학=근대론'의 세례를 받고 성장했던 민주화 운동세력, 또는 민주화 정치세력(1997~2007년의 민주정부)이 점차 정치적 주도권을 잃어가고, 급기야 정권을 내주게 되었다는 '힘의 게임'의 논리와 전혀 무관하다고 보기 어렵지 않을까? 마찬가지로 최근 '실학=근대론'에 대한 비판이 크게 득세한 것은 이러한 '힘의 게임' 그리고 '권력에 대한 관심'(보수세력 집권과 뉴라이트 사관의 득세)과 전혀 무관한 것이라고 볼 수 있을까?

"유교는 그냥 유교야. 근대니 뭐니 그런 말 하는 것이 문제야. 그런 거 없이 그냥 유교를 유교대로 말하자구." 이런 인식에는 분명 진정성을 가진 부분도 있겠지만, 크게 보면 유교나 동양철학의 내용, 해석, 연구 방법을 옛날부터 해오던 전통적인 방식 그대로 묵수하자는 경향이 강하게 묻어 있다.[2] 이런 흐름 또는 태도는 이 분야 관련 학계의 울타리 안으로만 보면 그 자체가 또 하나의 강력한 권력이 아닌가. 한 교수의 표현을 빌리자면 "읽을 수 없는 글"들이 주로 여기서 많이 나오는 것 아닌가.

그런가 하면 잘 알려진 대로 이른바 '뉴라이트'로 흐르는 '실학=근대' 비판론은 서세동점 이전의 조선, 동양 전체를 애당초 전혀 근대로의 성장과 희망의 가능성이 없었던 사회로 본다(그들은 여기서 일본은 빼준다). 진정한(!) 서구 지향 근대화론자들이라 할 것이다. 물론 한 교수는 이런저런 의미의 보수주의와는 분명한 선을 긋는다. 필자가 보기에 한형조 교수는 자유주의자다. 좋은 의미의 자유주의. 텍스트 해석의 기발함과 문풍의 자유분방함으로, 글 자체로 그는 이것을 보여준 바 있으니 이를 중언부언하지 않겠다.

나는 한 교수의 글을 즐기고 많이 배운다. 그러나 그의 새 책을 읽고 한 가지 궁금한 점이 남았다. 왜 그는 주희를 스피노자와 동렬에 놓고 생각했을까? '주자 신학'의 의미는 무엇일까? 왜 '신학'을 말하면서 유럽의 중세 신학이 아니라 17세기 스피노자의 근대 신학을 말했을까? 또 유럽 계몽주의의 핵심인 라이프니츠의 입장 역시 "주자학의 입장과 상당히 유사하다"

---

2) 일본의 일급 중국철학자인 미조구치 유조는 이러한 연구 방법, 태도를 '유유학적(唯儒學的)' 또는 '한학자적(漢學者的)' 태도라 부르며 강하게 비판한다(미조구치, 2001).

(『조선유교』, 261)는 논평으로 「주자신학논고시론」을 마무리했을까? 주자학, 더 나아가 유교 전반을 근대성과 정면으로 대면시켜보고 싶은 생각은 혹 없었던 것일까? 주자와 스피노자의 공통성으로 요약되는 그 대면, 이것이 그가 던지고 있는 화두가 아닌가? '주자가 바로 근대다!'라고 말이다. 그러나 야속하게도 한 교수는 막상 직답을 주지 않는다. 종소리 같은 여운을 길게 남기고 갈무리할 뿐이다. "묻노니, 그대의 대답은 무엇인가? 아니, 아니, 머리로 말고, 가슴으로, 네 삶으로 답해보라"(상동). 선사(禪師)가 화두를 주는 방식 그대로다.

그렇다면 이제 목마른 자가 우물을 팔 수밖에 없다. 오래 생각해왔던 문제이기도 하다. 필자는 한 교수가 남긴 화두가 이중 불협음을 이루고 있다고 했다. 한편으로는 유교와 동양사상이 "근대성이라는 그물"로는 잡을 수 없다 단언하고, 다른 한편으로는 주자를 근대철학의 비조인 스피노자, 라이프니츠와 동렬에서 대면시키고 있다. 논리적 충돌, 아포리아(aporia) 아닌가? 그러나 실은 모든 화두가 논리적으로는 아포리아다. 그렇다면 이 불협음을 새로운 화음으로 변환시켜낼 화성법은 있을까?

한 교수가 「주자신학논고시론」에서 주자와 스피노자-라이프니츠를 대면시키는 장소는 종교성과 윤리의 영역이다. 그렇다. 정확하다. 종교성과 윤리, 이것이 화두를 풀어갈 단서다. '내재적 초월의 신학'에서 스피노자와 주희가 만나고, '내부에 예비된 윤리적 본성'의 영역에서 주희와 라이프니츠를 대면시킨다. 내재적 초월과 내재적 윤리 안에서 스피노자, 라이프니츠, 그리고 주자가 만난다.

그런데 내재적 초월과 내재적 윤리란 과연 한 교수가 말하고 있는 것처럼 '근대성이라는 그물'로는 도저히 잡을 수 없는 것인가? '근대성'이 무엇을 뜻하는가에 따라 다를 것이다. 필자가 생각해온 근대성의 핵심은 초월성·윤리성, 또는 성(聖, the sacred)의 영역이 내재화된다는 데 있다(제1

장). 이를 필자는 '초월성의 내재화'라고 불러왔다(제3, 4장). 그렇다면 근대성이라는 그물로 동양적 사유를 포착할 수 없다고 미리 단정하여 외면할 필요는 없을 것이다.

자, 이제 준비는 끝났다. 종교성, 보편윤리, 그리고 근대성을 단서로 화두를 풀어가 보되, 방법은 좀 새롭게 해보려 한다. 주자와 스피노자를 직접 대질시키는 구식 수법 대신 큰 외곽을 때려 양인의 공통성이 스스로 드러나도록 할 셈이다. 먼저 종교성의 근원을 최근 크게 발전한 DNA 분자생물학, 진화생물학, 진화인류학, 진화심리학의 도움을 빌려 새로운 각도에서 파헤쳐볼 것이다.[3] 그럼으로써 한 교수가 거듭 강조하는 "인류가 동서의 현자들을 통해 반복적으로 숙고해온, 오래된 사유의 근본 지점"이 의미하는 바가 새롭게 분명해질 수 있을 것이다(본장 3, 4절). 이어 보편윤리와 근대성에 관한 부분에서는 제1장에서 제기한 '중층근대성론', 즉 '근대성＝성속(聖俗) 통섭 전도'론을 보다 깊고 넓게 확장해볼 것이다(5, 6절).

3. 동서 사유 상동성의 근거

주희와 스피노자의 생각이 흡사하다는 한 교수의 지적은 기존의 '정상적인' 교육에 충실했던 사람들의 귀에는 상당히 낯설게 들릴 것이다. 배워

---

3) 혹 독자 중에는 이 대목에서 웬 진화론과 웬 DNA냐며 다소 거부감을 느낄 분이 있을지도 모르겠다. 그러나 20세기 후반 이래 자연과학의 눈부신 성과는 다른 어떤 쪽보다 우선 인문학적 상상력에 가장 큰 자극과 영감을 주었다고 생각한다. 이제야말로 자연, 생명, 우주가 모두 역사의 범주, 철학의 영역 안으로 제대로 들어왔다. 앞으로 그러한 근본적인 자극을 무시하고 외면하는 인문사회과학이란 무의미해질 것이다. 과거 '두 문화(two cultures)'라 하면서 서로 이별해 있었던 인문학과 자연과학이 다시 만나는 시대가 오고 있다.

온 대로라면 어찌 고리타분한 봉건중세 유학자 주희와 진보적 근대철학자 스피노자의 세계관과 철학이 비슷할 수가 있겠는가? 동서가 그렇게 달랐는데 800년 전 중국인과 300년 전 네덜란드인의 생각이 도대체 어떻게 흡사할 수 있다는 말인가? 그러나 중세니 근대니, 서양이니 동양이니 하는, 미리 특정한 가치판단을 뒤집어씌우는 수식어들은 잠시 잊어버리기로 하자. 대신 수만 년 단위의 인류문명사 차원에서 두 사람의 위치를 먼저 생각해보자.

주희(朱熹, 1130~1200)

두 사람은 500년 정도 격차를 두고 유라시아 대륙의 양쪽 끝에서 살았다. 유라시아 대륙(북아프리카 포함)은 인류문명 개시 이전부터 한 단위, 같은 판이었다. 언제나 열려 있고, 연결되어 있었다. 중동의 한 지점(현재의 이라크 지역)에서 시작한 밀 재배가 전(全) 유라시아에 이르고, 중국의 한 구석에서 시작한 돼지 기르

스피노자(Spinoza, 1632~1677)

기가 마찬가지로 유라시아 모든 곳으로 퍼졌다. 이 두 사건은 그렇게 먼 과거가 아니다. 지금으로부터 불과 1만 년 전에서 5000년 전 사이에 벌어진 일이다. 부족국가, 고대국가가 없는 상태에서도 그랬다. 유라시아는 한 통속과 같았다. 사람도, 식량도, 가축도, 병균도, 그 한통속에서 돌고 돌았다. 그렇다면 수없이 많은 것들이 돌고 돌아 5000여 년이 흐른 후, 12세기 중국의 한 남자 주희와 17세기 네덜란드의 한 사람 스피노자가 비슷한 세계관을 가지고 있었다는 것은 확률적으로 발생할 개연성이 매우 높은 사건이지 결코 이상한 이야기가 아니다. 500년이라는 시간은 진화의 시계에

서는 한순간이다. 인간 몸의 구성과 기능에 큰 변이가 생길 수 없는 짧은 시간이라는 뜻이다. 그렇다면 이렇듯 짧은 시간 거리 안에 살았던 이 두 사람의 사고방식이 서로 이해할 수 없을 만큼 굉장히 달랐을 것이라는 선입견을 주입했던 기왕의 교육에 오히려 문제가 있다. 동양이니 서양이니, 근대니 전근대니 하는 인위적인 선을 그어놓고 서로 완전히 다른 세계, 다른 인간이기나 한 것처럼 너무나 과장하였던 것 아닌가. 이 점을 충분히 납득하기 위해서 관련된 과학적 팩트들을 좀 더 캐보기로 한다.

주희와 스피노자라는 인간을 진화론적 시각에서 그 생물학적·물적 소재와 구성, 기능으로 보면 사실상 거의 차이가 없다. 인간 DNA 변이 추적 연구 결과에 의하면 아시아인과 유럽인은 불과 4만 년 전 중앙아시아에서 갈라졌다. 그 이후의 진화적 변화는 사실상 거의 없다. 네안데르탈인이 현존 유럽인의 직계 조상이 아닌 것처럼, 북경원인, 자바원인도 현존 아시아인의 직계 조상이 아니다. 현존 인류의 공동 조상(현대 호모 사피엔스)은 대략 15만 년 전경 아프리카에서 분지했다. 이들이 홍해의 남단 밥엘만뎁(Bab el Mandeb) 만을 지나(6만 년 전, 당시에는 육지였을 것으로 추정), 중동을 거쳐(4만 5000년 전) 중앙아시아를 지나(4만 년 전) 유럽, 아시아로 갈라져 퍼져나갔다(3만 5000년 전). 이 흐름이 후일 유라시아 문명권을 형성한다.[4]

---

4) 이런 사실은 ①1960년대부터 단백질 구조 비교분석으로 생물체의 계보를 대략적인 시간까지 파악하는 기법이 발전했고, ②1970년대 들어 DNA 염기서열 분석이 이루어졌으며, ③그 결과 1980년대부터는 미토콘드리아와 Y염색체의 DNA 변이를 추적하여 생물의 계보 파악이 가능하게 되면서 밝혀진 것이다. 생물체, 그리고 인간 몸속에서 '분자시계'가 발견된 것이라 하겠다. 이 발견은 그 이전 고고학, 인류학이 주로 화석에 대한 방사성 탄소 측정법에 의거해서 인류의 기원을 추적했던 상태에서 인간 지식 수준을 한 단계 획기적으로 끌어올리는 계기가 되었다. 이러한 방법에 의해서 확인된 인류 기원과 계보에 대한 학설은 현재 생물학계의 정설이 되었다. 관련 사실에 대해서는 "The Proper Study of Mankind," *Economist*, December 24th 2005, 스펜서(2002), 카발리-스포르자(2005), Stringer, Christopher and Robin McKie(1997) 등 참조. 여기서 명시한 시간들은

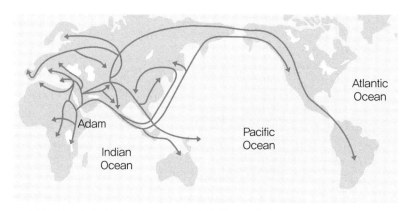

현존 남성 인류의 기원과 흐름(Y염색체 변이 추이, *Economist*, 2005)

시원은 같지만 밥엘만뎁 이후 유라시아 인류와 교류가 단절된 인류의 세 흐름이 있다. 먼저 기원지로 추정되는 오늘날의 케냐 일대에서 아프리카 서부와 남부로 이동한 흐름이 있다(6만 년 전). 다음으로 중동에서 남아시아의 동남아시아를 거쳐 호주에 이른 흐름(4~5만 년 전)이 있다. 끝으로 아시아를 거쳐 시베리아를 통해 아메리카에 이른 흐름(1만 5000년 전)이 있다. 아메리카와 호주는 홍적세 최종 빙하기 이후 시베리아 북아메리카 사이(베링 해)와 호주와 뉴기니를 잇는 광대한 영역이 바다가 되면서 유라시아와 단절되었다. 사하라 지역은 기온이 높아지면서 사막화되었고 그 결과 사하라 이남은 북아프리카와 단절되었다. 호주, 아메리카, 사하라 이남 아프리카와 유라시아와의 문명적 조건 차이는 이러한 단절에서 비롯된 것으로 이해되고 있다. 그러나 그 차이가 종의 차이로 발전하지는 않았다.

연구팀에 따라 크게는 몇 만 년씩 차이가 난다(예를 들어 밥엘만뎁을 지난 시기가 6만 년 전인가 또는 8만 년 전인가 등). 이 글은 가장 최근 보고서인 *Economist*(상동)에 정리된 수치에 주로 의거했다.

진화적 의미를 갖는 종의 차이로 발전하기에는 그간의 시간이 너무 짧다. 문명 조건의 차이일 뿐이다.

결국 이들 현존 인류의 몸의 기본적인 구조, 구성, 기능은 유라시아나 유라시아 바깥이나 사실상 같다. 이 사실은 중요하다. 뇌(사고)와 발성기관 (언어) 등 몸의 물질적 구조와 문명적 잠재력은 긴밀하게 연결되어 있기 때문이다. 그렇다면 왜 주희와 스피노자 간 사상적 유사성의 확률적 개연성에 비해 주희와 같은 시대 호주 원주민 현자 간 사상적 유사성의 개연성은 크게 떨어지는 것일까? 매크로하게 말하면 이렇다. 먼저 앞서 말한 유라시아와 호주의 격리, 그리고 유라시아가 문명 형성에 유리한 크고 풍요로운 판이었던 반면, 호주는 그렇지 못했다는 운과 불운의 차이 때문이다. 다시 말해, 몸의 차이가 아니라 문명 조건의 차이가 있을 뿐이다. 유라시아는 호주, 아메리카, 사하라 이남의 아프리카와 비교해보면 광대한 대륙판이 동서 이동에 활짝 열려 있는 땅이다. 대륙의 남북 축에 비해 동서 축은 온도대가 같기 때문에 문명의 이동과 전파에 중요한 요인이 된다(다이아몬드, 1996, 1998). 유라시아는 '거대한 한통속'이었기에 상호 영향의 가속 작용이 가능했고, 그 결과 문명 발전의 조건이 유리했다.

이제 주희와 스피노자 사상의 유사성이라는 주제를 시야를 조금 더 좁혀서 유라시아 내부에서 살펴보면 가장 중요하고 흥미로운 주제는 1949년 칼 야스퍼스가 『역사의 기원과 목표』에서 제기했던 논점일 것이다. 이제는 상당히 널리 알려진 것이지만, 그는 여기서 '기축시대'라는 새로운 개념을 제기했다. 기원전 800~200년이라는 아주 가까운 시간대에 고대 중국, 그리스, 인도, 이란 그리고 이스라엘에서 모종의 획기적인 정신적 변화가 발생했다는 것이 그 요점이다. 야스퍼스는 그 변화를 "미토스(신화)에서 로고스(지성)로"라고 요약했다. 로고스란 인지적 능력만이 아니라 윤리적 능력도 포함하는 말이다. 그가 몹시도 경이롭게 생각했던 것은, 당시의 문명 수준에서 볼 때 서로 아주 멀리 떨어져 있던 몇 지역들(중동, 그리스, 페르시아, 중국)에서 거의 비슷한 시간대에 매우 흡사한 높은 수준의 윤리적 사유 방식이 출현했다는 사실이었다. 그는 이 현상을 매우 신비스럽게 생각했다.

그러나 인류의 역사에 대해 좀 더 깊이 알게 된 오늘날 되돌아볼 때 유라시아 내부의 서로 멀리 떨어진 지역에서 비슷한 생각이 비슷한 시기에 발생했다는 사실 자체는 그다지 설명하기 어려운 일이 아니다. 야스퍼스가 주목했던 시대의 중동, 그리스, 페르시아 일대의 사람들과 중국 동아시아 사람들이 불과 3~4만 년 전에 갈려나간 같은 뿌리의 사람들임을 우리는 이제 알게 되었다. 야스퍼스가 지목한 지역들은 그렇게 갈려나간 사람들이 모두 엇비슷한 시기에 농경을 시작했던 곳들이고, 그 위에서 또한 비슷한 시기에 도시와 국가와 문자가 생겨났던 곳들이다. 그 결과 이들 지역에는 모두 인구가 상당히 많아졌고, 국가 간 전쟁도 대규모화하고 격렬해졌다.

이들 지역들이 야스퍼스가 생각했던 것처럼 서로 왕래나 접촉 없이 고립되어 있었던 것도 아니었다. 이미 그 이전부터 인류는 늘 이동해왔고, 초보적 형태의 원거리 교역도 존재하고 있었다. 그리하여 기축시대 전후에는 이미 두 개의 유라시아 횡단 통로, 즉 ①홍해에서 동남아, 남중국에 이르는 바닷길과 ②초원과 사막을 가르는 실크로드가 개통되어 있었다. 이렇듯 상동적인 역사적 배경이 두텁고, 그 문명 중심들 간에 일정한 상호 영향이 존재했던 상태에서, 사실상 동일한 몸과 두뇌 기능을 가진 인간들을 통해 비슷한 사유가 비슷한 시간대에 발전해 나왔다는 사실 자체는 확률적으로 아주 개연성이 높은 일이지 신비로 돌릴 일이 아니다.

설명하기 어려운 문제는 동시적 발생이 아니라 발생한 능력의 특이성이었다. 여기서 두 가지 사건을 특히 주목해야 한다. 먼저 감관적 세계 이상

(以上)을 생각하는 능력의 출현이다. 이것은 종교적 감성 또는 종교성의 출현이라고 할 수 있다. 그다음이 야스퍼스가 주목한 기축시대 새로운 사유방식의 출현이다. 이는 보편윤리, 세계종교의 출현이라 정리할 수 있다. 전자는 밥엘만뎁 이전에 발생했던 사건이다. 이 사건의 이해를 위해서는 생물학적 진화론의 도움이 필요하다(4절). 후자는 물론 밥엘만뎁 이후의 사건이다. 이 사건은 생물적 진화만으로 해명되지 않는다. 이제는 문화적 진화의 시각이 필요하다(5~6절).

4. 맹자의 땀 : 도덕적 몸의 탄생과 종교성의 출현

먼저 인간에게서 감관적 세계 이상을 생각하는 능력, 즉 종교성이 출현한 것은 야스퍼스가 말하는 기축시대 훨씬 이전에 발생한 사건이다. 종교성을 넓은 의미로 풀이하면 현실 밖의 어떤 신성한 존재나 영역을 인지하고 감흥(感興)하는 능력이다. 신성한 것, 즉 성(聖)의 탄생이다. 그 전까지 인류는 좀 똑똑한 유인원에 불과했다고 할 수 있다. 그들의 인지계가 물적 세계, 감관적 세계에 한정되어 있었다는 점에서 그들의 세계나 다른 동물의 세계나 서로 질적으로 다를 것은 없었다. 오래 두 발로 설 수 있고, 불과 도구를 사용하며, 아마도 초기 언어인 소리 신호가 다른 동물에 비해 상당히 발달되어 있었을 것이다. 그러나 이런 것들은 모두 양적 정도의 차이일 뿐이다. 최근 동물학은 동물의 세계에서 우리의 기존 상상을 뛰어넘는 수준의 여러 놀라운 능력들(소통 능력, 도구 사용 능력, 건축 능력 등)을 발견하고 있다.

그런데 어느 때부터인가 그러한 물적 세계, 감관적 세계를 바라보면서, 전혀 새로운 느낌, 즉 놀랍고, 황홀하고, 무시무시하고, 두렵고, 신비로운

그노시즘이 본 별빛과 그 밖 영지(靈智)의 세계

느낌을 갖게 된 호모 사피엔스 변종(돌연변이)들이 나타났다. 바로 루돌프 오토가 모든 종교적 감성의 핵이라고 했던 "mysterium tremendum, terribile et fascinans"[5]의 원형이 여기서 태어났다고 하겠다(Otto, 1950〔1925〕). 밤하늘의 별들을 보면서 그런 특이한 감정을 갖게 되었는지, 모닥불 주위의 군무(群舞)의 황홀(trance) 상태에서 그러한 감흥을 느끼기 시작했는지 우리는 정확히 모른다. 다만 오늘날까지 남아 전해지는 여러 문화 전통 속의 기억과 기록의 조각들을 가지고, 우리에게 주어진 직관과 통찰의 빛을 따라, 미루어 짐작할 뿐이다.

예를 들어, 유구한 그노시즘(Gnosticism, 靈智신앙) 전통에 전해 내려오는 이야기는 이렇다. 먼 옛날 사람들은 밤하늘의 별을 바라보면서 그 별빛이 이 어둡고 괴로운 세상 너머 밝은 세상에서 오는 것이라고 믿었다. 하

---

5) 라틴어로, "신비롭고, 엄청나며, 두렵고, 매혹적인"이라는 뜻이다.

늘은 둥근 벽이고 별들은 그 벽에 뚫린 구멍이며 별빛이란 이 구멍을 통해 이 세상 바깥의 밝은 세계에 가득한 빛이 비쳐 나온 것이라고(Hoeller, 2002).

이 이야기 속에서 우리는 아득히 먼 옛날 구석기시대 밤하늘 별빛을 바라보던 인류의 마음을 느낄 수 있다. 그 마음은 지극히 단순하지만 오늘날 우리 현대인의 복잡한 마음에도 여전히 깊은 공명과 감동을 일으킨다. 이 이야기에 스며 있는 성스러움에 대한 원초적 감성, 그 감성의 원형적 구조를 그 옛날 구석기인과 오늘날의 현대인이 공유하고 있는 것이다. 아마도 이와 유사한 모종의 계기들을 통해 구석기시대의 어떤 사람들은 감관적·물리적 현재 세계와는 다른 차원의 모종의 세계를 상상하기 시작하였을 것이다. 이러한 종류의 다채로운 상상이 무궁무진한 신화적 사고, 세계관으로 발전해갔을 것이다.

아주 흥미로운 또 다른 이야기가 있다. 그것은 유교 전통에서 전해 내려오는 이야기다. 이야기를 풀어주는 이는 맹자다.

먼 옛적〔上世〕 어버이〔親〕를 장례 지내지 않는 사람이 있었다. 그 어버이가 죽자 바로 들어 골짜기에 버렸다. 다른 날 그곳을 지나다 보니 여우와 이리가 뜯어먹고 파리와 모기가 빨아먹고 있었다. 이마에 진땀이 나고 흘겨는 보나 차마 바로 보지는 못했다(其顙有泚 睨而不視). 땀이 난 것은 다른 사람〔의 눈〕 때문이 아니었다. 마음의 중심이 얼굴과 눈에 이른 것이다(夫泚也非爲人泚 中心達於面目). 〔그리하여〕 돌아와 흙과 풀로 덮었다.(『맹자』「등문공 上」)

맹자의 이야기는 항상 묘한 박진감이 있다. 이 이야기는 후일 홉스나 루소가 즐겨 했던 '자연 상태'의 가정과 흡사하다. 맹자의 이야기를 피상적으로 보면 유가적 관점에서 장례의 기원을 좀 유치하게 추정해본 것이라

하고 그냥 지나쳐버릴 수 있다. 그러나 이 이야기에는 예사롭지 않은 무엇이 있다. 한 단계 깊이 숙고해볼 필요가 있다. 과연 맹자가 말하는 것처럼 장례가 없던, 장례라는 관념 자체가 전혀 없었던 시대의 옛사람들 마음의 구조는 어떠했을까? 부모의 방치된 시신을 보더라도 아무런 감흥이 없었을 것이다. 무심코 지나쳤을 것이다. 우리 주변의 동물들이 지금도 그런 것처럼. 그런데 어느 시점부터인가 불현듯 그런 상황에서 이마에 땀이 나고 차마 정면으로는 바라보지 못하게 되었다? 분명히 그러한 순간이 있었을 것이다. 그러한 순간이 없었다면, 오늘과 같은 인류도 없었을 것이다.

그 순간, 엄청난 충격, 혼란, 모종의 죄의식(?) 같은 것이 한꺼번에 그의 마음을 혼란스럽게 흔들어놓았을 것이다. 아마도 살아 있는 부모가 바로 곁에 느껴졌을 것이다. 자신이 들판 쑥덩굴에 버렸던 그 죽은 몸뚱이, 죽은 어미…… 자기도 모르게 이마와 등줄기와 손에 진땀이 흐르고, 괴로웠을 것이다. 갑자기 내면에 발생한 이상한 그 감정 앞에 스스로 아주 당황스러웠을 것이다. '죽은 어미?' '죽은 아비?' '어디에?' 이런 새로운 질문들이 아직은 초보적인 언어 형태로 혼란스러운 머릿속에 불현듯 떠올랐을 것이다. 분명히 죽고 없는 부모가 '여기 이곳'에 느껴진다. 기억의 단순한 기계적 잔영이 아니다. 땀과 충격, 모종의 희미한 죄의식을 유발하는 특이한 무엇이 그(녀)를 흔들었다. 감관적·물리적 세계 밖의 또 다른 차원이 인간의 의식 안에 불쑥 출현한 것이다.

이러한 차원이 종교의 출현과 맞물려 있음은 긴 설명이 필요치 않겠다. 그렇기는 하지만 이 예시가 맹자의 이야기고 역시 너무나 유교적인 것 아니냐. 입만 열면 허구한 날 조상이니 장례니 따분하게 떠드는 것이 유교가 아니냐 말이다. 더구나 결국 장례 이야기인데 장례 방식이란 문화마다 너무나 다양한 것 아닌가. 그런 것을 가지고 어떻게 종교성의 보편적 기원과 연결시킬 수 있겠나. 회의가 있을 수도 있겠다. 그러나 이 이야기의 초점은 문명권, 좁게는 국지적 문화에 따라 너무나도 다양했던 장례 방식, 장례 문화가 아니다.[6) 일체의 장례 풍습, 더 나아가 장례라는 관념 자체가 인류의 의식 속에 발생하기 이전의 상황을 추정해보자는 데 있다.

맹자의 요점은 '부모님 제사를 잘 모셔야 한다'는 따분한 훈계를 늘어놓는 데 있지 않다. '그가 설혹 아무리 야만적이고 극악무도한 사람이라 하더라도 그러한 상황에서는 그의 이마에 땀이 흐르고 그 모습을 제대로 쳐다보지 못하게 된다'는 데 있다. '나른 사람의 눈 때문'이 아니다. 그저 '마음속의 무엇이 얼굴과 눈에 이른 것'이다.[7) 인간이라면 누구나 그렇다는 말이다. 장례의 기원이 아니라 인류 심성의 어떤 보편적 (도덕적) 요소를 지적한 것이다. 그렇다! 맹자님이 맞다. '인간'이라면 누구나 그럴 것이다. 필자가 맹자의 이야기를 살짝 바꾸어본 것은 다만 하나다. 그 땀과 충격의 순간을 인류 최초의 순간으로 약간 시간 이동시켜본 것뿐이다.

이제 설명되어야 할 것은 그 최초의 '맹자의 땀'이 인류 보편적 속성이

---

6) 장례가 시작되고 여러 지역에서 다양한 장례 풍습이 생긴 것은 모두 여기서 말하는 시원적 사건 이후의 일이 된다. 장례 풍습이 있다는 것은 이미 장례에 대한 관념, 장례의 필요성과 당위성, 그를 뒷받침하는 다양한 종교적 관념 체계가 존재한다는 말이다. 본문의 맹자의 예는 이 모든 것이 일체 존재하지 않는 상황을 가정하고 있다. 여러 문화권의 장례 풍속을 살펴보면 어느 대륙이든 매장이 압도적으로 많다. 그러나 절벽에 관을 매다는 현관장(縣棺葬), 나무 위에 관을 두는 수장(樹葬), 티베트처럼 독수리에게 시신을 먹이는 천장(天葬) 등과 같은 장례 풍습도 있고, 부분적으로 오늘날까지 남아 있는 곳도 있다. 천장과 같이 시신을 동물에게 먹이는 풍습은 충격적으로 느껴지지만, 그런 방식의 장례도 엄숙한 종교적 의례에 따르고 있고, 나름의 종교적 의미 체계를 갖고 있다(보통 신성시하는 동물과 관련된다). 여러 다양한 장례 풍습 모두가 시신을 경건하게 처리하는 나름의 문화적 · 종교적 방식들인 셈이다.

7) 이 대목은 윤리철학 차원에서 매우 흥미롭고 또 중요한 부분이다. 보통 공리주의(utilitarian) 윤리론에서는 공리적 필요가 윤리를 낳는다고 한다. '다른 사람의 눈' 때문에 하는 윤리적 행위는 공리주의 윤리론으로 잘 설명된다. 그러나 여기서처럼 '다른 사람의 눈'과는 전혀 무관하게 발생하는 윤리적 반응은 공리주의가 설명할 수 없다. 공리주의 윤리론의 한계와 맹점을 잘 드러내주고 있는 대목이다.

된 사연이다. 여기서부터 과학, 특히 주로 생물학, 진화론의 논리를 빌려 보기로 한다. 순전히 문화적, 도덕적 현상을 생물학으로 설명하겠다? 마음이 불편할 수 있다. 물론 문화적인 현상이기도 하다. 그러나 고통을 느끼고 땀을 흘리는 것은 분명히 아주 전형적인 생물학적 현상임을 부인할 수도 없다. 피해갈 수 없는 길이다.

특정 감각 자극은 수백만 뉴런과 수천만 시냅스에 전압 펄스를 일으키고, 이 자극이 두뇌의 특정 영역에 전달되어 아세틸콜린이나 도파민 같은 신경 조절 물질을 생성시키고, 이 신경 조절 물질이 신경 반응(운동) 회로를 자극하여 심장의 박동을 빠르게 하고 혈관을 수축시켜서, 그 결과 손바닥과 이마에 식은땀이 나게 된다. 오늘날의 인간 누구라도, 만일 앞서 맹자가 말한 상황에 처하게 되었다고 가정하면, 그 모든 구체적인 몸의 반응이 거의 틀림없이 동일하게 발생할 것이라고 추정할 만하다.

즉 어떤 특정한 상황에서 꼭 그렇게 반응하도록 몸의 어떤 부분의 구조나 기능에 변화가 생겼다는 것이고(뇌 내부의 뇌간과 변연계에서 이루어진 모종의 변화가 가장 중요한 이유일 가능성이 크다), 이러한 변화된 몸을 가진 개체가 진화적으로 선택되었다는 것이다. 쉽게 말해 부모의 시신을 방기하는 것에 고통을 느껴 부모를 땅에 묻기 시작한 '괴이한' 돌연변이들과 그(녀)가 속한 집단의 생존 확률이 다른 호모 사피엔스 집단보다 높았다는 이야기다.

생물학자들의 용어로는, 이 특별한 '개체군'의 유전적 '선택상수'가 높아서 그 돌연변이가 결국 지배적인 종이 되었다는 말이기도 하다. 호모 사피엔스의 몇몇 집단에서 그런 반응과 행위가 시작되었을 것이고, 그런 집단들이 타 집단보다 생존률이 높았을 것이며, 그 결과 이들 특이한 돌연변이 집단들이 결국 지배적인 종이 되어 오늘날 현존하는 인류를 이루게 되었다는 것이다.

이 설명이 어떤 도덕의 기준에서는 혐오감을 주는 것일지도 모르겠다.

종교성의 기원을 결국 유전자 돌연변이로 설명한 셈이니 말이다. 그렇지만 도덕을 폄하하자는 것이 아니다. 오히려 반대다. 필자가 '맹자의 땀' 이야기를 흥미롭게 생각하는 이유는 종교성의 근원을 생생한 몸의 반응으로 설명한 아주 특출한 사례로 해석할 수 있기 때문이다. 우리 도덕의 기원은 몸에서, 우리 몸의 땀에서 시작되었다! 이 이야기처럼 도덕의 기원을 우리 몸 가장 깊고 가깝게 끌고 내려간 설명이 있었던가? 필자는 과문하여 모른다. 역시 맹자님은 천재다.

그렇다면 그 최초의 '맹자의 땀', '도덕적 몸'은 언제쯤 탄생했던 것일까? 다시 말해 그 최초의 돌연변이는 언제쯤 출현했을까? 최소한 현대 호모 사피엔스가 6만 년 전 밥엘만뎁 만을 건너기 이전이 되어야 할 것이다. 문화의 전파는 몸의 변화 없이도 가능하지만, 특정 자극에 대한 동일한 몸의 반응은 몸 자체가 같지 않으면 불가능하다. 밥엘만뎁을 건넌 이후 중동 어디쯤에서 전에 없던 '맹자의 땀 돌연변이'가 태어났다고 치자. 그렇다면 이 돌연변이가 자연선택을 통해 일정한 개체군을 형성하고 또 이 개체군이 맹자의 땀이 없는 다른 개체군을 압도하였으며 결국에는 완전히 대체해서 오대양 육대주의 모든 인간을 점하기에 이르렀다는 이야기가 성립되어야 한다. 그러나 그렇게 가정하기에는 밥엘만뎁 이후 오늘까지의 6만 년이라는 시간이 너무나 짧다.[8] 더구나 사하라 이남 아프리카, 호주 일대, 아메리카

---

8) 특정 돌연변이가 지배적으로 되는 시간을 계산하는 식이 개발되어 있다. 특정 돌연변이가 자연선택되는 정도를 나타내는 선택상수와 효과개체군의 크기, 그리고 세대교체의 시간이 중요변수가 된다. 이에 관한 명쾌한 설명은 캐럴(2008) 제2장 참고. 이를 밥엘만뎁 이후의 인류에 적용하면, 선택상수는 미약한 반면, 효과개체군은 너무 넓은 영역에 너무 많이 분산되어 있다. 엄격히 말하면, 시간이 짧다기보다는 특정 유전변이가 전 지구로 퍼진 인류 모두에게 (자연적으로) 확산되는 것 자체가 불가능하다고 해야 할 것이다. '맹자의 땀 정도의 유전적 보편성은 오직 좁은 지역으로 한정된 작은 유전적 개체군이 형성된 후 이 개체군이 크게 확산했다는 가설이 아니면 성립되기 어렵다.

는 밥엘만뎁 이후 오랫동안 유라시아와의 유전적 흐름이 단절되어 있었지만 죽음에 대한 인식, 의례, 종교성의 원형은 그 어느 곳이나 유라시아 인류와 전혀 다를 바 없다. 밥엘만뎁의 시점에 이미 모든 현대 호모사피엔스가 '맹자의 땀'을 가지고 있었다는 분명한 증거다.

맹자는 '기상유자 예이불시(其顙 有泚 睨而不視)'라는 최초의 사건이 당신과 그다지 멀지 않은 시대 중국 근처 어디에서 벌어졌을 일이라고 상상력의 날개를 폈을 것이다. 이 점에서는 맹자님이 틀리셨다. 진화론적 추론에 충실하게 따르면 '맹자의 땀'은 밥엘만뎁의 6만 년 전보다 훨씬 이전, 구석기시대의 깊은 어느 시점, 중국이 아닌 아프리카 어느 곳에서 최초로 발생한 우연한 사건이었다.

현재까지의 고고인류학의 발굴 증거에 따를 때, '맹자의 땀'을 가진 '최초의 인류'의 제1후보는 캘리포니아 대학교 화이트 교수팀이 1997년 에티오피아 헤르토에서 발굴한 두개골 세 점의 임자들이다. 이 팀은 분석 결과를 '16만 년 전 최초의 호모 사피엔스'라 정리했다. 흔히 '호모 사피엔스 이달투(Homo spiens idaltu)'라 부른다(White, T. D., Asfaw, B., DeGusta, D., Gilbert, H., Richards, G. D., Suwa, G., et al. 2003, 〈사진 1〉, 〈그림 1〉 참조).[9]

---

9) 물론 발굴된 바로 그 호모 사피엔스 이달투가 바로 정확히 최초의 '맹자의 땀' 소지자였다는 뜻은 아니다. 그즈음 상하 몇 만 년 정도의 범위 내에서 생존했던 호모 사피엔스 군 중 어느 개체가 그 후보가 될 수 있을 것이다. 그런데 여기에 또 한 가지 흥미로운 질문이 남는다. 네안데르탈인 등 고대 인류도 사람을 묻은 흔적이 있으니 '맹자의 땀 후보가 될 수 있을까? 이에 관한 증거는 아직 너무나 희박하다. 다만 현재까지의 증거에 의거해서 고고학자들이 보는 일반적인 견해는 네안데르탈인 등 고대 인류의 매장 수준은 종교적이라기보다 기능적이었다고 한다. 쓰레기 처리 수준과 다를 바 없었다는 것이다. 또 모든 고대 인류가 매장을 했다는 증거도 없다. 현대 인류의 풍습이 그들에게 전파되어 흘러 들어갔을 가능성도 크다. 단순한 문화 전파였든 아니면 이종교배를 통한 유전자 흐름(genetic flow)이었든 말이다. 어쨌거나 현재로는 '최초의 맹자의 땀'이 밥엘만뎁 이전

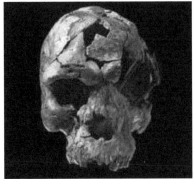 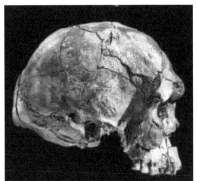

〈사진 1〉 '호모 사피엔스 이달투'의 두개골(Herto skulls)

〈그림 1〉 '호모 사피엔스 이달투'의 두개골이 발견된 지역

16만 년 전이라고 하면 인류가 밥엘만뎁을 건너 유라시아로 퍼져 나갔던 시점보다 10만 년 이전이다. 이때가 우리가 추정하고 있는 '맹자의 땀'의 탄생 시간대에 상당히 근접한다. 그렇다면 밥엘만뎁에서의 '아프리카 엑소더스' 대열의 모든 인류가 이미 '호모 사피엔스 이달투'의 후예들이었고, 이들 모두가 '맹자의 땀'을 가지고 있었다고 말

이었음이 분명하고, '호모 사피엔스 이달투'가 살았던 16만 년 전후는 강력한 후보 시점이 된다. 그러나 만일 네안데르탈인 등 고대 인류의 매장 풍습이 보편적이었고, 그 매장에 종교적 증거 또한 보편적으로 확인된다면 '최초의 맹자의 땀'은 고대 인류와 현대 인류 분지 이전인 대략 50만 년 전에서 최초의 호모 사피엔스의 출현인 16만 년 전 사이로 거슬러 올라갈 수도 있을 것이다. 그럴 가능성은 크지 않다. 고대 인류와 현대 인류의 관계에 대한 논의는 릴리스포드(2003) 제3, 4장 참고.

할 수 있다. 주자-스피노자는 바로 6만 년 전 밥엘만뎁을 건넜던 바로 그 호모 사피엔스들의 후예들이다. '호모 사피엔스 이달투', 그리고 그 후예들의 이마에 흘렀을 '맹자의 땀'이야말로 주자-스피노자 공통성의 제1지층, 가장 깊은 근본이다.

5. 종교성의 심화: 보편윤리와 세계종교의 출현

지금까지의 이야기는 생물학적 진화론의 정설을 충실하게 따라서 구성해본 것이다. 그러나 우리가 설명할 다음 부분, 기축시대 이야기에는 생물적 변수보다는 문화적 변수가 더 강하게 작용한다.

여기서 중요한 점은 '몸의 변화'가 아니라 보편윤리, 세계종교라는 '특이한 사유 구조의 출현'이다. 물론 '맹자의 땀'도 '특이한 사유 구조의 출현'을 동반했다. 죽고 없는 어미, 까맣게 잊고 있던 아비가 바로 불현듯 내 옆에 느껴지는 것이다. 이 원형적 성(聖)의 영역이 비상하게 고양되어 고도화된 것, 그리하여 전적으로 새로운 사고 유형이 마치 기적처럼 출현했던 것이 야스퍼스가 말하는 기축시대다.

기축시대에 탄생한 보편윤리, 세계종교의 공통적 핵심은 무엇인가? 그 바탕에는 맹자의 땀에서 시작된 종교성의 원형이 있다. 그 종교성은 감관세계, 물질세계를 상대화시켰다. 그런데 이 단계까지는 내가 아직 그대로 있다. 다만 내가 바라보는 눈앞의 세계와는 또 다른 차원의 세계를 상정함으로써 눈앞의 세계를 상대화시킨다. 반면 보편윤리, 세계종교는 '나'라는 생각 자체, 즉 자아를 상대화시킨다. 자아를 단번에 인류 전체, 우주 전체라고 하는 고도로 추상적인 개념과 등치시킨다. 자아를 인류 전체, 우주 전체 안에 녹여 무화(無化)시켜버리지만, 바로 이를 통해 초월적 자아로

부활한다. 물론 장구한 시간 존속해온 종교성을 바탕으로 한다. 그러나 비상한 도약이 있다. 나의 존재, 나의 가치, 나의 욕망 자체를 대상화시킨다는 것, 나를 부정하여 거듭 새로운 자아에 이른다는 것, 이것은 인류의 재탄생과 같은 기적적 사건이다. 그리하여 전통적 종교인 구복종교, 종족종교, 민족종교를 넘어 세계종교에 이른다.

왜, 어떻게 이러한 놀라운 도약이 이루어졌을까. 우선 그동안 인간 몸의 문화적, 윤리적 감수성이 꾸준히 고도화되었음을 전제해야 할 것이다. 아마 '맹자의 땀'을 가능케 했던 몸의 변화, 즉 유전자적 돌연변이는 다른 유사한 정서적 현상들에도 점차 더욱 넓게 반응하게 되었을 것이다. 여기에 '맹자의 땀' 이후의 언어의 발전이 특별히 중요한데, 그 결과 상징적 정서 반응의 감도가 크게 민감해졌을 것이기 때문이다. '맹자의 땀' 이후의 이러한 변화 과정에 어떤 성격의, 어느 정도의 몸의 변화가 수반되었는지 명확히 말하기는 어렵다. 그러한 변화들이 모종의 결정적인 몸의 변화(돌연변이) 없이도 가능한 적응력의 확장이라 설명할 수도 있을 것이고, 이 적응력의 확장 과정에도 종(種) 차원에서 몇 차례의 중요한 돌연변이가 작용했다고 볼 수도 있을 것이다.[10]

그렇지만 한 가지는 분명히 말할 수 있다. 기축시대를 논하면서 그것이 '맹자의 땀'과 같이 1회적 돌연변이에 의해 격발되었을 것이라고 추정하는 것은 도저히 불가능하다는 점이다. 왜냐하면 먼저 야스퍼스가 간파했듯이 기원전 800~200년이라는 짧은 시간에 중동, 중국, 그리스, 인도, 이란이라는 원거리 지역에서 근본이 상통하는 매우 흡사한 고등 사유가 출

---

10) 현존 인류의 마음이 이미 홍적세 구석기시대의 인류와 본질적으로 다르지 않다고 보는 진화심리학이나, 인간의 언어 능력이 후두의 하향 이동과 결정적으로 연관되어 있고, 그 시점을 수십만 년 이전으로 보는 진화인류학, 진화언어학의 관점에서 보면 전자의 설명이 더 설득력을 갖는다.

현했다고 하는 '시간의 벽' 문제가 있다. 600년이란 시간은 진화적으로는 거의 동시다. '맹자의 땀'처럼 모종의 새로운 '기축 돌연변이'가 어느 지점에서 처음 생겨나 그 후손들이 상기한 여러 지역들로 퍼져나가 '기축 윤리'를 제창했다고 추론하는 것은 (석가, 공자, 플라톤은 모두 한 가문?) 좀 썰렁한 유머 이상의 의미는 없을 것이다. 결국 시간이 문제다. 특정 변이가 그처럼 먼 지역까지 진화적으로 퍼져나갔다고 하기에는 시간이 절대적으로 부족하다.

또 하나 결정적인 반증 근거가 있다. '맹자의 땀'은 인간 보편적인 몸의 조건이라고 생각할 수 있지만, '기축 윤리'는 결코 그렇지 못하다는 것이다. 맹자의 땀을 가진 자의 자식이 맹자의 땀을 가질 유전적 확률은 매우 높다. 그러나 기축 윤리를 제창한 위대한 성인(聖人)의 자식 역시 그만한 성인이 될 유전적 확률은 사실상 제로일 것이다. 생물학적 바탕은 물론 공유한다. 그러나 고도의 윤리적 감성은 여기에 문화적 상황을 가공하는 고도의 종합력을 아울러 요구한다. 그러한 종합력을 특정 유전자 분자 구조의 돌연변이로 환원하기는 어렵다. 이제 '맹자의 땀' 돌연변이 논리와는 여기서 작별해야 할 것 같다. 여기부터는 다른 방식의 설명이 부가되어야 한다.

'맹자의 땀'에서는 설명 방향이 '유전자(돌연변이)→문화(장례)'였지만, '기축시대' 부분 논의에서는 설명 방향이 바뀐다. 어떤 비상한 문화적, 사회적 상황이 인간의 주어진 지적, 도덕적 능력에 모종의 거대한 충격을 가한 것이다. 그러나 역전된 설명의 화살표(문화→유전자)는 좀 더 복잡한 우회 과정을 거친다. 도덕적 충격이 직접 유전자 변형을 일으킨다는 것은 어불성설이다. 그러나 간접적으로, 다시 말해 아주 장기적으로 유전자 변형을 유도할 수는 있다. 특정한 사회질서가 특정한 유전적 개체군에 유리한 환경을 조성할 수 있기 때문이다. 이것이 생물적 진화와 문화적 진화의 관계라고 생각한다. 문명이 고도화할수록 자연 대신 문화와 사회가 유전 풀(gene pool)에서 더 주요한 환경이 된다. 진화적 또는 유전적 선택압의 주역이 점차 자연적 환경에서 문화/사회라고 하는 인위적 환경으로 이동하는 것이다. 이를 뒤집어보면, '어떤 가치가 통하는 사회냐'라는 사실이 장기적으로 어떤 유형의 인간이 진화적으로 선택될 것인가에 큰 영향을 줄 것이라는 뜻이다. 다시 말해 지금 우리가 어떤 사회를 만들어가느냐가 장차 인류가 어떤 인간이 될 것인가를 결정한다. 인간의 사회적 책임의식이란 이런 차원에서 생각해야 하는 것이 아닐까?

어쨌거나 '기축 윤리' 이야기의 핵심은 모종의 새로운 진화 논리가 인간이 만든 문화적 상황 속에서 탄생했다는 데 있다고 생각한다. 일견 '기축 윤리'의 논리는 냉혹한 적자생존(survival of the fittest)의 자연선택 논리와 상반되는 듯이 보인다. 그렇지만 '기축 윤리'의 성립 근거가 생물적 진화의 일반 흐름과 꼭 뒤집어진 역(逆)의 관계에 있다고 보는 것은 일면적일 것이다. 왜냐하면 '기축 윤리'를 가능하게 한 윤리적 종합력, 초월적 사유의 바탕을 제공한 것 역시 진화의 결과 도달한 인간의 생물적 몸일 것이기 때문이다. 다만 이 시점에서는 '맹자의 땀'과 같은 한 점 유전적 돌연변이가 아니라, 문화 현상에 민감해진 주어진 몸의 고도의 종합적 반응 능력이 키를 쥐고 있다. 그리고 '기축 윤리'라고 하는 반응 능력은 잠재성으로 유전될 뿐, 그 발현 가능성은 언제나 미지로 남아 있다.

기축시대에 대한 문화사적 시각에서의 연구와 분석은 이미 상당한 정도 이루어졌다.[11] 이상의 전제를 유념하면서 여기서는 기왕의 연구 성과들이 밝혀낸 사실들을 종합해서 그 핵심 뼈대만을 말하기로 한다. 그렇다고 이하의 서술이 기존 연구의 요약인 것은 아니다. 오히려 기존 연구에서는 강

---

11) 대표적인 것으로 Eisenstadt, Shmuel, ed.(1986); Armstrong(2006) 참조.

조되지 못했지만 필자가 보기에 특별히 중요하다고 생각하는 점들을 부각시키고 싶다.

지금까지 기축시대 묘사는 흔히 대표적 인물들의 가르침에 집중해왔다. 몇몇 성인들의 출현 때문에 기축시대가 가능했다고 설명하는 것이다. 이런 설명이 전혀 근거가 없다고 할 수는 없다. 그러나 중요한 오해의 여지가 있다. 우선 인류사에서 신성함의 영역이 이때 처음 출현했던 것 같은 인상을 준다. 그러나 성(聖)의 탄생이 보편윤리, 세계종교를 출현시킨 것은 아니다. 오히려 '성(聖)의 위기' 때문에 가능했다. 성의 탄생은 이미 오래전에 이루어졌다(앞서 설명했던 '맹자의 땀', 즉 인간 본성에서 종교성이 출현했다).

'성의 위기'란 두 측면을 갖는다. 하나는 위기적 상황, 다른 하나는 위기의식. 그 모두의 배경에는 고대 도시, 고대국가의 출현이 있다. 윤리종교의 창시자, 성인 개인 중심의 접근은 이러한 문화적 공통성에 대한 이해로 보완되어야 한다. 기축적 사유의 공통성은 이러한 문화적 상황의 공통성에서 나왔다. 기독교의 에덴동산이나 노자의 과민소국(寡民小國)은 모두 고대 도시, 고대국가가 출현하기 이전의 상황을 말한다. 도시와 국가는 예나 지금이나 고도의 인위와 작위의 산물이다. 착취와 전쟁이 체계화, 대규모화한다. 이를 성공적으로 수행할 방법론들이 고도화된다. 고대 과학, 고대 재정, 고대 행정, 고대 병참의 술과 학이 발전한다. 필자는 이러한 현상을 인류역사상 '최초의 세속화(the first secularization)'라 불러야 마땅하다고 생각한다. 마술적 힘으로 가득한 신화적 세계 인식에 균열이 생기고, 세속적 힘과 이해관계, 욕망의 계량학과 함수관계가 새로운 군주로 등극하기 때문이다. 아마도 이러한 묘사가 너무나 근대적인 것이 아닌가 의심하는 마음이 들지 모르겠다. 그러나 실제가 그랬다. 기축시대를 전후했던 상황은 근대가 출현했던 상황과 구조적으로 유사한 점이 많다. 구조적 상동이고 정도의 문제라고 해도 좋다. 다만 뒤집어져 있다. 이 점은 이후 논의하기로 한다.

이상이 위기적 상황이다. 그렇다면 위기의식이란 무엇인가. 우선 이러한 상황을 관조하면서 이를 위기로 인식하게 되는 계층이 탄생했다는 것이 중요하다. 인간 집단 사이의 전쟁은 구석기시대 이래 오히려 더욱 빈번했고, 집단 내 착취는 신석기 농업혁명 이후 늘 존재해왔다. 그러나 이러한 상황을 문제로 간주하고 사유를 집중시킬 만한 여유를 가지게 된 특정한 인간 집단이 형성된 것은 고대 도시, 고대국가 형성 이후의 일이다. 이들 속에서 고도의 집중적 내면 성찰이 이루어졌다. 이들 간에 상호 자극받고 가르치고 전승되고 비판되면서 이 사유는 더욱 고도화되어갔다. 그들의 성찰은 밖과 함께 동시에 안을 향했다. 자신이 속한 세계, 그리고 자신이 자신이라 믿는 자아. 그리하여 그들의 왕을 꾸짖고, 그들이 속한 사회를 비판하고, 그들 자신의 자아 관념을 넘어서고자 했다.

여기서 보편윤리, 세계종교가 탄생했다. 여기서 근대적 사유는 매우 가깝다. 우리는 여전히 그 시대의 윤리적, 종교적, 철학적 문헌을 읽고 현재성을 느낀다. 기축시대의 보편윤리와 세계종교는 어떤 의미에서는 이미 근대다. 그래서 필자는 인류 역사상 '최초의 세속화'가 발생했던 그 시대를 원형근대기(proto-modern era), 그리고 그 시대의 에토스를 원형근대성(proto-modernity)이라 부른다. 주자-스피노자 공통성의 제2지층은 바로 이 원형근대성이다.

6. 근대, 근대성의 출현

이제 주자-스피노자 공통성의 최상층, 제3지층만이 남았다. 그것은 근

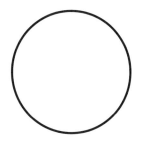

〈그림 2〉 '맹자의 땀' 이전의 상황   〈그림 3〉 신화의 시대

대성 문제다. 앞서 원형근대와 근대는 매우 가깝다 하였다. 시간보다는 사고의 구조에서 그렇다. 같은 패턴이 뒤집어졌을 뿐이다. 필자는 그것을 성과 속의 통섭 관계 전환이라 부른다. 그 요점은 이미 앞선 논의 속에 다 들어가 있다. 그 핵심을 간명히 정리해보면 근대의 출현 이야기는 자연스럽게 따라 나온다. 이제 이 순서로 이야기를 풀어보자.

먼저 '맹자의 땀', 즉 최초의 종교성의 출현 이전까지 인간의 물적·정신적 상황은 〈그림 2〉로 표현해볼 수 있다.

굵은 실선은 감관세계와 물질세계를 표시한다. 굵은 실선으로 완결된 원을 그리는 이유는, 감관세계와 물질세계가 아닌 다른 어떤 존재 영역이 아직 이 단계의 의식 영역에 출현하지 않았기 때문이다. 인간(또는 동물, 또는 보다 넓게 생물체 전반이라 해도 좋다)에게 표상을 주는 외부의 사물 세계, 그리고 인간의 표상을 구성하는 내면의 감관 질서 모두 감관세계와 물질계 안으로 닫혀 있다. 자체완결적이라 해도 무방하다.

이 완결적 원주상에 틈이 생기고 여기에 감관세계와 물질계 너머의 모종의 또 다른 존재 영역에 대한 인식이 생겨난다. 차세성(this-worldliness) 너머의 피세성(other-worldliness)에 대한 인식이다(Lovejoy, 1936). 성(聖), 성에 대한 인식의 출현이라고 해도 좋다. 앞서 길게 논의했던 '맹자의 땀'

이란 이러한 피세성 출현의 계기였다. 우리가 이러한 피세성 또는 종교성의 영역을 점선으로 표시한다고 하면, '맹자의 땀' 이후의 새로운 인간 상황은 〈그림 3〉과 같이 표현해볼 수 있을 것이다.

이 새로운 단계에서는 실선과 점선이 서로 구분할 수 없게 뒤섞인다. '맹자의 땀'이 출현했던 순간은 〈그림 2〉에 작은 구멍이 하나 조그맣게 뚫린 순간이었다고 할 수 있다. 이 작은 구멍들이 점차 늘어간다. 그리하여 〈그림 3〉과 같은 상태에 도달한다. 〈그림 2〉의 상태로부터 〈그림 3〉과 같이 점선과 실선이 뒤섞인 단계에 이르기까지 최소한 수만 년, 길게는 수십만 년의 시간이 흘렀을 것이다. 〈그림 3〉의 단계에 이르면 점선(성의 영역)과 실선(속의 영역)이 구분하기 어렵게 뒤섞인 의식의 상태가 나름의 질서를 갖춘 하나의 세계관으로 형성된다. 우리는 이 세계관을 '신화적 세계관', 그리고 이 시대를 '신화의 시대'라 부르기로 한다. 신화의 시대 역시 수만 년 동안(구석기 후기부터 '기축시대' 이전까지) 존속했다. 신화의 시대의 말미에 문자와 기록이 출현한다. 그래서 '신화의 시대'의 인류의 세계관, 존재관은 현재 남은 문헌 속에서도 생생하게 엿볼 수 있다.

그중 호메로스의 『일리아드』를 예로 들어보자. 용사 아킬레우스가 분노하여 싸움에 떨쳐나서고 무서운 힘으로 적을 무찌르는 과정은 한편으로 완전히 이 현실 속의 물리적 작용이지만 동시에 그 동작 하나하나가 여러 신들이 아킬레우스에게 분노와 용기 그리고 가공할 힘을 불어넣어 주어 이루어지는 장면들로 묘사된다. 『일리아드』 전체가 그런 방식으로 서술되어 있다. 『일리아드』의 서술에서 또 하나 흥미로운 것은 행위자들이 자신의 움직임, 그리고 그러한 움직임들이 전개되는 정황 자체에 대해 성찰적 거리를 두고 바라보는 내성(內省)의 차원이 거의 보이지 않는다는 점이다. 적을 살육하고 나서 분출하는 격렬한 희열이나 패배하여 상처 받고 울부짖는 고통과 비탄은 있지만, 그러한 상황 전체를 관조하면서 그 의미를 성

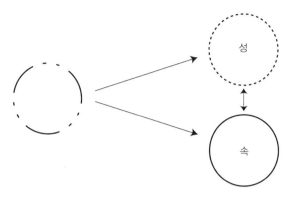

〈그림 4〉 성과 속의 분리

찰하여 보는 계기는 없다.

이 모든 상황에 개입하는 신들의 세계의 작동 논리가 이를 대신하고 있는 것도 아니다. 물론 신들 세계의 구조, 능력과 그들 사이의 관계에 대한 묘사에는 뛰어난 상상력이 작용한다. 그러나 그 신들의 속성도 죽지 않는다는 것을 빼고는 인간과 별반 다를 것이 없다. 윤리라 하여도 가족애, 형제애, 동족애, 전우애와 같은 자기 집단 내부의 결속으로 모아지는 정도일 뿐 일차적 범위를 넘어서서 반대로 자기 자신과 자기 집단을 향하여 반조(返照, reflect)하는 성찰적 윤리의 시선은 찾아보기 힘들다. 결국 이 단계에서는 신들의 윤리라 하여도 다를 것이 없다. 신들도 서로 질투하고, 원망하고, 복수한다. 이 세계에서는 현세성과 차세성이 같은 평면, 같은 차원 위에서 뒤섞여 병렬적으로 공존하고 있다.

기축시대란 바로 〈그림 3〉의 구도에 근본적인 변화가 발생한 시대다. 이를 통해 '원형근대의 탄생'이라고 하는 인류사상 진정으로 거대한 전환 또는 거대한 변형이 발생했다. 그 핵심은 〈그림 3〉에서의 뒤섞인 실선[俗]과 점선[聖]의 분리, 그리고 그렇듯 분리된 성과 속 사이의 본격적인 관계의 형성이다. 분리와 관계가 동시에 전개된다. 먼저 〈그림 4〉는 성과 속의 분리를 도시한다.

그 이전 단계에서 성과 속은 서로 뗄 수 없이 섞여 있다. 이 둘이 분리됨으로써 비로소 성과 속의 영역이 서로 각각 분별된 영역으로 탄생했다. 성과 속이란 서로 분리되어 마주 볼 때에야 비로소 서로 독자적 영역으로, 각각 완전한 의미 구조로 성립한다. 둘이 분리되지 않고 섞여 있던 〈그림 3〉의 단계에서는 성과 속이 별개의 영역으로 구분되지 않고, 따라서 각각 완결된 의미 구조도 갖지 못한다. 반면 〈그림 2〉의 상태에서는 물질계와 감관계 안으로 닫혀 있는 그 상태를 '무엇'이라고 인식하는 바라봄 자체가 없다.

필자는 성과 속의 분리 그리고 그 관계의 재정립을 인류문명사상 최대의 사건이라고 부르고 싶다. 이 분리와 재정립은 앞 절에서 논의한 바와 같이 비상하게 강렬했던 성(聖)의 위기의식에서 비롯했다. 이 '성의 위기'를 통해 성의 영역의 윤리성, 초월성이 비상히 고양되었다. 그런데 성과 속이 분리되어 마주 본다는 것은 그 둘 사이에 본격적인 관계가 형성되었음을 말한다. 분리 자체가 하나의 특정한 관계 맺음의 형상을 띠고 출현할 수밖에 없다. 따라서 〈그림 4〉는 이해를 돕기 위한 도시(圖示)라고 봐야 한다. 우선 분리라는 사건 자체를 강조하고 그 의미를 분명히 하기 위한 것이다.

성과 속이 분리되었다 함은 양자가 서열적 질서에 따라 재배치되었음을 말한다. 분리된 성과 속이 〈그림 4〉처럼 서로 떨어져 병렬할 수는 없다. 이 최초의 재배치에서 우월한 위치에 선 것은 단연 성(聖)의 영역이었다. '성의 위기'에 임하여 인간의 초월적 각성을 비상하게 끌어올렸기 때문이다. 성의 영역을 극점까지 끌어올림으로써 속의 영역과의 차별성을 분명히 했다고 해도 좋다. 그리하여 고양된 성의 질서가 불완전한 속의 질서를 섭리적으로 통괄, 또는 통치하는 관계가 형성된다. 성이 속을 통섭하게 된 것이다. 이것이 최초의 성속 통섭 관계 즉 '통섭 I'이고, 이 통섭 관계가 원형근대의 핵심적 특징이다(〈그림 5〉).

'통섭 I'은 성과 속이 명확히 질적으로 구분되었다는 점에서 〈그림 3〉의 신화적 단계와는 분명히 다르다. 성의 영역은 자연계를 초월한 윤리적 절대자로 상승한다. 인격신의 형상을 취하느냐 아니냐는 여기서 본질적이지 않다. 물질계의 현상적 인과 고리 너머의 존재 영역이 획정되었다는 것이 중요하다. 그러나 아직

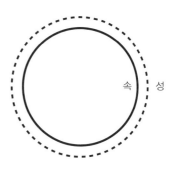

〈그림 5〉 통섭 I(원형근대): 성이 속을 통섭함

'통섭 I'의 단계는 신화 시대의 영향이 강하게 남아 있다. 특히 대중종교, 민간신앙 속에서 그렇다. 인류의 기억에 신화의 시대가 수만 년의 시간을 점하고 있었음을 생각하면 이는 지극히 자연스러운 일이다. 이해되지 않고 따라서 적절히 통제되지 않는 자연의 여러 현상들의 배후에 신성한 존재를 불러들이곤 한다. 그리고 그 힘을 빌려 고난과 난관을 벗어나려 한다. 그 결과 구복종교와 윤리종교 간의 긴장과 갈등이 시작되었다는 것이 '통섭 I'의 또 하나의 징표라고 할 수 있다.

'근대'란 〈그림 5〉의 통섭 관계가 흔들리고 역전되면서 시작된 현상이다. 종교사회학에서는 이를 '세속화(secularization)'라고 부르지만 앞서 논의한 대로 제1차 세속화는 이미 '성의 위기'가 날카롭게 지각되었던 초기 고대 도시와 고대국가의 형성기였다. 따라서 근대 현상을 표징하는 세속화란 엄격히 말하면 제2의 세속화였다 할 것이다. 제2차 세속화는 보다 전면적이고 근원적인 세속화였다. 물적 세계에 대한 이해, 물적 세계의 자기 전개 방식에 대한 인식이 그만큼 깊어지고 구체화되었다. 물적 세계를 이해하는 데 합리성, 과학성이 그만큼 심화한 것이다. '통섭 I'에는 아직 〈그림 3〉처럼 신화 시대의 사유 습성이 남아 있다. 물적 현상에 대한 과학적

인식의 한계 때문이기도 하다. 그래서 합리적, 과학적으로 설명되지 않는 여러 물적 현상을 신성한 힘의 개입으로 풀이하기도 한다. 그러나 물적 세계에 대한 과학적 인식이 깊어질수록 성의 영역은 물적 세계로부터 퇴각한다. 17세기 스피노자가 갈릴레오, 뉴턴의 과학혁명 시대의 유럽에 살았던 것처럼, 주희 역시 관측기구를 써서 우주 운행을 측정하던 시대의 중국에 살았다. 주희 자신도 그러한 시도를 했다(야마다, 1991). 주희가 본 세계는 무엇보다 우선 기(氣)의 세계, 물적 질서로 충만한 세계였다.

그런데 주자학이 정립한 이(理)는 더 이상 물적 세계, 현상 자체와 동일시되지 않는다는 점이 중요하다. 기적(氣的) 세계의 물적 자기완결성이 보다 명백해졌기 때문일 것이다. 한 교수가 언급한 것처럼 "태극은 음양오행의 세계 속에 있지만, 그러나 음양오행이나 물질처럼 시간과 장소를 설정할 수 없다는 점에서 초월적[無極]이라 할 수 있다"(『조선유교』, 251쪽). 이 초월은 현상계의 시간과 공간에 그 거소를 찾지 못하는 초월, 제1장에서 말했던 "시간 밖의 시간, 공간 밖의 공간"을 지향하는 초월이다. '통섭 I'의 단계에서 비록 그 단초가 나타났지만 아직 전면화되지 못한 한 단계 깊은 초월이다. 즉 한 교수가 주자와 스피노자를 한자리에 앉혔던 '내재적 초월'의 영역이다.

'통섭 II'의 세계는 물질계, 속(俗)의 영역의 우월적 독립을 전제한다. '통섭 I'의 세계에서는 성(聖)의 영역이 물적 현상계를 물샐틈없이 감싸면서 통섭하고, 경고하고, 계도하고 있다고 믿었다. 물적 현상계는 그를 통섭하고 있는 성의 영역에 비하면 보잘것없는 그림자와 같은 것으로 간주되었다. 이 단계에서 성과 속은 비록 분별되지만 같은 거소, 같은 시공을 나누어 쓰고 있었다. 물론 성의 압도적인 우위에서였다. 그래서 높은 곳, 하늘[天, 도솔천, 항성천구(恒星天球, stellar sphere)의 바깥 등]의 공간적 이미지가 어느 문명에서나 중요한 역할을 했다.

그러나 '통섭 II'의 단계에서는 이제 독립선언을 한 물적 세계가 현상적 시공계를 꽉 채우고 있음을 인정하지 않을 수 없게 된다. 저 바다 멀리, 저 하늘 멀리 어디를 가도 성의 영역(상제의 궁전이든 하느님의 나라든)은 이 시공 안에 별개로 존재하지 않는다. 현상계의 즉물적 표면에 더 이상 성의 영역은 자리를 찾지 못한다. 스피노자의 신은 이 아포

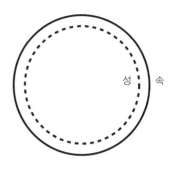

〈그림 6〉 통섭 II(근대): 속이 성을 통섭함

리아의 새로운 해결 방식이었다. 그는 자연 자체가 신이라 했지만, 즉물적 현상 자체를 신과 등치시켰던 것은 아니었다. 자연의 흐름 안에 깊이 숨은 궁극적 완전성, 즉 그가 이성이라 불렀던, 자연에 내재한 궁극적 섭리를 신과 등치시켰던 것이다. 한 교수가 제시한 "내재적 초월의 편만"(『조선유학』, 252쪽)이라는 표현은 스피노자의 이성과 주자의 이의 공통성을 간명하게 잘 요약해주고 있다.

주희의 현상계 역시 단연 기로 꽉 차 있는 세계다. 물적 세계의 압도성이 명확해질수록 이학(理學)은 물적 세계의 숨은 내면을 향해 더욱 깊어갈 수밖에 없다. 성의 영역이 물적 현상 내면 깊이 숨을수록 그 영역의 논리를 찾는 노력은 더욱 치열해지고, 그 결과 찾아진 성의 속성은 더욱 추상화되고 순수해진다. 역설적이지만 또한 필연적인 귀결이다. 그리하여 이제 성의 영역은 '공간 밖의 공간', '시간 밖의 시간'에 그 거처를 찾아야 했다. 파스칼의 말대로 신은 숨었다. 시간이 흐를수록 속의 세계가 과학의 이름으로 시공을 빈틈없이 가득 채운다. 그리하여 속의 지배가 강해질수록 성의 세계는 더 깊이 숨는다. 그 결과 성속의 통섭 관계는 역전된다. 이제 성속의 관계는 〈그림 6〉과 같이 된다.

제1장에서 필자는 '근대', '근대성'의 핵심적 특징이 '통섭 I'에서 '통섭 II'로의 전환에 있다고 했다. 이 전환은 긴 시간을 두고 진행되어왔고, 현재에도 진행되고 있는 '장기지속' 현상이다. 역사적으로 그 통섭 전환의 주요 계기가 된 시점을 획정해보는 것은 중요하다. 흔히 근대의 시작을 15~16세기 유럽으로 보지만, 필자가 보기에는 11~13세기, 즉 중국의 송원 연간에 통섭 전환의 양상이 최초로 분명하게 드러난다(제1, 6장). 주희가 집대성한 '정주학=주자학'이야말로 이러한 일대 전환의 사상적 표현이었다. 이런 관점에서 보아야만 글로벌한 차원에서 전개된 '역사적 근대(historical modern age)'의 전모를 일관되게 이해할 수 있다.

7. 결론

이로써 한 교수가 강조한 "인류가 동서의 현자들을 통해 반복적으로 숙고해온, 오래된 사유의 근본 지점", 그리고 주희, 스피노자, 라이프니츠가 동렬에 놓인다고 하였던 지평의 역사적 위상을 확인해볼 수 있었다. "오래된 사유의 근본 지점"이란 '맹자의 땅'에서 비롯되고 긴 '신화의 시대'를 경과하여 '원형근대'에서 획기적인 상승을 이루었던 초월적 사유, 그리고 원형근대성의 통섭 전환을 통해 오늘날까지 이르고 있는 인류의 보편윤리적 지향이다. 또 주희와 스피노자, 라이프니츠가 같이 선 지평이란 이 윤리적 지향이 전면적으로 내재화되기 시작하는 '역사적 근대'의 여명기였다.

이제 정리해보자. 주자-스피노자 사유의 공통성은 세 개의 층을 이루고 있다. 먼저 맨 아래 ① '맹자의 땅' 층위, 그 위로 ② 원형근대성의 층위, 그리고 끝으로 ③ 성속 통섭이 뒤집어진 근대성의 표면층. 이 세 층의 중첩

속에서 주자와 스피노자는 같다.

한 교수가 '서구화'와 등치하고 있는 '근대', '근대화'란 18세기 후반 이래 유럽 패권의 여러 현상을 말한다. 그러나 이 서구화란 11세기부터 개시된 '역사적 근대'의 일부일 뿐이다. 다만 '근대화＝서구화'의 기억이 최근의 것이기 때문에 우리의 의식을 워낙 압도적으로 사로잡고 있다고 하겠다. 동서의 괴리를 실재보다 크게 생각하는 것도 이런 기억과 감각의 편향에서 오는 것이라 할 수 있다. 그러나 최근 급속히 발전하고 있는 '글로벌 히스토리' 분야의 연구 결과들, 그리고 이 글에서 참조한 인류 기원에 대한 자연과학과 인류학의 새로운 연구 결과들은 인류사의 실재에 대한 감각을 보다 균형 있게 바로잡아주고 있다. 이렇게 확장된 시공 차원에서 근대의 역사를 다시 보고 새롭게 재정립해야 한다.

한 교수는 「주자신학논고」에서 주자학의 종교성을 강렬하게 부각시켰다. 그 종교성은 비인격적이고, 형이상학적이며, 내재적인 초월의 종교성이라 했다. 그리고 이 점에서 스피노자와 완전히 일치한다고 하였다. 전적으로 동의하는 바다. 주자학, 유교 자체가 강한 종교성을 품고 있다. 유교 전체를 종교라 해도 무방하다. 보통 통속적인 근대화 이론은 종교성의 고양과 근대성을 서로 상치(相馳)하는 것으로 본다. 그러나 유럽의 근대가 루터의 종교개혁이라는 종교성의 비상한 고양을 통해 비롯되었음을 기억해야 할 것이다. '근대화＝세속화' 테제를 종교성, 종교의 사멸로 이해하던 이론은 이제 힘을 잃었다. 종교성이 내재적 초월을 향할 때 그 열정과 순수함은 더욱 배가된다. 그것이 더 이상 '종교'의 형상이 아니라 철학이나 윤리 또는 사회참여, 실천이념의 형상을 띨 수도 있다. 그 모두를 관통하는 원리를 파악하는 것이 중요하다.

주자학 또는 정주학이 '역사적 근대'의 정신을 표징한다고 하여 주자학, 정주학을 표방했던 모든 사람, 모든 학파가 전부 근대적이었다고 함은 물론 망발일 것이다. 통섭의 전환 과정은 오늘도 진행 중이라 했다. 브로델의 말을 빌리면 '장기지속'적 현상이다. 주희 자신이 '통섭 I'적인 사고 유형을 여기저기 남기고 있다. 그가 대부분의 경우에는 사물을 사물 자체의 논리로 합리적으로 설명했지만, 천인감응(天人感應)적 사고에 대해서는 애매한 틈을 열어둔 것이 그 일례다. 특히 자연 재앙을 군주에 대한 하늘의 경고로 해석하는 것이 그렇다. 유교적 이치로써 군주를 통제한다는 이이제군(以理制君)의 순전한 방편(도덕정치적 책략)이었다고만 말하기는 어려울 것이다. 그를 추종했던 후대의 많은 범용한 유자들은 주희가 남긴 이 잔영(殘影)을 더욱 증폭시키기도 했다.

내재적 초월의 계기가 철저하지 못하면, 현존 질서 유지(status quo)를 초월적 명령으로 바꿔쳐서 농간을 부리는 세력이 생기기 마련이다. 흔히 기득권층이 그렇다. 틈이 아무리 작더라도 거기서 이익을 취하려는 세력들은 이를 놓치지 않고 그 틈을 집요하게 파고든다. 주자학이 관학(官學)이 되고 기득권을 위한 학이 되었을 때 주자의 이름을 빌려 많이 나타났던 현상이다. 조선 후기에 이런 경향이 특히 강했다.

주자가 힘써 열어놓은 '통섭 I'에서 '통섭 II'로의 전환의 지점으로부터 뒤로 물러서는 퇴행과 역진(逆進) 현상도 물론 있었을 것이다. 그러나 그보다 지배적인 현상은 오히려 통섭 전환의 속화(俗化)가 일층 가속화되는 방향에서 발생하는 문제들이었을 것이다. 원, 명, 청 그리고 조선에서 과거(科擧)의 학으로 정형화한 주자학의 문제는 흔히 말하듯 그 중세성, 또는 중세적 종교성에 있다기보다 오히려 반대로 과도한 현세화 또는 세속적 부후(腐朽) 현상에 있었다 할 것이다. 필자가 이 책 제11장에서 다산의 주자 비판과 상제(上帝) 신학이 이러한 현상 타파의 비판론이었고, 근대적인 내면적 주체가 발아하는 모습이었다고 하는 것은 이러한 맥락에서이다.

형이상학적 이(理)가 현세 편재(遍在)적(omnipresent, ubiquitarian)이라면, 인격신적 상제는 현세 초월적(transcendental) 성격이 보다 강하다. 종교적 개혁운동은 대체로 기성의 종교체제가 기득권적 질서를 신성한 권위의 이름을 빌려 정당화하는 것에 강한 반대를 표명하면서 일어서는 것이 보통이다. 다산에게 윤리적 초월자는 현 질서의 격물치지에서 찾아지는 인식궁구적(cognitive-investigating) 이치[理]가 아니라 내면에서 고독하게 대면하는 윤리실존적(ethical-existential) 상제(上帝)로 전화한다. 이는 윤리적 주체를 상대적으로 보다 내면화하고 개인화시킨 것이라고 볼 수 있다. 이렇듯 내면화, 개인화된 주체는 전통 질서의 편재망으로부터 이탈해나가는 근대적 자아의 발아다.

결국 다산의 주자 비판은 주희의 내재적 초월의 기획을 일층 철저화하고 심화시키는 방향에 대한 비판이었다고 생각한다. 주희의 이(理)를 보다 철저하게 밀고나간 결과 상제에 이른 것이 아닐까? 다산의 상제는 고대 유학, 또는 원형 유학에서 나타난 소박한 인격신적 존재가 아니다. 고도로 초월적인 절대자다. 다시 말하면, 다산은 그의 시대, 그의 상황 속에서 그 나름대로 혼신의 힘을 기울여 성의 영역을 보다 순수한 '공간 밖의 공간', '시간 밖의 시간'의 영역으로 고양해갔던 것이 아니었겠는가? 필자는 다산의 상제를 그렇게 이해한다. 이렇게 보면 주자의 기획과 다산의 주자 비판 기획은 근원적인 점에서 오히려 서로 만난다. 인격신이냐 비인격신이냐는 요점이 아니다. 다산은 다산 나름대로 '성의 위기'에 봉착했다. 주희 역시 꼭 그러했다. 이렇게 성의 위기라는 상황에 봉착하여 이를 가장 예리하게 각성하고 성의 영역을 나름의 방식으로 새로이 갱신하고 고양해나가는 것. 이것이 위대한 사상가들의 영원한 몫이 아닌가 한다. 이 핵심을 놓치고 주자학이냐 아니냐, 인격신이냐 아니냐는 식의 외양에만 주목하면 혼란에 빠진다.

한 교수가 "근대성이라는 그물"로 동양사상을 감히 잡으려 하지 말라 하였건만, 필자가 이 글에서 기어코 그러한 우를 범하고야 만 셈일까? 꼭 그렇지만은 않을 것이다. 필자가 생각하는 '근대성'은 한 교수가 '서구화'와 등치하는 근대성과는 매우 다르다. 오히려 그가 강조하는 '동서 사유의 근본 지점'을 포괄하는 보다 넓은 개념이다. 개념을 떠나 인류의 인간됨의 근본에 대해서 말하고 싶었다. 필자는 '근대성'의 핵심에 아직도 그런 근본의 정신이, 윤리적 스파크가 살아 있다고 생각한다. 어두울수록 그 스파크는 밝게 일어난다.

국학과 동양철학계 일각에는 '근대=서구, 근대화=서구화, 근대성=서구성'이라는 도식을 강조하면서 '근대', '근대성'이라는 개념 자체를 백안시하는 흐름이 있는 듯하다. 그러나 우선 근대와 서구는 범주가 서로 다른 개념이다. 따라서 '근대=서구' 등식은 (논리학 개론에서 가르치는 바와 같이) 아주 기초적인 '범주 오류'에 불과하다. 그럼에도 어쨌거나 그 도식을 강하게 내세우는 입장에서 보자면 (필자가 이 책 전체에서 한 것과 같이) 동양을 이야기하면서 근대를 말하는 것은 침략이요 배신이 될 것이다. 서양 학문의 언어로 동양 고전의 세계를 어지럽히고 있다고 할 것이니 침략이고, 동양 사람으로 서양의 탈을 쓰고 있다고 할 것이니 배신이다. 그 도식을 더욱 철저히 밀고 나가면, 근대화된 오늘의 동양이란 불가피하게 강요된 치욕이지 않을 수 없다. 지금은 서양의 힘이 강하니 면종복배(面從腹背)라도 해야 하지만 힘과 기회가 생기면 언제든 뿌리쳐버려야 한다.

정확히 바로 이런 사고법에서 1945년 패전 이전 일본 지성계를 풍미했던 '근대의 초극' 논리가 나왔다. 그 '근대의 초극'이란 ('근대=서구'이니까) 바로 '서구의 초극'이다. 여러 사람을 혹하게 했던 '근대초극'론이란 결국 일본 파시즘, 침략주의적 대동아공영론의 변호 철학에 다름 아니었다. 오늘도, 미래에도 '근대=서구'라는 잘못된 도식 위에서 '근대초극'론이 나오고 있고, 나올 것이다. 그리고 언제, 어디서 나오든 그런 사고는 항상 정치적으로 위험스러운 것이 될 것이다. 물론 오늘날에는 '근대의 초극'이라는 개념과 파시즘과의 은밀한 내연 관계가 이미 폭로되어버린 까닭에 내놓고 이 말을 쓰는 사람은 거의 없다. 대신 기묘하게도 '탈근대'라는 용어가 왕왕 그 자리를 대신하고 있는 듯하다. 지극히 서구적인 포스트모던(postmodern, 탈근대) 개념이 지극히 반서구적인 개념으로 용도 변경되어 사용되고 있는 것이다. 근대비판이 건강한 것이 되려면 무엇보다 먼저 '근대=서구'라는 잘못된 도식부터 버려야 할 것이다. 서구주의도 문제지만 동양주의도 문제다.

이 점에서 한 교수와 필자는 같은 생각이라고 믿고 있다. 좋은 근대비판은 비서구에서만이 아니라 서구에서도 나왔다. 그리고 서구/비서구의 이분적 사고를 넘어 보편적 울림을 주는 근대비판만이 진정으로 위대한 것이었다. 필자 역시 근대 비판에 적극적인 의미를 둔다. 다만 좋은 근대 비판은 항상 깊은 자기비판을 전제했다는 것, 그리고 그러한 깊은 자기비판은 늘 지금 주어진 시공과 "시간 밖의 시간, 공간 밖의 공간" 간의 윤리적 긴장에서 나왔다는 점을 다시 확인해두고 싶다(제1장).

필자는 한 교수가 주자와 스피노자의 일치점을 "내재하는 초월의 편재"라는 말로 간명하게 정리한 데 동의한다. 그러나 양자 간의 차이점을 지적하는 것도 필요할 것이다. 끝으로 이 점을 약간 부연해둔다. 앞 절에서 상술한 것처럼 주희, 스피노자 두 사람 모두 '역사적 근대'로의 전환기에 통섭 전환의 계기를 각각 나름의 문화적 언어로 선명하게 표출했다. 그러나 그들의 작업이 지향하는 방향은 서로 달랐다고 생각한다. 주자는 성과 속, 또는 이와 기라는 두 세계의 분별에 대한 인식이 분명했다. 그리고 그 두 세계의 평행적 긴장을 강조했다. 그러나 스피노자는 이 두 세계에 대한 분별 자체를 지우려 했다. 따라서 주자학의 미래는 양 영역의 평행적 긴장의 유지 그리고 그 긴장 속에서 순수화, 심화되는 윤리성이 되겠지만, 스피노자학의 미래는 궁극적으로 성의 소멸 또는 성과 속의 완전한 일원화에 있을 것이라고 생각한다. 일찍이 스피노자와 동시대인인 피에르 베일(Pierre Bayle)이 스피노자 속에서 무신론을 예리하게 간파해냈고, 19세기 낭만주의자 노발리스가 스피노자를 '신에 취한 자'로 보았던 것은 모두 나름의 근거가 있었다. 필자는 주자적 평행 경로의 사유 패턴을 근대적인 방향으로 가장 높고 순수하게 체계화시킨 이를 칸트로 본다. 물론 이는 교조화된 죽은 칸트가 아니라, 이 시대에 새롭게 살아나고 있는 칸트다(김상준 2009, 2011; 한국칸트학회, 2006). 반면 스피노자적 일원(一元) 경로는 급진적 유물론(알튀세, 네그리 등) 또는 현대 포스트모던 사유(들뢰즈 등)에 의해 계승되고 있다.

제3장

성왕의 피

폭력과 성스러움, 유교적 안티노미

원시사회에서 폭력의 완전한 작용을 찾아내는 것은

곧 신화적이며 초자연적인 모든 존재들의 기원과 구조에 접근하는 것이다.

……

성스러운 왕도 역시 괴물이다.

그는 신이자 동시에 인간이며 그리고 야수다.

(르네 지라르, 『폭력과 성스러움』)

『시경』과 『서경』에서 우리는 …… 고등문명의 결정적 정신인 종교·윤리적
초월에 대한 분명한 증거를 목도한다.

(벤자민 슈월츠, 『중국고대사상의 세계』)

1. 폭력과 성스러움 : 유교적 안티노미

앞서 우리는 고대 세계윤리종교 속에서 원형근대의 출현을 보았다. 그 원형이란 눈앞의 주어진 시공 안의 현실과 '시간 밖의 시간', '공간 밖의 공간'에서 오는 이념 사이의 윤리적 긴장 관계였다. 과연 고대 유교의 세계에서 이러한 긴장은 어떤 모습으로 표출되었던가? 여기서 우리는 유교의 '경전 중의 경전'이라 불리는 『서경』, 그리고 그와 연관된 중국 고대 저작들의 세계로 들어가 그 생생한 현장을 발굴해보기로 한다. 이 속에서 우리는 폭력과 성스러움 간의 화해할 수 없는 긴장, 유교적 안티노미를 발견한다.

성스러운 임금의 교의, 즉 성왕(聖王)론은 유교이념의 핵심일 뿐 아니라 유교정치체제의 근간이다. 유교의 예란 이러한 이념과 체제를 작동시키는 행동원리다. 성스러운 임금이라는 교의에는 강한 역설이 배어 있다. 어떻게 권력투쟁의 중심에 서 있는 현세의 군주가 도덕적으로 완전무결한 성인(聖人)일 수가 있다는 것일까? 성인이라면 현세의 권력관계를 초탈한 사람일 것이고, 군주라면 현세의 권력관계를 벗어날 수 없을 것이다. 유교의 예 역시 마찬가지다. 바른 방향과 바른 자세와 바른 순서에 따른 움직임, 우주의 숨결에 따른다는 순전히 자동적인 절문(節文)의 행위만으로 도대체 상쟁하는 폭력적 현실이 어떻게 다스려질 수 있다는 것일까?

이 질문, 그리고 이 질문에 내포된 역설에 대한 숙고는 우리를 곧바로 유교의 핵심으로 끌어들인다. 유교는 종교와 사상, 정치 세 부분으로 구성된다. 이 세 원이 중첩되는 지점의 중심에 유교의 성스러운 왕, 그리고 성스러운 왕의 행위의 표상인 예(禮)가 존재한다. 모든 심원한 교의의 중심에 안티노미가 존재하듯, 유교 교의의 중심, 즉 성왕과 예의 이념에도 역설이 존재한다. 이 역설을 풀 때, 아니 최소한 그 안티노미의 대립 쌍을 정확히 설정할 때, 우리는 유교의 핵심에 이른다.

유교적 안티노미는 르네 지라르가 예리하게 포착해낸 폭력과 성스러움의 구도에서 그 단초를 찾을 수 있을 것이다(지라르, 1997). 그가 보기에 성스러움의 본질은 폭력에 있다. 그러나 지라르 자신은 폭력과 성스러움의 구도 속에서 진정한 안티노미의 계기를 포착해내지 못했다. 왜냐하면 그는 타자를 욕망하는 모방 욕망의 존재로서의 인간은 결국 서로를 향하는 폭력의 순환을 영원히 피할 수 없을 것이라는, 폭력에 대한 심연적 공포 그 자체에 머무르고 말았기 때문이다. 그 결과 그의 텍스트는 결국 희생제의와 대체 폭력에 대한 한 편의 길고 긴 옹호요 정당화로 읽힐 수도 있다. 지라르는 폭력과 성스러움을 병렬 배치하였을 뿐이다.

혹은 독법을 확장하여 지라르를 옹호할 수 있을지도 모른다. 그의 텍스트는 인간의 인간에 대한 폭력의 근원성, 심연에 대한 성찰을 통해 독자를 폭력을 넘어서는(trans-violence) 대안적 상상력으로 밀고간다고, 최소한 행간을 통해 결국 그런 '효과'를 발휘하고 있다고. 만일 그를 이렇게 읽는다 하여도, 우리는 비로소 안티노미에 이르는 언저리에 간신히 도달할 뿐이다. 지라르는 그 안티노미가 어떤 치열한 양상으로 전개되는 것인지 이야기하지 않는다. 안티노미의 본령에 대한 서술이 없기에, 그 텍스트의 행간에서 어른거리는 폭력 너머의 대안의 그림자는 우리의 망막에 잔영조차 남기지 못한다. 그러한 대안을 어렴풋이라도 그려보기 위해서는 안티노미의 불과 얼음의 계곡을 통과하지 않으면 안 된다.

안티노미란 필연적으로 없어야 하는 곳에 반드시 있는, 동시에 마찬가지로 명백한 존재 속에서 절대적인 부재가 도출되어야만 하는 상황을 말한다. 이는 병렬이 아니라, 병렬의 절대적인 불가능성, 절대적인 모순이다. 폭력과 성스러움이 그러한 것이다. 폭력과 성스러움이 안티노미로 맞서는 지점이 바로 슈월츠가 말하는 종교적 · 윤리적 초월이 발생하는 지점이다. 이러한 절대적인 배타성 없이 성스러움이 폭력이기도 하고 폭력이 성스러움이기도 한 것이라면, 이 둘의 관계가 그렇듯 쉽게 넘나들면서 병렬적으로 공존하는 것이라면, 이는 안티노미가 아니라 진부한 궤변일 뿐이다. 그리고 그러한 병렬이 모순 없는 현실로 존재하던 시대는 윤리가 탄생하기 이전, 고대의 괴수가 어둠을 지배하던 인류의 전(前) 역사기일 뿐이다.

성스러움은 결코 폭력이 아니고 폭력은 절대적으로 성스러움일 수 없다. 또한 성스러움은 폭력을 용인할 수 없고, 폭력은 성스러움을 용인할 수 없다. 안티노미의 출발점은 바로 이러한 단호한 상호 배제다. 지라르는 성스러움을 뜻하는 고대 희랍어나 로마어의 sacer, hieros, kudos, kratos 등이 물리적으로 강한 힘을 행사할 때의 마력이나 권위를 나타내는 여러 가지 함의와 중첩(양가성, ambivalence)되거나 그런 말들로부터 유래하였음을 밝히고 있다. 고대 세계의 이러한 양가성이 더 이상 병립되지 못하게 되는 지점, 즉 어떤 형태의 윤리적 시각이 싹트는 시점, 다시 말해서 윤리적 안티노미가 발생하고 전개되는 구체적 지형으로부터 문제는 시작된다.

이 지점으로부터 안티노미가 작동하는 과정은 이러하다: 먼저 성스러움은 결코 폭력적일 수 없기 때문에 성스러움은 폭력적으로 제거되어야 한다. 마찬가지로, 폭력은 절대적으로 성스러울 수 없기 때문에 폭력은 성스럽게 제거되어야 한다. 즉 폭력과 성스러움은 서로를 제거해야만 한다. 그리하여 이제 성스러움은 폭력을 성스럽게 제거함으로써 비로소 순수한 성스러움이 된다. 그리고 폭력은 성스러움을 폭력적으로 제거함으로써 비로소 순수한 폭력이 된다. 그 결과는 무엇인가. 폭력과 성스러움은 이제 애매한 또는 심원한(?) 양가성에 의해 병립하는 것이 아니라 배제, 대립, 투쟁한다. 우리는 이러한 과정을 구체적인 역사적 진행 과정 속에서 살피려 한다. 그 역사적 실례는 유교의 예론과 성왕론의 출현, 즉 유교적 안티노미의 출현의 역사다.

2. 완전한 성스러움의 유교적 표현—요순 임금

유교적 안티노미의 정화(精華)는 유교 경전의 첫머리에 등장하는 요임금이다. 『서경』의 제1장 제1절, 「요전(堯典)」에 등장하는 그에 대한 묘사는 다음과 같다.

임금님은 경건하시고 총명하시고 우아하시어 늘 평안하시었다. 지극히 공손하고 겸손하시어 그 빛이 사방에 이르고 그 높은 격이 하늘과 땅에 미치시었다. 큰 덕을 높이 밝히시어 아홉 족속으로 하여 서로 친하고 화목하게 하시니 백성이 평안하고 밝게 되어 만방이 서로 돕고 화해롭게 되었으며 어리석은 백성들도 모두 따랐다.

여기에는 어떤 폭력의 흔적도 존재하지 않는다. 오직 완벽하게 평화로운 도덕적 성품이 만천하를 비추고 있을 뿐이다. 이 완벽하게 평화로운(비폭력적인) 도덕적 성품이 아홉 족속의 평화, 만백성의 추종을 낳았다. 어떤 억압, 어떤 갈등, 어떤 피도 없다.

다른 문명권의 신화적 군주에 대한 묘사와는 충격적일 만큼 너무나 다르다. 수메르 신화의 길가메시 왕과 비교해보자. 그는 지혜롭지만, 엽색가고 교활하며 무엇보다 무자비한 싸움꾼, 전사다. 그리스 신화 속의 오이디푸스 왕은 어떠한가. 모험을 즐기는 전사요, 아비를 죽이고 어미를 범한 자다. 인도 신화의 라마 왕 역시 질투와 전쟁과 음모의 한가운데 얽혀 있는 전쟁 영웅이다.

그러나 『서경』의 요임금 묘사에서 우리는 전쟁, 질투, 패륜, 음모, 갈등과 관련된 어떤 흔적도 찾아볼 수 없다. 이처럼 한 점 폭력의 티끌조차 존재하지 않는 현세의 군주에 대한 묘사는 참으로 전례를 찾기 어렵다. 구약

요임금의 상

의 모든 군주는 예외 없이 전쟁 군주이며, 더 나아가 유대 민족의 신인 야훼 자신이 전쟁 신이다. 그는 분노하는 신이고 이교도에 대한 몰살을 명령하는 신이다. 고대 이집트, 바빌로니아, 메소포타미아, 그리스, 인도의 신들도 크게 다르지 않다. 다만 인간의 희로애락을 초인적인 스케일로 표현한다는 점에서 신적(神的)일 뿐이다. 그들은 폭력적인 존재들이다. 그들의 창조 행위 자체가 폭력에서 유발된다.

유교적 안티노미의 핵심은 바로 이 지점에 모아지고 있다. 유교가 요임금으로부터 시작한다는 사실. 유교 경전의 모든 텍스트에서는 요임금에 관한 어떤 폭력의 흔적도 찾을 수 없다는 사실. 성스러운 임금님. 그것도 이곳, 여기에, 우리와 함께 살아계셨던 분으로서.

중국 문명에도 영웅 신화는 존재한다. 부주산을 들이받아 하늘과 땅에 경사를 지게 함으로써 낮과 밤, 산과 강과 바다를 만들어냈다는 공공(共工). 그는 전욱(顓頊)과 함께 임금 자리를 놓고 전쟁을 벌이다 울화가 치민 나머지 부주산을 들이받았다(『회남자』「천문(天文)」). 도끼를 휘둘러 하늘과 땅을 갈라놓았다는 반고나, 태양을 활로 쏘아 떨어뜨리는 예(羿)의 모습 역시 무인(武人)의 형상에 다름 아니다. 사마천이 그의 『사기』의 첫머리에 놓음으로써 중국 문명의 효시로 인정했던 황제(黃帝)는 염제(炎帝)에 이어 치우(蚩尤)와 치열한 전쟁을 벌였던 전형적인 전쟁 군주, 전쟁 영웅이다. 이러한 예는 『산해경』과 『회남자』를 비롯하여 중국 고대 신화를 풍부하게 전하고 있는 여러 자료들에서 수없이 찾아낼 수 있다. 이들 신화적 자료에 등장하는 영웅과 신들은 화내고 다투고 싸우고 갈등한다는 점에서 다른 문명의 신들과 그 모습이 크게 다르지 않다. 지라르가 검토한 신화 세계와 원시 부족의 왕의 모습은 길가메시나 공공의 그것과 일치한다. 그들은 상상을 넘는 폭력의 주체요, 항상 일반의 규범을 넘어서는 일탈자다. 바로 그럼으로써 그들은 성스럽다.

유교의 성스러운 임금의 최고봉에 요순(堯舜) 임금이 있다. 유교의 언어에서 '요순시절'은 기독교의 '에덴동산'과 흡사한, 절대적인 죄 없음과 평화의 이상 시대다. 그들의 모습은 반(反)영웅(anti-hero)이다. 막스 베버가 카리스마의 원천이라고 보았던, 공포를 일으키는, 광기와도 같은 용맹성, 분노, 엄청난 소모와 과시는 요순에게서 티끌만큼도 찾아볼 수 없다. 그들은 반(反)카리스마적 존재다. 굳이 그들에게 카리스마를 찾는다면, 카리스마적 요소의 철저한 탈색, 그 탈색의 초인성을 통해 획득되는, 반카리스마적 카리스마일 것이다.

『서경』에는 순임금의 인간적 고뇌를 엿볼 수 있게 하는 짧은 구절이 있다. "[순의] 아비는 어리석고, 어미는 간악하며, 아우는 교만하다"는 대목이 그것이다(「요전(堯典)」). 『사기』의 「오제본기(五帝本紀)」와 『맹자』의 「만장(萬章)」은 이 구절에 담긴 사연을 풀어놓고 있다. 순은 어릴 적부터 사악한 계모와 이복형제로부터 생명의 위협을 느낄 만큼의 모진 구박을 받았는데 암둔한 그의 부친은 그때마다 늘 계모와 이복형제의 편을 들었다 한다. 그럼에도 부모형제에 충직한 순의 덕을 높이 산 요임금은 두 딸을 순에게 시집보낸다. 그러자 이를 시기한 순의 아우와 어미는 이를 시기하여 순을 창고에 넣어 불을 지르거나 우물에 들여보낸 후 묻어 그를 죽이려 한다. 자신이 정말 죽은 줄 알고 기뻐하는 그들을 보고도 순은 분노하지 않는다. 그

순임금의 상

들을 용서하고 사랑할 뿐이다.

결국 요순이 성스러운 이유는 신화적 영웅들의 성스러움과 정반대의 이유 때문이다. 그들에게서는 한 점의 분노도, 한 점의 폭력도, 한 점의 허영도, 한 점의 증오도 없다. 그들은 한없이 선하고, 한없이 부드럽고, 한없이 검약하고, 한없이 백성과 혈육을 사랑한다. 이것이 유교의 창건자들이 바라던 군주의 모습이다.

요순시대라 묶어 부르지만, 우리는 요와 순 사이에는 미세한 차이가 존재함을 느낀다. 순임금은 부모형제로 인해 커다란 시련을 당하였고, 그로 인한 인간적 고뇌를 겪지만, 요임금에게는 그러한 흔적조차 없다. 완전한 성스러움이란 모든 인간적인 요소로부터의 자유로움이다. 칸트의 어법을 빌리자면, 신은 감성계의 존재가 아니다. 완벽한 신성과 도덕성의 거처는 모든 감성계의 필요(needs)와 경향성(inclination)에서 자유로운 초감성계다. 「요전」에서는 어떤 폭력의 요소도 찾을 수 없을 뿐 아니라, 요의 인간적 고뇌에 대한 어떤 흔적도 찾을 수 없다. 초감성계의 체현이라 할 만하다. 감성적 필요와 경향성에 맞서 이를 극복하고 초월하는 모습은 절대적으로 완전한 성스러움은 아니다. 완전한 성스러움에는 인간적인 취약함을 극복하려는 노력 자체가 존재할 이유가 없다.

요순의 이러한 차이는 통치의 내용에서도 드러난다. 요는 하늘과 땅에 그저 질서를 주었을 뿐이다. 어떤 인위의 흔적도 보이지 않는다. 그저 하늘의 뜻 그대로 흐르게 한 것뿐이다. 그러나 순은 형벌을 제정하고, 악한 자들을 귀양 보내며, 그의 후계자인 우에게 명령하여 복종하지 않는 묘(苗)족을 정벌하러 나서게 하기도 한다. 이미 순의 시대에는 악이 현시되기 시작하였던 것이다. 요의 시대에는 선과 악 간의 갈등과 투쟁 자체가 존재하지 않았다. 그러나 이념적으로 보면 이 상태야말로 폭력과 성스러움 간의 안티노미가 극점에 이르러 있다. 이 양자는 서로를 절대적으로 용인할 수 없다. 안티노미의 완성, 가장 순수한 형태다. 그러나 이 이념적인 완성은 현실적 긴장의 최고 표현이기도 하다.

물론 유교의 정통 경전이 아니라 유학자들이 어느 정도씩 '이단성'을 담고 있는 것으로 평가하는 신화적 자료들에 등장하는 요임금의 모습은 다소 다르다. 일례로 『회남자』에서의 요임금의 모습은 무인(武人) 군주에 가깝다. 이 텍스트에서는, 앞서 거론했던, 태양을 활로 떨어뜨렸다는 신화적 인물인 예를 요임금의 명을 받은 자로 묘사한다. 이 부분의 기록을 요약하면 다음과 같다 : 요임금 시대에 열 개의 태양이 떠올라 곡물이 불타고 초목이 말라 죽었으며, 오여, 착치, 구영, 봉희, 수사가 백성을 해하였는데, 요임금이 예에게 명하여 착치를 도화의 들, 구영을 흉수에서, 대풍을 청구 늪에서, 수사를 동정호에서 죽이고 봉희를 상림에서 사로잡았으며, 위로는 아홉 개의 태양을 쏘아 떨어뜨리고 밑으로는 오여를 쏘아 죽였다(『회남자』「본경(本經)」).[1] 요임금 자신이 10개의 태양을 쏘았다는 민간 전설도 존재한다(『논형(論衡)』「설일(說日)」). 또 춘추시대 백가의 제설을 집성한 『여씨춘추』에는 요임금이 단수에서 남쪽 오랑캐〔南蠻〕와 싸워 이겼다는 기록이 있다(「소류(召類)」). 이들 텍스트 속에서의 요임금의 모습은 완벽한 비폭력의 성인이라기보다는 여러 종족들 간의 치열한 투쟁의 존재와 이 투쟁에서의 최종적 승자로서 나타나고 있다고 해석할 수 있지 않을까.

---

1) 『산해경』, 『초사(楚辭)』 등에도 유사한 기록이 있다.

3. 전쟁과 천명

유교에서는 요순과 삼대(三代)를 구분한다. 요순은 최선의 시대요, 삼대는 차선의 시대다. 삼대란 우임금이 세운 하(夏)나라, 탕임금이 세운 은(殷)나라, 무임금이 세운 주(周)나라, 세 왕조의 시대를 말한다. 물론 우-탕-무 임금 모두 성왕으로 간주된다. 그러나 여기에도 일정한 성스러움의 서열이 존재하는 것이다. 헤시오드의 신화에 비유하자면, 요순시대는 금의 시대요, 하은주는 은의 시대, 그를 이은 춘추전국시대는 동의 시대다.

어떤 결함이 있기에 차선의 시대라고 하는가. 탕왕과 무왕이 새 왕조를 개창하기 위해서는 앞선 왕조를 멸하지 않을 수 없었다. 당연히 마지막 왕을 시해하지 않으면 안 되었다. 이 문제는 유교이념에 커다란 도전과 긴장을 준다. 성왕의 폭력을 정당화하기 위해 도입된 천명(天命)이라는 개념은 그래서 항상 이념적 문젯거리다. 우왕에게도 문제는 있다. 그는 요임금, 순임금과는 다르게 그의 아들에게 왕위를 넘겼다. 사정(私情)의 혐의가 있다.[2] 우리는 이 문제보다 근본적인 것으로서, 우왕 역시 폭력과 연관되어 있다는 점을 밝힐 것이다. 결국 요순과 삼대가 구분되는

---

2) 이 문제와 맹자는 씨름한다. 맹자의 제자 만장(萬章)이 묻는다. "우에 이르러 덕이 쇠하여 현자에게 왕위를 전하지 않고 아들에게 전했다 하는데 사실인가요?" 맹자는 부정한다. 원래 우왕은 그의 현명한 신하(賢臣)인 익(益)에게 왕위를 전했는데, 사람들이 우왕의 아들인 계(啓)를 따라 할 수 없이 그렇게 되었다는 것이다. 그러면서 덧붙이기를 계도 현명하였고, 아들이 잘난 것은 하늘의 뜻이니 이것도 천명이라는 것이다(『맹자』「만장」). 그러나 이 변명은 작위적이고 옹색하다. 결과주의적 정당화에 불과하기 때문이다. 결과주의적 정당화는 왕위를 둘러싼 투쟁을 저지하지 못한다. 그리고 결국 승자는 정당성을 획득한다. 맹자로서는 우왕이 성인(聖人)으로 간주되는 이상 논리적 결함을 감수하더라도 그를 두둔하지 않을 수 없을 것이다. 그러나 맹자의 이 변명 속에서도 왕조 계승은 현자 계승보다 분명 낮은 것, 덜 순정한 것임이 인정되고 있음을 아울러 보아야 하겠다. 분명 우임금 자신은 아들에게 왕위를 넘기지 않았다!

본질적인 이유는 요순에게는 자유로웠던 폭력의 혐의가 삼대에는 개재(介在)되어 있기 때문이다. 이제 안티노미는 내부에서 이념적으로 갈등하기 시작한다. 폭력의 정당화라고 하는 이념적 조작이, 안티노미의 분투가 시작된다.

먼저 우왕을 보자. 그는 싸우지 않을 수 없었다. 그는 두 번 싸운다. 첫 번째는 순임금의 명령 때문이다. 우가 즉위하자마자 순임금은 명령한다. "우여, 아직 따르지 않는 묘(苗, 오늘날의 묘족)가 있으니 그대는 나가 정벌하라"(『서경』「대우모(大禹謨)」). 이어지는 구절에서 우임금은 여러 제후와 장병을 모아놓고 그 앞에서 전쟁 서약을 한다. 『서경』에서 이 문제의 '서(誓)'라는 용어가 처음 등장한다. 서란 전쟁에 임하여 전쟁 사령관이 전쟁의 도덕적 정당성을 그의 장병들에게 설파하는 주술적 서약이다. 천명과 군사적 행동을 일치시켜 폭력을 정당화하고 병사들의 사기를 진작시키는 것이다. 따라서 이후 『서경』에서 군사적 행동이 있을 때에는 매번 등장하는 용어이기도 하다. 후일 은나라 탕왕이 주나라 걸왕을 정벌하러 갈 때도 군대를 모아놓고 서하고, 무왕이 은나라 주왕을 정벌하러 갈 때도 장병 앞에서 서한다. 따라서 전쟁으로 점철된 기록인 『춘추』에서는 가장 빈번하게 등장하는 어휘 중 하나이기도 하다.

우왕은 군사를 이끌고 묘족과 대치하지만 묘족은 3순(旬)을 저항한다. 이때 우왕의 훌륭한 신하인 익이 군사를 거두고 우가 늘 그랬던 것처럼 덕으로 다스리라 간언한다. 우왕은 군사를 거둔다. 이 대목에서 우리는 안티노미의 투쟁을 훔쳐본다. 그 투쟁이란 이 텍스트의 저술자들, 유교 창시자들 내면의 정신적 투쟁이다.

우임금은 또 한 차례 싸운다. 이 싸움은 감(甘)에서의 '대전(大戰)'이었다. 대전에 임한 우왕의 서는 비장하다. "나는 지금 삼가 하늘의 벌 주심을 대행하려 하오. 좌군이 좌적을 치려들지 않는다면, 명을 받들지 아니함이

우왕의 초상

며, 우군이 우적을 다스리지 아니하면, 명을 받들지 아니함이며, 수레 모는 사람이 말을 제대로 몰지 않으면, 그대들이 명을 받들지 않는 것이요. 명을 잘 받드는 사람들은 조상들 앞에서 상을 받을 것이고, 어기는 자는 땅의 신 앞에서 죽이되, 나는 그들의 처자까지도 죽이겠소"(「감서(甘誓)」). 이 생생한 기록에서 우리는 우왕이 임한 이 전쟁의 심각성과 절박성을 고스란히 느끼게 된다. 우왕의 이 감서(甘誓)는 후일의 모든 서의 전범(典範)이 된다.

『서경』에서 최초의 시역자(弑逆者), 즉 임금을 죽인 자는 탕임금이다. 그는 하왕조의 마지막 왕이자 폭군인 걸(桀)왕을 살해하고 은왕조를 개창한다. 텍스트의 서술자들은 더 이상 명백한 역사적 사실을 덮을 수 없다. 이제 이념적 창조 작업의 중심은 완벽한 도덕성, 안티노미의 순수정화적 형상의 창조로부터 감출 수 없는 폭력의 흔적에 대한 정당화로 옮겨간다. 왜 임금을 죽여야 하는가. 탕은 말한다: "그가 우리 백성을 더 이상 사랑하지 않기 때문(不恤我衆)이다." 다음은 탕의 서다.

여러분들은 지금 "하나라의 죄가 무엇이 있는가?"라고 묻습니다. 하나라의 임금은 백성의 힘을 고갈시키고 하나라의 고을들을 갉아 먹었소. 이래서 백성들은 모두 게을러 빠지게 되었고 임금을 따르지 않게 되어 말하기를 "이 태양(걸왕)은 언제 사라질 것인가? 우리 너(걸왕)와 함께 망할 것이다"고 하고 있소.

하나라의 덕이 이 지경에 이르렀으니 내가 나서지 않을 수 없게 된 것이오. 바라건대 여러분은 나 한 사람을 도와 하늘이 명한 벌을 집행하게 하시오! (나를 따른다면) 여러분은 큰 상을 받을 것이요. 나는 식언하지 않소이다. 그러나 나의 말을 따르지 않는다면 여러분과 여러분의 처자 식솔을 용서치 않고 죽이고 말겠소. (『서경』「탕서(湯誓)」)

그러나 이 행위로 인해 탕왕은 괴로워했다. 그는 말한다 : "다음 대의 사람들이 (나의 봉기 이유를) 내가 반역을 위한 구실로 삼았다고 손가락질할까 두렵소"(상동, 「중훼지고(仲虺之誥)」). 이때 주위의 신하들은 탕의 행위는 오직 하늘에 뜻에 따랐을 뿐이라고 탕임금을 위로한다. 이 내면의 갈등 속에서 유교적 안티노미의 결이 날카롭게 곤두서고 있음을 느낀다.

그렇지만 또 다른 비정전적인 텍스트인 『제왕세기(帝王世紀)』에 따르면 하늘은 탕왕의 정벌을 그다지 정당화해주지 않았으며, 그에 따른 탕왕의 자책감은 훨씬 심각했던 것으로 보인다. 그래서 탕왕은 하늘의 노여움을 풀기 위해 자신의 몸을 제물로 바치게 되었다고 전한다.

탕이 걸을 공격한 후, 7년 연속 대가뭄이 계속되었다. 뼈를 태워 점을 치니 말하였다 : "인간을 바쳐 기도함이 좋다." 탕이 말하였다. "내가 비 내리기 바라는 것은 백성을 위함이다. 오직 사람 희생(犧牲)을 바쳐 기도가 이루어진다면 내 몸을 바쳐라."[3]

주나라를 세운 무왕 역시 그의 군주를 죽였다. 무왕이 은나라의 마지막 왕인 주(紂)를 치기 위해 그의 추종자들을 모아놓고 하는 연설은 탕왕의

---

3) 『제왕세기』 65, Allan(1981 : 306)에서 재인용.

그것에 비해 훨씬 길고 강력한 수사법을 동원하고 있으며 더욱 세련되어 있다. 유교의 창건자들은 주나라에 대한 마음으로부터의 충성이 강한 사람들이었으니, 주왕조의 창건자인 무왕의 무력 행위에 대한 정당화에 각별한 공을 쏟은 것은 당연하다.

> 하늘과 땅은 만물의 부모요, 사람은 만물의 영(靈)이니, 진실로 총명한 자는 으뜸 제후(元候)가 되고 으뜸 제후는 만인의 부모가 되오. 지금 상나라 임금은 위로 하늘을 공경하지 않고 밑으로 백성에게 재앙을 내리고 있소. 술과 여자에 빠져 포악한 짓을 일삼고, 친족들까지 가리지 않고 벌하고, 관직은 세습시키고 있소. 오직 궁전과 누각과 연못과 온갖 사치스러운 것만을 추구하여 백성들의 지극한 고통이 되고 있소. 그는 충성스럽고 선한 모든 것들을 태워 죽이고, 임산부의 배를 갈랐으니, 하늘도 분노하지 않을 수 없었소. (……) (『서경』「주서」)

탕왕의 경우와 다르게 무왕이 주왕을 벌(伐)한 후 도덕적 자책감에 빠졌다거나 혹은 혹심한 자연재해가 따랐다는 기록은 없다. 폭군 살해는 무왕에 이르러 더욱 강하게 정당화되었다고 볼 수 있다. 무왕에 의한 폭군 징벌은 이데올로기적으로 더욱 세련된 방어벽을 갖게 된다. 줄리아 칭은 『서경』과 『시경』의 저작 의도의 핵심은 주나라의 상나라 정벌의 정당화에 있다고 본다. '천명'이라는, 유교이념에서 매우 중요한 이 개념은 결국 주나라의 개창자인 문왕과 무왕의 은나라 정벌 행위를 정당화하기 위해서 창조된 것이다(Ching, 1997: 62).

그러나 가까운 과거의 사실이 명백한 이상 전쟁의 폭력을 텍스트에서 완전히 삭제할 수는 없었을 것이다. 그러나 그렇듯 불가피한 전쟁의 폭력을 『서경』은 어떻게 해결하고 있는가? "일단 무왕이 전투복[戎衣]을 입자 온 나라는 평정되었다." 장황하였던 무왕의 봉기 연설에 비하면 너무도 짧은 설명이다. 무왕의 군사가 상나라 주왕의 군사를 주살할 필요도 없었다. "(은나라의) 앞의 병정들이 뒤로 돌아 달아나니 그 창끝이 뒤의 병사를 찔렀다. 피가 흘러 방패가 떠다닐 정도였다." 피가 연못이 되고 강이 될 정도였으나, 그 피는 폭군의 병사들이 달아나면서 서로 찔러 그렇게 되었다는 것이다. 엄청난 피가 흘렀음은 인정된다. 그러나 그 피는 성스럽고 정의로운 무왕과 그의 군사의 창에 찔려 흘러나온 것이 아니었다! 강처럼 흐른 피를 닦아내는 데 텍스트의 저술자들이 겪었을 당혹감이 여실하게 전해진다.

그러나 무왕의 손에 묻었던 피의 흔적이 모든 기록에서 완전히 사라진 것은 아니다. 잡가(雜家)로 분류되지만 황로(黃老)적 경향이 강한 것

무왕 희발(姬發)

으로 평가되는, 유교적 시각에서는 주변적 텍스트인『시자(尸子)』는 유교 경전들에서는 찾아볼 수 없는 피 묻은 무왕의 모습을 오싹할 정도로 생생하게 묘사하고 있다: "무왕은 친히 주왕의 간신인 악래(惡來)의 입에 활을 쏘았고, 또 친히 주왕의 목을 칼로 쳐서 손을 피로 적셨고 그 피를 벌컥대며 마셨다〔또는 그 살점을 생으로 먹었다〕. 그 순간 무왕은 한 마리 맹수와 같았다"(「산견제서문휘집(散見諸書文彙輯)」).[4]『제왕세기』의 탕왕이 군주

살해의 죄의식에서 자기 몸을 희생으로 바쳤다면, 『시자』의 무왕은 죽은 폭군의 피범벅된 몸뚱아리를 희생의 제물로 삼고 있는 것이다.

여기까지 『서경』의 텍스트 분석은 완료된다. 요임금에서 무왕에 이르는 과정의 폭력과 인욕(人慾)의 스펙트럼은 분명해졌다. 이 스펙트럼은 역사적으로 『서경』의 후속 시대를 다루고 있는 『춘추』에 이르면 더욱 분명해진다. 『춘추』가 다루고 있는 기원전 722~467년의 기간은 거의 항상적인 전쟁 시대였다. 이 시기 군주와 제후들의 묘사는 비교적 사실적이다. 『춘추』는 분명 유교의 주요 경전이지만 더 이상 『서경』에서와 같은 요임금의 이상은 나타나지 않는다. 이러한 사실의 의미는 무엇일까.

이 전체의 스펙트럼은 유교적 안티노미가 모종의 상당히 정교한 구상에 의해 정립되어 있음을 말해주고 있다. 먼저 폭력과 성스러움 간의 가장 첨예한 안티노미는 유교이념의 머리를 이루는 요임금에서 가장 순수한 형태로, 다시 말하면 가장 높고 날카로운 긴장 상태로 표현된다. 이후 이 모순 대립과 긴장은 순-우-탕-문/무왕을 따라 조금씩 약화되다가 『춘추』에 이르면 그 긴장이 느슨하게 풀린 일종의 병렬 상태에 이르게 된다. 순수의 정화에서 선악의 혼잡에 이르는 정밀한 스펙트럼이다. 이 안티노미의 스펙트럼이 왜 정교하다는 것인가. 이 스펙트럼이 일종의 역사신학적 (historico-theological) 구조를 취하고 있기 때문이다. 즉 유교이념의 첫 장은 완벽한 덕의 시대로 묘사되지만, 유교가 창시되는 당대는 그 덕이 매우

---

4) 이 충격적인 묘사의 원문은 "武王親射惡來之口, 親斫殷紂之頸, 手汗於血, 不溫而食, 當此之時, 猶猛獸者也"이다. 극악한 자 또는 적에 대한 격렬한 증오 또는 복수의 표시로 그의 인육을 먹겠다는 카니발리즘적 발상은 오늘날의 거의 모든 언어에도 그 흔적을 남기고 있다. 그러나 공맹의 시대에는 이러한 일이 관념상이 아니라 실제로 발생하였으며 그러한 행위가 의례의 의미를 담고 있었다. 유교의 경전인 『춘추』에는 적의 시신을 찢고 소금에 절여 젓을 담가 먹었다(醢之)는 기록이 남아 있다 (『춘추좌씨전』 양공15년 傳, 장공12년 傳).

훼손된 시대로 인식된다. 완전한 성인이 다스리던 완벽한 덕의 시대에는, 역으로, 어떤 윤리적 소명감도 불러일으킬 이유가 없다. 그러나 이러한 완벽한 덕이 점차 훼손되어갈수록 도덕적 요청은 점차 강해진다. 그리하여 폭력과 성스러움이 혼잡스럽게 뒤섞여버린 공맹의 당대에는 그러한 도덕적 요청이 가장 날카로워질 수밖에 없게 되는 것이다. 이 정밀한 비율로 변조(變調)되어가는 스펙트럼이 바로, 당대의 도덕적 요청을 가장 치열하게 분기시키도록 고안된 정교한 구조가 아니겠는가. 이 정교한 구조를 역사신학적이라 하는 이유는 그 도덕적 요청의 역사적 구조가 완벽하게 순수한 시원을 지향하도록 되어 있기 때문이다.

4. "술이부작"의 비밀: 안티노미의 탄생

최근의 문헌학적·고고학적 연구는 『시경』, 『서경』, 『춘추』의 오리지널 텍스트가 현재 남아 있는 그것보다 훨씬 더 방대한 자료였고, 이 오리지널 텍스트들은 원래는 결코 유교만의 경전이 아니라 다양한 학파 학자들의 공동 재산(bonum commune)이었음을 설득력 있게 입증했다(Henderson, 1991; Loewe 1993; Shaughnessy, 1997, 2006; Falkenhausen 2006). 이는 오늘날 전해오는 『시경』, 『서경』, 『춘추』가 후일 유자(儒者)들이 이 '공동 재산'을 편집하여 경전화한 텍스트였음을 말해준다. 이러한 사실 자체도 흥미로운 것이지만, 우리가 더욱 궁금한 것은 과연 그 오리지널 텍스트를 편집했던 기준이 무엇이었을까라는 점이다. 예를 들어 헨더슨은 그것을 유교의 "윤리적 가르침의 시각에서 보면 부적절하거나 불필요한 부분들을 잘라내고, 버리고, 지우는" 방식이었다고 말한다(Henderson 상동 27~28). 그러나 과연 무엇을, 왜 부적절하고 불필요하다고 보았다는 것인가? 이 점에 대해 헨더슨은 분명한 설명을 하지 못한다.

앞서 '경전 중의 경전'이라는 『서경』과 '이단적인' 여러 텍스트들과의 비교 독해를 통해서 드러난 사실은 헨더슨의 시각이 요점을 찌르고 있음을 말해준다. 위에서 검토한 모든 텍스트들 그리고 위에서 미처 다 언급하지 못한 춘추시대의 모든 저작들은 모두 헨더슨이 말하는 중국 고대 문명의 공동 재산에 그 기원을 두고 있을 것이다. 그러나 유독 유교의 경전에 나타나는 성왕들의 묘사는 이렇듯 자료상 같은 근거에 입각했을 것으로 보이는 다른 이단적 텍스트들의 서술들과 충격적인 차이점을 보이고 있다. 그 차이점의 핵심은 폭력의 탈색, 그리고 그럼에도 어찌할 수 없이 남게 된 폭력에 대한 정당화라고 요약할 수 있다.

흔히 공자가 『논어』 「술이」 편에서 언급한 "술이부작(述而不作)"은 그가 오직 예로부터 내려온 역사적 사실만을 정리했을 뿐 아무것도 새로 작위해서 더한 것이 없다는 뜻으로 풀이된다. 그러나 이상의 고찰을 통해 우리는 공자의 '술이부작'을 완전히 새로운 각도에서 풀이할 수 있다. 즉 "방대한 자료 중에서 필요한 부분만을 취하여 썼을 뿐, 새로 지어내지 않았다"는 말이 된다. 실제로 술이부작을 이렇게 번역해도 자구(字句)상 아무런 문제가 없다. 그리고 그러한 편집의 결과가 어떤 완전히 새로운 텍스트를 창조할 수 있다는 점이 부정되지도 않는다. 어떤 일정한 가치 기준에 따라 체계적으로 어떤 자료를 제거만 하였다고 하더라도, 전체적인 메시지는 완전히 변모할 수 있다는 것을 우리는 오늘날의 여러 언론 기관들이 보여주는 '편집 창조'의 묘기를 통해서 충분히 이해할 수 있다. 우리는 헨더슨의 번역에서 한 걸음 더 나가서 부작(不作)이란 새로운 스토리를 만들지 않았다는 뜻으로 보아야 하고, 표현, 개념, 수사에서 일정한 창조를 부인하는 것은 아니라고 해석할 수 있다. 또 이렇게 해석하는 것이 상식적인 관점일 것이다.

이러한 해석은 자연스러운 것일 뿐 공자의 진실성이나 위대성을 조금이라도 훼손하는 것은 아니다. 윤리적 교의로서 유교를 탄생시킨 공자의 위대성은 바로 그렇듯 고대의 문화적 공동 재산을 체계적으로 편집하여 걸러낼 수 있는 일관된 윤리적 가치 기준을 가지고 있었다는 점에 있기 때문이다. 여기서 『시경』, 『서경』, 『춘추』가 순전히 공자 개인의 편저작인지, 아니면 공자로 표상되는 유자 집단이 세대를 걸쳐 이루어낸 누적적 공동 작업의 결과인지

공자(기원전 551~479)

의 문제를 이 자리에서 상세하게 논구할 필요는 없을 것이다. 필자는 후자가 사실에 가까울 것이라고 보지만, 그러한 차이가 이 글의 논지에 어떤 변화를 주는 것은 아니다.

폭력과 인욕으로부터 완전히 자유로운 요임금의 이미지가 술이부작의 붓끝에서 탄생했던 공맹의 시대는 역설적이게도 폭력이 홍수처럼 범람하던 시대였다. 간단한 통계가 이를 단적으로 압축한다. 춘추시대가 시작되는 기원전 722년 주나라에는 172개의 제후국이 존재했는데, 기원전 464년에는 그 수가 23개가 되었고, 기원전 221년에는 결국 한 나라 즉 시황의 진(秦)만 남았다(Hsu: 61~63). 또 사료를 분석해보면 기원전 722~464년까지 540회의 제후국 간 전쟁이 있었고, 130회의 제후국 내의 내전이 있었던 것으로 집계된다(Lewis, 1990 : 36). 기원전 464년 이후 진의 통일에 이르는 동안의 전쟁은 동원 병력과 전역(戰域)이 훨씬 대규모화하고 무기와 전

술이 효율화되었다. 전쟁은 항상적이었을 뿐 아니라 갈수록 대규모화하고 치열해졌다. 더욱이 이 전쟁들은 공맹이 개탄했던 바와 같이 '골육상잔(骨肉相殘)', 즉 아들이 아비를 죽이고 신하가 임금을 죽이며, 형제들이나 친척들이 벌인 전쟁이었다.[5] 당시의 제후들과 공자(公子), 경대부란 결국 부자지간이요, 오족지친의 친족 관계로 얽힌 사람들이었기 때문이다.

이 시대의 지배자들에게 필요한 것은 농민들을 강력하게 통제하고 효율적으로 동원하기 위한 군사 전술, 동맹 전략, 병참 기술, 카리스마적 – 군사적 지도력이었다. 앞서 이 책 제2장 5절에서 필자가 '최초의 세속화(the first secularization)'라 불렀던 "고대 과학, 고대 재정, 고대 행정, 고대 병참의 술과 학의 발전"이 공맹의 시대인 중국 선진(先秦, pre-Qin) 시대에 꽃피우고 있었던 것이다. 대부분의 재능 있는 학인들은 바로 이러한 현실적인

---

5) 기독교 교부 아우구스티누스는 "지상 도성의 최초의 창건자는 형제 살해자였고, 로마의 창건자 역시 그렇다"고 하면서 "첫 성벽은 형제의 피로 젖었느니라"라는 리비우스의 언명을 상기한다(『신국』 15권 5절). 지상 도성의 최초의 창건자란 카인을 말하고, 로마의 창건자는 쌍둥이 형제 레무스를 죽인 로물루스를 가리킨다. 이는 '골육상잔'과 너무나 흡사한 논법이다. 공맹 역시 당대의 나라들이 부자와 형제의 피로 젖어 있었던 것으로 생각했다. 그들이 목도했던 지상의 도성 역시 피로 젖었다. 아우구스티누스의 두 도성 (또는 도시, duae civitates)론은 두 겹이다. 하나는 지상과 천상, 또 하나는 지상의 도성에서의 두 도성 또는 형상. "우리는 지상 도성에서 두 형상(forma)을 발견한다. 두 형상 중 하나는 자신의 존재를 입증하고 다른 하나는 자신의 현존으로 천상 도성을 상징하는 데 이바지한다"(『신국』 15권 2절). "우리는 인류를 두 종류로 나누고, 하나는 사람에 따라 사는 사람들의 분류요, 다른 하나는 하느님에 따라 사는 사람들의 부류라 했다. 우리는 그 둘을 신비적으로는 두 도성 또는 인간들의 두 사회라고 부르는데, 하나는 하느님을 모시고 영원히 군림하기로 되어 있고 다른 하나는 악마와 더불어 영원한 형벌을 받기로 예정되어 있다"(15권 1절). 두 도성은 두 계보이기도 하다 : 카인의 계보와 아벨의 계보. 전자는 현실의 도성을 이루었지만, 후자는 "나그네로서 도성을 세우지 않았다." "성도들의 도성은 위에 있다. 이 도성은 비록 현세에서 시민들을 낳고, 그 왕국의 시대가 오기까지는 시민들에 에워싸여 순례의 여정을 걷고 있지만, 결국 각자의 몸으로 부활을 본 사람들을 모두 한데 모으게 될 것이다"(상동). 이러한 이분적 계보는 형태적으로 유교의 두 계보, 즉 정통과 도통의 계보와 유사하다.

문제들을 전공하였고, 야심적인 제후들은 뛰어난 재사(才士)들을 좋은 조건으로 앞다투어 우대하였다. 이러한 현실주의적 전략가의 입장에서 유교의 성인군주론은 시대착오적인 넌센스에 불과한 것이었다. 그렇기에 뛰어난 현실주의 학자 중 한 사람인 한비(韓非)는 "오늘날 사람들이 옛 성인들인 요순우탕의 길을 찬양하고 돌아다닌다면, 오늘날의 성인들은 그런 사람들을 비웃지 않을 수 없다. 왜냐하면 성인이란 옛길이나 고정된 기준을 묵수하는 사람들이 아니기 때문이다. 그들은 자신의 시대 문제들을 연구하고 무엇

진시황(기원전 259~210)

이 필요한지를 찾아내기 때문이다"라고 하면서 유자들을 조롱하였다(『한비자(韓非子)』「오두(五蠹)」). 현실주의자들은 주왕조의 복원이 아닌 새로운 통일 왕조의 건립에서 전쟁 종식의 해법을 찾았다. 일찍이 한비와 상앙의 현실주의적 법가를 취했던 진나라와 진시황이 결국 유혈의 전국시대의 최종 승자가 되었던 것처럼 그런 대응은 어쩌면 당연한 일이다.

그러나 잘 알려져 있듯이 법가의 승리는 불과 20여 년이라는 순간에 불과했다. 진을 이은 한제국은 유교를 국교화한다. 중국 고대사에서 왜 결국 유교가 종국적인 승리자가 되었는가라는 문제는 그 자체로 매우 흥미로운 주제지만 여기서는 글의 흐름상 생략하기로 한다. 다만 유교의 이 궁극적 승리는 유교와 마찬가지로 평화적 교리인 기독교와 불교가 박해 끝에 결국 제국(帝國)의 종교로 공인받게 되는 과정과 유사한 점이 있다는 것만을 지

적하기로 하자. 우리가 여기서 집중해야 할 문제는 위에서 살펴본 폭력 탈색의 '술이부작', 즉 유교적 안티노미의 창조 과정의 배후에 놓인 논리와 동기, 그리고 다른 문명의 윤리종교와 구분되는 고유성에 대한 분석이다.

5. 초월적 긴장과 유교적 윤리성의 탄생

칼 야스퍼스는 『역사의 기원과 도달점』에서 인류문명사는 비슷한 시기에 비슷한 윤리적 자각에 도달하게 되었다는 가설을 제출하였다(Jaspers, 1952). 즉 기원전 800~200년에 이르는 시기에 그리스, 이란, 이스라엘, 인도, 중국에서 초월에 대한 관념이 발생하였다는 것이다. 이 시기에 "지금껏 무의식적으로 받아들여지고 있었던 관념, 관습, 조건들이 재검토되고 회의되고 그리고 무효화되었다. 〔……〕 당연시되어왔던 것들이 회의되고 대립적인 가치들이 고개를 들어 대립하였다"(상동: 1~5). 이는 새로운 시각, 새로운 가치의 등장을 말한다. 야스퍼스는 이 시기에 인류가 최초로 윤리적 감각을 갖게 된 것으로 본다. 여기서 말하는 윤리란 주어진 현세의 현상과 힘 자체를 회의하고 초월할 수 있는 반성력이다. 이러한 윤리적 각성은 현세의 불완전성에 대한 자각에서 비롯한다. 따라서 이러한 각성 이후에는 현세적 사실과 윤리적 초월 간에 팽팽한 긴장이 발생한다. 현실은 더 이상 완전하지 않다.

유교에서 이 긴장은 어떻게 표현되는가? 그 가장 선명한 표현이 유교 텍스트 속의 성스러운 임금의 존재다. 인민의 숭앙의 대상인 신화와 역사상의 위대한 군주들의 손이 피로 얼룩져 있다는 사실을 문제시하고 의문시하였다는 사실 자체가 새로운 윤리적 계기의 탄생을 말해주고 있다. 유교의 경전들이 헨더슨이 "공동 재산(bonum commune)"이라고 불렀던 고래의 자료들 안에 포함된 카니발적 폭력을 일관되고, 체계적이고, 조직적인 방식으로 걸러냄으로써 완성되었다는 사실 자체가, 그렇듯 체계적이고 일관되게 걸러내는 내면의 필터 자체가, 새로운 윤리적 기준, 즉 야스퍼스가 말하는 "지금껏 무의식적으로 받아들여지고 있었던 관념, 관습, 조건들을 재검토하고 회의하고 그리고 무효화"시키는 초월적 긴장의 탄생을 생생하게 증언한다.

이 긴장은 전혀 새로운 것이다. 그 새로움은 위에서 살핀 윤리적 전환이 발생했던 텍스트, 즉 유교의 경전들과 그 텍스트의 모체가 되었던 원형 텍스트들, 즉 헨더슨이 "공동 재산"이라 불렀던 자료들의 대비를 통해 선명해진다. 오늘날 남아 있는 원형 텍스트들은, 유교의 정전 목록에서 제외된, 따라서 유교적 시각에서 보면 '이단적'이라고 간주되는 주변적 자료들 속에서 편린의 형태로 그 모습을 드러낸다. 앞서 본 『시자』에 남아 전해지는 기록, 즉 무왕이 주왕의 목을 따서 그의 피를 마시고 생살을 씹는 카니발적 폭력은, 유교 창건자들의 시각에서 보면 지극히 혐오스럽고 따라서 비윤리적인 것이었겠지만, 고대인의 감성에서는 그러한 폭력은 바로 일상적 감성을 초월할 만큼 초인적이라는 바로 그 이유 때문에 공포스럽고 따라서 위대하고 성스러운 것일 수 있었다. 이것이 지라르가 분석한 고대적이고 원시적인 성스러움의 모습이다. 이러한 초인적 폭력에 대한 윤리적 혐오감이 출현하였다는 사실, 그 자체가 진정 새로운 것이다. 초인적 폭력의 세계는 야스퍼스가 말한 '신화의 세계'다. 반면 초인적 폭력에 대한 윤리적 거부는 야스퍼스가 기축시대의 특징으로 묘파한 '로고스'의 유교적 표현 방식이었다. 유교의 창건자들은 '폭력에 대한 윤리적 혐오감'이라는 전혀 새로운 감성을 중국 문명에 최초로 이념적으로 체계화시킨 사람들이다. 성인 군주의 이념은 물론 비현실적이다. 제1, 2장에서 언급했던 '시간 밖의 시간', '공간 밖의 공간'에만 존재하는 규제적 이념(regulative idea)이다. 그러나 이러한 철저히 비현실적인 이념의 탄생이야말로 윤리적 각성, 초월적 긴장의 탄생을 말해준다.

이러한 초월적 긴장의 유교적 고유성은 무엇일까? 초월적 내세의 부재일 것이다. 내세란 현세의 불완전성을 초월적 논리로 극복하는 초현세의 어떤 시공을 말한다. 예컨대 나쁜 짓을 하면 지옥에서 벌을 받는다는 생각을 보자. 먼저 이런 관념은 현세에서 나쁜 짓을 많이 하고도 잘 살다 죽는 사람들이 많다는 사실에 대한 인식의 출현을 전제로 한다. 그리고 그러한 인식에는 무엇인가 부당하고 잘못되었다는 의식이 내포되어 있는데, 이렇듯 부당하다는 의식 자체에 초월적 계기가 싹트고 있는 것이다. 그렇기에 지옥이라는 초현세적 계기를 구성하여 현세의 불완전성을 초월적 논리 틀 안에서 해결하는 것이다. 그 형태는 다양하다. 먼저 원시종교에서도 그 싹을 볼 수 있고, 고도의 상상력을 통해 풍부해진 기독교에서의 천국과 지옥의 관념도 있다. 그러나 천국과 지옥이라는 관념 없이 이 문제를 해결하는 방식도 존재한다. 예를 들면, 인도적‐불교적 해결 방법은 나쁜 짓을 하면 다음 생에는 축생으로 태어나 응보를 받는다는 식이다. 그다음 생은 물론 또 다른 현세이지만 인과응보를 윤회라는 틀을 통해 정리해주는 것은 모종의 초월적인 영역의 작용이다. 즉 현세의 불평등 자체를 바로 현세의 불완전성의 초월적 해결 도구로 삼는다. 그런가 하면 조로아스터적 해결 방식은 우주를 선의 신과 악의 신 간의 대결장으로 이해하는 것이다. 개인을 초월하는 선의 신 안에 일체화하여 악의 신과 투쟁함으로써 인간은 정의와 구원을 얻는다.

유교는 초월적 내세가 존재하지 않고, 그렇다고 인도적‐불교적 방식으로 인과응보의 윤회를 믿지도 않으며, 조로아스터적인 선악의 신도 존재하지 않는다. 그렇다면 유교에서 이러한 초월적 조정 논리 또는 조정 기관은 과연 무엇인가? 어디에 있는가? 유교는 이 문제를 두 가지 축으로 풀었던 것으로 보인다. 첫째는 성인 군주라는 이념의 창출이고, 둘째는 예의 강조다. 성인 군주란 앞서 말했듯 비현실적 구성물이다. 다시 말하면, 존재하였던 상고시대 군주의 모습에서 폭력적인 모든 것을 탈색시키고 비폭력적 덕성만을 골라 재구성하여 이를 절대화시켰던 것이다.

따라서 유교에서의 초월적 조정 기관은 이 세계 밖의 어떤 곳이 아니라 요순우탕이 살았던 바로 이 세계 내에 존재하며, 요순우탕의 그 완벽한 모습을 통해서 드러나는 것이다. 유교에서 예란 성왕들이 세상을 다스렸던 행위 양식을 말한다. 예란 우주의 질서 또는 도의 무늬의 결에 맞게〔節文〕 행위하는 것〔履〕을 말한다. 따라서 예란 이 불완전한 세계의 배경에서 항상 살아서 실현되고 있는 우주의 올바른 질서에 자신과 나라를 맞추어나가는 행위 양식이다. 즉 성왕과 예는 이 세상이 비록 불완전하고 타락하였지만 우주의 큰 질서는 올바르게 흐르고 있다는 유교의 현세적 초월주의 관념이 만들어낸, 고유한 초월적 조정 기구였다. 유교에는 현세와 내세라는 구분은 없었지만 불의가 존재하는 무질서의 우주와 어떤 불의도 존재하지 않는 질서의 우주라고 하는 '두 개의 우주, 두 개의 현세'가 병존하고 있었다 할 것이다. 두 개의, 그러나 뫼비우스의 띠처럼 한 줄로 연결된 우주. 유교에서의 윤리적 긴장은 이 두 개의 우주 사이에서 발생한다. 우리의 도덕성이 요순우탕의 그것에 얼마만큼 일치하느냐, 우리의 행위가 예에 얼마나 맞게 이루어지고 있느냐. 이러한 현세 내에서의 간극이 바로 유교에서 초월적 긴장이 스파크를 일으키는 지점이다.

내세적 초월주의가 상대적으로 비정치적이라면, 유교의 현세적 초월주의는 절대적으로 정치적이다. 유교의 성인 군주 이념은 당대의 정치 현실에 대한 강한 거부감과 혐오에서 비롯된 것으로 보인다. 이런 점에서 보면 유교에도 반정치적 정조(情調)가 깔려 있다. 그렇지만 유학자들은 정치 현실을 떠날 수가 없다. 왜냐하면 그들의 성인 군주는 하늘이 아닌 현실에 있었던 것으로 상정되어 있고, 그들이 살아가는 당대의 현실 군주의 모습 속에서 실현되어야 할 이상이기 때문이다. 그들에게 성왕은 비현실이자 당위적 현실이다. 그들의 군주를 성왕에 가깝게 변화시켜야 하는 것은 그들에게 주어진 엄숙하고 신성한 명령이다. 이 명령을 이행하는 일은 현실과 당위 사이의 끝없는 갈등과 긴장의 연속이다.

6. 유교의 길: 현실주의와 은둔 사상 사이

이렇듯 당위와 현실 사이의 긴장에 찬 좁은 길은 많은 공격에 노출되어 있기도 하다. 먼저 한비와 같은 현실주의자들은 유학자들을 시대착오적인 이상주의자들이라고 조롱한다. 그런가 하면 여러 문헌 속에 보이는 지혜로운 은둔자들은 유학자들이 현세적 정치에 발을 들여놓는다는 사실 자체를 조롱한다. 『논어』에 나오는 몇 가지 사례들을 살펴보자.

> 자로(子路)가 석문에서 묵었는데 신문(晨門)이 "누구의 문하인가"라고 물어 자로가 "공자의 문하요"라고 대답했다. 그가 말하기를 "희망이 없다는 것을 알면서도 하는 자말인가"라고 하였다. (「헌문(憲問)」)

> 초나라의 광인인 접여(接輿)가 노래하면서 공자 앞을 지나갔다.
> "봉(鳳)이여 봉이여. 어찌 덕은 쇠하여지는가.
> 지난 것은 이미 간(諫)할 수 없는 것이지만
> 오는 것은 아직 잃지 않았으니
> 그만둘지어다, 그만둘지어다.
> 정사(政事)를 좇는 자는 위태롭도다."

(「미자(微子)」)

(은자인 걸익이 공자의 무리들 중 자로에게 말했다.)
"흘러 넘치는 도도한 물을 보라. 천하가 다 이렇다.
누가 이것을 변화시킬 수 있겠는가?
이 사람〔군주〕저 사람〔군주〕가리고 다니는 사람〔공자〕을 따르느니
차라리 세상을 가려 은거해 있는 사람을 따르는 것이 낫지 않겠는가?"
(상동)

현실주의자들과 은둔자들의 비판적 대화를 통해 유교의 입장은 형성되고 강화되어갔다. 유교의 입장은 현실 군주를 중시하는 점에서 법가와 유사하면서도 통치의 도덕성을 강조하는 점에서 법가와 다르고, 현실의 타락을 깊이 느끼고 있는 점에서 은둔자들과 같이하면서도 현실 참여의 고리를 확보한다는 점에서 은둔자들과 달랐다. 유학의 특징을 잘 보여주는 실천의 핵심 고리는 왕권의 폭력성과 비도덕성에 대한 끊임없는 경계였다.

유교의 탄생은 세계의 도덕적 타락에 대한 고통스러운 각성과 깊이 연관되어 있다. 『논어』에서 공자가 "봉조(鳳鳥)는 더 이상 내려오지 않고 하도(河圖)는 더 이상 나오지 않는다"고 탄식하였던 것이 바로 이 맥락이다. 봉은 신성한 새로서 성왕인 순임금과 문왕이 다스렸던 시대에 땅에 내려와 춤을 추었다고 한다. 하도란 중국 문명상의 성인 중 한 사람인 복희씨가 해독했다고 하는 황하에서 나온 말〔龍馬〕의 등에 기록된 부호를 말한다. 이 기호는 후일 『주역』의 기초가 되었다. 따라서 하도와 봉황이 더 이상 나오지 않는다는 것은 이제 이 세계가 하늘의 기쁨과 후의를 얻을 만한 자격을 상실했다는 것을 말한다. 흔히 유교이념의 이상 사회를 '대동(大同)'이라고 한다. 『예기』「예운(禮運)」편에 공자가 가르쳤다고 하는 "큰 도

가 행해져서, 천하가 공평함을 위하는(大道之行也 天下爲公)" 세계다.

이 세계는 권력을 다투지 않고 현명한 사람에게 선양(禪讓)되며 (요순 임금처럼), 자기 부모만이 아니라 모든 부모를, 자기 자식만이 아니라 모든 자식을, 건강하고 부한 사람만이 아니라 병들고 외로운 사람을 공평하게 부양하고 돌보는 사회다. 남녀노소에 다 돌아갈 적정한 일이 있어 재물은 넉넉하되 사리(私利)에 쓰이지 않고, 힘도 넉넉하되 사욕(私慾)에 쓰이지 않는다. 그러니 간교한 마음이 사라져 도둑도 사라지고 담장도 사라진다.[6]

그러나 바로 이어지는 구절은 "오늘날에는 이미 대도가 사라졌다(今大道旣隱)"이다. 결국 유교에서 대동(大同)은 현실이 아니라 잃어버린 이상, 유토피아였다. 요순시대에 이루어졌다고 하는 잃어버린 에덴동산이었다.

세상은 타락했다. 이것이 공자가 보았던 세계였다. 요임금의 완전한 덕의 세계로부터 공자가 숨 쉬며 살고 있는 폭력적이고 굴욕적인 당대에 이르기까지 현실은 지속적인 타락의 과정이었다. 앞서 언급한 폭력 탈색의 스펙트럼이란 바로 이 덕의 상실 과정에 다름 아니다. 그리하여 앞서 '봉조'와 '하도'에 관한 구절에 이어 공자는 탄식한다. "나는 이제 끝이다(吾已矣夫)." 이 세계에 대한 믿음을 그만 버리고 싶은 심정이었을 것이다. 은둔자들처럼.

그러나 공자는 이렇듯 엄습하는 절망감에 결코 굴복하지 않았다. 그는 왕을 계도하고 세상을 바로잡을 생각을 포기하지 않았고, 그 때문에 끊임

---

6) 아래 원문을 간략히 풀어본 것이다. "選賢與能, 講信修睦, 故人不獨親其親, 不獨子其子, 使老有所終, 壯有所用, 幼有所長, 矜寡孤獨廢疾者 皆有所養, 男有分, 女有歸. 貨惡其弃於地也 不必藏於己, 力惡其不出於身也 不必爲己. 是故謀閉而不興, 盜竊亂賊而不作, 故外戶而不閉. 是謂大同." (『예기』「예운(禮運)」)

없이 관직을 찾아 주유했다. 절망 속에서도 여기 이곳에 하늘의 도를 실현하기 위한 불굴의 의지의 근원은 바로 유교적 안티노미의 화해 불가능성에 다름 아니었을 것이다. 공자의 뛰어난 제자였던 증자는 다음과 같이 말했다고 한다. "선비는 강하고 단호해야 한다, 그의 짐은 무겁고 갈 길은 멀기 때문이다. 그는 짐을 은혜로 생각한다. 무겁지 아니한가? 오직 죽음만이 이 길의 종점일 뿐이다. 먼 길이지 않은가?"(『논어』 「태백(泰伯)」) 이는 공자 자신의 말이기도 하였을 것이다. 은둔자들이 공자를 조롱하자 그가 답변하였다. "새와 짐승과 더불어 살 수 없으니 내가 사람들과 더불어 살아야 하지 않겠는가? 천하에 도가 있다면 내가 굳이 이 세상을 바꾸려 노력하겠는가"(『논어』 「미자(微子)」).

정치 참여 외에 공자가 몰두하였던 일은 교육과 저술이었다. 맹자는 공자가 『춘추』를 지었다고 말하는데, 그 저술 동기를 다음과 같이 설명했다. "세상이 기울고 도가 희미해지자, 이단과 폭력이 만연했다. 아비를 죽이고 왕을 죽이는 일이 빈번했다. 공자는 이를 우려해 『춘추』를 지었다"(『맹자』 「등문공장구 상(藤文公章句 下)」). 사마천은 "공자가 70여 제후를 찾아다니며 〔그의 뜻을 펼〕 지위를 구하였으나 그를 환영하였던 군주는 한 사람도 없었다"고 했다(『사기』). 이러한 상황에서 교육과 저술은 공자에게 점점 중요한 일이 되었을 것이다. 결국 공자가 후세에 기억되는 것도 그의 불우했던 정치적 경륜이 아니라 그의 교육과 저술 때문이다.

7. 예의 창조: 군사적 친족주의에서 윤리적 친족주의로

앞서 언급한 대로 공맹의 시대는 전쟁의 시대였다. 친족적 유대와 제후-봉신 관계의 결합에 기초했던 주(周)나라의 봉건체제는 왕족의 가지가 확대되어 갈수록 더욱 많은 분란의 소지를 만들었다. 친족 지배 체제는 친족의 확대를 통해 강화되지만, 동시에 안으로부터 무너지기 시작한다.

〔귀족들에게〕 친족의 수장에게 바쳐지는 존경은 친족적인 것이었지, 제도적인 것이 아니었다. 귀족들과 〔제후의〕 형제들, 기타 가까운 친척들은 제후의 명령에 따르는 자들이 아니라, 제후의 권력을 분점하고 있는 사람들이었다. 새 제후가 그의 형제를 재상으로 앉히는 것은 바로 그렇듯 제후의 권력을 분점하는 한 가지 양식이었다. 〔……〕 제후의 대부분 대신들을 세습적인 지위를 가지고 있었다. 제후가 그들을 임명한 것이 아니었기에 그의 자의에 따라 해임시킬 수도 없었다. 그런 상황에서 제후는 기껏해야 아주 제한된 권한을 그의 막료들에게 행사할 수 있었을 뿐이다. 막강한 권위를 쌓은 대신이 자신의 자리를 자식에게 물려주려 하는 경우, 특히 왕위에 있는 제후가 아직 젊고 힘이 약한 경우, 그 대신의 의도를 가로막을 수 있는 것은 아무것도 없었다. 오히려 야심적인 대신들은 나약하고 경험이 없는 사람을 곧잘 왕위에 올려놓고는 하였다.(Hsu, 1965: 79~80)

대종(大宗)과 소종(小宗)의 항렬이 멀어질수록 같은 집안으로서의 친족적 신뢰 시스템은 약화되어갔다. 그 결과 쿠데타, 부친 살해, 친족 살해, 국왕 살해가 빈발했다. 바로 공맹이 개탄했던 '골육상잔'이다.

갈등 요소가 폭력적으로 표출되는 것은 오히려 자연스러웠다. 이들 왕족, 귀족은 군사적 지도자, 무인들이었기 때문이다. 그들에게 전쟁은 윤리적인 결함이 아니라 영광이요 명예였다. 『춘추좌전』을 읽어 내려가다 보면 이들 무사 귀족들은 전쟁 행위를 우주와 조상에 대한 어떤 신성한 의무의 수행으로 생각하고 있음을 느낄 수 있다. 그들은 전쟁〔戎〕을 제사〔祀〕와 함께 나라에 있어 가장 중요한 일로 생각하였고, 전쟁을 늘 준비하고 돌보지 않는 군주나 장수는 어떤 종교적인 차원에서의 의무를 방기하고 있는 자로 폄하한다. 갑골문에서 친족을 뜻하는 '족(族)'이 깃발[方]과 화살[矢]의 표상임은 시사적이다. 제후를 뜻하는 후(侯) 역시 화살[矢]을 든 인간[人]을 표상한다. 고대 세계에서 족은 전투 집단이었고, 제후란 이 전투 집단의 장수, 사령관이었다(Chang, 1980 : 163, 1983 : 33~42 ; 이춘식, 2002 : 43).

성스러운 임금의 관념은 이렇듯 근본적으로 군사적이고 폭력적인 상쟁의 상황을 초월하고 극복하기 위한 유교 창건자들의 윤리적 이념의 핵이었다. 그리고 유교 창건자들의 뛰어난 점은 그들이 윤리적 이념의 창시에 그치지 않았다는 데 있다. 그들은 그 이념의 실현 수단 역시 제시했다. 그것이 예다. 유교의 관점에서 보면 예란 성스러운 임금의 행위 법도, 행위 양식 일체를 말한다. 일체의 예는 여기서 유래한다. 그러나 성스러운 임금의 상(像) 자체가 '술이부작'의 붓끝에서 이루어진 윤리적 창조인 이상, 그 성스러운 임금의 행위 법도라는 것도 윤리적 구성물이 아닐 수 없다.

잠깐만! 고대 중국을 잘 아는 독자는 아마 이의를 제기하리라. 성스러운 임금의 이미지가 고대 전쟁 군주의 폭력성을 제어하기 위해 술이부작의 붓끝에서 창조되었다는 것까지는 좋다. 그럴 수도 있겠다. 그러나 예조차 그러했다는 데는 도저히 동의하기 어렵다. 유교 예제(禮制)의 핵심은 최소한 은나라 어느 때부터는 분명히 실제로 존재했던 종법제도가 아닌가. 이상(理想)이나 이념이 아니라 지극히 현실적인 제도가 아니었는가. 주나라는 더욱 분명했지 않은가.

맞다. 그러나 지극히 현실적인 제도였던 종법제의 외형적 틀은 유지하되, 그 내용에는 질적 전환이 있었다. 그 핵심은 '군사적 친족주의에서 윤리적 친족주의로의 전환'으로 요약할 수 있다. 성왕이념이 고래(古來)의 공동 텍스트(bonum commune)를 수원지로 하여 완전히 새롭게 재구성되었던 것처럼, 종법제와 예도 그렇다. 공맹이 살았던 시기의 친족주의는 군사적 친족주의였고, 그 종법제의 핵심은 군사적 지배 체제의 계승 원리였다. 그 시기의 예란 그러한 군사적 지배를 정당화하기 위한 의례에 다름 아니었다. 그러나 공맹에 의해 재정비된 예제의 핵심은 오히려 이 군사적 성격을 탈색시키는 데 있었다.

왕가 종법의 중심 문제는 왕위 계승에 있다. 은나라는 형제계승종법, 주나라는 부자계승종법이었다고 알려져 있다(Fisher, 1990; Ebrey, 1991). 그러나 당시에 계승 원리는 엄격하게 원칙화되어 있지 않았다. 상황에 따른 힘의 논리로 결정되었다. 『춘추』가 생생히 전하는 바와 같이 계승을 둘러싼 폭력과 암투는 제후가의 일상사였다. 공자가 주공(周公)을 존숭했던 이유가 무엇인가. 그의 형 무왕(武王)이 죽고 난 후 주공 자신이 주나라 조정의 최고 실력자가 되었지만, 무왕의 아들이자 자신의 조카인 어린 성왕(成王)의 왕위를 찬탈하지 않고 끝까지 잘 보필했다는 데 있다. 공자는 문제의 핵심을 찔렀다. 주공의 사례를 통해 군주 계승을 둘러싼 폭력이 윤리적 기준에 따라 통어(統御)되는 방식을 간파한 것이다. 주공의 예는 주나라 때까지도 형제 계승과 부자 계승이 뒤섞여 있었음을 보여준다. 아니 주나라 때까지만이 아니라 이후의 모든 왕조에서 예외 없이 다 그랬다. 삼촌이 조카를 잇고, 형이 동생을 잇는 경우가 비일비재했다. 이런 경우 늘 골육상잔, 피의 숙청이 따른다. 그렇듯 현실의 왕위 계승은 늘 위태로운 것이었기에 그만큼 유교는 더욱 엄격한 계승 원칙을 세워 이를 규제하려 했다.

유교사는 종법적 계승 원리 역시 계속 진화했음을 잘 보여주고 있다. 공맹의 시대에는 왕위 계승을 둘러싼 골육상잔(骨肉相殘)을 날카롭게 고발하고 경계하는 데 초점을 맞추었다. 한나라에 이르면 부자 계승 원리가 일단 정착되고 더 나아가 장자 계승 원리가 강조되기에 이른다. 이 원리는 위에서 밑으로가 아니라 거꾸로, 밑에서 위로 변화의 바람이 밀고 올라간 결과일 것이다. 즉 늘 폭력의 문제가 개제되는 세습 지배계급인 황제, 제후, 그리고 귀족화한 경대부(卿大夫) 층의 계승 관행이 아니라, 세습 작위가 없어 평민-사서인(士庶人)에 가까운 사족(士族)의 가통(家統) 계승 관행이 일반화하고 이것이 위로 올라가 종법원리화한 것이다. 이런 경향을 잘 보여주는 예서(禮書)가 한나라 때 완성된 『의례(儀禮)』다. 『의례』는 번거로운 고대 제후 예제를 크게 간소화하면서 종(宗)의 승계 원리를 적장자 계승으로 엄격하게 확정한다. 이 적장자 계승 원리가 왕가에까지 영향을 미치게 된 것이다. 후일 송나라 정주학이 정립한 『주자가례』는 『의례』의 영향을 많이 받았으며, 그 원리를 더욱 표준화하고 일반화시킨다.[7] 『의례』와 『주자가례』는 고대 예제가 이미 상당히 세속화(secularize)하였음을 보여준다.

정리하면, 유교는 전통의 고삐를 잡기 위해서 전통을 이용했다. 과거의 군사적 친족 질서를 새로운 윤리적 의미 구조에 따라 재해석하고 재편했다. 이러한 새로운 윤리적 질서 안에서 군왕과 가부장은 더 이상 군사적 지도자, 자의적 절대자일 수 없다. 부자와 군신의 관계는 군사적 질서가 아닌 윤리적 질서에 의해 새롭게 규정되어야 한다. 전통 속에서 전통을 변환시켜야 한다. 전통의 이름으로 전통을 바꾸어야 한다. 이 노선은 현실에 아주 잘 들어맞았다. 역사 속에서 유교의 승리를 보장해준 원천이었다. '군사적 친족주의에서 윤리적 친족주의로.' 이 전환에서 본체는 남았지만 성격은 바뀌었다. 그 본체는 친족주의인데, 친족주의의 핵심은 벤자민 슈월츠가 고대 중국에서 정립된 '문명적 정향(civilizational orientation)'이라고 강조했던 조상숭배다

---

7) 반면 역시 한나라 때 완성된 『주례(周禮)』는 초점이 다르다. 왕권이 하늘과 닿아 있다는 신성성을 강조하는 반면, 왕권 계승에 종법원칙의 엄격성은 매우 약하다. 후일 유교 조정의 예송들에서 왕권 강화의 편에 섰던 유자들이 『주례』에 주목했던 데는 이와 같은 이유가 있었다. 또 하나의 주요 예론서인 『예기』는 유교 예법 원리의 윤리적 근거를 펼쳐 보인다.

(Schwartz, 1985). 이 정향은 고대로부터 워낙 깊이 자리 잡은 것이었기 때문에, 유교의 윤리적 변형조차 이 정향 위에서 작용하지 않을 수 없었다. 중국 문명의 이 근본적인 정향을 이탈하려 하였던 사조들은 모두 좌절했다. 묵가(墨家)와 같이 중국의 현실에 뿌리내리는 데 실패했거나, 아니면 도가(道家)처럼 어느 정도 타협된 형태로 주류 제도의 바깥에서 존립할 수밖에 없었다. 그러나 유교의 승리에는 그만한 대가가 있었다. 조상 숭배를 윤리화해서 천하를 장악했지만, 바로 이 승리는 진관다오가 "초안정구조"라고 불렀던, 친족질서〔家〕와 국가질서〔國〕의 대일통(大一統) 체제의 항구적 보수성의 근거가 되기도 하였다(진관다오, 1997). 초월적 긴장과 현세적 부후(腐朽)가 교차했던 유교사의 진자(振子) 운동 또는 교직(交織) 작용은 예론 성립의 윤리성과 타협성의 혼용 속에 이미 내재되어 있었다. 유교는 한편으로는 초월유교(transcendental Confucianism), 다른 한편으로는 현세유교(mundane Confucianism)라고 하는 두 얼굴을 하고 있었다.

'군사적 친족주의에서 윤리적 친족주의로의 전환'은 '군사적 종법에서 윤리적 종법으로의 전환'이기도 하였다. 이 전환의 의미는 막대하다. 군사적 종법은 순수하게 봉건적인 제도다. 그러나 윤리적 종법은 더 이상 그렇지 않다. 봉건제도란 세습 봉토(封土)와 봉신(封臣)에 대한 군사적 통수권의 세습이다. 왕과 제후의 직위, 그리고 공, 백, 자, 남 등 작위의 세습이란 이러한 권한과 영토의 세습을 말한다. 군사적 종법제에도 강렬한 종교성이 내재해 있었을 것이다. 그것은 근본적으로 폭력에 대한 숭배이며, 거기에 종교성이 있다면 그것은 윤리종교 이전의 종교성이다. 반면 윤리적 종법은 폭력에 대한 숭배를 폭력을 예방하는 혈연적 서열과 여기서 비롯한 윤리적 감정에 대한 숭배로 전환시킨다. 윤리적 종법에는 군사적 통수권의 세습이라는 봉건 종법의 핵심이 교묘하게 빠져 있다. 『주자가례』가 대표적이다.

유교 종법론은 송대에 정이(程頤) - 주희(朱熹)에 이르러 재정비되고 거듭 고도로 윤리화된다. 송나라 시대 유자 계층이 더 이상 봉건적 의미의 세습귀족이 아니었다는 사실은 여기서 매우 중요하다. 이들에 의해 체계화된 종법 논리는 군사적 - 봉건적 계승 원리를 규제하는 성격이 강했다. 송대에 이르면 봉건귀족제는 크게 약화된다. 오직 황가(皇家)만이 최후의, 그리고 최강의 군사적 - 봉건적 세습 체제로 남아 있었다. 이제 능력주의에 따라 과거로 선발된 유자정치집단은 군사적 - 봉건적 황가의 힘을 견제해야만 한다. 이

정이(1033~1107)

사명은 한편으로는 성왕론, 다른 한편으로는 윤리화된 종법제의 이름으로 행해졌다.

후일 모든 유교 전례논쟁〔조선에서는 예송(禮訟), 중국에서는 예의(禮議)라 부른다〕의 근원이 되는 유교 종법제에 내포된 양가성, 즉 **군주종법과 유자종법의 갈등**은, 종법제의 역사에 각인된 이러한 변형에서부터 비롯한다. 군주의 종법은 결과주의적이다. 즉 왕위 계승자 우선주의다. 반면 정통론적(즉 정통유교적) 종법은 원리주의적이다. 철저히 장자(長子) 우선주의다. 결과주의적 종법은 최종 승자가 정통성을 갖는 반면, 정통론적 유자의 종법은 결과적 현실에 대해 비판적이다. 결과주의적 종법은 최종 승자가 사후적으로(ex post facto) 정통성을 갖는 반면, 원리주의적 종법에서 정통성은 사전적으로(ex ante) 결정된 적장(嫡長) 적통자로 국한된다. 결국 결과주의적,

사후적 종법은 왕권에 대한 경쟁에 열려 있고, 이 왕권에 대한 경쟁은 유자들이 두려워했던 폭력을 필연적으로 유발한다. 군주종법은 종법의 봉건적, 군사적 기원을 고스란히 잇고 있다.

반면 유자의 사전적 종법은 군주종법에 잠재된 폭력을 원천적으로 제어하려는 장치다. 따라서 군주의 종법정치는 현실 정치(Realpolitik)에 경사되지만, 정통적 종법정치는 항상 현실 정치를 제어하려는 도덕정치(Moralpolitik)가 된다. 군주의 사후적 종법은 고대의 군사적 종법원리를 간직하고 있지만, 정통 종법은 그 군사적 종법원리에 대해 격렬히 저항한다. 정주학은 두 모순된 종법을 묶어 종법의 사전적 규제와 사후적 규제로 통일시킨다. 종법의 두 측면을 군주 규제라는 한 가지 목적 아래 통합시킨 것이다.

후일 조선의 예송에서 정점에 이른 유서 깊은 유교 전례논쟁은 유교가 탄생했던 시점에 봉합해놓았던 문제 지점이 늘 다시 격렬하게 파열되는 계기들이기도 하였다. 유교 전례논쟁이 항상 왕권과 유권(儒權)의 대립 양상을 취하고, 정통 유자들이 내세운 종법론과 예론이 항상 자의적 왕권에 대한 견제의 무기가 되었다는 사실 역시 유교의 창건 이념 내부에 감추어져 있던 비밀을 거듭 노출시켜주고 있는 것이다. 이러한 상황은 유교 국가 주권(主權)의 독특한 특징을 말해준다. 유교 교리의 근원에 이미 군권(君權)을 내파시키는 싹이 내재되어 있었다.

8. 대체권력으로서의 예

유교의 예가 전쟁 귀족의 폭력성을 통어하고 순화시킬 유교적 도덕성의 강력한 수단이었음을 살펴보았다. 그리하여 유교의 예는 그 자체로 물리적 힘에 맞서는 대체권력이 되었다(Kim, 2000). 이러한 입장이 필자만의 것은 아니다. 미국의 중국학자로는 드물게 유교 예학을 집중적으로 연구해온 에브레이 역시 "[유교] 예는 물리적 힘에 대한 대안으로 간주되었다"고 보고 있다. 그녀는 이어 말하기를, "일상의 예를 잘 준수하고 있는 사람은 그들의 사회적·윤리적 의무를 잘 알고 실행하고 있는 사람으로 간주된다. 그렇지만 권력이 이러한 의례 관계들 속에 연관되어 있다는 것은 분명하다. 권력은 의례의 내적 측면의 하나이다. 의례에 참가하고 있는 사람들은 매우 고정되어 있는 양식으로 행동하도록 규율받고 있는 것이다"고 하였다(Ebrey, 1991: 7).

전국시대 제후들의 무기가 물리적 힘이었다면 유학자들의 무기는 도덕률이었다. 니체는 『도덕의 계보학』에서 바로 도덕률을 숨겨진 무기로 들고 나온 윤리종교의 사제들에 의하여 인간은 '문명화'되기 시작하였다고 하였다. 힘은, 니체의 말대로, 선과 악의 구분을 모른다. 니체에 따르면 선과 악을 구분하는 것은 노예의 철학이다. 강한 자의 힘에 짓밟히는 자들이 자신의 처지를 선으로, 그리고 강한 자의 힘의 행사를 악으로 구분했을 뿐이라고 한다. 이런 각도에서 보면 니체가 『도덕의 계보학』에서 말했던 두 종류의 권력이 존재한다. 하나는 "죄의식이 없고, 귀족적 야수성을 가졌으며, 자연스럽게 터져 나오고, 깨끗한" 힘의 행사로서의 전사(戰士)의 권력이다. 또 하나는 "금욕적이고, 반성적이며, 죄의식적이고, 괴로워하고, 분개하는" 도덕적 권력이다. 이 두 개의 상반되는 성격을 가진 권력이 서로 경쟁 관계에 들어간다. 이것이 니체가 보는 문명의 발전사요, 도덕의 계보학(genealogy)이다. 니체의 논의에 깃든 도덕주의에 대한 양가감정(그는 도덕을 조롱하지만 그렇다고 부정하는 것은 아니다)은 우리의 관심사가 아니다. 다만 도덕률이 물리적 힘을 가진 세력을 통제할 수 있는 또 하나의 힘이 된다는 그의 통찰이 여기서 우리에게 유용할 뿐이다.

공맹 시대를 특징짓는 빈번한 군주 살해, 부친 살해, 근친상간, 그리고 빈번한 전쟁이 공맹의 시대에 이르러서만 문제시되었던 것은 아닐 것이다. 그리스 신화 속의 오이디푸스 이야기에서도 군주 살해, 부친 살해, 근친상간은 비난의 대상이 된다. 그렇지만 오이디푸스 왕이 범하는 이러한 비극적 행위는 뛰어난 영웅이 겪는 인간의 딜레마와 고통으로 다루어지지, 오늘날과 같은 윤리도덕적 폄하의 대상은 아니다. 여기서는 전쟁 귀족의 영웅주의 미학이 사제적 도덕주의를 오히려 압도하고 있음을 알 수 있다. 영웅성과 폭력성은 운명적인 결합으로, 본질적인 연관으로 오히려 강조되고 있다. 이러한 시각은 유교에서는 상상조차 하기 어렵다. 유교는 호메로스의 서사시나 그리스 비극에서 보이는 전쟁 영웅과 그들의 폭력성을 근본적으로 부정하기 때문이다.[8]

---

8) 그러나 소포클레스의 창작 비극 『오이디푸스 왕』은 좀 더 세심한 독해가 필요하다. 분명 이 창작 비극 속에서도 오이디푸스는 영웅으로 묘사된다. 그러나 소포클레스의 창작 비극 『오이디푸스 왕』과 호메로스가 『일리아드』에서 언급하고 있는 오이디푸스의 모습에는 미세한, 그러나 중대한 차이가 존재한다. 호메로스의 시편들이 보여주고 있는 것처럼, 오이디푸스는 고대 그리스인들의 전래 설화 중 하나다. 호메로스의 오이디푸스 묘사에는 오이디푸스가 신들의 변덕에 의해 수난을 겪는 영웅으로 묘사될 뿐, 오이디푸스 자신의 도덕적 자책감은 부각되지 않는다. 그러나 소포클레스의 『오이디푸스 왕』에서는 부친 살해와 근친상간이 내면화된 범죄로 해석되고 있다. 비록 비의도적이지만 부친을 죽이고 모친을 범하게 된 사실을 깨달은 오이디푸스를 단죄하는 것은 관습과 여론이라는 전통의 힘이 아니라 오이디푸스 자신이다. 이 점에서 오이디푸스는 새로운 인간이다. 아버지를 죽이고 어머니와 결혼했다는 사실을 알게 된 오이디푸스는 죽은 어머니의 머리카락에서 황금 핀을 뽑아 "그의 눈을 찔러 눈알을 뽑아내 피투성이가 된다" (Sophocles, 1982: line 405). 이때 극의 배경 합창은 다음과 같이 노래한다. 그리스 비극에서 배경 합창은 관습과 여론의 목소리를 표상한다.

아 무섭구나
온 세상이 다 보는 이 고통
지금껏 보지 못한 이 무서운 공포
오이디푸스 당신은 미쳤는가,

정치 영역에서의 의례는 보통 통치자의 위엄을 높이기 위한 수단으로 인식되어왔다(Shils, 1965; Cannadine and Price ed., 1987; Bloch, 1989). 그렇지만 이 글은 유교에서의 예가 정치 영역에 있어서도 군주를 윤리적으로 견제하려는 측면이 강하다는 점을 강조하였다. 유학자들은 왕위의 위용을 높이는 본래의 정치의례를 전쟁 귀족의 매너를 순치하는 방향으로 그 성격을 변환시켰다. 예컨대 유교 왕조에서 왕권 계승의 의례는 그 영광, 위용, 과시, 장엄의 분위기보다는 선왕의 죽음에 대한 비탄, 갚을 수 없는 은혜에 대한 자책과 하늘이 무너지는 고통, 감히 왕위를 잇는 미안함과 괴로움의 정조(情調)가 의례 전반을 지배한다. 유교적 교양이 몸에 밴 왕위 계승자라면 슬픔과 울음에 지쳐 몸을 가눌 수 없을 정도로 몸을 상한

......
가련하도다 차마 눈뜨고 보지 못할
......
오이디푸스여 …… 우리는 당신의 피투성이 모습에 몸서리친다
......
맙소사 도대체 무슨 일을 한 것인가
어떻게 자신의 눈알을 파헤쳤는가, 어떻게 ……
어떤 무서운 초인적인 힘이 당신을 지배하고 있는가?
(Sophocles, 1982: line 1433~1435, 1439, 1442, 1463~1465, 번역과 밑줄 강조는 필자)

이야기를 정리하면 이렇다. 호메로스 단계만 하여도 내면화된 도덕의식, 윤리적 긴장은 별로 존재하지 않았다. 이렇게 보면 소포클레스는 그리스 고전 비극작가 중에서도 가장 모럴리스트이다. 배경 합창은 자신의 눈알을 파헤쳐 스스로를 단죄하는 오이디푸스의 모습에 전율한다. 이 전율은 막스 베버가 카리스마의 원천에 대해 묘사할 때 나타나는, 광인과도·같은 어떤 초인적인 힘과 정열과 행위에 대한 전율과 아주 유사한 것이다. 이 배경 합창이 의미하는 것은 당시의 일반적 관습은 오이디푸스가 보여준 처절한 도덕적 자책을 충격적이고 반관습적인 행위로, 다시 말해 전혀 새로운 어떤 초인적인 카리스마의 분출로 해석하고 있음을 말한다. 이런 시각에서 보면 이러한 도덕적 자책의 초인적 캐릭터를 창조한 소포클레스 자신이야말로 그러한 것이 뚜렷하게 존재하지 않았던 고대 그리스 세계에 고도의 윤리적 각성과 초월적 긴장을 '창조해낸' 인물 중 하나라고 볼 수 있다. 소포클레스도 일종의 술이부작을 한 것이다.

상태에서 신하들의 누차에 걸친 왕위 계승 요청을 거부한 끝에 비로소 파리한 모습으로 죄인처럼 왕좌에 오르곤 하였다. 춘추전국시대의 전쟁 귀족, 전쟁 군주들로서는 이렇듯 경건한 효자의 모습을 나약한 군주의 작태 이상으로 생각하기 어려웠을 것이다. 무인 군주와 유교군주, 이 사이에는 커다란 문명적 차이가 존재한다.

정치의례, 즉 왕실의례의 이러한 초점 변환은 의례 전문가들의 지위 변화에서도 찾아볼 수 있다. 갑골문[9]과 청동기의 기록들 및 고고학적 증거들은 의례의 기원이 왕이 전쟁이나 수확을 위해 점을 치는 행위에서 비롯되었음을 보여준다. 그런데 갑골문에서 '정인(貞人)'이라 불렸던 은대의 전문 점술가들의 지위는 최고 점술가였던 왕에 비하면 매우 부차적이었다.

〔상왕조의〕 왕은 뼈를 태워 갈라진 균열의 의미를 해석하고 하늘에의 기도와 희생을 집전함으로써 조상의 혼령의 뜻을 결정할 수 있는 권한이 있었으며, 이 능력을 통해 정치권력의 집중을 정당화하였다. 그것은 왕 자신이야말로 최고의 신정관(神政官, theocrat)이었음을 말한다. 왕은 공동체에 큰 영향을 주는 조상 혼령들의 축복을 끌어오고, 혼령들의 저주를 달랠 수 있는 유일한 사람으로 간주되었기 때문이다.(Keightly, 1978 : 213)

---

9) 청말 베이징의 대신(大臣)이자 대학자인 왕의영(王懿榮)은 청조의 국운이 마지막 숨을 몰아쉬던 1899년, 베이징의 약방에서 용골(龍骨)이라 불리며 약재로 쓰이던 갑골문의 의미를 최초로 파악하였다. 이때부터 그는 '용골'을 대량 매입하여 연구하기 시작하였다. 이 작업은 그의 친구인 유악(劉鶚)에 의해 계속되었고, 유악의 연구는 그의 사돈(아들의 장인)인 나진옥(羅振玉)에 의해 이어졌다. 나진옥은 '용골'의 출처, 즉 은허(殷墟)의 소재지를 밝혀내었다. 나진옥은 뛰어난 젊은 학자인 왕국유의 도움을 얻게 되고, 왕국유(王國維)의 연구는 제자 동작빈(董作賓)에 의해 체계화된다. 이 비상했던 과정에 대한 감동적인 서술은 우치우이(2010 : 57~82) 참조.

점술가들이 점괘에 대해 의견을 내놓을 수는 있었지만, 왕은 그 해석이 마음에 들지 않을 때는 언제든지 바꿀 수 있었다. 즉 상왕조(은나라)와 초기 주왕조시대까지 왕은 최고 사령관이자 최고 주술가이기도 하였던 것이다. 점술가들은 왕의 보조 사제들에 불과했다.

그러나 은대 점술가들의 후예라고 할 후일의 유학자들은 고대 문헌에 대한 전문적 지식을 바탕으로 의례에 대한 최종적 해석권을 확보해갔다. 공맹시대의 유학자들은 그들 시대의 제후와

갑골문

귀족들이 타락한 탓에 고래 의례의 진정한 형식과 내용을 왜곡했다고 주장했다. 이러한 방침은 두 가지 목적을 충족시켰다. 첫째, 유학자들 자신이 성왕이 정립했다고 하는 고래의 신성한 의례의 진정한 전수자들임을 주장할 수 있게 되었고, 둘째, 고대의 의례를 재해석하고 재편하는 권위를 획득하게 되었다. 그럼으로써 고대 의례에서의 원시적, 카니발적, 샤먼적인 요소를 탈색시키고 의례에 초월적 긴장과 윤리적 의미를 불어넣을 수 있게 되었다. 바로 이러한 의례의 윤리화를 통해서 유학사들은 물리적 힘에 있어서 우월했던 전쟁 귀족들에 대해 이념적으로 우월한 지위를 확보할 수 있었던 것이다.

성인 군주의 이념 창출은 유학자들의 반(反)전쟁 귀족적 윤리의 창출이기도 하였다. 이러한 반전쟁 귀족적 윤리란 현세의 불완전성의 뼈저린 자각에 기초한 초월적 윤리이기도 하였다. 유학자들이 이러한 초월적 윤리를 창출한 순간, 비로소 오늘날 우리가 알고 있는 유교는 탄생하였다고 할

수 있다. 성인 군주라는 관념은 이러한 초월적 윤리의 핵심 이념이었고, 유교 예란 그러한 이념의 실현 수단이었다.

9. 왕위 없는 왕〔素王〕

유교는 성왕 이념, 그리고 윤리적 예론과 함께 탄생했다. 이 둘은 성스러움과 폭력 간의 절대적 배제와 모순을 축으로 한 유교적 안티노미의 산물이었다. 이 안티노미의 핵심은, 지라르가 잘못 암시하고 있는 것처럼, 폭력이 성스러움으로 뒤바뀌는 데 있지 않다. 이렇게 폭력과 성스러움이 서로 맞바꿔지는 상황은 안티노미라 할 수 없다. 유교세계에서 윤리적 안티노미는 현실이 압도적인 폭력의 바다 위에 떠 있기 때문에 절대적인 비폭력이 현실 속에 존재해야만 한다는 당위와 요청(postulate)에서 비롯되었다.

유자들이 창조한 요순의 이념, 즉 성왕 이념에는 두 가지 의미가 있다. 먼저 성왕 이념은 유자들이 현실 군주를 (이념적으로) 다스리는 고삐요, 군주를 (이념적으로) 생포하는 올가미다. 그러나 군주를 다스리고 생포하기 위해서는 스스로 죽음을 무릅써야 한다. 죽음을 무릅쓰고 직언으로 간하는 올곧은 유자의 모습은 유교적 안티노미의 특성과 거기서 유래된 유자의 특성과 운명을 단적으로 집약한다.

유자가 그들의 이념으로 군주를 다스리려고 하였다는 표현은 결코 과장이 아니다. 유자들은 자신을 이상(理想)의 왕(왕위 없는 왕), 플라톤 식으로 말하면 철인(哲人)왕으로 자임했다. 주희가 유명한 「중용장구서(中庸章句序)」에서 정립한 도통론에서 가장 흥미로운 점은 요-순-우-탕-무왕으로 이어지는 성인군주의 도통(道統) 계보가 왕이 아닌 자의 편, 즉 공자-안회-증자-자사-맹자와 같은 학인(學人) 계열로 계보 전환을 한다는 것이다. 이 전환의 중간고리는 공자가 늘 전범으로 삼았던 주공(周公, 무왕의 동생)이다. 주공은 왕위를 잇지는 않았으나(조카의 왕위를 지켜주었다) 제후의 지위에 있었던 사람이다. 신하이나 역시 소군주인 것이다. 따라서 진정한 계보 전환은 공자부터다. 주희가 말하기를 공자는 통치자의 "지위는 얻지 못하였으나(不得其位), 앞선 성인들을 이었다(繼往聖)"고 했다. 그

방효유(1357~1402)

래서 유교에서는 공자를 "왕위가 없는 왕[素王]"이라고 한다. 이제 공자로부터의 도통은 자사(子思), 맹자 등 현실 군주가 아닌 사람들로 이어진다. 맹자가 그렇고, 정주학의 개조가 되는 정부자(程夫子) 형제(정호, 정이)가 그렇다고 주희는 쓰고 있다. 물론 주희의 후대 유학자들은 주희를 도통을 이은 성인의 반열에 놓는다. 즉 공자 이후로 하늘의 도를 잇고 있는 성인들은 현실 군주가 아닌 '위(位)'를 얻지 못한' 유학자들인 것이다. 이제 하늘의 도와 군주의 위는 분리되었다. 이상적인 성인의 계보[統]와 현실적인 군주의 계보[統], '두 개의 통(統)'이 생겼다. 하늘의 도를 이은 도통의 계보가 군주의 계보를 이끌어야 함은 당연한 일이다.

『예기』의 「유행(儒行)」 편이 전하듯 유자란 겉모습은 부드럽고 약하지만 권세 있는 자들(즉 군주)이 마음대로 부릴 수 있는 사람들이 결코 아니다. 그들을 힘으로 강제하려 하면 그들은 결과를 생각지 아니하고, 즉 죽음을 무릅쓰고 항거한다(見死不更其守). 우리는 이러한 유자의 필사적인 모습을, 유교사의 여러 열렬지사들의 모습 속에서 확인한다. 정몽주가 그렇고 사육신(死六臣)이 그렇다. 명나라 영락제 주체(朱棣)의 제위 찬탈에 저항했던 순교자 방효유(方孝儒)와 그 후예인 명말 동림당(東林黨)의 지사들이 그렇다. 이렇듯 생명을 거는 순교자적인 열정은 어디서 오는 것일까? 이념

정몽주(1337~1392)가 이방원에게 피살된 개성의 선죽교

적으로 본다면 바로 유교적 안티노미, 즉 유교적 성스러움에 대한 신앙, 다시 말하여 폭력적 지배에 대한 비타협적인 투쟁심에서 왔다.[10]

유자(儒者)는 한 올의 폭력의 티끌도 묻지 않은 '우아하시고 공손하신' 성왕의 관념을 바로 피와 살육으로 얼룩진 현실의 전쟁 군주를 재료로 창조했던 사람들이다. 그들을 통해 순수한 폭력은 순수한 성스러움으로 완전히 전환되었다. 그들의 이러한 전환 작업은 관념의 여행, 사변의 모험에 그치고 만 것이 아니었다. 유자의 진면목은 이러한 윤리적 전환을 현실 정치 속에서 구현하려 하였다는 데 있다. 그들은 학자이자 정치가였고, 유교적 안티노미만을 창시한 것이 아니라 유교적 모럴폴리틱을 창조했다.

모럴폴리틱을 통해 예는 권력이 되고, 현실 군주는 성인 군주의 포로가 되었다. 관념이 현실을 이겼다. 그들의 '꿈은 이루어졌다.' 그러나 꿈이 이루어진 순간, 안티노미는 내장된 날을 안으로 향한다. 현실 군주를 포로

---

10) 고대 중국 사회 사(士) 신분의 특이성에서 비롯된 점도 있다. 이에 관해서는 제6장 참조.

로 생포한 성인 군주란 나름 아닌 유자들 자신이었다. 공손하고 우아한 예는 권력의 무기가 되었다. 그들의 신앙이 현실화하면서, 그들은 자신들의 신앙이 철두철미하게 부정하였던 폭력의 행사로부터 자유롭지 않게 된다. 유교권력, 유교도덕이 행사한 박해의 유혈사는 어느 다른 윤리종교의 그것에 뒤지지 않는다. 유교적 안티노미는 모든 윤리, 모든 정치에 내장된 팽팽한 긴장과 역설을 고스란히 집약하였다.

10. 결론: 호모 사케르(Homo Sacer)와 유교 국가권력

르네 지라르가 묘사했던 폭력과 성스러움의 맞바꿈은 전쟁 영웅의 자기변모에 불과한 것이었다. 그러나 유교세계에서는 여기에 유자가 개입함으로써만 이 변모가 이루어질 수 있었고, 그 결과 이 전변은 날카로운 윤리적 안티노미가 되었다. 먼저 폭력의 주인인 현실 군주는 절대적 폭력 앞에 무력하게 노출된 노예, 바로 유자에게 포획됨으로써만 어떠한 폭력과도 무관한 성스러운 군주, 성왕(聖王)이 되었다. 둘째, 유자는 그렇듯 군주를 절대적 비폭력 이념의 포로로 포획함으로써 국가권력의 일각을 장악할 수 있었다. 그럼으로써 그 자신이 폭력의 숨은 주인이 된다.

유교 국가의 주권은 묘한 융합 권력이었다. 명목상 유교 국가의 주권은 절대적으로 군주 일인에 귀속된다. 그러나 유교 국가의 성스러운 군주는 폭력의 행사로부터 철저히 배제됨으로써 비로소 군주일 수 있다. 주권의 자리는 텅 비어 있다. 스스로의 목숨을 군주 앞에 가장 무력한 모습으로 내던져 그 빈자리를 지키는(見死不更其守) 자가 유자다. 참된 유자는 자신의 피를 뿌려 성왕의 피를 지운다. 직간(直諫)하는 유자의 피를 손에 적신 왕이 성왕일 수 없다. 스스로의 피로 현실 군주를 권좌에서 지우고 그 자리에

한 점 폭력 없는 이념왕을 세우는 자, 바로 유자다. 그들 이념 속의 성왕은 오직 '시간 밖의 시간', '공간 밖의 공간'에만 존재할 수 있다. 그리하여 그들은 이 시공 속에서 가장 거룩한 '왕위 없는 왕'으로 등극할 수 있었다.

이렇듯 유자는 괴이한 형상을 한 자다. 일단 외양으로는 절대권력 앞에 무력하게 벌거벗고 선 자, 이탈리아 사회 이론가 조르조 아감벤이 '호모 사케르(homo sacer)'라 불렀던 자다. 아감벤은 어느 세력을 호모 사케르로 호명하여 이를 희생물로 삼을 수 있는 힘이 국가주권의 핵심이라 했다. 그런 의미에서 호모 사케르는 절대적 희생자, '성스러운 제단(祭壇) 위에 놓인 인간'이다. 국가주권은 누군가를 절대적 희생자로 찍어 이를 법 밖의 예외로 설정할 수 있는 힘, 예외 권력이다(아감벤, 2008). 그러나 유자는 스스로 호모 사케르를 자임함으로써 자신을 예외적 권력, 바로 국가주권의 숨은 주인으로 환골탈태한 특이한 호모 사케르다.

흔히 영국의 토머스 홉스와 프랑스의 장 보댕을 근대 주권론의 비조라 하고, 그들의 이론이 떠받친 영불의 절대주의 왕권을 근대 주권의 시작이라 한다. 그러한 근대 주권의 원리를 아감벤은 "국가가 '마치 분해된 상태인 것처럼' 간주되는 바로 그러한 순간에 등장하는 국가의 내적인 원칙"이라 요약한다(상동: 94). 국가 안팎으로 폭력이 만연했던 17세기 유럽의 '자연상태' 속에서 평화와 질서를 찾겠다는 묘책, 그것이 바로 폭력의 절대적 독점자 리바이어던의 창조였다. 그렇다면 홉스적 의미의 주권론은 이미 유자에 의해 독특한 방식으로 선취되지 않았던가? 공맹이 골육상잔이라 했던 춘추전국의 상황은 홉스가 "만인이 만인에 대해 늑대"라고 하였던 '자연상태'와 너무나 흡사하지 않은가? 유교의 성왕은 유교세계의 리바이어던이다. 골육상잔의 '자연상태'를 해결하고 넘어서는 유교의 묘책이 바로 요순이라는 절대순수의 군주 '리바이어던'이었기 때문이다. 물론 이 리바이어던은 특이하다. 그 외양은 군주의 얼굴을 하고 있지만 그 안의 숨은 혼은 스스로를 에외 권력의 화신으로 변모시킨 호모 사케르, 바로 유자다.

아감벤은 『호모 사케르』에서 현대 주권, 국가권력의 악마성을 폭로한다. 히틀러의 아우슈비츠, 스탈린의 강제수용소, 조지 부시의 관타나모 수용소가 그가 들어 보인 현대 국가권력의 묵시록적 이미지들이다. 유교 국가권력에도 그런 악마적 폭력성이 있다. 그러나 유교 성왕론은 유교주권에 아감벤이 생각했던 것보다 더 복잡한 내면이 숨어 있음을 폭로한다. 즉 유교 성왕론 안에는 '국가에 대항하는 국가'라는 유토피아적 신화가 감추어져 있다. 먼저 '군주=국가', 즉 국가폭력의 주인, 현실 군주를 절대적으로 평화로운 '무결점의 요순'이라는 신화로 꽁꽁 묶는다. 여기서 국가폭력의 예외 권력적 주체, 현실 군주는 무력화된다. 바로 이 포획을 통해 유교주권은 스스로 호모 사케르를 자임한 유자들의 손에 떨어진다. 이 지점에서 또하나의 다른 국가, '왕위 없는 왕'이 다스리는 이념적 국가가 떠오른다.

대를 이어 전범(典範)이 되었던 유자의 이상은 죽음 앞에서도 원칙을 지키는(見死不更其守) 살신성인(殺身成仁)의 모습이다. 이러한 결연한 모습은 현대 세계에서도 결코 낯설지 않다. 그 모습은 현대 세계의 유토피아적 실험들 속에서 낯익게 반복되었던 테마요 장면들이지 않았던가? 물론 과거와 현재의 무대에 올라섰던 자들의 의상과 언어는 동일하지 않다. 동서의 모든 근대혁명사상은 자신의 종교적 과거에 대한 격렬한 비판 위에서 있다. 유교세계 역시 마찬가지였다. 그러나 그 격렬성의 이면에 현세의 폭력성, 부정의에 대한 근원적 문제의식이라는 공통분모가 존재함을 보아야 할 것이다. 그렇기에 유교 비판의 이름으로 유교적 비판성의 정수가 드러났고, 기독교 비판의 이름으로 기독교적 비판성의 핵심이 노출되곤 하였다.

유교 성왕론, 그리고 그 이면의 '왕위 없는 왕'의 계보는 '국가 안의 국가'를 넘어서서 '국가 없는 국가', '국가 없는 세계'를 꿈꾸고 있었다고 할 수 있지 않을까.[11] 청말(淸末) '최후의 유자' 캉유웨이의 『대동서(大同書)』에는 그러한 꿈이 무궁히 펼쳐진다. 이러한 이상은 서양 사상의 영향을 받아 갑자기 튀어나온 이단 사상이 결코 아니다. 일찍이 공자가 『예기』 「예운」 편에서 암시했던 잃어버린 이상 사회, 대동(大同)의 꿈이다. 또한 이 꿈은 예외 권력인 '근대' 국가주권의 폭력만이 아니라, 그를 넘어서고자 했던 '현대' 혁명 권력의 폭력까지를 비판적 자기 성찰의 역사적 원거리 안에 두고 있다. 고대 세계에 창안된 성왕론, 유교적 안티노미는 결코 먼 과거의 이야기만이 아니다.

현대 비판 정신의 모종의 정수가 이렇듯 고대 윤리의 핵심과 닿아 있다는 사실, 여기서 우리는 새로운 긴장을 느낀다. 이러한 발견 속에서 고대 세계의 지평 위에 출현했던 '원형근대성(proto-modernity)'의 존재를 확인

---

11) 『성경』에는 국가의 기원에 대한 놀라운 이야기가 나오는데, 여기서 우리가 분석한 『서경』의 왕권 비판, 국가 비판과 매우 흡사한 울림을 가지고 있다. 「사무엘 상」 8장의 이야기다. 애굽 탈출 이후 이스라엘 사람들에게는 왕이 없었다. 사무엘 같은 선지자, 제사장이 있었을 뿐이다. 주변국과의 갈등 속에서 이스라엘 사람들은 왕을 세우자고 사무엘에게 요구한다. 사무엘은 이 요구에 대한 답을 그의 신 여호와께 묻는다. 사무엘이 전한 신의 소리는 이러했다. "가로되 너희를 다스릴 왕의 제도가 이러하니라. 그가 너희 아들들을 취하여 그 병거와 말을 어거케 하리니 그들이 그 병거 앞에서 달릴 것이며, 그가 또 너희 아들들로 천부장과 오십부장을 삼을 것이며, 자기 밭을 갈게 하고 자기 추수를 하게 할 것이며, 자기 병기와 병거의 제구를 만들게 할 것이며, 그가 또 너희 딸들을 취하여 향료 만드는 자와 요리하는 자와 떡 굽는 자를 삼을 것이며, 그가 또 너희 밭과 포도원과 감람원의 제일 좋은 것을 취하여 자기 신하들에게 줄 것이며, 그가 또 너희 곡식과 포도원 소산의 십일조를 취하여 자기 관리와 신하에게 줄 것이며, 그가 또 너희 노비와 가장 아름다운 소년과 나귀들을 취하여 자기 일을 시킬 것이며, 너희 양떼의 십분의 일을 취하리니 너희가 그 종이 될 것이다. 그날에 너희가 너희 택한 왕으로 인하여 부르짖되 그날에 여호와께서 너희에게 응답지 아니하시리라." 이스라엘 사람들은 사무엘의 경고를 거절했고 왕 세우기를 고집한다. 그리하여 이스라엘도 왕을 세워 왕권국가가 된다.

하게 되기 때문이다. 유교적 안티노미-모럴폴리틱은 유교세계에 출현했던 원형근대성의 가장 두드러진 징표였다. 그렇듯 근대성의 뿌리는 역사의 지층 깊이 내려져 있다. 또한 그 토양은 윤리종교가 탄생하고 성장했던 동서(東西) 문명권에 넓게 퍼져 있었다. 여기서 우리는 인류문명의 근원적인 공통 문법과 만나게 된다. 근대성의 원형적 기원은 이런 각도에서 새롭게 재해석되어야 한다.

유교적 초월성
량치차오 대 막스 베버

1. 유교는 종교가 아니라 철학이다?

제3장에서 우리는 고대의 유교 창립기부터 지극히 선명했던 '현세에 대한 윤리적 긴장'의 유교적 표현 형태를 발굴해보았다. 그것이 바로 유교세계 '원형근대성'의 핵이었다. 유교는 겉으로 보면 지극히 현세적인 세속철학, 정치사상의 모습을 취하고 있고, 현세-내세라는 구분도 없기 때문에 흔히 그 종교성이나 초월성은 쉽게 간과되거나 부정되어버린다. 윤리종교로 분류되면서도 여러 윤리종교 중 가장 비초월적-현세적 교의로 오해되어온 유교의 올바른 이해를 위해서는, 겉으로만 보면 묻혀서 보이지 않는 이 숨겨진 중핵을 캐내어 드러낼 수 있는 각별히 예리한 눈이 필요하다.

19세기 말과 20세기 초 서세(西勢)가 압도하는 음울한 상황 아래 동도(東道)의 고창을 위해 열정을 불태우던 량치차오(梁啓超). 그가 주장하기를, 유교란 초월자와 초월적 세계를 숭배하지 않는, 즉 신을 섬긴다라고 하는 '미신'과는 일체 무관한, 그렇기에 인간중심주의적인 근대 사상이라

하였다. 유교를 서양의 초기근대에 태동한 이신론(理神論)적 계몽주의 사상과 비교했던 것이다.[1] 계몽적 이신론이 계시 종교, 초월 종교를 배격하였던 것과 마찬가지 맥락에서 량치차오는 유교의 종교성, 초월성을 부정하였다. 유교는 종교가 아니라 철학이다! 재미 중국계 사회학자 양칭쿤은 량치차오의 주장을 이 한마디로 요약했다(Yang, 1961).

이 한마디가 암시하는 것은 단순히 유교가 서양 근대 사상에 비하여 그 근대성에서 결코 뒤떨어질 것이 없다는 소극적 방어에 그치지 않는다. 서양의 기독교는 고작 17, 18세기에 이르러서야 비로소 이신론적 계몽주의에 이르렀지만 동아시아의 유교는 원래 기원에서부터 인간중심적이고 계몽적인 근대성을 갖추었다는 적극적인 함의를 담고 있다.

그러나 정확히 바로 그러한 이유 때문에 유교에서는 근대성을 찾아볼 수 없다는 논의를 전개했던 사람이 량치차오와 동시대를 살았던 독일인 막스 베버다. 중국의 종교인 유교와 도교는 영원히 현세 지향적인, 따라서 원래부터 초월의 개념이 존재하지 않았던 종교였기 때문에 결코 근대성을 그 내부에서 배태시킬 수 없다는 것이다.

유교에 관해서는 베버가 물론 틀렸다. 그러나 근대성에 대한 이해에 있어서는 분명 베버가 량치차오보다 더 깊이 보았다. 근대란 초월을 지우는 것이 아니다. 오히려 초월이 깊어지는 것, 내면화되는 것이다. '통섭 I'에서 '통섭 II'로의 전환이다. 유교에 관한 한 량치차오가 무엇인가 사태의 핵심을 뚫어본 점은 분명 있다. 앞서 제2장에서 소개한 한형조 교수가 주자와 스피노자, 라이프니츠의 유사성에 주목했던 것처럼, 량치차오 역시 유교와 유럽의 이신론적 계몽주의와의 유사성을 본 것이다. 그러나 유럽의 이신론

---

1) 유럽의 이신론적 계몽주의의 발생과 성장 자체가, 16세기 말 이래 예수회 사제들의 유교 사상과 유교정치체제에 대한 우호적 묘사에 영향을 깊게 받았다는 연구로는 Ronan and Bonnie(1988)와 Ching and Oxtoby(1992) 참조.

적 계몽주의는 단순히 신을 지운 것이 아니었다. 신이 깊이 숨은 것이다. 초월이 사라진 것이 아니다. 깊어진 것이다. 량치차오는 이 점을 오해했기 때문에 유교 역시 제대로 볼 수 없었다.

막스 베버가 량치차오를 읽었는지는 확실치 않다. 막스 베버는 독일어로 번역된 사서삼경의 일부와 19세기 중국에 진출하여 활동했던 서양인들의 중국에 관한 인상기를 읽고 연구했던 것으로 알려져 있다. 여기에 중국 지식인들의 유교에 관한 자기 인식을 묘사하는 글도 포함되어 있었으리라 추정할 수 있는 정도다. 베버의 유교에 관한 서술은 여러 곳에 산재되어 있지만, 그 핵심적인 논지는 『중국의 종교 : 유교와 도교』의 결론부인 제8장에 집약되어 있다. 다소 길지만, 중요한 언급이 이어지기 때문에 아래에 주요 부분을 인용한다.

유교는, 우리가 고찰해온 바와 같이, 현세와의 긴장대립을 절대적으로 극소화시킨 (그 의도에 있어서) 합리적인 윤리였다. …… 현세는 있을 수 있는 세계 중에서 최선의 세계이며, 인간의 본성은 그 소질에 있어서 윤리적으로 선하다. …… 무조건적인 현세 긍정과 현세 적응이라고 하는 이 윤리의 내적인 전제는 순수하게 주술적인 종교의식의 완전한 존속이었다. …… 〔중국인들에게서 발견되는〕 '내부로부터의, 즉 어떤 중심적인 태도로부터, 총체적으로 조정된 생활태도의 통일성의 결여는, 그들의 생활을 규율하는 수많은 인습의 구속과 큰 대조를 이루고 있다. …… 자연과 신, 윤리적 요구와 인간의 불충분함, 죄의식과 구제 요구, 현세에서의 행적과 내세에서의 보상, 종교적 의무와 정치사회적 현실 간의 어떠한 긴장도 이 유교윤리에는 완전히 결여되어 있었다. 따라서 전통과 인습에 전혀 구속받지 않는 내면적인 힘을 통해 생활태도에 영향을 미칠 수 있는 수단도 없었다. …… 엄격하게 의지적이고 윤리적인 합리화가 수반된, 또한 퓨리턴의 습성이 되어버린, 자연 그대로의 충동생활에 대한 그 독특한 제한과 억압은 유교도에게는 낯선 것이었다. (Weber, 1964 : 227~244, passim.)

위에서 유교적 세계관이라고 요약한 "현세는 있을 수 있는 세계 중에서 최선의 세계"라는 구절은 바로 18세기 독일 계몽주의 철학자 라이프니츠의 변신론(theodicy)의 요체이자, 볼테르의 소설 『캉디드』의 모토이기도 하다. 베버는 라이프니츠의 변신론을 궤변적이라 본다. 그러나 베버가 문제로 제기하는 것은 라이프니츠 변신론의 논리적 문제가 아니라, 라이프니츠의 사상이 종교개혁이라는 커다란 역사적 사건을 배경으로 하면서 나온 반면, 유교는 그 시초에서부터 현세 긍정의 세계관을 유지해왔다는 점이다. 즉 라이프니츠의 긍정론은 초월성의 내면화라는 역사적 과정을 전제하고 있지만, 유교에는 초월성이 내면화되는 기회 자체가, 더 나아가 초월성의 계기 자체가 부재하다는 것이다.

위 인용문에서 베버가 "자연과 신, 윤리적 요구와 인간의 불충분함, 죄의식과 구제 요구, 현세에서의 행적과 내세에서의 보상, 종교적 의무와 정치사회적 현실 간 긴장"이라고 묘사한 것, 그리고 "유기적이고 정의적인 〔현세적〕 유대를 넘어서고 '타파'하게 하는 계기"로 간주하고 있는 것이 바로 초월, 초월성, 초월적인 것(transcendence)의 존재와 연관되어 있다. 베버는 이 초월성에서 그가 근대성의 핵심으로 본 '합리화'가 도출되어 나온다고 생각했다. 베버가 보기에 유교에는 초월성, 즉 현세에 대한 윤리적 긴장이 애초부터 없었다. 따라서 근대성도 자라날 수 없었다.

2. 유교에는 현실과 윤리 사이에 어떠한 긴장도 없었다?

유교를 우환(憂患) 의식의 사상 체계라고 한다. '우환'이란 현세의 불완전성에 대한 아주 근원적인 자각을 지극히 유교적 언어로 표현한 것이다. 예를 들어 『논어(論語)』 「자한(子罕)」에서 공자가 "봉황은 오지 않고, 하도는 나오지 않는다(鳳凰不至 河不出圖)"라 개탄하는 대목을 보자. 봉황은 성군인 순임금 때 하늘로부터 내려와 춤을 추었다 하는 성스러운 새이고, 하도(河圖)란 또 다른 전설적 성인인 복희씨 때 황하에서 올라왔다는 용마의 등에 새겨진 기호로서 하늘이 성인을 통해 하늘의 뜻을 펴보인 것이라 하는데, 후일 주역의 기본이 된다. 공자가 자신이 살고 있는 때가 더 이상 봉황이 내려오지 않고 하도가 출현하지 않는 시대라 하는 것은 그의 시대가 폭력으로 타락하여 더 이상 하늘의 뜻이 이루어질 수 없는 곳이 되었다는 뜻이다. 또 『논어』의 「헌문(憲問)」과 「미자(微子)」 편에서 공자는 세상의 타락을 개탄하여 세상을 버린 자들을 대하며 그들의 뜻에 공감한다. 그들과 현세의 불의함, 불완전함에 동의하고 있는 것이다. 다만 공자의 길은 그들처럼 세상을 완전히 등지는 것이 아닌, 그 속에서 도를 세우고 이어나가려 분투하는 데 있다고 하였다. 우리는 『맹자』를 읽을 때 『논어』에 비해 오히려 더욱 강렬하고 비타협적인 현세에 대한 비판 의식을 만나게 된다. 이는 단편적인 일례에 불과하다. 맹자에 이르면 이런 비판 의식은 훨씬 날카롭고 깊어진다.

베버가 말하는 초월이란 결국 현세에 대한 윤리적 비판 의식이다. 그리고 이는 공맹기의 선진(先秦) 유교에서부터 너무나 풍부하게 발견된다. 유교 도통(道統)론은 유교의 초월적·종교적 성격을 극명하게 드러낸다. 도통에서 '도(道)'란 타락한 세상을 구제할 하늘의 신성한 도리를 말하고, '통(統)'이란 그 도리의 가르침과 깨달음이 어떤 신성한 계통을 따라 전수되어간다는 뜻을 담고 있다. 종교적 교조들의 강력한 영력과 지도력을 베버는 '카리스마'라는 용어로 집약하는데, 도통론은 유교, 특히 정주학의 카리스마적 성격을 가장 극적으로 보여주고 있다. 정주학의 도통론은 주희의 유명한 「중용장구서(中庸章句序)」에서 가장 뚜렷히 표현된다. 여기서 주희는 도란 "상고(上古)의 성신(聖神)"이 하늘의 뜻을 이어 유래한 것으로, 요임금이 이를 받아 순임금에게 전했고 이는 우임금으로 전해졌으며 이후 은(殷) 탕왕, 주(周) 문-무왕, 주공(周公) 등에게로 이어졌다 한다. 그러나 이후 이 도통의 라인은 혼란기에 끊겼다가 공자-(안회·증자·자사)-맹자로 이어졌으며 맹자 이후 또 오랜 혼란기에 도가 실종되었다가 송대(宋代) 정호, 정이 형제에게 이어졌다고 주장한다. 주희 자신 "황홀하게〔恍然〕" (지극히 종교적인 표현이다!) "그 요령을 체득했다〔恍然似有得其要領〕"고 하였으니 그 역시 도를 이었음을 암시했다.

특히 흥미로운 것은 도가 수백 년 또는 수천 년씩 끊기다가 이어지는 계기가 순전히 신비에 의거한다는 점이고, 더욱 중요한 점은 도통의 주체가 '요-순-우-탕-문·무왕'이라는 군주의 계보에서 공자 이래로는 '공자-맹자-정이-주희'라고 하는 유학자들의 계보로 옮겨간다는 사실이다. 이는 전통 유교사회에서 신성한 권위의 계보가 군주의 계승 라인과 도학의 계승 라인으로 이원화되었다는 것을 말한다. 유교정치사는 이 두 계보의 일면 협력, 일면 갈등이 교직(交織)되어온 역사로 해석할 수도 있다. 유교가 "현세에 대한 긴장 대립을 절대적으로 극소화"시켰고, "현세는 있을 수 있는 세계 중에서 최선의 세계"로 보는 "무조건적인 현세 긍정과 현세 적응"의 윤리였기에, "종교적 의무와 정치사회적 현실 간의 어떠한 긴장도 이 유교윤리에는 완전히 결여되어 있었다"고 단언했던 베버는 유교를 크게 잘못 알았다.

왜 이런 오류가 발생했던 것일까? 한편으로는 유교를 세계윤리종교의 범주 안에 넣어 현세의 불완전성에 대한 윤리적 자각이 분명히 존재했던 종교로 간주하면서도(Weber, 1978, 1963, 1946), 다른 한편에서는 그 현세와 초월의 긴장이 절대적으로 극소화된 종교로 유교를 해석하는(Weber, 1964) 베버의 저작 내부의 모순을 어떻게 설명해야 할까? 베버가 정주학에 관한 연구와 지식이 부족하였다는 점, 그리고 당시 지배적이던 오리엔탈리즘의 편향 문제는 분명히 존재한다. 그러나 더 중요한 점은 베버가 유교만의 특유한 초월의 양태를 정확하게 이해하기 어려웠다는 데 있다.

베버는 유교를 현세 종교(this-worldly religion)라 정의했다. 유교에서는 기독교·이슬람의 신-천국이나, 불교·힌두교의 열반(nirvana)이라는 피안의 영역이 현실과 별개로 존재하지 않는다.[2] 이러한 외양이 (막스 베버를 포함한) 많은 관찰자들로 하여금 유교에는 초월의 영역이 존재하지 않거나 존재하더라도 극히 미미할 것이라고 생각하게 하였다. 그러나 유교의 『예기』「유행」에서 이야기하는 "견사불경기수(見死不更其守)"의 태도, 즉 성인(聖人)이 가르치는 도를 굳게 지키고, 만일 누군가 강한 힘으로 그 뜻을 꺾으려 위협한다면 죽음을 무릅쓰고 이를 지키고자 하는 뜻을 바꾸지 않는다는 그 정신은, 유교에 강렬한 초월윤리적 명령이 존재하지 않았다면 좀처럼 상상하기 어려운 것이다. 베버를 발전적으로 계승한 몇몇 학자들은 이러한 모습을 유교에 특유한 "현세적 초월주의(this-worldly transcendentalism)"라고 부른다(Eisenstadt, 1985; Helman, 1989). 유교의 보편적인 수련 과정에 정좌(靜坐)나 경(敬)과 같이 "현세의 영향과 인상을 의식적으로 폐쇄"하고 넘어서려는 태도와 심적인 상태를 함양하기 위한 수양법이 존재하였다는 점에 주목하여 유교에 고유한 양식의 종교성을 강조하기도 한다(Taylor, 1978, 1985, 1990).[3]

---

2) 또 유교에는 별도의 교회와 성직자도 외양상 존재하지 않는 것으로 보인다. 그러나 이슬람교도 별도의 성직자가 존재하지 않는 것은 마찬가지다. 이를 기준으로 세계종교를 사회와 종교가 외양상 분리된 교회 종교(기독교, 불교)와 양자가 섞여 있는 유기적 종교(이슬람, 힌두교, 유교)로 구분하기도 한다(Robertson, 1986). 유교의 경우 유학자층이 타종교의 사제와 흡사한 역할을 하고 있다는 주장은 조혜인(1990, 1993) 참고. 그 비교를 힌두교의 브라만과 이슬람의 울라마로 좁힌다면 그 흡사성은 더욱 높아질 것이다.

유교사회에서 현실 권력의 중심으로서 군주의 계보(종묘)와 도덕권력의 원천으로서 성인의 계보(공자사당, 향교)가 분리되고 이 양자 간에 갈등/협력의 관계가 교직되어갔던 것은, 다른 문명권에서 사제 계급이 출현하고 현세 군주와 갈등/협력의 양면 관계를 형성했던 사실[4]과 부합한다. 중세 가톨릭 신학의 용어를 빌리자면 '두 개의 칼'이 출현한 것인데, 하나는 현세 권력을 상징하는 현실 군주의 칼이고, 또 하나는 초월적 도덕권력을 상징하는 교황의 칼이다.

그러나 그 분리는 철도 레일처럼 영원히 합쳐지지 않는 정태적인 평행선을 의미하지 않는다. 현실 속에서 권위의 중심의 분리란 양자의 끊임없는 상호작용, 더욱 구체적으로 말하면, 어느 한쪽이 다른 한쪽을 통괄, 지배(encompass)하려고 하는 부단한 투쟁으로 나타난다. 이 과정에서 도덕권력은 현실 권력에게 신성한 정당성을 주었고, 현실 권력은 도덕권력에 현실 기반을 주었다. 원리적으로는 도덕권력이 현실 권력을 통괄하고 있었다. 중세 교회에서 군주의 왕위가 오직 교황의 권위 앞에 무릎을 꿇는 왕위 서임의 의식(investiture)을 통해서만 정당화될 수 있었듯이, 유교군주 역시 공맹과 주자의 길에 대한 완전한 신복(信服)하에서만 그 정당성을 확보할 수 있었다.

---

3) 이렇듯 유교권에서의 윤리적 초월의 존재 양식이 다른 종교와는 다른 고유성을 띠고 있다는 점은 비교 문명사적 시각에서 매우 중요하다. 이러한 시각은 최근 논쟁이 되고 있는 '다수의 근대성(multiple modernities)'이라는 개념의 기초를 제공하고 있기 때문이다(Wittrock, 1999; Eisenstadt, 2000; Eisenstadt, Schluchter, Wittrock, 2001; Eisenstadt, 2002).

4) 중세 교회-사제와 군주, 불교 사원-승려단과 군주, 이슬람의 울라마와 칼리프, 힌두교의 브라만과 현세 군주와의 관계를 말한다.

3. 종교운동으로서의 유교사

베버는 17~18세기 유럽의 일부 사제와 철학자들 간에 친중국적 (sinophilia) 담론과 친중국적 취향(chinoiserie)이 유행하였던 것을 알고 있었다. 라이프니츠도 그러한 친중국적 담론을 선도했던 철학자 중 한 사람이었다. 분명 유럽의 계몽철학은 유교 교리에서 자신의 모습을 보았다. 그러나 베버가 보기에 만일 유교가 이신론이라면 이것은 내재적인 초월의 계기가 없는 이신론으로서, 현상의 흐름을 재구성하고 재조직하려 하지 않고, 그저 있는 그대로의 질서를 어떤 신성한 원리의 이름으로 합당화시키는, "무조건적 현세 긍정과 현세 적응"의 이신론에 불과한 것이었다.

베버가 유교에 내재한 초월성을 이해하지 못하였다는 것은, 유교사 내부의 자기 개혁의 역사를 이해하지 못하였다는 말이기도 하다. 비록 유교의 이(理)나 도(道)의 개념이 천국이나 열반과 같은 피안을 전제하고 있는 것은 아니었지만, 현실에 대한 윤리적 요청의 긴장을 내포하지 않은 "무조건적인 현세 긍정과 현세 적응"의 요청인 것만은 결코 아니었다. 역사 속의 유학자들은 이와 도의 이름으로 목숨을 걸고 현실 권력에 맞서기도 하였고, 현존의 정치 현실과 문화 풍속을 뒤바꾸어놓기 위한 개혁의 창도자와 주체가 되기도 하였다.

유교사에서 유럽의 종교개혁에 비견될 수 있는 자기 개혁은 중국의 송대 11~12세기에 걸쳐 일어난 정주학 운동이다. 루터와 칼뱅이 원시 기독교로의 복귀를 주장했던 것처럼 정주학도 공맹의 원래 정신을 강조하였다. 정주학의 창도자들은 한당(漢唐) 시기 도교와 불교가 중국의 왕실과 민심에 미친 영향력을 크게 부정적으로 평가하여, 강렬한 벽이단론(闢異端論)을 전개하면서, 왕실과 민간의 문화와 풍속을 개혁하려 하였다. 아울러 정주학은 불교와 도교를 비판하는 일면, 양 교의 초월적인 요소를 상당히 흡수하여 유교 교리를 한 단계 높게 형이상학화하였다.

종교사회학에서는 세계윤리종교에는 각각의 종교개혁운동이 전개되어 왔다고 보는데 여기서 중요한 것은 주도적 정통론에 도전하는 이단(heterodoxies)과 분파(sects and sectarianism)들의 움직임이다. 이들 이단과 분파가 각 문명을 역동적으로 추동시키는 데 핵심적인 역할을 해온 것으로 평가받는다(Eisenstadt, 1981a, 1981b, 1987). 이런 시각에서 보면 루터의 종교개혁도 중세에 지속되어왔던 이단파 운동의 하나다.

정주학은 도통의 신성성과 계승성을 강조하였고, 도나 이와 같은 형이상학적 원리를 부각시켰으며, 공부의 방식 역시 문학[詞章] 중심의 유학의 시각에서 보면 매우 종교[道禪]적 색채가 농후했고 교조(敎祖)에 대한 '신종(信從)'의 요구가 두드러졌다. 그렇기에 정주학은 그 창립기에 문학 중심의 기존의 주류 유학계로부터 극심한 배척과 무시를 받았다(Liu, 1987; Bol, 1992).

그러나 루터나 칼뱅의 교리에는 근본주의적(fundamentalist) 경향이 강해서 본격적인 근대적 세속화 단계에는 아직 이르지 못하고 있었다. 아직 교회적 원리가 정치나 사회를 직접적으로 규율하려는 경향이 강했던 것이다. 따라서 초기의 교조적 칼뱅주의는 자본주의와 직접 관련이 미약하였고, 2~3세대 이후의 자유주의화된 퓨리턴(liberal puritan) 단계에 이르러서야 그 관련이 분명해진다.

이런 맥락은 정주학적 정통론에서도 동일하게 관찰된다. 정주학은 현실적으로 강화된 중국의 황제권을 인정하는 한편, 그들 특유의 도통론(도통계보론)을 특별히 강조하여 결국 왕권이 도학의 이념적, 윤리적 지배권 아래 강력하게 통괄되도록 그 교리를 구성했다. 정주학은 초기근대적 요소를 함유하고 있었으나, 아직 초기 루터주의나 칼뱅주의가 그랬던 것처럼 근본주의적 경향이 강했다. 정주학 이후에 발전한 다양한 심학(心學),

양명학, 고증학 등의 경향은 정주학의 근본주의적 경향으로부터 조금씩 벗어나는 흐름이었다. 성(聖)의 내면화가 심화된다든가(심학, 양명학의 경우) 또는 실증적 경향이 강화되었다(고증학)는 것이 그런 매크로한 흐름의 표현이다.

其顙有泚睨而不視

見死不更其守

不二斬無二統

道統王統

2

유교세계의 작동 원리

제4장

유교정치의 키워드

모럴폴리틱

1. 모럴폴리틱

제3장에서 우리는 유교정치, 유교주권이 성스러움과 폭력이라고 하는, 결코 뒤섞일 수 없는 두 영역 사이의 날카로운 긴장과 대립에 기초하고 있음을 살펴보았다. 제3장이 유교적 안티노미의 기원 탐색에 치중하였다면, 이 장에서는 유교정치, 유교주권의 보다 구체적인 형상을 그려 보이는 데 주력할 것이다. 필자는 유교정치, 유교주권의 특징을 모럴폴리틱 (Moralpolitik)이라는 개념으로 압축한다. 이 장에서는 유교정치의 권력 (power)과 유교국가의 주권(sovereignty) 현상을 어느 나라 사람이든 이해할 수 있는 보편적인 언어와 논리로 가능한 한 쉽게 설명해보려고 한다.

유교정치의 요체는 폭력과 윤리 사이의 양면적 관계, 또는 정치와 종교 사이의 갈등을 이해하는 데 있다. 윤리 또는 종교는 정치권력이 독점하고 있는 물리적 폭력을 정당화하기도 하고 이에 저항하기도 하는 이중적 기능을 수행한다. 모럴폴리틱은 이 갈등이 특유한 정치 행태로 응축된 상태를 말한다(Kim, 2000). 막스 베버는 폭력과 윤리 사이의 갈등에 주목하고 깊이 천착했던 독일의 대학자다. 베버는 기독교, 불교, 이슬람, 힌두교와 함께 유교를 윤리종교로 본다. 모럴폴리틱은 베버가 말한 이 세계윤리종교가 강했던 곳에서 공통적으로 발견되는 정치양식이다. 따라서 모럴폴리틱은 유교에만 적용되는 개념이 아니다. 이 개념의 일반성과 종차(種差, differentia)의 문제는, 예를 들면, 유교 모럴폴리틱, 가톨릭 모럴폴리틱, 힌두 모럴폴리틱 식의 구분을 통해 표현할 수 있다.

모럴폴리틱은 리얼폴리틱(Realpolitik), 즉 '윤리−도덕적 관점을 배제한 실제 정치'의 반대 개념이다. 리얼폴리틱이라는 표현은 독일의 폰 로샤우(von Rochau)가 쓴 "리얼폴리틱의 기본 원칙들(Grundsätze der Realpolitik)"이라는 논문(1853)에서 처음 출현했다. 여기서 폰 로샤우는 1848년 프랑크푸르트 의회의 "이상주의적"인 정치 실험을 비판적으로 검토하면서 정치란 무릇 이상이 아니라 현실에 따라야 한다는 의미에서 리얼폴리틱이라는 말을 썼다. 물론 폰 로샤우가 그런 말을 창안하기 이전에도 리얼폴리틱이란 정치가 있는 곳에는 항상 존재해왔던, 개념 이전의 현실이요, 실천이었다. 굳이 전국시대의 한비자나 르네상스 시대 마키아벨리를 언급하지 않더라도 말이다. 그렇지만 "정치와 모럴을 분리해서 생각하는 사람들은 이 둘 모두에 대해 아무것도 모르는 사람들이다"(Rousseau, 1980: 235)라고 하는 장 자크 루소의 단언 역시 정치가 존재했던 자고이래 분명한 사실이다.

역사적으로 보면 정치와 윤리도덕이 어느 정도 늘 섞여 있었고, 이것이 어디서나 보편적인 상황이었다. 그 양상과 정도는 시대와 상황에 따라 극히 다양했다고 하더라도 말이다. 사실 정치에서 윤리도덕적 관점을 '완전히' 배제한다는 발상이야말로 극히 이례적이고 예외적이다. 이러한 강한 의미의 리얼폴리틱은 한때, 그것도 국제정치 분야에 국한되어 유행했을 뿐이다. 이제는 국내 정치는 물론이고 국제정치에서도 이런 강한 의미에서의 리얼폴리틱 개념은 거의 사용되지 않는다. 도덕과 정치가 너무 뒤섞여 있는 것도 분명 문제지만, 도덕이 완전히 배제된 정치란 더욱 끔찍하다. 영화가 아니고 실제 현실에서는 상상하기 어렵다. 현실이란 항상 모든 것들이, 그리고 흔히 서로 모순되는 것들이 뒤섞여 있다. 이렇게 보면 모럴폴리틱이 리얼폴리틱의 잔여개념(residual concept)이 아니라, 반대로 리얼폴리틱이 모럴폴리틱의 잔여개념이라 하는 것이 정확하다. 모럴과 정치가 항상 어느 정도 섞이는 것이 워낙 보편적이다 보니, 그렇지 않은 경우에 대해서도 생각해보자라는 발상이 한참 후에야 출현했던 것이다.

극단적인 모럴폴리틱과 극단적인 리얼폴리틱이라는 인위적인 이론모델을 세워놓고 생각해보아도 사정은 마찬가지다. 극단적인 모럴폴리틱을 정치가 신성한 도덕과 철저하게 완전히 일체인 정치라 하자. 인간의 원시정치는 이런 유형에 가까웠을 것이다. 반면 극단적인 리얼폴리틱, 즉 어떤 윤리-도덕적 고려와도, 어떤 신성성과도 철저히 완전하게 무관한 정치라는 '관념'은 역사에서 극히 최근에야 등장했을 뿐이다. 그것도 어디까지나 '관념'에 불과하다. 그런 정치가 과연 존재했는지, 아니 도대체 존재할 수 있는 것인지 필자는 극히 회의적이다.

반면 현실에 존재했던 실제 정치 유형으로서 모럴폴리틱의 역사는 장구하다. 유럽 가톨릭 교회에서 교황은 오랫동안 그 자신 바로 강력한 군사력을 거느린 교황령의 군주였다. 이슬람에서는 구원의 인도자인 이맘(imam)이, 불교에서는 전륜성왕(轉輪聖王, mahaprusa cakravatin)과 미륵불이 모두 군주의 이미지를 가지고 있었다. 리얼폴리틱의 원조라고 하는 힌두 정치에서조차 브라만과 정치자문 계급인 푸로히타(purohita)의 지위는 군주보다 우월하였다. 유교 경전과 예법의 수호자라고 할 수 있는 유학자들이 정치의 주축이 되었던 유교에서는 윤리-도덕과 정치의 분리란 언어도단에 불과했다. 그러나 모럴폴리틱은 단순히 윤리-도덕과 정치의 융합을 지칭하는 개념은 아니다. 결과에 있어서는 양자의 융합으로 나타나지만, 그 시원과 원리에 있어서는 오히려 윤리-도덕과 정치의 날카로운 대립이 존재한다. 예수는 "카이저의 것은 카이저에게"라는 말로 현세적 권력과 종교적 구원의 철저한 무관을 강조했고, 공자는 "이제 봉황은 날아와 춤추지 않는다"는 말로 그의 시대의 정치가 윤리적 이상에서 멀어졌음을 개탄했다. 이렇듯 현세의 권력에 대한 거부와 부정에서 출발한 '세계윤리종교'가 그 자신 거대하고 강력한 정치적 세력으로 성장했던 것은 하나의 커다란 역사의 아이러니다.

이러한 정치와 윤리의 원리적 대립이 융합으로 귀결되는 과정은 윤리-도덕의 원리가 정치를 지배하게 된 역사적 과정과 다르지 않다. 그것은 지하묘지 카타콤으로 내몰렸던 기독교가 로마제국의 국교가 되고, 불에 타고 땅에 묻히는 탄압[焚書坑儒]을 받았던 유교가 한대(漢代) 이후 왕조의 국교가 되었던 극적인 반전의 과정이다. 종교윤리는 정치를 피하는 데 머무르지 않고 정치를 지배하는 길로 나섰던 것이다. 그리하여 중세 유럽에서는 '두 개의 칼' 이론이 출현한다. 교황의 칼과 황제의 칼이 이것이다. 이 중 교황의 칼이 황제의 칼보다 우월하다[Gierke, 1900(1881)]. 유교사에서는 '두 개의 통(統)' 이론이 등장한다. 하나는 성인의 계보[道統]이고 다른 하나는 군왕의 계보[王統]이다. 성인의 도통(道統)은 신성하고 순수하다. 반면 군주의 왕통(王統)은 항상 폭력에 오염될 위험 아래 있다. 도통은 왕통을 계도(啓導)하고 정화(淨化)하여야 한다.

'교황의 칼'이나 '유자의 도통 정치'라는 말 자체가 모럴폴리틱 자신이 이미 권력이 되었음을 말한다. 정치권력의 궁극적 힘의 근거는 폭력이다. 따라서 모럴폴리틱의 승리의 순간, 그 정점에서 윤리-도덕은 자신의 반대물인 물리적 폭력에 의존하게 된다. 종교적 이단(異端) 규정과 사문난적(斯文亂賊)의 낙인은 동서 세계에서 극단적 폭력의 예고였다. 베링턴 무어

조선시대 문묘(성균관 소재). 공맹 이래 성현의 계보를 존숭하는 공간으로, 도통(道統)의 권위를 상징한다.

조선왕조 종묘. 왕조의 개조(開祖) 이래 군주의 계보를 존숭하는 공간이다. 왕통(王統)의 권위를 상징한다.

는 *Moral Purity and Persecution*에서 도덕과 정치의 관계를 이와 유사한 관점에서 분석한 바 있다(Moore, 2000). 도덕적 순수성이 정치로 가서 처형 정치를 낳는다는 것이다. 그러나 그가 보기에 유교세계에는 모럴폴리틱이

없었다. 따라서 비극이 없었고, 비극이 없었던 만큼 이를 승화시키는 발전
도 없었다. 동경과 연민의 묘한 결합. 바로 오리엔탈리즘의 정서다. 물론
이 점에서 무어는 틀렸다.

　모럴폴리틱은 지극히 정상적인 정치 형태다. 물론 오늘날에도 엄연히
존재한다. 종교와 정치가 융합된 이슬람 근본주의가 그 일례다. 그러나 현
대의 보다 일반적인 형태의 모럴폴리틱에서 정치 행태를 규율하는 것은,
종교적 원리의 강제가 아니라 보다 세속화되고 보다 깊이 내면화된 윤리
적 가치. 전자를 근본주의적인, 강한 의미의 모럴폴리틱, 후자를 세속주의적인,
약한 의미의 모럴폴리틱이라 구분하기로 한다. 동서를 막론하고, 종교가 정
치를 지배하던 시대의 모럴폴리틱은 단연 근본주의적인—강한 의미의 모
럴폴리틱이었다. 이것이 이 장의 주요 고찰 대상이다.

2. 모럴폴리틱의 두 유형

　왕조시대 현실 정치의 중심은 단연 군주였다. 여기서 모럴폴리틱의 두
유형이 생겨난다. 하나는 종교적 권위와 가치를 군주 권력 견제를 위해 이
용하고, 다른 하나는 군주 권력 강화에 활용한다. 우리는 전자를 왕권견제
형 모럴폴리틱, 후자를 왕권강화형 모럴폴리틱이라 부른다. 유럽의 절대주의
사상에도 한편으로는 군주의 권능을 강화하고(enabling), 다른 한편으로는
왕권을 제약하는(constraining) 양면이 있었다(Holmes, 1996). 유교 모럴폴
리틱 역시 아주 비슷하다. 이런 맥락을 고려하여 우리는 왕권견제형과 왕
권강화형 모럴폴리틱을 각각 'constraining Moralpolitik'과 'enabling
Moralpolitik'이라 옮긴다. 유럽 절대주의 왕정에서는 왕권강화형 모럴폴리
틱이 강했다. 이를 유럽 정치사상사에서는 '정치신학(political theology)'이

라고 한다. 반면 가톨릭 교회 모럴폴리틱의 주류는 항상 왕권견제형이었다. 유교정치는 이미 중국 송대부터 절대주의적 단계에 도달했는데, 여기서는 전통적으로 왕권견제형 모럴폴리틱이 강했다. 왕권강화형은 부차적이었다. 유교정치가 이념형에 가장 가깝게 펼쳐졌던 조선에서는 더욱 그러했다.

유교정치에서 모럴폴리틱의 두 유형은 붕당(朋黨)을 이루어 정국의 주도권을 놓고 서로 대립 경쟁했다. '붕당정치'는 높은 수준의 정파정치로서 중국에서는 송명 시대, 조선에서는 중기 이후 나타났다. 붕당정치란 유교교양이 넓게 확산되고 과거제도가 완전히 정착되어 정치가 유자에 의해 완전히 장악되었을 때 가능한 현상이다. 이렇게 되면 군주의 통치는 유학자층에 의지하지 않을 수 없다. 이 유자층은 조정 관료만에 국한되지 않는다. 과거를 준비하는 광대한 문인층이 존재한다. 이들이 재야 향촌의 공론집단을 형성한다. 유럽의 공론장은 국가와 교회 양축의 바깥에서 자라났다. 유교 공론장은 분명 국가(조정)의 바깥에 주된 근거를 두고 있으면서, 동시에 조정(朝廷) 안에도 그 공명(共鳴) 판을 두고 있었다. 유교는 정치종교였고, 국가와 분리되는 별도의 교회가 없는 유기적 종교(organic religion)였다. 하버마스가 말하는 근대적 공론장(public sphere)의 핵심은 봉건 궁정이 독점하던 공공적 권위를 고도로 조직화된 궁정 밖의 여론세력이 분점하여, 이 여론집단의 공론이 국가정책의 향방에 영향을 준다고 하는 데 있다(하버마스, 2001). 이러한 의미의 근대형 공론장이 최초로 출현했던 곳은 명백하게 유럽이 아니라 송대 중국이었다. 물론 하버마스가 말하는 17~18세기 유럽의 부르주아 공론장과 12~13세기 송나라의 유교 공론장에는 사회 단계의 차이가 있다. 유럽의 17~18세기가 유럽 초기근대의 황혼기였다면, 송나라 12~13세기는 초기근대의 개시 시점이었다.

유자 관료층은 그 신분적 성격이 봉건귀족과 크게 다르다. 봉건귀족은 세습적 신분이지만 유학자는 세습적 신분이 아니다. 봉건귀족의 작위와 봉토, 신민(臣民)은 세습되지만 유학자에게는 세습할 작위와 봉토, 신민이 없다. 봉록, 즉 봉급을 받을 뿐이다. 조선도 중종 이후에는 마찬가지였다. 따라서 봉건귀족에 비하면 세습할 자신의 영토와 작위가 없는 유학자층은 매우 약한 세력이다. 그러나 일단 능력주의에 따라 유자층이 조정의 관료 체계를 장악하게 되면 사정은 달라진다. 그들은 국가의 물리력을 관리하고 동원하는 막강한 세력이 된다. 물론 유자 관료층은 봉건귀족처럼 왕권을 노리지 않는다. 왕의 입장에서 보면 귀족에 비해 훨씬 안전한 세력이다. 설혹 그들이 왕권견제형 정치를 한다 해도 어디까지나 군주를 위하고 '이 나라 종묘사직을 위한' 충정이라 늘 말한다. 물론 유자정치가 군주에게 늘 안전한 것은 아니다. 강해진 유자정치는 왕을 유자 이념의 포로로 만들거나, 더욱 극단적으로는 마음에 들지 않는 왕을 갈아치울 수도 있다.

군주는 두 모럴폴리틱의 경쟁을 이용한다. 또 군주의 종친, 모계, 처족으로 이루어진 척족(戚族) 세력이 있다. 이들은 군주와 근친이자 내밀한 우군이지만 항상 잠재적으로 왕권을 잠식하거나 위협할 수 있는 양날의 칼이었다. 또 중국 왕조에서 특별히 강했던 환관 세력도 있다. 이들은 왕의 친위대라 할 수 있지만, 그 세력이 너무 커지면 왕권을 사실상 대행하는 문제가 있었다. 공(公)을 중시한 정통 유자들은 이들 척족 세력과 환관 세력을 정치에서 배제하는 것이 성왕정치의 제1조라고 믿었다. 이런 힘들은 유교정치판에서 복잡하게 서로 얽혀 다양한 대립선과 투쟁 국면을 만든다. 그 모든 현상 배경의 근본적인 대립선은 군주의 현실 권력과 유자의 이념 권력 사이에 그어진다.

정치 세력은 힘의 관계에 따라 늘 변한다. 모럴폴리틱도 마찬가지다. 왕권견제파가 상황에 따라 왕권을 수호하는 역할을 자임하기도 하고, 반대로 왕권강화를 명분으로 재위 중인 군주를 공격할 수도 있다. 조선시대 단종과 세조의 예를 생각해보면 된다. 사육신 등 정통파들은 군주의 편에 섰고, 현실 권력을 추종했던 세력은 이데올로그가 되어 찬탈자의 편에 섰다. 또 정통파가 오래 집권하면서 귀족화되어 기득권의 옹호자가 될 수도 있다. 이름만 정통론이지 왕권과 결탁하여 오직 권력을 위한 권력을 추구한다. 이럴 때면 부패한 집권당〔奸黨〕을 척결하여 왕권을 높인다는 대의를 높이 내건 왕권강화형 모럴폴리틱이 출현한다. 이들 역시 성왕이념을 내세우고, 그만한 윤리적 진정성을 가지고 있다.

왕권견제와 왕권강화, 정치적으로 대립하는 양 입장을 모두 모럴폴리틱의 범주에 포함하는 이유가 있다. 양 입장 모두가 윤리−도덕적 가치와 논리를 정치투쟁의 핵심 무기로 사용하고 있기 때문이다. 조선이나 중국 어느 경우에도 예송에서 다투는 세력들은 모두 한비(韓非)적, 마키아벨리적 정치관에 대한 원칙적 반대자들이라는 점에서 동일하다.[1] 왕권강화파 역시 나름의 유교적 가치를 내세워 주자학적 정통론자들(왕권견제파)과 맞섰다. 양 입장 모두 요순과 삼대(三代)[2]의 이상 시대를 논하면서 자기 입장의 정당성을 논구하였다. 그러나 한쪽은 왕권을 옹호, 강화시키기 위해 성군론과 예론을 이용했고, 다른 쪽은 비판, 견제하기 위해 이용했다. 예송

---

1) 윤휴, 이익, 정약용 등 남인 계열 학자들의 글에는 군주의 기선권(機先權, initiative)을 강조하는 대목들이 많다. 따라서 왕권강화형 모럴폴리틱과 리얼폴리틱 간에는 일정한 친화성이 존재한다고 말할 수 있다. 그러나 본질이 아닌 외형의 유사성일 뿐이다. 리얼폴리틱은—상앙, 한비, 마키아벨리에서처럼—원리적 차원에서 비도덕적 정치(amoral politics)의 정당성를 논한다. 상앙과 한비 등의 법가사상이 유가사상과 다른 결정적인 점은 그들은 요순시대를 이상 시대로 보지 않으며, 따라서 그들 시대가 도덕적 타락 상태에 있다는 우환의식도 매우 미약하다. 그들에게 최고의 윤리성은 바로 천하통일에의 당위이다(『상군서』, 『한비자』). 반면 윤휴 계열의 학자들은 성왕론자들이다. 근본에서 유자다. 이들이 법가의 방략을 채용한다고 하더라도 어디까지나 부차적이고 수단적이다.
2) 삼대란 요순 이래 성왕으로 간주되는 하(夏)나라 우(禹)왕, 은(殷)나라 탕(湯)왕, 주(周)나라 문왕−무왕−주공이 다스렸던 하, 은, 주 세 왕조를 말한다.

의 중요한 당사자였던 군주 역시 예외가 아니다. 명의 세종, 조선의 인조와 현종 역시 폭력과 위압으로 밀어붙이기 전에 자신의 입장을 도덕적으로, 즉 유교적 논리로 정당화하는 데 집요하게 매달렸다. 조선과 중국의 예송들에서 대립했던 여러 당파들의 수많은 논자들과 군주들은 모럴폴리틱이라는 드라마의 주어진 배역에 혼신의 힘을 다했던 위대한 배우들이었다.

이 모든 점을 고려한다 하더라도, 군주에 대한 비판을 불사했던 왕권견제형의 모럴폴리틱이 대대로 정통론이라 불리며 유교정치의 주류를 이루었다는 사실은 놀랍다. 왕조시대 군주의 힘이 절대적이었다는 점을 고려하면 더욱 그렇다. 그러나 아무리 강한 군주라 하여도 유교를 표방한 왕조고 과거제를 채택한 이상, 선발된 유교 엘리트, 그리고 넓고 두텁게 포진한 유교 공론층에 의존하지 않을 수 없었다. 군주의 입장에서 볼 때는 자신의 기호에 잘 맞추어주는 왕권강화형의 근왕파 정치인을 당연히 선호하고 싶을 것이다. 그러나 유교정치는 철저히 유교적 공(公)의 원리에 따라 이루어졌기 때문에 어떤 군주도 그 대의를 무시할 수 없었다. 정통 유자들은 목숨을 걸고라도 군주에 대한 직언을 불사하여 유교적 대의를 지켰다. 또 그런 순교적 전통을 높게 받들고 이었다.

그들의 지도자들은 대개 높은 도덕적 권위와 뛰어난 학식의 소지자였다. 그들을 따르는 세력은 공통된 이념으로 무장했을 뿐 아니라 학맥, 혈연, 지연을 따라 매우 잘 조직되어 있었다. 아무리 강한 군주라 하여도 이러한 세력을 무시할 수는 없었다. 오히려 국가를 같이 운영해가면서 이들의 능력, 경륜, 일관성에 의지할 뿐 아니라 진정으로 깊이 신뢰하게 되는 경우도 적지 않았다. 비록 그들이 때때로 군주의 과오에 대해 서슴지 않고 비판한다 하더라도. 모든 일에 빈틈없고 올곧은 조강지처와 같다고나 할까. 이런 아내라면 설혹 남편의 잘못을 엄하게 꾸짖더라도 내치기 어려웠을 것이다. 물론 이것은 군주의 입장에서 하는 비유일 뿐이지만.[3]

물론 유독 야망이 강한 군주들이 이들 비판 세력을 견디지 못하고 일거에 처형해버린 경우도 적지 않았다. 그러나 그렇다고 해서 유교 정통론이 사라지는 것은 아니었다. 오히려 시련을 통해 단련되어 재야에서 더욱 성장한 힘으로 다시 조정을 장악하는 것이 보통이었다. 또 정통 유자를 탄압한 군주는 늘 후대의 역사 심판을 통해 단죄되었다. 유교세계에서 유자는 정치만이 아니라 역사를 쓰는 붓대롱도 장악하고 있었다.

모럴폴리틱의 역사는 국가주권론의 역사이기도 하다. 유럽 중세의 '두 개의 칼' 이론이 유럽 국가주권 이론의 뿌리가 된 것처럼, 송대 정주학의 '두 개의 통' 이론 역시 유교 국가주권론의 바탕이었다. 유럽의 '두 개의 칼' 이론은 '왕의 두 신체' 이론을 경유하여 절대주의 사상으로 변용한다. 왕의 사적인 인간 신체는 사라지고, 지극히 공적인 비-인간의(impersonal) 신체만 남아 초월적인 주권을 담는 그릇이 된다. 조선에서도 윤휴와 정약용 등에 의해 유위지치(有爲之治)의 성왕론이 제기되어 절대주의 주권을 이론적으로 뒷받침한다(제11장). 서구 정치사상사에서는 1215년 군주주권을 견제한 영국의 마그나카르타를 입헌주의의 기원으로 본다. 유교세계에서 이러한 의미의 입헌주의는 이미 공맹 시대 저작에 각인되어 있던 것이고, 송대 정주학에서 더욱 엄격하게 재정립되었다. 도통(道統)론과 종법론은 유교 입헌주의의 핵이었다. 유교교리 내부에 군주주권을 내파(內破)하는 싹이 그 기원에서부터 잠재해 있었다.

---

3) 참고로 인도의 베다 경전들은 이 남편-아내의 비유를 반대로 씀을 지적해둔다. 군주에게 정치를 자문해주는 브라만과 푸로히타가 하늘, 아버지, 신랑이요, 군주는 땅, 아들, 신부라 했다. Coomaraswami(1993[1942]), Dumont(1980) 참고. 실제의 유교 역시 결코 베다 사상 못지 않았다. 유교의 도통(道統) 계보가 군왕의 계보(王統)보다 높고 신성하다고 하였다.

3. 유교정치의 이념

유교정치체제는 기원전 한(漢)제국에서 시작되어 19세기 말까지 지속되어왔다. 인류사에서 도대체 비교할 대상이 없는 최장수 정치체제다. 이러한 엄청난 장수의 역사와 유교 군왕사상에 대한 피상적인 이해는 두 개의 도식을 낳았다. 하나는 '유교정치란 갈등이 없고, 따라서 변화가 없는 정치'라고 하는 '유교＝정체(停滯)' 도식이다. 다른 하나는 '유교정치는 군주 일인 정치, 전제정치'라고 하는 '유교＝전제(專制)' 도식이다. 둘 다 오류다.

앞 장에서 살펴본 바와 같이, 유교의 성왕론은 현실 군주를 절대화하는 전제주의와 오히려 반대다. 현실 군주를 성인(聖人)의 이상에 끊임없이 대비시켜 도덕적으로 규제한다. 유교의 간쟁(諫諍)은 특이하게 유교적인 정치 현상인데, 유자가 군주를 도덕으로 통제하는 수단이었다. 유교정치에 있어서 상이한 정치적 입장은 군주에 간(諫)하는 내용의 차이에서 가장 선명하게 드러나며, 유교 당파들은 간쟁의 형식을 빌려 치열하게 대립하였다. 중국 한대 당고(黨錮)의 화(禍), 송대 신구법당 투쟁, 명대 동림당(東林黨) 운동과 조선에서의 붕당정치 등 몇 가지 대표적인 모멘트만을 들어보더라도 유교정치사에는 매우 조숙한 쟁의정치 문화가 장기간 지속하였음을 알 수 있다. 또한 유교정치는 끊임없이 진화했다.

유교의 성인군주론은 법가의 전제군주론과 상극적 관계에 있다. 유가는 군주 견제론이고 법가는 군주강화론이다. 유교는 이상정치, 도덕정치, 유토피아 정치를 창조했다. 그 결과 정치 이상과 현실 정치 간에 이념적 간극이 생겼다. 이러한 이념적 간극이야말로 유학자들이 현실 군주를 도덕적으로 견제할 이념 장(場)이었다. 이러한 유가의 정치이념은 춘추전국의 상황에서 군주들에게 환영받지 못했다. 법가 등 현실주의적 국가경영(statecraft)에 치중한 다른 사상 조류의 학자들로부터 조롱받았다. 그러나 정치-군사적 무한경쟁의 상황에 대한 대극적 정치이념을 창출하고 이를 현실과 대비시켰다는 점에 유교정치이념의 강점이 있었다. 전국(戰國) 상황이 종료된 후에는 평화의 유지를 바라는 군주의 이해와 합치점을 찾음으로써 결국 유가는 제자백가 사상의 최종 승자가 될 수 있었다.

이러한 과정은 막스 베버가 말하는 종교의 윤리화(ethicization) 과정과 일치한다. 막스 베버는 세계윤리종교를 현실의 비윤리성에 대한 체계적 자각을 통해 '윤리화'된 종교라고 본다. 따라서 이러한 윤리종교의 교의와 현실 정치 간의 갈등은 불가피해진다는 것이다. 이렇듯 현실 정치에 대한 가장 이상주의적인 반대에서 출발한 교의가 통일제국의 형성에 따라 제국의 종교로 전화되는 역설을 겪는다는 점은 유교, 불교, 기독교, 이슬람에 공통된 현상이었다(Jaspers, 1953; Voegelin, 1956~1974; Eisenstadt, 1986).

베버의 이론적 논의는 아직 미완의 상태에 있다. 프로테스탄티즘에 이르러서야만 종교의 윤리화 과정이 완성된다는 그의 예외주의는 그의 한계이며 사회진화론적 시각에서 비유럽 문명을 오리엔탈리즘의 눈으로 해석하는 편향이 있다. 그의 유교 이해도 그러한 한계를 벗어나지 못한다. 그의 유교 연구는 정치와 윤리 사이의 갈등이라는 문제 설정에서 출발하지만, 구체적 논의에 있어서는 그러한 갈등이 해소 내지 최소화되어버리는 비일관성을 보인다. 왜 그런가. 오리엔탈리즘 문제를 빼고 문헌적 한계만을 보면, ①베버의 중국에 관한 인상과 정보는 쇠퇴기에 있는 청말(淸末)의 사회상에 대한 선교사들의 제한되고 편향된 보고에 의존하고 있다는 점, ②그가 연구한 유교 문헌과 시대가 성립기 유교 경전과 청말에 한정되어 있어 유교정치의 전성기라 할 수 있는 2000년에 가까운 시간 동안의 유교사의 역동성을 이해하지 못했다는 점을 들 수 있다.

그러나 베버가 정치/윤리의 갈등이라는 자신의 입론을 유교에 일관되게 적용시키지 못한 결정적 이유는 그가 차세종교(this-worldly religion)라 부른 유교의 윤리적 초월성을 이해하기 어려웠기 때문이다.[4] 겉으로 보면 유교에는 정치권력으로부터 분리된 교회(church)가 없고, 타 종교에 비할 사제(司祭) 신분이 존재하지 않는 것 같다. 그러니 정치와 종교가 따로 서서 대립하고 갈등한다는 입론을 적용할 수가 없지 않은가. 베버는 이 겉모습을 넘어서지 못했다.

그러나 유교의 바로 그러한 특성들이 오히려 정치와 윤리(종교) 간의 갈등을 유교정치 내부로 끌어들여 뜨겁게 달아오르게 했다. 유교는 정치와 윤리 간의 갈등이 유독 강했던 특이한 정치종교였다. 전제군주론의 상극으로서의 성인군주론이라는 유교정치이념의 아이러니는 이를 뒷받침한다. 유교정치에서 고도로 발전한 간쟁의 전통은 강력한 정치적 윤리종교로서의 유교의 특징을 잘 표현하고 있다. 정치적 행위 자체, 특히 군주에게 윤리적 이상을 간(諫)하는 정치 행위에 종교적 사명을 걸었던 종교는 유교가 유일하다. 죽음을 불사했던 유교 간쟁의 전통은 현대적 합리성으로는 설명하기 어려운 종교적 현상으로, 다만 고도의 정치적 윤리종교로서 유교를 이해할 때만 설명될 수 있다.

유교에서는 유자가 타 종교의 사제 역할을 수행했다(조혜인, 1990, 1993). 전통 사회에서는 어느 종교나 사제층이 정치권력에 깊이 관여하고 있었지만, 유교는 그 특유한 현세종교적 성격으로 인하여 정치와 종교의 결합이 타 종교에 비해 강력하였다. 특히 유교의 도덕관이 조상숭배의 예법을 중추로 하는 극히 포괄적인 의례주의로 표현되며, 유학자는 바로 이러한 제사예법의 전문가였다는 사실을 감안하면 사제적 성격은 보다 뚜렷해진다. 타 종교의 사제가 종교적 의례를 통해 정치권력뿐 아니라 피지배층의 도

---

4) 유교의 특유한 현세적 초월주의(this-worldly transcendentalism)에 대한 연구는 아이젠슈타트(Eisenstadt, 1985), 헬만(Helman, 1989)을, 같은 시각에서 유교의 종교성에 관한 체계적 연구로는 테일러(Taylor, 1990) 참조.

덕 기준과 생활 원칙을 규정하고 규율하였다는 점도 유학자층과 유교 예법의 역할과 동일하다. 이러한 유교 예법주의는 유교사의 후기에 이를수록 더욱 보편화되어 상층 사대부의 범위를 넘어 사회 하층으로까지 확산된다.

한제국의 몰락 이후 송의 성립까지의 오랜 기간 불교와 도교의 융성에 의해 문화적, 정치적 주도권을 위협받아왔던 유교는 송대에 정주학(程朱學)을 통해 쇄신되어 금, 원, 명, 청 왕조에서 줄곧 지배적 위치를 고수하였다. 정주학은 이상에서 살펴본 유교정치이념의 핵심들—성인군주, 간쟁, 예법주의—을 철학적, 제도적으로 크게 강화시켰다. 우리는 정주학이 날카롭게 이론화시킨 세 가지 대립에 주목한다. 그것은 ① 유교도학의 정통성 계통〔道統〕과 정치권력의 정통성 계통〔王統〕 간의 대립, ② 형이상학상의 이(理)와 기(氣)의 대립, ③ 종법원리(장자우선주의)와 왕권 계승 관행(능력자 계승 관행) 간의 대립이다. 이 세 대립에서 전자(도통–이–종법원리)는 후자(왕통–기–관행주의)보다 이념적 우위에 서 있으며, 따라서 전자는 후자를 이념적으로 계도하고 규제하는 위치에 있었다. 베버가 제기한 현실 정치와 윤리종교 간의 대립과 갈등은 한당 유학보다 송명 정주학에서 더욱 분명히 표현되었다.

4. 모럴폴리틱의 전형으로서의 예송

윤리도덕과 예법 질서를 근간으로 하는 유교적 모럴폴리틱의 현실 표현은 다양하다. 먼저 경전 강론을 통해 군주와 세자에게 성인군주관을 학습시키는 경연(經筵)과 서연(書筵)이 있다. 정주학에서는 군주 교육을 강조하였는데, 정주학의 군왕학은 한당의 경세제왕학과는 다른 도덕군주학이었다(Liu, 1988). 군주의 마음을 성인화한다는 경연과 서연은 군권과 신권의 갈등의 소지를 안고 있었다(Haboush, 1985).

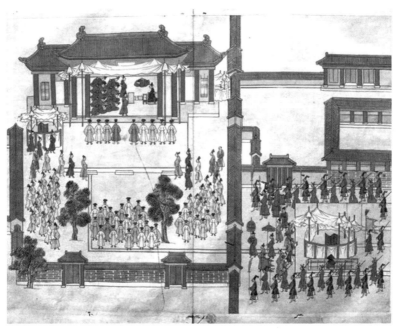

『왕세자 입학도첩』 중 「입학도」. 조선시대 왕세자의 수업 광경으로, 스승은 책상 앞에 앉아 있고 세자는 바닥에 놓인 책을 꿇어앉아 읽도록 되어 있다. (좌 상단)

그렇지만 경연과 서연에 잠재된 갈등은 간쟁에 비하면 간접적이고 소극적이다. 간에 관한 언급은 모든 경전에 산재해 있지만 그중 『충경(忠經)』의 「충간(忠諫)」 편의 말을 들어보면 "충신이 임금을 모시는 데 간(諫)에 우선하는 것은 없다"고 하면서, "무릇 처음 간할 때는 좋은 말로 하고, (그래도 안 되면) 중간에는 항의하며, (결국 안 되면) 죽음으로 절조를 지키는 것으로 하라"고 하였다. 일종의 순교 행위로 볼 수 있는 유교만의 고유하고 특이한 행동 양식은 그 자체로 흥미로운 사회학적 주제다. 유교정치제도는 이러한 간을 제도화[臺諫]하고 있다는 데 큰 특징이 있다. 간쟁은 경연과 서연에 비해 보다 직접적인 형태의 모럴폴리틱이지만 아직 종합적이지는 않다. 정치 행위는 적과 동지만이 아니라 연합 또는 중립화의 대상이 존재할 때 종합적인 것으로 된다. 유교정치에서 이러한 종합적인 정치 상황은 정국을 장악한 유학자층이 서로 다른 당파로 분립하여 서로 경쟁할 때 형성된다. 이 경우 대립하는 당파들과 군주 사이에는 복잡하고 끊임없이 유동하는 동맹, 중립화 관계가 형성된다.

이러한 당파 투쟁 중에도 새로이 왕위를 계승한 군주의 정당성(legitimation) 문제를 놓고 격돌하였던 예송은 가장 종합적인 정치 행태이며 동시에 가장 높은 수준의 모럴폴리틱의 전형이었다. 예송에서는 여러 당파의 예론, 경학이 충돌할 뿐 아니라, 경연의 공간과 간쟁의 수단 역시 빈번히 동원된다. 예송이 진행 중일 때는 개인 상소뿐 아니라 연명 상소[5]도 매우 빈번하고 격렬해지며, 경연에서 유자 관료와 재야 학자들의 군왕에 대한 도덕적 준열성 역시 더욱 매서워진다.

조선과 중국에서 예송 또는 예의의 핵심은 군주의 종법상의 지위 문제다. 종법상의 지위와 그에 걸맞는 예법 준수는 유교적 윤리 강상의 핵심을 이룬다. 성왕(聖王) 사상을 강조했던 정주학에서는 왕실에서의 종법 혼란과 예법 상실을 바로 천하 질서의 퇴락으로 간주한다. 그렇기에 예송기에 앞다투어 올라왔던 상소문들이 예법상의 적통, 정통 문제를 논하면서 "머리에 피를 뿜고 죽더라도 이 문제를 바로잡아야 한다"(『현종개수실록』 1666. 3. 23)라고 절규하였다.

경연, 서연, 간쟁, 예송 등은 조정에서 벌어진 모럴폴리틱의 하드코어라고 할 수 있다. 그리고 그처럼 격렬하지는 않지만 조정 정치를 벗어난 향촌 사회 일반 사서인(士庶人)의 생활 속에도 약간 변형되고 모사된 형태의 모럴폴리틱이 광범하게 행해진다. 이런 현상은 매우 다양한데 그 핵심

---

5) 조선조의 천인소, 만인소를 다룬 이수건(1995)과 이 책 제10장의 '유교 네트워크' 논의 참조. 이를 통해 조선 정치는 전국화(nationalize)한다.

은 유교 윤리와 예법을 향촌 지배, 신분 유지, 신분 상승의 주요 수단으로 삼는다는 데 있다. 넓은 의미에서 모럴폴리틱은 조정 내에만 존재하는 것이 아니라 유교사회 전반에 걸쳐서 관찰되는 현상이다. 조선 후기의 향촌 사회에서는 신양반층[新鄕]이 대두함으로써 양반층이 크게 늘어난다. 그 결과 신양반층과 구양반층[舊鄕] 간의 갈등이 심화되는데 이를 향전(鄕戰)이라고 부른다. 유교 예법은 향전의 무기가 된다. 노비층의 속량과 탈주가 대규모화하고 이들 중 상당수가 양반으로의 신분 세탁에 가담한다. 그만큼 많은 사람들에게 위조 가보, 위조 홍패, 매향 매직, 모칭 등의 신분 세탁 수단이 접근 가능했다는 말이다. 그에 따라 유교적 교양과 예법이 크게 확산되고 대중화되었다. 이 책은 이를 상층유교(high Confucianism)가 밑으로 확산되고 세속화되면서 나타난 대중유교(mass Confucianism) 현상, 그리고 유교적 평등화 현상이라 풀이한다(제12, 13장).

앞서 말한 바와 같이 모럴폴리틱의 핵심은 윤리적 왕권 통제에 있으며 유교에서 그 핵심은 성인군주론으로 표현된다. 이 성인군주론의 특징은 밖으로부터의 비판이 아닌 안으로부터의 비판이다. 즉 유교정치인들은 군주의 성인(聖人) 가능성을 '이념적'으로 전제하면서 현실 군주가 그 이념에 이르지 못함을 끊임없이 채찍질한다. 이것이 교회와 왕권이 외양상 분리되어 있었던 기독교나, 사제층이 체계적이고 전업적으로 정치에 개입하지 않았던 이슬람이나 힌두교와 다른 점이다.

그러나 '군주=신성'의 등식은 윤리종교에서 매우 양면적인 것이었다. 야스퍼스를 위시한 많은 논자들이 '군주=신성'의 등식이 일면적이었던 시기의 종교를 윤리종교 등장 이전의 종교의 특징이라고 본다. 이때 군주는 신성 자체, 종교 자체가 된다. 이때의 종교는 겉으로 드러난 그대로의 군주 숭배 종교다. 그러나 윤리종교의 출현, 즉 현세의 불완전성에 대한 윤리적 자각의 심화로 군주=신성 등식은 양면화한다. 군주 숭배가 아닌 군주 견제 쪽으로 중심이 옮겨간다. 정치종교였던 유교는 더욱 그렇다. 교회만 생각하고 왕궁은 시저에게 맡겨두라는 여유가 없다. 현실 군주를 유교적 윤리−도덕으로 순치(馴致)해야만 하는 견고한 제어 구조가 출현했다. 그래서 유교정치에서 충은 유럽 봉건제에서의 충성과 다르다. 유럽 봉건제에서의 충성은 왕과 봉신(封臣) 간의 인신(人身)적, 군사적 의무가 핵심이지만, 유교의 충 개념에서는 군주를 성인의 길로 인도할 이념적 의무가 중심이다. 그렇기에 『충경』의 「천지신명」 편은 충을 "마음의 중심이며 사를 버리고 지극한 공(公)에 이르는 것(忠者中也 至公無私)"이라 풀이한다. 유학자의 충성의 목표는 왕의 자의(恣意)에 대한 순종이 아니라 반대로 그러한 왕의 자의를 길들일 윤리−도덕적 이상이었던 것이다. 간은 그러한 충 개념을 구현하기 위한 유교만의 고유한 제도이다.

윤리종교로서 유교의 정치적 핵심은 바로 성인군주론의 이러한 양면성, 특히 군주 견제론적 측면에 있다. 유교의 예는 이를 달성하기 위한 제도였다. 유교의 성군론에 군주 견제적 측면이 강하다는 것은 정주학의 도통(道統) 계보가 요순우탕 등의 군주에서 공자 이후 유학자로 옮겨왔다는 데서 명확해진다. 물론 요순우탕의 성군 이미지는 이념화 · 이상화된 이미지이며, 이는 공맹이 개탄한 현실 군주의 탈도덕적 정치행위와 극명하게 대비된다. 여기서 성왕−성인의 도통(道統) 계보와 현실 군주의 왕통(王統) 계보, 즉 분리된 '두 개의 통(統)'이 출현한다. 이념적 정통(正統)과 현실의 정통(正統) 간의 변증법이 개시된다.

중요한 예송은 모두 왕위 계승 문제와 연관되었고 그 핵심은 왕위 계승자의 종법적 지위와 관련된 문제였다. 종법이 그처럼 중요한 정치적 사안이 되었던 이유는 명백하다. 공맹 이래 유학자들이 가장 우려했던 문제는 왕권을 둘러싼 폭력 현상이었다. 맹자가 말하기를 공자는 "임금을 죽이고, 아비를 죽이는" 현상을 보고 세상이 타락한 징표로 삼았다 하였는데, 이는

성삼문(1418~1456)

춘추전국 시기 만연했던 왕권 계승을 둘러싼 폭력 현상을 말한다. 종법의 핵심은 종주권의 귀속을 고정시키는 데 있다. 종주권의 귀속이 유동적이면 반드시 힘의 경쟁이 벌어지기 때문이다.[6] 왕위 계승의 경쟁 상황은 반드시 무력을 부르고 가장 강한 무력을 가진 자가 왕위를 차지하게 된다. 이는 유학의 이념에 극단적으로 배치되는 그림이었다. 실제로 종법상의 순서를 무시하고 무력으로 왕권을 찬탈한 군주들은 비판적 유학자들을 하나같이 무자비하게 탄압했다. 조선의 세조는 그에 맞선 성삼문 등 사육신(死六臣)을 죽였고, 명나라 영락제는 저 유명한 방효유와 그를 따르는 수백 명의 유학자를 처형하지 않았던가. 이런 무사(武士)형 군주, 초종법적 정권하에 모럴폴리틱은 위축되지 않을 수 없었다.

5. 왕권 순치의 무기로서의 종법제

유교에서 주공(周公)이 칭송되는 주된 이유는 그가 그의 형 무왕(武王)

---

6) 막스 베버의 계승 카리스마(lineage charisma)라는 개념은 바로 이러한 문제점들에 대한 대응 양식을 설명하기 위해 도입되었다(Weber, 1978: 1135~1139).

사후에 주 왕실에서 절대적 권력을 가지고 있었음에도 어린 조카 성왕(成王)의 왕위를 찬탈하지 않고 끝까지 보필하였기 때문이다. 즉 장자로 이어지는 신성한 왕권 계승 라인을 범하지 않고 끝내 지켰다. 인욕을 이겨 성인(聖人)의 경지에 들었다 보는 것이다.

장자로 이어지는 종통의 계승은 종법의 핵심 원리다. 종법제도는 유교적 윤리강상의 요체를 모두 담고 있는 유교사회의 제도적 청사진이요, 일상 행위 속의 모든 인간관계를 규범 짓는 신성한 생활 원리의 핵심이었다. 종법상의 서열에 따라 아래가 위를 범하지 않고, 위는 아래를 보살핀다는 멘탈리티의 구조는 유교적 윤리와 제도의 아비투스(habitus)를 이루고 있다. 종법제도는 유교적 이념이 현실에서 구현되는 몸체요, 장(場)이었던 것이다.

그렇기에 예송의 투쟁 당사자들의 행위를 오늘날의 시각에서 단순히 정치적으로 타산적인 행위로만 보게 되면 그 행위가 가지는 본질의 주요한 측면을 놓치게 된다. 일차 사료들을 읽어나가다 보면 종법원리를 논하는 그들의 주장과 행위들 속에 깃든 엄숙성, 경건성, 진실성, 치열성을 인정하지 않을 수 없게 되는데, 그 이유는 종법제도가 그들에게 단순한 의례 절차 이상의 삶의 근본적 가치에 관계되는 문제였기 때문이다. 종법제도가 이렇듯 유교 윤리와 유교 예법의 핵심이었기 때문에 유학자들은 그에 입각하여 왕권의 엄청난 권위에 맞설 수 있었던 것이다.

종법제도 자체에 관한 연구는 이미 상당히 이루어져 있으므로 이에 관한 상세한 설명은 생략한다.[7] 다만 기왕의 다른 연구들에서 간과했던 아주 중요한 문제를 간단히 명기해둔다. 유교는 기존의 왕가 중심의 군사적−봉

---

7) 『주자가례』, Deuchler(1992), 장철수(1994), 이영춘(1995, 1998), 에브레이(Ebrey, 1986, 1991) 등 참고.

건적 종법을 왕권의 폭력성을 규제하는 윤리적 제도로 변환시켰다는 사실이다. 특히 『주자가례』로 집약되는 정주학의 종법론은 그 자신 봉건적 세습귀족이 아니라 유교교양의 능력에 따라 선발된 신흥 유자층에 의해 완성되었다는 점이 중요하다. 중국 송나라 이후 정치를 장악한 유자층은 봉건적 세습귀족이 아니었다. 순수한 의미에서의 봉건적 신분이 아니었던 것이다. 따라서 정주학의 종법을 봉건적 종법이라 부르기 힘들다. 오히려 군사적-봉건적인 왕가의 종법을 규제하는 후기 봉건적(post-feudal), 초기근대적(early modern) 종법이었다. 이 점은 이 책 제3장 특히 7절에서 상세히 논한 바 있다.

여기서는 이 점을 전제하고 종법제도의 형식상의 핵심만을 그려보기로 한다. 종법 단위는 "백 세대가 되어도 (모시는 조상의 묘를) 옮기지 않는(百世不遷)" 종자(宗子)의 계보인 대종(大宗)과 "다섯 세대가 되면 옮기는(五世則遷)" 소종(小宗)으로 구성된다.[8] 따라서 종법 단위는 같은 고조(高祖)를

---

8) 요약하면, 〈대종=백세불천, 소종=오세즉천〉이다. "유백세불천지종 유오세즉천지종(有百世不遷之宗 有五世則遷之宗)", 『예기(禮記)』, 「대전(大傳)」. 이 대목을 간단히 설명하면 다음과 같다. "옮긴다[遷]"는 말은 제사 지내는 조상의 묘(廟)를 옮긴다는 것을 말한다. 예기 경문의 이 구절에 대한 여러 주해 중, 원유(元儒) 진호(陳澔)의 해석(『예기집설(禮記集說)』)의 요지를 요약해 보면, 대종의 시조의 묘는 백세가 지나도 헐지 않지만[不毁], 소종에서 고조의 묘는 5세가 지나면 옮긴다[遷]는 것이다(大宗始祖之廟 以義立而百世不毁, 小宗高祖之統高祖之廟 以恩立而五世則遷). 묘란 원래는 주대(周代)부터 선조의 목주(木主)를 모시고 제사를 지내는 독자적 건물을 지칭한다(『설문해자(說文解字)』). 『예기』 「왕제(王制)」에는 천자는 7묘, 제후는 5묘, 대부는 3묘, 사(士)는 1묘를 세운다고 하였다. 진대부터는 불교의 영향으로 묘 대신 영당(影堂)이라는 용어가 널리 쓰였는데, 송대에 이르러 사마광(司馬光)과 주희에 의해 영당 대신 사당(祠堂)이라는 용어가 사용되기 시작하였다. 보통 사서인(士庶人)들은 하나의 사당만을 가지고 그 안에 네 선조를 모시는 네 개의 감실(龕室)을 둔다. 따라서 하나의 사당을 둔 사서인의 경우는 묘를 옮긴다(또는 헌다)는 말보다는 사당의 감실에 모시는 고조를 옮긴다는 말이 된다. 이를 설명하면 다음과 같다. 〈그림1〉에서 한 소종의 승중자(承重者)인 (a)는 자신의 사당의 가장 서편 감실에 고조인 (A)를 모신다[그러나 (A)의 신주는 대종의 사당에 있고 (a)의 고조 감실은 비워둔다]. 그러나 그의 적장자(嫡長子)가 승중할 경우, 그 소종의 승중자 (b)는 (A)를 [5세(世)가 지났기 때문에] 서편 감실에 모시지 않고 대신 (b)의 고조가 되

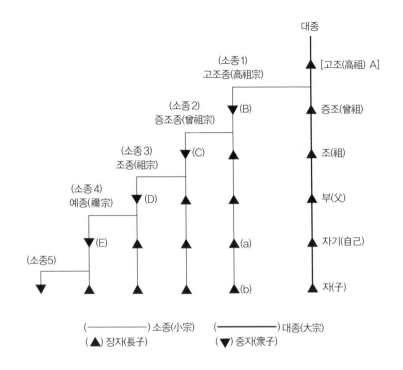

대종

[고조(高祖) A]

(소종1)
고조종(高祖宗)

(B)

증조(曾祖)

(소종2)
증조종(曾祖宗)

(C)

조(祖)

(소종3)
조종(祖宗)

(D)

부(父)

(소종4)
예종(禰宗)

(E)

(a)

자기(自己)

(소종5)

(b)

자(子)

(—————) 소종(小宗)　　(━━━━━) 대종(大宗)
(▲) 장자(長子)　　　　(▼) 중자(衆子)

〈그림 1〉 오종지친도

는 (B)를 가장 높은 선조로서 모신다[고조 감실에 (B)의 신주를 모신다]. 이로서 '종(宗)'
이 옮겨지는 것이다. 이 경우 (b)의 종에서 (A)는 '친진(親盡)'되었다고 한다. 그렇게 되
면 (B)는 이제 〈그림1〉의 최좌측에 새로 생길 소종5의 고조가 된다. 즉 B가 고조가 되는
또 하나의 5종지친 삼각형이 생기고 이 삼각형은 대종 라인으로부터 떨어져나온다. 마
찬가지로 한 세대 더 내려가면 최좌측에 소종6이 생기고 C는 소종6까지 5종지친 삼각형
의 공동 고조가 된다. 이렇게 대가 내려감에 따라 고조가 되는 사람들이 C, D, E로 내려
오고, 최좌측에 계속 새 소종이(소종6,7,8, … n)이 생기고, 마찬가지로 5종지친의 새 삼
각형들이 생기고, 그리고 또 오른편의 라인들로부터 떨어져나간다.

최우측 대종은 그러한 일체의 변동이 없다. 따라서 백세불천이라고 한다. 그렇지만 대종
에서도 고조 윗대의 친진된 조상의 신주는 태조(또는 시조)묘의 좌우 협실(夾室)로 소목
(昭穆) 순서에 따라 옮겨 모시는 일은 있다. 대종의 태조묘는 결코 옮기지 않기 때문에
또한 '백세불천'이라 하는 것이다. 이 백세불천은 현실이라기보다는 수학적 이념에 가까
운 것이다. 이 이념 속의 백세불천의 대종은 불멸의 나무의 줄기다.

모시는 다섯 라인(하나의 대종과 네 소종)으로 구성되는데 이를 오종지친(五宗之親), 또는 다섯 위계의 구별되는 상복을 입는 단위라 하여 오복지친(五服之親)이라 부른다. 〈그림 1〉에 대한 설명은 주 8)로 대신한다.

정주학의 비조인 북송(北宋)의 정이(程頤)가 종법, 대종, 소종의 이러한 계보도를 나무와 강물의 이미지에 결합시킨 것(『근사록(近思錄)』「치법(治法)」)은 그 자연적 질서의 이미지가 지닌 신성한 상징성을 종법제에 부여하기 위함이었다.[9] 정이는 이렇듯 신성화한 종법제를 한편으로는 신흥 사대부 세력의 결속 강화의 수단으로, 다른 한편으로는 왕권에 대한 비판 수단으로 이용하였다. 여기서는 후자의 측면에 주목하기로 한다. 정이는 아들이 없었던 송나라 인종(仁宗)의 입후(立後)[10]로서 왕권을 계승한 영종(英宗)이 즉위 후 자신의 생부를 황제로 추숭(追崇)하려 하는 것을 종법제에 대한 위반이라고 맹렬히 비판했다. 왕위를 이은 영종에게는 인종 이외의 다른 아버지가 있을 수 없다는 논리였다. 주희는 훗날 정이의 입장을 더욱 강하게 표현하여, "만일 입후자(영종) 앞에 입후한 아버지(인종)와 그의 생부가 앉아 있다면, 입후자는 그의 입후한 아버지에게만 아버지라 불러야 하며 그의 생부를 아버지라 부르는 것은 도리가 아니다"(『주자어류(朱子語類)』 권127)라는 말로 종통(宗統)이 생물학적 부자 관계에 우선함을 역설하였다.

정이, 주희는 고대 종법의 재정비에 큰 힘을 쏟았다. 두 사람 모두 종법에 대해 많은 언급을 남겼다. 주희의 『주자가례』는 이후 종법 논의에 큰 영향을 끼쳤다. 정주학의 창건자들인 두 사람의 이름이 후대 유학에 미친 영향은 절대적이다. 이 두 사람의 이름은 학문 이전에 신앙이었다. 정이-

---

9) 나무나 강, 산과 같은 특정 자연물들이 지닌 신성한 상징성에 대해서는 엘리아데(Eliade, 1959) 참조.

10) 입후란 대종의 대가 끊겼을 경우 그를 대신하여 종자(宗子)가 되는 사람을 말한다. "(대종의 대가 끊기면) 동종(同宗)의 지자(支子)로서 입후자를 삼는다"(『의례』「자하(子夏)」).

주희 종법론의 특징은 엄격한 형식성, 의례성이다. 인정(人情)과 상황(狀況)에 따른 예외를 인정하지 않는다. 왕가라 하여 그런 원칙이 달라질 수 있다고 보지 않았다. 오히려 더욱 엄격해야 할 것이라고 보았다. 왜 그랬을까? 그래야만 강력한 왕권을 견제할 수 있기 때문이다. 주권의 자의적 행사를 제약하는 입헌주의적 구속은 유교세계에서 특별히 강했다.

그래서 정이-주희는 영종의 추숭에 반대했다. 왕권이 자의적으로 종법의 규율을 벗어나 일탈하는 경우로 보았기 때문이다. 추숭 시도는 선왕의 라인이 가지는 구속에서 벗어나 독자적인 카리스마를 구축하려는 시도다. 따라서 비례(非禮)이며 비리(非理)다. 추숭 시도가 정주학 이후에만 유학자들의 저항을 받았던 것은 아니다. 한대(漢代)의 선제(宣帝), 애제(哀帝), 광무제(光武帝)가 송의 영종과 비슷하게 생부모 추숭 시도를 하다가 유학자들의 저항을 받았다. 그러나 정주학 정립 이후 종법원리는 더욱 교조화했다. 신성한 정이와 주희의 이름이 종법제 논의에 꼭 따라왔다. 이후 명 세종(世宗)과 조선의 인조(仁祖)는 그들의 추숭 시도에서 선배 제왕들보다 훨씬 강력한 저항에 마주친다.

종법 계승 원리의 핵심은 항렬과 생물학적 출생순에 의해 결정되는 종자에 의해 대종의 제사권이 이어져간다는 것이다. 종자가 없을 때는 입후(入後)로 대신한다. 일반 사가(私家)에서도 이 원리를 엄격히 지키기가 쉽지 않을 것이다. 왕가에서는 특히나 어렵다. 왕위 계승에는 흔히 심각한 정치투쟁이 따르기 때문이다. 왕자의 난이 벌어지고 골육상잔의 피가 뿌려지기도 한다. 한 연구자의 지적에 따르면 조선의 27명의 왕 중 "그 종법적 정통성에 아무런 문제의 소지도 없었던 사람은 10명에 불과"하였다(이영춘, 1998: 87). 권력의 생리가 강하게 작용하여 항상 유동적일 수밖에 없는 왕권 계승의 현실과 지극히 엄격하게 사전 결정된 종법원리는 갈등할 수밖에 없었다.

6. 종법적 규제의 두 팔: 사전적 규제와 사후적 규제

종법의 기원은 중국 고대 은주(殷周) 시대 왕가의 친족 규율이다. 나라를 다스리는 왕가이니만큼 그 친족의례는 그 자체로 정치의례이지 않을 수 없었다. 그만큼 군사적-봉건적 종법이었다. 유교 창건자들은 주나라 왕가의례를 '폭력과 성스러움의 안티노미'(제3장) 위에 체계적으로 재정비했다. 그 핵심은 왕권, 특히 왕권 계승을 둘러싼 상습적인 폭력을 제도적으로 제어하는 데 있었다. 그 목적을 위해 종법적 규제는 두 측면을 갖게 된다. 하나는 **사전적**(事前的, ex ante) 규제, 또 하나는 **사후적**(事後的, ex post facto) 규제다. 이 두 측면은 한 가지 목적 아래 자유로이 쓰이는 두 팔과 같다.

이 두 팔을 왕권을 도덕적으로 규제, 제약하는 쪽으로 사용하는 것이 앞서 말한 왕권견제형 모럴폴리틱이다. 이 입장을 체계화시킨 것이 정이, 주희요, 그 사상 체계가 '정주학=주자학'이다. 그래서 유학사에서는 '정주학 = 주자학'의 입장이 항상 정통론으로 간주된다. 반면 왕의 편에 서서 그의 편의에 따라 종법의 두 팔을 왕권 규제가 아닌 지지(支持)의 수단으로 변용하여 이용하는 쪽이 왕권강화형 모럴폴리틱이다. 이 입장은 대개 정통파가 아니고 유교 주류 흐름에서 소외된 세력들 또는 유교 정통론에 변용을 가하는 새로운 입장의 이론가들로부터 나온다. 그러면서 군주의 힘을 빌려 비주류의 상황을 벗어나보려 한다. 그렇기에 항상 정통론자들로부터 권도(權道)를 추구하는 사이비 세력 또는 이단 세력이라 비판받는다.

종법은 우선 모든 왕위 계승을 사전적으로 규제하고 있는 이념적 압박 장치다. 적장자 계승을 미리 원칙으로 결정해두어야 왕자의 난과 같은 치명적 폭력 사태를 예방할 수 있다. 이것이 종법의 사전적 규제다. 그런데 이 공식대로 왕위 계승이 안 되면 어떻게 할 것인가? 실제로 이런 경우가 많았다. 이런 상황은 항상 어떤 형태로든 잠재적 폭력 사태가 돌출될 수 있는 불안한 상태다. 어떻게든 왕권이 돌출적으로 튀어나갈 수 있는 자의성, 잠재적 폭력성을 묶어둘 제도적 틀과 논리가 있어야 한다. 이것이 종법의 사후적 규제다.

종법의 사전적 규제, 그 예방적 기능은 그 자체만으로는 이해하기 어려운 것이 없다. 그러나 종법의 사후적 규제가 표현되는 양상은 단순하지 않다. 또 사후적 규제 논리와 사전적 규제 논리가 교묘하게 섞이는 경우도 생긴다. 이 점이 예송 논의를 번쇄하게 만들고, 오늘날의 예송 연구자들을 여전히 혼란스럽게 만드는 원인의 핵심이다. 모럴폴리틱으로서의 유교정치의 본질, 군주의 힘과 유자의 힘의 관계, 유교정치 관련 세력 간의 전체적인 큰 흐름을 보면서 문제에 접근해야 한다. 그래야 중세 스콜라 철학자들의 말을 빌리자면, "머리카락 끝에서 몇 명의 천사가 춤출 수 있는가"를 따지는 것과 유사한 예송 논의의 교리적 번쇄성의 함정으로부터 벗어날 수 있다. 논쟁의 수사적 표현이 아니라 논쟁 당사자가 취하는 정치적 태도와 입장을 우선으로 고려할 때 논쟁의 이론 구도가 보다 명확해진다. 그래야 수사학의 내면이 투명하게 들여다 보인다.

조선시대 예송사에서 매우 중요한 인조의 친부 추숭 사례를 예로 들어보겠다. 인조는 아다시피 반정으로 광해군을 몰아내고 왕위에 오른 임금이다. 반정은 서인(西人)에 의해 주도되었다. 서인이라고 하나가 아니었다. 반정에 앞장서서 공신이 되고 명리를 챙긴 공서파(功西派)가 있고, 광해군을 비판은 하였지만 반정에는 직접 가담하지 않고, 새로 등극한 인조에 대해서도 역시 비판적 거리를 두고 있던 세력도 있었다. 바로 서인 청류(淸流) 또는 청서파(淸西派)라 불리는 세력이다. 청류를 대표하는 사람은 예학의 대가로 널리 인정받았던 사계(沙溪) 김장생(1548~1631)과 정묘호란 때 항전론으로 유명한 김상헌(1570~1652)이다. 김장생의 제자 문인 그룹

이 후일 조선 정치를 좌지우지한 노론(老論)이 된다. 송시열은 노론의 핵심이고, 김장생의 맏제자다. 조선사에서 노론은 항상 정통론자로 분류된다. 왕권을 견제하려 했던 비판적 모럴폴리틱 세력이었다고 보면 되겠다.

반정이란 요즘 말로 쿠데타다. 명분을 어찌 대더라도 폭력으로 뺐었으니 정당성이 약하다. 백성들 사이에서도 반정에 대한 여론은 좋지 않았다. 광해군은 연산군 같은 폭군이 아니었다. 더구나 인조는 공서파에 업혀서 왕위에 앉았을 뿐 그 전에 유림이나 백성들 사이에서 높은 존경을 받던 인물도 아니었다. 어찌어찌 왕의 자리에 앉긴 했지만 그 위상이 초라하다. 이럴 때 흔히 쓰는 방법이 돌아가신 친아버지를 왕으로 존숭하는 추숭이다. 아비를 높여 효를 과시하고 자신의 위상 역시 강화하는 것이다. 인조의 아버지는 광해군의 아버지인 선조(宣祖)의 빈 김씨의 셋째 아들인 정원군이다. 광해군과 정원군은 이복형제 사이였다. 자신이 왕이 되었으니 자기 아버지인 정원군도 왕으로 추대하겠다는 것이다. 이를 추숭(追崇)이라고 한다. 인조의 추숭 시도에 대해 김장생을 필두로 한 서인 정통론자들이 강력 반발하고 나섰다. 이때는 남인도 청서파와 의견을 같이했다.

반정으로 왕위를 차지한 인조의 종법상 지위는 무엇인가? 광해군을 이은 것인가? 자신들이 무력으로 몰아낸 광해군을 이었다고 하면 명분이 안 선다. 그렇지 않아도 쿠데타로 얻은 문제 있는 정권 아닌가. 그렇다고 광해군이 아니라 그 선대 임금인 선조를 이었다고 하기에도 그렇다. 그러면 손자가 할아버지를 잇는 것이 되지 않는가? 이건 이상하다. 물론 이것을 이상하다고 하면 정주학자들은 종법을 전혀 모르는 자들이라 냉소할 것이다. 어쨌거나 여기서 인조 주변의 공서파가 세운 논리가 인조의 친아버지인 정원군을 광해군 자리에 왕으로 추숭해 끼워넣으면 되지 않겠느냐는 것이었다.

이에 대해 김장생은 다음과 같이 답했다. "왕위 계승에서는 삼촌이 조카를 잇더라도, 형이 동생을 잇더라도, 조카와 삼촌, 동생과 형 사이에는 부자 관계가 성립한다. 즉 조카가 삼촌의 아버지가 되며 동생이 형의 아버지가 된다."[11] 아주 묘한 표현이다. 왕가 계승에는 확실히 이상한 경우가 많다. 그런데 하고 많은 사례 중에 왜 삼촌 – 조카이며 형 – 동생인가? 당장 조선의 선왕들인 (삼촌이 조카의 왕위를 찬탈한) 세조와 (형이 동생의 왕위를 찬탈한) 태종[12]이 떠오르지 않을 수 없다. 모두가 형제와 조카의 피를 뿌리고 힘으로 왕권을 강탈한 경우다. 인조 역시 폭력으로 왕권을 뺐었다는 점에서 다르지 않다.

　김장생처럼 치밀한 인물이 이 말을 하면서 그 선례들을 염두에 두지 않았을 리 없다. 듣는 사람들도 이 숨은 뜻을 놓쳤을 리가 없다. 그렇다면 김장생은 삼촌이 조카를 잇고, 형이 동생을 잇는 경우라도 그것은 결국 정당하다고 말하고 싶은 것인가? 어쨌거나 왕위에 올랐으니 계승의 종법적 정당성은 사후적으로 자동 보장되는 것이라는 말인가? 그러하니 전하께서는 마음 푹 놓으시라는 뜻인가? 물론 아니다. 정반대다. 왕에 대한 신랄한 비판이요 견제다. 말은 점잖아 보여도 무서운 중의법이 깔려 있다. 하도 묘해서 쉽게 판단하기 어려울 때 우리는 입이 아니라 행동을 봐야 한다. 김장생의 정치적 행보를 보면 이를 분명히 알 수 있다. 그는 인조 추숭론 반대의 선봉에 선 유자다.

　중의법적 수사를 벗겨서 김장생의 본심에 있는 말을 뽑아보면 다음과

---

11) 『인조실록』(2:2a,2b). 이후 인조 추숭 논쟁과 현종의 예송에서의 사실(史實)들은 『인조실록』과 『현종실록』 『현종개수(改修)실록』에 의거한다.
12) 태종 이방원이 정식으로 왕위를 물려받은 것은 그의 형 정종으로부터이다. 정종 즉위 후 제2차 왕자의 난으로 실권을 장악하여 정종으로부터 왕세자의 지위를 확보한 후 9개월 만에 왕위를 이양받았다. 그러나 이방원이 실제적으로 왕위에 다가서는 것은 태조 이성계가 왕세자로 삼았던 태조의 막내아들 방석을 죽였던 제1차 왕자의 난을 통해서다. 따라서 실제적으로는 형이 동생의 왕위를 찬탈했던 경우가 된다.

사계(沙溪) 김장생 추모 제례 모습

같다. 인조와 같이 종법의 정상 궤도를 벗어나 폭력(反正)을 통해 변칙적으로 권좌에 오른 왕이라면 몸을 굽히고 자중해야 한다! 친부(親父)를 추숭한다 만다 시끄럽게 물의를 빚을 일이 아니다! 인조의 종법상 위치를 정리해주면 다음과 같다. 반정으로 광해군(숙부)을 쫓아내고 권좌에 올랐으니 사전적 종법에 부합하는 계승자는 되지 못한다. 숙질 간에 이은 것도 문제고, 더구나 폭력으로 몰아내고 이은 것은 더 문제다. 이미 어쩔 수 없는 하자가 있다. 그러나 사후적 종법이 있다. 이에 따라 인조는 할아버지인 선조(宣祖)의 입후자로 선조를 직접 이은 왕이 된다. 광해군이 축출되어 종법 라인에서 제거되었기 때문이다. 즉 손자가 할아버지를 이었지만, 손자가 할아버지의 아들이 되는 경우가 된다. 선조의 아들이 됨으로써 사전적 종법상의 하자가 그나마 보정(補正)될 수 있다. 그러니 그리 알고 자중하라! 추숭이니 뭐니 경거망동하지 말라!

그 자리에서 꼼짝하지 말라는 것이다. 추숭 논의는 종법의 사후적 규제

틀을 부수고 나가는 것이다. 비례고 비리다. 부수고 나가는 그 힘은 무엇인가? 왕권의 자의적 힘, 폭력이다. 폭력으로 강탈한 정권을 그릇된 논리, 폭력적 방법으로 다시 한 번 합리화하겠다는 것이다. 유자들은 이를 두려워한다. 유교적 안티노미. 성스러운 예법의 고삐로 왕권에 잠재된 폭력의 힘을 다스려야 한다.

벌떼 같은 저항을 무릅쓰고 인조가 굳이 추숭을 끝까지 밀고나갔던 이유 역시 자명하다. 신하들에 업혀 무력으로 권좌에 등극한 군주의 취약함을 어떤 방법으로든 보강해야 했기 때문이다. 그의 입장에서 보면, 추숭이라고 해서 유교적 근거가 없는 것도 아니다. 효(孝) 아닌가? 제 아비를 아비로 불러 모시겠다는 것 아닌가! 이 논리를 정통론자들에 맞서 잘 다듬어 준 박지계라고 하는 뛰어난 이론가도 존재했다. 명나라 세종의 추숭 때 명석한 장총이 그러했듯이.

물론 유림의 중론과 다수의 조정 신료들은 이 논리에 코웃음을 쳤다. 추숭 추진자들은 인조 자신과 최명길, 이귀 등의 소수의 반정 공신에 국한되어 있었다. 정통론자들은 이들 추숭 추진론자들을 권도(權道), 즉 마키아벨리적인 술수나 부리는 자들, 왕에 아첨하고 권세를 탐하는 간신들이라고 성토했다. 그럼에도 인조는 집요하게 추숭론을 밀고나가 끝내 관철시켰다. 정원군은 원종(元宗)이 되었다.

이러한 사태는 원종 추숭으로부터 100여 년 전에 명 세종(世宗)이 그의 친부를 예종(睿宗)으로 추숭했던 때의 논쟁과 전말이 흡사하다. 명 세종은 1521년 후사가 없었던 무종(武宗)의 뒤를 이었다. 그의 나이 15세 때였다. 세종의 아버지는 흥헌왕(興獻王, 추숭 후 예종)이다. 그는 무종 황제의 숙부고 그 선대 황제인 효종(孝宗)의 아우였다. 당시 조정은 주자학자이자 노련한 원로 정치가인 양정화(梁廷和)가 이끌고 있었다. 조정 공론은 세종의 종법상 위상을 사촌 형인 무종의 입후(立後), 즉 입양되어 대를 잇는 아들

명(明) 세종(재위 1521~1567)

로 정리하고 있었다. 일부 의견은 무능했던 무종이 아니라, 그 선대 황제이자 훌륭한 치적을 남긴 효종의 입후로 보는 것이 좋다고도 하였다. 어쨌거나 모두 사후적 종법론이다.

명 세종은 처음부터 영악했다. 무종이든 효종이든 자신을 누구의 입후자로 만들어 왕권을 잇게 하는 것이 결국 자신을 한갓 조정의 허수아비로 만드는 일임을 간파했다. 종법제 모럴폴리틱의 정치적 핵심을 나름 파악하고 있었던 것이다. 그래서 입궐할 때부터 친부 추숭을 마음에 품었다. 또 신중했다. 먼저 추숭론을 잘 이론화시킬 수 있는 신예 학자, 관료들을 모아 준비시켰다. 장총(張聰)[13], 계악(桂萼) 등이 그런 역할을 맡았다. 이들 중에는 주자학에 비판적인 양명학자들이 많았다. 일단 세를 형성해 대치 국면을 만든 다음 연로한 양정화가 조정에서 물러나자, 세종은 공세로 들어갔다. 그의 나이 18세에 이른 1524년, 추숭에 반대하는 134명의 조정 핵심 관료들을 일거에 숙청하면서 단번에 추숭을 성사시켰다. 물론 후일의

---

13) 세종 추숭론의 핵심 이론가다. 그는 왕권 계승의 공적 성격[統]과 부자(父子)계승의 사적 성격[嗣]을 구분하여 세종이 흥헌왕을 추숭하려는 것은 私親에 대한 '인정(人情)'의 소산이므로 종법상의 취지에 모순되지 않는다는 논지를 전개하였다(『세종숙황제실록』 권4: 162~165). 정주학의 권위를 대단치 않게 생각했던 점, 그리고 왕권이 가진 공적 성격을 사적 측면과 구분하려 시도했던 점에서 그의 입장은 후일 조선 예송에서 윤휴가 취했던 입장과 매우 흡사하다(제10, 11장). 장총, 박지계, 윤휴는 모두 근왕파적, 왕권강화형 모럴폴리틱 이론가들이었다.

정통 유학자들은 세종을 비판했다. 무종을 종법상 부친으로 인정하기를 거부하고 그의 사친(私親)을 추숭함으로써 "대종에 소종을 끼어 넣고 명의 종통(宗統)을 둘로 나누어버린 나쁜 군주"라 혹평했다(『명통감(明通鑑)』 권 51).

앞서 말했듯 더 올라가면 주자학의 창건자인 정이와 주희도 그랬다. 송 영종(英宗)의 친부 추숭을 비판했다. 한나라 때도 유사한 경우들이 있었다. 여기서 정통파 유자들은 하나같이 이러한 추숭 시도에 반대했다. 그리고 탄압을 받았다. 정통 유자들에게 종법 정통에 벗어난 비례(非禮)에 대한 반대는 지식 이전에 신앙의 문제였다. 후일 김장생 등 조선의 정통파 유자들이 인조의 추숭 시도에 극력 반대했던 것은 그들의 신앙에 비추어 지극히 당연한 일이었다. 그러나 인조는 결국 힘으로 밀어붙여 추숭을 성사시켰다. 다만 그의 힘이 약했고 정통론을 부르짖는 유자의 힘이 강했기에, 중국의 황제들이 그랬던 것처럼 추숭 반대론자들을 일거에 숙청할 수는 없었다. 서로 불편한 긴장이 남았다. 정통론자들은 인조의 정통성에 대한 물음표를 시종 가슴에 품고 있었다.

인조가 정통론자들의 반감을 산 것은 비단 추숭 문제 때문만이 아니었다. 잘 알려진 대로 인조는 맏아들인 소현세자의 의문사에 직접 관련되어 있었을 뿐 아니라, 유족인 세자빈 강씨에게는 사약을 내렸고 어린 세 손자는 제주도로 유형을 보냈다. 그중 가장 어린 석견을 제외한 두 손자 역시 곧 의문사한다. 후일 효종-현종 시기에 송시열과 함께 한 시대를 풍미한 송준길은 이때 인조가 소현세자를 위해 맏아들을 위해 입는 3년 상복을 입어야 한다는 강력한 상소를 올렸다. 이 의견은 사림의 중론을 반영한 것이었다. 인조는 이를 무시하고 예에 어긋나는 극히 약식의 상례를 치르고 말았다. 이런 문제들로 인해 쌓였던 인조에 대한 반감과 인조의 정통성에 대한 의문이 결국 인조의 둘째 아들인 효종의 사후에 터져나왔다. 그것이 바로 그 유명한 1659~1660년의 기해(己亥)예송이다. 김장생의 제자인 송시열과 송준길은 스승을 이어 다시금 정통론, 즉 비판적 모럴폴리틱의 불을 지핀다. 이 책 제10장은 그 상세한 전말을 살핀다.

7. 결론 : 유교정치와 '문명화 과정'

유교 국가의 주권은 물론 군주 일인의 몸에 체현되어 있다. 그러나 그것은 겉모습일 뿐이다. 진정으로 유교적인 국가의 군주는 유교의 이념에, 유자의 통제에 사로잡힌 포로다. 유교 국가의 숨은 주권은 성왕론을 내걸고 조정과 재야(在野)를 장악한 유자들에게 있다. 유교 국가의 주권은 둘로 나뉘어 있었다. 하나는 현실 군주의 혈통 계승, 즉 왕통 속에 있다. 또 하나는 성인 군주의 이념 계승, 즉 도통 속에 있다. 성왕론 속에서 이 둘은 하나가 된다. 성왕이란 도통과 왕통이 하나로 합체된 존재다. 그러나 현실의 군주는 그렇지 못하다. 불완전하다. 그래서 성왕론은 불완전한 군주에 대한 추궁의 이념이기도 하다. 추궁의 주체는 누구인가? 도통의 계승자를 자임하는 도학 정통론자들이다. 왕권 비판적 모럴폴리틱의 주체, 그 당파다.

이들이 요구하는 군주의 이상은 높다. 이들의 영수들은 높은 학식과 도덕성으로 그들의 당파를 이끌었다. 이들의 충언과 직간은 군주로서는 참으로 감당하기 어렵다. 그렇다고 부인하고 뿌리치기도 어렵다. 이런 곤경 속에서 때로 스스로 제1유자를 자처하는 학자 군주가 출현하기도 한다. 유교 국가의 이상에 접근하는 상황이라고 할 수도 있을 것이다. 그러나 아무리 뛰어난 학자 군주라 하여도 그가 어떤 도덕적 비판으로부터도 자유로운 성인(聖人)이자 성왕이 될 수 있을까? 성왕론에 내포된 치명적인 안티노미, 즉 폭력과 성스러움 간의 모순과 갈등이란 근본적으로 해소될 수 없는 것이다. 현실 군주란 마키아벨리적 측면을 가지지 않을 수 없다. 현실 문제 해결에 능동적이고 유능한 군주일수록 그런 혐의를 더 많이 받을 것이다. 성왕론은 현실 군주를 영원히 불완전 안에 가둔다.

유교정치는 폭력 문제에 매우 민감했다. 군주의 자의적 권력 행사에 수반된 폭력에 대해 특히 그러했다. 이 점이 같은 시기 다른 문명권의 궁정과 크게 다른 점이다. 문명이란 폭력에 대한 민감성이 강화되는 과정이다. 이 명제를 가장 명쾌하게 정리한 책은 노베르트 엘리아스의『문명화 과정』일 것이다.[14] 이 책을 읽으면 여기서 분석된 중세와 초기근대 유럽 사회에 비해 같은 시기의 유교사회가 문명화 단계에서 얼마나 앞서 있었는지를 아주 명쾌하게 깨닫게 된다. 유교 모럴폴리틱의 장구한 역사는 폭력에 대한 민감성을 호되게 시험하고 검열하고 강화했던 역사였다. 이 과정을 통해 유교문명권의 윤리의식이 성장해왔다. 이제 우리가 오늘날 유교적 과거의 여러 폐단과 부후(腐朽)를 비판하더라도, 아니, 반드시 비판해야만 하는 것이지만, 그러한 작업이 우리 심성에 깊이 전해 내려오는 윤리적 감성까지 지우고 잊으려 하는 식으로 밀려간다면, 그것은 이제 약이 아니라 독이다.

국가주권의 진화사는 폭력의 통제사이기도 하였다. 빼어난 프랑스 고고학자인 클라스트르는 미개사회에서 국가가 형성되지 못한 이유가 종족 간에 발생하는 폭력의 무제한성 때문이라고 했다(클라스트르, 2002). 주권자란 폭력의 통제자, 독점자다. 고대 및 중세 국가는 전쟁 귀족들의 연합 주권국가였다. 초기근대 단계에 귀족들의 힘을 제어하고 절대군주가 등장한다. 유교권의 언어로는 '월인천강 만천명월(月印千江 萬川明月)'이라 했다. 유교군주의 초월적 지위, 그리고 그 군주 아래 모든 백성은 모두가 같

---

14) 엘리아스의 이 명제를 에도시대 일본에서의 사적(私的) 무력 사용 금지 정책에 대한 분석에 적용한 책으로는 Ikegami(1997) 참조.

다함을 아름답게 표현한 것이다. 중국에서는 송대, 우리나라의 경우는 조선조 중기부터 이 단계에 접어든다. 물론 유교 국가의 초월적 군주가 유자의 모럴폴리틱, 성왕론에 포획되어 있던 특이한 존재였음은 상술한 바와 같다. 그러나 정점에 이른 유교 모럴폴리틱에 의해 군주는 여타 지방 귀족들과는 절대적으로 차별되는 초월적 존재가 된다.

후일 유럽의 장 보댕이나 토머스 홉스에 의해 정식화된 절대군주의 모습은 이미 유교세계에서는 익숙한 모습이었다. 실제 유럽(특히 프랑스)의 절대군주들과 그를 보좌했던 계몽철학자, 정치가들은 중국의 통치체제에 깊은 관심을 가졌다. 미셸 푸코가 주목했던 절대주의 프랑스 왕정의 신체관리정치(pastoral politics, biopolitics), 그리고 그에 기반한 통치성(governmentality)이란[15], 실은 중국을 모범으로 염두에 두었던 것이다. 중국의 인구조사와 토지대장제도는 무려 2000년 전으로 올라간다. 18세기부터는 국가에 의해 전국적으로 체계적인 인구조사가 이루어졌다(리보중, 2006 : 199~200). 당시 유럽의 절대왕정이 결코 도달할 수 없었던 수준이다. 군주 일인의 일신(一身)으로 집중된 국가주권의 다음 진화 경로는 인민주권, 즉 민주적 주권이었다. 군주 일인이 독점하던 주권의 권좌에 인민이 들어선다. 유교세계에서 이 경로는 한중일에서 공히 관찰되는 '대중유교'에 의해 크게 격발되었다. 모럴폴리틱은 대중유교 속에서 대중화된, 변형된 형태로 의연히 작동하였다(제12, 13장).

그렇다면 모럴폴리틱의 현재적 의미는 어떠한 것일까? 유교세계에서 근본주의적인, 강한 의미의 모럴폴리틱은 장구한 시간 동안 특이한 역사적 역할을 완수하였다. 올곧은 유자의 생명을 담보로 한 성왕론은 처절한

---

15) *The Foucault Effect*(The University of Chiacago Press, 1991)에 실린 푸코의 논문들 참조.

역설을 담고 있었지만, 그런 고통
스러운 경로를 통해 유교문명권의
윤리 의식을 고도화시켜왔다. 죽
음을 불사했던 유자 모럴폴리틱의
역사적 실상은 여전히 우리에게
놀라움과 도덕적 충격을 준다. 그
러나 오늘날의 사람들은 도덕과
정치의 지나친 융합에 대한 불편
한 심정을 떨쳐버릴 수 없다. 그만
큼 현대사회가 깊이 세속화되었다
는 것, 다시 말해 초월성의 영역이

임마누엘 칸트(1724~1804)

세속의 표면으로부터 인간의 내면으로 더욱 깊이 숨어 들어갔다는 시대의
상황을 반영한 것이다. 이제 근본주의적인, 강한 의미의 모럴폴리틱은 회
의와 우려의 대상이 된다. 현대철학의 비조인 임마누엘 칸트는 이 우려의
심정을 적절히 표현한 바 있다.

그는 우선 '도덕적 정치가(moral politician)'와 '전제적 도덕가(despotic
moralist)'를 구분했다. 도덕적 정치가는 "정치적 효율성의 원칙을 도덕성
과 병립시킬 수 있는 방식으로 사유하는 자"다. 반면 전제적 도덕가는 "정
치적 신중함(political prudence)에 반하여 미숙한 수단을 빈번히 재용하고
추천하여 실천상의 잘못을 저지르는 자"다. 물론 칸트에게 바람직한 평가
를 받은 정치가는 '도덕적 정치가'다. 그러나 칸트는 앞서 후자의 '전제적
도덕가'보다 더 경계했던 최악의 정치가를 '정치적 도덕가'라고 불렀다.
이러한 유형의 정치가는 "도덕 기준을 정치인으로서 자기의 이익에 맞추
어 제멋대로 재단하는 자"다. 이러한 유형의 정치가는 본래 도덕성과는 전
혀 관계가 없다. 늘 앞장서 도덕을 타락시키는 자일 뿐이다(Kant, 1991:

118, 119).

위에서 소개한 대목은 칸트가 생애의 말년인 1795년에 발표한 유명한 『영구평화론』의 구절들이다. '영구평화'란 참으로 유교적인 주제다! 국가 폭력에 대한 비타협적인 맞섬과 통제를 교의의 핵심으로 하는 종교가 유교 말고 또 있는가? 어쨌거나 이제 우리 주변을 둘러보면 '정치적 도덕가'들은 너무나 많고, 다음이 '전제적 도덕가'들이며, '도덕적 정치가'는 참으로 드물다 할 것이다. 칸트는 도덕과 정치가 분리되어야 한다고 생각하지 않았다. 도덕과 정치의 분리가 '근대의 징표'라고 하는 주장은 무지의 소치거나, 잘해야 너무나 단순한 사고법의 소산일 뿐이다. 이러한 속류적 견해와는 정반대로 칸트는 도덕과 정치의 올바른 결합을 중시하고 평생 그 적절한 결합 방식을 모색했다. 그 자신 몸소 현실 정치에 대한 도덕적 개입을 감행하기도 했다. 동아시아의 유자(儒者)들이 그러했듯, 글쓰기를 통해서였다. 그의 글쓰기는 왕왕 군주, 그리고 국가의 견제와 경고를 유발했다. 이런 의미에서 칸트를 현대적 의미의 모럴폴리틱, 세속화된 – 약한 의미의 모럴폴리틱의 정치철학자로 불러도 무방할 것이다.

4장 보론

조선 그리고 중국, 일본, 베트남의 유교정치와 군주주권

예외와 법칙

예송, 즉 유교의례 정치투쟁은 유교정치의 철저성을 입증해주는 증표다. 유교 모럴폴리틱이 절정에 이르면 유교 조정에서는 반드시 치열한 예송이 벌어진다. 조선에서는 현종에서 정조 대에 이르는 17~18세기가 그렇고, 중국에서는 11~12세기 북송시대와 15~16세기 명대가 그러했다. 그 시대는 조선사와 중국사에서 안정과 번영의 시기에 해당한다. 상대적인 평화의 시대였고, 국내의 문물과 문화가 융성했던 때였다. 유자는 태생적으로 문(文)을 숭상하고 평화주의적이다. 따라서 이러한 시대에 자신의 이념을 크게 펼쳐 보일 수 있었다.

예송의 시대에는 유교주권에 내재된 '두 개의 통(統)' 중에서 유자 도통(道統) 계보의 힘이 강해진다. 도통 계보가 왕통 계보를 오히려 압도하는 모습은 조선에서 볼 수 있다. 조선 후기는 예송의 시대라 할 수 있고, 유교 모럴폴리틱은 정점에 이르렀다. 정국의 실권을 장악한 조선 유학자 세력은 왕권 견제 세력(노론)과 왕권 강화 세력(소론과 남인)으로 나뉘어 정국 주도를 놓고 경쟁하였다. 모럴폴리틱의 전성기, 붕당정치의 시대다.

중국은 유교이념, 유교정치의 발원지이지만 결코 신권이 왕권을 압도하는 상황이 발생할 수 없었다. 근본적인 원인은 한족 농경문명권과 주변 유목문명권 사이의 오랜 군사적 갈등 때문이었다. 이 갈등은 춘추전국시대 이전부터 존재했던 중국 문명의 근원적 조건이었다. 한족 문명의 문화적 정통성은 유교에 있다. 그러나 말과 칼의 힘으로 휩쓸어 들어오는 유목 왕조가 중원을 장악하면 유교 모럴폴리틱은 크게 꺾인다. 또 한족 왕조라 하여도 강한 유목 민족 국가와 대치해야 하는 상황 때문에 문이 무를 압도하는 유교 모럴폴리틱은 항상 분명한 한계를 가지고 있었다. 중국의 황제는, 그가 한족이든 유목 민족이든, 항상 막대한 제국적 폭력의 독점자이기도 했다.

중국에서 예의(禮議)라고 부르는 유교의례 투쟁이 활발했던 송나라와 명나라는 중국사에서 대표적인 한족 왕조였다. 이 두 왕조시대는 한족 문화의 절정기이기도 하였다. 왕안석(王安石) 등의 신법당과 사마광(司馬光) 등의 구법당이 최초의 붕당정치를 행했던 북송 시대는 중국 유교정치의 절정기였다. 정이, 정호 형제와 주희가 정주학을 완성하였고, 송 영종의 추숭에 대해 강한 비판을 가했던 시대이기도 하였다. 명나라 역시 유교 모럴폴리틱이 크게 융성했던 시대였다. 창업 군주 주원장의 넷째 아들로 왕자의 난을 통해 왕권을 찬탈한 3대 영락제(成祖)에 목숨을 걸고 맞섰던 방효유(方孝孺), 그리고 그와 뜻을 같이하여 처형된 수백 유자들은 명대 모럴폴리틱의 수많은 순교자들 중 일부였을 뿐이다. 이후 1524년 명 세종의 추숭에 끝까지 반대하다 숙청된 134명의 조정 관료들도 정통 주자학자들이었다. 명말(明末), 환관의 전횡에 맞서다 비참한 최후를 맞은 동림당(東林黨)의 영웅들 역시 유교 도덕정치의 영원한 사표(師表)다. 비명에 간 고려의 정몽주, 조선의 성삼문이 그랬던 것과 같다. 송명 이전 한나라 역시 유교 조정이었다. 그랬기에 선제(재위 기원전 74~49), 애제(기원전 1~6), 광무제(기원전 6~기원후 57)의 추숭 시도에 유자들이 반대하고 나설 수 있었다.

그러나 한족 왕조라 하여도 문이 무를 압도할 수는 없었다. 주변 유목 국가의 항상적 위협은 황제의 군사적 능력을 중시하지 않을 수 없게 하였다. 중국 황제의 무력 동원 능력, 이에 기반한 폭력적 전횡의 힘은 늘 막대했다. 중국 유교의 모럴폴리틱이 항상 왕권 견제파(정통론자)의 비참한 패배와 숙청으로 끝나곤 하였던 것은 이러한 근본적인 힘 관계의 반영이었다. 유교 모럴폴리틱이 정국의 주도권을 잡았던 북송 대 붕당정치기는 중국사에서 매우 이례적인 시대였다. 한족 왕조라 하여도 전통적으로 중국의 황제권은 절대적이었다. 그런데 이런 절대체제하에서도 군주권을 한 단계 높은 수준에서 계도하는 높은 수준의 정통론적 유교정치가 중국사에서 끊이지 않고 지속되었다는 사실에 주목해야 할 것이다. 이 점이 진정으로 놀라운 일이다. 유교 종주국으로서 중국 유학의 도저(到底)한 사상적 뿌리와 치열성을 여기서 엿볼 수 있다. 이러한 뿌리는 미래에도 여실히 그 진면목을 드러낼 것이다.

그렇지만 중국사가 유목 민족과 한족이 번갈아 왕조를 교체했던 역사임을 생각한다면 유교정치의 한계는 분명해진다. 북위, 당나라와 요, 금, 그리고 원나라와 청나라는 모두 유목 민족이 중원(관중평원과 북경 일대)을 장악한 왕조다. 그중 당, 원, 청은 중국을 통일하여 제국이 되었다. 이들 유목 왕조시대에 중국의 판도는 한족 농경문명권을 넘어 북과 서로 크게 확장하여 세계 제국이 된다. 한족권 소중국(內중국)을 넘어 유목권(外중국)을 포함하는 대(大)중국을 이룬다(세오, 2006). 문보다 무가 크게 떨치는 사회가 되고 불교(특히 티베트 불교)나 도교, 기타 외래 종교가 성행한다. 유교 문화와 유교정치는 필연적으로 위축된다.

그럼에도 유목 정복왕조조차 결국 유교를 국가 공식 교의로 채택하고 과거를 실시했다. 인구의 압도적 다수를 점하는 한족 문명권을 다스리기

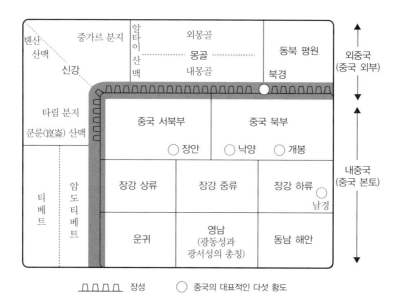

		알타이산맥	외몽골		동북 평원	
톈산산맥	중가르 분지		몽골			외중국 (중국 외부)
신강			내몽골		북경	

〈그림 1〉 대중국과 소중국(세오, 2006: 74)

△△△△ 장성   ○ 중국의 대표적인 다섯 황도

위한 불가피한 선택이었겠지만 당시 유교 교의가 가진 보편적 호소력과
높은 수준도 감안해야 할 것이다. 그 결과 짧은 시기에 몰락하여 물러간
원나라를 제외한다면 대부분의 정복왕조가 내부로부터 점차 한족화, 유교
화되었다.[1] 그렇다 하여도 이들 정복왕조의 무장한 군주들에게 유교 성왕
이념을 원리원칙 대로 관철시키는 데는 뚜렷한 한계가 있었다. 정복왕조
가 들어서면 종법논쟁이나 예송은 현저하게 잦아든다. 그렇다고 재야의
정통론조차 사라지는 것은 아니었다. 정통론의 학맥은 정복왕조 아래서도

---

1) 정복왕조로서 가장 오래 존속한 만주 아이신 기오로(愛新覺羅) 부족의 청 제국의 경우
시간이 흐를수록 명백히 한화(漢化)되었지만 동시에 고유 언어와 문자 그리고 종교(티베
트불교)를 유지하기 위해 부단한 노력을 기울였다. 이러한 점에 착목하여 외래 정복왕조
의 한족화, 유교화 테제에 이의를 제기하는 학자도 있다. 로스키(2010) 참조.

꾸준히 이어져왔다. 명말 청초 황종희(黃宗羲)의 저작에서 볼 수 있는 것처럼, 또 다른 시대를 준비하면서 그 의론의 수준을 더욱 심화시킨다.

일본의 경우는 어떤가? 도쿠가와 막부 후반기에 이르면 유교가 일반 서민에 널리 대중화될 만큼 확산된다. 그러나 일본 유교의 양상은 조선과 중국의 그것과 상당히 달랐다. 무엇보다 먼저 막부의 지배층은 세습무인귀족이었다. 또 일본에서는 과거제도가 채택된 적이 없다. 그 결과 유교의 영향력은 조선과 중국에 비해 크게 약했다. 물론 센코쿠(戰國)의 종식 위에 성립한 도쿠가와 막부는 다이묘, 무사들 간의 '사적' 무력 분쟁을 극력 억제했고, 무인들의 폭력성을 억제하기 위해 유학을 무인지배층의 취미와 교양으로 권장했다. 그러나 '직업적' 무사가 아닌 '직업적' 유자는 늘 주변세력, 하위 신분에 불과했다.[2]

물론 쇼군의 조력자 역할을 했던 아라이 하쿠세키(新井白石)나 (그보다는 상당히 낮은 지위에 있었지만) 오규 소라이(荻生徂徠)와 같이 막부에 상당한 영향력을 행사했던 유자들이 없지 않았다. 그러나 그들의 정치 활동은 조선과 중국의 정통론자들과는 정반대의 길을 걸었다. 즉 군주에 대한 도덕적 제약의 강화보다는 오히려 완화를 주장했던 것이다. 그럼으로써만이

---

2) 필자는 2010년 9월, 일본 동북대 카타오카 류(片岡龍) 교수의 안내를 받아 교토 호리카와 변(邊)에 위치한 이토 진사이(伊藤仁齋, 1627~1705)의 '유명한' 고의당(古義堂)을 방문하고 깜짝 놀란 경험이 있다. 한국의 학계에도 일본의 '대유학자'로 그처럼 널리 알려진 이토 진사이의 학당은 오늘날 교토 무명의 한 시민의 조그맣고 아담한 가정집 안의 한 구석에 그 일부가 초라하게 보존되어 있을 뿐이었다. 그 소재를 알려주는 것은 조그만 안내 간판 하나뿐, 가타오카 교수의 말로는 남아 있는 것은 걸상 하나뿐이라고 했다. 쓸쓸했다. 시민의 엄연한 사택 안이므로 감히 문을 열고 들어가 보는 것도 미안한 일이었다. 이 사택의 주인은 이토 진사이에 대해 아무것도 아는 것이 없다 하였다. 중앙정부는커녕 교토 시에서조차 이 사적을 관리하지 않는다는 말을 듣고 과거 일본 유학의 위상이 어떠했는지, 현재 일본에서 유학의 위치가 어떠한지, 절절하게 실감할 수 있었다. 다만 그 터를 지키고 있는 쿠로마츠(黑松) 한 그루는 여전히 늠름하고 아름다웠다.

그렇듯 이례적인 영향력을 획득할 수 있었다고 볼 수도 있을 것이다. 그들에게 유교적 도덕정치가로서 면모가 있었다면, 그 도덕정치는 어디까지나 왕권강화형의 모럴폴리틱이었다. 그것도 무인 권력의 요구에 맞게 매우 '실용화'된 형태였다.

반면 원본(原本) 유학에 가까운 것을 가르치려고 했던 사람들은 모두 철저히 좌절했다. 주자학에 비해 군주 견제의 원칙주의가 약하고, 보다 실용적이라 할 수 있는 양명학을 가르쳐보려 했던 나카에 도주(中江藤樹)나 쿠마자와 반잔(熊澤蕃山)과 같은 사람들조차 그러했다. "유학이야말로 '사(士)'의 길이고 무사란 유학에 의해 독립 자존의 정신을 갖고 주체적으로 살아가야 한다고 아무리 설교해도 번의 무사들로서는 이를 받아들일 수 없었던 것"이다(야마구치, 2001:197). 일본의 맥락에서 사(士)란 사무라이(侍), 즉 무인, 무사였기 때문이다. 니체의 말대로 전사(戰士)의 윤리와 사제(司祭)의 윤리는 상극이다. 유교란 근본적으로 '폭력과 성스러움'의 안티노미에 기초한 사제 윤리다(제3장). 전사 계급인 일본의 사무라이가 무인 계층과 상극적인 유교의 핵심 윤리를 받아들인다는 것은 지극히 어려운 일이었다.

물론 하야시 라잔(林羅山)을 개조(開祖)로 하는 하야시 가문이 정통 주자학을 고수하고 몇몇 쇼군의 애호를 받았다. 그러나 승복(僧服)을 입고 한문 외교문서나 만지는 주변적 역할 이상을 하기는 어려웠다. 일본 군주 권력의 핵심에 개입하여 그 무단적(武斷的) 자의를 도통론과 종법으로 규제한다고 하는 유교정치의 정수가 막부 무인정권의 권부에서 실현되기는 사실 난망한 일이었다. 그 결과 막상 민간에는 유교적 교양과 가치가 상당히 확산되었음에도, 일본 막부 정치의 핵심에서 유교정치의 하드코어로서의 예송논쟁(제4, 10장 참조)을 찾아볼 수는 없다. 다만 기리(義理)와 닌조(人情) 간의 문제와 같이, 유교적 언어와 관념이 일본적 문맥에 맞게 번안

되어 대중의식 깊이 스며들었던 것은 사실이다. 그러나 그 역시 일본형의 주군-무사 간의 무인적 충성과 정의(情誼)의 문맥 안에서였다.

오늘날에도 일본에서 '유교'라고 하면 일종의 고풍스런 학술적 '취미'로 인식되고 있을 뿐이다. 이 '취미'라는 언어 안에 정치적 파토스나 윤리적 치열성의 감각은 거의 없다고 해도 좋다. 최상의 권력에 정면으로 맞서고 오히려 그보다 높은 윤리적 위치에서 권력을 통제하였던 역사적 경험에서 비롯되는 초월적 심각성을 일본 유교는 경험하지 못했다.[3] 일본에서 종교적, 초월적 함의가 담긴 '유교'라는 말을 거의 쓰지 않고 대신 현세적이고 학술적인 의미로 제한되는 '유학'이라는 용어를 쓰는 데는 그만한 이유가 있는 것이다. 일본 '유학'이 정치에 개입할 경우에는 무사 통치의 실용적 목적에 부응하는 '학'과 '술'로 변용되기 마련이었다.[4]

---

3) 이러한 맥락에서 아이젠슈타트(Eisenstadt, 1996)가 일본 문명을 고찰하면서 일본에는 일찍이 칼 야스퍼스가 말했던 세계 주요 문명의 특징인 기축(基軸)적 요소, 즉 "axial"이 없다고 하였던 대목은(deaxialization) 일본 에도시대 유교에 관한 한 상당히 정확한 언급이라 할 수 있다. 그러나 일본 문명 전체를 들어 그렇다고 말하는 데는 "글쎄"라고 유보하고 싶다. 예를 들어, 일본 정토진종의 개조인 신란(親鸞)과 같이, 빼어난 종교적 영성을 보여준 인물들이 일본 역사에 적지 않았기 때문이다.

4) 일본 사상계 내에는 이러한 현상 속에서 정치와 윤리가 분리되는 '근대적 계기'를 발견했다고 하는 관점이 있다. 그 대표적인 논자는 오규 소라이에서 정치와 종교(윤리)의 분리를 읽고 이를 근대의 징후로 해석한 마루야마 마사오였다. 그러나 정치와 종교의 분화(分化)란 양자의 철저한 인파이팅이 그 극점에서 내파(內破, implosion)에 이를 때 비로소 발생하는 것이고, 이럴 때라야만 분화된 각각의 안에 응축된 과거의 긴장을 담게 된다. 일본 막부 시대처럼 위로부터의 무(武)의 권력 행사를 그 정점에서부터 도덕적으로 통제할 종교(윤리)적 권위가 지극히 취약했던 상황 속에서, 원래가 윤리종교인 유교가 이를 도저히 어찌해볼 방법을 찾지 못하여 별수 없이 '학'과 '술'로 자기를 제한하고 변형할 수밖에 없었던 상황은 묻어둔 채, 바로 그러한 모습이야말로 내적 분화, 내발적 근대의 징후였다고 읽는 것은 아무래도 견강부회(牽強附會)였다. 마루야마 당(當) 시대 일본의 맥락에서 이러한 '징후적 독해'가 가졌던 의미는 분명히 있다. 그러나 오늘날의 시점에서는 그것이 이른바 '유럽근대'의 지평에 갇힌 시야의 한계, 시대의 한계였음도 분명해졌다. 이 책 제2장의 각주 1)과 제7장 5절의 논의 참조.

필자가 과문한 탓에 베트남 왕조의 조정(朝廷)에서 조선과 중국에서와 같은 수준의 본격적인 유교 예송이 벌어졌는지 확인할 수 없었다. 아직까지는 베트남사 연구 수준이 그만큼 깊이 이루어지지 못한 아쉬움도 있다. 개략적으로 살펴보면, 11세기 후반 리(Ly, 李) 왕조(1009~1225)가 문묘제도, 과거, 국자감 등의 유교제도를 도입한 이래 유교가 꾸준히 정착했고, 이후 쩐(Tran, 陳) 왕조(1225~1400)를 경과하여 특히 레(Le, 黎) 왕조(1428~1788)와 최후의 응우엔(Nguyen, 阮) 왕조(1802~1885)[5] 시대에 중국의 신사(紳士), 조선의 양반(兩班)에 비견되는 유교 '문신(文紳)'층이 정착하였다(Woodside, 1971, 2006; 유인선, 2003; Tran and Reid, 2006; 송정남, 2010). 아직도 베트남의 일부 지방 촌락에서 유교 향약(鄕約)의 영향을 발견할 수 있다(한도현, 2003).

그러나 베트남의 역대 왕조들은 상대적으로 단명했고, 분열되어 있던 시기가 길었으며, 통합 왕국의 영향권도 제한되어 있었다. 따라서 국가의 안정성이나 통일성이 중국이나 조선조 이후의 한국, 그리고 도쿠가와 막부 이후 일본에 비해 떨어졌다. 이런 상황에서 유교 제도가 안정적으로 정착하여 높은 수준으로 발전하는 데는 한계가 있었을 것이다. 아울러 힌두 동남아 문명권(베트남 남부)과 중국 문명권(베트남 북부)과의 교차 지대에 위치하여 어느 한쪽의 영향이 압도하기 어려운 조건이었음을 생각하면, 베트남에서 높은 수준의 본격적인 예송이 전개되었을 가능성은 그다지 높지 않다. 베트남의 중국화, 유교화에 대해서는 고대로부터 강한 영향을 받았다는 설과 유교가 일반 농민 속으로 깊이 들어가지 못했으며, 특히 남부에는 유교의 영향이 약했다는 견해가 대립하고 있다(유인선, 1995). 그럼에도

---

5) 응우엔 왕조가 공식적으로 종식된 것은 1945년 베트남민주공화국의 수립을 통해서지만, 실질적인 종식은 프랑스가 베트남 주권을 접수한 1884~1885년의 일련의 조약들(푸르니에-파트로트로-천진 조약)로 이미 이루어졌다.

분명한 것은 베트남 내부의 전국(戰國) 상황이 일본만큼 격렬하고 지속적이지 않았기 때문에 지배층의 직업 무인(武人)화가 일본과 같은 정도로 진행되지 않았다는 점이다. 따라서 수용된 유교 근본 원리에 대한 변형도 일본에 비해 적었고, 그렇기에 베트남 특유의 유교 문신층이 형성될 수 있었다.

일본과 베트남은 일면 중국에 대한 조공국으로서의 외양을 취하면서 동시에 내부적으로는 황제를 칭하여 주변국들에 대해 주변적 조공 관계를 형성하기도 하였다. 일종의 하위 조공 체제, 소(小)제국적 질서다. 일본의 경우 중원 장악을 목표로 조선을 침략해 원군으로 온 명나라와 직접 교전을 벌였고, 베트남은 송, 원, 명, 청 등 중국 제국의 연이은 원정에 맞서 거듭 주권을 지켜냈다. 주변 국가를 침공하여 조공 국가로 복속시키기도 하였다. 조선 역시 군사적 의미에 있어서 동아시아의 강국이었음이 분명하고, 일본이나 베트남과 유사한 하위 조공 체제를 형성하기도 하였다. 한반도 북부와 남만주 일대의 여진족, 쓰시마, 그리고 류큐(琉球)에 대한 관계가 그러했다. 병자호란과 삼전도의 치욕 이후에는 중원을 장악한 청을 직접 공격하겠다는 북벌 준비를 하기도 하였다. 그러나 조선은 일본이나 베트남에 비해 훨씬 더 내면화된 문치 국가이자 유교 국가였다. 중국에 무력으로 직접 맞선다고 하는 의식보다는 자신이 중국에 비견하는 문화의 중심이라는 의식이 강했다. 그 결과 자신 역시 세계의 중심이라는 소중화의식이 고도로 발전했으나 이는 기본적으로 문화적 현상이었다.

그렇다면, 여기서 다소 도발적인 문제 제기가 가능할 것이다. 조선의 예송 시대란 결국 중국 조공 체제의 안온한 핵우산 아래, 일종의 무(武)의 진공상태[6]라고 할 만한 지극히 '예외적' 상황이었기 때문에 비로소 가능했

---

6) 물론 이는 대비를 선명히 하기 위한 극단적인 표현일 뿐이다. 17~18세기 조선의 국방 태세는 단단했다. 왜란과 호란을 겪은 후 국방의식은 강화되었다. 특히 효종 때부터의 '북벌 준비' 이후 그러했다. 일본에 대한 경계와 해양 방어에 대한 준비도 상당히 이루어

던 현상이 아니었던가? 신권이 왕권을 압도한다고 하는 특이한 상황, 특히 그 신권이라고 하는 것이 칼 한 번 제대로 쓸 줄 모르는 문약한 유학자들의 철학적 논쟁 능력이었다고 하면, 그러한 상황은 정말로 동아시아만이 아니라 세계적으로도 지극히 이례적이고 예외적인 것이라 해야 하지 않겠는가?

여기서 잠시 숨을 가다듬고 숙고해보자. 그렇다. 분명히 예외적이다. 그러나 예외적이므로 무시하고, 버려도 좋은, 별다른 통계적 의미가 없는 사례(case)일 뿐인가? 오히려 그 반대가 아닐까? 여기에 문제의 어떤 핵심을 드러내주는, 그리하여 그 핵심의 원리를 일반화해줄 수 있는 특별한 무엇이 있는 것은 아닐까? "예외가 법칙을 입증한다(exceptio probat regulam)"는 로마의 금언이 바로 이 경우에 정확히 맞아 떨어지는 것이 아닐까? 지금 논하고 있는 이 주제에 관한 한, 정확히 그렇다고 생각한다. 조선이 예외적 상황이었기 때문에 유교정치의 법칙성, 숨어 있던 유교 교리의 순수한 핵심이 오히려 선명히 드러나 스스로를 입증할 수 있었던 것이다.

이 책 제3장에서 그 근원을 상세히 추적해본 성왕이념, 성왕정치는 현실에서는 실현 불가능한 교의다. 그 이념이 완벽하고 철저할수록 그러하다. 유교시대의 문명 수준에서는 더욱 그러했다. 전통 왕조시대 군주의 권력은 항상 무단적(武斷的)이고 절대적이었다. 공맹이 가르치려 했던 춘추전국기의 군주들이 그러했고, 귀족제가 몰락한 송대 이후 중국의 황제권은 더욱 강화되었다. 군주주권의 본질, 최종 근거는 거대한 폭력의 독점이다.[7] 그럼에도 중국의 유자들은 '폭력과 절대적으로 무관한 성스러운 '임

졌다.

7) 막스 베버가 국가의 본질은 "폭력의 합법적 독점"에 있다고 하였던 유명한 명제는 비단 그가 말하는 '근대 국가'에만 해당한 것은 아니다. 다만 군주제 시대의 국가권력이란 바로 군주 자신의 일신에 응축되어 있었음을 상기하자.

금(聖王)'의 이념을 고집하고 끊임없이 그들의 군주를 이 이념에 맞추어 순치하려 했다. 확실히 북송 대에 신·구법당의 붕당정치는 중국 왕조사에서 특이하고 예외적인 순간이었다. 황제에 의한 대대적인 피의 숙청 없이 몇 세대에 걸쳐 그 시대로는 최고급 수준의 정당정치가 지속될 수 있었다. 송대에는 문물과 문화가 크게 융성하고 문예와 문치가 높이 숭상되었다. 황가(皇家) 역시 그 영향을 크게 받았다. 예술가 황제, 학자 황제가 속출했다. 유목 세력을 견제하는 무(武)의 힘, 제국을 팽창시키려는 제국(帝國)적 동기가 이완되고 약화되었던 시기였다. 바로 그 예외적 상황 속에서 유교이념, 유교정치의 진면목이 선명하게 드러났다. 물론 중국정치사에서 유교 모럴폴리틱은 항상 관찰되는 상수(常數)였다. 그러나 몇 장면에서 가장 높은 수준을 드러낸다. 이를 예외적 절정의 순간들이라 해도 좋다. 그러나 예외적 순간들을 후대의 유자들은 항상 전범(典範)으로 기억하고 그들의 현실에서 재현하려고 부단히 분투했다.

조선의 예송 시대에는 북송의 붕당정치 수준을 한 단계 넘어서는 유교정당정치가 행해졌다. 명 세종 추숭을 둘러싼 대예의(大禮議)를 훌쩍 뛰어넘는 전례(前例) 없는 고난도의 예송이 벌어졌다(이 책 제10장). 중국에서도 미처 완전히 펼쳐지지 못했던 유교이념, 유교정치의 숨은 핵심, 숨은 원리가 여기서 적나라하게, 그리고 가장 높은 수준에서 자신을 드러내고 스스로를 입증해 보였다.

제5장

유교의 예는 어떻게 사회를 규율했는가?

1. 의문

여기서 우리는 유교 예(禮)가 행사했던 포괄적이고 강력한 힘의 근원을 파헤쳐보고자 한다. 유교사회에서 예는 한 인간의 배태에서 죽음까지, 탄생의 준비에서 조상의 제사까지를 총체적으로 규율하고 있었다. 태교, 출산, 교육, 성인례(成人禮), 혼인, 친교, 장례, 제사, 통치 등 어떤 영역이든 예의 규율 밖에 있을 수 없었다. 유럽 중세 가톨릭 교회법(cannon law)의 사회 규율을 훨씬 능가하는 수준이었다. 유교의 예는 아침에 일어나서 물 뿌리고 마당 쓰는 법, 만나는 사람의 지위에 따라 눈을 두고 몸을 굽히는 방식과 조상의 제사에서 친족의 서열에 따라 앉고 일어서고 절하는 배열과 순서 같은 미시적 일상 행동과 습관을 규율하는 데 머무르지 않았다. 당시에 가장 학식 있는 수많은 사람들이 도리(道理)의 대의와 가문의 명운(命運)을 걸고 싸웠던 조선과 중국에서의 예송(禮訟)들에서 보는 것처럼 예란 인간의 가장 심각한 동기, 가장 심각한 행위, 가장 심각한 영역을 규정하고 지배했던 원리였다.

이렇듯 광범위한 영역에서 인간의 몸과 행동과 사고를 규정하고 규율했던 그 강력했던 힘의 근원은 무엇이었을까? 더욱이 예란 인(仁), 서(恕), 의(義), 친(親) 등 유교의 윤리적 가치를 구현하기 위한 제도였다. 따라서 원리상 예란 사리(私利)의 인센티브[慾]나 위압에 의한 강제[覇]에 반대한다. 여기서 우리의 의문은 더욱 커진다. 그렇듯 당근도 채찍도 아니라는 예(禮)가 어떻게 그처럼 강력하고 포괄적인 힘을 행사할 수 있었을까? 더구나 예송에서 보듯이 예란 비단 당근과 채찍이 아닐 뿐 아니라 당근과 채찍으로 대변되는 현세적 권력과 이익이 갖는 힘에 맞서 죽음을 불사하고 반발할 수 있도록 했던 어떤 대항력이다. 예의 실행은 어떤 초월적 명령이 작용하고 있음을 전제하지 않고는 이해할 수 없는 현상이다. 그러나 명대(明代)의 천재적 이단아 이지(李贄)가 신랄하게 고발하였듯 예의 정신을 지키기 위해 죽음까지 무릅썼던 간쟁조차 "죽음으로서 간쟁했다는 명성"을 얻기 위함이요, 또한 "간쟁을 한다고 하여 반드시 죽는 것이 아니라 결국 큰 복을 얻는 경우도 있다"[1]는 것이니, 예의 실행에는 초월적 명령뿐 아니라 현세적 동기 역시 함께 작용하고 있었음을 알 수 있다.

결국 유교사회에서 예가 행사했던 넓고 깊은 힘을 이해하기 위해서는 초월적 명령과 현세적 동기의 마찰과 혼융이라는 문제를 풀어야 한다. 이 글은 이러한 복합적 현상을 설명하기 위한 하나의 이론적 단서(端緒)로서 막스 베버가 언급한 '이념적 이해(ideal interests)'라는 개념에 주목하고자 한다. 아울러 베버의 이론을 발전시킨 부르디외와 엘리아스의 행위이론도 살펴볼 것이다. 베버는 윤리적 명령과 현세적 동기 간의 긴장을, 부르디외와 엘리아스는 그 융합을 강조했다고 요약할 수 있다. 결론에서는 유교 예

---

1) 『분서(焚書)』 「답경사구(答耿司寇)」.

의 사회적 포괄력이 절정에 이르렀던 시점과 이후 세속화가 발생했던 시점을 비교하여 유교 예의 현재적 의미를 음미해볼 것이다.

2. 단서 : "두 가지 서로 다른 종류의 이해(interests)"

베버는 유명한 '전철수'의 비유에서 "이념적 이해"라는 개념을 다음과 같이 사용한다.

> 이념이 아닌 물질적 그리고 이념적인 이해(material and ideal interests)가 인간의 행위를 직접적으로 지배한다. 그러나 이념에 의해 창조된 '세계에 관한 이미지'가, 마치 전철수(轉鐵手, switchman)처럼, 이해관계의 역학에 의해 추동되는 행동이 달려 나가는 경로를 결정하는 경우가 매우 많다.(Weber, 1958: 280)

외견상 이 대목은 첫째 문장의 "이해(interests)"와 둘째 문장의 "이념(ideas)"이 대립하고 있는 것으로 보인다. 첫 문장에서는 이해가 강조되고 있으나, "그러나"로 연결된 다음 문장에서는 이념과, 이념이 만든 세계 이미지(world images=Weltbilder)가 강조되고 있다. 그렇지만, 둘째 문장의 "전철수"라는 어휘가 불러일으키는 강력한 이미지 작용 때문에 보통 이 두 문장 중 둘째 문장에 관심이 집중된다. 결국 베버의 글 중 가장 많이 인용되었을 위 글은 이념과 이해의 대립, 그리고 이념의 강력한 역할을 강조한 것으로 해석될 뿐, "이념적 이해"라는 개념은 문맥 속에 묻혀 거의 주목조차 받지 못한다.

이 논문의 영역본이 실린 『막스 베버 선집』을 번역 편집한 거스(H. Gerth)와 밀스(C. Mills)도 이 구절을 바로 그렇게 이해하여 베버의 사회학을 (대립적 개념으로서의) "이념과 이해의 사회학"이라고 명명하여 소개하고 있다(상동: 61~65). 베버의 이론적 개념들에 관한 한 머리카락이라도 갈라낼 만한 정밀한 분석으로 성가를 올린 칼버그(Kalberg, 1980) 역시 이런 대립법의 연장선에서 이해와 이념(또는 가치)을 대립시키고 있다. 그러나 이러한 대립은 부정확하며 베버가 제기하고 있는 핵심적인 문제의식을 무디게 하고 있다. 우리가 보기에 베버의 이론 체계에서는 이념 대 이해의 대립보다는 이념적 이해 대 물질적 이해의 대립이 보다 주요하며, 특히 이념적 이해는 이념과 이해의 연결고리로서, 베버 사회학의 핵심 개념들 가운데 중요한 위치를 점하고 있다.

'이해(interests)'라는 용어는 경제적 이해타산만을 지칭하는 말이 아니다. 영어 'interest' 혹은 독어 'interesse'라는 말의 뜻에는 이해(利害) 혹은 이익이라는 경제적 의미뿐 아니라 관심, 흥미라는 문화적 의미 역시 포함되어 있다.[2] 베버는 이 두 가지 의미를 구분하여 전자를 '물질적 이해'로, 후자를 '이념적 이해'로 연결시켰다고 볼 수 있다. 베버는 '이념적 이해'라는 합성어를 결코 형용 모순적인, 아이러니가 실린 용어로 사용하지 않았다. 그에게 '이념', '이념적' 또는 '가치', '가치적'이라는 말은 '이해'와 반드시 대립되는 개념은 아니다.

우리는 베버가 "두 가지 서로 다른 종류의 이해" ─ 즉 물질적 이해와 이념적 이해 ─라는 매우 흥미로운 착상을 하고 있었고, 이 착상이 베버의

---

2) 영어에서 일상적으로 "I have interest in it"이라고 했을 때 그 말은 "나는 그 문제에 (여러 가지 복합적인 의미에서의) 관심을 가지고 있다"는 말이지 꼭 경제적인 이해관계가 걸려 있다는 뜻이 아니다. 바로 이러한 지점을 고려하여 김영호(1991), 양영진(1995) 등은 '이해' 대신 '이해관심'이라는 보다 세심한 번역어를 선택하고 있는 것으로 보인다. 새로운 번역어에 이점이 있지만, 이 글에서는 언어의 통약성을 고려하여 '이해'라는 기왕의 통용어를 사용한다. 이 경우 언어 유통에 더해져야 할 것은 새로운 번역어보다는 용어가 지닌 의미의 다의성인 듯하다.

막스 베버(1864~1920)

이론 체계에서 매우 중요한 기둥을 이루고 있다고 본다.[3] 이 "두 가지 종류의 서로 다른 이해"라는 착상은 아마 베버만의 독창적인 생각은 아닐 것이다. 데이비드 흄은 『인간본성에 관한 논고』에서 거론한 "두 가지 다른 종류의 거래(commerce)"라는 용어를 통해 비슷한 착상을 제출한 바 있다.[4] 여기서 "거래"로 번역한 commerce 라는 말은 오늘날에는 '상업'으로 번

3) 이념적, 물질적 이해의 구분은 슐루흐터(Schluchter)와 텐부룩(Tenbruck) 간의 '베버 논쟁'에서도 제기된 바 있다(김영호, 1991). 그러나 그 구분은 본격적으로 분석되지 않았으며, 따라서 양자 어느 누구도 '이념적 이해'라는 개념을 확장, 발전시키는 데 관심을 기울이지 않았다. 결국 이 논쟁 역시 이념 대 이해라는 기왕의 베버 해석 구도를 탈피하고 있지 못하다. 그 논쟁을 최초로 소개한 김영호 교수 역시 논쟁의 의미를 '관념(이념)의 사회적 비중' 문제로 정리하고 있다는 점에서 이 글의 관심과 차이가 있다. 이 글의 관심과 가장 유사한 접근은 양영진(1995)에서 예고되고 있는데, 그 글은 "관념(ideas)"과 "이해관심(interests)" 간의 "진부한" 대비가 아니고 "관념"과 "관념적 이해관심(ideal interests)"의 구별(양영진, 1995: 409)을 강조하며 아울러 "이해관심을 다시 물질적 이해관심과 관념적 이해관심으로 나누어본 베버의 통찰"(상동, 422)에 대한 관심을 촉구하고 있다.

4) 흄에 의하면 그중 한 가지 거래(commerce)는 "사회를 지배하기 시작한 …… 자기이해적 (self-interested) 거래"이고 또 다른 하나는 "이익에 대한 어떤 기대도 없이 행해지는 …… 보다 넉넉하고 높은 우정 관계나 친절 베풂(the more generous and noble intercourse of friendship and good offices)"이다[Hume, 1978(1749), Silver, 1997에서 재인용]. 베버가 흄의 저작들에서 착상을 얻었으리라고 추측하는 또 다른 이유는 흄이 "당파 일반에 관해서"라는 소고에서 인간의 행위를 "이해추동적(interest-driven)", "정서추동적 (affection-driven)", "원칙추동적(principle-driven)" 행위로 유형화시키고 있는데 (Hume, 1985:59), 이 구분은 베버의 유명한 사회적 행동 유형 구분(목적-수단합리적, 가치합리적, 정서적, 전통적 행위)을 강하게 연상시키기 때문이다.

역해야 하겠지만 흄이 그 글을 썼던 18세기까지는 경제적 교환뿐이 아닌 문화적, 사회적 소통 행위 전반을 넓게 지칭하는 말이었다(*Oxford English Dictionary*; Silver, 1997).

베버의 이러한 착상은 오늘날 몇몇 중요한 경제학자들로부터 반향을 얻고 있다. 허시먼(A. O. Hirschman, 1977, 1992a)은 서양사에서 '이해'라는 개념이 발전해온 과정과 그 개념 내용의 변천사를 추적하여 오늘날 우리가 사용하는 경제적 의미에서의 '이해'라는 말이 원래의 의미로부터 협소하게 특화된 것임을 밝혔고, 센(Sen, 1977)은 경제학에서 말하는 구매 행위 동기로서의 '선호(preference)'라는 개념이 매우 제한적임을 논하면서 구매의 (일차적) 선호를 변화시킬 수 있는 (문화적, 윤리적 동기로서의) '이차적 선호(second-order preference)'라는 개념을 제안하였다.[5]

'이해'라는 용어가 경제학에서의 '효용의 극대화'만을 지칭하는 뜻으로 이해될 만큼 용어 자체가 경제화된 오늘날, 경제학계 내부로부터 "두 개의 서로 다른 이해"라는 베버의 관점—베버의 이념적 이해라는 개념과 흡사한 '이차적 선호', '전(前)선호'라는 개념들—이 새로이 주목받고 있는 것은 흥미로운 일이다. 아울러 경제학의 기초 개념의 하나인 '가치(value)' 역시 '이해'라는 개념과 마찬가지로 원래 양가성(ambivalence)을 지니고 있다는 점을 지적할 필요가 있다. 하나는 경제적 (효용 또는 노동)가치, 또 하나는 종교적, 도덕적 가치를 중핵으로 하는 비경제적 가치다. 물론 개념의 역사로 보면 후자의 의미에서의 '가치'가 전자의 의미에서의 가치보다 훨씬 지배적이었고, 오랫동안 사용되어왔다. 이렇게 보면 '이해(interest)'와 '가치(value)'란 보통 생각되어왔던 것처럼 대립적인 개념이 아니라—

---

5) 허시먼(1992b)은 '이차적 선호'라는 개념 대신 '전선호(metapreference)'라는 개념을 제안하면서 센이 제기한 문제의식을 발전시키려고 시도하였다.

베버 식으로 물질적 이해 대 이념적 이해, 물질적 가치 대 이념적 가치로 분류해놓고 보면—오히려 친화적인 개념이다.

그렇지만 '이해'란 '가치'보다 훨씬 동적인 개념이다. 베버의 전철수 비유─이는 물론 마르크스의 "계급투쟁은 역사 발전의 기관차이다"라는 유명한 비유를 의도적으로 연상시킴으로써 이와 대립시키기 위해 사용한 것이다─에서 말하듯, '이해'는 기관차를 달리게 하는 동적인 힘이다. 반면, '이념'─이는 물론 '가치'에 가까운 말이다─은 다만 철로의 연결을 변경하는 정적인 조합기능을 할 뿐이다. 물론 이념의 정적인 조합기능은 기관차의 행선지를 변경할 만큼 큰 역할을 한다. 그러나 결국 행선지에 다다르게 하는 동력은 '이념'이 아닌 '이해'에서 나온다는 것이다.

이런 시각에서 보면, 베버의 유명한 위의 구절에서 "이념", "세계 이미지"에만 주목하고 "이념적 이해"라는 개념을 그냥 스쳐 지나버리는 독법(讀法)은 큰 손실이다. 예를 들면 미국의 사회학자 스위들러(Swidler, 1986)는 베버의 전철수 비유 구절에 관한 토론으로 글을 시작하였으나, "이해"와 "이념"을 분리시켜 고찰한다. 그 결과 '이념'은 문화적 공구상자(tool kit)에 담겨진 자잘한 문화적 소도구들의 하나로, '이해'란 인간 행동의 문화적 동기들을 충분히 표현할 수 없는 불충분하고 딱딱한 개념으로, 격하되고 만다. 다른 점에서는 아주 흥미로운 그녀의 이 논문 속에서 '이념적 이해'라는 개념은 불행하게도 단 한 번의 주목도 받지 못한다. 베버의 '전철수=이념' 비유를 경제결정론을 대체할 문화결정론의 단서로 읽는 다수의 문화결정론자들에게 '이념적 이해'라는 개념은 더욱 철저하게 소멸되어버린다(Kane, 1991). 그들은 이념과 이해를 방법론적으로 철저하게 대립적으로 읽기 때문이다.

그러나 이 '이념적 이해'라는 개념이 후대의 사회학자들로부터 큰 주목을 받지 못하게 된 데에는 베버 자신의 책임도 있다. 우리는 '이념적 이해'라는 개념이 베버의 이론 체계를 이해하는 데 중요하다고 보지만, 정작 베버 자신은 위의 인용 구절 외에는 '이념적 이해'라는 용어를 일관되게 언급한 곳이 없기 때문이다. 이런 의미에서 '이념적 이해'라는 개념은 베버 사회학의 숨어 있는 큰 축, 미발전된 핵심 개념이다. 그러나 베버가 이렇듯 한 번 스치듯 지나가며 언급했던 그런 개념이 그렇듯 중요한 의미를 가지고 있다고 어떻게 말할 수 있으며, 설사 그 개념의 잠재적 중요성이 인정된다 하더라도 저자에 의해 체계적으로 규정된 바 없었던 개념의 내용을 우리가 어떻게 온전하게 그려낼 수 있겠는가?

이런 의문과 문제 제기들은 정당하다. 그러나 이런 문제들을 풀어나갈 확실한 단서가 있다. 그것은 베버가 『경제와 사회』에서 전개한 사회행동의 합리성 유형에 관한 토론이다(1978:24~31). 즉 "목적-수단합리적 (zweckrational)"[6] 그리고 "가치합리적(wertrational)"이라는 개념에 대한 체계적인 정의가 그것이다. 즉 "두 개의 서로 다른 이해"라는, 우리가 보기에 베버의 저작 내에 이론적으로 미개발된 채 감추어져 있다고 보는 틀은, "두 개의 서로 다른 합리성"이라는 이름으로 베버 자신에 의해 어느 정도 단초가 정리되어 있다는 것이다. 짧게 말하면, 베버의 가치합리성은 "이념적 이해"와, 그리고 목적-수단합리성은 "물질적 이해"와 가까운 말이다. 가치와 합리성을 연결시킨 가치합리성이라는 개념은 이념적 이해라는 개념과 마찬가지로 베버 사회 이론의 특징을 단적으로 잘 표현해주고 있다. 그러나 우리가 보기에 합리성이라는 용어는 이해라는 개념에 비해 분절적이고 정적이어서 역사적 동학을 설명하는 데는 한계가 있다. 여기서 베버의 두 개의 합리성에 관한 그의 정의를 발판으로 두 개의 이해, 특히

---

6) 이 용어는 지금껏 '목적-수단합리적(means-end rational)' 또는 '수단합리적 (instrumentally rational)' 양자로 번역되어왔다. 전자가 정확한 번역이겠으나, 이후로는 편의를 위해 수단합리적, 수단합리성이라는 말로 쓴다.

이념적 이해라는 개념을 한 단계 발전시킬 필요가 있다.

3. 개념의 발전 방향:
물질적, 이념적 이해와 이데올로기의 내적 긴장

베버의 사회적 행위이론의 핵심은 행위 동기의 이원성, 그 이원성의 화해불가능한 대립성을 강조한 점에 있다. 그 대립이란—'이념'과 '이해'의 대립이 아니라—행위의 수단합리적 성격과 가치합리적 성격 간의 대립(두 가지 서로 다른 합리성)이며, 물질적 이해와 이념적 이해 간의 대립(두 가지 서로 다른 이해)이다. 이러한 행위 동기의 적대적 이원성에 관한 이론은 베버 사회 이론의 또 다른 특징인 정치와 윤리 간의 영원한 갈등이라는 문제의식과 깊이 연관되어 있다. 마르크스주의 계열의 이데올로기론에서는 그것이 허위적 지배 이데올로기든 혁명적 대항 이데올로기든 각각의 이데올로기는 통합적이고 단일한 것이다.[7] 그러나 베버의 시각에서 볼 때는 이해 자체가 이념적, 물질적 이해로 분열되어 있기 때문에 모든 이데올로기는 심각한 내적 분열, 긴장의 요인을 갖게 될 수밖에 없다.

이러한 기본 방향 위에서 베버가 논한 수단합리성과 가치합리성의 특징

---

7) 대항 이데올로기론(부르주아 이데올로기 대 프롤레타리아 이데올로기)은 마르크스의 '허위의식으로서의 이데올로기론'과는 다른, 레닌으로부터 적극적으로 제기되기 시작한 이론이다. 레닌을 마르크스주의의 적자(嫡子)라고 보는 공식 사회주의 이론의 견해에 따라 이러한 레닌류의 이론 틀 역시 마르크스주의적 이데올로기관이라 보아도 큰 무리는 없을 것이다. 뒤르켐-파슨스(Durkheim-Parsons)류의 기능주의적 이데올로기론, 레비스트로스(Lévi-Strauss)류의 구조주의적 이데올로기론, 기어츠(Geertz)류의 문화해석적 이데올로기론의 성격도 기본적으로 이데올로기 내의 정치-윤리 간의 긴장이 중시되지 않는 통합적 이데올로기론이라 볼 수 있고, 이 점에서 베버의 이데올로기관과 구별된다.

과 차이에 대해 간략히 살펴보자.[8] 양자 모두 합리적이다. 다만 전자가 현세적, 물리적 의미에서 합리적이라면 후자는 혼의 구원과 관련하여 합리적이다. 베버에게 '합리적'이란 말은 "논리적·목적론적 일관성"을 말한다(Weber, 1958: 324). 베버 종교사회학의 주제는 다양한 가치합리성의 존재 양식에 관한 분석이다. 구원의 논리는 종교에 따라 다르다. 그러나 이렇듯 서로 다른 종교 문화에 따라 다양한 가치합리성은 수단합리성을 포괄하는데, 가치합리적으로 궁극적인 목표를 이루기 위한 수단을 선택할 때는 수단합리적 기준에 의거할 수 있기 때문이다(Weber, 1978: 26). 이렇게 보면 수단합리성은 어떤 가치합리성에 의해서도 (수단의 선택에 관한 한) 채택 사용될 수 있는 보다 보편적인 합리성이다. 이 수단합리성은 부, 쾌락과 같은 현세적 재화를 획득하기 위한 계산적(calculative)이고 결과예측적인(consequentialist) 합리성이다. 따라서 이는 물질적 이해와 관련된 물질적 합리성이며, 이는 (자본주의를 제외한) 어느 문화에서나 종교적, 도덕적 가치에 비해 낮은 가치로 간주되어왔다. 유교에서 물질적 이해는 보편적이되[9] 낮은 가치이기에 종교적, 도덕적인 높은 가치에 의해 이끌어지고 길들여져야 한다. 즉 기(氣)는 이(理)에 의해, 사(私)는 공(公)에 의해, 인심(人心)은 도심(道心)에 의해 다스려지고 바로잡혀야 한다.

---

8) "두 가지 서로 다른 합리성"이라는 베버의 착상을 이은 주요 연구들로는 만하임(Mannheim, 1940)에 의한 실제적(substantive)/도구적(instrumental) 합리성 구분, 러바인(Levine, 1986)에 의한 주관적/객관적 합리성 구분이 있고, 칼버그(1980), 하버마스(Habermas, 1984, 1987), 슐룩터(Schluchter, 1989)는 "두 가지 합리성"이 아닌 보다 다양한 합리성의 유형학—3×3, 4×4 식의 표 유형(table typology)으로—을 발전시켰다. 브루베이커(Brubaker, 1984)와 시카(Sica, 1988)는 베버의 저작에서 합리성과 비합리성의 구분에 관심을 집중하였다. 이 주제에 관한 많은 기왕의 연구들이 있으므로 여기서 이 두 가지 합리성에 관해 상론할 필요는 없겠다.

9) 인성에 내재한 물질적 이해동기는 맹자에게는 식색(食色), 순자에게는 본성(本性), 慾望, 황종희에게는 사(私)가 될 것이다. 정주학에서는 보다 형이상학적 용어로 기질지성(氣質之性)이라 부른다.

왜 수단합리성이 인간의 행위에 힘을 가지는가에 대한 대답은 단순하며 이해하기 쉽다. 물질적 인센티브—즉 부와 쾌락—를 제공하기 때문이다. 그러나 가치합리성이 베버가 말한 대로 윤리적, 미적, 종교적 가치가 발하는 "무조건적인 명령"에의, "성공에의 전망과는 무관한", 복종을 일으키는 힘(Weber, 1978: 25)이라면 그 힘의 근거는 무엇인가? 베버에 따르면 그 궁극적 근거는 종교적, 정치적, 예술적 지도자의 카리스마다. 카리스마는 초일상적, 초자연적 원천을 가지고 있으며(상동: 1111~1120), 근본적으로 반경제적인 힘(상동: 241~245), 행위의 물질적 결과(consequences)에의 예측에 입각하지 않는 반(反)수단합리적 명령이다. 또 한 가지는 이렇듯 성립된 고유한 종교적, 윤리적 가치목표 자체가 구성하는 논리정합성이다. 즉 영혼구제의 논리 문제로서, 구제(salvation)가 자연 밖의 절대자를 통하느냐, 아니면 카르마, 또는 각(覺)을 통하느냐에 따라 수도 방법과 행위 체계가 결정된다는 것이다. 베버의 피세적–현세적 구원, 금욕적–명상적 수도 방법 등의 세계윤리종교(기독교, 불교, 유교, 이슬람, 힌두교)의 이념적 분류 방식은 여기서 근거한다.

그러나 카리스마의 비합리성과 종교 교리의 논리정합성을 결합시킨, 베버의 가치합리성이 가지는 힘에 관한 설명은 불충분한 것으로 보인다. 인간의 행위가 어떤 종교적, 윤리적 가치의 명령에 따라 행동하는 것은 지도자의 카리스마나 교리의 가치합리적 논리의 정합성 때문만은 아니다. 이 둘은 베버가 '이념'과 '이념적 이해'를 구분하여 사용하였을 때, '이념'이 명하는 바의 힘에 가까운 근거들이다. '이념'은 전철수처럼 인간의 행동이—'(물질적·이념적) 이해'에 추동받아—달리는 역사의 궤도를 때로 변경시켜놓는다. 즉 전철수의 행위는 종교나 정당의 창시자의 카리스마, 그의 가르침이 하는 역할과 유사하다. 그러나 그 궤도 위를 실제로 달리게 하는 힘은 '전철수'의 몫이 아니다. 그것은 '이해'라는 힘이다.

물론 카리스마적 권위와 상징성이 윤리적 행위를 강제하는 힘을 갖는다는 것은 인정되어야 한다. 예컨대 정주학에서 정이, 주희의 개인적 카리스마와 그들이 신성화한 도통(道統)의 계보[10]가 가진 상징성은 (예의 핵심이 되는) '성(聖)에 이르기 위한 열망(希聖)'과 종법제라는 친족제도를 부흥시키는 데 큰 영향력을 미쳤다. 희성이란 "성인은 하늘을, 현자는 성인을, 선비는 현자를 희원한다"(『근사록(近思錄)』「논학(論學)」)는 것, 즉 성(聖)과 천(天)에 도달하려는 유교에서의 깨달음과 구제의 열망을 말한다.[11] 이렇듯 성(聖)과 천(天)에 이른다는 것은 도를 이어받음을 뜻한다. 도를 이어가는 이미지(道統)가 이렇듯 신성한 가치를 갖게 되자 종법적 수형도(樹型圖), 즉 종통도(宗統圖) 역시 신성한 이미지를 갖게 되었고(sacred symbol), 이에 따라 친족 관계 내에서의 대종(大宗), 소종(小宗), 세대, 성, 신분, 연령에 따른 극히 엄격하고 정밀한 구분—서열 관계의 구축과 준수를 꼭 지켜야 할 윤리적 정언명령(sacred imperative)으로 화할 수 있었던 것이다.

그러나 이러한 신성한 명령과 가치합리적 논리정합성만으로 일상생활 속 다수 사람들의 몸을 움직이게 하는 데는 한계가 있다. 이념의 논리, 영혼 구제의 논리만으로 일상의 모든 행위를 스스로 통제하는 인간형은 매

---

10) 도통론은 정주학의 카리스마적 성격을 가장 극적으로 보여주고 있는데, 이는 주희의 유명한 「중용장구서(中庸章句序)」에서 가장 뚜렷이 표현된다. 여기서 주희는 도(道)란 상고(上古)의 성신(聖神)이 하늘의 뜻을 이어 유래한 것으로 요임금이 이를 받아 순임금에게 전했고 이는 우임금에게로 전해졌으며 이후 은 탕왕, 주 문-무왕, 주공 등에게로 이어졌다 한다. 그러나 이후 이 도통의 라인은 혼란기에 끊겼다가 공자-맹자에게로 이어졌으며 맹자 이후 또 오랜 혼란기에 도가 실종되었다가 송대 정호, 정이 형제에게 이어졌다고 주장한다. 주희 역시 "황연(恍然)"히 그 요령을 체득했다(恍然似有得其要領)고 하니 역시 도를 이었음을 암시한다. 여기서 흥미로운 것은 도가 수백 년 또는 수천 년씩 끊기다가 이어지는 계기가 순전히 신비(神秘)에 의거한다는 점이고, 더욱 중요한 점은 도통의 주체가 군주에서 공자 이래로는 학자에게로 옮겨갔다는 사실이다. 주자학의 창건자들 특히 정이의 카리스마적 스타일에 관해서는 Bol(1992) 참조.
11) 유교 희성론을 종교적 각도에서 해석한 연구로는 Taylor(1978, 1986) 참조.

우 예외적인 존재일 뿐이다. 더구나 신성한 경전에 접하고 이를 해석할 수 있는 문자해독 인구층이 극히 제한되어 있던 시기에 가치합리적 논리정합성—즉 경전의 논리—이 대다수 인구층의 일상생활의 구체적 행위에 미치는 영향력은 매우 제한되어 있었다. 당시 일상에서의 행위는 전통으로 계승되어오는 몸의 습관, 사회적 기억의 관성에 의해 이루어졌다고 보아야 한다(Anderson, 1991; Shils, 1981). 이렇듯 몸의 기억을 통해 습관적인 행위 코드로 연결되지 못하는 윤리적 명령은 실생활에서 큰 강제력을 행사하지 못한다. 오직 몸의 기억을 통한 행위 코드가 윤리적 명령과 뗄 수 없이 결합되었을 때만이, 그 습관이 반복, 이행되지 않았을 때 자책감을 일으키게 된다. 그리고 그렇듯 대다수 인구층의 일상생활의 행위 코드에 입력된 윤리적 명령만이 역사를 추동하는 실제적인 힘이 된다. 이러한 일상적 행위 코드와 결합된 윤리적 자책감은 단순히 논리적−인지적 인과관계로 설명할 수 없다.

여기서 종교적 가르침의 이원성에 주목할 필요가 있다. 종교적 가르침은 대개 신성(神聖)의 규정에 관한 부분과 행위의 규율에 관한 두 부분으로 이루어진다. 이는 기독교의 신학(theology)−교회법(canon law)의 구분, 회교의 코란−샤리야(shariah) 구분, 불교의 불(佛, dharma, 성스러운 원리)−계율[vinaya, 한자로 격의(格義)되면서 법(法)이라 표기한다] 구분, 힌두교의 스루티(sruti)−스무리티(smuriti)의 구분에서 분명히 드러난다. 물론 이 양자는 뒤섞이기도 하지만 중요한 점은 이 두 영역이 모든 윤리종교의 전통 내에서 분명히 구분되어왔다는 점이다. 전자는 신성에 관한 관념적 논의(베버의 구분으로는 '이념'에 해당하는 것)에 집중하는 반면, 후자는 해당 사회의 전통적 관습을 깊이 흡수하고 있다는 점이 매우 흥미롭다. 우리는 전통적 관습을 흡수한다는 후자의 이 특징이 우리가 말한 몸의 기억, 습관의 행위 코드를 윤리종교 교리가 흡수한 것으로 이해하며, 이러한 점이 이념적 이해가 작동하는 주요한 원리가 되었다고 본다. 유교에서도 이러한 구분은 분명히 확인된다. 정주학의 언어로는 도체(道體)론과 예론이라 구분할 수 있는 범주 구분이 유교의 경전들 내부에 오랫동안 존재해왔던 것이다. 유교의 예란 유교의 윤리적 명령을 전통적 제도와 행위 양식과 뗄 수 없이 결합시킨 몸의 기억을 통한 윤리적 행위 코드라고 정의할 수 있겠다.

우리가 지적하고 있는 것은 결국 베버의 합리성이라는 개념이 지닌 합리주의적-의식중심주의적(rationalist-consciousness-centered) 경향에 내재한 한계의 문제이다. 베버가 이야기한 대로 인간의 행위는 수단합리적으로 또는 가치합리적으로 "정향(定向, oriented)되는 것"인지 모른다(Weber, 1978: 24). 그러나 그것만으로 행위가 발진(發進)하지는 않는다. 행위가 발진하여 역사의 궤도를 달리기 위해서는 이념의 명령(전철수)뿐 아니라, 몸의 명령, 기억의 명령이 필요하다. 베버 역시 이런 측면을 인식하면서, 감정이나 습관에 기초한 행위도 '의식적으로(self-consciously)' 행해진다면 가치합리적 행동 유형에 속한다고 말한다(1978: 25). 그러나 가령 전통 유교사회의 조상의 기제(忌祭) 때 신위(神位)에 절을 하는 행위는 어디까지가 '의식적'이고 어디부터가 '비(非)의식적'이었을까? 베버의 용어대로 말하면, 어디까지가 가치합리적 행위이고 어디부터가 전통적 행위였을까? 베버의 의식중심주의적 구분법은 실제 상황을 설명하기에 매우 어색하고 부족하다. 전통 사회의 제사에서 참여자의 몸을 움직이게 하는 것은 의식의 명령보다는 몸의 기억일 것이다. 어릴 때부터 수없이 보아왔고 스스로의 몸으로 무수히 되풀이했던 제사 때의 경건한 몸가짐, 위치잡기, 그리고 무릎과 허리를 굽히고 엎드려 절하는 모든 동작들의 연결은 오늘날 우리의 운전하는 동작이 그렇듯이 의식의 명령으로부터 자유로운 것이었다. 그렇다고 이 행위들이 전혀 인지적 작용이 없는 자동기계적 반복 동작이었다고 할 수는 없을 것이다. 그 자리의 모든 사람들의 서로의 서로에 대한 몸가짐과 태도는 상호 간의 항렬과 성(性),[12] 연령, 지위 등의 위계에 따라, 즉 이를 '고려'하면서 이루어졌다. 즉 상황의 다양성과 굴곡에 대한 대응은 몸의 기억과 의식의 작용이 분리하기 어렵게 연결되면서 이루어졌던 것이다. 결국 이렇듯 간단한 동작들의 흐름 속에도 의식과 습관이 구분되지 않고 섞여 있다는 것이다. 의식중심주의적인 합리성 개념으로 이 과정을 끊으려고 하니까 문제가 생긴다.

4. 이념적 이해 개념에 관한 부르디외, 엘리아스의 돌파점과 한계

이 절에서는 베버 합리성 이론의 의식중심주의를 극복하면서 그의 행위 이론을 보다 풍부하게 발전시키고 있는 부르디외의 입장에 대한 대화를 통해 '이념적 이해'라는 개념을 보다 명확하게 규정해보기로 한다. 이 과정에서 부르디외와 매우 유사한 이론을 전개하는 엘리아스 역시 언급할 것이다. 부르디외의 장(場, field), 아비투스, 캐피털 개념은 경제적 의미에 국한된 마르크스적 이해 개념이 아니라, 물질적, 이념적 이해가 실천 속에

---

12) 오늘날 제사에서는 여자들은 제사 자리에 참석하지도 않고 절하지도 않는다. 이것이 법도인 것처럼 되어 있다. 그러나 『예기』, 『의례』, 『주자가례』를 보면 제사에서 '주부(主婦)'(여기서는 宗子의 정부인)의 역할이 상세히 기록되어 있다. 물론 주부는 主人의 역할에 비해 보조적이며 예법적 지위가 낮다. 그러나 주부뿐 아니라 친족의 부인들은 제사 자리에 참가하여 위계에 맞는 위치에 자리 잡고 절도 하게 되어 있다. 시집 간 자매의 경우조차 주인의 뒤편에 여러 줄로 서편을 향하여 앉게 되어 있다. 더욱이 절은 여자의 절은 俠拜라 하여 남자가 두 번 하면 여자는 네 번 즉 곱절을 하게 되어 있다(『주자가례』「通禮」). 다만 "시아버지가 돌아가시면 시어머니는 제사에 관여하지 않는다"(『예기』「內則」)는 규정은 있다. 그렇다면 오늘날 여자는 제사에 참석하지 않는다는 新禮는 남녀유별(부부유별)의 원칙이 본래의 제례를 과잉 결정한 경우가 아닐까?

서 마찰하고 혼용되는 베버적 의미에서의 이해 개념을 발전시킨 것이다. 이런 의미에서 부르디외는 베버의 '이념적 이해'라는 미완의 개념을 가장 적극적으로 발전시키고 있는 사회학자의 한 사람이라고 할 수 있다.[13] 그러나 우리는 이 절에서 부르디외가 베버를 넘어서서 이룬 이론적 성취와 함께, 동시에 그가 베버로부터 후퇴한 측면 역시 지적하고자 한다. 이러한 비판적 대화를 통해서 '이념적 이해' 개념의 전모를 보다 생생하게 그릴 수 있을 것이다.

부르디외는 '이해(interests)'를 게임에 끼어들어 있는 상태에 비유했다. 게임에 끼어들어 있는 이해 상황이 행위자를 움직이게 한다. 따라서 이해의 반대말은 게임에서 빠진 상태, 즉 무관심(disinterestedness)이다 (Bourdieu, 1992: 115ff). 우리는 부르디외가 사용하는 이해 개념이 베버가 암시한 이해 개념과 아주 유사하다고 본다. 그러한 이해의 개념으로 제사 때 절하는 동작을 설명하면, 합리성 개념으로 설명하려 했을 때 생기는 문제가 부드럽게 해결된다. 절하는 상황 속에 있는 사람들은 게임 속의 참가자가 그런 것처럼 실연(實演, performance)을 하고 있는 셈인데, 그 실연은 연결되는 상황의 흐름에 대한 참여와 대응으로 이루어지며, 그 참여와 대응은 인지적 판단과 함께 몸의 기억, 몸의 대응이라는 비인지적, 즉발적 (卽發的) 요소가 종합적으로 포함된다.[14] 결국 베버의 '합리성' 개념에 따른 행위 유형 구분이 제사 때 절하는 행위를 어디까지가 의식적이고, 어디서부터 비의식적(전통적) 행위인가를 분절적으로 구분하려 함으로써 행위를 설명하는 데 한계에 부딪친다면, '이해(interests)'라는 개념은 그러한 한

---

13) 하버마스(1971) 역시 이해(interest) 개념에 관심을 보이나 이는 지식, 이론과 이해의 연계에 국한된다. 베버의 의식중심적인 이해관을 이어받고 있는 것이다.
14) 몸의 기억이 의례 과정에서 차지하는 중요성에 대해서는 코너튼(Connerton, 1989)을 참조.

계를 돌파할 수 있게 해준다.[15] 굳이 베버의 행위 유형 이론의 용어로 말하자면 '이념적 이해'는 '가치합리성'보다 넓은 개념이다. 왜냐하면 '이념적 이해'에는 '가치합리성'뿐 아니라 전통과 감정, 기억과 습관 등이 포함되어 있기 때문이다.

'이해(interests)'라는 개념이 (합리성 개념에 비하여) 가지는 또 다른 강점은 행위 동기의 물질적 측면과 이념적 측면 간의 미묘한 화학반응을 설명하는 데 보다 융통성이 있다는 점이다. 베버는 가치합리적 행위의 특징으로 결과에 대한 고려 없이 윤리적, 종교적, 미적 명령에 따른다는 점을 들었다. 그러나 이것은 베버의 이야기대로 이념형적 정의일 뿐이어서 현실에서는 순수히 이런 유형의 행위가 존재하지는 않는다. 어느 행위도 복합적이기 때문이다. 예컨대 중세 유럽에서 기도하는 행위는 신앙심의 명령일 뿐 아니라 매우 강력한 물질적 동기를 가진 행위였다. 즉 신앙심과 경건함은 당시에는 매우 중요한 사회적 자산(social capital)의 하나로서 권위 획득, 신뢰 획득을 위한 수단이요 무기였기 때문이다. 따라서 후일 종교개혁의 시대에 "다중(多衆) 앞에서의 기도는 위선이다"라는 탄핵이 나오게 되는 것이다. 조선시대의 예도 마찬가지다. 예란 유교에서의 가치합리적 행위의 중추이겠지만 바른 예법을 지킨다는 것은 신분 유지 및 상승의 무기였을 뿐 아니라, 예송에서 보듯 정치투쟁의 무기이기도 하였으니 철저히 수단합리적 측면도 존재하는 것이다. 따라서 가장 전형적으로 가치합리적 행위에 속한다고 할 수 있을 기도나 예조차 결코 '결과에 대한 고려 없이' 이루어졌던 행위가 아니었던 것이다.

이렇듯 현실의 구체적 행위를 설명할 때 가치/수단 합리성이라는 분절

---

15) 베버는 직관적이나마 이러한 차이를 인식하고 있는 것으로 보인다. 왜냐하면 개념규정적 토론에서는 '합리성'의 용어를 주로 쓰는 반면 역사적 상황에 대한 기술(記述)로 들어가면 '이해'라는 용어를 자주 구사하고 있기 때문이다.

적 틀은—매우 유용한 분석적 가치임에도 불구하고—뚜렷한 한계가 있다. 이에 비해 물질적 이해와 이념적 이해라는 개념은 합리성의 이원성과 마찬가지로 대립적 개념쌍이지만 이원적 합리성의 틀에 비해 '두 가지 서로 다른 이해' 간의 복합적인 관계를 설명하는 데 보다 탄력성이 있다.[16] 그것은 앞에서 살펴본 바와 같이 이해라는 개념 자체가 합리성이라는 개념에 비해 보다 동적이고 종합적이기 때문이다. 이해에 따른 행위란 인지적 과정(cognitive process)에서의 '결과에 대한 고려(계산)'가 생략되거나 의식되지 않은 상태에서도 주어진 사회적 상황의 흐름이 주는 명령에 따

---

16) "규범(norm)이냐 합리적 선택(rational choice)이냐"라는 질문을 둘러싼 논쟁은 "가치합리성"이나 "이념적 이해"라는 개념을 제기한 베버의 시각에서 보면 잘못된 질문에서 비롯된 잘못된 논쟁이다. 규범이란 베버의 용어로 말하면 가치'합리적' 행위일 것이고 이념적 '이해'에 추동받고 있는 행위체계이기 때문이다. 이런 시각에서 보면 특히 경제적 의미에 국한된 합리성 개념으로 모든 행위를 통합 설명하려는 합리적 선택론의 이론적 야심은 근본적으로 잘못 설정된 목표에 대한 추구에 지나지 않는다. 그러나 베버 자신이 수단합리-가치합리의 구분을 종종 합리(이성)-비합리(비이성) 구분으로 연결시키곤 하였기 때문에(Weber, 1958: 281ff, 351ff) 사실은 위 논쟁의 실마리를 제공한 점도 있다. 즉 이해와, 합리성의 다원성이 아닌 합리 아니면 비합리라는 오해의 여지가 있는 대립 구도를 '수사적'으로 빈번히 언급하고 있는 것이다. 어쨌든 여기서도 합리성(이성)이라는 용어는 그 대립어인 비합리성(비이성)이라는 용어가 내포하는 논쟁성을 고려해볼 때도 개념적 적합성에 한계가 있다. 더구나 베버가 수단합리-가치합리를 이성-비이성으로 연결시키는 경우 역시 그가 근대사회를 수단합리의 쇠우리(iron cage)로 보는 특유의 비관적 견해와 연관되어 있음을 상기할 필요가 있다. 베버의 사회이론에는 수단합리의 전일화(專一化) 현상을 합리적 선택이론이 암묵적으로 전제하고 있는 '사회의 (긍정적 의미에서의) 합리화'라는 시각에서가 아니라 병리적으로 보는 양면성이 존재하고 있는 것이다. 그리고 그가 근대사회에서는 비합리(비이성)의 영역으로 되어간다고 본 (종교적, 윤리적, 미적) 영역은 그가 말하는 '원칙 있는 삶의 양식(methodical way of life)'을 추구해가는 영역이라고 이해할 수 있다. 베버의 이론 틀에서는 경제-정치의 시스템적 합리성 추구에서 분리, 독립된 이러한 영역은 이념적 가치를 보다 순수하게 추구해갈 수 있는 부분으로 되어간다. 최근에 일군의 베버 연구자들(Tenbruck, 1980; Hennis, 1988; Schroder, 1991)이 베버 사회학의 주 관심 영역을 바로 이러한 근대사회에서의 원칙 있는 삶의 양식의 구축으로 보면서, 베버의 사회이론을 새로운 방향으로 발전시키고 있는 것은 그 때문이다.

라—즉 일정한 이해에 따른 방향에 따라—움직인다는 것을 전제한다. 이러한 움직이는 과정 속에서의 동기(動機) 구조를 부르디외는 아비투스라는 개념으로 정리하였다. 우리는 부르디외가 베버의 이해 개념을 잘 발전시키고 있는 학자임을 인정하면서도 그의 너무 매끄러운 아비투스론 속에서 베버가 매우 중시하였던 서로 다른 행위 동기들 간의 마찰 문제가 부차화되는 경향이 있다는 점을 지적하고자 한다. 부르디외 역시 통합적 이데올로기론으로 경사되고 있는 것이다.

통합적 이데올로기론을 사회학의 행위이론으로 좁혀 말하면 그것은 일종의 통합적 동기 이론이라고 말할 수 있다. 부르디외의 행위 동기는 합리적 행위이론에서 말하는 인지적 계산 동기보다 훨씬 풍부하지만 그럼에도 그에게서 모든 행위는 결국 전략적 동기로 통합된다. 그가 '실천'이라고 말하는, 움직이는 성찰의 끊임없는 반사와 응전의 과정 바깥에는 아무것도 없다. 다시 말하면, 부르디외의 행위이론에는 초월(transcendence)의 여지, 윤리의 독자적 공간이 존재하지 않는다. 그의 아비투스와 필드는 권력 장(場), 물질 장(場)이다.[17] 그가 관찰하고 묘사한 알제리 카빌(Kabyle) 족의 전통과 의례는 그들의 '명예'와 '지위'를 지키고 높여나가기 위한 전략적 대응 과정으로 일관되게 설명된다(Bourdieu, 1990, 1979, 1977). 이런 의미에서 부르디외는 지금 우리가 논하고 있는 예법과 의례에 관한 전략 동기

---

17) 이븐스(Evens, 1999)는 부르디외가 그토록 강조하는 '실천(practice)'의 본질은 부르디외가 생각하듯 물질적 권력 관계가 아니라 무엇보다 '윤리(적 행위)'임을 강조한다. 이 윤리로서의 실천은 비물질(the immaterial)의 영역, 그리고 타자(otherness)와 관련된다. 반면 부르디외의 물질적 권력 장은 결국 득과 실이 일방향적이고 불가역적(irreversible)인 세계이며, 그의 아비투스는 결국 벗어날 수 없는 시지푸스적 비탈길이다. 부르디외의 필드와 아비투스 개념의 이러한 유물론적, 보수적 성격을 그의 이론에 내재한 구조주의적-결정주의적 편향으로 읽은 비판자들은 매우 많다. 그러한 경향에 대한 비판으로 킹(King, 2000)과 샤츠키(Schatzki, 1997)를 참조.

의 통합 이론을 제시하고 있는 이론가라 부를 수 있다. 물론 전통 사회의 신분적 '명예'란 자본주의 사회의 경제적 '이익(interests, self-interests, 또는 profit)'과는 확연히 구분되는 가치이다. 이렇듯 부르디외는 가치와 동기의 다양성을 인정하고 있기에 그를 합리적 행위이론가로 분류할 수는 없다. 그럼에도 '명예'나 '지위'는 경제적 '이익'과 마찬가지로 현세적 가치이다. 비록 행위 동기의 다양성을 인정한다 하더라도 결국은 현세적 가치—부와 권력—에의 추구로 행위 동기를 통합해낸다는 점에서 부르디외의 이론은 베버와는 달리 통합적이다.

부르디외 이전에 '아비투스'라는 개념을 사회학적 의미에서 부르디외와 거의 흡사한—아마 부르디외가 영향을 받았다고 보는 것이 합당할—맥락에서 사용한 사람은 엘리아스이다. 엘리아스는 프랑스 루이 14세의 궁정 사회를 분석하면서 부르디외와 매우 흡사한 이론을 전개한다. 궁정 귀족의 의례행위의 동기는 부르주아의 경제적 이익의 동기와는 다른 '명예'(귀족의 경우)와 '영광'(왕의 경우)의 가치에 의해 지배된다는 것이다 (Elias, 1983[1969]). 이러한 궁정 귀족의 의례행위(ceremonies and etiquettes)는 '궁정 합리성(court rationality)'에 의해 정향되는데, 이는 효용 기능, 위세 기능, 권력 또는 신분 기능을 포괄하는 것으로서 베버의 수단합리성과 가치합리성 어느 한쪽으로는 설명하기 어려운 기능적 복합 (functional complex)이라 한다(상동 : 85, 주20). 그는 '합리성(rationality)'이라는 용어를 베버로부터 차용하고 있지만 이미 그 개념의 한계를 느끼고 있으며, 가치-수단합리성의 다양한 뒤섞임 현상에 주목하여 이에 관한 풍부한 서술을 남기고 있다는 점에서 부르디외의 선구라 할 만하다. 아울러 엘리아스의 '결합태(figuration)' 개념(Elias, 1994, 1978)이 부르디외의 장(場, field) 개념과 매우 유사하다는 점도 지적해야 한다.

부르디외와 엘리아스는 그 이론상의 유사성뿐 아니라, 양자 모두 오늘날의 사회 이론에 매우 커다란 영향력을 행사하고 있다는 점, 그리고 두 사람 모두 베버에게 큰 빚을 지고 있다는 점에서 동일하다. 그러나 이 두 탁월한 이론가가 베버와 다른 점—우리의 시각에서는 그 때문에 베버에서 퇴보한 점—은 양자 공히 그들의 이론에서 초월과 윤리의 독자적 영역을 배제해버린 점에 있다. 그 결과 그들이 설명하는 의례(ritual 또는 civilité)란 물샐틈없이 맞물려 있는 인간망(人間網)이 벌이는 현세적 이해(利害)의 응전과 반사의 각축장 속 전략적 무기 이상의 그 어떤 것도 아니다.

그렇다면 예의 수행에 수반되었든, 또는 예의 전제가 되었든, 모든 경건성과 엄숙성은 그러한 세속적 수단성에 수반되는 부차적 요소, 또는 단순히 가식이라고 보아야 할까? 부르디외와 엘리아스에게 이러한 경건성과 엄숙성은 바로 '명예'와 '위광'의 가치를 추구하는 데 수반되는 불가피한 형식에 불과하다. 이러한 시각을 전통 시대 유교 예법에 적용해본다면, 결국 예가 그렇듯 강력했던 이유는 오직 그것이 신분 상승과 유지의 무기였기 때문이라는 이야기가 된다. 우리는 그들의 이러한 분석이 사태의 본질을 꿰뚫고 있는 측면이 있음을 전혀 부인하지 않는다. 앞서 언급한 바 있지만, 예의 세속적 수단성은 예의 권능의 중요한 부분을 이루고 있다. 그렇지만 "경건은 신분적 명예 강화를 위한 수단이 될 수 있다"는 주장은 "모든 경건의 목적은 신분적 권능의 강화다"라는 주장과 결코 등치될 수 없다. 예를 들어 '극기복례'의 뜻과 실천에 담긴 경건성과 내면적 초월의 여지는 신분 위상의 유지 강화라고 하는 수단적-결과주의적(instrumental-consequentialist) 측면과는 일정하게 독립되어 존재하고 있음을 보아야 한다. 부르디외와 엘리아스의 전략적 동기로 통합된 설명 체계는 인간 행위의 복합성과 모순성의 전모가 온전히 담겨지기에는 너무 평면적이다(김상준, 2009, 제2, 3장).

이들의 이러한 이론적 평면성, 즉 '초월의 제거'는 아마 그들이 사회학의 기본 명제인 '세속화 테제(secularization thesis)'에 너무 충실한 결과일 것이다. 그들의 경험적 연구가 집중되고 있는 시기(피식민 알제리와 엘리아스가 "비카리스마적 정체(政體)"〔1983: 22〕라고 불렀던 초기근대의 궁정 사회)가 전통적 신성함(the sacred)이 가장 퇴속화(頹俗化), 희화화되는 시기, 즉 냉소적 세속화가 만연한 시기라는 점도 그들 이론의 세속적 평면성을 합리화해줄 수 있을지 모른다.[18] 그러나 '세속화'가 반드시 성이 지워지는 것, 소멸하는 것이 아니라면 어떻게 될까? 확실히 부르디외나 엘리아스는 세속화 테제를 너무 단순한 방식으로, 종교의 사멸, 초월의 퇴조, 윤리의 축소로 해석하고 있다. 그러나 성속의 긴장은 근대세계에서도 여전히 지속한다(Casanova, 1994; Jorgensen, 1996; Gorski, 2000). 그 역사적 존재 양식이 다를 뿐 초월의 여지, 윤리의 공간은 어느 시대에든 존재해왔고, 앞으로도 존재할 것이다.

부르디외나 엘리아스는 행위 동기의 복합적이고 실천적인 성격을 세련된 방식으로 종합화한 점에서 베버를 넘어서고 있다. 그들이 "부르주아 합리성"(엘리아스) 또는 "공리주의적 이해동기"(부르디외)와 질적으로 구분되는 이해동기들("궁정 합리성", "명예와 차별의 이해동기" 등)이 존재하고 있음을 분명히 하고 있는 점도 베버의 논점을 발전시키고 있는 부분이다. 따라서 그들의 저작들 속에서는 '물질적 이해'와 '이념적 이해'로 분류할 수 있는 차별적 동기의 다양한 요소들과 그 요소들의 뒤섞임 현상들이 풍부하게 묘사된다. 그렇지만 그들은 이들 "두 가지 서로 다른 이해"의 비화해

---

18) 이런 시각에서 부르디외와 엘리아스를 읽으면 그들의 '평면적' 세속 묘사는 바로 자본주의적 시스템과 초기근대의 궁정사회에 대한 신랄한 풍자와 고발로 변모한다. 그러나 그들의 다양한 시기에 쓰여진 여러 저술들을 검토해보면 명백한 풍자(parody)로 간주될 수 있는 것으로부터 진지한 진술로 읽혀지는 것까지 아주 다양한 모습을 보인다. 그 해석이 어찌 되었든, 그들 행위이론이 세속주의적 평면성을 띠고 있다는 '사실'에는 변함이 없다.

적 대립성에 대해서는 어떤 근본적인 문제의식도 부여하지 않는 반면, 이 두 이해 사이의 갈등 없는 뒤섞임과 호환성에 대해서는 오히려 주목한다. 이러한 일방성은 베버에게 결정적으로 중요했던 문제의식의 주요한 한 측면을 증발시켜버린 퇴보다.

행위 동기 유형에 관한 베버의 이론적 작업의 초점은 이해의 장 속에서는 물질적, 이념적 이해가 구분하기 어렵게 뒤섞인다는 사실을 강조하는 쪽보다는, 이 사실 자체를 커다란 문제의식으로 삼았다는 데 있다. 이러한 문제의식은 베버의 이론 체계 전체를 이끌어가는 중심 동기이다. 베버에게 물질적 이해(또는 수단합리성)와 이념적 이해(또는 가치합리성)는 근본적으로 화해 불가능한 동기이다. 그 근원에서 볼 때 전자는 현세적 이해 추구인 반면, 후자는 구원(救援)의 이해, 즉 피세적 이해와 관련되기 때문이다. 전자는 경제-정치 영역과, 후자는 종교-윤리 영역과 관련된다. 이 양 가치의 대립이 화해 불가능한 이유는 종교-윤리적 정의는 현세 존재 자체의 부정의한 성격과 근본적으로 대립하기 때문이다. 여기서 베버는 기독교 신학의 신정론(神正論, theodicy) 논의에 크게 의거하고 있다. 예컨대 무구한 어린아이의 병고와 착한 자의 불행한 죽음에 어떤 정의가 있는가? 즉 윤리적 선함은 현세적 보상과 연결되지 않는다는 점이다. 따라서 종교적 관점에서 보면 세상은 정당화되지 않는 고통과 슬픔으로 가득한, 불의의 장소이다.[19]

---

19) 물론 이런 견해는 베버가 이해하는 칼뱅의 예정설(predestination)의 신정론이며 (Weber, 1958: 336ff., 358~359) 또한 칸트가 전개한 신정론과 합일한다. 이 신정론은 사전적 의미에서의 신정론, 즉 "악의 존재와 관련하여 신적 속성, 즉 정의와 신성성을 변호하는 것"(Oxford English Dictionary)을 부정하는 역의 신정론이다. 칸트가 신정론을 논한 글의 제목이 '모든 시도되었던 철학적 신정론의 실패에 관하여'인 것처럼 [Kant, 1973(1791)], 이러한 부정적 신정론은 철학적 논리에 의한 신정론─인간의 이성을 통한 신의 정의의 증명─을 부정한다. 물론 칸트가 염두에 두었던 철학적 신정론의 대표격은 라이프니츠의 신정론인바, 라이프니츠는 세상의 불완전과 부정의는 "보다

베버에 의하면 모든 종교적 카리스마는 이러한 현세적 불의에 대한 문제의식에서 출발한다. 불의가 만연하는 현실은 현실의 논리(수단합리성)만으로는 의미를 찾을 수 없다. 오직 종교적, 윤리적 논리(가치합리성)에 의해서만 현실은 의미를 찾게 된다. 이렇듯 '무엇으로부터 (왔고)' '무엇을 위해 (사는가)'라는 종교적, 윤리적 물음은 현실이 불완전하고 부정의한 만큼 사람의 삶과 행위에 큰 의미를 가지고 있고 그만큼 큰 영향을 미친다는 것이다(Weber, 1958: 280~281). 따라서 베버에게서 수단합리성과 가치합리성은 단순히 서로 다른 종류의 합리성일 뿐 아니라 물과 불처럼 서로를 배척하는 상극의 논리 체계이다.

이렇듯 태생적으로 반현세적 성격을 갖는 종교적 카리스마가 현세적 힘으로 전화하는 데는 종교적 카리스마가 갖는 윤리적 명령의 힘이 필요할 뿐 아니라 그러한 카리스마가 일상화, 물화(物化)되어 전통으로 전화(轉化)하는 것이 중요하다(Weber, 1978: 1121~1148). 이 점이 베버의 카리스마-전통론이 가지는 역설적 성격의 핵심이다. 그것이 역설인 까닭은 모든 전통에 적대적인 카리스마 자체가 결국 전통으로 전화하기 때문이며, 카리스마가 지속적인 현세적 힘을 발휘하게 되려면 그 자체의 반대물인 전통으로 전화해야 한다는 사실 때문이기도 하다. 이렇듯 적대적인 전통과 카리스마가 혼용되는 것은 양자가 가진 공통성, 즉 양자 모두 "언제나 종교적 후광을 가지는 충성과 의무의 감각에 기초"해 있다는 점 때문이다(상동: 1122).

큰 악을 저지하고 보다 큰 선을 이루기 위한 목적을 위한 수단"(Leibniz, 1952: 137)이라고 주장하였다. 당시 프러시아의 여왕 소피 샤로테의 요청에 의해 작성된 라이프니츠의 이 논문은 사회적 불평등의 존재에 대한 변호론으로 비판받아왔다(Turner, 1996: 150~152). 부정적이든 긍정적이든 모든 신정론은 현세의 불완전성과 부정의함, 따라서 악의 존재를 전제하고 있다.

이러한 역설은 특히 종교와 정치 또는 윤리와 정치 간의 관계 문제에서 가장 첨예하게 드러난다. 그 이유는 첫째, 정치란 현세적 이해의 집중적 표현이므로 종교적 가치와 원리상 대립하고 있기 때문이고, 둘째, 그럼에도 종교와 정치는 카리스마적 권위를 놓고 경쟁하는 관계에 있기 때문이다. 전통화한 종교는 항상 강력한 정치적 권위를 갖게 되고, 강력한 정치 권력은 언제나 자신의 머리 뒤에 종교적 – 윤리적 카리스마의 후광이 떠 있기를 바란다(상동: 1158~1181). 근본적으로 반경제적이고 반정치적인 성격을 가진 종교적 카리스마가 정치화한다는 것이 첫째 역설이요, 서로 배타적인 (현세적) 정치적 권위와 (비현세적) 종교적 – 윤리적 권위가 상호 대립 경쟁하면서도 타협하여 섞인다는 점이 두 번째 역설이다. 우리는 베버의 이러한 논점들이 그의 특유한 이데올로기론, 즉 모든 이데올로기 내부에는 비현세적 종교 – 윤리적 전망과 현실 정치적 전망의 대립 – 공존이라는 모순적 현상이 존재하고 있다는, 이데올로기 내적 갈등론, 또는 내적 갈등의 이데올로기론을 구성하는 핵심이라고 본다.

이제 '이념적 이해'에 관한 논의로 돌아가 정리해보면, 카리스마가 전통과 결합하는 역설이 이념적 이해가 인간의 행위에 가지는 힘의 미스테리를 푸는 열쇠임을 알 수 있다. 앞서 우리가 구성해본바, 이념적 이해가 인간의 행위에 행사하는 힘은 카리스마가 가지는 윤리적 명령의 힘과 함께 그 카리스마적 명령이 제도화, 일상화되어 만들어진 전통과 습관의 힘이 합쳐진 것이기 때문이다. 이러한 이념적 이해가 물질적 이해와 연관되는 까닭은 전통화된 제도는 이미 물질적 이해의 강력한 구현체가 되기 때문이다. 전통화된 종교적 – 윤리적 제도는 물질적 이해의 향수자이면서도 그 제도에의 복종을 요구하는 지시 근거, 힘의 동력은 항상 물질적 이해와의 긴장에서 찾는다. 유럽 중세교회의 면죄부 판매는 현세적, 물질적 이해 추구의 죄를 사(赦)해주기 위해 시작되었고, 조선에서 향약(鄕約)을 통한 신분 위계의 강화[20]는 미풍과 윤리의 명분 아래 이루어졌다. 인간의 행위를 발진(發進)시키는 이념적 이해의 동력이란 이렇듯 복합적이고 역설적이다.

5. '이념적 이해'와 예

이상의 논의를 종합해보면, 이념적 이해란 현세적 이해를 '초월'하는 어떤 윤리적 명령, 그리고 몸의 기억과 행동의 기질이 되어버린 어떤 제도와 전통의 명령이 혼합된 것이다. 이러한 이념적 이해의 개념은 일단 분석적 의미에서의 물질적 이해—부, 쾌락, 권력의 획득을 위한 의식적인 행위 동기—와는 분명히 구분된다. 이렇듯 물질적 이해와 구분된 범주로서 이념적 이해의 계기와 영역을 먼저 분명히 설정해내는 것이 중요하다. 양 이해의 뒤섞임 현상에 관한 분석은 그 이후의 문제다. 이렇듯 구분되는 두 가지 분석의 차원을 혼동하면 부르디외나 엘리아스처럼 평면적 전략 동기론에 빠진다.

이념적 이해의 특성이 가장 선명하게 드러나는 시기는 카리스마가 강력한 시기로서 종교적 혁신이나 정치적 혁명기가 이에 해당한다. 유교의 경우에는 선진 공맹기 유교가 윤리종교로서 처음 탄생하던 시기와, 11세기를 전후한 송(宋)에서의 정주학의 성립 시기가 대표적인 시기라 할 수 있다. 이곳에서는 분석을 선진 공맹기로 제한하지만 여기서 제시된 기본적인 패턴은 그 이후 유학사의 중요한 시점들에서 되풀이된다고 말할 수 있다.

동한(東漢)기에 편찬되어 고의(古意)에 충실한 것으로 평가받는 『설문해

---

20) 향약의 형법적-신분 위계 강화적 기능에 대해서는 이재룡(1995:217~241), Deuchler(1999) 참고.

자(說文解字)』에서는 예를 "행하는 것(履), 신을 섬겨(事神) 복을 구하는 것(致福)"이라 풀이한다. 결국 예란 기복적(祈福的) 제사 의례에서 비롯했다는 이야기다. 갑골문자에 기록된 역사적 정황을 살펴보면 초기 하상[(夏商) 왕조기]의 예란 임금이 하늘과 조상에 제물을 바치고 전쟁, 사냥 등에 대한 길흉을 점치는 행위에서 비롯한 것으로 보인다(Keightley, 1999). 이러한 초기단계의 예란 아직 윤리화되지 않은 종교의 의례였다. 베버는 종교 윤리화의 핵심은 세상의 불완전성, 부정의에 대한 자각, 특히 정치권력의 한계와 위험성에 대한 인식에서 찾는다. 이러한 인식은 공맹기 유학자들의 저술에서 풍부하게 나타난다. 이를테면 공자는 자신의 시대를 "더 이상 봉황이 내려와 춤추지 않는" 도덕적 타락기로 규정하고 있는데, 그 이유는 무엇보다 군주가 더 이상 성인일 수 없다는 사실인식 때문이었다. 맹자에 따르면 "요순 이후 성인의 치도는 사라져 폭군이 연이어 출현"하고 "세상이 쇠퇴하여 임금을 죽이고 아비를 죽이는 일이 생기는"(『맹자(孟子)』「등문공장구 하(滕文公章句 下)」) 시대라는 것이다. 새로웠던 것은 도덕적 타락이 아니라, 당시에 벌어지고 있는 현상들을 도덕적 타락으로 바라본 유교 창건자들의 시각이었다. 다시 말하면, 전쟁과 살육이 최초로 발생했던 것이 아니라, 그러한 문제를 최초로 도덕적 문제로 인식하기 시작했다는 것이다. 따라서 이러한 새로운 시각, 새로운 인식의 시점은 동양 문명에서 최초로 윤리가 탄생하는 시점이기도 하다.

유교이념의 핵심은 성왕론이다. 『서경』을 비롯한 유교 경전의 요임금에 대한 묘사가 말하듯, 이상시대의 군주는 폭력으로부터 완전히 자유로운, 오직 덕의 힘으로 세상에 조화와 평화를 가져다주는 성인이다. 그러나 상고시대의 고고학적 증거들에 비추어보면 이 시대는 유교 경전들이 그리고 있듯 폭력 없이 덕으로 충만한 시대가 아닌—다른 어떤 문명의 신화 시기와 마찬가지로—오히려 원초적 폭력으로 가득찬 세계다. 다만 당시에는 그러한 현상에 대한 선-악 구분 의식, 즉 윤리적 기준 자체가 존재하지 않았을 뿐이다. 공맹이 살았던 시기, 즉 부족국가 단계에서 고대국가체제로 발전하는 과정이 가져다준 혼란은 막심하였을 것이고,[21] 이러한 이례적인 격변의 시대가 과거에 대한 강력한 향수와 미화를 불러일으킨다는 것은 오늘날에도 관찰되는 현상이다. 오늘날 우리가 보는 유교 경전들이란 상고시대로부터 전해 내려오던 방대한 자료들이 유교 창건자들의 섬세한 도덕-윤리적 체에 수없이 걸러진 후 세심하게 편집된 것이다(이 책 제3장 참조).

이런 과정을 통해, 유교의 다른 주요 개념들[인(仁), 의(義), 덕(德), 신(信) 등]과 마찬가지로, 예의 의미 역시 윤리화되었다. 이제 예는 단순히 구복적 행위(履)와 제의일 뿐 아니라 동시에 이념[理]이다.[22] 이(理)란 문(文)(『설문해자』), 즉 우주와 사물의 문양(紋樣), 질서, 도리다. 『예기(禮記)』에서 정리한 바에 따르면 예란 "천의 시(時)에 합(合)하고, 지(地)의 법칙에 기반하며, 귀신에 순(順)하고, 인심에 합하는 것으로 만물의 이치"(『예기』「예기(禮器)」)인 것이다. 고대-중세인에게 우주적 질서란 윤리적 질서와 다르지 않았다(Needham, 1977: 453). 성왕의 이미지가 그렇듯이 란 불완전한 현실 인정과 사물을 올바르게(윤리적인 방향으로) 인도하는 이상이요 규범이다.

이러한 새로운 윤리적 정언명령은 강력한 카리스마를 가졌고, 그 성격은 베버가 말한 대로 무조건적이며 반(反)경제적이다(Weber, 1978: 224~231, 241~245, 1111~1114). 한갓 떠도는 세객(說客)의 입장에서 열강의 군주들 앞에서 자신의 생사를 돌보지 않고—베버의 용어를 빌리자면, "행위의 결과에 대한 고려 없이 오직 윤리적 명령에 따라"—서슴없이

---

21) 아이젠슈타트(Eisenstadt, 1986)는 세계윤리종교 탄생의 배경에는 이러한 부족적 정체(政體)의 해체와 고대국가체제 성립의 시대적 격변이 놓여 있다고 보았다.

22) "예란 사람이 행하는 것이다(禮者人之所履也)"(『순자』「대략(大略)」). "예란 이치, 이념이다(禮也者理也)"(『예기』「중니연거(仲尼燕居)」).

그들을 비판하였던 맹자의 모습은 분명 구약에 나온 예언자들의 카리스마를 연상시킨다(Rowley, 1956). 그러나 앞서 살펴본 대로 '이념'은 역사의 철로 방향을 바꾸어놓을 수는 있어도 수많은 평범한 사람들이 그 위를 지속적으로 달릴 추동력까지 제공하지는 않는다. 이념이 현실의 힘으로 전화하기 위해서는 인간의 몸이 움직이게 해야 한다. 바로 행동〔履〕하도록 하는 것, 바로 예의 힘이 필요하다. 실로 유교의 윤리혁명은 인간의 몸을 움직이도록〔履〕 하는 예라는 제도를 통해서만 역사의 철로를 달리는 동력이 되었던 것이다. 무엇이 어떻게 움직이도록 한 것일까?

유교 창건자들의 경전 편집 과정이 전통적 자료를 뜯어고치는 방법이 아니라 윤리적 기준에 따라 체로 걸러내는, 즉 전통적 재료를 윤리적 기준에 따라 선별 재건축하는 방법(술이부작)을 취했던 것처럼, 예 역시 똑같은 경로를 밟았다고 할 수 있다. 즉 조상신에 제사를 지내는 오랜 전통과 그 안에 담긴 기복적 동기를 윤리적 예를 건축하는 재료로 일단 그대로 받아들였던 것이다. 다만 그 재료가 윤리적 목적에 부합하도록 그 의미를 재구성하였다. 공자는 "조상의 제사를 올릴 때는 선조가 계신 듯이 하였고, 신에 제사를 드릴 때는 신이 계신 듯이"(『논어』「팔일(八佾)」) 하여 전통적 행위에 충실하였지만 동시에 "괴이하고 폭력적이며 귀신에 관한 것은 이야기하지 않는다"(상동)고 하는 말로 상고적 제의의 원시적 폭력성과 샤먼적 요소에 대해 뚜렷한 선을 그었다. 그리하여 예란 단순히 기복적 성격을 넘어서서, 사적 욕망을 극복하고 유교 윤리성의 요체인 인(仁)으로 돌아간다[23]—후대 정주학의 언어로는 인욕(人慾)과 기질지성(氣質之性)을 극복하고 다스린다—는 윤리적 목적을 띠게 되었다.

---

23) "사람이 인하지 못하면 어찌 예를 알까(人而不仁如禮何)"(『논어』「팔일」). "극기복례위인(克己復禮爲仁)"(『논어』「안연(顔淵)」).

따라서 유교윤리혁명은 보수 혁명이기도 하였다. 그 핵심은 춘추전국시기 급속한 사회변동으로 흐트러지고 있었던 친족적 신분 질서의 회복이다. 그러나 사실을 좀 더 세심히 들여다보면 유교는 친족질서 문제에서도 전래해오는 제도와 관습이라는 재료를 쓰되, 윤리화(倫理化)라는 설계도를 가지고 새로운 건축을 하였던 것을 알 수 있다. 갑골문에서의 족(族)은 상부는 깃발[方＋人], 하부는 활[矢]로 이루어진 문자로서 전쟁 단위를 표상하였다. 따라서 상고시대 친족이란 절대적 명령권을 가진 가부장 밑에서 강한 규율로 통제되었던 전투 단위였다(Chang, 1983: 35~39). 당시 친족 성원 사이의 서열이나 관계는 군사적 성격이 강했음을 말해준다. 그러나 유교의 친족 관계에서는 이러한 군사적 서열 질서를 친화적 서열의 힘[친(親), 효(孝), 제(弟), 서(序), 별(別) 등]으로 대체하려 하였다. 이를 통해 위기에 처한 사회질서를 회복하려 하였다. 그 요체는 친족서열의 강제력을 군사적인 것에서 윤리적인 것으로 변모시키려 한 것이다(제3장 7절 참조).

이렇듯 유교가 거둔 성공의 요체는 존재해왔던 전통적 제도와 관습이라는 소재를 받아들여 계승해나가되 여기에 윤리적 변형을 가함으로써 그들의 윤리혁명이 연착륙할 수 있도록 한 점에 있다. 이 연착륙의 핵심은 이념과 이해라는 패러독스의 고리를 연결시킨 데 있으며 그 연결은 바로 예라는 제도로 구체화되었다. 폭력이 만연했던 시기에 부르짖었던 평화와 인(仁)이라는 낯선 이념은 조상숭배와 친족질서라는 익숙하기만 한 몸과 기억의 경제의 결을 타고 들어와 그 습관과 전통의 이해(interests)와 합체됨으로써 인간의 행위를 추동하는 강력한 힘으로 전화될 수 있었다. 그 힘은 오랫동안 존재했던 조상숭배와 친족질서라는 전통과 관습의 유지 보존의 이해(利害)에 기여하는 힘이지만, 동시에 그 제도를 윤리적 명령에 따라 변환시키는 힘이므로 이념적 이해(ideal interests)의 힘이다.

이렇듯 전통적 제도를 안으로부터 변형시키는 이념적 이해의 도구로서의 예의 힘은 군주제 내부에 성왕이라는 강력한 이념을 심어 군주의 일거수 일투족을 예에 따라 규율하려 했던 유교정치의 역사에서도 분명히 드러난다. 유교정치의 영역으로 들어오면 예의 역사는 성왕사상과 군주전제론 간의 투쟁의 역사이기도 하였다. 다시 말하면 성인군주의 이데올로기는 현실의 전제군주를 안으로부터 견제하기 위한 유교이념의 교묘한 구상이었고, 예란 그 이념을 실현하기 위한 이념적 이해의 무기였다. 성인군주의 녁의 이미지가 순수하고 높을수록 현실 군주를 견제하기 위한 이념적 역장은 넓어지고 강해질 수 있기 때문이다. 베버가 강조했던 정지와 윤리 간의 영원한 갈등, 모든 이데올로기에 내재하는 내적 긴장이 유교의 성군사상과 정치예법에 뚜렷이 드러나고 있는 것이다. 아울러 유교정치에서 군주의 자의(恣意)를 예로서 억제하기 위한 예법의 핵심은 언제나 종법의 원칙 문제였는데, 종법이란 바로 이상화된 친족질서와 제례의 체제, 즉 윤리화된 전통에 다름 아니었다.

물론 이러한 친족질서와 조상숭배의 제례란 베버의 용어를 빌리자면 '신분적 상황'의 유지와 관련되는 것이고, 따라서 오늘날의 시각에서 볼 때 '물질적 이해'와 강력하게 결합했던 것이기도 하다. 친족질서 자체가 강력한 위계의 구분을 전제하고 있지만, 동시에 친족 간 질서를 말하는 것으로 왕 - 경대부(卿大夫) - 사(士) - 서(庶) - 천(賤)이라는 차별화, 서열화된 친족 단위 간의 신분 질서를 의미한다. 그러나 전통 사회에서 물질적 - 이념적 이해를 구분하기 매우 어려웠던 것은 모든 전통 사회에서는 신분 자체가 이념화, 윤리화되고 있었기 때문이다. '신분적 상황'이 '계급적 상황'과 구분되는 점(Weber, 1958: 180~195, 300~301)은 전자에서는 신분적 차등이 (계급적 상황에서와 같이) 경제적 착취 - 피착취, 정치적 억압 - 피억압(不正義)으로 표상되지 않고 오히려 상위 신분이 하위 신분을 지키고 보호한다는 윤리적 외양(正義)을 띠고 있다는 점이다. 따라서 전통 사회에서는 평등이 아닌 차별이 시대의 (윤리적) 이념이 되었던 것이다.

6. 예의 현재적 의미

그러나 이제 조상의 신위 앞에 절을 올리는 몸이 스스로의 행위를 바라보고 이 속에서 괴리를 느끼게 된다면 어떻게 될까? 즉 예법의 몸이 '이념적 이해' 속에서 더 이상 일체화되지 않고, 그 안에 숨겨진 갈등, 즉 윤리와 수단 간의 괴리를 날카롭게 자각하게 된다면 어떻게 될까? 조선에서 그러한 괴리가 발생했던 시점은 유교 예법의 사회적 포괄력이 정점에 섰던 바로 그 순간이었다. 그 순간을 딱 집어 하나만 택하라면, 그것은 1659년 조선의 구중궁궐 안에서 발생했던 기해예송이었다. 기해예송을 통해 정통유교의 엄격한 종법의례가 왕권 규제의 '수단'이었음이 여실하게 드러났다. 예의 권위가 절정에 오르자 이제 그렇듯 막강한 예를 모방하려는 사회적 파장이 크게 일어났다. '온 나라가 양반 되기' 운동이 전 사회적으로 격발되었던 것이다. 이제 유교의례는 정치투쟁의 무기일 뿐 아니라 양반으로의 신분 상승을 위한 더할 나위 없는 '수단'이 되었다. 사대봉사가 경건할수록 나의 '양반 되기'는 힘을 얻는다(이 책 제10, 11장).

조선 유교사회의 세속화는 이로써 본격화되었다. 앞서 살펴본 부르디외나 엘리아스의 이론이 잘 맞아떨어지는 지점이 바로 이곳이다. 예의 모방이 대규모로 확장되면서 아울러 예에 대한 냉소 역시 급격히 확산되었다. 엘리아스가 관찰 대상으로 삼은 18세기 프랑스와 '온 나라가 양반 되기'가 벌어진 조선 후기 사회의 양상은 매우 흡사하다. 윤리와 수단이 뒤섞여 가는 현상에 대한 강한 냉소를 읽을 수 있는 부르디외의 이론은 물론 바로 우리가 지금 살고 있는 현대사회에 대한 진단이기도 하다. 이러한 점에서 '온 나라가 양반 되기' 현상이 벌어진 조선 후기와 오늘날의 현대 한국사회는 동시대적이다. 우리가 기해예송 전후를 초기근대(early modern era)로 보는 이유가 여기에 있다. 전통적 가치와 예법이 '세속화'되고 냉소의 대상이 되기 시작한 근대의 초기라는 뜻이다. 또한 바로 우리가 살고 있는 근대-현대사회(modern society)의 시발점, 초기 시점이었다는 의미이기도 하다.

그렇다면 엘리아스와 부르디외 이론의 문제점은 무엇이었던가? 이 점을 다시 상기해보자. 그들이 초기근대 이후의 사회현상 속에서 윤리와 수단이 뒤섞이는 측면을 예리하게 포착한 것은 정확했다. 그러나 그 이론적 진술 속에서 그들이 암묵적으로 깔고 있었던 전제, 즉 근대-현대사회에서는 윤리의 영역 자체가 축소 소멸되어가며, 결국 윤리의 영역이 사라지고 세속적인 수단의 세계로 평면화되고 말 것이라는 생각, 즉 세속화 테제(secularization thesis)를 너무나도 평면적으로 이해했던 것이 문제였다. 조선 후기의 '온 나라가 양반 되기'는 냉소만을 낳았던 것이 아니다. 조선 특유의 '유교적 평등화' 그리고 동학(東學) 운동에서 보는 윤리적 대중유교의 출현, 유교적 인민주권 사상의 태동을 아울러 수반했다(이 책 제12, 13장). 새로운 근대적 가치, 근대적 윤리가 세속화의 열풍 속에서 새롭게 자라나고 있었던 것이다.

앞서 상세히 언급했듯 엘리아스와 부르디외는 베버의 입론을 충실하게 계승하여 발전시킨 이론가들이다. 그들의 '평면적 세속화 테제'는 사실 베버 속에 있었다. 베버의 근대 전망은 지극히 우울하고 비관적인 것이었다. 자본주의든 사회주의든 '수단적 합리화의 기계장치'가 다 삼켜버리고 말 것으로 보았다. 그러나 베버는 그의 방대한 역사 연구 속에서 성의 영역, 윤리의 가치가 인류사의 일정한 측면에서 항상 특이하게 결정적인 역할을 해왔다는 사실을 아울러 강조하고자 했다.[24]

베버의 '이념적 이해' 개념은 칸트가 말한 '도덕적 이해관심(moral interest)' 또는 실천이성의 '진정한 동기(echte Triebfeder)'에 준하는 개념이다. 칸트는 정념의 경향성과 무관한 요청인 도덕성이 또 하나의 이해관심과 동기의 형태로 그 모습을 드러내는 것을 철학적으로 풀이하고자 많은 노력을 기울였다(김상준, 2009, 제2장). 정주학의 이(理)나 성(性) 개념도 크게 다르지 않다. 조선 유학을 풍미했던 이기(理氣) 논쟁을 이 장 서두에 언급했던 베버의 '전철수' 이론이나 칸트의 '도덕 동기' 논설로 풀이해도 크게 어색하지 않다. 문제의 핵심은 왜 윤리적 요구인 이(理)가 현세적 인과 고리의 논리인 기(氣)의 형상을 빌려, 또는 기를 타고(乘) 나타나는가에 있었다. 칸트 역시 욕구능력이 감각에 의존하는 '경향성'의 원환에 갇힌 인간존재에게 도덕적 동기가 '경향성'으로 드러나는 난제를 풀기 위해 고심했다. 칸트에게서 '도덕 동기'란 '기를 탄 이'와 다르지 않다.

이와 기, 성과 속, 양자는 항상 얽혀 있었다. 이 점은 근대 이전이나 이후나 다를 바 없다. 그러나 근대 이전에는 그 얽힘의 양상이 성(聖) 영역이 속(俗) 영역을 압도하는 모습으로 드러나고 있었다(통섭 I의 세계). 그런 압도 속에서 고대적, 중세적 신분 세계가 펼쳐졌던 것이다. '세속화'란 성이 속을 압도하는 그 당연함에 의문과 회의가 발생하였다는 뜻이기도 하다. 오히려 속의 논리, 기의 논리가 전면화하고 압도한다. 성의 영역, 이의 세계는 속의 표면 안쪽 깊이 숨는다. 성과 속이 완벽하게, 흠결없이, 신성하게 일체화되어 있다는 믿음에 균열이 생긴다. 그 균열과 회의 속에서 이와 심(心)의 이론은 윤리적으로 더욱 정교해지고 내면화될 수밖에 없었다(통

---

24) 이 점에 주목하여 베버 연구자들인 Tenbruck(1980), Hennis(1988), Schroder(1991) 등은 베버의 근대관이 한편으로는 수단합리성이 전일화(專一化)되어가는 경향에 대한 비판과 가치합리성이 독자의 가치를 추구해나가는 도덕적 자율성, 윤리적 인성, 내면적 공간(inner-distance)의 영역에 대한 희망이 교차하는 복잡하고 양가적인 모습을 띠고 있다고 풀이하고 있다.

섭II의 세계).

앞서 "조상의 신위 앞에 절을 올리는 몸이 스스로의 행위를 바라보고 이 속에서 괴리를 느끼게 된다"는 것은 바로 오늘날 우리들 자신의 모습, 곤혹스러운 내면의 소리이기도 하다. 신위에 절을 하는 행위 속에서 영혼의 안식을 찾았던 세대는 점점 사라지고 있다. 21세기에 접어든 오늘날 '사대봉사'는 더 이상 신분 상승 수단의 의미를 갖지 못한다. 이미 온 나라가 양반 된 이후이기 때문이다(제12장 결론 참조). 그렇다면 이 사대봉사의 예는 오늘날 어떤 의미를 갖는 것일까? 친족 결속이 그 자체로 어떤 윤리적인 의미를 갖는 것일까? 아니면 여전히 과거 성왕론의 예론이 그러했듯 이 군주 또는 국가폭력을 제어하는 수단으로써의 정치윤리적 의미를 갖는 것일까? 물을 건넜으면 뗏목은 버려야 한다. 이제 들을 건너 산을 넘어야 하는데 뗏목을 지고 갈 수는 없다. 친족 결속이 윤리적 공경심의 근간이 되었던 시대도, 왕조가 국가를 지배하던 시대도 다 지나갔다. 사대봉사는 이제 잘 갈무리해야 할 유제(遺制)로 남았을 뿐이다.

그렇다면 무엇이 남았고, 무엇을 보존해야 할 것인가? 우리는 유교 윤리의 핵심을 '맹자의 땀, 성왕의 피'에서 찾았다(제2, 3장). '맹자의 땀'이란 타자의 비참한 상황을 보고 차마 외면하지 못하는 마음, 인(仁)의 마음을 표상하는 상징이다. 그러한 '비참한 타자'의 최초의 모습은 죽은 부모의 시신의 형상으로 '최초의 인간'의 마음에 들어왔다. 맹자가 빛나는 통찰력으로 포착해낸 '기상유자 예의불시(其顙有泚 睨而不視)'의 마음이 바로 그것이다(제2장). 그 언설의 핵심은 인간이 타자의 곤경에 윤리적으로 반응하는 가장 근원적인 동기를 절묘하게 집어내고 있다는 데 있다. 칸트가 아주 힘들여 설명했던 '도덕적 동기'의 근원을 맹자는 아주 이해하기 쉬운 사례를 들어 기막히게 설명했다. 맹자의 그 이야기를 그저 부모 제사 잘 지내라는 식으로만 풀이한다면 너무나 진부하다. 그 핵심은 '타자의 발견', 즉 '윤리의 눈뜸'에 있다.

그렇다면 이제 오늘날의 사회 상황에서 『주자가례』에 서술되어 있는 그 대로의 엄격한 사대봉사 의례를 실행하는 것이, 인(仁)의 정신, 기상유자 예의불시의 정신에 부합하는 것일까? 오히려 그 정신에 반(反)하는 것이 아닐까? '타자의 발견', '윤리의 눈뜸'이 아니라 오히려 많은 사람들에게 괴로움을 주는 일이 아닐까? 예는 때에 맞아야 한다. 그것이 예의 정신이다. 오늘날의 사대봉사라면, 자손의 기억에 남아 있는 조상의 범위 안에서 그 기일에 맞추어 간소한 기념을 행하는 방향으로 대체해가야 할 것이다. 오늘날의 오륜이라면, 곤궁에 처한 미지의 타자를 향한 윤리적 눈길로 확장 전환되어야 할 것이다.

유교를 친족윤리 안으로 가두는 것은 오히려 유교를 죽이는 것이다. 인(仁)의 본정신은 곤경에 처한 이웃에 대한 지원과 배려의 덕목이다. 친족례는 일종의 수단이었다. 일단 근린의 친족이 서로 돕지 않으면 연명하기 어려웠던 사회 상태에서 친족례는 분명 아주 원초적인 이웃 부조의 윤리성을 가졌다. 그러한 연유로 형식화된 친족윤리 체제를 오늘날 옛 형태 그대로 엄격하게 강요한다면 그것은 오히려 비례요 역례. 오복지친이 모여 살면서 연명을 도모했던 시대의 강은 이미 건넜다. 이제 넓은 의미의, 그리고 본래 의미의 이웃에 대해 생각하는 것이 인의 정신에 부합한다.

사대봉사, 오복지친을 말하는 종법제란 실상 극소수의 왕가, 귀족의 친족례에서 왔다. 정치의례가 그 기원이다. 그리고 유교 윤리의 관점에서 보았을 때 종법제의 핵심 목적은 왕위 계승을 둘러싼 폭력을 제어하는 데 있었다(제3, 4장). 구왕조사회에서 왕권이란, 막스 베버의 표현을 빌리자면, '폭력의 합법적 독점'의 장소다. 그만큼 무시무시한 자리였다. 수단 방법을 가리지 않는 폭력 투쟁이 왕권을 중심으로 전개된다. 주로 형제 간, 숙부－조카 간의 '골육상잔'이었다. 이것을 막기 위해 왕위 계승의 서열을 정하고, 친족 간의 예법적 질서를 정한 것이 종법제였다. 종법제 자체, 친족례 자체가 목적이 아니었다.[25] 왕가, 귀족들 간, 그리고 그들이 지배하는 국가 간의 폭력 투쟁의 결과 백성이, 인민이 도탄에 빠지는 것을 막고자 했던 것이 목적이었다. 힘 없는 백성들의 고통을 같이 아파했던 마음이야말로 공맹 우환의식의 핵심이 아니었던가? 평화와 문(文 = 평화적인 문명). 우리는 이것을 유교윤리의 핵심으로 본다. 성왕론의 핵심이 바로 여기에 있다고 본다. 유교가 표방했던 '천하위공(天下爲公)'이 말하는 바의 핵심이 바로 그것이었다.

사회정의에 예민한 감성을 가진 곧은 분들로부터 도대체 유교가 오늘날 무슨 의미가 있느냐는 힐난성 질문을 곧잘 받는다. 그럴 때마다 난 당혹해하면서도 "이상하게 들리실지 모르겠지만 저는 선생님들의 바로 그런 태도와 실천정신 속에서 유교정신의 핵심을 봅니다"라고 대답하곤 한다. 나는 한국의 1960~1980년대의 학생운동과 사회운동 속에서 유교정신의 핵심을 본다. 그 당사자들은 그 사실을 전혀 인식하지 못했지만 말이다. 아니 오히려 강력하게 반유교, 유교 타파를 주장했지만 말이다. 그러나 아이러니야말로 역사의 문법이 작동되는 원리다. 어쨌거나 그렇게 대답할 때면 늘 되돌아오는 질문이 있다. "그렇다면 당신이 생각하는 유교의 핵심이 뭐요?" 이럴 때 난 "천하위공입니다"라고 한마디로 답한다. 천하위공이란 공공(公共)의 마음, 공공의 질서, 공공의 윤리다. 보편적 민주주의 사

---

25) 유교는 친족주의, 친족예법이라는 항간의 등식이 철저히 부정되는 것을 캉유웨이의 『대동서』에서 볼 수 있다. 캉유웨이는 결코 유교의 이단이 아니다. 오히려 누구보다 철저한 유자다. 그럼에도 가족의 해체를 주장한다. 역시 천하의 바름[公]을 위해서다. 유교에서는 항상 천하의 바름이 우선이고 벼리다. 친족질서는 그 목적을 위해 필요하다면 강조되는 부차적, 수단적 측면이다. 성왕론이 친족 계승이 아닌 현인(賢人) 선발 원칙에 서 있음을 기억하자. 공자 자신 친족주의와 친족예법을 자신의 교의의 핵심으로 생각하지 않았다(Waley, 2005).

상의 뿌리가 여기에 닿아 있다. 이웃사랑, 나라사랑, 세계사랑이 여기에서 나온다. 여기에 하나쯤 덧붙일 여유가 있으면 유교의 천지인(天地人) 사상을 든다. 천지인이란 자연과 인간이 통한다는 생각이다. 자연과 인간을 가르고, 인간이 자연을 마음대로 지배하고 착취해도 된다는 생각은 이제 더 이상 통하지 않는다. 오만이다. 그런 태도가 이웃 인간에 대한 마음으로 번져간다. 천지인 사상은 21세기 과학사상, 생태철학으로 승화시켜갈 요소가 많다.

역사적으로 유교의 예는 인류사상 비교할 사례를 찾아보기 어려울 만큼 엄청나게 성공적이었던 제도였다. 물론 말폐도 많았다. "예가 사람 잡아먹는다"라고 하는 이탁오와 허균, 그리고 루쉰(魯迅) 등의 통렬한 고발이 일례다. 그렇기에 유교사회에는 타락하고 사악한 유자를 미워하는 염유(厭儒), 오유(惡儒)의 전통도 강했다. 그러나 염유, 오유론을 설파한 사람들이야말로 오히려 유교의 본정신에 충실한 경우가 대부분이다. 천하위공의 마음, 우환의식, 지조 정신, 죽음 앞에서도 뜻을 지키는 태도(見死不更其守), 이러한 정신을 지키고자 했던 사람들이었다.

왕조제가 사라진 오늘날 우리는 유교가 완전히 환골탈태해야 한다고 믿는다. 유교 성왕론은 공공성의 정치철학, 평화사상, 세계시민사회론, 윤리론으로, 예의 사상은 민주주의 사회의 시민윤리로 승화되고 변모해야 한다. 그래야 유교가 21세기의 '이념적 이해' 또는 '도덕적 동기'의 하나로 살아남을 수 있다. 보다 성숙한 민주주의 사회, 정의롭고 평화로운 세계를 이루어가는 데 유교가 기여할 자원이 많다. 이제 지켜가야 할 것은 거센 물을 힘을 모아 건넜던 정신이요 지혜이지, 구예법, 즉 뗏목 그 자체가 아니다.

제6장

유교 노블레스 오블리주

여성적 절의와 도덕권력

1. 노블레스 오블리주의 핵심은 무엇인가?

'노블레스 오블리주'란 "귀족 혈통이 제약하는 바" 또는 "귀한 신분에는 책임이 따른다"는 뜻이다(*Oxford English Dictionary*). 과거 봉건시대의 영주는 자신에게 귀속되어 있는 농민 또는 농노들이 극한 상황에서 굶어죽는 것을 방치할 수 없었다. 이는 커다란 손실이기 때문이다. 그 자신 프랑스의 유력한 대귀족 가문의 후계자였던 토크빌의 말에 따르면, 봉건시대의 영주들은 농민들에 대한 가혹한 압제자이기도 하였지만 동시에 그들을 보살피는 보호자이기도 하였다는 것이다. 유럽과 같은 봉건 영지를 영유하지 못했던 중국과 조선의 향촌 사족들도, 예컨대 주희가 제안하였던 바와 같이 사창(社倉)을 두어 평소에 양곡을 축적하였다가 흉년에는 곤궁에 처한 농민들을 구제하자는 발상이 존재했었다.

귀족 집단에 절대적으로 예속되어 있는 농민들을 보호할 의무란 동시에 그들의 부와 권력의 인프라를 적절한 수준에서 유지하는 관리술이기도 하

272 제2부 유교세계의 작동 원리

였다. 결국 노블레스 오블리주란 압도적으로 우월한 귀족의 지위와 권력을 전제로 하는 말이다. 그 용어 자체가 이렇듯 신분적 함의를 강하게 포함하고 있기 때문에 오늘날 구미권에서는 진지한 맥락에서는 좀처럼 사용하지 않는 말이기도 하다. 미국의 어떤 상류층 인사가 거액을 사회복지재단에 희사했을 때 이를 노블레스 오블리주라고 누군가 표현했다면, 여기에는 진심으로 칭송한다는 느낌보다는 다소 꼬집고 비트는 뉘앙스가 강하게 내포된다. 이런 경우의 희사는 보통 자선〔philanthropy(미국), charity(영국)〕이라고 하는데, 이 용어에는 귀족적 신분주의의 요소가 다소 탈색되어 있다.

어쨌든 노블레스 오블리주라는 용어는 신분제 사회의 지배층이 힘에 의한 절대적인 권력의 우위를 향유하였을 뿐 아니라, 그들이 그들보다 하위신분에 대해 어떤 도덕적 권위 역시 행사하고 있었음을 지적하고 있다. 과연 그 도덕적 권위는 어디에서 비롯된 것이었을까? 그러한 도덕적 권위의 핵심은 무엇이었을까? 어떤 도덕적 권위를 가지고 있었기에 여러 가지 신분적 특권을 향유할 수 있었던 것일까? 그러한 권위는 단순히 생존을 위협받는 가난한 농민의 경제적 생존을 보장해주는 정도 이상의 어떤 것이었음에 분명하다. 그렇지 않다면 신분적으로 훨씬 비천한 지위에 있지만 귀족보다 많은 부를 소유할 수 있었던 특정 상인이나 부농 역시 노블레스 오블리주의 도덕적 권위를 확보할 가능성이 언제나 있었기 때문이다. 역사적으로 동서를 막론하고 비록 천한 신분이지만 상인이나 부농으로 큰 재산을 모아 그 일부를 어려운 빈민에게 베푼 경우는 적지 않다. 그러나 그들의 이러한 선행은 결코 노블레스 오블리주라 불리지 않았다. 상인과 부농이 아무리 도덕적인 행위를 하였다고 해도 노블레스 오블리주라는 용어가 내포하고 있는 다른 신분에게는 허용하지 않는 모종의 배타적이고 독점적인 도덕적 권위를 획득할 수는 없었던 것이다. 즉 경제적인 관대함은 노블레스 오블리주의 파생적인 요소는 될지언정 그 핵심을 이루고 있

프리드리히 니체(1844~1900)

지는 않다.

그렇다면 그러한 강력한 도덕적 권위를 형성하는 핵심적 요소는 무엇일까? 니체는 『도덕의 계보학』에서 이것을 다음과 같이 설명한다. 즉 그들 신분적 지배층은 어떤 특정한 상황에서 죽음을 두려워하지 않는 용기를 보여주었다는 것, 더 나아가 죽음을 고결한 의무로서 기꺼이 받아들였다는 점에 있다는 것이다. 결국 노블레스 오블리주의 도덕적 권위의 핵심은 죽음, 다시 말하면 기꺼이 죽음을 택하는 용기에서 비롯된다.

이것은 일단 유럽의 봉건시대를 생각하면 쉽게 이해될 수 있다. 유럽 귀족의 제1의 특징은 무장한 세력, 무인·전사라는 점이다. 과거 봉건시대 프랑스에서 농민들은 대귀족들을 독수리, 매라고 불렀고, 별볼일없어진 영락한 소귀족들조차 작은 솔개라고 불렀다. 그들은 귀족을 사나운 육식성 맹금으로 보았던 것이다. 이러한 공격성, 육식성이 어떻게 도덕적 권위로 화할 수 있다는 것인가? 이는 양과 양 치는 개의 관계와 유사하다. 귀족들은 양 치는 개처럼 사납게 양(농민)을 몰아붙이기도 하지만, 동시에 늑대의 공격으로부터 자신들을 지켜주는 존재, 즉 농민들은 귀족들을 자신들의 주인으로 생각하기도 하였다. 즉 귀족은 공동체 바깥의 침략 세력으로부터 자신들의 삶을 지켜주는 존재인 것이다. 농민들은 오직 눈앞의 생존에만 연연하지만 무장한 귀족들은 목숨을 걸고 싸우는 존재다. 봉건 유럽에서는 말 타고 무장하여 전쟁에 나간다는 것은 의무 이전에 권리이기도 하였다.

니체가 『도덕의 계보학』에서 전개했던 어법에 따르면 죽음을 두려워하지 않는 용맹한 전사(warrior)들이 지배자, 귀족이 되고, 이들은 죄의식 없는 당당하고 굳센 힘의 도덕, 행동의 도덕 주체가 된다. 그들 도덕의 핵심은 죽음을 이겨낸 용기와 힘에 있다. 그들에게 죽음이란 의무를 넘어서서 유쾌하게 맞이하는 삶의 궁극적 타오름에 이른다. "사망의 권세를 누가 이길 것이뇨……" 성경의 말씀을 이들 전사 귀족들은 말 위에서 목숨을 건 투쟁의 유희 속에서, 즐겁게 영웅적으로 이겨냈다. 따라서 사망의 권세를 이겨낸 이들의 권력은 그렇지 못한 나약하고 겁에 질린 모든 이들 위에, 즉 생존에 급급한 모든 노예들 위에 절대적으로 군림한다. 무장 자체의 물리적 권력보다 죽음을 이겨낸 용기가 가져다주는 도덕적 권위는 더욱 강하다.

잠시 옆길로 빠져서, 오늘날 한국사회에서 노블레스 오블리주라는 말이 심심찮게 오르내리는데, 우선 그 말을 정말이지 '귀족'으로의 자기의식을 가지고 사용하고 있는 분들에게 감히 여쭈어보아야 할 말이 있다. 과연 그들은 앞서 말한 귀족들처럼 명예롭게, 고결한 의무로서 기꺼이 죽을 준비가 되어 있는 것일까? 안타깝게도 긍정적으로 답하기 매우 어려운 것이 우리 현실이다. 북한과의 군사적 긴장이 높아질 때마다 용감하게 큰 소리를 내어 전쟁 불사의 강경론을 펴는 분들의 면면과 이력을 보면, 실은 막상 전쟁이 벌어지게 되면, 아니 정말로 현실적으로 그렇게 될 조짐이 조금이라도 보이기라도 한다면, 누구보다 빠른 정보력과 재력에 기초하여 누구보다 빨리 짐 싸서 이 나라를 떠나실 분들, 즉 항상 편하고 안락하고 따뜻한 곳만 찾아 다녔던 분들이 아닌가 한다. 앞과 뒤가 너무나도 다른 것이다.

고결한 의무로서 명예롭게 죽겠다는 노블레스 오블리주의 정신을 찬양하자는 것이 아니다. 오히려 필자는 노블레스 오블리주와 죽음과의 본질적인 연관에 대해 커다란 문제의식을 가지고 있다. 다만 과거 고대, 중세 귀족의 노블레스 오블리주에 내포된 필사적인 심각성, 진지함과는 전혀 거리가 먼 사람들이 너무나도 가볍게 노블레스 오블리주를 운위하는 것에 실소를 금치 못한다는 뜻일 뿐이다. 한 가지 덧붙이자면, 노블레스 오블리주라는 어휘가 한국의 식자층에 회자하는 현상 자체도 아주 입맛을 쓰게 한다. 영 엉뚱한 이야기라면 그럴 이유가 없다. 어쨌든 현실을 반영하고 있는 점이 있기 때문에 그렇다. 즉 신(新)신분주의, 신귀족층이 한국사회에 어느 정도 정착했다는 사정을 표현하고 있다는 것이다. 그러한 신신분주의 귀족층을 아예 발벗고 옹호하고 변호하고 나서는 사람들에게야 일촌(一寸)의 언급조차 더할 이유가 없겠지만, 이들에 대한 비판의 수단으로서 노블레스 오블리주라는 어휘를 동원하는 측도 이러한 '신분적' 불평등 구조의 정착에 대한 경계가 미약한 경우가 많은 것 같다.

2. 유교사회의 경우

서양에서야 무인 귀족이 지배층을 이루었던 만큼 죽음이 노블레스 오블리주의 핵심이라는 이 글의 주장이 일리가 있는 것 같기도 하지만, 문사가 지배층을 이루었던 유교사회, 조선 사회에서 그 말은 들어맞지 않을 것 같다는 반론이 있겠다. 절반은 맞는 지적이다. 말을 타고 창칼을 휘두르는 것이 의무 이전에 영광이요 권리였던 것이 고대 그리스·로마 그리고 중세 유럽의 귀족이었다(중세 일본도 그러하다). 반면 유학자들은 사농공상이라는 신분 서열에서 아예 무(武)라는 층은 제외를 시켜버릴 만큼 무인들을 경멸하고 경계했다.

이렇게 보면 언젠가 지나간 대선에서 모 후보 아들의 병역 미필 문제를 시비하면서 그 후보에게는 노블레스 오블리주가 없다고 공격했던 비판은 실상 우리나라 역사에서는 그 선례를 찾아볼 수 없는 헛다리짚기였다고도 말할 수 있는 셈이다. 유학자들에게 병역〔조선시대에는 군역(軍役)이라 불렀다〕은 결코 고결한 의무가 아니라 천역이요 수치였을 뿐이다. 물론 유학자들과 일종의 권력 경쟁 관계에 있었던 군주들은 유학자들에게도 병역을 지워보려고, 그것이 안 되면 최소한 병역세〔軍布〕라도 내게 해보려고 갖은 애를 썼지만 양반들의 강력한 반발에 부딪쳐 그 모든 노력이 모두 허사가 되곤 하였던 것이다. 결국 조선시대 어법으로 하자면, 병역 기피는 결코 수치스러운 일이 아니었다. 오히려 대선에 출마하신 지체 높은 귀족의 자제에게 감히 병역의 의무를 강요했던 밑바닥 평민의 여론이 염치와 분수를 몰라도 너무 몰랐던 셈이었다고나 할까?

그렇다면 유교사회의 지배층들에게는 이런 군사적 의미에서의 노블레스 오블리주라는 게 아예 없었다는 이야기인가? 조선시대 임진·정유 양왜란 때와 한말 민비 시해 이래 향촌의 유학자들이 의병을 일으켜 일본 침략 세력에 맞서 일종의 게릴라전을 전개했던 사례를 되새겨본다면, 유교 지배층에도 군사적 의미의 노블레스 오블리주가 전혀 없었다고 말할 수는 없다. 그러나 이러한 사례는 지극히 비상한 사태 속에서의 예외적인 경우라고 볼 수 있다. 노블레스 오블리주를 중세 유럽과 같이 귀족의 군사적 의무로 좁혀 생각할 때, 유교사회 지배층의 노블레스 오블리주의 실천 모습을 일반적, 일상적 상황 속에서 찾아보기란 사실 매우 어렵다.

그렇지만 이 글의 서두에서 말했듯 노블레스 오블리주를 (귀족층의) 고결한 의무로서의 죽음, 그러한 죽음에 기반한 권력으로 보아 해석의 층위를 한 단계 깊이 내려 일반화한다면, 유교사회의 지배층에도 노블레스 오블리주가 분명히 존재했고, 그 양상은 유럽의 그것에 비해 오히려 더 강렬하고 치열한 것이었다고까지 말할 수 있다. 과연 무인·전사가 아닌 자로서 기꺼운 죽음을 통해 죽음을 이겨낸다는 것은 무엇을 말할까? 다시 한번 니체의 통찰을 빌려 이야기하자면, 그것은 노예의 도덕, 사제의 권력을 말한다. 무인·전사는 싸움터에서 적을 격멸하는 투쟁 속에서 기꺼이 죽어가지만, 기꺼운 죽음은 그것만 있는 것이 아니다. 강한 자의 폭력에 스러져가는 약한 자의 뇌리에 이 세상은 불의하고 불완전한 것이라는 각성이 생겼을 때, 그는 죽음을 통해 이 세상의 폭력을 이긴다는 것이다. 이것이 노예의 도덕이고, 이 도덕을 교리화시켜 이 교리의 지킴이가 되는 것이 사제다. 사제는 폭력으로 가득 찬, 강한 자, 칼을 쥔 자의 세계가 아닌, 이러한 폭력을 악으로 표상시켜내는 또 다른 도덕 세계의 권력자다.

현실 정치의 중추에 서서 막강한 권력을 행사했던 유학자들을 노예와 사제에 비유하는 것이 걸맞지 않다고 느낄 수도 있겠다. 그러나 우선, 이집트든 중세 유럽이든 사제가 행사했던 엄청난 권력을 상기한다면 사제의 비유는 전혀 부적절하지 않다. 노예의 비유도 일견 지나친 것 같지만 사실은 그렇지 않다. 유교 궁정의 신료들이 자신들의 왕을 위한 노력을 견마지로(犬馬之勞)라고 하여 자신을 개와 말로 낮추는 것은 당시에는 단순한 수사법만은 아니었다. 신(臣)은 갑골문을 보면 전쟁에서 사로잡힌 포로의 형상에서 유래한 글자로서 원래 노예라는 뜻을 가졌다. 비잔틴 제국에서 술탄의 각료들은 엄청난 권력을 행사했지만 그들의 신분은 실제로 노예였다. 독자적 영토와 무력을 갖추었던 중세 프랑스 귀족들이 루이 14세의 베르사이유 궁전으로 들어가 가운을 들어다 바치고 세숫물 떠다 바치는 일로 일신의 부귀를 도모하는 처지로 전락했을 때, 그들은 사실상 노예로 전락한 것이라고 신랄하게 꼬집은 후일의 사가(史家)들이 단순히 말장난을 친 것만은 아니었다. 그렇다면 세습되는 독자적 영지(領地)도 없고, 자신만을 위한 기사단을 거느리지도 못한, 오직 공자왈 맹자왈 외워대는 지식

말고는 가진 것이 없는, 물리적으로 보자면 절대적으로 무력한 유학자들을 강력한 최고 무장인 왕 앞의 노예라고 비유하여 지나칠 것은 없다. 유학의 유(儒)란 연약하다, 나약하다는 뜻의 유(柔)와 통했던 말이었다.

3. "견사불경기수(見死不更其守)"의 정신과 유교적 도덕권력

이렇듯 여느 문명권의 왕의 신료 중에서도 물리적으로 가장 무력했던 유학자들이 역사가 입증하듯 그렇듯 강력한 권력을 행사할 수 있었던 비결은 무엇이었을까? 그것은 유자 집단이 일찍이 니체의 상상력을 뛰어넘는 비상한 도덕권력을 구축하는 데 성공했기 때문이다.

유자는 역사적으로 보면 사(士)라는 특이한 계층에서 비롯한 집단이다. 사(士)란 선진(先秦) 봉건시대 제후의 방계(傍系)가 많은 가지를 친 끝에 어떤 특정한 관직과 봉록을 확보하지 못하게 된 계층을 말한다. 결국 사란 비록 제후의 혈통에서 유래되었지만 사실상 일반 평민과의 경계선에 이른 신분층이다. 이러한 신분 하락 때문에 공자가 애초에 그랬듯 이들은 더 이상 말이 모는 수레를 탈 수도 없고 말을 타고 전장에 나가 싸우는 무장도 못된다. 이런 사 신분은 춘추전국시대에 오직 그들의 학문적 능력과 지략의 힘으로 출세의 계단을 타고 올랐다. 그들 중 역사와 의례를 전공하여 학파를 이루었던 것이 유가다. 후일 유가가 제자백가의 경쟁에서 최종 승자가 되고 나면 사란 유와 사실상 동의어가 된다. 조선에서도 사족(士族)이란 유학을 업(業)으로 하는 유학자층을 지칭하게 된다.

더 이상 칼 차고 말 탈 수 없게 된 사 신분이 말과 칼을 독점하고 있는 상층 제후 신분을 바라보는 시선 속에는 모종의 복잡한 심리가 작용하였으리라는 점은 쉽게 짐작할 수 있다. 그들에게 말과 칼, 즉 무사적 폭력의 세계와 그 세계의 모럴은 거부와 반발의 대상이었음과 동시에 선망과 희원의 대상이기도 하였을 것이다. 이러한 모순된 요소의 뒤엉킴이 사 신분의 정치관과 모럴에 그대로 투영되어 나타난다. 즉 그들은 철저히 반폭력적인 정치사상을 전개하되, 그들의 행위 양식에는 무인적인 결연성이 강하게 잔존해 있다.

유교의 주요한 고전적 텍스트의 하나인『예기』「유행(儒行)」편의 다음 구절에 그 모순적 뒤엉킴이 뚜렷이 드러난다. 아래 구절은 공자가 노나라 군주인 애공(哀公)의 질문에 답한 내용이라 한다.

애공이 가로되, 감히 유자의 행하는 바를 묻고자 한다 하였다. 공자 답하여 〔……〕 유자는 금과 옥으로 보물을 삼지 않고 충과 신으로 보물을 삼고, 토지를 바라지 않고 의(義)를 세워 토로 삼고, 많은 곡식을 바라지 않고 글을 많이 읽어 부로 삼습니다. 〔……〕 유자는 이렇듯 잘 드러나 보이지 않기 때문에 찾기 어렵습니다. 또 의가 아니면 함께 하지 않기 때문에 〔군주의 뜻대로〕 기르기 어렵습니다. 〔……〕 유자는 …… 이익 때문에 의를 저버리지 않습니다. 〔유자의 뜻을 뺏고자〕 다중의 힘을 동원하고, 많은 병사를 동원하여 그를 강제하려고 하면 유자는 죽음을 뻔히 보고서도 지키고자 하는 뜻을 바꾸지 않습니다(見死不更其守). 맹수와 맹조가 후려치듯 덤벼들어도 유자는 결코 자기의 용맹과 힘을 계산하지 않고 맞서고, 무거운 무쇠 솥을 끄는 것 같은 어려운 고비에도 자신의 힘이 얼마나 되는지 계산하지 않고 여기에 대적합니다.

유자가 가진 것은 충신(忠信)의 붉은 마음[1]과 의와 문(文)뿐이다. 현세적

---

1) 정몽주나 사육신 모두 한 조각 붉은 마음〔一片丹心〕을 노래하며 철퇴와 형구 아래 의연하게 목숨을 사른다(이러한 순교적 유형의 유교적 정치 행위는 고려/조선, 중국, 베트남, 일본에서 풍부하게 발견된다). 이렇듯 경외심을 일으키는 유교적 '붉은 마음'의 절의는,

쾌락과 물질적 부로는 유자의 높은 뜻을 살 수가 없다. 현세적 수단으로 조종되지 않는 신하란 왕의 입장에서 보기에는 영 부려먹기 어려운 존재일 것이 분명하다. 더구나 이렇듯 까다로운 도덕관을 가진 유자의 뜻을 마음대로 구부려 써보겠다고 힘을 동원한다면, 그 억압과 강요가 아무리 무섭고 가혹한 것이더라도 유자는 여기에 죽음으로 맞서 결코 굴하지 않는다는 것이다. 죽음 앞에 지키고자 하는 것을 바꾸지 않는 것(見死不更其守), 이 정신이 바로 유자들이 그토록 강조하는 지조(志操)다.

이 지조의 정신에는 폭력에 대한 원천적 반항과 함께 무인의 결사적 투쟁 도덕이 묘하게 혼합되어 있다. 이미 말과 칼을 박탈당한 신분으로서 그들의 명예를 견지할 수 있게 하는 유일하게 남은 방법은 이렇듯 반폭력의 정치사상과 결사적 저항 정신의 결합이었던 것이다.

유가의 반폭력 정치사상이야말로 유교에 윤리종교적 특징을 부여한 요점이다. 세계윤리종교들(기독교, 불교, 유교, 이슬람, 힌두교) 모두가 현세적 폭력에 대해서는 일단 기본적으로 부정적 태도를 취하고 있지만, 유교의 반폭력주의는 다른 경우들에 비교하여 특이하게 비타협적이다. 다른 윤리종교들은 현세적 폭력에 대해 어느 선에서는 정당화하거나 타협하고 용인하는 반면, 유교는 극히 비상한 상황이 아니라면 폭력의 행사에 대해 반대한다.

그 이유는 역시 유자 집단이 무력 수단을 박탈당한 신분이라는 점과 관련된다. 유자 집단은 이러한 신분적 상황을 폭력 행사 자체에 대한 철저한

후일 유교문명권의 사회주의자, 공산주의자, 즉 붉은 혁명가들에 의해 가장 유사한 형태로 부활한다. 이 붉은 혁명가들은 무엇보다 극단적으로 탄압받던 시기에 가장 빛을 발했다. 파시즘, 나치즘 치하의 유럽 공산주의자들, 제국주의 식민주의 강점하의 제3세계 공산주의자들이 그렇다. 이 시기 이들의 비타협적 투쟁은, 오늘날 현실 사회주의 실험의 몰락에 이은 그 이념의 실추와 퇴락과는 별개로 여전히 어떤 초인적인 의지의 표상으로, 경외심을 불러일으키는 카리스마로 역사 속에 기억되고 있다.

맹자(기원전 372?∼289?)

윤리적 반대의 교리를 세우면서 극복했다는 점에서 법가 등의 현실 정치파와는 크게 다르다. 맹자가 이야기했듯 공자의 저술과 가르침의 요체는 아들이 아비를 죽이고 신하가 군주를 죽이기 때문에 세상이 타락하였다는 것을 명확히 밝히는 데 있다. 부친 살해(patricide)와 군주 살해(regicide)는 춘추전국의 상황에서는 상통하는 현상이었다. 군주는 아비거나 삼촌이요, 신하는 아들이거나 조카였던 것이다. 즉 맹자가 이른 대로

같은 피를 나눈 귀족들끼리의 전쟁[骨肉相爭]이었던 것이다. 아비를 죽이는 아들이나 군주를 죽이는 신하는 필경 용력이나 야망이 남다른 자들이었을 것이고, 이들은 필경 남다른 지도력을 가지고 아비나 친족의 권좌를 찬탈할 수 있을 만큼 강한 무력을 기를 수 있는 자였을 것이다. 유자란 법가 사상가들과는 다르게 이러한 현실 정치의 냉혹한 승자들을 위한 마키아벨리적인 전략전술 서비스 대신 그러한 패도 정치를 맹렬히 규탄하는 길을 택함으로써, 칼의 권력이 아닌 도덕의 권위, 즉 니체의 용어로는 사제 권력의 길을 걸었던 사람들이었다.

이렇듯 패권을 추구하는 군주들의 입맛에 맞기는커녕, 그러한 패권 추구를 비타협적으로 비판하는 유자 집단은 언제나 전국(戰國) 상황에 있는 군주들에게 환영받기는커녕 찬밥 신세를 면치 못했고 심한 경우에는 생명의 위협을 무릅써야 하는 처량한 신세였다. 공자와 같이 비교적 담담한 화법을 가진 사람은 그나마 냉대받으며 천하를 주유하는 정도에 그쳤지만, 맹자와 같이 도전적이고 논쟁적인 화법을 구사했던 사람은 생명이 아슬아

슬했던 순간을 한두 번 넘긴 것이 아니었다.

『맹자』의 첫 장을 열면 양나라 혜왕(惠王)과 맹자의 유명한 문답이 나온다. 혜왕이 묻기를 당신이 현명한 분이라 하니 우리나라를 이롭게 하는 방책을 말해달라고 한다. 맹자는 여기에 대뜸 어찌 임금으로 의가 아닌 이를 찾느냐고 꾸짖는다. 윗사람이 잇속만 찾으면 아랫사람들도 꼭 같이 하여 윗사람을 속이고, 결국에는 왕권까지 빼앗게 될 것이라고 경고한다. 또 나중에 혜왕의 아들인 양왕(襄王)에게는 천하의 목자(牧者)라 할 수 있는 오늘날의 임금 중에서 사람 죽이기를 좋아하지 않는 자는 한 사람도 없다고 잘라 말한다. 살벌한 전쟁 상황에서 일국의 군주에게 이처럼 겁 없이 직격탄을 날리던 이 백면서생은 그의 가슴에 아무리 호연지기를 품고 있었다 하더라도 항상 죽음을 염두에 두지 않을 수 없었을 것이다. 그렇기에 맹자는 "산다는 것 역시 바라는 바이지마는 의(義) 역시 내가 바라는 바이다. 두 가지를 모두 가질 수 없을 때는 삶을 버리고 의를 선택할 것이다"(「告子上」)라는 고백조의 결의를 남기지 않았을까.

후대의 많은 유학자들이 맹자의 결연한 태도를 뒤따랐던 것은 굳이 여러 사례를 들 필요조차 없이 널리 알려진 사실이다. 만세의 사표가 되는 유자의 모습이란 바로 목에 칼이 들어와도 바른 소리를 하고 구차한 삶보다는 죽음을 택하는 맹자의 결연한 모습이었다. 그래서 『맹자』는 늘 군주들, 특히 카리스마가 강한 창업 군주나 중흥 군주들에게는 인기가 없는, 아니 혐오와 기피, 그리고 금서-금독의 대상이었다. 어쨌거나 이렇듯 죽음에 대한 감연(敢然)한 태도는 그저 사는 것에 급급한 보통 사람들에게는 엄청난 경외감을 불러일으켰을 것이다. 이렇듯 두려움을 일으키는 경외감이야말로 유자들이 획득한 절대적인 도덕적 권위, 즉 유교적 노블레스 오블리주의 핵심이었다.

유자의 군왕에 대한 태도는 이중적이었다. 한편으로는 폭력의 정치를 강력하게 규탄하면서 또 한편에서는 성왕의 정치론, 즉 도덕적 교화의 성군론을 펼친다. 현실 정치의 중심인 군왕에게 이상정치의 성군의 이미지를 투사하는 것이다. 유자의 열렬한 충의의 대상은 그들의 이념 속의 성군이었다. 그들은 도덕을 무기로 힘을 제압하려 하였다. 유자들의 도덕정치가 니체가 묘사했던 노예의 도덕을 넘어서는 지점은 유자들이 단순히 무력한 자의 피동적 죽음으로 현세가 아닌 차세에서 정의가 구현될 것이라는 교의로 강자를 도덕적으로 넘어선 것이 아니라, 현실 정치의 한가운데서 강자에게 감연히 맞서 '나를 죽이고 가라!'고 외치는 능동적 죽음의 도덕을 통해 강자를 초월했다는 데 있다.

4. 유교적 노블레스 오블리주와
   여성적 절의(節義)의 동형 구조

　페미니즘은 유교에 대해 근본적인 비판을 가해왔다. 분명 장구한 유교 역사에서 공자의 이름으로, 주자의 이름으로 죽어야 했던 억울하고 불행한 여성들이 너무나 많았다. 열녀비, 절의문(조선)이니 쌍절효패방(중국)이니 하는 기념물에는 죽어서도 차마 편히 쉬지 못하는 슬픈 원혼이 잠들어 있기 일쑤다. 이제는 조금씩 나아지고 있지만 한국 주부들의 '명절증후군'의 원흉이 결국은 유교라는 말에도 일리는 있다. 그러나 여타의 다른 종교적·문화적 전통에 비해볼 때 유교가 특별히 더 반여성적이었다는 비판은 그다지 적절한 것은 아니라고 생각한다. 어떤 종교적·문화적 전통의 역사를 들여다보더라도, 현대의 시각에서 보면 여성 차별적인 요소가 두드러지게 눈에 띄게 마련이다. 진정한 극복을 위해서라도 내부로부터, 문제의 근원에서부터 차근차근 풀어가는 시각이 필요할 것 같다.

예를 들어 오늘날 이슬람 여성들의 차도르와 부르카는 여성 차별, 여성 억압의 대표적인 상징으로 지목되고는 한다. 그런데 이러한 상징성은 대개 서구의 시각, 외부의 시각에서 부여한 것이다. 그러다 보니 이슬람의 보통 여성들에게 차도르와 부르카는 오히려 집 밖으로 나가는 자유를 상징하는 경우가 많다는 점을 놓친다. 근래에는 오히려 이슬람 여성들 스스로 차도르와 부르카를 문화적 저항과 자긍심의 상징으로 역전시키는 사태가 벌어지고 있다. 이슬람 국가들에서만의 현상이 아니다. 유럽의 젊은 이슬람 이민자층에서 더욱 그렇다. 이렇듯 문화의 문제란 내부적 관점에 서지 않으면 비현실적이 되거나 아니면 오히려 역풍을 유발할 수 있다.

전통적 관습과 가치라는 것도 그 내부의 논리 속에서는 남성과 여성이 공모하고 공유하는 권력의 영역이 항상 존재했다. 특히 전통 사회의 지배층에서는 지배적 이데올로기를 이용하여 남녀 양성이 권력을 공유하고 공모했던 측면이 강하다. 어느 문명권에서도 마찬가지였고, 이는 유교에서도 그러했다. 아니 유교적 가치에는 여성적 특징이라고 볼 수 있는 측면이 다른 종교적 전통에 비해 오히려 강하다. 지금까지 이야기한 대로 노블레스 오블리주를 신분적 지배층의 도덕적 권위로 이해하고 그 핵심을 명예로운 죽음에 대한 감연한 태도로 본다면, 유교적 노블레스 오블리주에는 여성이 자발적인 협력자를 넘어서서 적극적인 주체가 되는 계기들이 강하게 존재한다.

『열녀전』의 한 가지 에피소드로부터 이야기를 풀어가보자. 『열녀전』은 주로 춘추전국시대의 여성에 관련된 일화를 편집해놓은 책인데, 이 에피소드는 「절의(節義)」편에 있는 제(齊)나라의 한 지방 영주의 부관인 구자(臼子)의 부인에 관한 것이다. 그 지방은 오랑캐인 융(戎)의 침략을 받아 영주가 살해되었다. 구자는 살해된 영주의 신하였으므로 신하된 자로 주인이 죽은 이상 그 역시 죽음을 택하는 것이 명예로운 길이었다. 그러나 구자는 결국 자결하지 못한다. 구자의 부인은 이를 힐책한다. 구자는 변명하기를 힘써 싸웠으나 결국 패하였고 자결하려 하였으나 여의치 않았다, 살아남아 생각해보니 내 한 몸이 아니라 처자가 있는 몸이니 죽기가 주저된다고 하였다. 이 말을 듣고 구자의 부인은 다음과 같이 말하였다.

저는 주군께 근심스러운 일이 생기면 신하가 그것을 부끄러워하고, 주군에게 부끄러운 일이 생기면 신하는 죽는다는 말을 들었습니다. 지금 주군께서 적에게 살해되었는데 그의 신하인 당신께서는 살아 계시니 어찌 의(義)라 할 수 있겠습니까. 많은 병사와 백성들을 죽게 하고 나라를 멸망하게 하고도 스스로 살아남은 것을 어찌 인(仁)이라 할 수 있겠습니까. 처자의 일을 걱정하여 인과 의를 잊고 돌아가신 주군을 배반하며 억세고 포악한 미개인을 섬기면서 어찌 충(忠)이라 할 수 있겠습니까. 사람으로서 충신의 도리와 인의의 행실 없이 어찌 현(賢)이라 할 수 있겠습니까. 〔……〕 지금 당신께서는 처자 때문에 남의 신하된 자로서의 절의를 잃고, 주군을 섬김에 예를 잃어 충신(忠信)의 도리를 버리고, 처자에 대한 사사로운 정리에 끌려 죽을 때에 죽지 못하고 구차하게 살려고 하십니다. 저도 그것을 부끄럽게 여기거늘 하물며 당신에게는 어찌 하겠습니까. 저는 당신과 함께 부끄러움을 견디며 살 수가 없습니다.

이어지는 구절은 '수자살(遂自殺)'이다. 자살을 결행했다는 뜻이다. 아마 구자의 부인이 먼저 스스로 목숨을 끊었을 것이고, 구자도 역시 그의 부인을 따르지 않았을까 짐작된다. 이 텍스트가 전한(前漢)의 남성 학자이자 대표적인 유교 이데올로그 중의 한 사람인 유향(劉向)에 의해 편집된 것이라는 점을 들어 남성 전유의 봉건적 공적 영역의 절대적 가치를 미화하기 위한 상징 조작에 불과하다고, 즉 여성을 봉건적 남성 우월 사상의 이데올로기적 예속물로 삼기 위한 이념 조작에 지나지 않는다고 비판하는 것은 일면적이다. 유향의 편집 의도는 더 넓은 근거 위에서 분석될 필요가 있다.

군주가 죽으면 신하가 따라 죽어야 한다는 규범 자체에서 분석을 시작할 필요가 있다. 원래 고대적 전쟁 규범은 무장한 패자는 몰살되는 것이었다. 그러나 구자의 경우와 같이 살아남은 신하들을 살육하지 않은 경우에 그들이 반드시 군주를 따라 죽어야 한다고 단정하는 데는 무언가 새로운 이데올로기, 새로운 규범이 끼어들었음을 추정할 수 있게 한다. 특히 위의 사례에서처럼 융이라고 하는 야만족, 즉 유교적 가치가 배척하는 철저히 무력에 의존하는 문명에 의해 나라가 멸망하였을 때는 이를 커다란 수치로 여겨야 한다는 이데올로기가 유향의 편집 의도에서 배어 나오고 있다. 즉 문(文)(문명)의 세계, 인의와 충신이 서 있는 세계가 야만의 폭력에 의해 위협받고 꺾였을 때는 앞서 『예기』의 「유행(儒行)」 편이 가르쳤던 바와 같이 내 힘이 어느 정도인지를 계산하지 않고 죽을 때까지 맹렬하게 저항하라는 것이고, 미처 죽지 못하고 나라가 꺾였을 때는 스스로 목숨을 끊는 것이 명예로운 유자의 길이라는 것을 유향은 전달하고 싶었던 것이 아니었을까.

『열녀전』에서는 남자인 구자가 아닌 그의 부인이 유자의 도리인 명예로운 죽음을 설파하고 있다. 죽어야 할 때 죽음으로써 충의인현의 고결한 덕목이 실현되는 반면, 그때 죽지 못하면 유교의 도덕은 더럽혀진다라고. 구자 부인의 이 처절한 도덕률과 명예의식이 단순히 남성적 유교이념의 조작과 세뇌에 기인했던 것일까? 오히려 유자의 처지란 명예를 지켜야 할 어떤 특정한 신분의 여성과 매우 유사하다는 점을 주목해야 한다. 여성의 처지는 유자의 그것과 마찬가지로 강한 무력의 힘 앞에 맨손, 맨몸으로 맞서 있다. 고대사에서 여성들의 처지란 강한 폭력을 가진 승리한 전사의 획득물에 지나지 않았다. 그러나 이러한 힘의 논리 앞에 명예 의식을 가진 여성들이 맞서서 오직 맨몸으로 그 힘을 도덕적으로 이겨내고 복수할 수 있는 유일한 방법은 자살이었던 것이고, 이러한 여성의 매운 절개를 두고 칭송하여 절의(節義)라 하였다. 폭력의 위협 앞에 죽음을 두려워하지 않고 맹렬히 저항한다는 유자의 덕목과 명예로운 신분 의식을 가진 여성들의 절의란 완전히 동형 구조를 이루고 있는 것이다. 그렇기에 유자들의 이념인 불사이군(不事二君)의 충절은 두 남편을 섬기지 않는다는 여성적 절의와 완전히 부합한다. 또한 굴원(屈原)의 『이소(離騷)』이래 보여지는 유자들의 충의가(忠義歌)의 센티먼트에도 대단히 에로틱한 면이 있다는 점에 주목할 필요가 있다. 유자들의 정조(情操)와 명예로운 신분층 여성의 감성이 예사롭지 않은 유사성을 가지고 있는 것이다. 『열녀전』의 예에서 구자의 부인이 그의 남편보다 더 유교적일 수 있었던 데는 그만한 근거가 있었다.[2]

조선 유학자들 간에도 위와 같은 사례가 많지만 그 대표적인 경우는 노론의 영수 송시열과 소론의 영수 윤증 간의 이른바 회니(懷尼) 시비[3]가 아닌가 한다. 이는 조선 당쟁사에서 노론과 소론의 분당 계기가 되는 유명한 일화다. 서인의 영수였던 송시열은 평소 그의 정적이었던 윤휴에 대해 모

---

[2] 요즈음 안방을 장악하고 있는 텔레비전의 조선시대 사극에서 왕가와 사대부의 규방 마님들이 유교정치의 주역으로 활약하고 있는 것도 결코 우연이 아니다. 유교정치의 정통성에는 적(嫡)/서(庶), 처(妻)/첩(妾)의 구분, 즉 계승자와 그의 모친의 신분적 지위가 중요한 기준인 만큼, 여성은 이러한 종법적 정치투쟁의 한가운데 설 수밖에 없었다. 선왕이 죽으면 대비(大妃)가 왕가의 최고 어른이 되어 정치권력을 행사하고, 왕은 대비(비록 그녀가 젊은 계비(繼妃)라 할지라도) 앞에 스스로 '신(臣)'을 칭하여 낮추어야 한다거나, 왕위 계승자를 둘러싼 투쟁 속에서 왕비의 서열 문제와 폐비(廢妃) 문제가 정치투쟁의 핵심 사안이 된다거나, 비(妃)의 친정 친족이 주요한 정치세력으로 등장한다거나 하는 문제들도 모두 여기서 파생된다. 이러한 투쟁들 속에서 여성들은 결코 피동적인 위치에 머무르지 않았다. 오히려 문제의 축을 구성하는 중심으로서 적극적인 역할을 했다.

[3] 당시 송시열의 근거지가 충청도 대전 일대의 회덕(懷德)이었고 윤증은 인근한 논산의 니산(尼山)이었기 때문에 양자 간의 갈등을 양 지명의 첫 자를 따서 회니 시비라고 한다.

인조의 치욕적인 항복 모습

호한 태도를 취하고 있던 윤선거 – 윤증 부자를 매우 못마땅하게 생각하고
있었다. 송시열은 윤휴를 사문난적의 이단으로 단호히 정죄해야 한다고
생각하고 있었던 반면, 윤선거 – 윤증 부자는 송시열과 윤휴의 설(設) 사이
를 오락가락하고 있었던 것이다. 윤선거가 사거하게 되자 송시열은 윤선
거에 대한 비판의 포문을 열었는데 그 핵심은 윤선거가 죽었어야 할 자리
에서 죽지 않아 의리를 지키지 못했다는 것이었다.

　이야기는 병자호란(1636~1637)으로 거슬러 올라간다. 인조가 남한산성
에서 항전할 때 윤선거는 강화도에 있었다. 몇 달의 항전 끝에 인조는 현
재의 서울 송파 석촌동 일대인 삼전도(三田渡)로 내려와 청 태종 황태극
앞에서 치욕적인 항복을 한다. 그러자 강화도 역시 성문을 열고 항복하게
되는데 이때 윤선거의 부인 이씨는 스스로 목숨을 끊는다. 그러나 윤선거
는 부인을 따라 자살하지 못하고 비굴하게 하인으로 변복하여 강화도를

빠져 나왔다는 것이다. 자결한 그의 부인의 절의와 부인을 따라 죽지 못한 윤선거의 훼절(毁節)! "윤선거는 그의 부인을 따라 죽었어야 했다!" 이 서늘한 한 마디는 송시열의 입을 통해 나온 『열녀전』속 구자(臼子) 부인의 목소리 그대로가 아닌가?

윤선거가 연로한 부친이 살아 계셔서 차마 죽을 수 없었다고 변명했다는 점, 즉 구자와 비슷한 변명을 했었다는 점을 덧붙인다. 아울러 윤선거는 자신의 이 '훼절'을 부끄러워하여 평생 관직에 나가지 않고 향리에 은거하며 학문을 닦았다.

5. 도덕권력을 넘어서

노블레스 오블리주 일반, 그리고 유교적 노블레스 오블리주의 핵심에는 죽음을 감연히 맞이하는 데서 비롯한 특이한 도덕권력이 있음을 살펴보았다. 조선의 유학자들이 조정과 향촌에서 위로는 군주에 맞서고 밑으로는 농민들 위에 군림하며 강력한 도덕적 권위를 행사할 수 있었던 핵심에는 그러한 도덕권력이 존재했다. 그들이 누렸던 엄청난 특권에는 나름대로 치렀던 값이 있었던 것이다. 도덕과 특권의 이 함수관계에 대해 명나라의 이단적 유학자인 이지(李贄)는 말하기를, 죽음을 무릅쓰고 군주에게 간쟁하는 유학자들을 가리켜 간쟁(諫諍)하여 살아남으면 당대에 영화를 누리고 죽으면 자손이 영화를 누린다고 정리하였다. 앞서 『열녀전』의 구자와 그 부인의 경우에도 오랑캐의 왕조차 그 부인의 충절에 감동하여 그 부부를 높은 예로 장례 지내주고 구자의 아우에게는 황금을 하사하고 경의 작위를 주었다고 기록되어 있다.

오늘날 우리 사회의 사정을 볼 때, '노블레스 오블리주'라는 말을 도입하고 유통시키려는 분들의 모두는 아니겠지만, 최소한 상당수는 누릴 특권에는 뜻이 있되 치를 대가에 대해서는 무관심한 것이 아닌가 우려한다. 무엇보다 노블레스 오블리주란 유럽 봉건시대 신분제도를 전제로 했던 말이다. 프랑스어의 유래를 보면 분명하다. 앙시앵 레짐하의 프랑스 귀족들은 압도적인 다수의 농민 평민들 위에 군림하던 봉건적 소군주들이었다. 그에 비하면 유교세계의 사대부층은 유럽의 귀족들과는 달리 작위나 봉토, 봉신을 세습하지 않는 층이었다. 엄격한 의미에서 봉건귀족이 아니다. 중국의 송대 이후나 조선의 중기 이후 사회는 이미 봉건 단계를 넘어서서 초기근대적 특징을 보이고 있었다. 같은 시기 봉건 단계의 나라들에 비해 봉건적 신분의 해체가 급속히 진행되고 있었다. 그럼에도 신분 구분은 엄존했고, 사족-양반층에 대한 많은 특권이 있었다. 이런 엄연한 사실이 너무 쉽게 망각되고 있다.

그렇다 보니 '노블레스 오블리주'라는 왠지 멋져 보이는 외래어가 '사회지도층'의 품위 또는 '부자가 빈자에게 베푸는 선행' 정도의 뜻을 가지는 것쯤으로 이해하고 "역시 귀족이란 멋있는 것이야"라는 가벼운 심리와 연결되기도 한다. 이러한 현실은 어쩌면 대두하고 있는 우리 사회의 자본주의 신귀족주의 앞에 이미 자발적으로 무장해제를 하고 있는 민심의 상태를 표현하고 있는지도 모른다. 신양반층이라 할 새로운 특권층이 형성되고 있는 것은 부인할 수 없는 사실이다. 우리 사회는 신봉건주의, 신반상(班常)사회로 나아가고 있는 것인가?

경계해야 할 것은 새로운 귀족주의의 유입만이 아니다. 어쩌면 제사(의무)에는 관심 없고 잿밥(특권)에만 관심 있는 요즈음의 뜨내기 귀족 희망자들은 민주주의의 보다 큰 대세 속에서 강력한 비판의 타깃으로 스스로 떠오를 것이고, 그들의 그런 앞 다르고 뒤 다른 모습은 오히려 민주적 시민교육의 살아 있는 교재가 되어줄 수도 있다. 신분주의, 귀족주의를 자신의 힘으로 미처 완전히 타파하지 못하고 식민지라는 어두운 터널을 통해 현대로 들어선 우리들에게는 이러한 정치교육 과정이 뒤늦게나마 필요할지도 모른다.

역사 속에서 배워야 할 진정으로 심각한 교훈은 노블레스 오블리주의 배경에 있는 특이한 도덕권력의 신분적 역학(力學)의 의미에 대한 신중한 음미다. 잿밥에만 관심이 있는 껍데기 귀족주의보다는 오히려 진지한 의미에서의 귀족적 도덕권력 자체가 비판적으로 성찰되어야 한다. 물론 뜻 높은 유자들의 가치관과 행위에는 오늘날 재해석되어 창조적으로 계승되어야 할 점이 참으로 많다. 그러나 그것은 유교적 도덕권력의 역사적, 사회적 의미를 일단 철저히 비판적으로 검토하고 난 다음의 이야기가 되어야 한다.

귀족적, 봉건적, 위계적, 전통적 윤리기준과 시민적, 민주적, 평등적, 현대적 윤리기준은 다르다. 노블레스 오블리주란 귀족적, 봉건적, 위계적 윤리관에 기반한 덕목이다. 죽음에 대한 감연한 태도, 고결한 죽음의 명예란 신분적 특권주의를 배경으로 하고 있음을 놓쳐서는 안 된다. 여기서 죽음이란 도덕적 위계의 정상에 이르려는, 도덕 전쟁의 승자가 되려는 필사적인 투쟁 수단이기도 하다. 민주적 평등 의식이 완전히 정착하기 이전의 사회에서 신분적 위계는 동시에 도덕적 위계이기도 했다. 신분적 위계란 또한 혈통적 위계다. 신분=혈통=도덕의 위계는 삼위일체를 이룬다. 이 삼위일체는 종교적 언어로 승화되면서 우주론, 도통론으로 확장된다. 유교사회의 경우, 유학자들의 도덕정치는 동시에 신분정치요 혈통정치였다. 이 삼위일체는 종법정치로 종합된다. 이것이 우리가 여러 예송 사례에서 관찰할 수 있었던 사실이다. 유교에서 종법적 질서는 폭력적 찬탈, 즉 정통성이 없는 정치적 폭력을 예방하는 이념 구조였고, 효와 충이 동형 구조로 결합하는 유교적 봉건성, 유교적 종교성의 핵심이었다. 『열녀전』 속의 숱한 절의녀들과 송시열을 한 줄로 묶는 공통성은 종법적 혈통, 종법적 국가, 종법적 신분 구조에 대한 신성한 믿음이었다.

아울러 힘의 정치에 성왕론으로 맞섰던 비폭력적 유학자들이 그 자신 폭력적 당쟁정치, 피의 보복정치의 주역이 되었던 귀결점을 깊이 음미해야 한다. 배타적 혈통, 위계적 신분, 닫힌 교의와 결합된 전통적 도덕률은 언제나 종교적 근본주의의 맹목적 폭력으로 연결되곤 하였던 것이 동서 역사가 가르쳐주는 교훈이다. 피비린내 나는 종교전쟁의 교훈이 여러 가치의 자유와 공존을 지향하는 현대적 정치사상의 출발점이 되었음을 기억하자. 종교, 가치, 신념, 관습, 지역, 언어, 민족이 다른 타인들에 대해서도 평등한 존재로서, 자유로운 시민으로서의 지위를 부여하려는 노력이 민주주의 이념의 핵심을 이룬다. 도덕적 승리를 위한 죽음, 순교자 정치의 이면에는 자신과 다른 타인에 대한 맹렬한 적대감과 폭력의 의지가 감추어져 있다. 우리가 구축해나가야 할 새로운 윤리는 이러한 분노와 원한의 응결물로서의 도덕권력[4]을 비판적으로 해체하는 데서 시작될 것이다.

끝으로 문제의 본말을 분명히 해두는 것이 공정할 것이다. 유교는 동렬의 윤리종교인 힌두교, 기독교, 불교, 이슬람에 비해 군주의 폭력, 국가폭력에 가장 비타협적으로 맞섰던 평화주의적 교의였음을. 유교는 현세를 카이저의 폭력, 윤회의 장엄한 유희(lila)에 그저 맡기고 방치해두지 않았다. 이 점이 유교의 가장 위대한 점이다. 그 살벌한 전국시대의 전쟁 군주들의 면전에서 "오늘날의 임금 중에서 사람 죽이기를 좋아하지 않는 자는 한 사람도 없다"고 감히 직언했던 자, 바로 유자들이었다. 도덕권력을 넘어서는 데 진정 필요한 것은 바로 평화를 희구했던 원(原)유교의 이러한

---

4) 이는 니체가 비판했던 resentment의 도덕, 그리고 키에르케고르가 윤리 A, 윤리 B를 구분했을 때의 윤리 A에 속하는 윤리일 것이다.

비상한 용기와 기백일 것이다. 이제 유교가 규율하려 했던 군주와 왕조사회가 사라진 오늘날의 상황에서, 유교적 전통이 민주적 에너지원으로, 세계평화의 사상 자원으로 전환될 수 있는 가능성이 여기에 있다. 철학에서 말하는 '지양(止揚)'의 의미가 여기에 있다. 유교 모럴폴리틱의 건강한 핵심을 보존하되, 그 역사적 구형태를 발전적으로 부정하고 넘어서는 것이다. 이때 민주적 사회 상황에 맞는 정치와 윤리의 새로운 결합이 가능하게 된다.

其顙有泚睨而不視

見死不更其守

不二斬焉二統

道統王統

3

동아시아 초기근대의 전개 양상

제7장

잊혀진 지구화

'긴 12세기'와 동아시아 초기근대혁명

1. 팍스 몽골리카, 그리고 '긴 12세기'

오늘날 우리의 일반 통념 속에서 세계화, 지구화란 모두 서양이 주도했고, 주도하고, 앞으로도 주도할 어떤 것이다. 오늘날의 지구화는 미국이 주도하고(Pax Americana), 19세기 지구화는 영국이 주도했다(Pax Britannica). 이런 역사 인식 속에서 동양, 아시아란 언제나 세계화의 바깥, 고립과 정체 속에 있었다. 아편전쟁 이전의 중국, 페리 제독의 흑선 이전의 일본, 일본 운요호의 함포 위협 이전의 조선이 그랬다고 생각한다. 동아시아만이 아니다. 중동, 인도, 동남아시아는 더욱 그러했음이 분명하다고 생각한다. 아니, 생각 이전에 자명한 사실로, 불문율로 그냥 그렇게 철석같이 믿는다. 아시아는 서양이 세계화를 개시하기 전까지 그저 기다려야 했다. 닫힌 문을 누군가가 열어주기 전까지는.

그러나 세계사적으로 보면 실제적 의미의 세계화는 오히려 아시아에서 비롯되었다 할 것이다. 알렉산더 대왕의 '그리스(즉 유럽)발(發) 세계 원정'은 일단 고대 문명의 산물이었다는 점에서만이 아니라, 아직 당대(當代)의 주요 문명권이던 중국에 이르지 못했다는 점에서 실제적 의미의 세계화로 볼 수 없다. '실제적 의미의 세계화'란 최소한 당대의 모든 주요 문명권의 주요 지점들이 실질적으로 연결되고 교류하는 단계에서야 비로소 운위할 수 있을 것이다. 이를 담보할 수 있는 일정한 물질적, 문화적 발전이 또한 반드시 요구된다. 그러한 수준의 발전은 '초기근대' 또는 '역사적 근대'의 시발 단계에서만 찾아볼 수 있는 것이다.

그러한 실제적 의미의 세계화란 11~13세기 송원(宋元) 연간의 유라시아에서 최초로 진행되었다. 또한 이 시기는 물질적, 정신적 혁신을 통한 최초의 '역사적 근대'의 양상이 주로 송(宋) 제국을 중심으로 표출되었던 시기이기도 하다. 그 배경에는 7~10세기 이슬람과 당(唐) 제국을 중심으로 한 동서교역의 비약적인 발전이 있었다. 그렇지만 역사적 근대의 시발로 볼 여러 징후는 이 단계에서 아직 나타나지 않는다. 이 '징후'의 구체적 항목들은 이후 상술할 것이다(3절). 7~10세기의 문화적 혼융의 정도도 송원 연간의 유라시아에 미치지 못한다. 역사는 실제적 세계화의 파고를 유라시아 전체 차원에 걸쳐 모아내는 역할을 몽골제국에 부여했다. 동유럽, 중동에서 한반도에까지 이르는 유라시아 몽골제국의 영내에서 불교, 유교, 이슬람교, 기독교, 조로아스터교, 기타 고유 종교들이 병존, 병립하면서 서로 혼융, 습합되기도 하였다.

이러한 점들을 고려해볼 때, 유럽사에서 1450~1640년을 초기근대의 형성기로서 '긴 16세기'라고 부르는 것처럼, 유라시아사의 이 시기(11~13세기) 역시 역사적 근대의 형성기라는 의미에서 '긴 12세기'라 부를 충분한 근거가 있다. 물론 중국의 '긴 12세기'가 유럽의 '긴 16세기'에 앞선다. 송원 연간의 전성기였던 11~13세기는 지구적 차원에서 역사적 근대의 첫 페이지, 제1장이었다. 유럽의 '긴 16세기'의 결과 팍스 브리태니카와 팍스 아메리카나가 출현했다면, 유라시아의 '긴 12세기'의 결과는 몽골 세계 제국, 즉 팍스 몽골리카(Pax Mongolica)였다.

송원 연간의 사회 변화는 역사적 근대의 최초의 징후를 풍부하게 표출하고 있었다. 이러한 의미에서 팍스 몽골리카는 그 이전의 여러 고대 세계 제국과 뚜렷한 차별성이 있다. 따라서 송원 연간의 세계 변화 양상은 오늘날까지 이어지는 역사적 근대의 파장을 이해하는 데 매우 긴요하다. '역사적 근대'의 장기 지속사는 이 '긴 12세기'로부터 다시 써야 할 것이다. 이렇게 보아야 우리 눈앞에 진행 중인 현대사의 복합성, 그리고 그 미래도 보다 정확하게 읽을 수 있다.

이렇듯 역사적 근대의 첫 여명기였던 송원 연간의 사상계에 '천년래(來)의 사건(millennial event)'이라 부를 일이 발생한다. 하늘[天]의 의미가 변화한 것이다. 이를 대표하는 것이 주자학(정주학)[1]이다. 하늘에 대한 생각이 변했다는 것은, 우주와 인간에 대한 이해가 변했다는 것이다. 이러한 근본적인 의미 차원의 변화란, 예를 들어 후일 데카르트의 저작들과 마찬가지로 당대(當代)에 요란한 사건으로 나타나지는 않지만 긴 역사적 관점에서 보면 크게 도드라져 보이게 되는 중대한 변화다. '하늘'이 뜻하는 바가 변화했다는 것은 실로 많은 사회경제적, 정치적 변화가 있었음을 함축

---

1) 주자학과 정주학은 사실상 같은 말이다. 주희가 정립한 새로운 유학체계는 북송의 주돈이, 장재, 정호(명도), 정이(이천)를 선구로 하고 있고, 주희가 그중에서도 특히 정명도, 정이천 형제를 존숭하였기에, 이들의 성(姓)인 '程'과 주희의 '朱'를 합쳐 정주학(程朱學)이라고 부른다. 오늘날에는 주자학이라는 말을 많이 쓰지만 역사적으로 보면 오히려 정주학이라는 용어가 더 많이 사용되었다. 주자학이라 했을 때는, 과거의 필수과목이 된 주희의 사서집주를 중심으로 생각하는 경향이 있고, 따라서 관학적 느낌을 준다. 그러나 오늘날에는 주자학이라는 용어가 통상 더욱 널리 사용되므로 이 글에서도 이 말을 주로 사용하기로 한다.

한다. 그러한 크고 중대한 변화들의 와중에서 세계관이 바뀌어갔던 것이고, 그 철학적 표현이 천관(天觀)의 전환으로 나타났다.

이 글은 이러한 전환의 의미를 브로델이 강조했던 '세계시간(Le Temp du Monde)'의 맥락, 그리고 기왕의 고전적 근대성 이론을 대체하는 '중층근대성이론'의 시각에 근거해서 규명한다(3~4절). 이를 위해 먼저 글로벌한 흐름 속에서의 송원 전사(前史)를 매크로한 시각에서 재해석해본다(2절). 이 글의 결론부(5절)에서는 이러한 새로운 관점이 제기하는 방법론적 의의를 정리한다. 그 방법론이란 우선 아시아(비서구) 근대를 생각하는 방법론이겠지만, 그것은 결국 근대 일반을 생각하는 방법을 새롭게 정립하는 일이다.

2. 글로벌한 차원에서 본 송원 전사(前史)

근대에 도달하기 이전 오랜 시간 동안 광활한 유라시아에는 두 개의 세계 대로(大路)가 존재하고 있었다. 하나는 유라시아 대륙을 가로지르는 육로였고, 다른 하나는 바다로 아시아와 유럽－아프리카를 잇는 해로였다. 이 세계 대로는 고대 문명기부터 늘 분주했다.

먼저 바닷길은 한반도·일본－남중국－동남아－인도를 거쳐 북으로는 페르시아 만, 남으로는 홍해를 통해 중동과 이집트에 이르는 경로다. 육지 길은 동의 장안－낙양과 서의 바그다드－안티오크를 잇는다. 동의 동으로는 한반도와 일본이 이어져 있고, 서의 서로는 레반트와 유럽, 북아프리카가 이어져 있다. 육로는 크게 톈산(天山) 산맥 위로 달리는 초원 길(스텝 루트)과, 톈산(天山) 산맥 남으로 이어지는 오아시스 길로 나뉜다. 또 오아시스 길에는 타클라마칸 사막 위로(북으로) 돌아가는 서역(西域) 북로가 있고, 사막 밑으로(남으로) 돌아가는 서역 남로가 있다. 흔히 말하는 실크로

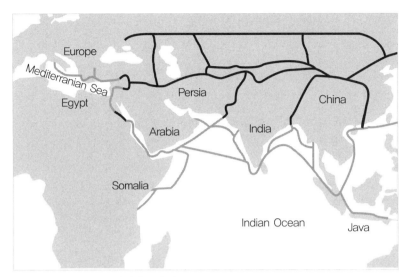

근대 이전 유라시아를 이었던 육로와 해로

드는 이 서역 남로와 북로의 오아시스 길만을 말한다.

그러나 실크를 비롯한 주요 동서 교역품들이 오갔던 것은 오아시스 길만이 아니었음이 밝혀졌다. 그래서 요즈음은 실크로드라 하면 육지길의 오아시스 루트, 스텝 루트, 그리고 남해의 바닷길 셋 모두를 말한다. 실크로드의 의미가 확대된 것이다.

동아시아 문명은 유라시아를 가로지르고 있는 이 세 개의 실크로드와 늘 긴밀히 엮여 있었다. 중국사에서 소중국, 대중국을 가르는 구분, 즉 '농경 중국'과 '유목 중국' 구분은 이 안에 있고, 여기서 유목 중국은 유라시아 전체와 소중국을 잇는 매개였다(제4장 보론 〈그림1〉 참조). 한반도는 고대 문명 초기부터 늘 여기에 연결되어 있었다.

인류의 압도적 다수가 물자를 주로 사람의 등에 지거나 달구지에 실어 수송했던 문명 단계에서, 말 또는 낙타, 그리고 배로 물자를 옮기는 이 길은 분명 당시로는 엄청난 속도의 고속도로였다. 이 두 경로는 중국 문명의 북과 남을 에워싸는 변경을 이루면서 중국 문명에 지속적이고 심대한 영향을 미쳤다. 중국 문명은 그 초기부터 북의 초원 경로, 남의 해양 경로를 통해 타 문명과 부단히 교류하면서 자신을 변모시켜왔다. 원형의 모습에 아무런 변화가 없이 다만 그 외연만을 동심원적으로 확장해왔다는 중화 문명에 대한 기존의 통념은 크게 변화되어야 한다. 하나의 동심원이 아닌 여러 개의 동심원이 단속적으로 파문을 일으키며 서로 뒤섞이며 확장한 것이 중화 문명의 실제 모습이었다.

이미 중국 문명의 형성기인 춘추전국시대에 중국의 천(天) 개념은 종족적 틀을 벗어나 보편적 함의를 획득하기 시작했다. 하(夏) 걸왕(桀王)과 은(殷) 주왕(紂王)은 역성혁명(易姓革命)의 대상이 되었고, 그리하여 주대의 천명(天命)은 종족의 조상신을 넘어선 보편신(上帝)의 주재(主宰) 의지가 된다. 이러한 보편적 천 개념은 춘추전국의 상황에서 서로 쟁패했던 수많은 나라(國)를 넘어서는 보편 영역으로서의 천하(天下) 개념으로 결실을 맺는다.[2] 중국 고대의 천하 개념은 고대 그리스 철학에서의 보편 영역인 에쿠메네(ecumene)와 비교되기도 했다(Voegelin, 2000).

이러한 사정은 고대 중국의 헤게모니 쟁패자, 국(國), 종족들이 매우 다원적이었음을 말해준다. 말이 끄는 전차는 기원전 1950년경 서아시아에서 최초로 출현했고, 기원전 1200년경에는 중국에 등장한다. 이 전파 경로는 물론 유라시아 중앙을 가르는 유목 초원이었다. 기원전 4세기 유목

---

2) 춘추시대의 시발인 기원전 722년 172개국이 있었고, 전국의 서막인 기원전 464년에는 23개국이 있었다. 이런 극심한 국가 간 전쟁이 결국 기원전 221년 진에 의한 통일로 귀결된다(Hsu, 1965). 이런 상황은 찰스 틸리의 정리대로 1000년경 수백 개였던 나라가 1990년 20여 개 나라로 모인 유럽의 상황과 비교해볼 수 있겠다(Tilly, 1990). 참고로 요즘은 기원전의 표기를 기왕의 BC(Before Christ) 대신에 BCE(Before Common Era/Current Era)를 쓰는 것이 보통이다. 기원후 AC(Anno Domini)는 CE(Common Era/Current Era)로 표기한다. 기독교 중심의 연대표기 방식을 변경한 것이다.

기마병이 중국 기록에 등장하고, 이어 주나라의 제후국에서도 기병 전술을 채택하기 시작한다. 춘추전국시대부터 서북 변방의 진이나 연 등은 유목 민족과 인접한, 그리고 부분적으로는 연계되어 있는 나라들이었고, 같은 시기 남중국의 오·월은 동남아와 연계를 가지고 있는 해양 세력이었다. 이러한 사정을 미루어볼 때 이미 은주시대, 또는 그 이전부터 황하 농경−정착 부족만이 아니라 주변 유목 민족과 해양 민족들이 중국 문명의 초기 서사(敍事)에 깊이 관계되어 있었다. 춘추전국시대부터 대규모로 축성되기 시작하여 후일 만리장성으로 이어지는 거대한 방벽은 중국 문명이 초기부터 유목 민족을 얼마나 의식하고 있었던가를 잘 보여준다.

한 무제가 파견했던 장건(張騫)은 이미 존재하고 있었던 중국과 서역의 교역망·정보망이 있었기에 페르시아[大食]에 인접한 박트리아[大夏]까지 나갈 수 있었다. 이 시기 이미 실크는 페르시아를 매개로 로마[大秦]까지 교역되고 있었다. 한 무제의 서역에 대한 관심은 단순하게 위협적인 '야만족'을 막아보겠다는 수동적인 목적에만 있었던 것이 아니었다. 서역 루트의 주도적 경영이 그의 제국에 커다란 이득을 가져다줄 수 있다는 것을 감지한 적극적인 목적을 가지고 있었다. 이후 중국 제국의 서역 대응은 언제나 이 두 측면을 함께 고려한 것이었다.

장건은 실패했지만 이어 위청(衛靑)에 의해 성공적으로 장악된 서역−중국의 통로는 거의 동시기에 불교 전파의 통로가 된 것으로 보인다. 불교의 중국 전파 경로로는 ①인도 서북부에서 바미얀−힌두쿠시 산맥−발크−파미르 고원−카슈가르를 거쳐 톈산 남북로로 나뉘었다가 돈황에서 다시 합쳐져 중국 북부의 중심 도시(장안, 낙양, 북경)에 이르는 경로와 ②인도 동부 아삼에서 미얀마, 운남을 거치거나 네팔, 티베트로 넘어가는 경로, 그리고 ③동인도 벵골 만이나 갠지스 강 하구에서 자바−광동을 거치는 세 가지가 있었다.

흥미로운 것은 남북조 시기 투르크계 흉노와 티베트계 민족이 번갈아 지배했던 북조 5호국에서 서역 경로와 해양 경로를 동시에 활용하면서 불교를 유입했다는 점이다. 이는 중원 외곽의 서북 초원 경로와 남부 해양 경로가 이들 유목 민족의 중원 장악을 통해 회통(回通)되었다는 의미를 갖는다. 예를 들어 399년 북중국을 출발해서 톈산 남로의 사막과 오아시스를 통해 인도 서북부에 도착한 법현(法顯)은 인도 여러 성지에 머물다가 실론과 자바를 경유해 414년 산동에 도착했다. 서북방의 유목민이 중국의 왕조가 되면서 중국 밖의 여러 문명을 인입(引入)하는 메커니즘이 여기서 아주 선명하게 나타난다. 흉노족인 후조(後趙)의 왕 석호(石虎)가 "불타가 외국인이기 때문에 불교를 금해야 한다"는 배불소(排佛疏)에 대해 "내가 바로 이민족이다"고 답했다는 이야기는 유명하다. 비한족 지배 왕조는 그 자신 여러 교의의 독자적 철학화에 뛰어나지는 않았으나 종교적, 문화적으로는 매우 관대하고 포용적이었다. 중국 문명의 형성을 정착민과 유목민의 교차 집정(執政)을 통해 설명하는 구도는 중국사의 실제 과정에 부합한다. 이러한 교차 집정을 통해 중국 문명의 내용과 형식은 보다 풍부해졌다. 이러한 메커니즘은 이후 5대10국 시대를 거쳐 송과 요·금의 대치, 그리고 원의 세계 제국에서 정점에 이르고 이후 청 제국에 의해 티베트와 신장이 복속됨으로써 오늘날의 중국의 경계와 가까운 모양을 갖춘다.

5호16국의 분열을 최종 정리한 당 제국은 문화혼융적 성격이 강했다. 이 점은 우리가 어렵지 않게 접할 수 있는 당 시대 유적과 예술품을 통해 여실히 확인된다. 이미 5호16국 시대에 이루어진 확장된 교역의 결과 서역과 바다 통로를 통해 인도 및 이슬람화한 페르시아−아라비아(옴미아드−아바스 왕조)와의 교류도 활발했다. 불교가 번성했을 뿐 아니라, 이슬람, 기독교(네스토리우스파), 조로아스터교 등이 중국에서 활발한 전교 활동을 펼쳤다. 당 제국의 수도였던 '장안의 봄'은 세계도시의 완연한 풍모를 뽐내고 있었다.

 이 시기 『왕오천축국전(인도 다섯 나라를 가다)』을 지은 신라승 혜초(慧超)는 남중국 광저우〔당시 지명으로는 남해(南海)〕를 출발(723)해서 인도에 들어갔고, 727년 서부 인도−서역 루트를 따라 당의 안서도호부 쿠자로 귀환했다. 조금 이른 시기 의정(義淨)은 역시 남해에서 671년 페르시아 선단을 이용해 인도로 출발하여 673년 인도에 도착하여 활동하다 685년 자바의 스리비자야 왕국에서 산스크리트−중국어 번역이 가능한 승려들을 모아 수년간 경전 번역을 주재하고 그 성과를 모아 695년 중국으로 귀환했다. 그의 『대당서역구법고승전』에 따르면 성채로 둘러싸인 스리비자야 왕성에 다양한 언어를 사용하는 승려가 1000명이 넘고 여기에 신라승들도 적지 않았다 한다. 승려만 1000여 명이었다면, 결국 최소한 인구 10여만 명의 국제 교역도시였던 셈이다. 같은 시기 장안의 인구는 100만에 이르렀고, 이 도시의 중앙 대로인 주작로(朱雀路)는 그 폭이 155미터에 이르렀다. 상주 외국인이 10여만 명이었고, 5품 이상 고위직 외국인만 100여 명에 이르렀다. 지구상의 모든 종교와 모든 국가의 대표자들이 모여드는 오늘날의 뉴욕을 연상케 하는 모습이었다.

 이슬람과 당 제국이 흥기했던 7, 8세기는 주요 문명권을 연결하는 세계 교역망이 사상 최초로 전면화되었던 시기라고 볼 수 있다. 광대한 이슬람권의 형성으로 중국과의 교역 통로가 안정되었고, 동남아의 번영으로 바닷길 무역로 역시 안정되었기 때문이다. 16세기 이후 아시아로 진출한 유럽 세력은 바로 이렇듯 형성되어 이미 활발하게 작동 중이던 세계 교역망을 이용하여 점차 성장해갈 수 있었다. 18세기 후반에서 19세기에 걸쳐 가능했던 '서구세력에 의한 최초의 세계화(Pax Britannica)'란 결국 이미 아시아 주도로 형성되어 있던 세계 교역망에 의거해서 가능했던 것이다.[3]

 오늘날의 세계화가 그렇듯 이슬람과 당 제국에 의해 주도된 세계 교역망의 형성 과정 역시 강도 높은 격변과 충격을 야기했고, 번영의 열매는 불균등하게 분산되었다. 문명 간 교역량은 크게 증대되고 교역의 이익이 커짐에 따라 이를 추구하는 세력들 간의 갈등과 긴장 역시 높아만 갔다. 당 제국과 옴미아드−아바스 제국의 전성기는 문명 간 소통을 크게 활성화하였지만 유라시아 초원의 도전적 유목 세력 역시 이 과정에서 크게 강화되었다. 결국 이들 유목 세력은 세계 교역의 주도권을 놓고 이슬람, 중국 문명과 경쟁하는 가장 주요한 도전자였다. 이슬람 영역에서는 유목민인 셀주크 투르크가 아랄 해 동안에서 흥기하여 페르시아로 진출, 아바스 왕조를 압박하면서 셀주크 칼리프국을 세웠다(11세기). 그보다 먼저 중국에서는 돌궐을 제압했던 당 제국이 결국 새로 흥기한 유목 민족의 도전에 의해 붕괴되었다. 중국 대륙은 다시 분열되었다. 서북 유목 민족들이 다시 중원 북부의 지배자로 나섰다(5대10국). 송이 건국된 후에도 북중국은 유목 민족인 거란(요)과 여진(금)에 의해 차례로 장악되었다. 이러한 반복적 타격에 의해 중국 고래의 전통적 귀족체제는 점차 무너져갔다.

3. 송원 연간의 초기근대혁명

대다수의 중국사 연구자들은 송대를 그 이전 시기와 구분한다. 이들은 송대에 이르러 정치, 사회, 경제, 문화 모든 부문에서 모종의 질적인 변화가 발생했다는 데 의견의 일치를 본다. 그리하여 중국사의 시대 구분이 여

---

3) 이러한 서구 헤게모니 이전의 세계 교역 상황에 관한 연구 중 대표적인 것으로는 McNeill(1963; 1995), Hodgson(1974; 1993), Abu−Lughod(1989), Hourani(1963), Wink(1990), Chaudhuri(1990), Rodinson(1974), Goody(1996), Frank(1998), Deng(1997), Hamashita(1994), Pomeranz(2000), Hobson(2004) 등 참고.

기서 갈린다.

많은 중국사가들이 송대 사회의 여러 분야에서 동시에 '혁명'이 진행되었다고 말한다. 가장 빈번하게 지적되는 것은 상업혁명이다. 지조(地租)가 금납화되었고 화폐 유통과 시장거래가 급증했다. 그 결과 도시의 규모가 크게 성장했다. 송대 상업혁명론의 제창자인 시바 요시노부는 송대 항저우의 인구를 150만에서 500만까지로 추산한다(Shiba, 1975). 또 송대에 이르러 최초로 지폐[飛錢]가 발행되고 체계적으로 유통되는데, 이는 이 시기 상업혁명이 신용상의 혁신으로까지 이어졌음을 말해준다. 제지, 인쇄출판 분야도 고도로 발전하였는데, 그 결과 나타난 출판 대중화를 송대 정주학의 출현 배경으로 보는 견해도 있다(고지마, 2004). 제철, 제강 분야도 비약적으로 성장했다. 용광로와 피스톤 형 풀무 사용, 그리고 관강법(灌鋼法, 연철과 주철을 같이 녹이는 강철 제조법의 일종)의 사용으로 이미 앞서 있던 중국의 철·강철 생산은 11세기에는 숯 대신 코크스를 사용하는 등의 혁신에 의해 생산량이 크게 증대했다(Hartwell, 1966). 수력을 이용한 방적기를 대거 이용하여 직물(주로 비단) 생산력이 한 단계 올라선 것도 송대의 특징이다. 남중국을 중심으로 쌀농사에 이식농법인 이앙법이 도입되었고 이 새롭고 혁신적인 농법을 뒷받침하기 위한 저수지와 인공수로가 대대적으로 개발되었다. 그로 인한 농업생산력의 향상은 놀랄 만한 것이었기에 이를 두고 송대 농업혁명, 또는 녹색혁명이라 부른다. 그 결과 11세기부터 인구가 급증하여 13세기에는 1억 2000만 명에 이르러 정점(頂點)을 이룬다.[4] 화약, 총, 대포가 모두 850~1290년에 중국에서 발명되었는바, 이를

---

4) 14세기 말 중국 인구는 8500만 명으로 급감한다. 1330년대에서 50년대에 퍼진 가공할 흑사병이 가장 큰 원인이었던 것으로 추정된다. 1340~1350년에 유럽에 퍼진 흑사병으로 유럽 인구도 이 시기 8000만에서 6000만으로 급감했다. 이 시기 중국발 흑사병이 그토록 빠르게 세계로 확산되었다는 사실은 당시 세계의 상호 접촉이 그만큼 활발했다는

중국의 군사혁명이라 부르기도 한다(Hobson, 2004). 또 에너지, 수송 기술과 항해 기술에서 괄목할 만한 진전을 보인다. 끝으로 심괄(沈括, 1031~1093)의 우주계측론, 수적주지주의(數的主知主義), 탈진(脫進) 장치[5]를 이용한 우주 계측 기계의 제작도 11세기에 출현한 현상인데, 이를 송대의 과학 혁신이라 부를 수도 있을 것이다(야마다, 1991).

이렇듯 여러 분야에서 공통적으로 이룬 송대의 도약은 앞서 언급한 당대(唐代)에 형성된 세계 교역망의 임팩트에서 탄생한 것이다. 당시 세계화의 네트워크에서 당제국은 7세기 이후 번성했던 이슬람 제국과 함께 당대에 가장 거대했을 뿐 아니라, 잘 조직되고 효율적인 정치체(polity)였고, 대외 문명 교류에도 열린 태도와 자신감으로 적극적이었다. 당시로는 최상의 하드웨어와 소프트웨어를 모두 구비하고 있었던 셈이다. 그 결과 세계 도처의 최선의 주요 문명적, 문화적 자양분들이 국제적 네트워크의 여러 매듭들을 따라 그 핵심 허브인 중국으로 모여들 수 있었던 것이고, 그것이 송대에 집중적으로 결실을 맺게 되었던 것이다.

그러나 이러한 모든 혁신과 진보의 최종 열매는 중원 세력의 품을 벗어나 또다시 서북 유목 세력의 수중에 떨어지고 만다. 바로 사상 최대의 세계 제국인 원(元)의 출현이 그것이다. 변방 세력이 세계문명의 주도 세력으로 진입하는 이러한 메커니즘은 이례적이라기보다 오히려 일반적인 패턴이다. 이런 역설이 세계문명사의 흐름을 읽어나가는 데서 빠질 수 없는 묘미다. 그러나 원제국에 대한 언급으로 넘어가기 전에 송대의 여러 변화 중 가장 중요한 한 가지가 빠졌다. 그것은 정치-사회적 상황의 혁명적 변

것을 역으로 입증해준다. "물자와 사상(思想)뿐만 아니라 병균까지도 대륙의 한쪽에서 반대쪽까지 이동할 수 있게 만든 무역망"의 존재를 말해주는 것이다(마르크스, 2007:57).

5) 치차(齒車, 기어)의 회전을 조절하여 시간의 흐름을 맞추는 장치. 후일 유럽 시계 발명의 결정적 원리가 된다.

화라 할 만한 것이다.

중국사가들은 중국 신분 상황의 독특함, 즉 비신분 사회라 할 만한 특이한 사회 구성에 주목해왔는데, 세계사적으로 특이한 이러한 상황의 시발은 이미 진시황에 의한 통일 왕조의 수립으로 거슬러 올라간다 할 것이다. 진시황은 잘 알려진 바와 같이 주나라의 봉건제를 폐지하고 황제가 지방을 직접 통치하는 군현제를 도입하였다. 그러나 그렇다고 오랜 전통을 가진 봉건제가 바로 종식될 수 있었던 것은 아니다. 진 제국은 20여 년 만에 붕괴되었고, 뒤를 이은 한나라는 봉건제의 복구를 천명했다. 그러나 이때의 봉건제란 이미 주나라의 봉건제와 같을 수 없었다. 지방 귀족 세력은 복권되었지만 그들의 세력권은 이미 주나라의 제후국과 전혀 비견될 수 없게 위축되어 있었다.

전통적 귀족 세력의 힘이 결정적으로 약화된 상황, 즉 비신분 사회의 상황이 본격적으로 개시된 것은 송대부터였다. 송대 이전 중국은 여전히 고대적(한대까지), 중세적(남북조 및 당) 귀족체제였다. 송대에 새로운 신분 상황이 전개된 핵심적인 이유는 귀족 지배 체제의 경제적 근거인 장원 체제가 해체되었다는 사실에 있다. 당 왕조 때까지 중국의 농민들은 유서 깊은 귀족들의 장원에 예속되어 있었다.[6] 이러한 귀족−장원 체제는 위진남북조의 대변동 이래 지속적으로 타격을 받아왔다. 특히 유목 민족이 중원에 내려와 왕조를 세우고 지배 세력이 되었던 것이 전통적인 귀족 세력을 무력화시키는 데 결정적인 역할을 하였던 것으로 보인다. 당 왕조의 붕괴와 그를 이은 5대10국의 상황은 이러한 전통적 귀족세력의 몰락에 최후의 결정타를 가했다 할 수 있다. 그 결과 송대에는 전통적 귀족 장원 체제가 무

---

[6] 나이토 코난(內藤湖南), 미야자키 이치사다(宮崎市定) 등 교토학파는 후한까지는 노예제적 장원 체제, 남북조와 당 왕조 시대는 농노제적 장원 체제로, 그리고 송대 이후를 근세 지주 체제로 구분한다(타니카와, 1996; Smith and von Glahn, 2003).

너지고 그를 대신한 지주-전호 체제가 성립했다. 이후 대다수 중국 농민의 기본적인 신분-계급 상황은 귀족 농장의 예속농민이 아니라 일정한 소유권-경작권을 보유한 다수의 소농-소작농의 상태였다.

각 지역에 전통적으로 군림해오던 전통 귀족이 약화, 소멸하고 그 자리에 새로 들어선 지방 지배 세력을 사대부층 또는 (후일 명대부터의 용어로는) 향신층이라 한다. 이전의 귀족층이 혈통에 의한 지배권에 정당성의 근거를 두었다면 새로운 지배층은 새로운 문화와 윤리체계를 수립해가는, 소여적이라기보다는 생성적인 문화 능력과 사명 속에서 정당성의 근거를 찾았다. 그러한 역량은 그들이 새롭게 정립된 공(公) 담론의 담지자라는 점과 이러한 교양을 기초로 조정의 공직을 담당할 수 있는 능력이 있음을 입증〔科擧〕하는 것을 통해 확인되었다. 물론 이러한 상황을 현대적인 의미의 기회 균등으로 과잉 해석해서는 안 될 것이다. 송대 이후로도 세대를 이어 과거 등제자를 배출하는 명문 대족은 존재했고 과거제도가 암암리에 이들 기득권층에 유리하게 운용되기 마련이었다. 그러나 "고위 관료의 자식이라도 과거에 합격하여 진사의 자격을 갖고 있지 않으면 관계(官界)에서 승진할 수 없었고, 또한 동료로서 인정받지 못하는 풍조가 존재했으며, '단순한 세습이 아니라 실력으로 관계에 들어왔다'라는 증명을 획득하기 위해서 대신(大臣)의 자식도 과거 시험을 치렀다는 점—부정 합격이라는 샛길이 있었다고는 하더라도—등등"이 송대의 엘리트 문화가 당대(唐代)까지의 귀족 지배 질서와 크게 달랐던 점이다(고지마, 2004 : 30~31). 송대 이후의 사대부층은 세습이 아니라 지적 교양의 수준에 의해 자부심을 갖는 새로운 엘리트층이었고 그래서 이들을 독서인(讀書人)층이라 부르기도 했다.[7]

---

7) 이러한 변화 과정은 고려 후기부터 조선 중기까지 진행된 향촌의 지배 세력 교체 과정과 유사하다.

전통적 귀족체제가 해체되었다 함은 왕권을 분점할 세력이 크게 약화되었다는 말이기도 하다. 그래서 중국사에서는 송대 이후에 '절대주의적 황권'이 수립되었다고 말한다. 이 절대주의적 황권이란 후일 유럽사에서의 절대주의와 유사하다. 절대주의적 왕권과 그 배타적 주권을 효과적으로 떠받치는 관료체제가 중국에서는 이미 유럽보다 7~8세기 선행해서 탄생했던 것이다. 절대주의가 '독점적 왕권=주권(主權)'을 지칭한다고 하면, 그런 통치 모델의 '오리지널'은 오직 유럽에만 있고, 설사 다른 문화권에 비슷한 형태가 존재했다 하더라도 그것은 오리지널일 수 없으며 다만 그와 어느 정도 비슷하였을 뿐이라는 식으로 말할 필요가 없다. 역사는 순서대로 읽히므로 반대로 말해야 한다.

절대주의라고 하여 왕권에 대한 견제와 비판이 소멸하였다는 말은 아니다(이 점은 東이든 西든 마찬가지였다). 오히려 이러한 견제와 비판은 보다 견실한 원리원칙 위에 더욱 강화되었다고 할 수 있다. 귀족 권력 분점 체제에서의 견제와 비판이란 체계적인 교의에 의한 것이라기보다 전통적으로 규정되고 분배된 주권 지분의 계보와 계서 안에서 이루어졌다. 그러나 절대적 황권이 수립된 체제 속에서의 비판이란 그러한 절대적 황권이 행사되어야 할 정당한 방식이 무엇이어야 되겠는가를 논하는 훨씬 체계적이고 철학적인 교의에 의거한 것으로 바뀌게 되었다. 그러한 교의가 바로 정주학, 넓게는 송학(宋學)이었고, 그러한 역할을 담당할 새로운 주체가 조정과 재야의 사대부층이었다.[8] 그래서 송대에 이르면 사대부라는 말의 뜻이 변한다.

[8) 이러한 이유에서 송대 중국 연구의 권위자인 피터 볼(Peter Bol)은 "송나라 정치 시스템은 전제주의(autocracy)가 아니라 일종의 '사대부정치'였다"는 견해를 지지한다. 이어 그는 북송대의 "황제는 행정 권력을 지닌 존재에서 상징 권력을 가진 존재로 변하였다. 그렇게 변한 황제는, 늘 신하들이 요구하는 이상에 따라 행동한 것은 아니었을지라도, 자신이 속해 있는 시스템으로부터 엄격한 제한을 받는 존재였다. 그리고 황제는 피라미드의 정점이라기보다는 아치의 쐐기돌 같은 존재, 즉 그가 제자리에 있음으로 해서 그를

원래 귀족체제에서 경, 대부, 사란 왕족의 친족 서열에서 이미 전통적 관례에 따라 어느 정도 정해져 있는 위계적 지위에 따른 관직과 직위의 명칭을 의미하는 것이었다. 그러나 송대 이후로 사대부란 과거 등제를 통해 문화적·학술적 능력을 입증한 관료를 지칭함과 동시에 그러한 잠재적 가능성을 지닌 향촌 재야의 문화적 주도 계층을 아울러 이르게 되었다.[9]

앞서 언급한 송대의 여러 사회경제적 '혁명'들은 이러한 신분적 상황의 커다란 변화 위에서 가능했던 것이라고 보아야 할 것이다. 사회적 잠재력의 일정한 해방이 있었던 것이다. 이러한 변화는 후일 유럽의 15~16세기 초기근대와 비교해보더라도 앞서 있는 측면들이 적지 않다. 우리의 통념적인 유럽사 그림은 거꾸로 맞춘 것이다. 19세기에 우월하고 부강했기에 그 이전에도 늘 우월하고 부강하였을 것이라는, 결과주의적 역추론이다. 유럽은 그 문명 기원에서부터 모든 것이 이미 선진적이었고 현대적 미래를 향해 일관되게 준비되어 있었다는 식의 유럽사에 대한 환상이 여기서 탄생한다. 이런 이야기는 역사가 아니라 신화다.

'세계의 시간'의 관점에서 보면 송대 신분 상황의 변화, 여러 사회경제적인 변화와 도달 수준은 분명 비약적인 변화의 양상들이었다. 그러한 비약적 변화란 동시에 당대(唐代)부터의 세계교역, 세계화의 효과가 그 중심으로 모여든 결과 가능했던 것이기도 하다. '세계교역, 세계화의 효과'란 앞서 말했던 "7~10세기 이슬람과 당 제국을 중심으로 한 동서교역의 비

포함한 전체 구조물이 성공적인 작동을 이룰 수 있게 되는 그러한 존재였다"고 정리한다 (볼, 2010:205).

9) 보다 엄밀히 말하면 사대부 개념의 변화의 시점은, 앞서 '비신분 사회 상황'을 설명하면서 언급했던 바와 같이, 진 제국의 수립부터라고 할 수 있을 것이다. 그 변화는 과거제가 도입된 수-당 시기에 가속되었다. 그렇지만 귀족-장원 체제가 존속하고 있는 한 그러한 변화는 극히 제한된 것일 수밖에 없었다. 결국 귀족-장원 체제가 결정적으로 쇠락한 송대 이후에야 사대부 개념은 그 전통적인 함의에서 자유로워질 수 있었다.

약적인 발전"에 다름 아니다. 5대10국의 혼란을 수습하고 송 왕조가 안정기에 접어든 것은 11세기부터였다. 이때부터 송대 농업 – 상업 – 도시 혁명과 원형 공업화(proto-industrialization) 현상이 나타났다. 11세기 중후반부터 왕안석의 신법당과 사마광의 구법당 사이의 사대부 정치 투쟁이 개시되었는데, 이 현상은 앞서 말한 구귀족층의 붕괴, 신흥 사대부층의 대두, 신분혁명의 진행, 그리고 절대주의 관료제의 성립을 배경으로 한다. 이러한 대전환의 양상들, 그리고 이러한 양상들의 중첩이야말로 필자가 11세기부터 중국은 초기근대의 단계로 접어들었고, 이 시기부터 몽골 세계 제국의 절정기인 13세기까지를 '긴 12세기'로 읽어야 한다고 주장하는 근거다.

'긴 12세기'의 세계성은 원 제국에 들어가면 더욱 분명해진다. 우선 원이 단지 전투 능력이 뛰어나서 세계 제국을 세울 수 있었다[10]는 오랜 편견, 너무나 단순한 생각을 지워야 할 것이다. 원이 당시 강성했던 광대한 이슬람 제국을 정복하고(바그다드 정복), 유럽을 쉽게 공략할 수 있었던 것은 당시의 몽골 주변 동서의 선진 문명들, 그중에서도 특히 중원이 도달한 문명 수준을 빠르게 흡수할 수 있었기 때문이다. 먼저 같은 지류의 종족이었던 요 · 금과 투쟁하면서 그들이 흡수한 중화 문명의 수준을 배울 수 있

---

10) 이러한 시각은 유라시아 유목 민족에 대한 고전적 견해를 세운 르네 그루세나 오웬 라티모어 등의 입장이었다. 이러한 고전적 견해는 유라시아 전체 문명사를 유목 민족의 반복적 확장과 축소의 사이클 속에서 관찰했고 이를 체계화했다는 공적이 있다(그루세, 1998[1939]; Lattimore, 1962). 그러나 이들 입론 속에서 유목 민족의 자체적 문명적 역량과 내적 역동성은 거의 무시되고 있다. 다만 결핍이 심했을 때 침략해 내려와 왕조를 세웠다가 기존 문명에 의해 동화되어 사라지는 존재로 그려진다. 이러한 입론에서 유목 민족은 정착 문명 외부의 X요소이기는 하되, 자체의 내용이 없는, 일종의 수학적 0과 같은 존재다. 이러한 입장의 한계는 이후 연구에 의해 상당히 극복되었다. 유라시아 스텝 지역은 중국, 인도, 중동 문명 사이에서 사상, 종교, 상품, 기술을 매개하면서 상당한 문명 수준을 유지할 수 있었다. 그 과정에서 내적 성취도 많았다. 유목 민족의 내적 정치 역학과 문화적 기술적 성취에 주목한 최근의 정리된 입장은 Di Cosmo(2001) 참조.

었다. 여기서 배운 조직, 과학-전쟁기술, 병참술, 행정 능력, 교통망, 상업-신용망, 도시건설 역량을 그들의 고유한 기동력 및 전쟁 능력과 배합하면서 당시로는 불가사의할 정도로 막강한 세계정복자의 면모를 갖추어 갔던 것이다(Morgan, 1985; Allsen, 1997; Weatherford, 2004).

유럽의 '긴 16세기'가 그렇듯, 송원 연간의 '긴 12세기' 역시 세계적인 변화의 시대였다. 이미 고전이 된 『유럽패권 이전』에서 아부-럭호드는 여기서 우리가 제기하는 '긴 12세기'의 정점(頂點)이라고 할 수 있는, 13세기 후반의 세계를 다음과 같이 묘사한다.

> 13세기 후반은 세계사에서 주목할 만한 시기였다. 구세계(Old World, 아시아, 유럽, 북아프리카를 말함)의 그렇게 많은 지역들이 다른 지역과 서로 접촉을 가진 적은 그전까지 결코 없었다. 서양력 원년이 시작되면서 로마와 중국의 제국들은 간접적으로나마 접촉하고 있었으나, 두 제국 모두 분열되면서 그들 사이의 관계도 소원해졌다. 7, 8세기에 이슬람은 유럽과 중국의 양극 사이의 중앙을 통합하고 그 양극으로 뻗어나가려 했다. 그러나 이 부활하는 세계경제의 변경 지역들은 여전히 서로 상대적으로 고립되어 있었다. 11세기에, 그리고 12세기에는 한층 더, 구세계의 많은 부분이 모두에게 명백하게 이익이 되었던 하나의 교환 체제(a system of exchange) 속으로 통합되기 시작했다. 13세기 말과 14세기의 첫 10년 사이에 이 주기는 정점에 이르렀으며 이 시기에 이르면 [가장 멀리 떨어져 있는] 유럽과 중국 간의 상호 직접적인 접촉까지도 이미 이루어지고 있던 상태였다. (Abu-Lughod, 1989:3)

그녀는 이 세계를 '13세기 세계체제'라고 부르면서 이 세계체제가 여덟 개의 하위체제(subsystem)로 이루어져 있다고 하였다(〈그림 1〉). 이 여덟 개의 하위 체계는 순환고리(circuit)를 이루어 서로 맞물려 있었다. 그림을 들

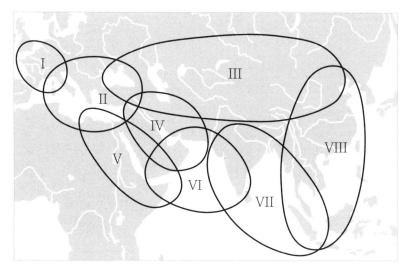

〈그림 1〉 아부–럭호드가 그린 13세기 세계체제와 8개의 하위체제

여다 보면 여덟 개의 하위 체계 중 가장 거대하고 중심적인 세 개(그림의 III, IV, VIII)가 바로 몽골제국의 통치 지역이었음을 알 수 있다(한반도는 공식적으로, 일본 서남부는 비공식적으로, VIII 안에 포괄되어 있었다). 그와 연접한 네 개 영역(II, V, VI, VII)은 몽골제국의 영토는 아니지만 그 강력한 영향권 내에 있었다. 서유럽(I)은 지리적으로 몽골제국의 영토와 직접 연접하지는 않았다. 그러나 프랑스와 잉글랜드 국왕의 사절이 원 제국의 궁정에 직접 파견되었던 바 있고, 쿠빌라이 등 몽골제국의 칸들도 이들 서유럽의 왕국에 사절을 보냈다. 물론 인근 II 영역의 제노바, 베네치아를 통한 간접 접촉은 매우 활발했다. 결국 13세기의 이 세계체제는 몽골제국이 압도적 우위에 선 '팍스 몽골리카'의 세계질서에 다름 아니었던 것이다. 이 13세기 세계체제가 이후 유럽의 '긴 16세기' 세계 신출의 발판이 되었다(Abu-Rughod, 상동). A.G. 프랑크가 지적했듯 유럽은 아시아인이 건설해놓은 뱃길에 후일 무임승차를 한 것이다(Frank, 1998).

한편 일본의 몽골, 유목민 역사 전문가인 스기야마는 아부–럭호드가 말하는 '13세기 세계체제'를 '유라시아 대교역권'이라 부르면서 그 중심에 '쿠빌라이 구상'이 있다고 하였다. 그 구상이란

> 몽골 전통의 '초원의 군사력'에 유라시아 세계 최대 '중화의 경제력'을 합체시키고, 게다가 종래부터 몽골과 공생에 가까운 관계에 있었던 '무슬림의 상업권'(무슬림이라고 말해도 특히 이란계 무슬림을 가리킨다. 즉 페르시아어를 하는 사람이다. 그들을 정점으로 하는 국제 상업 조직에는 위구르도 포함되어 있다)을 전면적으로 활용한 경제 지배라는 신방식이었다. 현대풍으로 말을 바꾸면 쿠빌라이의 신국가는 군사 초대국이며, 경제 초대국임과 동시에 초대형의 통상입국이 된다. 어딘가 현재 미합중국의 패턴과 유사하게 되어가는 것이 틀림없다. (스기야마, 1999: 306~307)

스기야마가 현대적 감각으로 설명했다 하여 사태를 왜곡한 것은 아니다. 실제로 팍스 아메리카나와 팍스 몽골리카는 분명 닮아 있다.

원 제국이 물질적 하드웨어는 강했다 하더라도 문화적으로는 열등했으리라는 통념 역시 그릇된 것이다. 역사상의 유목 민족들은 중국 문명뿐 아니라 주변의 페르시아, 이슬람, 기독교 문명을 상시적으로 접촉하면서 그 주요 내용을 흡수하고 있었다. 제국으로 팽창하기 이전 단계에서도 이들 문명의 내부에는 늘 주변 문명의 영향이 작용하고 있었다. 진공은 무(無)이지만 고도의 중심일 수도 있다. 유라시아 유목 문명의 교량적 성격, 역동성은 아직도 완전히 풀이되지 않고 남아 있는 연구 분야다. 그럼에도 지금 분명히 말할 수 있는 것은, 그 문명 수준이 (주변 문명에 비해) 결코 낮은 것이 아니었다는 사실이다. 원 제국의 궁정에서 불교, 이슬람, 유교, 도교, 기독교가 참여하는 범세계적 종교회의가 여러 차례에 걸쳐 열렸다는 사실은 이

런 배경에서만 이해할 수 있다(그루세, 1998; 김호동, 2002; Weatherford, 2004). 원의 조정은 이들 여러 종교와 문화가 평화롭게 공존할 수 있게 하는 후원자 역할을 했다.[11]

여기서 특히 주자학의 핵심 텍스트를 정리하고 이를 과거의 필수과목으로 채택한 것이 한족 왕조인 송(宋)이 아니라 유목민 왕조였던 원 제국이었음에 주목할 필요가 있다. 이를 단순히 한족을 흡수하기 위한 방편이나 책략으로 보는 것은 근시안적인 견해다. 또 반대로 몽골인이 중국화되었다는 증거도 아니다. 몽골인은 오늘날까지도 완전히 중국화되지 않고 있다. 몽골제국이 문자 그대로 세계 제국이었다는 사실, 그리고 그렇기 때문에 원 제국이 문화적, 종교적, 정치적 보편성에 관심이 컸고 그를 뒷받침할 역량이 있었다는 사실을 말해주고 있을 뿐이다.

정주학의 교의는 오직 한족(漢族)에만 받아들여지는 '민족' 폐쇄적인 학이 아니었다. 정주학의 창건자들이 요, 금, 원 등 유목 민족의 위협에 대한 적극적인 대응을 강조했던 것은 분명한 사실이다. 그런데 정주학의 창건자들이 그토록 경계했던 이들 정복왕조들은 차례로 정주학을 수용했다. 이어 고려-조선, 일본, 베트남에도 정주학이 정착했다. 정주학의 보편성을 보여주는 대목이다. 아울러 이후 조선, 일본, 베트남에서 정주학을 바탕으로 나름의 유교적 민족 정체성이 싹터나갔던 맥락도 흥미롭다. 예를 들어 17~18세기 조선의 소(小)중화론이 그렇다. 정주학으로 표상되는 '중화=문명'의 적통자가 바로 〔중원을 차지한 '오랑캐' 청(淸)이 아니라〕 조선이라는 자부심이 싹튼 것인데, 이를 유교적 또는 동아시아적 민족의식의 발아로 풀이하더라도 크게 무리한 이야기는 아닐 것이다. 흔히 근대적

---

11) 한 연구자는 몽골제국의 왕족들이 신봉했던 종교를 불교, 기독교(주로 네스토리우스파), 이슬람 순으로 보고 있다(Weatherford, 2004).

인 것은 모두 유럽에서 시작되었다고들 한다. 지극히 근대적이고, 아울러 그 기원에서 유럽적 현상이라고 하는 '민족주의' 문제에 관해서 처음 의미심장한 문제를 제기했던 것은 그레고리 앤더슨이었다(Anderson, 1991). 근대적 민족주의는 유럽이 아니라 남미에서 시작되었다는 것이다. 그러나 남미 훨씬 이전에 동아시아가 있었다. 민족주의나 국민국가의 역사도 글로벌한 차원에서 다시 써야 할 것이다(제10장 4절 참조).

4. '사건'으로서의 주자학

송원 연간을 초기근대의 시점(始點)으로 보자는 주장은 필자가 처음 내놓는 것이 아니다. 1920년대 일본 교토대의 나이토 코난(內藤湖南)은 『지나론(支那論)』 등을 통해서 당송 교체기를 근세(近世), 즉 요즘 역사학계의 언어로는 초기근대(the Early Modern Era)의 시점으로 보자는 견해를 제출한 바 있다. 과문(寡聞)하여 단언하지 못하겠지만, 아마도 이것이 체계적으로 논술된 최초의 당송 변혁론, 송대 근세론이 아닐까 생각한다. 이 입장은 후일 일본 중국사학계에서는 미야자키 이치사다(宮崎市定), 시바 요시노부(斯波信義) 등에 의해 계승되었다.[12] 서구의 중국사학계도 이러한 입장의

12) 이러한 입장에는 송대가 초기근대의 시발이 아니라 봉건제의 시발이라고 하는, 극단적으로 배치되는 견해가 맞서 있다(주로 일본 도쿄대의 도쿄학파의 견해가 그렇다. 이에 관해서는 타니가와(1996), von Glahn(2003) 참조). 또 송대의 혁명에 대해 적극적인 평가를 하면서도 이를 정확히 초기근대 또는 근세(近世)로 규정하는 견해와 그에 대해 유보적인 입장이 병존한다. 이러한 편차들이 있지만 송대에 들어 질적으로 새로운 시대가 시작된다는 견해는 대체로 동서의 모든 중국사가들이 동의하고 있다고 볼 수 있다. 우리가 보기에 봉건적 신분제가 결정적으로 쇠락하게 되는 송대를 봉건제의 기점으로 간주하는 것은 마르크스주의 유물사관의 기계적 적용이거나, 서구 영향 없이 비서구에 근대는 존재하지 않는다는 근대주의적-오리엔탈리즘적 편견의 산물일 뿐이다.

영향을 받았다. 우선 미국 쪽을 보면 세계적으로 가장 널리 읽힌 중국사, 아시아사라고 할 페어뱅크와 라이샤워의 *East Asia*는 1960년부터 송대 중국이 초기근대의 시점이라고 서술했다(Fairbank and Reischauer, 1960, 1978; Fairbank, Reichauer, and Craig, 1990). 이 입장을 가장 세련되게 정리한 이는 영국의 중국사학자 마크 엘빈(Mark Elvin)일 것이다. 지금까지 서구 중국사학계의 주류 입장은 마크 엘빈의 입론을 벗어나지 않는다고 할 수 있다.

그렇지만 나이토 코난의 중국 근세론은 학문적으로는 근본적이고, 정치적으로는 아주 치명적인 결함을 가지고 있었다. 그의 입론은 중국 정체(停滯)론의 근거, 일본의 중국 지배 논리로 구상되었다. 나이토는 송대까지 이룩되었던 찬란한 중국 근세의 성과가 원대 이후 퇴보와 답보를 면치 못한 것으로 중국사를 해석했다. 결론은? 이제 새로 도약한 일본이 동양의 맹주가 되어야 한다! 중국을 대신하여, 중국 위에서, 그리고 중국을 위하여! 일본 제2의 교토 제국대학의 교수로서 그가 넘어서지 못했던 시대적 한계였다(von Glahn, 2003).

일본 패전 이후, 일본 교토학파의 중국 근세론에서 제국주의적, 침략주의적, 패권(覇權)적 함의는 삭제되었다고 할 수 있다. 아주 서둘러 지워야 했을 기억이었으니까. 그러나 학문 방법론, 사고 유형으로서의 정체론적 기조는 쉽게 지워지지 않았다. 마크 엘빈의 유명한 '전통 시대' 중국의 '고도 균형 함정(high-level equilibrium trap)' 이론의 핵심은 송대 중국이 달성한 혁명적 성과가 그 이후 19세기까지 정체·답보 상태로 유지되고 있었다는 데 있다(Elvin, 1974). 이는 사실상 교토학파의 '중국 근세론=중국 정체론'의 서구적 변형이라고 해도 무방하다 할 것이다.

그럼에도 나는 나이토 코난의 '당송 교체기=중국 근세시발론'은 확실히 시대를 앞선 탁견이었다고 인정하고 싶다. 물론 그 한계를 명확히 전제하고서이다. 패권적 야심, 정치적 결탁의 결함은 너무나 크고 자명한 것이니 이를 여기서 더 붙잡고 부언하지 않겠다. 다만 엄격하게 학문 방법적 한계에 한하여 논하려 한다. 그의 중국 근세론은 유럽사를 중국사에 형태적으로 비교 대입하여 얻어진 틀이었다. 결국 유럽사를 근대성 역사의 범형(範型, ideal type)으로 미리 전제해놓고 있었다는 점에서 기왕의 근대성론의 유럽중심주의(Eurocentrism) 틀을 벗어나지 못하고 있었다. 정체론적 함의란 이러한 전제 아래서는 도저히 피할 수 없는 필연적으로 예정된 결론이었다.

명민한 나이토 코난이 그랬던 것처럼 유럽사를 잣대로 비유럽사를 재어볼 것이 아니고, 유럽-비유럽을 아우르는 전 지구적 시각에서 근대-근대성의 역사를 다시 검토하고 다시 써야 한다. 근대성의 개념, 이론 틀 전반을 아주 근본부터 흔들어 바꿔야 한다. '중층근대성론'은 그러한 시도의 하나다. 이제 중층근대성론의 시각에서 역사적 '사건'으로서의 정주학의 의미를 살펴보기로 한다.

이 책 제1장에서 제시한 바와 같이, 중층근대성론은 근대 근대성을 '성이 속을 통섭하는 세계에서 역으로 속이 성을 통섭하는 세계로의 이행'으로 요약한다. 이 이행은 〈그림 2〉로 요약된다.

성속의 통섭 관계 전환은 제1장에서, 성속의 분리와 양자 간 관계 형성

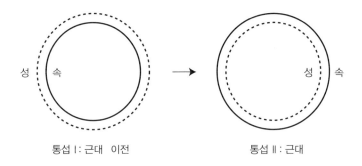

통섭 I: 근대 이전   통섭 II: 근대

〈그림 2〉 중층근대성론과 성속 통섭 전환

의 근원에 대해서는 제2장에서 상세히 설명한 바 있다. 이하의 설명은 제 1, 2장의 논의를 전제로 한다. 여기서는 앞서 언급했던, 송대 중국에서 발생했다고 하는 '세계관의 근본적인 변화'라는 것이 무엇인지를 〈그림 2〉와 연관시켜 구체적으로 설명하기로 한다.

일본의 중국사상사 분야의 권위 있는 일급 학자이자 한국과 구미 학계에도 상당히 알려진 미조구치 유조(溝口三雄)라는 분이 있다. 이후 말하겠지만 학자로서 매우 훌륭한 분이다. 무엇보다 평생에 걸쳐 늘 자신의 기존 입장을 스스로 부정하며 넘어서는 지적 용기가 배울 점이라고 본다. 앞서 언급했던 안드레 군더 프랭크 선생도 그러했다. 미조구치 선생은 북송 시대 정명도의 '천즉리(天卽理)'라는 언명의 혁명성에 주목하면서 이러한 하늘(과 우주)에 대한 새로운 이해는 "초월적이거나 혹은 알 수 없는 힘의 지배로부터 인간을 해방시켜 자신의 이성으로 세계를 인식하기 시작했다는 것을 의미"한다고 하면서, 이는 "이성의 시대를 열었다는 점에서 '사건'적"이라 했다(미조구치, 2001: 26). '사건적'이라! 이러한 주목할 만한 해석을 통해, 미조구치는 앞서 언급했던, 송대를 중국의 근세 또는 초기근대의 시발로 보는 관점을 사상사 분야에서 잇고 있다고 할 수 있겠다. 물론 그는 나이토 코난의 문제적 한계를 잘 알고 있었고, 그 문제의 지점을 넘어서려고 평생 노력했다.

과연 미조구치가 추출해내었던 '천즉리'의 변화란 그 이전 중국인의 세계관, 천관(天觀)과 무엇이 달랐던가? 그는 "주재자(主宰者)적인, 운명론적인 하늘에서 법칙적인 하늘로의 변화였다"고 설명한다. 풀어 말하면, 송대 이전 고대의 중국인은 하늘을 도〔天卽道〕라고 생각했고 "그 도를 주재자적인, 그래서 만물의 밖에 있는 초월적 실체로 생각했다. 따라서 인간은 각각 초월적인 그 도에 운명을 맡길 수밖에 없었다"고 한다. 반면 정명도의 새로운 발상, 즉 '천즉리'라는 관념은 "인간세계의 일을 포함한 우주

자연의 현상이 어떤 법칙성 가운데 있고, 그 법칙성은 인간의 이성으로 인식될 수 있다고 보는 새로운 우주자연관이다"라고 풀이하였다(미조구치, 상동).

필자는 미조구치의 과감한 해석이 분명 기존의 정주학 이해보다 우월한 것이라고 본다. 한·중·일 공히 지배적인 주류 입장이었던 기왕의 해석에 따르면, 주자학은 유럽 중세 아퀴나스 신학에 비견되는 신(聖 또는 理) 중심의 억압적 도덕학이고 중세적 신분 질서를 옹호하는 보수적 관학이었다. 그러나 〈그림 2〉에 비추어 말하면, 정주학은 오히려 기(氣), 즉 속(俗) 우선의 교의였다. 따라서 정주학이 최초로 정립한 이기론(理氣論)은 〈그림 2〉에서 '통섭 I'이 아니라 '통섭 II'와 그 원리가 같다. 우선 현상, 물질, 자연이라는 기의 질서[俗]를 자명한 사실로 전제한다. 이는 그 편재하는 기의 세계의 내부에 숨어 있다. 반면 '통섭 I'에서는 성스러운 질서가 현상, 물질, 자연, 인간의 전면(全面)을 속속들이 압도한다. 아퀴나스의 세계가 그렇다. 신의 섭리가 모든 사물 운행에 선명하고 압도적으로 각인되어 있다. '통섭 I'의 극단적인 형태는 플라톤의 동굴의 우화다. 여기서 현상은 한갓 그림자에 불과하다. 진정한 실체는 눈에 보이는 세계를 감싸고 그 배면에서 강렬한 빛을 비추고 있는 이데아의 세계다. 그러나 '통섭 II'에서 이 관계는 역전된다. 현상세계, 속(俗)의 세계가 압도적인 실체가 된다. 이 현상세계를 어떤 질서 속에서 인식할 수 있게 해주는 의미의 체계, 성의 영역, 이의 세계는 이 압도적 현상세계의 안쪽, 내면으로 숨는다. 요약하면, 기왕의 지배적 해석은 주자학을 '통섭 I'의 질서로 본 점에서 오류였다. '통섭 I'의 질서는, 미조구치의 언급처럼, 송대 이전의 '천즉도'의 세계관과 부합한다. 여기서 도는 모든 자연사물과 인간사를 주재하면서 자명하게 드러나 있다. 반면 정주학에서 자명하게 드러나 보이는 것은 기일 뿐이다. 이는 격물치지–성의정심 전력하여 찾아야 할, 안으로 숨은 원리가 되었다.

아울러 주자학은 관학 이전에 절대군주를 제어하려는 비판성을 담은 재야 공론(公論)의 학이기도 하였음을 주목해야 한다. 물론 관학이 되기 이전까지 탄압의 대상이었던 정주학이 후일 관학이 되었다는 역설이 있다. 그리고 송대 이후 중국이 당시의 다른 사회에 비해볼 때 특이한 비신분 사회였다 하더라도 주−노, 군−신, 귀−천의 신분적 구분의 관습과 제도는 존속했던 것이고, 관학으로 된 주자학이 이러한 현실 신분 관행의 이데올로기적 정당화 수단으로 활용되었던 것도 사실이다. 그러나 이러한 흐름에 대한 반발과 비판이 주자학 내부에서 끊임없이 이어져왔음을 아울러 보아야 한다. 그들 교의의 일관성을 지키기 위해 압도적으로 강한 현세 권력에 맞서 목숨을 건 비판을 피해가지 않았던 순교적 전통, 위기지학(爲己之學)을 강조하면서 과거(科擧)를 위한 공부에 곤혹스러움과 거부감을 느꼈던 흐름, 그리고 모든 사람이 성인이 될 수 있다〔개인위성(皆人爲聖) 또는 개민위성(皆民爲聖)〕는 모토를 가지고 교의를 대중 속으로 확산시키려 했던 흐름 등이 그러하다(제13장 참조). 이러한 측면은 송대 정주학 이후의 유학에서 전면적으로 발현되는 특징이다.

'통섭 II'의 질서란 일종의 세속화(secularization)의 질서라고 할 수 있다. 세속화란 '통섭 I'의 질서가 뿌리에서부터 크게 흔들리는 상황에서 발생한다.[13] 중국의 경우에는 앞서 설명했던 유라시아의 세계화 상황이 그런 것이었다. 당연히 믿어왔던 신성한 질서의 체계가 흔들리고 이내 거침없이 무너져갔다. 이미 남북조시대에 '천즉도'의 확고한 믿음은 조금씩 다른 형태로 변형되기 시작했다. 무정부주의와 쾌락주의, 허무주의가 만연했다. 천은 다만 물질적 세계, 그저 있는 그대로의 자연일 뿐이라는 사상도

---

13) 유럽에서는 르네상스−종교개혁의 시기가 그랬다. 통섭 전도의 시각에서 유럽의 이 시기에 대한 설명은 Kim(2007) 참조.

확산되었다. 여기서 속을 물샐틈없이 통섭하고 있던 성의 질서에 균열이 가고 이어 조각나기 시작한다. 속의 세계가 성의 통제를 벗어나 꿈틀거리고 올라온다. 이러한 혼란과 방황의 이행기에 다른 문명의 종교와 문화가 홍수처럼 밀려 들어왔다. 이적(夷狄)은 군주가 되고 세상은 만융(蠻戎)의 가르침을 따른다. 이러한 상황인식에서 정주학은 정초되기 시작했다. 그들의 사명은 조각나 흩어진 성의 체계를 다시 이어 보다 견고한 형태로 완성하는 것이었다. 그러나 결코 과거와 같은 방식으로 이루어질 수는 없는 과업이었다.

'통섭 II'의 질서는 막스 베버가 말했던 세계의 합리화를 수반한다. 속의 세계, 현상의 물질세계, 신의 세계와 절연된 인간세계의 합리화를 말한다. 송대 여러 분야에서 전개되었던 사회경제적 혁명이란 이러한 의미의 세계합리화와 무관하지 않았다. 현실 세계와 물질세계의 원리를 있는 그대로 탐구해 들어가려는 태도는 '천즉리'라는 언명에서 잘 드러난다. 이란 사물의 조리를 말한다. 후일 청대의 단옥재(段玉裁)는 『설문해자주(說文解字注)』에서 이를 "쪼개어 나눈다는 뜻이다. 옥은 지극히 견고하지만, 그 결을 따라 가공하면 기물을 만드는 것이 어렵지 않다"고 풀이했다. 사물의 결을 파악하고 여기에 따라 가공한다는 뜻이 내포되어 있다. 송대에 여러 분야에서 새로운 도구와 방법이 개발되었다는 것은 천즉리의 세계관과 무관하지 않을 것이다. 과학 분야에서 여러 가지 관측기구가 발명되었다는 것, 일례로 후일 유럽에서 시계를 제작할 때 결정적 단서가 된 탈진(脫進) 장치가 송대에 제작된 천문관측기구인 수운혼의(水運渾儀)에서 기원한다는 사실 등이 이런 맥락 속에서 이해될 수 있다(야마다, 1991; Hobson, 2004).

종교사회학에서 '세속화'란 성의 영역의 축소, 약화, 궁극적인 소멸로 이해되기도 했다. '통섭 I'의 그림에서 외곽을 둘러싸고 있는 성의 영역이 점차 사라진다는 것이다. 그러나 이러한 극단적 해석은 세속화에 대한 정확한 이해라 할 수 없다. 성의 영역은 내면화되었을 뿐, 약화되지 않았고, 궁극적으로 소멸되지도 않을 것이다. 내면화함은 오히려 치열하게 되었다는 것을 뜻한다. 〈그림 2〉는 이를 간명하게 요약한다. 속의 세계가 압도적이 됨에 따라 세계와 존재의 궁극적 의미를 찾는 노력이 약화되고 사라져가는 것으로 보일 수도 있다. 그러나 이는 일면이요 피상이다. 신(성한 것)이 작열하는 태양처럼 분명하였을 때 인간은 그를 그저 경배하면 되었다. 그러나 이제 신(성함)이 숨었을 때, 숨은 신(성함)을 어떤 방식으로든 찾으려 하는 내면의 욕구는 더욱 간절해진다. 정주학이 그랬다. 후대로 갈수록 정교해진 유교의 이기론, 심학(心學)의 논리가 그것을 보여준다. 막스 베버는 이러한 과정을 종교적 교의의 합리화(rationalization)라고 불렀다. 비록 베버 자신은 유교세계에서 이러한 과정이 실제로 전개되었음을 알지 못했지만 말이다. 합리화라는 말이 꼭 적절한 표현이라고 생각하지는 않는다. 그럼에도 어쨌거나 베버는 이 용어로 세속화를 통해 믿음과 윤리의 논거를 더욱 정교하고 체계적으로 만들어가려는 경향이 발생한다는 것을 표현하려 하였던 것이다.

이상 주자학을 예로 들어 〈그림 2〉로 요약되는 근대성의 에스프리를 설명해보았다. 그러나 이미 언급한 바와 같이 〈그림 2〉는 원래 주자학을 설명하기 위해 고안한 틀이 아니었다. 근대성 일반의 근원적 핵심원리를 기왕의 유럽중심 근대성 이론보다 넓고 높은 차원에서 재구성해본 것이다. 넓다는 것은 유럽만이 아니라 여러 문명을 늘 함께 생각했다는 것이고, 높다는 것은 그 안에 갇히지 않고 그 이상의 일반화를 오랫동안 늘 생각했다는 말이다. 어쨌거나 이상의 설명은 〈그림 2〉가 주자학에 잘 적용될 수 있다는 것을 보여주지 않나 생각한다.

글이란 사전 계획대로 앞뒤 미리 딱 맞추어 써지는 것이 아니다. 이상의 설명도 마찬가지였다. 오래 생각해왔고 머릿속에서는 여러 차례 충분히 검증해보았던 문제였다. 그렇지만 이것을 막상 글로 쓰기 시작하면서는 이것이 생각했던 만큼 매끄럽게 정리될 수 있을까 하는 기분이 있었다. 그런데 일단 시작하자 놀랄 만큼 쉽게 써졌다. 글의 흐름 자체가 스스로를 이어간다고 할까. 나로서는 이것이 중층근대성론을 나름 시험해본 것이었고, 그런대로 견뎌낸 것이 아니었나 생각한다. 그런 정도의 실용성이 있으면 그것으로 충분하다. 이론의 세계에 영원한 것은 없다. 이 책에서 내가 중층근대성론에 대해 쓴 일언일구가 부동의 진리라고 주장하고 싶은 생각은 없다. 그렇다고 이론 허무주의는 아니다. 아인슈타인이 나왔어도 뉴턴이 영원한 부분은 항상 남아 있다. 다만 문을 꼭 닫아두는 독단에 갇히기 싫을 뿐이다. 그것을 내 자신이 만든 것이라면 더욱 그렇다. 항상 그런 거리를 두고 본다. 다만 여기서 필자와는 다른 경로를 통해서였지만 거의 비슷한 결론에 도달한 것으로 보이는 한 연구자의 견해를 인용해둔다.

주자학은 세계에서도 보기 드문 포괄적인 사상임과 동시에 어떤 의미에서는 지극히 근대적인 사상이었다. 개인의 석출(析出)과 그것을 시야에 넣은 사상으로서는 이슬람이 가장 선구적인 사상이었다고 생각되지만, 정치사상, 경제사상을 포함한 전(全) 체제적인 사상으로서는 주자학이 세계에서 처음으로 탄생했던 것이며 그것은 그 당시 중국 사회의 선구성을 반영한 사상이었다고 말할 수 있을 것이다. 유럽에서는 근대에 와서 비로소 실현된 일들의 많은 부분이 이미 주자학이나 그것에 기반을 둔 중국 사회에서는 일찍부터 실현되었던 일들이어서, 19세기 서구가 동아시아에 본격적으로 등장했을 때 중국이 그것에 빨리 대응할 수 없었던 것도 그런 의미에서는 당연한 사태였다. (미야지마, 2004: 127)

이 절의 논의를 정리해보자. 필자는 앞 절에서 송대의 주자학이 그 당시 최초의 세계화의 역사적 상황, 그것을 반영한 세계사적 보편성을 담아낼 수 있었던 역사적 전후 관계를 개괄한 바 있다. 송대의 배경에 세계화의 상황이 존재했다. 그 배경적 조건들이 송대 사회에 이르러 여러 분야에서의 사회경제적 '혁명'으로 개화했다. 이어 그러한 성과를 흡수하여 세계 제국을 건설한 원조(元朝)가 주자학을 공식 교의로 채택했다. 주자학 안에 그 당시 세계정신을 표현하는 모종의 보편성이 내재되어 있지 않았다면 벌어질 수 없었던 일이다.

5. '아시아 근대'를 생각하는 방법—
   차이(差異)냐 상동(相同)이냐

이상의 논의는 근대성에 대한 기왕의 유럽중심적 사고에 일대 전환이 필요함을 전제했다. 비서구의 근대는 오직 서구에서의 근대 진행 경로와 그로부터 추출된 개념 틀에 의거해야만 이해되고 설명될 수 있다는 통념을 우리는 '근대성의 유럽물신주의'라 부르고, 세계사적 차원에서 근대성의 역사가 제대로 이해되기 위해서는 우선 이러한 인식 틀부터 타기되어야 할 것임을 이미 이 책 제1장에서 분명히 했다. 그러나 '근대성의 유럽물신주의'가 19세기 중반 이래 전 세계적으로 압도적인 영향력을 행사해왔기 때문에 이를 넘어선다는 것은 결코 간단한 문제가 아니다. 설령 그러한 인식 틀에 모종의 문제의식을 가지고 있다고 하여도, 그를 대체할 새로운 인식 틀까지를 제시하는 것은 참으로 어려운 문제이기 때문이다. 그러다 보니 무엇이 문제인지에 관한 인식은 있다 하더라도, 문제의 근본이 아직 해결되지 않은 상태이기 때문에 문제는 문제의 꼬리를 물고 복잡하게 얽히게 마련이다.

앞 절의 인용에서 미조구치는 어떤 단서도 없이 아주 단도직입적으로 정주학의 천즉리 발상이 "이성의 시대를 열었다"고 했다. 이는 송대에 근대성의 계기가 태동하였다는 것, 즉 이 시기에 역사적 근대의 최초 단계가 개시되었음을 에두르지 않고 아주 곧바로 표현한 것이다. 필자는 이 대목을 2008년에 읽었는데, 그 순간 '내가 혼자가 아니구나! 외롭지 않구나!'라는 생각에 너무나도 기뻤다. 그러나 필자가 이 대목을 읽은 이후 그의 다른 글들을 검토해보니 그의 입장이 전부터 그러했던 것은 아니었다. 1980년 그가 아시아(중국) 근대 문제를 포괄적으로 논했던 또 다른 중요한 논문에서는 상당히 다른 견해를 표명했다. 즉 송대가 아닌 청대 중엽 대진(戴震, 1723~1777)의 사유 속에서 "전제적 독점에 대한 규탄"을 보고 여기서 "근대적 계기(moment)"를 찾고 있다(미조구치, 1999〔1980〕:446). 좀 더 포괄적으로 말하면, 명말의 이탁오(李卓吾, 1527~1602)나 황종희(黃宗羲, 1610~1677) 등의 사유 속에서도 근대로의 지향이 발견되고, 이러한 지향이 청대(清代) 대진 등에서 발전을 이루었다가 이것이 후일 쑨원, 리다자오(李大釗) 등에 의해 민국─공화주의, 사회주의 등의 완전한 근대사상으로 전개되었다는 것이다. 여기서 미조구치는 주자학 자체를 직접 근대와 연결짓지 않고 있었다.

미조구치의 1980년대의 입장 역시 당시로는 앞선 것이었다. 당시까지도 일본에는 주자학을 철두철미하게 정태적인 봉건 이데올로기로 간주했던 마루야마 마사오(丸山眞男)의 입장이나, 혹은 중국사상의 내적 변화를 인정하되 그 근대적 지향은 양명학에서 잠시 드러났다가 결국 보수적인 흐름에 의해 압살·좌절되고 말았던 것으로 본 시마다 겐지(島田虔次), 그리고 아라키 겐고(荒木見悟)의 견해가 주류를 이루고 있었다. 후일 미조구치는 마루야마는 물론이고, 시마다 겐지나 아라키 겐코 등의 입장 역시 ① 중국을 중국 자체의 흐름 속에서 보지 못했고, ② 오늘날까지 이어지는 중국근대사상의 연속성을 해명할 수가 없게 되었다고 비판했다. 그 핵심적인 이유는 이들이 유럽이라는 잣대를 가지고 중국을 보려 했기 때문이라는 것이다(미조구치, 2001). 마루야마－시마다－아라키의 한계에 대한 이러한 지적은 분명 타당하다고 생각한다.

　그러나 여기서 필자의 생각을 덧붙이면, 중국 자체의 흐름 속에서 중국을 보지 못했다는 것이 문제라기보다는, 그 이전에 중국을 세계의 흐름 속에 "정확히, 제대로" 위치시키지 못했다는 데 문제가 있었다고 하여야 하겠다. 우리가 '잊혀진 세계화'를 논하는 까닭은, 요즈음 저간의 인구(人口)에 요란하게 회자(膾炙)되는 세계화, 지구화라는 현상에 대해 뭔가 '기발하고 희한한(fancy)' 관점 하나를 더해 보이고 싶어서가 아니었다. 비서구를 세계의 흐름 속에 "정확히, 제대로" 위치시켜놓고 볼 필요가 있다는 점을 강조하고 싶었기 때문이다. 미조구치가 날카롭게 지적했듯 마루야마－시마다－아라키가 유럽의 시선에서 (여기에 필자의 의견을 더하자면, 유럽이 되고자 하는 일본의 시선에서) 중국을 위치시켰다는 것을―이렇게 말하면 당사자들에게는 항변의 여지가 남을, 다소 너무 심하다 할 수 있는 강한 표현일 수도 있겠지만―근본적으로 부인하기는 어려울 것이라고 생각한다. 그런데 이러한 유럽중심(Eurocentrism) 시선의 진정 근본적이고 핵심적인 문제가 미조구치가 거듭 강조하듯 '중국을 중국 자체의 흐름으로 보지 못하게' 하는 데 있었을까? 그것이 다일까? 필자는 미조구치 선생의 의중을 나름 충분히 공감하면서도 이 진단에 완전히 동의하지 못한다. 한 꺼풀 더 벗겨야 한다고 본다. 필자가 보기에 유럽중심주의의 진정한 문제는 '중국을 중국 자체로 보지 못하게' 하는 데 있지 않다. 글로벌 히스토리의 흐름 속에서 중국의 실제 모습을 제대로 보지 못하게 한다는 데 있다. 그러니 중국의 흐름도 당연히 왜곡되게 된다. 글로벌 히스토리의 전체상이 먼저다. 중국이든 '중국 자체'든 그 속에 있지, 중국이나 '중국 자체'가 그 바깥에 따로 있는 것이 아니다. 이 생각의 순서는 중요하다. '중국을 중국 자체로

만' 보는 시각은 아직 명확한 한계에 갇혀 있다. 이런 사고법으로는 과거는 물론이거니와 현재와 미래 역시 제대로 읽을 수 없다.

어쨌거나 미조구치는 그가 지적했던 마루야마–시마다–아라키 등 선학(先學)의 '근본적 한계'를 넘어서기 위해 중국사유의 '이(異)유럽성'을 강조하게 된다. 좀 생소한 이유럽성이라는 말을 미조구치가 굳이 도입한 이유는 무엇일까. '비(非)유럽적'이라는 말은 이미 유럽을 기준으로 세워놓고 있다는 것이다. 그래서 비(non)유럽이라는 말은 그 자체가 기준으로 세워놓은 유럽이라는 중심에서 벗어나 있다, 일탈(逸脫)되어 있다는 뜻으로 받아들여진다고 본다. 반면 이유럽이라고 하면, 유럽이 중심이라는 전제 없이, 유럽도 별 특별할 것 없이 다른 여럿 중 하나라는 식으로 생각하게 된다, 또는 그런 식으로 생각하자는 것이다. 1980년에 이런 식으로 생각한다는 것은 매우 선진적인 태도였다.

이렇듯 문제의식의 예리함을 놓치지 않고 고심에 고심을 거듭한 끝에 미조구치 선생이 이르게 된 결론이 송대의 정주학을 '이성시대의 개막', 즉 초기근대의 징후로 보아야 한다는 것이다. 이러한 대담한 결론에 이르게 한 미조구치의 연구 태도나 방법적 입장은, 그가 비판하고 있는 두 경향, 즉 ①앞서 말한 유럽의 잣대로 중국(과 아시아)을 재단하는 태도와 ②그가 유유학적(唯儒學的), 또는 한학자적(漢學者的) 태도라고 부르는, 글로벌한 역사적 상황 전개와는 무관하게 오직 눈앞의 한문 텍스트만을 놓고 그 안에서 가왈가부하는 연구 방식에 비해 분명 우월하다. 그는 근대라는 역사적 화두를 가지고 중국사상 연구에 임하면서도, 유럽적 근대의 개념 기준으로 중국을 재단하는 오류에 빠지지 않기 위해 매우 세심한 노력을 기울여왔다. 이러한 연구 방법과 태도에 있어서의 우위가 그의 연구를 계속 참신하고 주목할 만한 것으로 만들어왔다 하겠다.

그럼에도 미조구치의 접근법에 아직 남은 문제는 있다. 미조구치를 깊이 읽은 분들은 이미 감지하셨을 것이고, 앞서 '중국 자체의 흐름'이냐 '세계의 흐름 속에 제대로 위치한 중국'이냐의 문제에서 잠시 암시한 것이지만, 미조구치와 필자의 입장 사이에는 아주 중요한 차이가 있다. 양자가 근대라는 시좌에서 정주학을 보려 했던 것은 같다. 그러나 미조구치가 유럽(서구)과 중국(아시아)의 근본적 차이점을 강조하는 반면, 필자는 여기서 한 걸음 더 나아가 더욱 근원적인 상동성에 주목한다.

차이점만을 강조해서는 오히려 무엇이 진정한 차이인지 제대로 알 수 없다. 이런 태도가 극단으로 가면 미조구치가 비판하는 유유학적(唯儒學的), 한학자적 태도로 함몰될 수도 있다. 오직 중국사상 내부에서 표현되었던 언어만으로 중국사상을 정리하는 것이 중국적 고유성을 정확히 파악하는 유일한 길이라는 입장이 그렇다. 물론 여기서 '중국'을 '아시아' 또는 '비서구 일반'으로 대치해도 무방하다. 그러한 문화상대주의적 입장은 다양한 학문 분야에서 강력한 흐름을 형성하고 있다. 물론 미조구치는 그러한 위험을 늘 경계하고 있지만 그렇다고 그러한 위험성을 해소해줄 근본적인 방책을 제시했던 것은 아니다.

돌이켜볼 때 미조구치가 해결의 단초를 제시하지 않은 것은 아니다. 일찍이 '이유럽성'이라는 개념을 제안했던 취지가 그렇다. 즉 그가 1980년 썼던 「중국적 자연법의 특질과 그 전개」에서 언급했듯이, 유럽의 자연법이 아니라, '자연법 개념 일반'에 근거하여, 따라서 비유럽적인 것이 아니라 이유럽적인 차원에서의 중국적 자연법의 성격을 탐구해야 한다는 대목이 그렇다(미조구치, 1999〔1980〕: 417). 그 글에서의 '자연법 개념 일반'을 여기서 '근대성 개념 일반'으로 바꾸어보아도 무방하다. 유럽의 자연법이 아니라 자연법 개념 일반을 생각해야 하듯, 유럽의 근대성이 아니라 근대성 개념 일반을 생각하면서 중국과 아시아의 근대성을 논해야 할 것이기 때문이다. 실제로 미조구치는 그런 식으로 생각했던 것으로 보인다. 그런 문제의식에 따라 미조구치는 중국사상 전반을 새로운 시각에서 해석해낼 수 있었다. 일단 유럽적 개념을 상대화시켜놓은 후 중국의 사상 전개를 역사적 동렬에 놓고 분석해갔기 때문이다. 그러나 근본적 과제는 남아 있었다. 막상 그가 염두에 두고 있었던 '자연법 개념 일반' 또는 '근대성 개념 일반'에 대해 그것이 과연 무엇인지 그 자신 명확히 한 바 없었기 때문이다. 이 점은 미조구치의 논의 속에 늘 공백으로 남아 있었다. 이 점이 아쉽다.

결국은 근대성 개념 일반에 대한 재고(再考), 더 나아가 과감한 재구성, 재개념화가 필요했다. 기왕의 근대성의 개념 틀과 여기서 부수되는 많은 용어들은 대부분 서구 역사의 특정한 경로를 정리한 것이라는 점에서 보편적이라기보다 오히려 국지적(parochial)이다. 미조구치가 공백으로 남겨놓은 문제는, 근대성 자체를 진정한 지구적 보편성 위에서 새롭게 재정리해야 한다는 것이었다. 이 책의 '중층근대성론'이 그 공백에 대한 하나의 응답이 아니겠나 생각한다. 필자가 '중층근대성론'의 초고를 썼던 것은 2006년으로, 미조구치 선생의 파천황적인 '정주학=근대'론을 읽기 전이었다. 매우 다른 경로를 통했지만 결국은 같은 목표를 향해, 고심에 고심을 거듭하면서 접근했던 셈이다.

아시아적 근대, 더 나아가 근대 일반을 논구하는 방법론으로서 차이와 상동의 문제가 서로 상극하는 배타적 선택의 문제는 아니다. 둘은 서로 의지해야 한다. 기왕의 서구중심적 근대성론은 일종의 설익은 상동론이다. 서구를 선두에 영원히 점지하고 비서구는 영원히 그 뒤를 따르도록 강요하는 이데올로기적 상동론이다. 여기서 차이는 왜곡되고 실종된다. 여기에 대한 일차적 반발이 배타적 차이론이다. 어떠한 상동론도 위험시되고 따라서 부정되고 거부된다. 이런 배타적 차이론에서 '근대=서구'라는 말썽 많은 오류 도식이 나온다(제2장 결론부 참조). 미조구치는 이 양극을 배제하고, 차이를 볼 줄 아는 상동론을 '지향'했다 할 것이다.

제8장

유교사회 영구정체론,
아시아적 생산양식론 비판

1. 뿌리 깊은 통념

역사적 근대(historial modern era)는 중국 송대부터 시작되었다. 역사적 근대의 시작이란 초기근대시대의 개시를 말한다. 그럼에도 많은 사람들은 아직 이 사실을 낯설게 받아들인다. 근대는 서구에서 시작되었던 것 아닌가. 아시아의 유교사회가 어떻게 근대를 열었다고 하는가. 더욱이 중국 송나라라면 주자학이 확립되었던 매우 유교적인 시대가 아닌가. 유교사회란 봉건사회 아닌가. 이런 생각이 거의 자동적으로 따라 나온다. 일반인의 관념 속에 유교사회＝봉건사회＝전근대사회라는 등식이 아주 뿌리 깊게 자리 잡고 있기 때문이다.

이 등식이 왜 그렇게 깊게 뿌리를 내렸을까. 유교적 과거를 부정하고 싶어 하는 한국인을 포함한 구유교권 사람들의 '심정적 근거'가 크다. 실증 이전에 한(恨)이 있다. 이러한 심정 속에서 유교사회란 공자 이래 수천 년 동안 한 치의 변화도 없었던 영구 정체 사회였다. 지난 몇 세대 동안의 기억에 생생한 지긋지긋한 가난과 식민지 경험, 그리고 전쟁의 참화로 몰아넣었던 장본인이 바로 유교요, 유교왕조요, 유교국가라고 생각한다. 19세기 이래 겪었던 모든 역사적 굴욕과 고통의 죄를 모두 유교가 뒤집어쓴다. 가증스러울 뿐 아니라 무능하기까지 했다고 생각한다. 그래서 오직 타파해야 할 대상으로 생각할 뿐이다. 많이 배우고 진보적이라 자처하는 사람일수록 더욱 그렇게 생각한다.

우리는 여기서 이러한 통념, 즉 유교사회 영구정체론을 역사적 사실에 비추어 교정해보려고 한다. 이를 위해서는 먼저 '유교사회＝봉건사회＝정체사회'라는 아주 깊은 심정적 통념의 근거를 정면으로 대면하고 이를 넘어서야 한다. 필자가 아는 한 이러한 심정적 통념을 가장 후련하고, 통쾌하고, 분명하게 체계화시켰던 논저는 중국의 역사가이자 문화비평가 진관다오(金觀濤)의 『초안정적 중국봉건사회론』이다. 이 장에서는 먼저 이 저서를 비판적으로 검토해볼 것이다(2, 3절). 진관다오의 설은 중국사 전체를 봉건사회로 본다. 이 설은 일단 듣기에는 자기 나라 역사에 대한 자기모멸에 가까울 만큼 강한 자기비판으로 들릴 수 있다. 흔히 봉건주의, 봉건제를 매우 낙후된 사회 상태로 인식하고 있는 일반인의 언어 감각에서는 분명 그럴 것이다.

그러나 경제사의 전문적인 영역으로 들어가면 이야기가 오히려 완전히 뒤집힌다. 마르크스 정통 역사학의 시대구분에 따르면 봉건제란 그 안에서 자본주의가 발전해 나오는 고도의 생산양식이다. 그리고 '순수한' 봉건제는 오직 서부 유럽에만 (그리고 아시아에서는 예외적으로 일본에서만) 존재했다고 한다. 이러한 인식은 마르크스주의 역사학에 국한되지 않고 널리 확산되어 역사학계의 지배적 견해가 되었다. 이렇게 보면 진관다오의 설은 중국이 매우 일찍 봉건주의라고 하는 고도의 생산양식에 도달한 선진사회였다는 주장이 된다. 자기 비하가 아니라 오히려 극히 자화자찬하고 있는 논리가 될 수도 있는 것이다. 다만 수천 년 동안 그 안에서 자본주의가 나오지 않았던 무정란 봉건주의, 불임성 봉건주의였음이 문제였다는 설이 된다.

진관다오의 설은 동아시아 사회 일반인들의 심정적 정서나 한은 대변하였을지 몰라도 역사학계에서는 정론으로 받아들이기 어려운 것이다. 오히려 중국에는 결코 봉건제가 제대로 발전한 적이 없다는 입장이 학술적으로는 지배적이다. 굳이 봉건제라는 말을 쓰더라도 '아시아적 봉건제'나 '총체적 노예제로서의 봉건제'라고 하는 이상한 수식을 붙인다. 이러한 입장에 따르면 제대로 된 봉건제는 오직 서유럽, 그리고 비서구권에서는 예외적으로 일본에서만 발전했다. 따라서 낙후한 아시아에서 이렇듯 발전한 생산양식이 제대로 된 형태로 존재했을 리 없다는 것이다.

이러한 학설의 근거에 '아시아적 생산양식론'이 있다. 이 역시 마르크스로부터 유래한 학설이다.[1] 이론적으로 강한 근거를 갖춘, 진정으로 철저한 유교사회 영구정체론은 진관다오의 설이 아니라 '아시아적 생산양식론'이다. 아시아적 생산양식론이야말로 유교사회 정체론뿐 아니라 비서구, 비유럽 사회 정체론의 진정하고 강력한 이론적 바탕이다. 아시아적 생산양식론의 허구를 분명히 밝히지 못하면, 이 장의 목표인 유교사회 영구정체론 비판의 과제도 미완으로 남을 수밖에 없다. 따라서 이 장의 후반부는 아시아적 생산양식론과 비판적으로 대면할 것이다(4, 5절). 그러나 비판만으로는 존재했던 것이 사라지지 않는다. 바꿔야 한다. 적극적 대안을 제시하여 옛것을 대체해야 한다. 이 장 6절은 이러한 차원에서 새로운 시대구분론 – 사회구성체론의 개요를 제시한다.

---

1) 물론 마르크스가 동양사회 정체론의 창시자인 것은 아니다. 마르크스는 다만 그 당시 유럽의 편견적인 비서구관을 공유하고 있었을 뿐이다.

2. 진관다오의 초안정 봉건사회론

진관다오의 중국 봉건사회 초안정구조(시스템)론은 중국사학계에서 '중국 봉건사회 장기연속 문제'라고 불리는 오랜 집단 논쟁의 산물이다. 그의 이론은 1980년 첫 공식 발표 직후부터 중국 내에서 격한 찬반 양론을 불러일으켰다. 진관다오의 이론은 매우 선명하고 명쾌하다. 진관다오는 중국은 진 제국 성립 시기부터 '통일된 군주전제주의의 봉건 대국'이 되어 이후 청의 몰락에 이르기까지 근본적으로 동일한 봉건 질서를 시스템적으로 반복해왔다고 주장한다. 그래서 중국 봉건체제를 2000년 넘게 동일 시스템이 반복되어온 '초안정구조'라고 부른다. 반면 진한(秦漢) 제국이 성립하기 이전의 중국은 "봉건 소국(小國)"이라고 부른다(진관다오, 2000 : 30). 중국사 전체를 봉건사회로 보고 있는 셈이다. 그가 말하는 중국의 봉건 시스템은 소농－지주제(경제), 관료제(정치), 유가 정통(이데올로기)의 삼각 체제(세 하위 시스템의 결합)로 이루어진다. 중국 '봉건 대국'의 특이점은 종법(宗法)적 가(家)와 봉건적 국(國)의 동형 구조(종법일체화 구조)에 있는데, 그는 이를 "중국 봉건사회의 놀랄 만한 특징"이라고 하였다(상동 : 48).

〈그림 1〉에서 보듯 가/국의 동형은 종법사상과 유가정통이라는 이데올

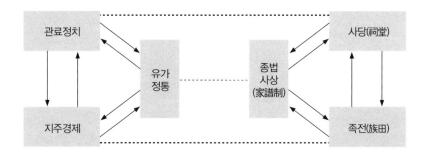

〈그림 1〉 진관다오의 가(家)와 국(國)의 종법일체화 구조(진관다오, 2000 : 51)

로기를 매개로 하여 결합되어 있는데, 이 이데올로기의 주관자, 사제(司祭)는 물론 유자(儒者)다. 위버의 사이버네틱스 이론에 크게 의거하고 있는 진관다오는 유자를 이 특이한 초안정 시스템의 커뮤니케이션, 피드백의 행위자로 설정하고 있다. 그는 동형적 일체화 구조가 "'천지(天地)·군(君)·친(親)·사(師)' 즉 신권(神權)〔천지〕·정권(政權)〔군〕·족권(族權)〔친〕 그리고 교권(教權)〔사〕이 고도로 일체화"하고 가와 국을 "마치 강력한 접착제같이 조화시켰던 것"이라 하였다(상동: 49~50). 그가 말하는 종법일체화 구조란 유가에서 말하는 '대일통(大一統)의 원리'에 다름 아니다.

진관다오는 "소농경제의 기초 위에 봉건 대국이 유지될 수 있느냐 아니냐의 관건"은 "귀족화 경향이 초래하는 분열의 추세를 억지하는 힘을 국가가 보유하고 있느냐의 여부에 있다"고 하면서 앞서 정리한 종법일체화 구조가 "바로 그런 기능을 수행했다"고 한다(상동: 39). 그러나 귀족화 경향은 결국 막을 수 없는 추세가 된다. 시스템을 유지하기 위한 관료기구의 비대화 결과 관료 자신이 귀족화하여 토지 겸병을 추진하게 되기 때문이다. "이 양자는 모두 조직교란력의 증대를 대표"한다(상동: 77). 진관다오는 조직교란력을 "원(原)구조에 대하여는 와해 작용을 가지나 그 자체는 새로운 사회 형태를 대표하지 않는 힘"이라 정의한다(상동: 67). 대일통 구조의 정점에 있는 황제는 이런 조직교란력의 싹을 자르려 한다. 관료의 농단과 전횡을 의심하여 여러 차례 피의 숙청을 거듭한 명 태조 주원장은 진관다오가 여러 차례 언급하고 있는 대표적 사례다. 그러나 황제 권력의 강화는 결국 환관·외척의 발호를 가져오고 이 역시 심각한 조직교란력이 된다. 시스템을 유지했던 힘이 결국 시스템을 무너뜨리는 힘이 된다.

진관다오가 보기에 중국사에서 반복적으로 보이는 고도의 상업화·도시화는 지주의 귀족화, 토지 겸병, 그리고 토지를 잃은 소농의 유민(流民)화의 결과다. 그는 지적하기를 영국의 '인클로저 운동'과 명대의 유민 문제는 같은 15세기에 등장했으나, "전자는 산업혁명을 이끌어냈지만, 후자는 겨우 지주 경제의 와해에 그쳤"다고 하였다(상동: 135). 그는 이를 '의사(擬似)자본주의'라고 부르는데, 중국역사에서 주기적으로 나타나는 이 의사자본주의는 (자본주의) "맹아와 조직교란력의 상호 결합"이었고 "표면적으로는 대단하게 보이나 담장 위의 풀에 지나지 않았다"고 혹평하였다(상동: 143). 그 이유는 "종법일체화 구조가 왕조 안정시기에 강한 통제로써 새로운 요소의 성장을 억눌렀고, 왕조회복기에는 대동란이 생산력의 축적을 크게 파괴"하였기 때문이다(상동: 124~125). 진관다오가 말하는 '새로운 요소'란 유럽에서의 도시와 시민계급을 말하는데, 중국의 경우 도시는 자유의 거점이 아니라 대일통의 중심이었고, 시민계급의 싹은 이미 유교체제에 깊이 흡수되어 있던 데다 유럽과 같이 왕권의 지원도 받지 못하여 성장하지 못했다고 정리한다(상동: 131~133). 또 그는 왕조 붕괴기의 '대동란'이 "경제 중심을 주기적으로 소탕하고 파괴"했다고 보았다(상동: 150).

중국사학계에서 말하는 '중국 봉건사회 장기연속문제'란 결국 왜 중국에서는 서구와 같은 자본주의가 발전하지 못했는가라는 문제의 해명이기도 하다. 진관다오는 '초안정구조'라는 개념으로 이에 대답했다. 그는 이 '초안정구조'를 『순자(荀子)』「유좌(宥坐)」편에 나오는 의기(欹器)라는 특이한 그릇에 비유했다. 의기는 물을 가득 채우면 바로 기울어져(欹) 물을 쏟아내도록 되어 있다고 하는데, 중국의 봉건적 '초안정구조'가 꼭 그렇다는 것이다. 자본주의로 나갈 맹아는 종법일체구조에 의해 항시적으로 억제되고, 유럽과 같이 자본주의적 산업 영역으로 흡수되지 못한 거대한 유민은 대동란의 주력이 되어 기존 번영의 거점들을 쓸어버린다. 그리고 다시 원점에서 가국동형구조가 복제되고 되풀이된다. 여기서 진관다오 자신이 '중국 사회 장기정체'의 원인을 '총체적'으로 정리한 대목을 다소 길지만 인용해본다.

구조형태상으로 말하자면 중국 봉건사회는 종법일체화의 구조였고, 그것은 두 가지의 조절 메커니즘을 가지고 있었다. 첫 번째의 조절 메커니즘은 왕조의 안정기에 작용했는데, 그것은 정치·경제·이데올로기 세 가지의 하위 시스템을 강력히 통제하여 상호 적응시키거나, 또한 신구조의 성장과 맹아의 상호 결합 과정을 억제하기도 했다. 그러나 이 조절 메커니즘은 조직교란력의 증대를 저지할 수 있을 정도의 무게를 지니지는 못했다. 조직교란력이 일정 정도 증대하면 지주의 농민에 대한 착취는 필연적으로 한도를 넘어서서, 국가는 대농민 반란 가운데 붕괴되었다. 이때 두 번째의 조절 메커니즘이 작동했다. 한편에서는 종법일체화 구조가 왕조회복의 거푸집(유전자)을 제공하고 또한 대동란이 조직교란력을 소멸시켜 왕조회복의 가능성도 생겨났다. 다른 한편 대동란이 생산력의 축적을 가로막고 새롭게 생겨나는 맹아를 파괴함으로써 사회는 원래의 구(舊)구조로 되돌아갔다. 이렇듯 두 가지 조절 메커니즘이 번갈아 작용력을 발휘하며 사회구조의 거대한 안정성이 유지되었다. 이들 두 가지 조절 메커니즘을 갖추고 있는 것이 초안정 시스템이다. 일반적으로 말해서 사회구조는 어느 것이나 모두 안정 시스템이며, 자신의 안정을 유지하기 위한 조절 메커니즘을 갖추고 있다. 옛 안정구조가 파괴되면 곧 새 안정구조로 변화해가는 것이다. 그러나 중국 봉건사회는 오히려 초안정 시스템이었다. 초안정 시스템은 일반적인 안정 시스템보다 조절 메커니즘이 더 많다. 중국 봉건사회가 초안정구조라는 가설은 중국 봉건사회 발전에 대한 동태적인 모델을 제공하며, 중국 봉건사회의 장기적 지속을 설명하여줌과 동시에, 사회 내부의 부단한 발전 변화를 인정하고, 정체성과 왕조의 주기적 붕괴 사이의 깊은 내재적인 관계를 알려준다. (상동 : 157~158)

3. 진관다오 비판

진관다오의 논의에는 뛰어난 통찰이 많다. 유교 종법제를 유교적 정체(政體)의 핵심으로 보아 중시한 것은 우리의 입장과 크게 다르지 않다. 소농-대지주-상품시장 관계 간의 상호 관계를 유교사회의 지속적 작동 메커니즘으로 포착한 것도 탁견이다. 그렇지만 이 모두가 봉건제라고 하니 앞뒤가 맞지 않는다. 개념과 내용이 어긋나고, 역사 과정에서 발생했던 중대한 변화들에 대해 눈을 감는다. 시스템적 잡음 정도로 생각하고 무시하는 듯하다. 그래서 그의 이론 틀은 그가 자부하듯 역동적인 것이 아니라 오히려 평면적이고 정태적이다.

우선 3000년 중국사 전체를 봉건사회로 규정한 것은 너무나도 무리한 주장이 아닐 수 없다.[2] 봉건제는 여러 제후들이 영토를 분봉(分封)받아 각 영지의 통치권, 조세권, 사법권을 장악하는 매우 분권적인 체제다. 중국사에서 이렇듯 분권적인 상황은 주나라, 춘추전국시대와 남북조시대, 5대10국 시대와 같은 무정부적 분열기에 나타났다. 그의 봉건사회관의 핵심은 소농사회론인데, 그의 말대로 '소농경제'에 기초하고 '관료체제'에 의해 운영되는 사회를 봉건사회라고 하는 것 자체가 난센스다. 소농생산이 지배적인 사회는 봉건제 이후의 초기근대적 단계에서야 비로소 출현한다. 굳이 진관다오의 설에서 봉건적인 현상을 찾자면 그가 봉건적인 종법일체 구조를 위협하는 요소라고 하였던 왕조 말기의 대토지 사유화, 겸병화 현

---

2) 진관다오의 봉건제 개념은 중국에서 큰 권위를 가진 궈모뤄(郭沫若)의 중국 장기 봉건사회론에 의지하고 있다. 궈모뤄는 1930년 출판된 『중국고대사회연구』에서 춘추시대 이후 아편전쟁까지를 봉건제 사회라 정리했다. 은대 이전은 원시공동체, 서주시대는 노예제, 그리고 아편전쟁 이후를 식민지 반봉건제, 1949년 중국 건국 이후를 사회주의라고 하여 중국사를 5단계로 정리했다. 마르크스주의 5단계설을 중국사에 적용한 것이다.

상이 여기에 가깝다. 개념과 개념이 지칭하는 내용이 뒤집혀 있어 매우 혼란스럽다. 그가 지적하는 대로 "원칙적으로 상앙(商鞅)의 변법(變法) 이후 토지는 자유로이 매매될 수 있었다"고 한다면(상동: 56), 그 이후의 중국 사회는 온전히 봉건적이었다고 말하기 어려울 것이다. 특히 진관다오 자신이 "분봉(分封)제는 거의 자취를 감추었다"고 하였던(상동: 40) 송대 이후를 봉건제라고 해야 할 근거가 무엇인지 그는 어디에도 제시하지 않는다. 또 이어 "일체화의 조절력이 강해짐에 따라 지주와 농민 사이의 인격적 종속 관계는 끊임없이 약해졌"고, "송대에 이르면, 귀족과 지주의 사설법정 설치를 법률로 금하여, 전호(佃戶=소작농)에 대해 '사저(私邸) 처벌'하지 못하도록 했다"고 하는 대목에 이르면(상동: 40), 그가 말하는 '일체화의 조절력'이 왜 '봉건적' 조절력이라는 것인지 도무지 이해하기 어려워진다. 오히려 잔존하고 있던 지주의 봉건적 권한 행사를 제약했던 반봉건적 – 초기근대적 조절력이라고 해야 마땅하다. 여기서도 진관다오는 용어를 거꾸로 쓰고 있다.

그의 주장의 취지를 최선을 다해 살려본다고 하면, 송대 이후 초기근대 중국 사회가 주기적으로 왕조 말기에 '봉건적 말폐(末弊)'에 의해 위협받았다는 정도로 이해할 수는 있을 것이다. 물론 이렇게 말하면 송대 이후 중국 사회는 더 이상 봉건사회가 아니었다는 것을 전제하는 것이 된다. 다만 왕조의 관료층이 왕조의 전성기를 지나 점차 세습화·귀족화하고, 비대해진 이들 세력이 소농민을 가혹하게 압박했을 때, 이러한 현상을 '봉건적 말폐'라 부를 수도 있다는 것이다. 그렇다고 해도 이는 어디까지나 수사적인 표현일 뿐, 분봉에 의한 분할통치라고 하는 봉건제 본연의 양식을 말하는 것은 아니다. 진관다오가 사용하는 봉건, 봉건적이라는 용어는 19세기 서세에 의해 치욕적으로 몰락했던 체제를 지칭하는, 따라서 버리고 부정하고 싶은 과거를 통칭하는, 지극히 '현대적'인 맥락에서 그 의미가 변용된, 새로운 항간의 언어일 뿐이다. 그런 용법에서는 군주제를 말하

면 다 봉건이고, 유교를 논하면 다 봉건이며, 가족을 강조해도 봉건이 된
다. 수사적일 뿐, 엄격한 학술적 용어가 되지는 못한다.

　진관다오도 남북조시대 그리고 송대가 중국 역사의 큰 양대 변환점이었
음을 인정한다. 그러면서도 남북조시대는 일체화 구조의 일시적 '이탈'을
다시 원형 복구시키는 초안정구조의 증거로서, 송대는 일체화 구조의 완
성＝초안정구조의 완성으로 설명하여, 결국 변하지 않는 하나의 동일 시
스템의 반복으로 귀착시키고 만다. 그러나 남북조시대와 그를 잇는 수당
의 사회 변화는 단순한 중국 내의 사건이 아니었다. 앞서 제7장에서 살펴
보았던 바와 같이 위로는 유럽에 이르는 북의 초원로, 남으로는 동남아,
인도, 그리고 이슬람 세계에 이르는 바닷길을 서로 순환시키는 유라시아
적 변동과 맞물려 있었고, 그 결과 중국에서는 중세－봉건적 질서가 결정
적으로 무너졌다. 여기에서 중국사의 고대－중세－초기근대(근세)의 시대
구분의 근거가 나온다. 즉 한 제국 붕괴－위진남북시대는 중국 중세의 시
점이 되고, 송의 건국은 초기근대의 시점이 된다. 중국 고유의 현상이라고
도 말하는 중국 사회의 신분적 평등화 현상은 중국의 초기근대가 매우 일
찍 시작되었음을 말해주는 주요 방증이다. 물론 이는 중국의 중세－봉건적
질서가 당송 교체기에 결정적으로 무너졌던 결과다.

　"중국의 경제적 번영은 겉보기는 대단했지만 결국 담장 위의 꽃이었고,
결국 왕조 교체기마다 쓸려나가 항상 사실상 무에서 다시 시작했다"고 하
는 대담한 주장도 지나친 과장이다. 송대에 농업·상업 등 사회 여러 영역
에서의 비약이 있었고, 명청 시대에는 제한된 자원과 노동집약적 기술을
결합시킨 근면혁명(industrious revolution)을 통해 국민총생산이 19세기 초
까지 지속적으로 상승했다. 17세기 중반에서 19세기 초반 사이 중국의 인
구는 대략 1억 5000만 명에서 4억 명으로 급증하는데, 이는 중국의 경제
가 그러한 정도의 급속한 인구 증가를 감당할 만한 번영을 누리고 있었음

〈표 1〉 세계 GDP상 서유럽과 중국의 점유 비율(단위:%)(Maddison, 2007: 381)

연도 국가	1	1000	1500	1600	1700	1820	1870	1913	1950	1973	2003
서유럽	13.7	9.1	17.8	19.8	21.9	23.0	33.1	33.0	26.2	25.6	19.2
중국	25.4	22.1	24.9	29.0	22.3	32.9	17.1	8.8	4.6	4.6	15.1

* 서유럽은 오스트리아, 벨기에, 덴마크, 핀란드, 프랑스, 독일, 이탈리아, 네덜란드, 노르웨이, 스위스, 영국, 포르투갈, 스페인 및 기타 서유럽 소국을 포함.

을 말해준다. 산업화 이전 시대에 이러한 증가율은 인구학적 기적에 가깝다. 명청 시대 중국이 사회분업을 통해 경제 발전을 이루는 애덤 스미스적 발전 유형에서 유럽을 앞지르고 있었다는 분석도 나오고 있다(Arrighi, 2007). 또 널리 인용되는 세계경제 통계학자인 매디슨은 세계 GDP에서 중국이 차지하는 비율이 1820년대까지 서유럽을 능가하고 있었고, 특히 1700년에서 1820년 사이 중국의 GDP 성장이 두드러짐을 보여주었다(〈표 1〉).

진관다오는 유교이념을 만세불변으로 보고 있지만, 유교이념과 정치체제, 정치관행도 사회 변화의 큰 물결 속에서 끊임없이 변화해갔다. 진관다오가 지적한 대로 종법일체화 구조는 선진(先秦) 시대에 이미 그 모형(母型)이 이루어졌다. 그러나 한나라에 이르러서야 종법대일통 구조가 비로소 확립되었다. 중국의 중세인 남북조-수당 시대에는 도가와 불교의 영향이 강해지면서 이 원리가 동요했다. 송나라 때 다시 정립된 종법론은 이미 새로운 신분 질서에 대응하는 것이었다. 밑으로는 봉건세습귀족이 크게 약화된 신분적 평등화 상황을 규제하려는 것이었고, 위로는 절대화된 황권의 자의성을 규제하려는 것이었다. 봉건제 이후(post-feudalism)의 초기근대적 상황에 조응하는 새로운 원리로 변형된 것이다. 가와 국의 원리가 융합되어 있는 대일통 원리의 균열과 동요는 이미 명대 예송들에서 드러나기 시작한다. 군주의 지위를 종법적 규제로부터 해방시키려는 움직임이 나타난다. 주권을 친족윤리의 규제로부터 풀어내는 이러한 동향은 초기근대에서 근대로의 움직임의 표현이었다. 조선 역시 마찬가지였다. 이 과정 속에서 우리는 유교 성왕론과 종법론이 유교주권 안에 두 개의 권력을 성립시키고 있었고, 결국 유교군주주권을 내파하는 싹의 역할을 하였음을 보게 된다.

이렇듯 유교는 다양한 시대를 거쳐오면서 그 시대의 상황에 따라 자신을 변용해왔다. 대일통 원리라 하여도 그 시대마다 작동 영역과 방식, 그리고 사회적 목표는 각각 달랐다. 이러한 변화를 보지 못하고 3000년 동안 사회구조와 유교체제에 아무런 변화가 없었다고 하는 것은 너무나 심한 과장이고 오류다. 아울러 유교는 공화주의적 인민주권적 요소 역시 내포하고 있었던 특이한 이념 체계였다. 이러한 요소가 유교사의 전 과정을 통해 부단히 생장해갔음을 인식하는 것은 매우 중요하다. 그러나 진관다오는 이러한 측면에 대해서도 전혀 언급하지 않는다.

진관다오의 사뭇 열정적인 글의 행간에서 중국의 경로는 틀렸고, 영국의 경로는 옳았다는 선/악, 흑/백 대비론을 읽기내기란 어렵지 않은 일이다. 그러나 이렇듯 너무 강한 단정과 흑백 대비는 그만큼 그가 현재적 가치와 관점에 과도하게 집착해 있다는 말이기도 하다. 인생은 짧지만 역사는 길다. 서구적 가치가 지배적이었던 시대는 인류문명사에서 극히 짧은 일순간에 불과했다. 미래도 장구하게 그럴 것이라고 단정할 수 없다. 예를 들어 영국의 산업혁명(industrial revolution)과 중국의 근면혁명(industrious revolution)[3]을 구분해보는 시각(Sugihara, 2003)에 의거하면, 과연 미래의

---

3) 원래 근면혁명 개념은 17세기 일본의 노동집약적 생산 상승을 설명하기 위해 일본 학계에서 도입되었다. 스기하라는 이를 16~17세기 중국에 적용하였다. 제한된 천연자원과 고도로 노동집약적인 기술을 결합하여 생산량을 상승시키는 것을 말한다. 주로 논농사 위주의 소농생산에 상업작물과 수공업을 결합시키는 양식을 취한다.

인류 경제가 고도로 자원소모적인 산업혁명형의 경제를 지속할 수 있을 것인지, 이런 점에서 근로혁명의 자원절약적이고 노동창출적인 측면을 현대적으로 재가공하여 발전시킬 수는 없는 것인지 진지하게 생각해볼 만한 문제가 된다. 일국사적 시각, 일국사적 사명감에만 갇혀서는 이런 시야를 갖기 어렵다. 역사는 인류 전체의 것이다. 중국은 왜 뒤떨어졌는가라는 의분은 십분 이해하지만, 만일 이것이 단순하게 중국이 다시 앞서보자는 결의와 열정에 그친다면, 그 역시 역사 전체를 정확하고 공정하게 읽지 못하게 하는 원인이 된다.[4] 아울러 단순히 앞선 승자를 모방하고 따라하는 것만으로는 결코 역사에서 새로운 길을 열어갈 수 없다.

진관다오의 관점은 근대를 영국의 산업혁명을 중심으로 생각하는 고전적 근대성 이론에 철저히 입각해 있다. 영국을 선두로 한 서유럽 몇 국가가 산업혁명을 통해 본격적인 자본주의 사회로 진입하고 이들이 세계를 식민주의적으로 제패(制覇)했던 것은 분명한 사실이다. 이러한 상황인식 속에서 기존의 '고전적' 근대성 이론이 탄생했다. 기존의 근대성 이론은 근대의 시원을 15~16세기 유럽에 둔다. 그리고 중국을 포함한 비서구의 근대는 유럽이 이들 지역을 식민화하여 근대화해주기 이전까지는 존재하지 않았다고 생각한다. 여기서 현재를 가지고 과거를 재단(裁斷)하는 오류가 발생했다. 오리엔탈리즘 또는 유럽중심주의의 오류다.

영국에서 산업혁명이 발생했으니 그 이전에도 영국과 유럽은 늘 세계에서 문화적·문명적으로 가장 앞서 있었고, 경제적으로도 가장 잘사는 지

---

4) 일본 역사학계가 일본 예외 봉건제론에 빠졌던 것도 이러한 일국사적 사명감(?) 때문이었다. 즉 아시아에서 유일하게 유럽형 봉건제를 가졌던 일본이 아시아를 '문명적'으로 구제(?)할 사명감을 가지고 있다는 식이다. 개념적으로 처음부터 잘못된 단추를, 일본의 제국주의화에 복무하는 논리로 끼워 넣은 것이다. 이 목적을 위해 일본이 조선과 중국에 진 문명적 빚은 깨끗이 지워지고, 오히려 거꾸로 변제받아야 할 채권이 된다. 묘하게도 진관다오나 일본 봉건제론이나 유교적 과거를 부정하고자 했던 점에서 일치한다.

역이었을 것이라고 흔히 생각하지만 이는 사실과 많은 거리가 있다. 15세기까지도 유럽은 유라시아 여러 문명권 중에서 오히려 뒤처진 지역이었다. 유럽은 16~17세기 이른바 '대항해' 기간을 통해 부쩍 성장한다. 그러나 18세기 초반까지도 유럽인들은 중국을 가장 앞선 문명국가로 생각하고 있었고, 중국의 문명과 문화와 문물을 연구하고 받아들이는 데 열심이었다. 앞서 〈표 1〉로 요약해본 세계경제통계는 근대 역사의 감추어진 진실을 간명하게 드러내주고 있다.

4. 아시아적 생산양식론 비판

내심 마르크스주의의 교조적 역사관을 벗어나고자 했던 의도가 있었겠지만, 진관다오의 중국 초봉건사회론은 마르크스의 '아시아적 생산양식론'의 교조를 한치도 벗어나지 못했다. 19세기 마르크스의 '아시아적 생산양식론'은 그 당대 유럽인들의 비서구 동양사회 정체론의 편견을 고스란히 반영한 것이었다. 오늘날 많은 사람들이 머지않아 중국이 세계 최대의 GDP국이 될 것이라 예견하고, 21세기는 친디아의 시대가 될 것이라는 주장이 널리 받아들여지고 있는 상황에서 아시아가 영원히 정체된 사회라는 주장은 이제 생뚱맞게 들릴 정도가 되었다. 이러한 상황은 유럽 우위가 확고하게 된 19세기 이전의 상태로 세계 역관계가 회귀하고 있음을 보여준다. 세계사적으로 보면 유럽 – 서구 우위가 실로 일시적인 현상이었음을 깨닫게 하는 사태의 진행이라 할 것이다. 이러한 상황에서 '아시아적 생산양식'뿐 아니라 그와 유사한 모든 종류의 아시아 정체론이 모습을 감추고 잠복하고 있는 것도 사실이다. 그러나 이러한 현실 추세가 그 자체로 기존의 이론을 해체시키는 것은 아니다. 만일 상황이 조금이라도 달라진다면 언제든지 다시 올라올 수 있다. 우리가 보기에 학술 세계에서 아시아적 생산양식론은 잠시 전면에서 물러나 있을 뿐, 여전히 암묵적으로는 적지 않은 영향력을 행사하고 있다.

마르크스는 1859년 출판한 『정치경제학비판』 서문에서 "대체적으로 보아 아시아적, 고대적, 봉건적, 근대 부르주아적 생산양식들은 경제적 사회구성체의 발전적 시기들이라고 할 수 있다"고 하였다. 이 표현에서 네 가지 생산양식들이 발전의 진화적 단계를 표현하고 있다는 것은 분명해 보인다. 맨 처음의 아시아적 생산양식은 원시적 단계에 가장 가깝다. 그리고 맨 마지막의 부르주아적 생산양식은 이 네 단계 중 가장 발전된 형태다. 이보다 조금 앞서 쓴 『정치경제학비판요강』의 '자본주의적 생산에 선행하는 여러 유형들' 편에서 마르크스는 이에 관해 더 상세한 논의를 한다. 여기서 논한 아시아적 생산양식의 핵심은 사유재산의 부재였다. 반면 유럽의 고대적, 봉건적(게르만적) 생산양식에는 사유재산적 요소가 분명하다고 하였다. 아시아에서 사유재산제가 없는 것은 수리 · 치수 사업을 주도한 국가가 모든 토지를 소유하고 있기 때문이라고 했다. 이러한 아시아적 국가란 모든 토지와 인민을 소유한 전제국가(despotism)다.

마르크스가 혼신을 다해 연구했던 주제는 유럽의 자본주의와 그 미래였다. 비서구에 관한 그의 언급은 단편적이고 부차적이다. 오늘날의 연구 수준에 비해보면 명백한 한계를 가지고 있다. 그의 네 단계 생산양식론을 유럽 세계에 제한하여 적용한다면 그런대로 말이 된다. 그렇게 보면 그가 말하는 고대적 생산양식에 선행했던 아시아적 생산양식이란 유럽은 아니지만 유럽 문명의 초석이 된 그리스 로마 세계에 커다란 영향을 주었던 이집트와 메소포타미아의 고대 왕국들을 지칭한다고 볼 수 있다. 유럽의 고대적 생산양식이 아프리카 이집트와 메소포타미아 등 중근동 고대 문명의 소산이라는 뜻으로 풀이할 수 있다. 이어 로마제국의 몰락 이후 유럽 중세의 봉건제가 들어섰고 여기서 근대 부르주아 자본주의 사회가 나왔다. 즉 고대적－봉건적－근대 부르주아적 단계란 유럽 문명이 그리스·로마－게르만·봉건－근대 자본주의라는 단계를 걸쳐 전개되어왔다는 말이고, 이는 유럽사에 대한 묘사로 큰 문제가 없다.

그런데 여기서 문제의 '아시아적 생산양식'만을 따로 떼어내어 이것을 유럽 이외의 비서구 지역 역사 전체에 적용하고, 이곳에서는 줄곧 변함없이 이 아시아적 생산양식만이 존재했다고 보는 황당한 시각이 문제다. 변화가 없는 곳에는 역사가 없다. 따라서 서구에는 역사가 있지만, 비서구에는 역사가 없다는 이야기가 된다. 이것은 19세기 유럽인들이 비서구를 보던 편견에 불과하고, 이것을 마르크스의 이론으로 포장한 것이 이른바 '아시아적 생산양식론'이다.

마르크스는 자신이 비서구의 역사와 현실에 대해 매우 제한적인 지식만을 가지고 있으며, 자신의 비서구에 대한 언급이 대단히 가설적이고 단편적이며 임시적인 것에 불과함을 인정하고 있었다. 그의 제한적인 연구 조사를 통해서도 비서구에 다양한 형태의 사유 형태가 존재하며 국가의 형태도 단순히 치수(治水) 전제국가로 단일화시키기 어려운 다양함이 존재함을 어렴풋하게나마 느끼고 있었다.[5] 그러나 마르크스가 마르크스주의가 되면서 그렇듯 단편적이고 모호하며 가설적인 언급의 조각들이 금과옥조의 신조가 된다. 그리하여 '아시아적 생산양식론'이란 것이 마치 완전무결한 거창한 이론 체계로 존재하는 것처럼 생각하는 사람들이 생겨났다.

여기에 더하여 마르크스주의의 역사에서 '아시아적 생산양식' 문제를

---

5) 마르크스의 아시아적 생산양식에 관한 논의는 매우 방대하다. 그 개괄을 위해서는 Wittfogel(1964), 앤더슨[1990(1974)], 최종식(1986), 페치르카(1987), 세노, 장 외(1990), 최재현(1993), 나카무라(1991, 2000), 강성호(1999) 등 참조.

복잡하게 꼬이게 만들었던 몇 가지 추가적인 이유들이 있다. 먼저 비서구 지역의 '아시아적 생산양식'이 낙후된 것은 분명하지만, 사회주의 혁명이라는 실천적 관점에서는 역으로 적극적으로 활용해볼 수 있는 긍정적인 점도 있지 않겠느냐는 사고방식이 있었다. 아시아적 생산양식이란 원시 부족국가의 초보적 공동생산-공동분배 사회에서 바로 나온 것이기 때문에, 원시 공산주의의 요소를 여전히 보존하고 있을 것이라고 보고, 이 요소를 잘 살리면 새로운 현대사회주의-공산주의 생산양식의 발판이나 근거로 삼을 수 있지 않겠느냐고 생각했던 것이다. 돌아보면 물론 터무니없는 생각이었을 뿐이다. 현실에 존재하지도 않는 고대 이전 사회의 너울을 비서구사회에 억지로 씌워놓고 여기서 이상적 미래의 싹까지 찾겠다는 것이었다.

앞서 살펴본 진관다오의 중국 사회 영구봉건설이 아시아적 생산양식의 한 변형임은 이제 분명해졌다. 춘추전국 이래 3000년 동안 변함없이 오직 봉건사회였다는 논리는 아시아적 생산양식론의 입맛에 너무도 잘 맞아떨어진다. 다만 진관다오의 설에는 '현대 공산주의의 싹을 아시아적 생산양식에서 찾는다'라고 하는 환상이 깨끗이 빠져 있다. 찾기는커녕 이제 거꾸로 그러한 요소와 철저히 결별할수록 좋다는 입장이다. 그러나 그 역시 환상이다. 자신의 과거를 3000년 불변인 고대 또는 고대 이전의 이미지에 맞추어놓고 이것을 몽땅 지워야 한다고 하는 것이니 말이다. 현실에다 환상을 뒤집어씌운다는 점에서는 꼭 같다. 다만 그 환상 속에서 일말의 긍정적인 것을 보느냐 철저히 부정적인 것만을 보느냐의 차이일 뿐이다.

'아시아적 생산양식' 문제가 복잡하게 꼬인 또 하나의 중요한 이유가 있다. 러시아혁명으로 소련이, 중국혁명으로 사회주의 중국이 등장하자, 이들 체제가 '아시아적 전제주의'의 연속이거나 재판(再版)에 지나지 않는다는 논의가 나왔다. 대표적인 것이 칼 비트포겔의『동양적 전제주의

(*Oriental Despotism*)』이다. 이로써 '아시아적 생산양식'이라는 개념이 소련, 중국 등 사회주의 국가를 공격하는 반공과 냉전의 무기로 탈바꿈하였다. 비트포겔은 스탈린이 인류 역사 5단계설을 제시하면서 '아시아적 생산양식'을 뺀 이유가 스탈린 체제의 전제성을 감추기 위한 것이라고 생각했다. 비트포겔의 견해는 러시아사 전반이나 중국사 전반을 통째로 아시아적 생산양식으로 본다는 점에서 진관다오와 매우 유사하다고 할 수 있다. 그리고 이 점에서 진관다오의 오류를 그대로 공유한다. 소련과 중국의 사회주의 체제에 많은 문제가 있었음은 분명한 사실이다. 그러나 그 이유를 중국사, 러시아사, 더 나아가 비서구사 전반이 고대 이래 오늘날까지 만세불변의 '아시아적 생산양식'이었기 때문이었다고 풀이한 것은 명백한 잘못이다. 진단이 틀렸으니 바른 처방이 나올 리도 없다.

이상의 서술은 말썽 많은 '아시아적 생산양식' 개념에 얽힌 매우 복잡한 논쟁사를 지극히 간략하게 훑어본 것에 불과하다. 그러나 이상의 서술만으로도 이 개념이 얼마나 엉뚱한 방향으로 번지고 퍼져나갔는지 파악하는 데 부족하지 않을 것이다. 과거 일부 사회주의 혁명가들이 비서구 지역의 사회주의 혁명을 구상하기 위해 이 개념에 골몰했는가 하면, 정반대로 식민주의자들이 식민 통치를 정당화하는 개념으로도 이용하였고, 급기야 사회주의 체제를 공격하는 반공적 개념으로 탈바꿈되기도 하였다. 이렇듯 누구를 위해서든지 무엇이나 되어줄 수 있는 괴상한 개념이었는데, 그 실체를 들여다보면 막상 손에 잡히는 내용은 아무것도 없다. 마르크스가 원래 말했던 '아시아적 생산양식'을 엄격하게 보면 원시 부족사회 단계에서 막 발전해 나온 초기 고대 왕국의 사회구성체를 말하는 것이다. 흔히 말하는 고대 4대 문명권의 초기왕국에 해당한다고 하겠다.[6] 아주 단순화시켜

---

6) 이라크 남부 티그리스강과 유프라테스강 유역, 이집트 나일강 유역, 파키스탄과 인도의 인더스강 유역, 중국의 황하 유역에서 기원전 3500년경 거의 동시에 출현한 최초의 도시

말하면 유럽-서구를 제외한 모든 사회가 심지어 20세기까지도 변함없이 이러한 초기 고대 단계에 머물러 있었다는 황당한 주장이 도대체 어떤 의미를 가질 수 있을까.

5. 가라타니 고진의 아시아적 사회구성체론

그럼에도 일단 넓게 퍼져나간 '아시아적 생산양식' 개념은 쉽게 사라지지 않는다. 최근에 좀 다른 방식으로 이 개념을 구제해보려는 시도가 있었다. 가라타니 고진이 『세계공화국』에서 선보인 '아시아적 사회구성체' 개념이 그렇다. 가라타니는 생산양식 개념은 국가를 설명하지 못하니 버리고, 대신 교환양식 개념을 도입하자고 제안한다. 이 제안은 국가가 사회구성체 결정에 매우 중요한 역할을 한다는 통찰을 잘 표현하고, 교환양식 개념을 창의적으로 확대했다는 점에서 긍정적이다.

이런 관점에서 가라타니는 국가를 약탈-재분배 교환양식의 주체로 본다. 그리고 이러한 국가 주도의 교환양식이 지배적인 사회구성체를 바로 '아시아적 사회구성체'라고 하고, '아시아적 제국(帝國)'이라고도 부른다. 이렇게 개념을 새롭게 정리하면서 그가 말하는 '아시아적 사회구성체'나 '아시아적 제국'에서 "아시아적 또는 동양적이라는 개념은 특별히 문명의 우열이나 발전 순서를 의미하고 있지 않다"고 한다(가라타니, 2007: 75). 왜냐하면 "그리스도 로마도 알렉산더나 시저가 보여주는 것처럼 아시아적 제국으로 변용되었고"(상동: 48), "서유럽에서는 절대왕정에서 비로소 아시아적 제국과 같은 상비군과 관료기구를 갖춘 국가가 확립되었"기 때문이

를 중심으로 한 초기 고대국가들을 말한다.

라고 주장한다(상동: 49). 결국 특별히 국가가 강하여 다른 교환양식을 압도하는 사회구성체는 모두 아시아적 사회구성체가 되는 것이고, 이러한 사회는 유럽에서도 출현하였다는 것이다. 가라타니는 이러한 방식으로 마르크스의 아시아적 사회구성체 개념을 역사 발전의 순서에서 떼어내서 사회구성체의 시계열과 무관한 이념형적 특징을 표현하는 개념으로 바꾼다.

그러나 먼저 이런 식으로 세계 어느 곳에나 (그리고 어느 시대에나) 적용될 수 있다고 하는 개념에 굳이 왜 '아시아적'이라는 수식을 붙여야 하는지 의문이다. 두 번째로 가라타니는 막상 말썽 많은 '아시아적 생산양식' 개념이 가장 문제가 되고 있는 비서구 지역의 역사의 정체성(停滯性) 여부에 대해서는 자신의 의견을 분명하게 제시하지 않는다. 그러나 바로 언급을 하지 않음으로써 그가 말하는 '아시아적 사회구성체'의 고향은 바로 이곳이며, 이곳에서는 중앙집권적 국가가 지배적인 교환양식이 거의 불변의 상태로 존속해왔다고 하는 '아시아적 생산양식론'의 가정을 암묵적으로 승인하고 있는 것으로 보인다. 그렇지 않다면 비단 아시아에 국한되지 않는다고 한 국가 주도적 사회구성체의 명칭을 굳이 '아시아적'이라고 고집할 이유가 없을 것이다.

가라타니는 월러스틴의 세계체제론을 받아들여 세계사를 세계 제국과 세계경제의 시대로 나눈다. 세계 제국의 시대는 전자본주의 시대고, 세계경제의 시대는 자본주의의 시대다. 가라타니의 논리에 따르면 세계 제국 시대의 왕자는 아시아적 사회구성체, 즉 중국, 인도, 페르시아, 중동의 여러 아시아 제국들이었고, 세계경제 시대의 왕자는 자본주의 사회구성체, 즉 구미 열강들이 된다. 분명 가라타니의 설에는 과거의 '아시아적 생산양식론'과는 다른 점이 있다. 자본주의 이전의 시대까지는 오히려 비서구 제국들이 서구사회들보다 우월했다는 것을 인정한다. 아시아적 사회구성체의 어떤 특징들은 매우 고도한 문명 단계를 표현하는 것으로서 근대적인 특징을 많이 담고 있다고까지 본다. 그럼에도 비서구사회의 역사는 본질적인 변화 없이 '아시아적 사회구성체' 상태를 수천 년 동안 지속해왔다는 문제적 전제를 답습하고 있다. 가라타니는 영국과 일본과 같은 아시아 제국(core)의 주변의 주변(=아주변, submargin)[7]에 위치한 국가들에서 아시아적 전제로부터 자유로운 역사가 전개되었으며, 반면 중심이었던 아시아 제국들은 '아시아적 사회구성체' 상태를 수천 년 동안 큰 변화 없이 지속했던 것으로 본다. '아시아적 사회구성체'를 한편으로는 매우 고도한 문명 단계라고 하고, 다른 한편으로는 오랜 기간 변화 없이 정체된 사회라고 본다. 앞뒤가 맞지 않는다.

가라타니는 자신의 관심이 "자본=네이션=국가를 넘어서는 길, 바꿔 말하면 '세계공화국'에 이르는 길"을 찾는 데 있지(상동: 27), "고대사나 중세사를 논할 생각은 없다"고 밝히고 있다(상동: 51). 과거보다는 미래에 실천적 관심을 둔다는 점에서 마르크스와 유사하다. 그러나 마르크스가 남긴 단편이 '아시아적 생산양식론'이라는 교조가 되어 그가 의도하지 않았을 괴이한 방향으로 번져나갔던 사실을 심각하게 돌아보아야 할 필요가 있다. 또 마르크스가 그랬듯이 서구중심의 시각을 근본적으로 벗어나지 못한 것은 아닌지도 자문해보아야 할 것 같다. 가라타니 자신의 논리 구성에서도 '아시아적 사회구성체'라는 개념은 앞뒤로 모순과 무리가 많다. 이 개념을 이렇게 어설픈 형태로 굳이 남겨둘 필요가 있을까?

가라타니는 그 필요성을 다음과 같이 언급하고 있다.

---

7) 세계사를 동양적 전제(oriental despotism)의 중심(core)과 그 주변(margin), 그리고 그 주변 밖의 주변의 주변(=아주변, submargin) 관계의 역사로 풀이한 것은 칼 비트포겔이었다. 동아시아를 예로 들면 중국은 중심, 한국과 베트남은 주변, 일본은 주변의 주변(아주변)이 된다. 유럽의 경우는 로마제국이 중심, 프랑스나 독일은 주변, 영국은 주변의 주변이다. 가라타니는 비트포겔의 이 틀을 그대로 받아들였다.

2차 대전 이전에 이루어진 '일본 자본주의 논쟁' 또는 '봉건 논쟁'에서는 '아시아적'과 '봉건적'의 구분이 없었습니다. 일본도 러시아도 중국도 요컨대 전자본주의 사회는 모두 '봉건적'이라고 불리고 있었습니다. 그것은 러시아의 마르크스주의자가 '아시아적 생산양식'이라는 개념을 부정해버렸기 때문입니다. 따라서 이와 같은 논쟁은 완전히 불모의 결과만을 낳고 말았습니다. 현재도 아시아적이나 동양적이라는 표현을 피하는 경향이 있습니다. 그것은 아시아나 동양에 대한 편견에 기초하고 있으며 또 그것을 강화한다는 이유 때문입니다. 그러나 아시아적이나 동양적이라는 개념은 특별히 문명의 우열이나 발전 순서를 의미하고 있지는 않습니다. 이와 같은 개념은 오히려 그 반대의 의미를 포함하고 있는 것입니다. (상동 : 74~75)

이상과 같이 말하면서 다음의 표를 부가하고 있다.

〈표 2〉 가라타니 고진이 제시하는 사회구성체와 아주변

봉건적	아주변(서유럽) → 절대주의 국가
고전고대적	아주변(그리스 · 로마) → 동로마제국(아시아적 국가)
아시아적	중핵(이집트 · 인도 · 중국)
봉건적	아주변(일본) → 절대주의 국가

즉 과거의 생산양식 논쟁에서 일본, 중국, 러시아 모두를 봉건사회였다고 하니 각 나라의 상태를 변별하여 인식할 수 없다는 것이고, 그렇기 때문에 '아시아적 사회구성체'라는 개념이 꼭 필요하다는 주장이다. 그러면서 '아시아적'이란 말은 오히려 우월한 문명 중핵(core) 국가 또는 제국을 뜻하는 것이므로 굳이 기피할 이유가 없다고 하였다.

사회구성체가 각 사회의 변별성을 드러내줄 수 있는 것이어야 한다는 데는 전적으로 공감한다. 진관다오가 그랬던 것처럼 자본주의 이전의 전근대사회를 모두 '봉건적'이라거나 '봉건제'라고 말한다면 그런 개념은 무용하다. 그렇지만 그런 의미에서의 변별성을 강화하기 위해 '아시아적 사회구성체' 개념이 필요하다고 말하는 것은 이상하다. '아시아적 사회구성체' 개념은 앞 절에서 밝힌 바와 같이 적용 범위가 봉건제보다 오히려 훨씬 더 넓고 포괄적이어서 개념적 변별성을 높이기는커녕 반대로 더욱 떨어뜨릴 것이 분명하기 때문이다.[8] 또 가라타니는 러시아 마르크스주의자들이 '아시아적 생산양식, 사회구성체'라는 개념을 폐기했던 것이 문제였다고 언급하고 있다. 그러나 이 문제에 관한 한 스탈린을 위시한 '러시아 마르크스주의자들'의 오류는 기계적이고 결정론적인 역사 단계론을 제시한 데 있지, '아시아적 생산양식'을 그 도식에서 뺐던 데 있지 않다.

일본 역사학계의 '봉건 논쟁'에서 진정한 문제는 '아시아적 생산양식' 개념의 유무에 있지 않았다. 여기서 일본 역사학계에서 봉건제 개념 정착의 역사에 대해 살펴볼 필요가 있다. 미야지마(2001, 2010)에 따르면, 메이지유신 때까지도 일본에서 봉건제란 중국식 용법으로 이해되었다. 그러다가 20세기 초 유럽에서 수학한 후쿠다 도쿠조(福田德三), 나카타 가오루(中田薫), 미우라 히로유키(三浦周行), 하라 가쓰로(原勝郎), 우치다 긴조(內田銀藏) 등에 의해 유럽식 용법으로 바뀐다. 중국식 용법을 따랐을 때는 일

---

8) 일찍이 페리 앤더슨의 다음 언급 역시 바로 그 점을 지적하고 있다. "최근 아시아적 생산양식 연구 경향은 이 개념의 범주를 연대적으로는 최초의 문명이 시작되었던 시기 이전까지로, 지역적으로는 부족 조직의 최대 경계선으로까지 엄청나게 확대시키고 있다. 이로부터 야기되는 초역사적 혼용은 모든 과학적 분류의 원칙을 불가능하게 만드는 것이었다 …… 명 왕조의 중국과 거석시대의 아일랜드, 파라오의 이집트, 그리고 하와이 사이에 어떤 중요한 역사적 통일성이 존재하겠는가? 이러한 사회 구성들이 상상할 수 없을 정도로 서로 상이하다는 것은 너무도 명백하다 …… 이처럼 서로 현격하게 상이한 역사적 형태들과 시기들을 단일한 항목으로 묶는다면 결국에는 봉건제를 부정확하게 확대하는 것에서 야기되는 것과 같은 귀류법의 오류로 끝나게 되고 말 것이다"〔앤더슨, 1990(1974): 531~532〕.

본이야말로 중국 고대의 춘추전국시대 봉건제를 유지하고 있는 아름다운 나라라는 합리화 논리가 작용했다. 그러나 이어 유럽의 봉건제(feudalism) 역사를 배워오면서 이제 그 논리는 아시아에서 예외적으로 오직 일본에서만 유럽형의 선진(先進) 봉건제가 존재했다는 서구 지향 논리로 180도 바뀌었다.

이러한 변형의 배경에 후쿠자와 유키치로 대표되는 구호 '탈아입구(脫亞入歐)', 즉 '아시아를 벗어나 유럽이 되자'라는 열망이 강력하게 작용하고 있었다. 아편전쟁에 패한 중국, 낙후한 아시아를 하루 빨리 벗어나자! 따라서 '일본＝아시아의 예외적 봉건주의' 도식이 '일본 이외의 아시아＝봉건제에 도달하지 못한 낙후한 정체 사회' 도식과 짝을 이루고 있음은 처음부터 자명했다.[9] 이 도식은 청일전쟁을 통해 일본에 크게 확산되었고, 러일전쟁 이후로는 역사학계의 정론으로 확실하게 자리 잡았다. 결국 '일본 봉건제론'이란 "일본사에 서구적 봉건제 개념을 적용해 봉건제의 존재를 근거로 일본사를 중국사, 조선사에서 분리(脫亞)시키는 동시에, 그것의 차이로 말미암아 일본에서는 근대화가 가능했다고 보는 담론"이었다(미야지마, 2010 : 443).

결국 일본 역사학계의 '봉건제' 개념 도입의 역사는 일본 제국주의 의식의 성장과 불가분의 관계에 있었던 것이다. 아울러 후쿠자와 유키치가 '아시아적＝중국적＝유교적'이라는 등식을 세우고 강력한 반유교 캠페인을 벌였던 것도 잘 알려진 사실이다. 가라타니가 언급하고 있는 1930년대

---

9) 일본에 유럽식 봉건제 개념을 소개하고 일본 사회를 유럽형 봉건제로 정리한 최초의 인물인 후쿠타 도쿠조는 1903년 조선을 시찰하고 조선은 역사 발전이 없는 정체(停滯)사회이며, 그 핵심 이유가 '조선에는 봉건제도가 존재하지 않았다'는 데 있음을 알았다고 했던 유명한(?) 논문 「한국의 경제조직과 경제단위」의 저자이기도 하다. 시초부터 일본 역사학계의 '봉건제' 개념은 유럽적 발전과 아시아적 정체를 가르는 기준선이었던 것이다.

'일본 자본주의 논쟁', '봉건제' 논쟁 훨씬 이전, 일본 '국사'의 성립 단계에서부터 '아시아적'이란 '중국적＝유교적＝낙후된 것'이고, '봉건적'이란 '유럽적＝선진적인 것'이라는 도식이 이미 확립되어 있었다. 또 그러한 아시아적/봉건적이란 이항 구조가 일본의 아시아 지배 구상과 깊이 맞물려 있었던 것도 분명한 사실이다.

일본 봉건제론의 이러한 문제 지점에 대해 가라타니는 아쉽게도 제대로 인식하지 못하고 있는 것으로 보인다.[10] 그렇기 때문에 그는 "일본의 사회구성체는 봉건적이었지만 아시아적이지 않았다고 말해야 할 것"이라는 식으로 너무나 쉽게 쓰면서(가라타니, 2007 : 74), 이 구절이 매우 문제라는 인식이 전혀 없는 듯하다. 막부 시대 일본의 사회구성체는 노동집약적 수도작(水稻作) 소농생산에 기반해 있었다는 점에서 확고한 동아시아적 공통 근거를 가지고 있었다. 앞서 언급했던 동아시아 근면혁명(industrious revolution)과 17～18세기 동아시아의 번영도 여기서 비롯했다. 동아시아 각국의 상대적 차이들이란 이러한 근본적인 공통성에 비하면 부차적이었다. 19세기 동아시아 위기상황에서 일본에게 상대적 이점이 되었던 그러한 차이점들 역시 근본적으로 동아시아 고유한 사회 구성의 특징들에서 발전해온 것이 아니라면 어디서 온 것이겠는가? 지금 우리에게 필요한 것은 이 시기 동아시아 사회구성체의 특징을 보다 정확하게 밝히는 일이지, 막연하게 '아시아적'이라고 덮어 씌워놓고 말 일이 아니다. 더구나 여기서 일본만 쏙 빼면서 말이다. 그러다 보니 가라타니 자신의 의도와는 정반

---

10) 나카무라 사토루(中村哲)가 오타니 히로유키(小谷汪之)의 아시아적 생산양식론 비판을 긍정적으로 평가하면서 "종래 일본의 마르크스주의 역사학에 있어서는 '아시아적'이라고 하는 개념이 지극히 이데올로기적으로 사용되어왔으며, 그것이 마르크스 권위의 절대화와 결합되어 '아시아 사회의 정체적 후진적 성격'이라고 하는 빠져나오기 어려운 고정관념을 형성하여 왔다"고 하였던 대목은 가라타니도 거듭 유념할 필요가 있다(나카무라, 1991:134).

대로 과거 일본 제국주의의 아시아적/봉건적 이항대립 함정에 스스로 빠진 셈이 아닌가.

가라타니는 자신이 '아시아적', '동양적'이라는 말을 사용할 때, 여기에는 어떤 편견도 없다고 말한다. 그러나 바로 그렇게 말하는 대목에서 펼쳐 놓은 〈표2〉야말로 그 자신에게도 그러한 편견이 남아 있음을 여실히 드러내고 있다. 우선 그가 아시아적 사회구성체로 분류한 중핵(core) 지역의 이집트, 인도, 중국 항을 보면, 이 세 국가에서는 나른 세 개의 범주 국가들과는 달리 아무런 변화가 없는 것으로 되어 있다. 이곳에서는 고대국가의 출현 이후 줄곧 같은 상태였다고 간주하고 있는 것이다. 가라타니의 중핵−주변−아주변 분류는 비트포겔을 따른 것인데, 비트포겔은 사회주의 러시아나 사회주의 중국도 의연히 '아시아적 생산양식'에 머무르고 있는 '동양적 전제국가'로 보았다. 가라타니는 여기에 대해서는 언급하지 않고 있다. 그러나 최소한 자본주의 출현 이전까지는 수천 년 동안 변함없이 아시아적 사회구성체 단계에 머물러 있었다고 보고 있음이 분명하다. 바로 이러한 관점이야말로 아시아나 동양에 대한 '편견'의 핵심이 아닌가? 이 점에서 진관다오와 비트포겔, 그리고 가라타니가 만나고 있다.

반면 〈표 2〉에서 '아주변'으로 분류한 서유럽, 그리스−로마, 그리고 일본의 경우는 모두 '아시아적' 성격을 가진 중앙집권적 국가(아시아적 국가)로 발전해갔다고 말하고 있다. 가라타니는 유럽과 일본의 절대주의 국가를 "봉건제후를 제압하여 봉건제를 해체하고 상비군과 관료기구를 확립"한 것으로 이해하고, 이것은 "이미 동양적 전제국가에 있었던 것을 실현한 것"이라고 주장한다(상동: 69). 그러하니 서유럽과 일본의 절대주의 역시 '아시아적 국가'의 특징을 뒤늦게 실현한 것이 되는 것이다. 필자 역시 송나라 이후의 중국이 유럽의 절대주의나 국민국가적 틀을 일찍이 선취하고 있었다고 보고 있다. '아시아적 국가'니 '아시아적 사회구성체'니 하는 개념적 거품만 빼면, 가라타니와 우리의 입장은 분명 상당히 근접할 수 있는 부분이 있다. 이런 의미에서 가라타니는 이집트, 인도, 중국 등 중핵 국가가 다른 아주변 사회의 발전을 일찍이 선행하고 있었던, 따라서 오히려 우월했던 사회였다고 말하는 것이다. 가라타니가 자본주의 이전의 비서구 제국(帝國)들의 문명 수준이 서유럽이나 일본에 결코 뒤처지지 않았으며, 오히려 앞서 있었다고 주장하는 것에 어떠한 가식이 있다고 생각하지 않는다. 분명한 사실을 지적하고 있을 뿐이니까. 그러나 아시아의 '중핵 국가'들이 조숙했으나 그 이후 변화와 발전이 없었던 정체된 사회였다고 보는 점에서 가라타니 역시 '아시아 정체론'이라는 뿌리 깊은 편견을 아직 완전히 극복하지 못했다고 할 것이다.

아시아 또는 오리엔트에 대한 한편의 비하와 다른 한편의 동경의 묘한 결합. 바로 에드워드 사이드가 철저히 해부했던 오리엔탈리즘이다. 가라타니가 오리엔탈리즘에 대해서 매우 날카로운 비판 의식을 가지고 있음은 분명하다(가라타니, 2004). 그러나 이상으로 살펴본 바와 같이, 가라타니에게도 오리엔탈리즘의 잔영은 남아 있다. 200년 이상 아주 충격적인 방식으로 동서를 막론한 우리 현대인 모두의 뇌리에 깊숙이 각인되어 있는 관념이기 때문에 우리 중 누구라도 여기서 완전히 자유롭다고 말하기 어려울 것이다. 그러나 바로 그렇기에 더욱 의식적인 노력이 필요하다. 예를 들어 가라타니는 근대적 의미의 자유란 오직 유럽과 일본 봉건제 속의 '자치도시' 또는 '자유도시'에서만 발생했다고 보고 있는 듯하다(상동: 70~71, 74~75, 108~109). 과연 그럴까? 남송 시대 주희의 사창(社倉) 구상에서 나타나는 자발적 상환(償還) 의지의 주체로서의 자영 소농민들 속에서 그러한 의미의 자유와 자율의 싹을 찾아볼 수는 없는 것일까?[11] 유교

---

11) 여기서 '주희의 사창 구상에 나타나는 자발적 상환 의지의 주체로서의 자영 소농민'이

적 공론장인 향촌의 서원과 사우(祠宇) 등 문인 공동체의 네트워크는 어떤 가? 대중유교의 공론장이었던 여러 대중 강학 장소에 모여든 농민과 상인들은 또 어떤가? 비단 유교사회만이 아니다. 이슬람과 불교, 힌두 문명권에도 이러한 의미의 자유와 자율의 공동체가 많았다. 이러한 곳에서는 근대적 의미의 자유가 전혀 존재하지 않았다고 말할 수 있을까?(9장 보론 각주 3 참조)

19세기 유럽의 동양관, 그리고 그 대표적인 이론적 표현으로서의 '아시아적 생산양식'은 허구요 착시다. 당시 이미 식민-비식민 근대의 단계에 접어들어 피폐해진 피식민 타자의 상(像), 그리고 제국적 위치에 선 유럽의 우월적 시각이 창조해낸 스냅숏 몇 장을 가지고 영화 한 편의 전체 모습이라고 착각하는 것이다. 이 스냅숏에는 식민지로 전락한 이슬람, 불교, 힌두, 유교사회의 퇴락한 왕궁과 헐벗은 인민들의 모습, 그리고 폴리네시아, 멜라네시아, 중앙 아프리카에 잔존하고 있던 신석기 부족들의 몇 장의 사진이 뒤섞여 있다. 이 둘을 섞으면 원시 부족 공동체-아시아적 생산양식이라는 한 세트의 그림, 이미지가 나온다. 이것이 19세기 유럽인들이 창조했던 오리엔트(Orient)의 이미지다.

이 이미지에다 12세기 초엽 북송의 수도인 개봉의 서민 생활상을 그린「청명상하도」를 나란히 놓고 비교해보라(제1장 3절의 사진 참조). 한편에는 놀라운 회화적 사실성으로 표현된 도시의 사회적 분업과 상업적 활력이 있고, 다른 한편에는 무력한 오리엔트와 '아시아적 생산양식'이라는 허구적 이미지가 있다. 이 두 이미지가 얼마나 동떨어져 있는 것인지 긴 설명이 필요하지는 않을 것이다.

라는 대목은 2010년 5월 성대 동아시아 학술원 정례 발표회에서의 미야지마 히로시 교수의 발표문에서 시사받았다. 미야지마 교수의 발표에 따르면 이 발상은 키노시타 테츠야(木下鐵矢)의 『주희재독(朱熹再讀)』에서 추출한 것이다.

6. 중층근대성론의 시대구분법과 사회구성체 유형구성 방법

유교사회 영구정체론이나 아시아적 생산양식론은 끈질기게 존속해온 관념이다. 이런 관념은 비판만으로는 없어지지 않는다. 대상을 전혀 새롭게 볼 수 있는 새로운 시각이 제시되어야 한다. 근대의 역사 전반, 근대성 개념 자체를 새롭게 보는 대안적 이론이 제시되어 기존의 관념을 대체할 수 있어야 한다. 이에 관한 큰 틀은 이 책 제1장에서 '중층근대성론'으로 제시한 바와 같다. 여기서는 이 장에서의 지금까지의 논의를 전제로 하여 제1장에서 개괄적으로 제시했던 중층근대성론의 시대구분론, 사회구성체 론을 한 단계 심화시켜보기로 한다.

모든 역사인식과 역사기술은 현재를 좀 더 정확하고 올바르게 이해하기 위한 것이다. 시대구분도 마찬가지다. 우리가 이 책 제1장에서 초기근대 에서 현재까지를 '역사적 근대'로 정의하였던 것은, 이 시기를 근본적으로 오늘날과 같은 원리에 입각한 하나의 연속된 시대로 본다는 뜻이다. 그 하나의 원리란 '성과 속의 통섭 전환'이었고, 이를 우리는 '통섭 I에서 통섭 II로의 전환'이라고 했다.

중층근대성론의 시대구분의 양대 축은 성속통섭 전환(통섭 II)과 성속통섭정립(통섭 I)이다. 그러니까 중층근대성론의 기본적인 시대구분은 둘이다. '통섭 II'의 시대는 현재와 이어져 있고, 현재가 그 일부인 '역사적 근대' 이고, 통섭 I의 시대는 '역사적 근대 이전'이다. 그러나 이 두 시대가 전혀 별개는 아니다. 둘 사이에는 연관성이 있다. '통섭 I'의 정립과 함께 '원형 근대성'이 출현했기 때문이다. 플라톤이나 공맹, 성서나 바그바드기타, 금 강경 등 '통섭 I'의 핵심을 담은 텍스트들은 오늘날 우리 현대인들이 접했 을 때도 모종의 강렬한 현재성을 가지고 다가온다. 이 텍스트들 속에서 모 종의 '현재성'을 느낀다 함은 그 역시 현 시대와 닿아 있다는 것이다. 그래서 원형 '근대성'을 가지고 있다고 한다. 그러나 성속의 통섭 관계가 오늘날의 그것과는 뒤집어져 있었기 때문에 시대감각의 차이를 느낀다. 따라서 이 현재성을 '원형(proto)'근대성이라 부르고, 그 원형 근대의 시대를 근대가 아닌 근대 이전으로 분류한다.

그런데 '통섭 I'과 '통섭 II'의 정립 사이에 유라시아 차원에서 중대한 변화가 발생했다. '통섭 I'의 원리가 구축(構築)했던 고대 세계가 크게 변형되었다. 로마와 한(漢) 제국의 붕괴, 이슬람의 흥기에 따른 고대 중동, 아프리카, 페르시아 세계의 해체와 재편이 그것이다. 이 현상은 '통섭 I'의 고대 질서가 구축되는 과정에서 주변부에 위치해 있었던 중앙아시아 스텝 유목민과 아랍 중동의 원거리 상업 부족이 크게 강성해지면서 세력권을 주변 여러 문명권으로 확대해간 대이동 과정과 맞물려 있었다. 유럽 중세와 중국의 남북조, 수당, 5호10국 시대, 그리고 이슬람의 흥기와 확장의 시대(옴미아드–아바스 왕조시대)가 여기에 해당한다. 이 시대의 원리는 '통섭 I'의 연장에 있고, 이 점에서 세계윤리종교로서의 이슬람은 정확히 '통섭 I'의 원리를 새롭게 구현했다. 그러나 이 시기는 고대적 체제가 해체 재구성되고 유라시아 전반에 분권적 현상이 두드러졌다는 점에서 '통섭 I'과 '통섭 II'를 잇는 중간적 시기로서의 고유한 특징을 가지고 있다. 이 중간 시기를 '중세'라 한다. 이상 논의는 〈표 3〉으로 요약된다.

〈표 3〉 중층근대성론의 시대구분

근대 이전 (통섭 I의 원리)		근대 (통섭 II의 원리)	
고대	중세	초기근대	본격근대

중층근대성론의 고대–중세–근대(초기근대–본격근대)의 시대구분은 유럽근대의 자기인식을 위해 정립했던 기존의 고대–중세–근대 구분과 근본적으로 다르다. '유럽근대의 자기인식으로서의 근대'란 고대 그리스 로

마 문명으로의 복귀라는 인식이었다. 이 관점에서 근대는 오직 고대 그리스 로마에서만 기원하였고 이를 계승한 서유럽에서만 완성되었으며 완성된 이후 비서구로 확대되어나간 것이 된다. 반면 중층근대성론의 근대는 '통섭 I'의 원리의 '뒤집힘'을 말하지, '통섭 I'의 원리로의 '복귀'를 말하지 않는다. 또한 '통섭 I'이든 '통섭 II'든 유라시아 문명, 더 나아가 인류사 전체에 해당하는 현상으로 본다. 다시 말해, '통섭 I'의 정립이든 '통섭 II'로의 전환이든, 고대-중세-근대의 시대구분이든, 일국사적 또는 지역사적 맥락이 아니라 지구사적 문명 교호의 맥락에서 본다. 유라시아 모든 주요 문명은 위의 〈표 3〉과 같은 기본적인 시대 경로를 거쳐왔다. 굳이 성속 통섭 관계를 생각하지 않더라도, 이상과 같은 지금 시대(modern time)와 지금 이전 시대(premodern time)의 시간 구분, 또는 고대(ancient age)-중세(middle age)-근대(modern age)라는 시대구분은 인간의 상식적인 시공 직관에 의거한 것으로서의 보편성을 갖는다고 할 것이다.

이상의 시대구분만으로도 아시아 사회가 변화 발전 없이 정체(停滯)해 있었다는 편견은 충분히 기각할 수 있다고 본다. 그러나 '아시아적 생산양식론' 논의에서 보았듯 아시아 정체론의 진정한 뿌리는 사회구성체론에 있다. 사회구성체론 자체가 재구성되어야 한다. 주지하다시피 사회구성체론은 마르크스의 유물사관에 따른 사회단계론이다. 우리는 사회구성체론이 각 사회의 정치, 경제, 사회의 종합적 관계를 잘 종합해줄 수 있기 때문에 여전히 유용한 이론 틀이라고 생각한다. 단계론이나 정체론 같은 문제적 요소를 해체하고 적절히 재구성한다면 중층근대성론과 잘 혼용될 수 있다고 본다. 그러나 그러기 위해서는 우선 마르크스가 제시했던 단계론적 사회구성체론을 발전적으로 해체하고 재구성해야 한다.

이 지점에서 가라타니의 교환양식 접합론이 적극성을 갖는다. 제1장에서 언급한 바와 같이 가라타니는 사회구성체를 ①공동체 중심의 호혜/의

무 교환양식, ②국가 중심의 약탈/재분배 교환양식, ③시장 중심의 상품 교환양식이라는 세 교환양식의 접합(articulation)으로 본다(가라타니, 2004). 어느 사회구성체든 이 세 교환양식이 뒤섞여 접합되어 있다. 이 셋 중 어느 것이 지배적이냐에 따라 사회구성체의 성격을 규정할 수 있다.

이렇게 보면 ①이 지배적이었던 것은 원시적 부족제 사회구성체였고, ③이 지배적으로 되면 자본제적 사회구성체가 된다. 〈표 3〉으로 보면, 원시적 부족제 사회구성체는 고대 이전의 사회이고, 자본제적 사회구성체는 본격근대에 해당한다. 문제는 교환양식 ②가 지배적인 사회구성체인데, 여기에는 고대, 중세, 초기근대의 거의 모든 사회구성체가 다 포함된다. 가라타니 역시 그렇게 보고 있다(〈표 4〉).

〈표 4〉 가라타니 고진의 사회구성체와 지배적 교환양식 분류(가라타니, 2007: 44)

사회구성체	지배적 교환양식
1. 씨족적	호혜/의무
2. 아시아적	탈취/재분배
3. 고전고대적	
4. 봉건적	
5. 자본주의적	상품교환

〈표 4〉에서 2와 3, 4는 시간적으로 병행한다. 이들 사이의 변별성을 분명히 표현하지 못한다는 점이 〈표 4〉의 큰 약점이다. 〈표 4〉의 적극적인 의미는 사회구성체를 단계론에서 유형론으로 전환하려는 데 있다. 그러나 이 시도는 가다가 만 중도반단(中道半斷) 상태에 있다. 표의 오른편인 지배적 교환양식 부분은 유형론으로 가려는 적극성을 표현한다. 그런데 표의 왼편은 마르크스주의의 시계열적 사회구성체론=생산양식론의 도식을 명칭까지 그대로 답습하고 있다. 표 왼편의 2.아시아적 사회구성체는 1.씨

족적 사회구성체를 바로 이은 것이고, 3, 4, 5는 차례로 2.아시아적 사회구
성체보다 더욱 발전한 시계열적 상위 단계의 사회구성체가 된다. 한편으
로는 2, 3, 4가 시간적 병렬이라 하고 다른 편으로는 시간적 서열이 된다.
가라타니가 마르크스 사회구성체론에 일보 진전을 이루어내면서도 기계
적 단계론이나 서구중심주의를 완전히 벗어나지 못하고 있다는 것이 여기
서도 분명히 드러난다.

이 한계를 어떻게 극복할 것인가? 〈표 4〉를 단계론에서 유형론으로 완전히
변형시켜야 한다. 그러자면 먼저 〈표 4〉의 왼편 컬럼을 지워야 한다. 우리에
게 필요한 사회구성체란 유형론으로 재구성하여 새롭게 도출되는 무엇이
지, 이미 결정되어 있는 불가역적 서열 단계론이 아니다. 우리가 제안하는
유형화의 방법은 다음과 같다. 새로운 사고의 방법을 시론적으로 제안하
는 것이라 보면 되겠다. 먼저 두 개의 유형 요소의 상자를 상정한다. 첫 상
자에는 교환양식의 유형 요소들이 담겨 있다. 두 번째 상자에는 생산양식
의 유형 요소들이 담겨 있다. 이제 어느 특정 사회의 사회 구성을 연구하
여 해당하는 주요 생산양식과 교환양식을 두 상자에서 추출하여 새로운
세 번째 상자에 넣는다. 이 제3의 최종 상자의 내용물의 절합(切合)양식이

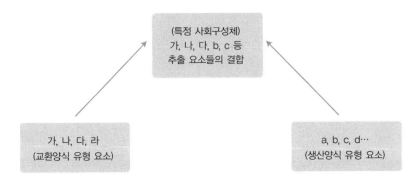

〈그림 2〉 사회구성체 유형의 구성 방법

해당 사회의 사회구성체를 결정한다(〈그림 2〉).

먼저 교환양식 상자에는 가라타니가 제안한 세 개의 기본 교환양식이 포함된다. 그러나 가라타니가 제시한 '국가중심의 약탈/재분배 교환양식'은 '집권(集權)형'과 '분권(分權)형'으로 분리할 필요가 있다. 이렇게 미리 분리해놓지 않으면 〈표 4〉에서 보았던 것처럼 고대, 중세, 초기근대의 거의 모든 사회가 이 유형으로 분류되어 분류기준으로서의 변별성이 없어지기 때문이다. 여기에 세계경제망에서 차지하는 위치를 추가할 필요가 있다고 본다. 중심, 주변, 반주변 세 가지 유형 요소다. 이렇게 하면 교환양식 상자에는 호혜의무형, 분권국가형, 집권국가형, 상품시장형, 중심형, 주변형, 반주변형의 일곱 유형 요소가 있다.[12] 물론 이 유형 요소들 간에는 어떠한 시계열적 관계도 미리 정해져 있지 않다.

또 하나의 상자에는 생산=노동양식의 유형 요소들이 들어 있다. 가라타니는 교환양식에 생산양식이 포괄된다고 하지만, 그가 제시하는 교환양식만으로는 사회 구성의 구체적인 '생산=노동양식'이 드러나지 않는 것이 사실이다. 그러면서 〈표 4〉의 왼편 컬럼과 같이 마르크스의 단계론적 생산양식을 해체하지 않고 그대로 열거한다. 교환양식으로 생산양식을 해체하는 것이 아니라 다만 보완하고 있을 뿐이다. 물론 마르크스의 생산=노동양식론은 이론으로서 충분한 내용을 가지고 있다. 그것을 단계가 아닌 요소로 분해하여 활용해야 한다는 것이 요점이다.

마르크스가 제시한 기본적 '생산관계=노동양식'은 공동체적, 노예적,

---

12) 중심, 주변, 반주변을 따로 빼서 또 하나의 요소 상자를 만든다고 해도 좋겠다. 이 논의에서 주목해주기 바라는 것은 방법이다. 여기서 말하는 요소의 수나 요소 상자의 수가 절대적으로 확정되어 있으며, 이것이 결코 변할 수 없는 진리라는 식으로 결코 생각하지 않는다. 오히려 그와 반대로 탄력적으로 열려 있다는 것이 이 유형구성 방법의 핵심이다.

농노(예농)적, 임노동적 양식이다. 우리는 이 양식들을 마르크스가 언급한 아시아적 – 고전고대적 – 봉건적 – 자본제적이라는 시계열적 사회구성체들과는 구분하여 받아들이려고 한다. '생산=노동양식'들은 유형 요소로 전환될 수 있다. 왜냐하면 고대, 중세, 근대 모든 사회에 공동체, 노예, 예농, 임노동이 모두 존재했기 때문이다. '생산=노동양식' 역시 가라타니가 말하는 교환양식처럼 언제나 복수의 양식들이 절합된 형태로 존재했다.[13] 다만 우리는 이 네 '생산=노동양식'에 '소농적 생산=노동양식'을 추가한다. 소농은 고대로부터 존속해왔던 '생산=노동양식'일 뿐 아니라, 초기근대의 여러 사회에서도 지배적인 '생산=노동양식'이었기 때문이다. 생산양식을 이렇듯 공동체적, 노예적, 예농적, 소농적, 임노동적 다섯으로 분류해놓으면, 특별히 유럽적이거나 아시아적이라고 하는 지역적 경로를 표현하지 않는 것으로 된다(반면 아시아적, 고전고대적, 봉건적이라는 명칭은 지역적 경로를 선명하게 표현하는 용어다). 이렇게 전환시켜놓으면 이 다섯 개의 '생산=노동양식'은 특정한 시계열과 무관한 유형 요소가 된다.

그렇다면 이 교환 – 생산의 두 유형 요소를 결합하여 사회구성체를 도출한다는 것은 무슨 뜻인가? 예를 들어 19세기 미국의 사회구성체를 생각해보자. 우선 '생산=노동양식'의 유형 요소에는 임노동, (자유)소농, 노예라는 세 요소가 모두 해당한다. 교환양식에서는 상품교환이 지배적이면서 국가 형태는 중앙집권적 경향이 강한 연방제였다(호혜/의무 교환양식은 상대적으로 매우 미약했다). 19세기 미국의 사회구성체는 이 요소들(교환양식 요소들+생산양식 요소들)의 복합적 접합이었다. 이를 집약해서 한마디로 자본주의 사회구성체였다고 할 수도 있을 것이다. 그러나 그것만으로는

---

13) 마르크스 자신이 그렇게 인식하고 있었고, 이 점을 특별히 다시 부각시킨 이는 프랑스 철학자 루이 알튀세르다.

다른 자본주의 사회들과의 변별성이 부족하다. 사회구성체론이 의미 있게 되려면 해당 사회의 교환양식 – 생산양식의 특수한 절합 상태를 표현해주어야 할 것이다. 그렇다면 19세기 미국의 사회구성체라고 하여도, 19세기 중반까지는 '소농적 – 분권적이면서 노예제를 포함한 자본주의'로, 19세기 후반에는 '임노동 – 집권적 자본주의' 정도로 정리할 수 있을 것이다. 오늘날의 학술적 요구에 비추어 사회구성체 개념이 유의미성을 가지려면 이 정도의 구체성과 변별성은 제공해줄 수 있어야 하리라고 본다.

현재의 예를 들면 유럽의 자본주의라고 하여도 권역에 따라 상당한 차이를 보이고 있다. 아시아의 자본주의 역시 마찬가지다. 이슬람권과 남미의 자본주의 역시 상당히 다르다. 사회구성체 개념이 이러한 차이를 표현해주지 못하고 그저 모두 '자본주의'라고 한다면 별 쓸모가 없는 개념에 불과하다. 사회주의 역시 마찬가지다. 러시아 사회주의와 동구권 국가들의 사회주의, 그리고 동아시아 국가들의 사회주의와 쿠바나 남미, 아프리카의 사회주의 사이에는 상당한 차이가 있다. 예를 들어 동아시아 국가들의 사회주의는 소농제와 연관이 깊다. 특히 개혁·개방 이후의 중국 사회주의를 보면 이 점이 명백하다(제9장). 사회구성체 개념이 의미가 있으려면 이런 중요한 세부를 표현해줄 수 있어야 한다.

'아시아적 생산양식' 개념은 이렇듯 드러내주어야 할 구체성을 무차별적으로 삭제해버린다는 점에서 특히 극단적이다. 고대, 중세, 초기근대라고 하는 인류문명사의 거의 대부분의 시기에 해당하는, 서유럽을 제외한 지구상의 모든 주요 문명 단위를 싸잡아서 '아시아적 사회구성체'라는 한마디로 명명한다. 더구나 개념 자체에 열등과 정체라고 하는 편견이 깊이 드리워져 있다. 소극적으로 무용한 정도가 아니라 적극적으로 유해하다. 이 개념은 폐기되어야 마땅하다. 그 결과 유교사회 영구정체론도 이론적 근거를 잃게 된다.

끝으로 사회구성체론을 유형론으로 해체·재구성한다면 발전이나 진보라는 개념 자체가 역사학에서 사라지는 것이 아니냐는 의문에 답할 필요가 있다. 우선 이 장의 목적 자체가 아시아적 사회구성체론의 정체론적 역사관, 즉 아시아 사회의 발전이나 진보를 부정하는 견해를 비판하기 위한 것이었음을 기억해주기 바란다. 그리고 유형 요소라 하여 발전의 함의가 완전히 빠지는 것은 아니다. 예를 들어 노예, 예농, 소농, 임노동 사이에는 분명 일정한 발전의 함의가 있다. 또 주변, 반주변, 중심 사이도 유사한 함의가 있다.

다만 이 발전의 흐름이 늘 한 방향으로 일방적이지 않고, 요소들이 서로 배타하는 것도 아니다. 자본제적 상업화가 발전하면서 사라져가던 예농제가 오히려 강화되고(19세기 동유럽) 노예제가 융성한다거나(18~19세기 서유럽과 미국), 주변이라는 상황이 세계경제 역관계에서 오히려 유리한 조건이 되어 중심으로 역전되는 계기가 된다거나(17~18세기 서유럽), 또는 그 반대의 현상(19세기 중국)이 벌어졌던 것이 역사의 실제 모습이다. 실제 역사에는 미리 정해진 불가역적 단계 서열이 존재하지 않는다. 불가역적 단계 서열을 이론적으로 해체하려면 생산양식과 교환양식을 요소로 해체해야 한다. 그런 연후에 연구 대상을 가장 적절히 표현해줄 수 있는 요소들을 추출하여 이를 절합 재구성하면 된다. 그렇게 해야 미리 결정된 도식이 현실을 규정하는, 말하자면, '마차가 말 앞에서 달리는' 식의 오류를 피할 수 있다.

아울러 〈표 3〉으로 정리했던 중층근대성론의 시대구분 자체가 역사 발전이라는 개념을 건강한 상식 차원에서 보존하고 있음을 부언해둔다. 고대−중세−초기근대−본격근대라는 시대구분은 인류문명의 수준과 인간의 문명적 능력이 장기적으로 제고되어왔다는 의미에서의 보편사적 진보의 함의를 담고 있다. 칸트가 말한 "세계시민적 지향을 가진 보편사의 이념'이라고 하여도 무방하다(Kant, 1991). 다만 사전에 결정되어 있는 어떤 발전단계도, 도식도 전제하지 않는다. 보편적인 시공 진행의 화살표, 그리고 그 화살표 속에서 인류문명 수준의 장기적 제고 경향만을 인정할 뿐이다.

인류사회는 다양한 사회구성체를 경험했다. 여러 교환양식과 생산양식을 절합한 그 구체적 경로는 나라와 사회마다 종횡무진, 전진후진 매우 다양했다. 고대＝노예제, 중세＝봉건제, 근대＝자본제라는 고정된 도식은 실제 역사와 맞지 않았다. 예를 들어 중국 고대의 동주 시대는 라티푼디움식 노예사회가 아니라 예농과 소농이 지배적인 봉건적 분권사회였다. 동시기 전국(戰國)시대 여러 제후국들의 사회 구성도 모두 같지 않았다. 신흥 국가인 진(秦)나라는 소농이, 구국가인 제나라, 노나라 등은 예농이 지배적이었다. 특히 봉건제도 자본제도 아니었던 초기근대의 사회 구성을 정확히 설명하려면 여기서 제안한 새로운 사회구성체 유형론의 접근이 불가결하다.

인류가 최근에 경험한 자본주의, 사회주의란 극히 짧은 시기의 경험이다. 이 최근의 경로에도 미리 도식으로 정해진 순서 따위는 없었다. 망한 사회주의는 진정한 사회주의가 아니었다는 식의 주장은 변명에 불과하다. 사회주의가 자본주의로 가는 경로도 현실에 존재했음을 있는 그대로 인정해야 한다. 미래의 사회구성체 역시 미리 결정되어 있는 경로가 있을 리없다. 미래의 사회구성체론은 진행된 미래가 보여주는 만큼 새로운 개념 요소들을 추가시킬 것이다. 이렇듯 여기서 우리가 제안한 새로운 시대구분－사회구성체론은 미래에 열려 있다.

제9장

동아시아 유교소농체제

1. 동아시아의 융성

19세기 초반까지 세계경제 총량에서 동아시아가 차지하는 비중은 압도적인 것이었다. 장기 세계경제통계로 저명한 앵거스 매디슨의 다음과 같은 세계 GDP 추계는 그것을 단적으로 압축해준다.

〈표 1〉 세계 GDP에서 동아시아가 차지하는 비율(단위:%) (Maddison, 2007: 381)

	서기 1년	1000년	1500년	1600년	1700년	1820년
중국	25.4	22.1	24.9	29.0	22.3	32.9
일본	1.1	2.7	3.1	2.9	4.1	3.0
기타 동아시아	4.6	7.5	8.4	7.4	7.7	5.2
합계	31.1	32.3	36.4	39.3	34.1	41.1

〈표 1〉에서 '동아시아'란 인도와 서아시아를 제외한 것이다. 따라서 〈표 1〉은 중국, 일본 그리고 한국과 동남아권 국가들의 GDP의 상대적 규모를

<표 2> 동아시아 GDP 규모(단위:100만$)(Maddison, 2007: 379)

	서기 1년	1000년	1500년	1600년	1700년	1820년
중국	26,820	26,550	61,800	96,000	82,800	228,600
일본	1,200	3,188	7,700	9,620	15,390	20,739
기타 동아시아	4,845	8,968	20,822	24,582	28,440	36,451

말해준다. 동아시아는 1세기 이후 19세기 초반에 이르기까지 줄곧 세계 경제의 30~40퍼센트의 비중을 점하고 있었다. 이 비율은 동아시아가 지구상 점하는 지리적 넓이와 인구의 비율보다 훨씬 높은 것이다. 위 표에서 주목할 것은 1000~1500년 그리고 1700~1820년의 비약이다. 그러나 〈표 1〉은 어디까지나 세계경제상의 상대적인 비중이어서 그 비약의 정도가 정확히 드러나지 않는다. GDP의 절대량을 보여주는 〈표 2〉에는 그것이 보다 분명하게 드러난다.

1000~1500년, 그리고 1700~1800년의 GDP 성장은 〈표 2〉에서 뚜렷이 드러나는데, 이 비약적인 성장을 주도하고 있는 것은 그 양 기간 약 2.5배의 GDP 증가를 이룬 중국이었다. 이 두 시기의 비약은 송원 연간 중국의 초기근대 진입과 이후 동아시아 경제의 지속적 성장 저력을 잘 보여주고 있다. 영국을 필두로 한 서구세력이 19세기 중반 힘의 균형을 역전시키기 전까지 동아시아는 단연 초기근대세계의 중심이었다. 이 장은 그것이 가능했던 근거를 주로 경제적 측면에서 밝혀보고자 한다.

2. 동아시아에서 애덤 스미스적 성장동력의 근원

브로델은 시장경제와 자본주의를 구분했다. 시장경제는 투명한 교환 영역이고 자본주의란 불투명한 금융 영역이라 했다. 이런 의미에서 자본주의 없는 시장경제에 관한 경제 이론은 애덤 스미스의 『국부론』에서 찾아볼 수 있다. 반면 금융 영역이 시장 전반을 지배하게 된 연후의 자본주의적 시장경제 이론은 애덤 스미스 이후 마르크스나 신고전파 경제학, 케인스 경제학 등에서 전개되었다고 하겠다. 자본주의 경제의 중심은 대공장, 대공업이었다. 철제 선박이나 철도, 각종 중무기 생산을 위한 대규모 자본을 조달하기 위해서는 대형 금융기구가 필수적이었다. 유럽에서 이러한 규모의 대자본을 융자할 정도의 거대 금융기구는 국가 활동, 특히 국가 간 전쟁을 재정적으로 뒷받침하면서 출현했고 성장했다. 15세기 제노바가 포르투갈과 스페인의 군비 재정을 뒷받침하였고, 17세기에는 그 주도권이 네덜란드로 옮겨갔다. 이 시기는 이른바 유럽의 '대항해' 기간이며, 이들 선두 국가들이 아시아 교역에서 취득한 부가 큰 역할을 하였다. 18세기에 이르러 주도권은 인도와 북미를 장악한 영국으로 넘어갔고, 영국은 18세기 말부터 대규모 석탄 연료 소비를 통해 철 생산을 획기적으로 늘리고 이를 이용해 증기기관 및 이를 이용한 대규모 공장 체제를 가동하게 되었다. 19세기에는 총포만이 아니라 함선까지 철제화·대형화되고 생산량이 급증하게 되었다. 금융 영역은 이미 여러 나라에 발을 뻗어 국제화되었고, 이어지는 전쟁과 식민지 팽창을 통해 거대한 부를 흡수하였다. 어느 쪽이 이기든 이를 지원한 금융 영역은 더욱 팽창했다. 전쟁과 팽창을 동력으로 하여 국가-금융-산업이 맞물려 돌아가는 구조였던 것이다. 그 중심에는 영국이나 미국과 같은 중심 국가가 존재하여 자본주의 세계체제의 힘의 균형추 역할을 하였다.[1]

애덤 스미스는 그의 생전에 산업혁명과 그에 근거한 대공장 체제를 보

---

1) 이상은 브로델(1995~1997), 월러스틴(1999), Arrighi(1994, 2007), 송홍빙(2008) 등의 논의를 참고하여 종합한 것이다.

지 못했다. 그가 살았던 시대는 현저한 대중무역 역조 시대였다. 19세기에 벌어졌던 아편전쟁과 서세 동점이라는 동아시아에서의 급격한 사태 전환은 그로서는 상상조차 하기 어려웠을 것이다. 애덤 스미스는 자본주의적 본격근대가 출현하기 이전의 인물인 것이다. 그의 시대에 부의 기본 축은 아직 농업에 있었고 그가 생각한 산업은 농업 생산에 기초한 수공업적 소생산 즉 매뉴팩처였다. 이 단계에서 농업에서 고효율과 농업에 기반한 수공업적 소생산의 결합 정도가 가장 앞선 곳은 서유럽의 몇 지역과 중국의 강남(양쯔강 삼각주와 그 이남) 일대, 그리고 일본 서부의 일부 지역이었다.

이러한 스미스 단계의 시장은 전(前)자본주의 단계의 시장이었다. 생산, 시장, 경제의 목적이 더 많은 이윤의 창출에 있지 않았다. 칼 폴라니가 말한 재분배경제, 호혜경제가 시장경제와 깊이 밀착하여 공존하고 있었다(폴라니, 1998). 폴라니는 또 시장경제원리가 재분배 호혜경제와 대립하고 이를 배척하게 되는 것은 오직 19세기 자본주의의 본격화 이후의 현상이라 하였다(Polanyi, 1957).

산업혁명 연구로 저명한 에드워드 리글리는 근대 공업화의 특징을 '발달한 유기경제(advanced organic economy)'에서 '광물 기반 에너지 경제(mineral-based energy economy)'로의 전환이라 요약한다(Wrigley, 1989). 여기서 '광물'이란 19세기에는 석탄이요, 20세기에는 석유가 된다. 결국 근대 공업화란 고광물 에너지 소비-공장(factory) 생산체제를 말한다. 그 시작은 물론 18세기 말~19세기 초에 발생한 영국의 산업혁명이었다. 반면 발달한 유기경제란 아직 농업이 중심이고, 농업과 그에 기반한 매뉴팩처에서의 노동 분업-전문화가 생산성 향상을 위한 관건이 된다. 중국사가인 앨버트 퓨워커는 이러한 단계의 경제 성장을 '(애덤) 스미스형 성장(Smithian growth)'이라 부르고, 이러한 성장 유형이 중국의 초기근대 단계에서 폭넓게 관찰된다고 하였다. '스미스형 성장'이란 경제 총량(GDP)과 노동생산성은 향상되지만 테크놀로지 변화는 크지 않은 발전 유형이다 (Feuwerker, 1992). 이러한 발상을 이어 재미 중국사가인 왕궈빈(王國斌)은 노동분화를 통한 시장 확장이라는 '스미스적 동학(Smithian dynamics)'이 초기근대 유럽과 중국에서 공통적으로 작동하였다고 보았다(Wong, 1997). 당시의 시장은 주로 지역 간 노동분화에 기초하였고, 동아시아권 선진 지역의 시장 발달 수준은 유럽 선진 지역과 대등한 수준이었다. 앞서 살펴본 매디슨의 세계 GDP 통계에서 19세기 초반까지 동아시아의 경제량이 세계경제에서 압도적인 비중을 점할 수 있었던 근거는 바로 활발했던 동아시아의 스미스적 성장 동력에 있었다.

여기서 우선 오래된 질문, 즉 그렇다면 왜 동아시아에서는 산업혁명이 나오지 않았느냐는 의문이 생긴다. 여기에 대해서는 리글리를 비롯한 다수의 연구자들이 질문 자체를 변형시키는 것으로 간접적으로 답한 바 있다 (Wrigley, 상동; Wong, 상동; Frank, 1998; Pomeranz, 1999). 즉 유기경제에서 석탄 기계공업 경제로의 전환을 필연적 '발전'으로 보거나, 그러한 경로로 진행하지 않았던 경제가 어떤 내적 결함이나 정체성을 가지고 있었던 것으로 간주할 이유가 없다는 것이다. 오히려 산업혁명 당시 영국이 점하던 국제정치적 위치와 교역 지대에 석탄 자원이 풍부했던 자연적 이점이 맞아떨어진 특수하고 우연한 사정이 풀이되어야 할 뿐이라는 것이다.

최근에는 이 문제에 관련하여 오히려 반대의 방향에서 새로운 질문이 제기되고 있다고 할 수 있다. 즉 산업혁명 이전 그처럼 우월한 위치를 점했던 동아시아 경제의 실상이 과연 정확히 어떠한 것이었느냐는 것이다. 이 질문은 광물 자원의 대량 소비에 기초한 '광물 기반 에너지 경제'의 한계가 심각하게 인식되면서 과연 그를 대체할 새로운 유형의 경제가 무엇이겠느냐는 문제의식과도 연관된다(Bray, 1994; Sughihara, 2003; Arrighi, Hui, Hung and Selden, 2003; Arrighi, 2007). 물론 초기근대 동아시아의 경제 유형이 현 상태의 인류 경제가 되돌아가야 하고 그대로 되풀이하여야 할 지고의 모범으로 인식되고 있다는 것은 아니다. 그렇지만 현 상태의 한계가 점차 명확해지고 있는 이상, 새로운 길을 모색해보기 위해서 현재의 경제와는 다른 방식으로 장구한 시간 동안 실제로 '지속가능'했던 또 다른 경제의 실상을 보다 정확히 이해하려 하는 것은 연구자로서의 최소한의 의무가 아니겠느냐는 생각이 깔려 있다.

3. 동아시아 소농생산의 기본 특징

스미스형 성장이 앞선 형태로 진행되었던 곳은 동아시아와 유럽의 일부 지역이라 하였다. 스미스형 성장이라는 점에서는 같다. 그러나 양자 간에는 중요한 차이가 있었다. 그 차이의 근원에는 동아시아와 유럽 농업의 차이가 있다. 이는 집약적 수전(水田) 논농사(동아시아 습윤지대)와 휴한-윤작의 한전(旱田) 농법(알프스 이북 유럽)의 차이다. 이 차이는 오늘날에도 양 지역의 농촌에 가보면 뚜렷이 느낄 수 있는데 서로 다른 기후와 풍토에서 유래한 것이다. 유럽은 중세 이래 농지를 셋으로 나누어 3년에 한 번씩 휴한하여 지력을 회복하였고, 휴한지에는 목축을 하였다. 18세기에 노포크(Norfork) 윤작법이 도입되었는데, 이는 인클로저에 의한 농민 축출과 대영지화 그리고 가축 사육을 병행하는 것이었다. 기본적으로 서유럽의 농업은 토지생산성이 동아시아의 논농사에 비해 낮지만 보다 넓은 경지의 경작이 가능하였고, 그 결과 농기구와 경영 규모가 대형화하는 경향을 가지고 있었다. 반면 동아시아 습윤지대는 토지의 한계생산성이 높아 넓은 토지에서의 휴한 농법 대신 좁은 경작지에서 다모작과 윤작이 이루어졌고, 투입노동을 좁은 토지에 고도로 집약화하여 토지 생산성을 지속적으로 상승시키는 농법이 채택되었다.[2) 일찍이 동아시아 소농사회론을 제기해왔던 미야지마 교수[3)는 동아시아 논농사의 이러한 차별적 특징을 아래와 같이 정리한 바 있다.

경제학적으로 말한다면 토지의 한계생산성이 지극히 높은 농업이 출현한 것으로서, 이런 농업을 제대로 이해하기 위해서는 서구적인 방법을 이용해도 소용이 없을 것이다. 토지의 한계생산성이 낮은 서구 농업에서는 토지에 대해 추가적인 노동력을 투입해도 생산성은 체감할 뿐이다. 따라서 농업 생산력의 발전 방향은 생력화(省力化, 노동 절약)가 기본이 되어 노동용구인 농구의 발전을 기준으로 농업 생산력의 발전을 파악할 수 있는 것이다. 그러나 토지에 대해 노동력을 투입하면 할수록 토지생산성이 높아지는 동아시아의 집약적 벼농사에서는 보다 높은 생산성을 가능케 하는 최대 요인은 토지 자체이기 때문에 토지에 대한 투자가 결정적으로 중요한 의미를 가지게 된다. 이러한 동아시아 농업의 특색을 충분히 고려하지 않고 경영 규모의 영세함이나 축력 농구의 빈약함을 가지고 그 후진성을 운운하는 경우가 많았지만 이러한 이해는 전혀 잘못된 것이다. 몽골제국의 성립과 함께 시작되고 16세기에 획기적으로 확대되는 세계시장은 동아시아, 특히 중국의 부를 기점으로 해서 발동된 것이고 그 원천은 집약적인 벼농사의 성립에 있었다. (미야지마, 2003 : 124)

---

2) 이 문단의 논의는 Bray(1994), 쓰노(2003), 킹(2006), 나카무라(2007) 등의 논의를 종합한 것이다.
3) 동아시아 소농사회론에 대한 최초의 입론은 미야지마(1994, 日文) 참조. 같은 주제의식에서 이영훈(2002a,b)과 나카무라(2005, 2007)도 일론을 펴왔지만, 이 장에서는 소농사회론의 세목에 관해 미야지마의 논의를 주로 참고하였다. 무엇보다 '동아시아 소농사회' 구상을 최초로 체계적으로 제기하였고, 그의 소농사회론이 이 책이 제기하는 '중층근대성론' 내부의 하나의 하위범주로 잘 부합하고 있다고 보기 때문이다.

명대 농서 『천공개물(天工開物)』에 묘사된 논에 물 대는 장치

　이렇듯 토지의 한계생산성이 지극히 높은 수도작(水稻作, 물 대는 논에서의 벼농사) 농업이 동아시아에서 최초로 주도적인 비중을 차지하게 된 것은 송대의 강남 개발 이후의 일이다. 그 이전까지 중국의 황하문명은 건조지대에서의 관개 밭농사가 주축이었고 수도작의 비중은 매우 낮았다. 송대 이후 그 비중이 역전되며, 16세기 이후에는 한국과 일본에서도 이러한 전답 비율의 역전이 일어난다.

　동아시아의 농업에 있어서 이러한 획기적인 변화가 생긴 것은 그전까지만 해도 산간 지역의 작은 평지부에서만 가능했던 이식식 벼농사(이앙법, 모내기를 하는 벼농사)가 대하천 하류의 평야부에서도 할 수 있게 되었기 때문이다. 중국에서는 이러한 변화가 송대에 시작되었는데 〔이어〕 16세기에 접어들면서 장강 삼각주 지역의 치수가 안정됨으로써 확립되었던 것이다. 한국, 일본에서는 16~18세기에 걸쳐 기본적으로 같은 변화가 생겼는데, 이러한 집약적인 벼농사의 획기적인 확대가 그 당시로서는 유례를 찾기 힘들 정도로 높은 토지생산성과 인구 밀도를 실현시켰던 것이다. (미야지마, 2003)

　주목할 점은 이러한 수도작 농업의 경영을 위해서는 3대 또는 2대 가족 정도의 소규모 노동 단위가 가장 효율적이라는 사실이다. 수도작을 통해서 경작지의 확대에 따른 수확량 제고의 방향이 아니라(외적 확장), 지속적으로 지력을 제고하고, 경작법을 부단히 개선하여 수확량을 높이는 내적 증장(增長)의 길이 가능하게 되었기 때문이다. 토지의 한계생산성을 높이기 위해서는 주어진 한정된 토지의 토질 개량을 위한 부단하고 집중적인 노동 투여가 요구된다(시비, 객토 등). 물대기, 피뽑기, 김매기, 때에 따라 틈새 농지에 윤작하기 등도 매우 집약적이고 세심하게 계획된 노력의 투여가 요구된다. 요즘 말로 하면 다임무 수행(muti-tasking) 농법이었다고 할 수 있다. 경영 양식이 이렇듯 소규모이고, 또 이렇듯 소규모 경영이 효율적이기 때문에 외부 노동력을 상시적으로 고용할 필요가 크지 않다. 수도작 농업에서는 모내기 작업을 제외한다면 대체로 거의 모든 작업이 개별 가족 단위의 집약적 노동 투여에 의해 이루어졌다. 물론 농업시대의 소농생산은 가뭄이나 수해, 또는 국가의 과도 착취에 의한 생존의 위협에 노출되어 있었지만, 여기에 대응하는 마을 공동체 단위의 상호 협력과 부조(扶助)의 망이 형성되어 있었다. 이렇듯 가족 노동이 사회적 생산의 안정적 거점이 되었다는 점이 동아시아 '소농사회' 성립의 가장 중요한 물질적 근거였다.

송대 전호(佃戶) 제도의 출현은 이러한 배경과 무관하지 않다. 즉 수도작에는 과거와 같은 대농장 단위의 집단 농업 방식이 오히려 효율적이지 못하기 때문에 개별 호에 소규모 농지를 넘겨 경작하게 하는 생산방식이 선호되었던 것이다. 당송 교체기에 봉건적 세습귀족층이 크게 약화되었고, 이것이 중국의 송대 이후를 그 이전까지의 중세 봉건사회와 구분하여 초기근대(early modern)사회로 획정하게 되는 주요한 이유였다(제7, 8장). 이 세습귀족층의 경제적 근거가 바로 대농장이었다. 대농장의 경영을 위해서는 대영지에 대한 세거(世居) 귀족의 강한 봉건적 통치력이 요구된다. 세습 영지에 대한 주권적 지방 통치권(local sovereignty)이 바로 그것이고,

이 점이 지방 차원의 봉건 권력의 근간이었다. 이러한 봉건 근거가 무너지게 된 데는 매우 복합적인 이유가 있지만(제7장), 여기서는 일단 밑으로부터의 농지의 경작상, 관리상의 효율성도 대농장 해체의 또 하나의 이유가 되었다는 점을 부가하기로 한다.

4. 동아시아 소농체제의 역사적 위상과 '유교자본주의론'의 한계

부부와 자녀를 기본단위로 하는 소규모 농업은 원시 말기 정착농업에 의한 '농업혁명' 이후 인류사에서 넓게 관찰되는 보편적인 모습이라 할 수 있다. 그러나 자본주의 이전 단계에서 가족 단위로 농지를 안정적으로 점유하여 본격적인 자립적 소경영 농업 생산을 할 수 있었던 곳은 그다지 많지 않다. 동아시아 자본주의의 독자적 특징에 대해 오랜 기간 탐색해온 일본의 경제사학자이자 경제이론가인 나카무라 교수는 "소농경영이 안정되어 자립성을 띠면서 사회적으로 일반화하는 것은 역사적으로 상당히 새로운 경험"이었다고 하고, 그러한 형태의 소농사회가 최초로 성립한 곳은 "15, 16세기 서유럽(알프스 피레네 산맥 이북 지역)과 동북아시아 연해 지역"으로 한정된다고 하였다. 그리고 "이 소농사회를 기반으로 자본주의가 형성되었다"는 과감한 주장을 폈다.

지금까지 경제이론에서는 자본주의의 형성 발전과 함께 농민이 자본가와 임금노동자로 나뉜다고 설명해왔다. 이와 같은 견해에 따라 소농은 후진적이고 자급자족적인 전근대사회의 잔존물로 여겨져, 소농의 경영적 발전에는 주의를 기울이지 않았다. 그러나 농업은 공업과 달리 자본주의화(자본주의적 경영과

임금노동자라는 형태)하지 않고, 생산에서 소농경영이 충실해지고 발전하며 생산력이 강화되는 형태를 취해왔다. 자본주의적 농업이 발달한 영국은 세계적으로 드문 예에 속하며, 그러한 영국의 농업도 19세기 후반부터 자본주의적 대규모 경영이 점차 쇠퇴해 제2차 세계대전 후에는 소농경영을 중심으로 구성되었다. 공업 임금노동자 역시 현실적으로는 농민층에서 갈라져 나와 형성되었다기보다, 소농경영에서 배출된 잉여 노동력이 그 중심을 이루었다. 원시사회 말기, 정착농업이 성립된 이후 근대 공업이 성립되기 이전 시기는 농업사회지만, 그 마지막 단계의 가장 발달한 농업사회가 바로 소농사회이며 이 사회가 자본주의를 창출하는 모태가 되었던 것이다. (나카무라, 2007 : 21)

발전한 자본주의 사회에서 농업의 비중은 확실히 줄지만, 소농생산이 강인하게 존속해왔다는 것은 분명한 사실이다. 이는 나카무라가 지적하듯 동아시아만이 아니라 오늘날의 서구사회에서도 마찬가지다. 농업이 아닌 상공업 및 각종 서비스 영역에서의 소생산 역시 소멸하기는커녕 후기자본주의 단계에서는 오히려 새로운 활력을 보이고 있다. 이러한 상황에 힘입어 소농사회가 자본주의 창출의 모태였다는 주장까지 제기된 것이다. 나카무라의 구상은 전자본주의 소농사회가 자본주의의 모태가 되었고, 따라서 그 소농사회의 유럽적, 동아시아적 변별성이 이후 여기서 자라나온 자본주의 변별성의 근거가 된다는 점에 맞추어진다. 그의 이른바 '중진자본주의론'은 주로 동아시아 자본주의의 특징을 규명하기 위해 제시되었다 (나카무라, 1990).

그런데 1979년 중국의 정책전환 이후의 놀라운 성공은 소농체제의 논점을 보다 폭넓게 확대하는 바가 있다. 중국 정책전환의 핵심에 '소농체제의 부활'이라 부를 영역이 있기 때문이다. 이로써 소농의 부활은 자본주의만이 아니라 사회주의도 아우르는 범(汎)산업사회 또는 범후기산업사회의 일반적 현상이라 불러야 마땅한 사태가 되었다.

1979년 중국은 집단농장－기계화－대규모 경영을 핵심으로 하는 농업정책의 기조를 농민 각호에 자작 경작지를 허용해주는 방향으로 크게 전환하였다. 주지하듯 농업생산은 크게 신장되었고, 여기에 향진기업(농촌공업)이 결합하였다. 그 결과는 대단한 성공이었다. 그런데 주목할 점은, 소농생산과 농촌공업의 결합이라는 이 기본 틀은 중국사에서 새로운 것이 아니라 지극히 오래된 모델이라는 사실이다. 이 모델이 안정된 틀을 갖추어 역사에 최초로 부각되었던 곳 역시 중국 남송의 강남 지역이었다. 당시 강남 농민들은 벼농사 소농경작(2모작, 3모작)을 하면서 동시에 베짜기, 양잠, 유채·사탕수수 재배 등의 다양한 부업을 통해 상업적 수공업망에 연계되었다. 도시에는 상당히 큰 규모의 도자기, 비단, 면직, 차 생산 단위가 형성되기도 했다. 이러한 소농＋초기공업의 결합망은 국내외의 광범한 교역망 안에 포섭되어 있었다. 당시의 세계교역 상황을 아부－럭호드는 '13세기 세계체제'라 부르며 상세히 분석한 바 있거니와(Abu-Rughod, 1989), 이미 당시에 중국의 생산품들은 동아시아, 남아시아만이 아니라 이슬람권과 유럽에까지 수출되고 있었다. 이러한 소농적 생산양식이 명청 시대에 이르면 더욱 안정화되고 활성화된다. 이 장 1절에서 보았던 세계 GDP의 30～40퍼센트를 점했던 놀라운 생산력의 근원은 바로 송대에 시작되어 명청 시대에 절정에 이른 동아시아의 수도작 소농 생산양식이었고, 바로 이것이 최근 경제학자들이 말하는 '전자본주의 중국에서의 스미스적 성장 동력'이었다. 이러한 양상은 16세기경부터 조선과 일본에서도 유사하게 진행되었다.

농업에서 기계화－대규모 경영 논리는 비단 사회주의 농업정책만의 특징이 아니었다. 자본주의 농업경제학 역시 대규모 기업농화 논리를 펴왔다. 소농이 잔존하더라도 결국은 소멸한다고 보는 점에서 마찬가지였다.

사회주의 중국에서의 소농회귀 정책의 성공은 자본주의–사회주의를 포괄하는 근대경제학의 고정관념에 근본적인 문제를 던지고 있다. 특히 동아시아 수도작 농업지역의 경우가 그렇다. 일본처럼 최선진 상태에 도달한 자본주의 사회에서도 소농의 비율은 서구사회에 비해 상당히 높다. 한국이나 타이완 역시 마찬가지다. 이 지역의 논농사는 자본주의적 기업농화이든 국가사회주의적 집단농장화이든, 여하한 형태의 대규모화에 근본적인 한계가 있다. 산록이 많은 지역적 특징이나 풍토, 그리고 논농사의 노동집약적 성격이 대규모 경영의 효율제고에 일정한 제한선을 긋는 것이다.

중국의 농업정책 전환에서 새롭게 부각된 '소농의 회귀', 다시 말해 돌아온 '소농경제의 특질'은 사회주의 중국만의 특별한 현상이 아니었다. 우선 동아시아 수도작 농업권 사회의 오랜 특질이었고, 19세기 후반 이래 급격한 사회변동 속에서도 이 지역에 의연히 존재해왔던 특징이었다. 흔히 '동아시아 산업화'는 서구가 지나온 산업화 경로를 압축적으로 단기간에 이루어낸 것이라고 한다. 서구와 같은 경로를 더 빠른 시간 내에 지나왔을 뿐, 여기에 질적으로 다를 바가 없다는 식의 주장이다.

그러나 동아시아 수도작 지역의 소농은 유럽의 인클로저와 같이 강력한 외압에 의해 급격하게 대규모로 농토에서 내몰린 경험을 가지고 있지 않다. 중국에서는 이미 송대부터 자립적 소농이 형성되었고, 명청 시대를 거치면서 농토에서 추방되는 것이 아니라 오히려 더욱 안정적으로 정착했다. 조선과 일본에서 이와 유사한 과정은 16세기 이래 19세기까지 진행되었다. 이러한 '안정적 소농생산체제'가 동아시아 소농체제론의 요점이다. 소농을 농토에 안정적으로 정착시키려 하는 정책은 선진(先秦) 시대에서부터 뚜렷이 관찰되는 동아시아 문명의 공통 특징이다. 소농에게 부칠 땅을 주어 생산을 계속하도록 하는 것을 유교는 '항산(恒産)'이라 불렀고 어느 시대, 어느 나라든 이를 기본 정책 방향으로 유지했다. 이런 의미에서 우리는 '유교소농체제'를 '소농항산(恒産)체제'라 부르기로 한다.

19세기 후반부터 서구식 산업화가 도입된 이후에도 농민 분해의 전개 양상은 유럽과 달랐다.

한편으로는 농촌에서 소생산＋부업을 유지하고 다른 한편으로는 자녀들이 도시로 나가 비농업 산업 분야에 고용되면서도 가족적 유대를 유지하여 지역적으로 확장된 가족 형태를 유지했다. 일단 외양으로 농업 인구의 감소는 빠르게 이루어졌지만, 막상 그 안을 들여다보면 소농가족의 세대분리는 당 세대에 완료되지 않고 2, 3세대에 걸쳐 서서히 이루어졌다. 급격한 도시화·산업화 과정 속에서도 소농가족의 틀이 상당 기간 유지되었던 것이다. 세대분리가 이루어진 후에도 가족유대는 몇 세대 간 유지되는 것이 보통이었다. 아울러 소농적 생산양식은 농촌공업과 넓게 결합하면서 산업적 성장의 발판을 이루었다. 오늘날 대기업 영역과 병존하는 재래산업, 중소기업, 재래시장은 그러한 소농적 생산양식에 기원하여 오늘날까지 존속하고 있다.

일본의 경우 19세기 말에서 20세기 초의 급속한 산업화 과정에서 소농이 해체되지 않은 채로 부업 노동력이 경공업 분야에 대량 결합했다. 소농가족은 유동성을 가지고 향촌과 도시를 오가며 가족공동체를 유지했다. 향촌 수공업은 소규모 공업 단위가 되고, 후일 대기업의 하청 계열 제작소들이 되었다. 오늘날에도 일본의 농업 분야에서 기업농은 매우 미미하다. 자립 소농이 주력을 이루고 있다. 한국의 1960~70년대 산업화 과정 역시 소농해체＋기업농화의 길이 아니라, 소농가족이 공동체를 유지하면서 시골에서는 소농＋부업체제를 유지하고, 자녀들은 도시에서 산업 부문에 취업하여 점차 자립하는 방식이었다. 오늘날의 한국에서 미국형의 대규모 기업농은 존재하지 않는다. 자립 소농이 주축이다. 미래도 크게 다르지 않을 것이다. 결국 농촌＋도시 가족공동체에 의해 유지되는 소생산＋부업 경영체제는 한·중·일 삼국의 공통된 경험에 합치된다. 이 과정에서 국가가 주도적인 역할을 하였다는 것도 동일하다. 강한 가족유대, 노동집약적 소농 논농사 전통, 그리고 이 전담 소농과 다양한 수공업 부업의 결합은 동아시아 유교권 경제의 오랜 특징이었다(Bray, 1994).

20세기 동아시아 경제 발전을 설명하는 이론으로 '유교자본주의론'이 있었다(Tai, 1989 ; Tu, 1991 ; 국민호, 1997 ; 유석춘, 1997). 일본, 한국, 타이완, 싱가포르 등의 경제 발전을 유교로 설명하는 이론이었다. 그런데 이 이론의 가장 결정적인 맹점이 무엇인가 하면, '유교적인' 경제를 설명한다고 하면서 막상 '유교경제' 자체가 무엇이었는가에 대한 인식이 없다는 데 있다. 하드코어, 몸체가 없는 것이다. 유교란 그저 문화적 요인의 하나로 축소되고 만다. 자본주의 발전에 친화적인 '유교적인' 문화의 '요소'가 무엇인가에 대한 것만 말할 뿐, 막상 유교적인 경제가 정확히 무엇인지, 무엇이었는지에 관해서는 전혀 말하지 않는다. 실제로 말하고 있는 것은 동아시아의 재벌형·개발독재형 자본주의고, 여기에 유교라고 이름 붙인 몇몇 말단현상적 특징을 양념으로 치는 정도에 그치고 있다. 여기에 더하여 이 이론이 동아시아 최대 국가이자 유교종주국인 중국을 아예 논외로 놓으면서, 여기에 '유교'와 '동아시아'를 통칭하여 운위한다는 어폐가 있었다. 유교자본주의론에 대한 기왕의 비판들, 즉 유교를 자본주의적 교의로 왜곡했다든가, 기득권층의 변호 논리라든가 하는 지적들 역시 유효하지만, 이상의 아주 근본적인 결함에 비하면 오히려 부차적으로 보일 정도다.

우리가 보기에 '유교자본주의론'에 막상 빠져 있던 '유교경제'의 핵심이란 바로 중국에서는 송대 이래 그리고 조선과 일본에서는 15~16세기 이래 정착된 수도작 '소농항산(小農恒産)' 체제였다. 그리고 그러한 유교경제의 특징은 오늘날까지도 자본주의와 사회주의 체제를 막론한 동아시아 경제의 한 축을 이루고 있다. 이제 여기서 정리할 문제가 있다. 그런데 왜 동

아시아 수도작 소농체제가 굳이 '유교적'이라는 말인가? 왜 그것이 '유교
경제'의 핵심이라는 말인가? 이제 여기에 답해보기로 한다.

5. '소농체제 – 과거(科擧) 관료제 – 주자학'의 삼각 고리

생산양식으로 나누어보면 유교체제는 크게 둘로 나뉜다. 그 경계는 당
송 교체기다. 그 이전의 유교체제는 봉건체제였다. 반면 그 이후의 유교체
제는 소농체제다. 봉건체제란 왕국이 여러 제후국(분봉 왕지 및 귀족 대농장)
으로 나뉜 상태다. 반면 소농체제에서는 그러한 제후국 울타리가 사라진
다. 이로써 초기근대 단계로 접어든다. 이러한 큰 변화의 근저에 수도작의
확산이 있었다. 논농사의 특징은 가족경영을 정착시킨다. 그 결과 농업지
배구조에 변형이 생긴다. 그 핵심은 지배층을 농업에서 분리시킨다는 점
이었다.

중국 강남의 개발 과정에 있어서는 사대부층의 역할이 컸는데, 일단 개발이
완성되면 그들은 농업생산에서 물러나게 되었던 것이다. 왜냐하면 집약적인 벼
농사에 있어서는 가족경영이어야 가장 높은 생산력을 실현시킬 수 있기 때문에
사대부층은 스스로 농업에 종사하는 것보다도 지주로서 지대를 획득하는 길이
더욱 유리했던 것이다. 그리고 이러한 조건이 그들이 과거시험의 준비에 전념
할 수 있게 만들었던 것이다. 한편 이렇게 해서 농업생산에서 유리된 사대부층
은 농촌 지배를 위한 독자적인 기반도 상실하게 되었다. 그들은 지배적인 엘리
트이면서도 토지에 관해서는 아무런 특권도 인정받지 못하게 되었으며, 토지
지배는 완전히 국가에 집중 독점되는 현상이 생기게 되었다. 어린도책(魚鱗圖
冊)이라는 토지 장부가 이러한 토지지배의 국가적 집중을 상징적으로 나타내

고 있다. 즉 그 장부에는 업주(業主)＝토지 소유자가 모두 일률적으로 파악되어 있어서 사대부라 하더라도 일반 농민과 똑같이 업주로 등록될 뿐이다. (미야지마, 2003: 126)

과거제도 이전 동아시아 조정의 중신들은 세습귀족들이었다. 그들의 영지는 봉건적 봉토에 가까운 것이었다. 영지는 조정 관작(官爵)의 대가(代價)였고, 또 그 영지에 대한 봉건적 지배력에 기반하여 세습 권력을 유지할 수 있었다. 그러나 과거제도가 안정적으로 정착되면서 조정 관료들은 영지가 아닌 봉급을 받는다. 일개 봉급쟁이 관료가 되었다고 해도 무방하다. 조선도 중종 이후에는 그렇게 되었다. 물론 그들이 조정에서 주는 봉급만으로 살지는 않았다. 농지를 소유한 지주들이 대다수였다. 그런 근거가 있어야 긴 시간을 요하는 과거 공부도 가능했다. 그러나 소농체제 지주의 지위는 봉건체제 귀족의 지위와는 크게 달랐다. 토지와 농민에 대한 봉건적 지배력을 더 이상 갖지 못한다. 대신 절대화한 군주, 국가, 그리고 그를 대신하는 관료들이 토지와 농민에 대한 직접적 지배의 담당자가 된다.

이 점에서 송대 이후 중국과 15~16세기 후 조선의 조정을 장악하게 되는 '사대부'란 이중적 존재였다. 한편으로는 사멸해가는 봉건 지배층을 대체하는 관료 지배층이었고, 다른 한편으로는 (그 상당 부분이) 구봉건적 지배층의 후예들이기도 하였다. 사신의 기반을 스스로 지우면서 동시에 새로운 지배 체제를 구축해간 존재들이었다. 그 근거에 수도작 소농생산이 있었다. 이 점에 주목하면서 미야지마는 '수도작 소농-사대부-주자학' 3자 간의 연관을 강조한다.

유교는 원래 군현제＝관료제에 의한 국가체제보다는 봉건제에 의한 국가체제를 이상으로 삼는 사상이었는데도 주자학은 관료제에 의한 국가체제를 목표로 삼았다 …… 주자학은 본래적인 신분의 차이를 부정하며 '배우기'의 차이에 따라 사회질서를 부여하려고 하는데, 이것은 귀족적인 체제를 부정하면서 과거에 합격함으로써, 즉 실력에 의해 지배 엘리트가 된 사대부층에게 걸맞은 사상임과 동시에 〔수도작 소농생산의 정립과 함께〕 경영주체로서 성장해온 '민'의 존재를 인정한 위에 그들을 통치하는 것을 자각적으로 추구하는 과정에서 성립된 사상이었다. (미야지마, 2003: 126)

사대부층은 수도작 농법을 선진적으로 전파하고 농지 확장을 적극적으로 주도한 생산주도층이기도 하였다. 이들은 생산성이 높은 이모작 농법을 권장하고 황무지 및 산간 농지 개발과 강변 및 해안 농지 간척을 주도했다(미야지마, 1996; 이태진, 2002). 이모작 농법은 적시에 물이 충분히 공급되지 않으면 한 해 농사를 몽땅 망쳐버릴 수 있는 위험성이 있다. 이 문제를 해결하기 위해서는 저수지와 관개시설이 매우 잘 정비되어야 한다. 당시의 수준에서 이러한 정도의 고도의 토목공사를 위해서는 잘 정비된 관료 기구와 민간 유력자의 총합된 힘이 동원되어야 했다. 일면 관료요, 일면 지방 유력자인 사대부의 이중적 존재 양식은 이러한 관과 민의 힘의 총합이라는 요청에 잘 부합하는 것이라 할 수 있었다. 물론 양자 간에 긴장의 요소 (특히 부임한 관료가 해당 지역과 연고가 없는 경우) 역시 공존했음은 앞서 말한 바와 같다. 어쨌거나 수도작 소농생산체제가 정립되기 위해서는 이를 뒷받침할 수 있는 잘 조직되고 강력한 관료적 국가체제가 전제되어야 했다. 송대 이래 중국과 조선에 성립한 과거제에 기초한 정주학(주자학)적 왕조 체제가 그러했다. 일본 역시 16세기 도쿠가와 막부 체제가 안정되면서 집약적인 벼농사는 획기적으로 발전했다. 미야지마에 따르면, 막부 시대 무사층의 병농분리 정책이 가능했던 것도 벼농사 소농층의 경영 안정이 배경에 있었다. 지배층이 무인귀족인 일본에서의 주자학 수용에는 한계가 있었지만, 그럼에도 밑바탕 생산 차원에서 성립한 벼농사 소농경제가 주자학 수용의 근거를 이루고 있었다(미야지마, 2003 : 131).

결국 앞 절에서 '유교경제' 또는 '유교적 소농체제'라고 하였을 때의 '유교'란 정주학(주자학)을 말하는 것이 된다. 이는 유교경제를 수도작 소농경제로 국한하여 말한다는 뜻이기도 하다. 송대 이후 동아시아의 경제 생산성을 크게 끌어올렸고, 그 결과 세계경제에서 차지하는 동아시아의 경제 비중을 제고시켰던 가장 핵심적인 동력이 수도작 소농경제였음을 확인하는 것이다. 바로 이 '동아시아 수도작 소농경제' = '유교경제'가 20세기 후반과 21세기의 동아시아 경제 도약의 역사적 근거를 이루고 있다.[4]

유교경제는 생산성·생산량 증가와 함께 농민의 복지에도 큰 관심을 기울였음을 부언한다. 주희가 직접 시행했던 사창(社倉)이 그 일례다. 주희의 사창 구상은 주로 도시의 구민(救民) 기구였던 상평제도를 농촌의 향리 단위에서 구현하려 한 것으로 1168년 그가 거주했던 건녕(建寧) 지방의 기근을 목도하면서 시작되었다. 여유가 있는 가호의 식량을 구매하여 해당 지방의 창고(社倉)에 모아두었다가 사정이 어려운 가호에 대여하는 사업을 주희 자신이 직접 성공적으로 조직하였던 것이다. 주희의 작업은 이미 활발한 시장의 존재를 염두에 두고 있었다. 물론 그러한 시장이란 국

---

4) '유교경제'란 용어를 보다 넓고 일반적인 의미에서 사용할 수도 있다. 일찍이 공맹시대의 고전에서 보이는 井田제 논의나 전국시대에 정립된 편호제민(編戶齊民)의 원리는 이미 넓은 의미의 소농적 생산자를 전제하고 있다고 보이기 때문이다. 소농적 존재란 엄격한 의미의 노예이기가 매우 어렵다. 주로 가족 단위로 호(징세 단위)에 편재되며 전쟁에 정규병으로 출정하는 전국시대의 농민들을 유럽 고대적 의미의 노예로 본다는 것은 불가능하다. 최초의 통일 제국인 진(秦)나라가 농민 반란에 의해 멸망했다는 사실도 동아시아 사회에서 소농적 존재가 얼마나 조숙하게 성장해 있었는가를 보여주는 대목이다. 다만 그때의 보다 넓은 의미의 소농은 이 글에서 말하는 생산에서 상당한 실재적 자립성을 가진 수도작 소농보다 훨씬 불안정한 상태에 있었다.

가 경략을 좌우하는 거대 금융자본에 의해 지배되는 자본주의적 시장이 아니었고, 브로델적 의미의 투명한 시장, 폴라니적 의미의 재분배 호혜경 제와 연동되어 있는 전자본주의적 시장이었다(김상준 2011, 5장 보론 참조). 아울러 이때 주희가 목도했던 농민들은, 그저 구휼(救恤)의 대상만이 아니 라, 이미 경작이 양호할 때 빌렸던 곡식을 상환할 수 있는 의지와 능력을 보유한 계약적 주체, 자립적 주체였다(키노시타, 2009, 日文). 이 사창 구상 이 가장 큰 규모로 실현되었던 곳은 조선 후기 사회였다. 조선이야말로 가 장 유교적인 국가였다는 정평은 우연한 것이 아니었다. 조선 경제는 국가 의 재분배 비율이 큰 소농경제였고, 그 재분배 기능은 주로 환곡(還穀)제도 로 나타났다. 그 규모는 18세기 초 500만 석에서 18세기 말 1000만 석으로 까지 증가하는데(오일주, 1992), 호당 할당 비율로 계산하면 당시 중국의 재 분배 비축미인 상평곡의 5배에 해당한다고 한다(박이택, 이영훈, 2002).[5]

---

5) 이를 근거로 이영훈은 조선의 경제는 국가 재분배경제가 시장경제를 압도하고 있었다고 본다(이영훈, 박이택, 2007). 반면 이헌창은 18세기부터 조선에서는 시장경제가 재정(재 분배경제)보다 우위에 선다고 분석했다. 또 조선의 19세기 위기는 재분배 체제가 동요하 고 시장경제로 전환하는 것과 연관되어 있다고 하였다(이헌창, 2010). 이영훈은 일찍이 나카무라-미야지마의 동아시아 소농사회론에 공명하고 있었는데(1996, 2002a, 2002b), 이후 점차 회의론으로 옮겨갔다. 일본만이 확실히 소농사회 단계에 있었고, 조선은 소농 사회 단계에 이르지 못했으며, 중국도 아주 미약했다고 본다. 그가 뉴라이트 운동으로 선회하면서 스스로 내세웠던 소견을 철회한 것이다. 뉴라이트 운동의 시각에서는 한국 은 자생적, 자주적 근대화의 가능성이 없었고, 오직 일본을 통해 들어온 서구 근대문명 의 이식을 통해서만 그것이 가능했다고 보기 때문이다. 한국의 미래 역시 서구 지향 속 에서만 찾을 수 있다고 한다(안병직, 이영훈, 2008). 실증적이라기보다는, 중국, 북한과 의 냉전적 대립각을 유지하고 미국-일본과의 동맹을 견지해야만 한다는 정세관, 이념관 에서 역사를 거꾸로 역조(逆造)했다고 할 것이다. 이러한 입장을 견지하려면 일단 이론 적으로, 이 책 제1장에서 비판한 서구중심 근대화론, 제8장에서 비판한 아시아적 생산 양식론과 일본 예외론을 고수해야만 한다. 오류일 뿐 아니라, 현실의 변화에 눈감은 너 무나도 진부한 옛 주장이라 할 것이다. 21세기의 세계 상황, 그리고 동아시아 정세를 20 세기 냉전 구도로 바라보는 것은 오류일 뿐 아니라 매우 위험하다(제14장 5절 참조). 우 리는 학자로서 빼어난 역량을 보여주었던 이영훈 교수의 이러한 변모를 아주 아쉽게 생

이상의 논의를 정리해보자. 수도작 소농체제 정립 이후의 정주학(주자학)적 유교경제란, 고도로 정비된 폴라니적 재분배 호혜경제가 스미스적 시장경제와 혼효되어 있는 초기근대-전자본주의 경제였다. 폴라니적 재분배 호혜경제와 스미스적 시장경제의 결합 유형으로는 전자본주의 단계에서 가장 고도의 체제였다고 하겠다. 과연 이러한 경제를 오늘날 어떻게 자리매김할 것인가. 특히 바로 그 유산 위에 서 있는 동아시아 사회들의 경우 이를 어떻게 해석하고 소화해야 할 것인가. 이 점이 마지막 절에서 풀어볼 과제다.

6. '소농항산'의 중요성 : 동아시아 소농체제의 현재적 의미

먼저 '경제성장'의 관점에서 동아시아 유교소농체제의 역사적 위상은 어떠했는가. 경제사가들은 경제성장의 세 가지 단계 또는 유형을 말한다. ① 생산단위가 증가하는 외적 확대 성장(extensive growth), ②노동 분업과 전문화의 진행에 따른 애덤 스미스형 내적 확대 성장(Smithian growth), ③기술과 에너지 그리고 경영 조직 혁신을 중심으로 하는 슘페터형 성장(Shumpeterian growth)이 그것이다. 전자본주의 시기 동아시아 경제의 성장은 두 번째 유형에 속하고, 17~18세기에는 동아시아가 두 번째 애덤 스미스형 성장의 선두에 있었다고까지 회고되고 있다(Feuerwerker, 1992 ; 리보중, 2002 ; Arrighi, 2007). 노동집약적 소농과 수공업이 고도로 분업화·상업화되어 서로 얽혀 있었고(나카무라, 2007), 조공체제(또는 勘合무역체제)

각한다. 냉전적 이념 지향이 연구 내용을 너무나 강하게 규정하여 자신의 입론을 스스로 뒤집어버린 것 아닌가. 낡은 냉전 구도로 세계를 보기에는 세계가 너무나 크고 빠르게 변화하고 있다.

에 의한 아시아권 무역도 상당히 활발한 수준이었다(Hamashita, 1998). 동아시아 유교권의 화폐 시장경제 수준은 이 당시에는 정상급이었다. 여기서 17~18세기에 정점에 이르렀던 동아시아 유교경제의 특징을 요약해보면, 가) 외적 팽창(evolution)보다 내부 조밀화(involution)를 지향하는 경제, 나) 멀티태스킹 형의 소규모 경영, 다) 낮은 에너지 소비−높은 일자리 창출형 경제, 라) 교육과 인적 자원을 중시하는 근면혁명(industrious revolution)형 경제라고 할 수 있다. 17~18세기는 단언 동아시아의 시대였다.

그렇다면 20세기 중후반에서 21세기에 걸친 동아시아 경제의 재부흥은 어떻게 보아야 하는가? 과거 소농체제의 기반을 철저히 지우고 부정했기 때문에 가능한 것인가? 아니다. 17~18세기에 절정에 이르렀던 유교경제의 인프라가 서세동점 기간 일시 침체하였다가, 이후 구미의 슘페터형 경제성장의 원리와 경험을 흡수하여 자기 실정에 맞게 성공적으로 응용·융합한 결과였다(Sugihara, 2003; Arrighi, 2007). 이는 앞 쪽에서 말한 경제성장의 ②와 ③ 유형의 결합이다. 그 결과 수출과 자본자유화 등 적극적인 외적 팽창과 전통적인 내부 조밀화 방식이 결합되고, 근면 혁신과 기술 혁신이 결합된다. 20세기 중반 이후의 세계경제사가 보여주는 사실은 ②와 ③의 성장유형을 융합한 동아시아 경제유형이 미래의 21세기 세계경제에서 ③유형의 슘페터형 발전에 주로 의지하는 구미형 경제에 못지않은 강한 경쟁력을 가지고 있다는 점이다.

현대 동아시아의 독특한 융합 경제유형은 단순히 성장가능성을 보여주었다는 데 그치지 않는다. 자원 한계−팽창 한계의 임계점에 처한 세계경제의 지속가능한 대안 모델로 발전할 가능성을 신중하게 검토해볼 필요가 있다. 앞서 정리한 동아시아 유교경제의 네 가지(가나다라) 특징은 그 가능성이 열려 있다. 그렇다면 우리가 택해야 할 방향은, 앞서 정리한 유교경제의 네 가지 특징을 추후 점차 약화·소멸시켜가는 쪽이 아니라 오히려 그 반대, 즉 더욱 정교하게 발전시키고 심화시키는 쪽이 될 것이다.

이와 연관하여 끝으로 그러한 유교경제의 특징이 필자가 제기해온 '중간경제(middle economy)'의 발전에 기여할 수 있는 바가 없을지 고찰해보기로 한다. 우선 필자가 말하는 중간경제란 "국가경제와 〔기업 중심의〕 시장경제 사이에 존재하면서 한편으로 양 경제를 보완하고 다른 한편으로 견제"하는 역할을 하는 경제다. 중간경제는 "슈마허가 말하는 '중간기술' (intermediate technology)에 친화적인 경제"로서, 국가경제, 시장경제와 같은 거대경제(super economy)가 고에너지 소비-노동절감적 거대기술에 의존하는 것과 달리 "환경친화적 저에너지 소비-고용유발적 중간기술이 잘 적용될 수 있는 영역이다"(김상준, 2011 : 185).

아주 간략하게 소개해본 중간경제의 이러한 특징은 물론 앞서 정리한 '동아시아 유교경제'의 특징과 상당히 중첩된다. 중간경제의 근본은 정직한 소생산자의 경제다. 이 역시 '동아시아 유교경제'의 특징인 '벼농사 소농경제'와 중첩된다. 그러나 오늘날 중간경제의 주체는 더 이상 지주에 눌리고 길드에 묶여 생존의 문턱에서 간신히 허덕였던 과거의 소생산자가 아니다. 발달한 자본주의 단계의 한결 여유로운 새로운 소생산자, 도시 중간층이고 농촌의 자립 소농이다. 우선 발달한 후기산업사회의 농민은 대부분 자립 소농이 되었다. 이외에 여러 부업을 한다. 한편으로 자립 소농이고 다른 한편으로 노동자다(이러한 이중적 존재 양식도 과거 동아시아 벼농사 소농의 존재 양식과 유사점이 있다). 그들이 시장에 내놓을 수 있는 잉여의 몫은 커졌다. 이들 스스로 유통망을 짜서 직거래하고, 보다 개선되고 자연친화적인 생산방법과 보다 수익성 높은 작물이나 품종을 찾기 위한 연구 조사 네트워크를 만든다. 동아시아 농촌 소농의 미래는 결코 어둡지만은 않다.

발달한 산업사회에서 소생산자의 압도적 다수는 도시에 거주한다. '현대 소농사회'의 주요 거점은 압도적으로 도시다. 소생산자란 소규모 생산

수단을 가지고 소규모 경영을 하는 자다. 여기에 속하는 층은 매우 다양하고 광범하다. 우선 전통적 의미의 순수 소자영업자가 있다. 그러나 한편으로 자본에 고용된 임금 노동자면서, 다른 한편으로는 소생산자인 층이 매우 두터워지고 있다. 후기 자본주의 '고용 유연화'의 뜻하지 않은 결과이기도 하다. 한국만이 아니라 자본주의가 발전한 모든 나라에서 나타나는 세계적인 현상이다. 자세히 들여다보면 노동자이면서 소생산자인 경우가 많다. 또 정규 노동자만으로 구성된 가구, 정규 노동임금만으로 소득을 올리는 가구는 오히려 찾아보기 힘들다. 이 점은 매우 중요하다. 농사를 지으면서 공장에 나가고, 알바하면서 과외도 하고 짬짬이 인터넷에 글을 올려 고료도 받는다. 주업이든 겸업이든 프리랜서는 모두 소생산자다. 자신만의 지식과 경험, 창조성을 생활 근거로 하는 전문직 역시 소생산자다. 시민사회나 정치사회의 헌신적인 활동가들도 소생산자다. 아울러 몇 뼘 아파트를 소유한 도시 주민 모두가 도시 안의 소농적 존재가 아니면 무엇이겠는가. 가사노동, 가정경영도 전형적인 소농 영역이라 할 수 있다. 파트타임으로 소득을 올리는 주부들도 늘고 있다. 컴퓨터를 축으로 한 정보(I.T.) 혁명이 엄청나게 다채로운 유형의 소생산자·소경영자를 창출했다는 것도 흥미로운 현상이다.

소농의 회귀는 발전한 자본주의, 또는 후기 자본주의가 만들어낸 의외의 현상이다. 이들 '돌아온 소농'은 과거의 소농보다 적극적이고 진취적이다. 새로운 삶의 양식을 만들어내는 데 관심이 많다. 최근 활발해지고 있는 도시 공동체 운동, 다양한 비영리 자발 조직의 출현, 대안화폐 실험, 각종 생협 활동, 사회적 기업에 대한 관심, 귀농을 통한 마을 만들기 등의 움직임도 이들 '돌아온 소농'과 깊이 밀착되어 있다. 이 속에서 작더라도 자신이 누군가에게 줄 수 있는 도움에 대한 관심이 자라나고 있다. 물론 여기서 말하는 '소농'이란 비유다. 그 압도적 다수는 도시에 거주하고 있다. 이들 광범한 소생산자층의 미래에 눈을 돌릴 필요가 있다.

동아시아 유교소농체제 성공의 비결은 소농의 항산(恒産)을 보장해주었다는 점에 있다. 일찍이 선진 시대부터 동아시아의 국가는 소농의 안정적 토지 경작을 나라의 근본으로 삼았다. 오늘날의 상황에서는 이 '소농항산(小農恒産)'의 의미가 오히려 크게 새로워지는 바가 있다. 소규모 독립자영 방식이 IT나 문화콘텐츠 분야와 같이 첨단 분야의 개척자 역할을 하고 있다. 이러한 영역에서 이들 개척자들을 보호 육성하는 것이 현대의 '소농항산(小農恒産)' 정책이 된다. 또 친환경, 친생태 경제양식과 소규모 독립자영 경제양식이 부합하는 바가 많다. '소농항산(小農恒産)'이란 바로 '친환경 생산'의 안정화·항구화를 뜻하게 되었다.

'현대의 소농사회'가 주는 시사점은 비단 경제 문제에만 국한되지는 않을 것이다. 이러한 소생산자들 간의 자유로운 연대 활동이 민주주의의 진화에 커다란 기여를 할 것이라 생각한다. 이들의 활동성은 시민운동 영역을 확장시키고 있을 뿐 아니라, 정치 영역을 혁신하려는 움직임으로 확산되고 있다. 정치사회를 환골탈태시킬 키플레이어가 되고 있는 것이다. 필자가 강조해온 '질적 민주주의'의 발전은 이들 세력의 정치적 상상력 및 활동성과 큰 연관을 가지고 있다.

이러한 가능성을 보여주고 있는 '소농적 삶의 방식'과 '소생산자들의 자유로운 연대'가 성장–자원 임계점을 날카롭게 느끼고 있는 현재의 전 지구적 위기 상황에서 인간적 삶을 보존하고, 위기로부터의 탈로를 모색하는 의미심장한 중간고리가 될 수 있지 않은지 깊이 음미할 필요가 있다. 소농적 삶의 방식이란 과잉소비를 지양하고, 적정한 자급적 삶의 양식을 모색하는 것이다. 세계인들 스스로가 자신을 더 많은 이윤추구의 수단으로 전락시키기를 그만둘 수 있어야 한다. 작더라도 지금–여기에서, 자신의 가까운 삶의 현장에서, 그렇게 할 수 있는 삶의 공간을 찾고, 만들어 가야 한다. 삶의 질의 제고를 위한 창조성이 격려받고 보상받는 새로운 생산의 길, 나눔의 길을 찾아야 하지 않을까. 이러한 새로운 삶의 양식을 모색하는 데, 과거 장구한 역사를 통해 그 지속가능성을 충분히 입증했던 '동아시아 소농체제'의 경험은 충분히 깊이 연구해볼 가치가 있다.[6]

---

6) 이상 결론은 논저 『미지의 민주주의』(2011, 증보판)의 결론과 5장 보론의 내용을 준용했음.

동아시아 유교소농체제에서의 자유 공간과 체제 안정성 비교

1. 오여필의 내면 세계

명대의 저명한 유학자 오여필(吳與弼, 1391~1469)은 평생 관직에 나가지 않았다. 그는 나날의 학문의 진보와 내면의 깨달음을 1425년에서 1468년까지의 장장 43년의 『일록(日錄)』으로 남겼다. 오여필의 일기는 매우 인상적인 두 개의 꿈으로부터 시작한다.

첫 번째 꿈에서 그는 두 명의 성인(聖人), 공자와 문왕(文王)을 본다. 그리고 그들에게 '타고난 도덕적 앎 및 편안한 경지에 이른 도덕적 실천(生知安行)'에 대해서 묻는다. 이 두 가지 테마―옳음을 알 수 있는 것과 스스로에게 장애를 일으키지 않고 그에 따라 행동할 수 있는 것―는 오여필에게 평생의 화두가 된다. 오여필은 또한 문왕의 도통으로 보이는 책을 목도한다. 명대의 사(士)도 여전히 성현의 계보에 들어가는 일을 상상하는 것이 가능했던 것이다. 그 다음 꿈에서 오여필은 주희를 본다. 그리고 주희가 예의(decorum)와 행복함을 결합하고 있음에 숙연해진다. 그 다음 일기 항목은, 당시 널리 논의되던 의혹에 대한 한밤중의 몽상을 기록하고 있다. 그 의혹이란, 송나라의 두 번째 황제 태종이 자신이 후계자로 선택되었음을 선포하기 위해 자신의 형인 첫 번째 황제를 병상에서 살해했다는 것이다. 이 의혹을 통해 오여필은 진정한 왕, 즉 성왕(聖王)은 제국을 얻기 위하여 단 한 사람의 무고한 사람도 죽이지 않을 것이라는 생각을 한다. 그리고 통치자에게 도덕적 통치자가 됨을 가르치기 위해서는 가르치는 이의 마음이 근본적으로 '완전히 양심적이어야(順乎天理)' 한다는 생각을 하게 된다. (볼, 2010 : 241～242)

오여필은 평생 고향에 머물며 제자를 길렀다. 많은 수재들이 그의 문하로 몰려왔고 진헌장(陳獻章), 누량(婁諒), 호거인(胡居仁)과 같은 대학자들이 그의 문하에서 나왔다. 그의 문하생 중에는 과거를 통해 관직으로 나간 이들도 많다. 오여필의 예가 말해주는 바는 삶의 공간, 삶의 방향을 스스로 선택할 수 있었다는 것이다. 도덕적 신념에 따른 선택이었다. 그가 출사(出仕)의 길을 포기한 것은 조카의 왕위를 찬탈하고, 이에 저항한 명유(名儒) 방효유를 참살했던 영락제와 그의 치세(治世)에 대한 환멸 때문이었다. 햄릿을 연상케 하는 송 태조와 태종에 관한 그의 '한밤중의 몽상'이란 바로 그의 시대, 그의 고뇌에 다름 아니었다. 공자가 그랬던 것처럼, 주희가 그랬던 것처럼, 오여필 역시 그의 시대를 무도(無道)하고 불인(不仁)하다 읽었다. 그렇다고 오여필이 단지 세상을 피해 숨어 지냈던 것도 아니다. 당당히 강학(講學)을 펴고 제자를 길러 세상으로 내보냈다. 때는 중국사에서도 황제의 전제(專制)가 가장 심했다는 명대(明代)였음에도 그럴 수 있었다.

오리엔탈리즘의 동양적 전제주의(Oriental despotism) 이미지에서는 그 치하의 인민들에게 어떠한 선택과 자유의 공간도 없다. 몸도, 혼도, 땅도 모두가 전제군주(despot)의 것이었다고 한다. 그러나 오여필의 사례가 말해주듯, 유교세계의 유자들에게는 군주와 무관하게 자기 삶을 운영해갈 혼의 영토와 생활의 땅이 있었다. 유자들이 현세의 어떠한 권세 앞에서도 양보하지 않았던 그들만의 '혼의 영토'란 이 책 전체에서 서술했던 바이므로 이 보론에서 다시 길게 설명할 필요는 없을 것이다. 드 베리 교수의 명저 『중국의 '자유' 전통』은 특히 송대 이후 정주학자들의 도덕적, 교육적 자유주의, 내면적 자율 전통을 명쾌하게 잘 정리하고 있다.[1]

　'생활의 땅의 근거'란 제9장에서 말한 수도작 유교소농체제에 다름 아니었다. 성숙한 유교소농체제는 황제의 역장(力場) 밖에 자유의 공간을 허여했다. 유교체제 군왕의 토지 지배, 생산 지배에는 뚜렷한 한계가 있었다. 소농에게는 관습적 경작권이 인정되었고 국가의 조세수취율은 비(非)유교체제와 비교하여 볼 때 크게 낮았다. 향촌의 유자층은 소농체제의 직접 관리자에 해당한다. 그 자신 지주이거나, 큰 지주는 못되더라도 그럭저럭 굶는 것은 면할 만큼의 소작지를 보유하고 있었다. 교육기관인 서원이나 향교에는 공전이나 기부지가 달려 이곳에서 강학하는 유자들의 생계를 보조하기도 했다. 문하생들의 사례도 생계에 보탬이 되었다. 유교체제 군주의 힘이 약해서 향촌에 힘이 닿지 못했던 것이 아니다. 오히려 그 단계를 넘어서서 유교체제와 이념의 통합력이 강해졌기 때문에 그 실제적 주체였던 향촌 유자들의 자유 공간이 그만큼 넓어질 수 있었던 것이다. 향촌 유자들의 공론의 힘은 중앙 조정과 분리된 것이 아니었다. 유기적으로 통합되어 있었다. 그러면서도 군주의 힘이 마음대로 할 수 없는 일정한 자유와 자율의 공간을 확보할 수 있었던 것이다.

---

1) 드 베리 교수는 이를 '자유주의적 개인주의'라고도 하였다. 드 베리 교수가 말하는 자유주의란 유럽에서 말하는 경제적 자유주의가 아니라, 미국에서 말하는 정치적 자유주의로서 존 롤스나 마이클 샌델이 말하는 자유주의 정도로 이해하면 된다.

2. 물러서는 길, 나아가는 길

오여필처럼 자기 의지에 따라 평생 철저히 관직과 무관하게 살았던 유자가 물론 다수일 수는 없었다. 우선 유교세계에서 관직이란 과거 등제를 전제하는 것이니, 일반 유자 중에서도 특별히 뛰어난 능력을 가진 사람들로 제한된다. 이렇듯 뛰어난 학문 역량을 가졌으면서도 스스로 과거를 포기하고 향촌에 물러 앉아 자유와 자존을 구가했던 이들은 따라서 소수일 수밖에 없다. 그러나 이러한 태도와 전통은 높이 존숭되었다. 그러다 보니 조선 후기에는 관직을 사양하고 향촌에 머무는 학문의 대가들이 정치적으로 오히려 핵심적인 역할을 하기에 이른다. 이른바 '산림(山林)'이다.

뛰어난 학문 역량을 가졌던 대부분 유자들은 과거와 관직의 길을 걸었다. 그 길은 결코 평탄하지 않았다. 위대했던 유자들치고 유배의 고통을 겪지 않은 이들을 찾아보기 힘들다. 극형을 받아 비극적으로 삶을 마감한 경우도 너무나 많다. 그렇다면, 과거와 관직의 길로 나갔던 대다수 유자들에게는 오여필과 같은 자유의 공간이 허여되지 않았던 것일까? 그들이 스스로 선택했던 '천하위공'의 길, 무거운 의무를 스스로 졌던 그 길은 결국 출구 없는 막다른 길이었던 것일까? 조선의 이황(李滉)이 기대승(奇大升)에게 보낸 다음 편지의 한 구절은 당시 유자들의 이 문제에 대한 고심의 한 자락을 엿보게 해준다.

조정암(趙靜庵, 조광조, 1482~1519)이 임금께 올린 글들을 모아 요약한 것을 보내니, 한가한 때에 시험 삼아 자세히 살펴보시기 바랍니다. 나는 이 글을 본 뒤, 마치 취한 것도 같고 깬 것도 같은 상태로 근 한 달을 보냈습니다만 아직도 낫지 못한 형편입니다. 가만히 헤아려보니 ①이 사람은 어려움을 몰랐던 것이 아니었습니다. ②어려운 줄 알면서도 잘못 믿는 구석이 있었습니다. ③하지만 또 잘못 믿었기 때문만도 아니었습니다. 오랫동안 물러나려 했지만 '길'이 없어서 결국 그렇게 된 것입니다. 그러니 '길이길이 영웅적 행동에 눈물로 손수건을 적신다'는 말이 죽은 제갈량 한 사람에게만 해당되지 않는다는 것을 알겠습니다. (배병삼, 2010에서 재인용)

이황은 물러서는 길을 말하고 있다. 때는 사화(士禍)의 시대였다(중종~명종). 정주학의 이념에 따라 국가를 개조하려던 신진 사류(士流)들이 귀족화한 구지배 세력에게 혹심한 탄압을 받았다. 신진 사류의 리더로 국정 개편의 선봉에 섰던 조광조는 결국 죽임을 당했다. 그가 믿었다는 것은 무엇인가? 왕의 마음이다. 그러나 조광조의 힘이 커질수록 구세력의 위협과 '역모' 모함은 커졌고 결국 왕은 조광조를 제거했다. 이러한 비극적 종말은 위대한 유자들의 운명과도 같은 것이었다. 공자 자신부터 생애 말 14년을 때로는 '상갓집 개 꼴'이라는 말까지 들으며 유랑했다. 주희 역시 극형을 요구하는 탄핵을 여러 차례 받았다. 당당한 왕양명조차 투옥되고 고문받아 유배되었고, 생을 유랑과 병고로 마쳤다.

위대한 유자들은 물론 이러한 고초 속에서도 결코 내면의 자유를 잃지 않았다. 오히려 유배와 유랑의 시기에 더욱 뛰어난 학문적 업적을 냈다. 그러나 그러한 자유와 자존이 오직 피해 설 한 치의 틈도 없는 핍박 속에서만 피어날 수 있는 것이라면 그것은 너무나 가혹한 이상이리라. 시대가 정의를 잃었을 때 정면으로 나서 순교자가 되는 길만이 유일한 길은 아니다. 이황은 이 점을 말하고 있다. 왕은 수없이 이황을 조정으로 불렀지만, 이황은 칭병(稱病)하며 수없이 이를 거절했다. 조정에 나가보아야 그의 뜻을 펼 수 없고, 오직 위태로울 것임을 알았기 때문이다. 반대파들의 탄압에 여러 차례 곤경을 치른 주희 역시 황제의 관직 제수를 여러 차례 사양하고 물러난 적이 있다.[2]

어디로 물러났는가? 관직의 밖, 조정의 밖으로다. 주로 깊은 향촌이었다. 이황은 그의 고향에 상당한 땅과 노비를 소유한 지주였다. 반면 주희는 가난했다. 그러나 어떠한 경우든 이들 물러난 유자들은 향촌에 자기 근거를 세울 수 있었다. 서원을 세우고 향약을 만들었다. 이미 형성된 유자들의 탄탄한 네트워크가 이들의 근거지였다. 요즈음 말로 하면 정부 밖의, 정당 밖의 시민사회, NGO요 공론장이었다라고 하여도 크게 이상하지 않을 정도다. 이 공론장의 네트워크 자체가 또 하나의 힘의 중심이었다. 조선 후기가 되면 이 향촌 유교 공론장을 근거로 '재야의 재상'들이 출현한다. 조정에 서면 조정의 재상이요, 물러나 재야에 머물면 재야의 재상이 된다. 이 책 제4부에서 만날 송시열(宋時烈) 같은 이가 대표적이다. 그런가 하면 중국의 오여필처럼 평생 관직에 나서지 않으면서도 높은 학술적, 정치적 권위를 누렸던 조식(曺植)과 같은 이도 있다.[3]

러시아 태생의 영국 정치사상가 이사야 벌린은 자유를 적극적 자유와 소극적 자유로 구분한다(Berlin, 1997). 유교세계에서도 그러한 구분이 가능하다. 조정으로 관직으로 나간 유자는 적극적인 자유를 행사했고, 향촌으로 재

---

2) 주희의 상세한 행장(行狀)과 연보를 옮긴 최석기 외(2005) 참조.
3) 이러한 자유가 오직 사대부, 양반들만의 자유였던가. 이 역시 비교의 관점이 필요하다. 유교세계의 향촌 사족에게는 농민과 민중을 마음대로 참(斬)할 권리가 없었다. 반면 봉건제하 유럽과 일본의 영주들에게는 그러한 권리가 있었다. 유럽사에서 '도시의 자유'란 바로 그러한 절대적 전횡으로부터의 자유였음을 유념할 필요가 있다. 또한 그 '자유'란 엄격한 길드적 통제, 그리고 도시 귀족의 강력한 지배를 전제로 한 것이었음도 아울러 고려해야 한다. 그런가 하면 막부 시대 일본의 도시는 무사들의 거주 공간이었다. 어느 도시민(쵸닌, 町人)이든 언제든 무사들의 칼날에 목숨이 날아갈 수 있었다. 무사들을 빚으로 꽁꽁 묶은 유력한 상인이 아니고서는 언제든 그런 두려움을 가지지 않을 수 없었다. 무사에게는 하급 신분이 신분질서를 어지럽힌다고 판단되면 언제든 그러한 자의적 폭력을 행사할 권리가 부여되어 있었다. 흔히 봉건시대 유럽(또는 일본)에서의 '도시의 자유'와 유교세계의 '총체적 부자유'라는 말을 너무나 생각 없이 대비시키는 분들이 유념해주었으면 하고 바라는 부분이다.

야로 물러난 유자는 소극적인 자유를 구가했다고 말할 수 있다. 물론 이 둘은 딱 잘라 나뉘지 않는다. 서로가 서로를 지탱하고 뒤섞인다. 정주학적 유교세계는 이러한 두 개의 자유가 서로 지탱하며 안정을 유지하고 있던 사회였다. 동아시아에서 이러한 유교적 안정성이 가장 컸던 곳은 역시 조선 후기 사회가 아니었겠나 생각한다. 이러한 판단의 비교사회학적인 근거는 이 책 제4장 보론에서 제시해둔 바 있다.

단순히 이러한 안정성을 높게 평가하자는 것이 이 보론의 목적은 아니다. 물론 유교세계에는 어떠한 자유공간도 존재하지 않았다는 오리엔탈리즘의 편견은 철저히 해체되어야 한다. 그러나 역사를 길게 보면 체제 안정성이란 항상 양면성을 가지고 있다. 유교체제의 역사에서도 이 점은 마찬가지였다.

3. 안정과 불안정의 역설

18세기 조선과 중국의 조세수취량은 국내총생산의 5퍼센트 내외였다. 반면 같은 시기 일본은 16퍼센트 내외로 추산된다(이헌창, 2010: 27~28). 이 차이는 같은 유교권 사회이면서 조선, 중국과 일본 사이에 상당한 편차가 존재했음을 말해준다. 그 차이의 핵심은 중간지배층인 사(士) 계층의 토지와의 결합도의 차이에 있다. 일본은 도요토미 히데요시의 다이코 검지(太閤檢地) 이래 병농분리 정책에 따라 영주를 제외한 무사층의 토지 소유가 일체 금지되었다. 하급무사와 토지와의 연결이 끊긴 것이다. 그에 따라 무사층은 그들의 주군이 주는 봉록에만 의지하여 살게 되었다.

이로써 같은 유교소농체제이지만 그 거버넌스 양상은 조선, 중국과 일본이 매우 다르게 되었다. 일본에서는 쇼군과 다이묘 등 영주가 농지를 직접 장악하고 농민의 이동도 엄격하게 제한했다. 조선과 중국에서는 징세가 향촌·민간·사족(士族)의 협조 체제에 의해 이루어진 반면, 일본에서는 농민이 직접 지방관인 다이칸(代官)에 납부하는 방식이었다. 조선, 중국에서는 국가 조세율이 낮았지만 중간의 지주층, 즉 향촌 지배층이 일종의 중간 징세를 한 셈이어서 전체적인 징세 비율은 크게 다르지 않았을 것이다. 어쨌거나 이로써 한 일본사 연구자가 말하듯 "유럽의 역사를 보든 중국의 역사를 보든 일본처럼 봉건주종제가 한 나라의 국가 공권을 완전히 장악하는 일은 볼 수 없다"고 한 상태가 되었다(야마구치, 2001: 107). 이에 따라 일본의 하급무사는 유교소농체제의 근거인 향촌(무라, 村)을 떠나 도시에 거주하며 소비계층화하지 않을 수 없었다. 이에 따라 도시의 유력한 상인들에게 빚도 지고 눈치도 살펴야 하는 상황에 처하곤 하였다. 결과적으로 일본의 무사층은 유교소농체제가 보장하는 소농항산(恒産)의 안정성으로부터 배제되어 불안정한 지위에 놓이게 되었다.

이러한 상황에서 일본의 무사가 중국의 주희나 조선의 이황처럼 군주가 부르는 데도 거절하고 버틴다는 것은 상상할 수 없는 일이었다. 군주로부터 물러서서 자신만의 자유의 공간에 거할 근거가 없었다. 우선 땅이 없었다. 또한 주군의 부름을 외면할 정도의 높은 이념도 없었다. 일본에서 유교이념은 무사적 주종 관계의 의리론 안으로 완전히 변형되어 들어갔기 때문이다. 이렇듯 무사화된 일본형 유교이념에 따르면, 주군의 부름을 거부한다는 것은 오직 자결 이외의 방법으로는 도저히 씻을 수 없는 불충이요 치욕이 된다. 그러나 이렇듯 물샐틈없이 강한 체제는 오히려 위기 앞에서 불안정을 노출한다.

아편전쟁 이후 동아시아 유교체제의 위기 상황을 일본의 하급무사층이 가장 민감하게 느꼈던 것은 이러한 지위와 체제의 불안정성과 연관되어 있다. 서구세력의 위협 앞에 막부 체제의 무능이 드러나자 중간지배층을 이루던 하급무사들의 불안과 불만, 동요가 갑자기 터져 나와 크게 증폭되었다. 하급무사층의 불만의 비등은 곧바로 격렬한 무력 저항 운동으로 이어졌고, 결국 다이묘 체제가 붕괴하고 천황제가 들어서는 폐번치현(廢藩置縣) 조치, 그리고 메이지유신이 이어졌다.

정주학 체제란 군주와 향촌의 지주 사대부층과의 일종의 협치 체제였다. 유자층의 조정과 향촌으로의 진퇴가 여유 있게 열려 있을 때 이 체제는 균형 상태에 이르고 가장 안정된다. 반면 진관다오가 예리하게 지적했던 것처럼, 상층 지주 사대부층이 비대화하여 세습귀족화하면 하층 농민이 받는 압박이 커지면서 체제는 불안정성에 빠진다(제8장). 왕조의 특혜를 독점하는 세력이 팽창하고 고착되는 왕조 말기에 흔히 나타나는 현상이었다.

18세기 조선과 중국의 유교체제는 매우 안정된 상태였다. 반면 같은 시기 일본은 사회 구성으로써 유교소농체제가 정착되기는 하였지만, 앞서 말한 이유들로 인한 상부 구조상의 불안정성이 존재하고 있었다. 조선과 중국의 유교체제는 존재와 의식이 일치되어 있었던 반면, 일본에서는 그렇지 못했다. 정주학의 문치적 교의와 막부 무사체제는 잘 들어맞지 않았다. 그렇기 때문에 일본에서는 유교의 변형이 더 크고 자유롭게 이루어질 수 있었다. 19세기 유교체제의 위기에 대한 민감도와 그 체제의 변형에 대한 의지도 그에 따라 조선과 중국보다 강할 수 있었다. 그 결과 아편전쟁 이후 서구세력의 강한 압박에 임하여 조선, 중국과 일본은 달리 대응했다. 조선과 중국은 의연히 기존 체제에 대한 확신을 유지하면서 서구의 도전을 굳이 낮춰보거나 무시하려고 하였다. 반면 일본은 아편전쟁에서 중국의 패배를 중국 자신보다 더 심각하게 받아들였다. 막부 체제의 존립과 지속에 대한 불안이 더 강했기 때문이다. 그만큼 서구 문물의 수용도 더 적극적이었다.

조선과 중국의 경우, 향촌 세거지를 확보하고 있던 두터운 유자−사족층의 현상유지 경향이 변화의 걸림돌이었다. 역설이다. 유자층이 나름의 자유와 자율의 거점을 확보하고 있고, 그만큼 유교체제가 안정적이었기 때문에 변화의 필요를 느끼지 못한 것이다. 반면 일본의 경우는 조선, 중국의 유자−사족층에 해당하는 사무라이층의 지위가 불안정하였기 때문에 오히려 급변하는 문명 판도 변화에 민감하게 대응하지 않을 수 없었다.

비슷한 이야기가 오늘날 동아시아에서 되풀이되고 있다. 그러나 기본 구도가 뒤집어져 있다. 200년 전의 문명 재편 흐름과 21세기의 문명 재편의 흐름은 반대다. 오늘날은 서구중심체제의 안정성에 길들여져 문명 구도의 기본 흐름 자체가 변화하고 있는 것을 보지 못하거나, 인정하지 않는 또 다른 현상유지적 태도가 문제다. 한국과 일본에 그런 세력이 강하다. 200년 전의 상황 인식을 구태의연하게 답습하면서 여전히 "유교나 아시아를 운위하는 것은 시대착오적"이라고 말하고 만다면 그야말로 시대착오가 아닐 수 없다. 낡은 이야기의 반복, '고장난 레코드'다. 현 상황에서 문제의 핵심을 완전히 놓치는 것이다. 이러한 태도야말로 200년 전 현상 유지만을 고집했던 보수적 유자들의 태도와 꼭 같다. 200년 전 유자들은 유교체제만을 알았고, 오늘날의 현상유지주의자들은 서구중심체제만을 안다. 모두가 변화를 완강히 거부한다. 시대의 흐름이 발밑에서 변하고 있는데 말이다. 역사가들이 유럽의 '100년 평화'라고 부르는 1815~1914년은 동서 문명의 역관계가 완전히 뒤집어진 문명 역관계의 거대한 재편기였다. 유럽에서는 '100년 평화'였지만 비서구에는 대참화의 100년이었다. 21세기는 또 다른 문명 재편기다. 이 문명 재편의 방향과 성격이 19세기의 그것과 근본적으로 다를 것임은 이 책 서론과 결론에 상술해둔 바 있다.

마지막으로 같은 시대 또 하나의 유교체제였던 베트남의 상황은 어떠했었는지 간단히 부기(附記)해둔다. 베트남은 일본형보다 중국과 조선의 유형에 훨씬 더 가까운 유교체제였다. 베트남의 유교 문신(文紳)층 역시 땅, 향촌과 굳게 결합되어 있었기 때문이다. 베트남에는 "마을(촌락, 향촌) 입구에서 왕법(王法)은 멈춘다"라는 오래된 금언이 있다. 베트남의 유교 문신층은 향촌에서 지도적 역할을 했다. 그러나 조정과 향촌 유자들과의 연계는 조선, 중국에 비해 미약했다. 유교이념의 향촌 통합 정도도 그만큼 약했다. 베트남 역사상 최초의 완전한 남북 통합이 1786년 농민반란 세력인 떠이썬(西山)의 응우옌 씨 삼 형제[4]에 의해 이루어졌다는 사실은 시사적이다. 베트남 향촌의 자율성이란 문신층 자유의 거점이라기보다는 유교 조정 중앙 지배력의 한계 바깥으로서의 성격이 강했다. 떠이썬 운동 이후 들어선 응우옌(阮) 왕조(1802~1885)에서 유교적 통합력은 일층 강해졌다. 프랑스에 의해 사실상 주권을 상실하게 된 1885년, 베트남 황제 함 응이제(帝)가 향촌의 유학자들에게 근왕(勤王) 항불 운동을 호소하게 된 것도 응우옌 왕조가 그만큼 더 유교화되었다는 사실을 보여준다. 그러나 이후 베트남의 항불 운동은 유교적 현상 유지에 대한 보수성 때문이라기보다는 베트남 특유의 외래 세력에 대한 항전 전통의 영향이 강했다.

---

4) 응우옌 반 냑(阮文岳), 응우옌 반 르(阮文呂), 응우옌 반 후에(阮文惠) 형제. 떠이썬은 당시 응우옌 주에 속했던 베트남 중남부 지역이다. 이들 형제의 본래 성은 호(胡) 씨인데 봉기 이후 봉기 지역이 응우옌 씨의 지배하에 있던 점을 감안하여 민심을 얻고자 모친의 성을 따라 응우옌 씨로 개성했다고 한다. 삼 형제 중 가장 뛰어났던 막내 응우옌 반 후에 는 침공한 청군에 맞서기 위해 1788년 황제가 되어 연호를 꽝쭝(光中)이라 했다. 1789년 꽝쭝 황제는 청군을 대파하는데, 이는 1288년 원나라 쿠빌라이의 대군을 격파한 쩐 꾸옥 뚜언(陳國峻)의 승리와 함께 베트남이 중국을 상대로 거둔 가장 빛나는 승리였다 (Woodside, 1971; 유인선, 2003; 송정남, 2010).

其顙有泚睨而不視
見死不更其守
不二斬無二統
道統王統

4

조선 후기 유교 근대의 다이내미즘

제10장

1659년 기해예송과 유교 국민국가의 태동

1. 기해예송의 주변 상황

조선에서 본격적인 예송의 시대는 인조에서 정조까지의 17~18세기다. 1623년 인조가 원종 추숭 논의를 개시했던 때를 시점으로 보고, 정조가 영조 때부터의 논란이었던 신임의리(辛壬義理)와 임오의리(壬午義理)[1]를 정리한 오회연교(五晦筵教)를 발표했던 1800년을 종점으로 볼 수 있다. 물론 19세기에도 예송은 있었으나 난쟁이 에피고넨에 불과했다. 17세기 중반 이후 19세기 초반까지 유교권인 동아시아 한·중·일 3국은 전례 없는 안정과 번영 그리고 평화를 구가했다. 중국의 인구는 이 기간 대략 1억 5000만에서 4억으로 크게 증가한다. 산업화 이전(preindustrial) 사회에서 이런 속도의 인구 증가는 기적에 가깝다. 그렇듯 급증한 인구를 감당할 만큼 경

---

1) 경종 때 장래의 영조인 연잉군을 옹호하다 노론이 소론의 공격을 받았던 신축(辛丑)년 (1721)과 임인(壬寅)년(1722)의 옥사를 묶어 신임의리라 하고, 사도세자가 죽은 임오(壬午)년(1762)의 화변을 둘러싼 노론 내부의 입장 다툼을 임오의리라 한다.

제도 팽창하고 생활과 문화의 수준도 높아졌다. 같은 시기 조선과 일본에서도, 중국만큼 큰 정도는 아니었으나, 인구, 생산력, 생산성, 시장화, 물가, 무역 등 전반적인 경제지표가 향상되고 안정되었다.

조선에서는 이 시기 매우 중요한 사회 변화가 진행되었다. 그 핵심은 '온 나라가 양반 되기'로 압축할 수 있다(제12장). 이 표현은 정약용의 것이다. 사회 변화의 여러 흐름이 빨라지고, 기존 상하 신분구조가 크게 동요한다. 이러한 대변동은 17세기에 시작되어 19세기까지 지속되며, 후기로 갈수록 빨라진다. 이 일파만파의 대변화에 결정적인 기폭제 역할을 한 것이 1659년의 기해예송이었다. 기해년 예송은 갑인년(1674)까지 이어진다. 모두 조선 18대 임금인 현종 시대의 일이다. 이 장은 17~19세기 대변동의 진앙지인 기해년과 갑인년 예송의 경과와 귀결을 상세히 뜯어볼 것이다.

이 두 예송은 서거한 왕과 왕비의 상복을 둘러싼 논쟁, 궁중의 왕가 전례 문제를 둘러싼 투쟁이었다. 따라서 이 장의 서술은 『조선왕조실록』의 현종대 기록을 꼼꼼히 따라가면서 재구성했다. 물론 정황을 보완할 여러 다른 자료들을 참조했다. 『조선왕조실록』은 등장인물들의 미묘한 심리 상태까지 읽을 수 있을 만큼 상세하고 놀라운 기록물이다. 또한 일자와 사건 기록이 매우 정확하다.[2]

예송은 유교 국가의 주권을 둘러싼 헤게모니 투쟁이었다. 예송, 즉 예법을 둘러싼 투쟁은 모럴폴리틱(moralpolitik)의 전형적인 형태의 하나였고,

---

2) 네덜란드어로 된 『하멜표류기』 원본을 편집 영역해 출판했던 한 미국인 학자가 하멜의 기록을 조선의 당대를 기록한 『효종실록』과 꼼꼼히 비교한 적이 있다. 두 기록이 너무나 정확히 맞아 떨어져 놀랐다고 했다. 뉴욕 컬럼비아 대학에서 평생 조선사를 가르쳤던 개리 레드야드(Gary Ledyard) 교수가 그다. 그는 중국사에도 조예가 깊었는데, 중국 『25사』의 어떤 기록보다 조선의 『실록』이 훨씬 상세하고 정확하다고 했다. 모두 레드야드 교수에게 필자가 직접 들은 말이다.

유교사회에서 주권 투쟁이 벌어지는 고유한 양식이었다. 이 장은 예송에 관한 기록을 상세히 추적하여 유교 모럴폴리틱의 숨겨진 역학과 심리적 내면을 밝혀 보일 것이다. 또한 당시 조선 사회에서 예송을 통해 유교적 공론장이 크게 성장했으며, 이를 통해 유교적 전국정치(national politics)와 유교적 국민국가(nation state)가 태동했음을 분명히 하고자 한다.

본론으로 들어가기 전에 유교사회에서 상례와 제례가 가지는 막대한 중요성을 먼저 간단히 정리해둘 필요가 있겠다. 그렇지 않으면 오늘의 시각에서는 별로 중요해 보이지 않는 상복 문제로 왜 온 나라가 시끄러웠어야 했는지 시작부터 도무지 감이 잡히지 않을 것이기 때문이다. 전통 유교사회에서는 사자(死者)에 대한 존숭과 의례가 사회적 결속의 핵심 매듭을 이루고 있었다. 자손과 조상의 경건한 연결이 유교 윤리의 핵심을 이루고 있었던 까닭이다. 다른 대다수의 종교가 사자를 '떠나보내는' 의례에 집중한다면, 유교에서는 사자와 사자가 남긴 후손들을 '연결하는' 의례가 더욱 중요하다. 이러한 점에서 유교에서는 사자가 그의 후손들의 삶 속에 더욱 깊숙이 개재되게 된다.

유교에서는 매년 사자의 기일에 사자와 다시 만나는 기제(忌祭)의 중요성이 매우 크다. 조선 유자들이 크게 중시했던 『주자가례』의 첫머리를 장식하고 있는 사당(祠堂) 항목은 사자와 남은 자손이 일상생활에서 항상 접촉하고 만나게 되어 있음을 잘 설명해주고 있다. 아울러 유교에서는 상례조차도 다른 종교의 그것에 비해 남은 친족들과의 사회학적 연결이 매우 중요하다. 이것을 압축적으로 요약하고 있는 것이 유교 종법에서 말하는 오복지친의 개념이다. 오복지친이란 사자의 상례에 사자를 위해 입는 참최, 자최, 대공, 소공, 시마의 다섯 가지 상복을 입어야 하는 *가까운 친척으로서*[3], 그 구분은 사자와 조상자(弔喪者)와의 친족적 관련 정도에 따라 이루어진다. 결국 사자는 상례를 통해 그의 친족들과 그가 남긴 자손들의 친족적 계보와 서열을 엄밀하게 재확인하는 것이며, 이러한 의례를 통해 사자와 그의 친족, 자손들은 윤리적이며 동시에 사회적으로 다시 묶이게 되는 것이다.

즉 유교사회에서 상례에서 입는 상복의 종류는 그 사회의 윤리적-사회적 질서를 틀 짓는 중요한 징표였다. 다시 말하면 사자는 그의 죽음으로 남은 친족의 위계와 결속을 강하게 재결속시켰던 것이며, 따라서 사자에 대한 예는 살아남은 자들의 세계의 권력 관계를 질서 짓는 중대한 준거기준이었다. 맏아들이 아닌 자가 죽었는데 그가 높은 관직을 하였다는 이유에서 그의 상례에 맏아들이 죽었을 때 입는 상복을 입는 경우를 가상해보자. 이는 맏아들이 이어가는 종법적 대통을 부정하고 찬탈하는 행위로서 유교적 관점에서 보면 도저히 용납할 수 없는 패륜이 된다. 일반 사서인의 경우 이러한 일이 발생할 확률은 매우 희박하다. 가문의 종통(宗統)을 잇는다는 일이 문중의 명예와 재산을 계승하게 되는 현세적 이익을 수반한다 하여도, 엄연히 혈연적으로 존재하는 맏형을 부정하고 스스로 맏형임을 주장하게 되는 경우란 현실적으로 매우 발생하기 어려운 일이기 때문이다.

그러나 이렇듯 일반 사서인의 가문에서는 발생하지 않을 지극히 비상식적인 일들이 왕가에서는 빈번히 발생하였다. 왜냐하면 왕권이란 생물학적 장서에 따라 계승되지 않는 경우가 비일비재하였기 때문이다. 여기에서 왕권 계승의 논리와 유교적 종법논리는 명백하게 파열하며 갈등한다. 따

3) 여기에다 상복을 하는 기간에는 3년, 1년, 9개월, 5개월, 3개월이 있다. 상복의 거친 정도와 상복을 입는 기간을 같이 보면 참최 3년복, 자최 3년복, 자최장기복(1년으로 지팡이를 짚는다), 자최부장기(1년으로 지팡이를 짚지 않는다), 자최 5월복, 자최 3월복, 대공 9월복, 소공 5월복, 사마 3월복 등의 조합이 이루어진다. 보다 상세한 내용에 대해서는 『주자가례』와 장동우(1998) 참조.

라서 기해예송에서 죽은 효종의 종법적 지위가 적처 소생의 맏아들(적장자)이냐 아니냐는 논쟁은 죽은 왕의 종법적 정통성, 즉 이 경우에는 선왕의 왕권 계승자로서의 정통성 여부와 연관된 매우 중차대한 문제였다. 효종의 경우 역시 예외가 아니었다. 효종은 생물학적 의미에서 맏아들이 아니다. 그의 형은 지금껏 그 사인이 논란의 대상이 되고 있는 소현세자다. 더욱이 소현세자와 세자빈 강씨 그리고 그의 세 아들 중 두 아들이 비명에 죽었지만, 소현세자의 막내 아들 석견은 기해예송 당시에도 살아남아 있었다. 이러한 상황에서 죽은 효종은 맏아들이 아니라고 하는 주장은, 소현의 아들 석견이 종법상 왕위 계승의 적법자라고 하는 주장과 상통될 수도 있기 때문에 매우 위험한 것이었다. 이러한 상황에서도 서인의 1년설(비적장자)과 남인의 3년설(적장자)이 충돌할 수 있었다는 사실과 더 나아가 서인의 1년설이 결국 승리하였다는 것은 그만큼 조선의 유교사회에서 종법적 친족윤리가 왕권 계승의 논리를 얼마나 깊숙이 견제하고 있었던가를 잘 보여준다.

2. 오직 하나의 통(統)

기해년(己亥年, 1659) 5월 4일[4] 조선왕조의 17대 임금 효종이 돌연 서거했다. 너무나 갑작스러운 죽음이었다. 승하한 왕의 침상 밑에서 19세의 "왕세자는 가슴을 치며 통곡했다"(『현종개수실록』[5] 즉위년 5월 4일). 나흘 후

---

4) 이하 모든 일자는 양력이 아닌 음력 월, 일이다.
5) 『조선왕조실록』의 현종 대 기록은 『현종실록』과 『현종개수실록』 두 가지가 있다. 전자는 남인의 입장, 후자는 서인의 입장이 강하게 반영되어 있다. 남인과 서인은 서로 대립하여 투쟁하던 정파들이다. 따라서 양 기록의 편향이 상당히 크다. 없던 일을 있었다 하는

세자는 왕위를 승계하였다. 조선왕조 18대 임금 현종(顯宗)이다. 예조를 비롯한 여러 중신들이 염습, 곡성, 반함(飯含), 상복 등 장례 절차에 대해 논했다. 세자의 일거수 일투족에 대한 분분한 예법 논의가 있었다. 전에 조선 왕실에서 해오던 관행을 거론하는 중신들이 많았다. 그럴 때마다 정이와 주희가 논한 고례(古禮)를 들어 이를 바로잡는 이들이 있었다. 당시 어감에서 '고례'를 요즘 식으로 말하면 '미국 하버드 대학 최고 학자의 최신 이론이요!'라고 말하는 정도의 권위를 갖는 것이랄까. 반면 다른 대신들이 말하는 '우리 식', 즉 '국제(國制)'니 '시왕(時王)의 예'니 하는 말은 개명되지 못한 후진국 관행이라는 느낌이 강하다. 특히나 '고례'라고 하는 (당시의 감각에서) 멋진 말과 견주어놓으면 그렇다. 어쨌거나 그 멋진 '고례'라는 말을 심오한 표정으로 자신 있게 펼치는 이들은, '양송(兩宋)'이라 불리는 송시열(1607~1689)과 송준길(1606~1672) 두 사람이었다. 그때마다 세자는 "두 찬선(贊善, 벼슬 이름)의 뜻대로 하라"고 명했다(상동). 세자는 학문 높은 이 두 사람을 마음속 깊이 존경하고 있었다. 최소한 그때까지는 진심으로 그러했을 것이다.

기해예송의 발단은 다음 날인 5월 5일 단 하루에 비롯되었다. 국상 의례를 논하던 예조(禮曹)에서 한 가지 난제가 제기되었다. 살아 있는 효종의 의붓어머니이자 인조의 둘째 왕비인 자의대비(慈懿大妃) 조(趙)씨가 효종의 장례에 입을 상복이 무엇이냐는 문제였다. 자의대비는 왕세자의 할머니고 당시 왕가에서 가장 높은 어른이니 그 상복이 중요하다. 조선의 국제인『국조오례의』에는 이 경우가 명시되어 있지 않았다. 왕세자에게 이를 고하니 역시 송시열과 송준길에게 물으라 했다. 양송과 영의정 정태화, 그리고 다른 조정 중신들이 논의한 결과, 조선의 국제인『경국대전(經國大

것은 아니다. 그러나 해석의 차이, 그리고 기록한 자료와 내용의 차이가 있다. 이하 이 장의 서술은 두 실록을 모두 검토해 두 입장을 종합하고 절충한 것이다.

典)』, 그리고 명나라 국제인『대명률(大明律)』에 따라 장자 · 차자 구별 없이 1년 기년복(朞年服)을 입는 것으로 하자고 일단 입장을 모았다. 그런데 논의 과정에서 궐외(闕外)의 학자들 몇에게도 자문을 구했던바, 그중 윤휴의 의견이 눈길을 끌었다. 그것은 ①효종은 대를 이었으니 당연히 장자(長子)로 봐야 하고, ②돌아가신 임금을 위해서는 모두가 마땅히 신하로서 최고 상복인 참최 3년복(斬衰三年服)을 입어야 한다는 내용이었다.

백호(白湖) 윤휴(1617~1680)는 주자학의 권위를 넘어서는 참신하고 과감한 고전 해석으로 이미 명성을 얻고 있었다. 그 명성만큼 주자학을 절대적으로 신봉하는 우암(尤庵) 송시열은 윤휴를 적대시하고 있었다. 윤휴의 소견을 듣고 조정 중신들은 혼란스러웠다. 윤휴 역시 이름난 학자이니 만큼 그의 주장에도 그만한 근거가 있지 않겠나 생각했을 것이다. 정태화가 다시 송시열의 의견을 물었다. 송시열은 발끈했다. 이단(異端) 윤휴가 또 말썽을 일으키는구나 하고 생각하였을 것이다. 우선 효종은 엄연히 장자가 아니다. 사거했지만 맏형인 소현세자가 있었지 않느냐. 또 임금을 위해서는 무조건 최고 상복을 입는다는 설, 그리고 그 근거로 왕가의 예는 일반 사대부의 예와 다르다는 설은 정주학의 예론에서는 찾아볼 수 없다. 족보 없는 이단설에 불과하다. 국왕의 어머니조차 신하가 된다는 것은 주자가 직접 잘못되었다고 지적한 바도 있는 망발이 아닌가. 이렇게 말하고 싶었으리라. "영상(領相=영의정)! 윤휴와 같은 사문난적의 되지도 않는 말에 헷갈리지 마시오."

윤휴의 설을 반박하기 위해 송시열은 정주학의 창건자인 송나라 정이와 주희가 가장 중요한 예법서라 하여 중시했던 『의례주소(儀禮注疏)』[6]에서 제시된 사종설(四種設)을 즉각 꺼내 들었다. 사종설? 그게 뭐요? 정태화는

---

[6] 유교 삼례서 중 하나인 『의례』 경문(經文)에 한나라 정현(鄭玄)이 주를 달고 여기에 당나

물었다. 송시열은 느긋하게 설을 풀었다. 과연 예론의 대가다운 솜씨였다. 평소에 달달 외고 있지 않으면 불가능한 일이다. 사종설이란 무엇인가? 『의례주소』에 따르면 장차 대를 이어야 할 아들이 아버지보다 먼저 죽은 경우, 만일 그 아들이 적장자라면 아버지는 3년 상복을 입는다. 그러나 그렇지 않은 네 가지 경우가 있다. 이때 아비는 3년이 아니라 1년복을 입는다. 이 네 가지 경우를 사종이라고 한다. 송시열은 효종이 사종(四種)의 하나인 체이부정(體而不正), 즉 "서자(庶子)로서 뒤를 이은〔立庶子爲後〕경우"에 해당한다고 하였다.[7] 송시열은 서자를 중자(衆子), 즉 맏아들이 아닌 아들로 해석하였다.[8] 결국 송시열은 효종이 맏아들이 아니므로 1년복을 입어야 한다 주장했던 것이다. 아버지도 3년복을 입지 못하는데 어머니가 3년복을 입을 수는 없는 일이다.

정태화는 당황했다. 효종이 둘째 아들임은 사실이다. 그러나 우암, 꼭 그 사실을 들추어내야 하겠소? 더구나 비명에 간 소현세자의 아들이 여전히 살아있지 않은가. 정태화도 서인 계열이지만 송시열 같은 원칙주의자

라 가공언(賈公彦, 자공얀)이 소를 붙여 풀이한 책이다. 유자들은 이 경문은 주공(周公)이 썼고, 그에 대한 전(傳)은 공자의 제자인 자하(子夏)가 더했다고 믿고 있었다.
7) 사종은 죽은 자가 적장자(嫡長子)인가 여부에 따라 정(正)/부정(不正)을 구분하고, 부자(父子) 관계 여부에 따라 체(體)/불체(不體)를 구분한다. 두 구분을 곱하면 네 경우가 나온다. ①정체부득전중(正體不得傳重)이다. 정(正)이고 체(體)하나, 즉 적장자이고 부자 관계이지만 병 때문에 대를 잇지 못하는 경우다. ②전중비정체(傳重非正體)다. 맏손자가 아닌 손자〔庶孫〕가 대를 이은 경우다. 대를 이었으나 정도 체도 아니다. ③체이부정(體而不正)이다. 큰아들이 아닌 아들〔庶子〕이 대를 이은 경우다. 부자 관계〔體〕이기는 하지만 맏아들이 아니다〔不正〕. ④정이불체(正而不體)다. 맏손자가 대를 이은 경우다. 맏이기는 하지만〔正〕, 부자 관계가 아니다〔不體〕.『의례주소(儀禮注疏)』상복편(喪服篇), 참최장(斬衰章), 부위장자조(父爲長子條)〕.
8) 가공언(賈公彦)은 '입서자위후(立庶子爲後)'에서 '서자(庶子)'는 보통 '첩자(妾子)'와 동일시되지만, 대를 잇는 경우〔傳重〕에는 적장자와의 구분을 위해 적장자가 아닌 (서자를 포함한) 모든 아들이라고 풀이했다(상동).

가 아니었다. 학자 출신이 아니라 병과로 관직에 오른 인물이었다. 품이 크고 원만하나 학문 깊이는 평범했다. 정태화는 원래 논의대로 국제인『경국대전』에 근거해 장자, 차자 구별 없는 1년 기년복(朞年服)을 입는 것으로 하는 게 어떻겠냐고 했다. 송시열은 흔쾌히 동의해주었다. 철저한 주자 숭배자이자 명나라 숭배자이기도 한 그는 『대명률』에도 그렇게 되어 있다는 점을 다시 한 번 확인해주었다. 어쨌거나 결과는

우암(尤庵) 송시열(1607~1689)

사종설과 다를 것이 없으니까. 그리고 논거는 자신이 분명히 해두었으니까. 이것으로 자의대비의 상복은 1년 기년복으로 공식 결정되었다. 이 모든 일이 단 하루에 진행되었던 일이라는 게 놀랍다. 조선시대 조정과 재야의 인간 네트워크, 커뮤니케이션의 수준이 매우 높았음을 말해주는 방증이다. 어쨌거나 이 날의 논의는 이후 조선사 200년 이상을 뒤흔든 사회 대폭발의 진앙이 되었다.

이 논의는 비밀이 아니었다. 정태화는 만류했지만 결국 모두가 알게 되었다. 굳이 닫아두지 않은 오픈 디스커션(open discussion)이었다. 설혹 두 사람이 이 대목을 조용히 따로 말했더라도 결국 모두가 알았을 것이고 또 누구도 이 논의 내용을 쉬쉬 감추지 않았다. 그래서 송시열이 제기한 사종설과 '체이부정 입서자위후(體而不正 立庶子爲後)' 아홉 자는 순식간에 궐 내외로 퍼져나갔다. 송시열도 자신의 논설을 어디서든 굳이 감추지 않았다. 오히려 기회가 되면 당당하게 펼쳤다. 이 소식을 듣고 아마도 내심 가

장 불쾌했을 사람은 왕세자, 바로 5월 8일 새 군주로 등극한 현종이었을 것이다.[9]

돌아가신 아버지가 체이부정이라니! 더구나 '서자'라니! 송시열은 그 '서자'가 맏아들이 아닌 모든 아들이라 했다지만, 조선의 유교 어법에서 서자란 다름 아닌 첩의 아들이 아닌가! 적서(嫡庶) 구분이 유독 심했던 조선이었다. 서(庶)! 이 한 마디는 어린 군주의 골수에 한으로 박혔을 것이다. 더구나 돌아가신 아버지는 이 나라의 군왕이 아니셨는가! 어찌 돌아가신 선왕의 은혜를 누구보다 크게 입은 우암이 감히 선왕을 놓고 서자니 중자니 황당한 말을 떠들 수 있다는 말인가!

그러나 어린 군주는 가슴속에 맺혔을 이 말을 토해낼 수 없었다. 송시열이 누구인가. 조정 백관의 존경을 한 몸에 받고 있는 인물이다. 조정 다수파인 서인의 영수요, 조정을 나가면 재야 사림의 거두다. 서인 중에서도 핵심이요 본류라고 할 수 있는 서인 청류(淸流)의 적통자요, 만인이 인정하는 예학의 대가 김장생(1548~1631)의 수제자다. 서인 청류란 인조에 대해 비판적 거리를 두던 서인 세력이다. 그 중심인물은 병자호란 때 끝까지 항전론을 주장했고, 그 때문에 끝내 청나라의 강압으로 심양으로까지 끌려갔던 청음(淸陰) 김상헌(1570~1652)이다. 김장생은 서인 청류의 원조 격으로 김상헌과 함께 인조 추숭 반대 논의를 주도했던 인물이다. 김상헌이 카리스마로 이끌었다면, 김장생은 이론으로 밀었다. 조선 유자들 간에 이 두 사람의 권위는 대단했다. 김상헌은 효종 때까지 생존하면서 서인 청류

---

9) 결코 근거 없는 추측이 아니다. 현종은 그 생의 마지막 한 달(1674년 7월)을 이 맺혔던 한을 토해서 푸는 데 썼다. 재위 기간 내내 이 일을 마음속에서 준비했다고 보아도 무방하다고 생각한다. 그리고 그는 죽기 전 한 달 마지막 이 일을 이루었다. 혼신을 쏟았다. 이 일을 성공적으로 마치고 그는 죽었다. 놀라운 이 과정은 후술한다. 서술상의 효과를 위한 이 글의 심리적 묘사는 결코 근거 없는 추측이 아니다. 여러 입장의 사료를 이리저리 맞추어보고 그 의미를 오래 생각해본 결과다.

를 조선 정치의 주류 세력으로 만드는 데 큰 역할을 했다. 효종은 김상헌을 늘 극상의 예로 존숭했다. 효종 사거 당시에는 이미 조정만이 아니라 재야 유림의 공론까지 서인 청류 세력이 주도하고 있었다. 송시열은 김상헌과 김장생을 합한 것과 같은 인물이었다. 1급의 이론과 조직력, 행동력을 겸비했던 참으로 비범한 유자였다. 그렇기에 그가 제기한 사종설은 엄청난 권위를 가지고 전국 방방곡곡의 추종자들 사이에 쏜살같이 퍼져나갔다.

송시열과 효종의 인간관계를 생각하면 송시열이 체이부정설을 제기했다는 것이 쉽게 납득이 되지 않을지 모르겠다. 사실 두 사람의 인연은 깊다. 송시열은 효종이 세자가 되기 이전부터 효종을 가르쳤던 스승이었다. 물론 효종으로서는 어버지 인조에 맞섰던 김장생과 그 문하 제자들에게 좋은 감정을 가지고 있지는 않았다.(5장 5, 6절 참고) 또 서인 청류 세력은 효종의 북벌론에 기본적으로 찬동했으나 어디까지나 이념으로서만이었다. 효종의 무력 증강 정책에 대해서는 불만을 가지고 있었다. 서인 청류파의 효종 시대 버전인 한당(漢黨), 산당(山黨, 양송이 속했던 그룹)이 모두 그랬다. 정통 유자로서는 당연한 태도다. 그럼에도 효종은 죽기 1년 전 송시열을 조정으로 불러 이조판서로 중용했다. 이때 효종이 송시열에게 보낸 비밀편지가 세 통 남아 있다. 송시열의 전집인 『송자대전(宋子大全)』 중 「효종대왕(孝宗大王) 밀찰(密札)」이 그것이다. 그 내용을 보면 효종이 송시열을 크게 믿고 있음을 알 수 있다. 또 효종은 송시열을 만날 때는 배석하도록 되어 있는 승지와 사관(史官)을 물리고 독대하고는 했다. 특별 대우였다. 그러니 '인간적'으로 본다면 송시열이 그처럼 자신을 믿어주었던 효종의 장례를 극상의 예로 예우하는 것이 당연하지 않겠는가? 그런데 웬 체이부정이란 말인가?

송시열이 두 마음을 가진 이중인격자였던 것일까? 아니다. 오히려 정반대, 철저히 한마음만을 고집한 지독한 원칙론자였다 할 것이다. 그에게는 인간으로서 그 사람, 그 임금, 저 분과의 관계보다 더 중요한 무엇이 있었다. 그것은 유자로서 그의 신앙의 문제, 존재 이유의 문제였을 것이다. 분명한 것이 있다. 송시열과 송준길은 인조 임금 때의 추숭 논의를 둘러싼 긴장, 소현세자 의문사를 둘러싼 파행, 그리고 소현세자 장례 시의 어처구니 없는 비례(非禮)를 생생하게 기억하고 있었다. 인조 추숭 분란 때 그의 스승인 김장생과 서인 청류의 주장 격인 김상헌이 반대론의 선봉에 섰었다. 어찌 잊을 것인가. 또 소현세자 장례를 약식으로 흐지부지 넘기는 것에 대해서는 바로 그들 자신이 선봉에 나서 강력히 항의하지 않았던가.

그런 마당에 이제 효종의 장례를 적장자(嫡長子)의 예로 치른다면 어떻게 될 것인가? 인조가 연루된 것이 너무나 명백했던 소현세자의 죽음. 그리고 그의 제사조차 전혀 예에 맞지 않게 약식으로 치렀던 것, 이 모든 것을 사후적으로 인정하고 정당화해주는 꼴이 된다. 인조의 원종 추숭이나 세자의 의문사는 왕가의 계보, 승통(承統)의 질서에 중대한 문제가 발생했음을 말한다. 의심의 여지가 없다. 군주 자신의 전횡이 모든 문제의 원인이었다. 어찌 이를 눈 감아 주고 정당화할 것인가! 효종이 나(송시열) 자신에게 잘 대해주었다고 하여, 그 사정(私情)에 사로잡혀 유자로서의 신념과 원칙을 버릴 것인가? 사정에 눈이 멀어 공맹과 정주의 공의(公義)를 버리고 왕권에 아첨하고, 권세에 아부하는 일이 아닌가! 생각해보라. 이들 성인들 중 누가 그러셨던가?

여기서 유교 모럴폴리틱의 혼이 시퍼렇게 스파크를 튀긴다. 군주의 자의적 전횡을 공맹과 정주의 도덕률로 바로잡아야 한다! 군주의 승통에 맺힌 피와 폭력을 단호히 경계하고, 고발하고, 제약해야 한다. 이것은 유자의 신성한 의무다. 만에 하나 그 고발로 내 목이 날아가더라도 그래야 한다. 어쩔 수 없는 일이다. 설령 그리 된다면 공맹과 정주의 도통의 신성한 피로, 왕통의 오염된 피를 씻는 일이 아니냐. 깨끗이 성스럽게 정화시키는 일이 아니냐! 생각해보라. 만고의 충신, 만세의 사표로 길이 남을 일이 아니냐. 어찌 마다할 것이냐.

'불이참 무이통(不二斬, 無二統)!' 송시열은 자신의 논거를 이렇게 집약했다. 참(斬)이란 아비가 맏아들을 위해 입는 최고 상복인 참최(斬衰) 3년복을 말하고, 통(統)이란 종법상의 종통(宗統)을 말한다. 아들을 위한 참최복은 오직 큰아들만을 위한 것이다. 큰아들은 누구였는가? 소현세자였다. 인조는 소현세자를 위해 참최 3년복을 입어야만 했다. 인조가 그러지 않았던 것은 너무나 중대한 비례요 비리였다. 그런데 이제 효종의 상에 아비와 같은 위치의 모후가 참최 3년을 입어야 한다는 것은 선대의 비례와 비리를 고스란히 승인해주는 꼴이다. 절대 불가하다. 참최는 결코 두 번 입을 수 없다. 불이참(不二斬)!

참최를 두 번 입는 것은 두 사람의 적장자(嫡長子)를 만들어 종통을 둘로 나누는 일이다. 신성한 종법의 근본을 깨트리는 엄청난 패악(悖惡)이다. 그보다 중한 죄는 없다. 천하가 고통에 잠긴다. 일찍이 명나라 세종이 친부를 추숭하여 후대의 역사가들로부터 "대종에 소종을 끼어 넣고 명(明)의 종통(宗統)을 둘로 나누어버린 나쁜 군주"(『명통감(明通鑑)』 권51)라 신랄하게 비판받지 않았던가? 그대들은 혹시나 잊었는가? 이렇게 통을 쪼개는 비례에 대해 정자(程子)와 주자(朱子)께서 엄히 비판하셨던 것을? 인조 임금의 추숭 시도도 꼭 같이 잘못된 일이었다. 사계 선생(김장생)과 청음 선생(김상헌)이 이에 엄중히 항의하셨던 것을 여러분도 분명히 기억하고 있을 것이다. 결코 잊지 마시오! 소현세자의 장례 때 인조 임금은 또 한 번 중대한 잘못을 범했다. 그는 상복을 제대로 걸치지도 않았다! 그가 제 손으로 죽인 아들이 아닌가! 그런 마당에 이제 효종 임금의 장례에 내 개인의 사적인 인정에 끌려 (자의대비가) 3년복을 입어야 한다 말한다면 종통을 어지럽힌 인조의 모든 엄중한 과오를 사후적으로 인정해주는 꼴이 되지 않겠는가. 정자와 주자를 거역하고, 사계 선생과 청음 선생을 배신하는 것이 된다! 종통은 결코 둘일 수 없다. 무이통(無二統)!

송시열의 입장은 앞서 제4장에서 정리했던 왕권견제형 모럴폴리틱의 전형이었다. 역시 제4장에서 살펴보았던 김장생의 입장과 똑같다. 김장생이 세조가 조카를 죽이고, 태종이 형제를 죽였던 것을 은근히 고발했던 것처럼, 송시열은 인조가 어떤 명분도 없이 암중에 왕세자를 죽였던 것을 용납할 수 없었다. 정주의 가르침은 오직 성왕(聖王)이다! 왕과 왕가의 계보란 마땅히 요순 임금이 그러하셨던 것처럼 신성하고 존엄해야 한다. 그런데 이 폭력의 냄새는 무엇이냐. 온통 비례요 비리다! 종법이란 바로 이 모든 잘못을 바로잡는, 절대로 구부러지지 않는 잣대다! 김장생에게나 송시열에게나 유교 종법론은 왕권의 전횡, 자의와 비리를 비판하고 바로잡는 무기였다. 이 점에서 이 둘은 철저히 같다. 시종일관되어 있다.

그러나 조선에 이러한 유형의 유자들만 있었던 것은 아니다. 조선 중기 조광조 이후 유자정치 세력은 혹독한 시련을 통해 단련되었고, 이 시련 속에서 암중모색의 실천과 부단한 공부를 통해 높은 이론 수준에 도달했다. 두텁게 형성된 이들 층이 조정만이 아니라 재야의 공론장을 장악했다. 그러나 이 과정에서 또 다른 유형, 즉 왕권강화형의 모럴폴리틱 세력 역시 나름의 이론 근거를 발전시키며 충분히 숙성해 있었다. 이 세력은 당시 서인 청류 세력〔淸西派〕 다음으로 영향력이 큰 정치 세력, 요즘 말로는 제1야당이라고 할 남인(南人)이었다. 원숙한 유교 조정의 군주는 여러 당파 인물을 함께 썼으니, 야당이라고 하기에는 석연치 않다. 일종의 연립 내각을 구성했다고나 할까. 그러나 제1당과 제2당의 구분은 분명했다. 언제나 지배 당파가 있었다. 지배 당파가 바뀌는 것을 환국(換局)이라 했다. 여당이 있으나 관직을 독점하지 않고 야당에 일부 할애했던 정치라고 보면 되겠다. 어쨌거나 송시열로 대표되는 주류 서인 세력의 입장에 대한 반론은 야당인 남인 이론가들로부터 나왔다. 그 주인공들은 허목과 윤선도다.

두 사람 이야기 전에 잠깐 앞에 나왔던 윤휴에 대해 언급해둔다. 파란만장했던 기해예송의 전말을 볼 때 송시열이 진정한 이론적 숙적이라고 생각했던 사람은 오직 윤휴다. 윤휴는 후일 남인으로 분류되지만, 이 당시까지는 그를 남인이라 보기 어렵다. 그의 가통은 오히려 서인과 가까우며 사승 관계는 명확하지 않다. 다만 기해년 복제 논쟁 과정에서 많은 남인 유자들이 윤휴의 입장에 크게 공명하였기 때문에, 후일 그를 남인으로 분류할 뿐이다. 그래서 윤휴는 남인 혈맥과 학맥을 이은 학인이라기보다는 그 자신이 남인 입장의 한 흐름을 만들어낸 종주(宗主)라 하는 것이 맞다. 윤휴는 결국 남인 세력과 정치적 운명을 같이했다. 숙종조 그는 남인과 함께 등용되었다가 남인과 함께 죽었다. 근 한 세기 반 후의 남인 학자 정약용(1762~1836)이 윤휴의 예설을 지지하여 풀이했는데, 이때 다산에게 이미 윤휴는 사승 관계로 연결되는 남인 계열의 인물이었다. 왜냐하면 정약용의 스승인 권철신(남인)이 성호 이익(남인)과 함께 윤휴를 가장 중요한 인물로 간주하여 깊이 존경하고 사숙하였기 때문이다.

송시열은 윤휴에 대해 이론가로서의 경쟁심을 가지고 있지 않았나 싶다. 윤휴는 정주학, 주자학에 갇히지 않고 고금, 백가의 설을 자유로이 논했던 천재였다. 우암 역시 신동 소리를 듣고 자랐다 하지만, 백호의 논설를 보면 오늘날 우리의 눈에도 번뜩이는 천재성이 생생하게 느껴진다. 윤휴는 역사에 밝아 송시열이 입만 열면 강조하는 정주학적 윤리도덕에 그다지 구애받지 않았다. 정자니 주자니 하는 송시열과 같은 정통 정주학자들이 신성시하는 이름들에 대해서도 윤휴는 코웃음을 쳤다. 정이나 주희가 별거냐는 것이었다. 그는 『대학』, 『중용』 등 정주학이 중시했던 유교의 주요 경전들을 높은 수준에서 독자적으로 풀이하면서 정이나 주희의 설을 비판하고 수정을 가할 만큼 학문적 자신감에 넘친 인물이었다. 송시열이

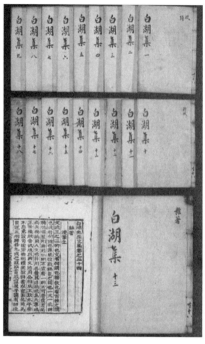
윤휴의 문집인 『백호집(白湖集)』

볼 때는 참으로 기가 막히고 어처구니가 없는 이단이었다.

그러나 워낙 학문 수준이 높으니 가볍게 상대하기는 어렵다. 예송사에서 우암의 논의를 쭉 보면 늘 내심 윤휴를 의식하고 있지 않았는가 싶다. 결국 자신에 대한 모든 반론의 이론적 핵심에는 윤휴가 있다고 본 듯하다. 윤휴 그 자야말로 모든 화근, 모든 악의 근원이다! 정자, 주자, 그리고 조선 사림 청류 세력의 대적이다. 그 유명한 송시열의 사문난적론은 바로 윤휴를 겨냥한 말이었다. 후일 노론과 소론의 분당도 윤휴에 대한 송시열의 증오가 뿌리였다. 송시열의 동문수학 친구였던 소론의 영수 윤증의 아버지 윤선거가 끝내 윤휴를 감싸고 돌았던 것이 화근이었다.[10]

막상 윤휴 자신은 효종 서거 직후 의견을 잠깐 비친 이후에는 오랫동안 은인자중한다. 서슬 퍼런 지배 당파인 서인에게 꼬투리를 잡히지 않은 것이다. 다른 많은 남인 학자들이 그의 설을 들어 논할 때도 막상 윤휴 자신

---

10) 윤휴 문제를 둘러싼 송시열과 윤선거의 불화는 대를 이어 윤선거의 아들인 윤증과 송시열의 불화로 이어졌다(회니시비). 결국 이 불화가 서인 청류가 송시열을 추종하는 노론과 윤증을 추종하는 소론으로 분당(分黨)하는 계기가 되었다. 이후 소론이 남인 세력과 친화성을 보였던 근원에는 윤증의 윤휴에 대한 친화적 태도가 있다.

은 직접 나서지 않는다. 조용히 관망하고 있다. 내게는 아직 세력이 없다. 내가 남인 적통도 아니고……. 상황을 두고 보자. 이렇게 생각하는 듯했다. 대국을 면밀히 지켜보면서 결정적인 때를 기다리고 있었던 것이다. 후일 상황이 뒤집혀 다음 군주 숙종(肅宗)이 그를 부를 때까지. 1675년, 무려 16년 후의 일이다. 윤휴는 그가 그렸던 영명한 군주를 기다리고 있었던 것이다. 그러나 과연 숙종이 그가 그렸던 영명한 군주였을까? 불행히도 그와 숙종의 밀월은 오래가지 않았다. 윤휴 자신 오래지 않아 숙종의 손에 비명에 갔다. 그의 숙적, 송시열도 역시 곧이어 숙종의 손에 죽었다. 강한 군주를 두려워했던 것. 유교 멘털리티의 심장에 놓여 있던 이 무의식. 그 것은 어쨌거나 정확한 것이 아니었을까?

3. 두 개의 통(統), 이중 권력

송시열의 논거는 경향 각지로 널리 퍼져나갔다. 제1야당 남인은 송시열의 논거를 면밀히 검토했다. 송시열 역시 자신의 설이 반대파의 정쟁 구실이 되고 있음을 직감했다. 입장이 강하면 적이 생길 수밖에 없다. 공자님께서도 누구에게나 좋은 사람이라고 평가받는 사람은 별볼일없다 하지 않으셨던가?[11] 자신의 처지를 어찌 생각하고 있었거나 아무튼 송시열은 그 나름 속속 '첩보'를 받으면서 다가올 전투를 대비하고 있었을 것이다. 남인의 공개적인 반격은 효종 서거 다음 해인 1660년 3월 16일과 4월 10일 두 차례 올라온 미수 허목(許穆, 1595~1682)의 상소에서 시작되었다. 허목은 남인 세력의 명망 높은 학자였다. 남인 측은 기년복 1년이 애초부터 문

---

11) 『논어』 「陽貨」 편의 '鄕原' 논의 참조.

제가 있다고 보았다. 그러나 그들로서는 반론의 근거를 이론적으로 확실히 정리할 시간이 필요했을 것이다. 그러나 반론의 시기는 자의대비가 상복을 벗는 1년을 넘겨서는 안 된다. 그 안에 이의를 제기해 문제를 바로잡아야 한다. 그래야 1년복을 3년복으로 바꿀 수 있다.

허목의 논점은 두 가지로 요약된다. ①『의례주소』에 맏아들〔第一子〕이 죽으면 적처 소생 둘째 아들〔第二長者〕을 세워 맏아들이라 한다는 대목이 있다. 효종이 이 경우이니 효종을 장자로 보아야 한다. ②사종설에서 말하는 '서자'는 첩의 아들〔妾子〕이다. 따라서 정비(正妃)의 아들인 효종의 경우 해당되지 않는다. 허목 역시 정주학을 깊이 공부한 유자였다. 그 당대의 주류 학문은 당연 정주학이었다. 인조 추숭 문제 때 서인 청류와 남인이 어깨를 걸고 같이 반대하지 않았던가? 그러나 내심 윤휴의 설에 왠지 강하게 끌리고 있었다. 그는 결론으로 자의대비는 효종를 위해 죽은 맏아들에 대해 어머니가 입는 자최(齊衰) 3년복을 입어야 한다고 했다. 허목의 논설은 송시열이 주장의 근거로 삼았던 『의례주소』에 근거했다. 문제의 구절들을 매우 세밀히 읽고 깊이 고민하고 해석했다.

허목의 상소를 본 현종은 (얼마나 기쁘고 반가웠을 것인가!) 즉각 예조에 복제를 다시 논의하라 하였다. 그러나 예조판서 윤강은 서인이요 이미 송시열의 사람이었다. 송시열이 중신들과 논의해 결정한 것이니 그의 의견을 물어야 한다고 답했다. 송시열은 즉각 답을 올렸다. 그 핵심은 앞에서 정리한 '불이참 무이통' 논이었다. 물론 설명은 완곡하게 했다. 부분적으로는 상대를 여유 있게 가지고 노는 농담조 같기도 하다. 도통의 계승자라는 자부가 묻어 나온다. 송시열이 말하기를, 허목의 설에 따르면 아들들이 부모보다 먼저 죽는 경우 참최복을 여러 번 입어야 한다. 이를테면 아홉 왕자를 둔 세종 임금이 그 아들들보다 오래 살았다면 각각 3년씩 도합 27년 동안 상복을 입어야 하는가? 말이 안 된다. 맏아들이 죽으면 둘째 아들을 맏아들로 삼는다는 구절은 주공(周公)이 썼다고 하는 『의례』의 경문에도, 자하가 붙였다고 하는 전(傳)에도, 정현의 주(注)에도 없는 말이다. 가공언의 소(疏)에만 있는데, 애매하고 어떤 경우에 쓰는지 불분명하다. 윤휴와 허목이 엉뚱한 곳에 가져다 붙인 것에 불과하다. 정이와 주희가 확언해준 바도 없으니 믿을 수 없다. 정자, 주자의 학설은 오직 '불이참 무이통'이다. 그리고 사종설에서 '서자'가 첩의 아들이라는 허목의 해석은 명백히 틀렸다. 책을 잘못 읽었다. 가공언은 이 대목에서 '서자란 적장자가 아닌 모든 아들'이라고 분명히 했다. 이론(異論)의 여지가 없다.

갑론을박이 오갔다. 허목은 왕가례와 사대부례가 다르다는 뜻을 비쳤고, 송시열은 그 둘이 다를 이유를 모르겠다고 에둘렀다. 이유를 모른다. 우습다는 말이다. 그러나 에두른다는 말은 묘한 말이다. 아마도 이 대목에서 송시열은 허목 논설의 배경에서 윤휴의 그림자를 보았으리라. 불길한 무엇을 느꼈을까. 그러나 송시열은 확고했다. 종법은 오직 하나다. 정이, 주희의 뜻도 오직 하나다. 왕가의 종법이 따로고, 사대부의 종법이 따로라니 말도 안 되는 소리. 종법이 무엇인지, 예의 핵심이 무엇인지 모르는 사람들이다. 군주의 뜻이나 맞추고 뒤나 닦아주는 자들! 아니면 혼자 잘나 미친 논설을 제멋대로 지껄이는 작자들. 그런 자들이 어찌 무겁고 진실한 정이와 주희의 본심을 아리오. 그 두 분의 심오한 우환의 수준을 어찌 이해하리오.

어쨌거나 허목의 반론과 송시열의 재반론은 여기까지는 지극히 학술적인 차원에서 벌어졌다. 정주(程朱)가 중시했다고 하는 『의례주소』라고 하는 공통된 텍스트(서양 말로 하면 canon)를 놓고 아주 깐깐하게 깊이 읽으면서 누구의 해석이 맞느냐를 두고 한 구절 한 구절 절절이 다투었다. 이런 점에서 그들은 정주학의 울타리 안에 있었다. 그 울타리 안에서 유교학자 정치의 높은 이론 수준을 보여주었달까. 서로 학문적 품위를 존중하

충남 회덕의 우암 고택. 오늘날까지도 전국 각처에 우암과 관련된 사적들이 많이 남아 있다.

면서 진행된 그런대로 점잖은 토론이었다.

그러나 송시열은 논쟁의 구도가 훨씬 심각하게 변형될 것임을 본능적으로 직감하고 있었던 듯하다. 그 정황 증거는 허목의 첫 상소 이후 송시열이 스스로 관직에서 물러나 고향인 충청도 회덕으로 황황히 내려갔다는 점이다. 송시열의 입장에서 이건 전혀 패퇴가 아니다. 지방 유림(儒林)의 공론장은 인조, 효종 때부터 우암에게는 아주 익숙한 텃밭이자 홈그라운드였다. 조선 유학의 언어에서는 조정의 중신보다 재야의 산림(山林)이 더 크고 중하다. 산림이란 재야 유교의 지도자다. 김장생이 산림이었다. 송시열의 모범은 김장생이었다. 그리고 송시열 자신도 인조, 효종 시대 오랜 시간 산림의 권위를 누렸다. 주자가 무어라 하셨던가? 조정의 관료가 되기 위한 과거 공부보다 내면 수양을 위한 자기 공부〔爲己之學〕에 주력하라 하지 않으셨던가? 군왕에 서비스하는 조정이 아니라 물러가 위기지학에 몰두하는 향리(鄕里)가 내 자리다! 송시열은 주희가 써놓은 구구절절을 뼈에 심고 달달 외는 원칙론자였다. 주희는 그의 신앙이었다. 조정에서 임금을 위해 관복을 입는 것이 1급 엘리트 유자일지 모른다. 그러나 초특급 유자는 조정이 아닌 재야 산림에 몸을 둔다. 그렇듯 재야로 몸을 빼서, 송시열은 몸을 웅크리고 날카롭게 가는 눈을 뜨고 다가오는 싸움을 기다렸으리라. 오라! 고향이라 하지만 그는 이미 전국 스타다. 그의 주변에는 늘 사람들이 끓고 있었다. 바삐 말과 글을 전해오고, 전해가는 사람들이 끊이지 않았다.

아니나 다를까. 송시열의 낙향 직후 허목의 상소와는 온도와 색채를 달리하는 무시무시한 상소가 하나 올라온다. 논쟁의 판도가 돌연 급전직하, 극도로 살벌한 분위기로 뒤집어진다. 갑자기 한마디의 차이가 죽느냐 사느냐의 문제가 된다! 허목의 두 번째 상소가 올라온 지 불과 일주일 후인 4월 18일에 조정에 당도한 또 다른 남인 거두인 고산(孤山) 윤선도 (1587~1671)의 상소였다. 상소라기보다 '송시열과 그 일당'에 대한 단죄 요 선전포고였다. 윤선도의 상소는 왕권견제형 모럴폴리틱의 숨겨진 정치적 무의식을 여실히 폭로한 엄청난 고발장이었다.

윤선도 상소의 키워드는 '가세자 섭황제(假世子 攝皇帝)'였다. 가짜 세자, 대리 황제라는 말이다. 윤선도는 이 말로 송시열의 '불이참 무이통' 슬로건을 정면으로 내리치고 야유했다. 고상한 고전 놀음, 문자 놀이가 아니라 현실 사태의 핵심을 찔렀다. 무이통이라고? 통(統)을 둘로 만든 이는 다른 사람(윤휴와 허목)이 아니라 바로 송시열, 송준길 당신들 두 사람이오라고. 왕위의 계승 라인인 종통(宗統)과, 왕가의 맏아들 계보인 적통(嫡統)을 찢어 둘로 만든 자들이 바로 이들 양송(兩宋)이라 했다. 무슨 말인가? 결정적인 문제. 소현세자와 봉림대군의 문제를 직설적으로 찍어 거론하고 있는 것이다.

그래, 돌아가신 효종대왕, 우리 봉림대군, 둘째 아들 맞다. 그런데 이유야 어찌 되었든 소현세자는 죽었고, 그래서 봉림대군이 둘째 아들로 당연

윤선도가 노닐었던 그의 세거지 전남 보길도의 세연정. 고산은 여기서 유명한 「어부사시사」를 지었다.

히 뒤를 이어 세자가 되었지 않느냐? 그리고 또 너무나 당연하게 인조 승하 이후 왕위를 이으셨다. 여기에 무슨 문제가 있느냐? 봉림대군, 그리고 우리 효종대왕께 무슨 죄가 있었던가? 그런데도 당신들 송시열, 송준길, 듣자하니 소현세자가 죽은 이후에 별수 없이 세자가 된 봉림대군을 두고 여전히 둘째 아들 타령이요, 나중에 임금으로 등극을 했어도 둘째 아들이므로 종통을 잇지 않았다고 시끄럽게 떠들고 있다. 이제 효종대왕이 승하하신 마당에 말이다! 그러면 효종은 세자 시절에는 '가짜 세자(假世子)'였고, 임금 시절에는 '가짜 임금(攝皇帝, 대리 황제)'이었다는 말인가? 그래, 그렇게 마음속으로는 가짜라고 하면서 효종 임금 시절에 당신들은 어떻게 살았나? 윤선도는 준열하게 양송을 꾸짖는다.

이 사람들(송시열, 송준길)은 선대 효종 임금으로부터 춘추시대 제나라 환공의 관중이나, 한나라 유방의 제갈공명과 같은 극진한 대우를 받아왔습니다. 〔중략〕 그리하여 그들은 한껏 부귀영화를 누렸습니다. 이 나라 군주조차도 그 러한 부귀영화를 누렸다는 것을 신은 듣지 못했습니다. (『현종실록』元年 4월 18일)

윤선도는 이 상소가 오직 "임금과 어버이의 종사(宗社, 종묘와 사직)가 있음을 알 뿐 내 일신에는 관심이 없다"고 하였다. 결연한 각오의 표현이 다. 죽음을 각오한다는 말이다. 이어 "제 말이 행해지느냐 행해지지 않느 냐에 따라 주권(主勢)의 굳음과 국운(國祚)의 이어짐을 점칠 수 있다(卜)" 는 말로 상소를 맺었다(상동). "주권의 굳음과 국운의 이어짐"을 문제 삼는 다는 표현은 현실 조선왕조에서 주권은 갈라져 있고 그래서 국운이 묘연 하다는 말이다. '이 나라에 두 개의 권력이 존재하고 있다!'라고, 그래서 나는 고발한다!라고. 빨간 비상벨을 미친 듯이 누른 것이다. 요즘 세계어(?)로는 'Double power, two powers'다! 필사적으로 경종(警鐘)을 난타한 것이다.

주권을 능멸하면서 조정의 실세를 장악하고, 군왕을 능가하는 부귀영 화를 누리고 있는 이 세력이 존속하는 한 왕조의 미래는 캄캄하다! 바로 양송과 그를 추종하는 서인 세력이 나라의 실권자요 주권이 아니냐는 신 랄한 고발이다. 그들이 결국 나라를 빼앗을 찬탈자들이 아니냐는 서슬 퍼 런 고발이다. 반역이요 역모라는 치명적인 탄핵이다. 엄청난 과장이지만 전혀 근거 없다고 할 수도 없다. 이념의 내면을 보면 그렇기도 하다. 그래 서 허허 웃을 수가 없다. 서인 세력은 경악했다. 떨었다. 머리카락이 모두 곤두섰을 것이다. 죽음이 눈앞에 보인다. 무서운 위기다. 사느냐 죽느냐. 그만큼 위기가 크다. 그런 중차대한 위기 앞에서 그들은 일치단결했다.

원래 이 상소가 올라왔을 때 국왕 비서실(承政院)을 장악하고 있었던 서인들(대부분 서인 청류 계열 송시열의 문인들)은 경악한 나머지 이를 묵살하고 국왕에게 보고조차 하지 않으려 했다. 그러나 생각해보니 이것은 정도(正道)가 아니다. 수(手)가 못 된다. 결국 우리가 죽을 수다. 고심했으리라. 정면 돌파. 계산은 섰다. 오히려 널리 공개하자. 그리고 싸우자. 긴박한 순간 절박하게 선택한 길이었다.

아직 조정에 남아 있던 송준길이 황망히 사직하고 총총히 귀향길에 나섰다. 상소가 올라온 바로 다음 날이었다. 동시에 조정의 서인 관료 모두가 벌떼처럼 일어나 윤선도를 중벌에 처하시라! 지금 궁궐을 나서고 있는 송준길을 붙잡으시라! 포문을 열었다. 임금을 다그쳤다. 그들로서도 죽느냐 사느냐의 절박한 상황이 되었다. 특단의 대책이 필요하다. 서인들은 윤선도의 상소문을 조정 백관에 과감하게 회람시켰다. 회람과 함께 그 악독함을 강조한 후 이를 공중(公衆) 앞에서 불태우는 퍼포먼스도 했다. 아마 주먹도 몇 번 흔들었지 않았을까. 그리고 그 잘못을 "무인상변(誣人上變)", 즉 '유현(儒賢)을 무고하고 상하 질서를 흔든다'는 죄목으로 지목해 극형에 처해야 할 것임을 요구했다. 이들 역시 막다른 길에 몰린 것이다. 윤선도가 죽지 않으면, 양송이 죽고 그리고 자신들이 죽는다.

임금의 마음이야 뻔하다. 윤선도의 상소는 자신의 속마음을 뽑아내듯, 무의식의 뿌리까지 탈탈 털어내듯 시원하게 대변해준 것이었으리라. 그러나 어찌 윤선도가 맞도다!라고 말할 수 있겠는가? 이제 고작 임금된 지 1년도 채 안 되는 어린 왕이다. 고작 현종의 머리에 떠오른 것은 윤선도가 선왕 효종의 세자 시절의 선생이었다는 사실이었다. 그러니 극형은 너무 심하지 않느냐고 했다. 송시열도 선생이었고, 윤선도도 선생이라. 아이러니다. 어쨌거나 임금은 궁색하게 그런 이유를 들어 윤선도를 변호했다. 그러나 너무나 약한 변호였다. 임금으로서 죽음만은 면하게 해주고 싶었으리라. 귀양 보내면 되지 않겠나. 서인 세력은 승복할 수 없었다. 윤선도는 죽어야만 했다. 그래야 시말(始末)이 확실하다. 조정의 언로(言路)를 장악한 양사(兩司), 즉 사헌부와 사간원의 젊은 관료들이 무기한 농성 토론에 들어갔다. 그들은 요구했다. 윤선도를 안율(按律)에 처하라! 죽이라는 것이다.

당연한 일이지만 서인이라 하여 철통 단결일 수 없다. 물샐 틈은 어디나 있다. 서인 내부에서도 '양심선언' 비슷한 게 나왔다. 현재로는 서울시 부시장, 종2품 우윤(右尹) 벼슬을 하던 권시는 송시열과 사돈 관계이기도 하였건만, 비록 윤선도의 말이 법도에 맞지는 않지만 "감히 말할 수 있는 선비〔敢言之士〕", 즉 영웅이니 관용해주시라는 묘한 주장을 담은 상소를 올렸다(『현종개수실록』 1660년 4월 24일). 궐내의 서인들이 발끈했다. 권시(1604~1672)는 송시열과 비슷한 연배였다. 그러나 배신자가 된 이상 예의고 위아래고 없다. 새파랗게 젊은 관료들이 먼저 앞장서서 권시를 탄핵했다. 너 잘났냐? 너 잘났다! 그리고 나니 노장청 너나 할 것 없었다. 짓밟고 무시하는 것이다. 4월 26일 권시는 사직을 하고 낙향해버렸다.

그런데 어인 일인가. 그 보고를 듣자마자 현종 임금은 비서실에 지시했다. 권시에게 돌아오라는 간곡한 유시(諭示)를 보내고 길의 편의를 위해 말을 제공하라 했다. 그런데 또 어인 일인가. 국왕의 지시를 받은 비서실의 일개 비서관 격인 6품 벼슬의 동부승지(同副承旨) 박세성이 임금의 이 지시를 말도 안 된다면서 묵살해버린 것이다. 박세성은 질책하는 왕 앞에서 대놓고 말했다. "전하의 지시가 조정 대간(臺諫, 사헌부, 사간원, 홍문관을 말함)에서 제기하고 있는 공론에 어긋나는 줄로 아옵니다." 참고 참았던 젊은 군주가 급기야 격노했다. "너 박세성은 대간이 있는 것만 알고 군왕이 있는 것은 모르는구나(知有臺諫, 而不知有君)!"라고 외쳤다. 농성에 들어간 대간의 관료들이 누구던가? 모두가 양송의 제자나 그 추종자들이다. 결국 '왕이냐, 네 당파냐' 하는 말이다. 이 조정 안에 두 개의 권력이 서 있다고 선언한 셈이나 다름 없다. 윤선도의 말이 뭐가 틀렸느냐!라고 외치는 듯하다.

20세 젊은 군주의 피가 끓었다. "군주를 능멸하고 왕명을 거역한 역적

(侮君逆命之賊)"이라 박세성을 내리쳤다. "내가 이 자를 벌하지 않으면, 임금은 더 이상 임금이 아닐 것이고, 신하는 더 이상 신하가 아닐 것이다(君不爲君, 臣不爲臣)"라고 극언했다(『현종개수실록』 4월 26일). 이제 보다 보다참다 참다 못한 임금 편이 막가고 있었다. 박세성을 국문(鞠問)하라 했다!고문이다. 죽이겠다는 것이다. 이제 윤선도가 아니라 박세성이 죽을 판이다. 윤선도에게 안율(按律)을 가하라고? 정말 안율을 받을 자는 바로 너,바로 너희들이다! 젊은 군주 현종은 박세성을 빌미로 절규하고 있었다.

군주가 일개 피라미 관료의 황당한 실수를 빌미로 거대한 서인 세력과건곤일척의 힘 싸움을 벌인 셈이다. 군주의 처지가 처량하고 박세성 역시가엾지만 어쨌거나 게임은 볼 만하게 되었다. 만일 윤선도 대신 박세성이죽으면 서인 세력의 완전한 패배다. 누가 죽느냐? 다급해진 조정 중신들이 중재에 나섰다. 현종에게 몰려가 박세성의 사면을 간청했다. 아울러 윤선도의 극형을 요구하는 대간의 농성도 풀었다. 입체전이다. 현종에 대한기록을 보면 그는 근본적으로 유한 사람이다. 독하지 못했다. 현종은 이딜(deal)을 받아들였다. 4월 30일, 윤선도의 상소가 올라온 지 12일만이었다. 박세성도 살고, 윤선도도 살았다. 그날 윤선도를 함경도 오지 삼수에위리안치(圍籬安置, 감금유배)할 것이 확정되었다. 박세성의 국문도 풀렸다. 잠시 정직되었으나 곧 복귀했다. 그 후 박세성은 현종 밑에서 승승장구, 예조판서에까지 올랐다.

결과적으로 허목과 윤선도, 남인의 파상공격은 완전 실패로 끝났다. 현종이 이 두 사람의 상소를 빌미로 다시 명한 자의대비 복제 재검토는 '원래대로'라는 답으로 돌아왔다. 양송의 서인 세력은 위기 앞에 똘똘 뭉쳐강철같이 단결했다. '원래대로'란 겉으로는 국제(國制)에 따른 것이라 했으나 실제 이론적 근거는 물론 '우암 선생'의 것이다. 서인은 승리의 축배를 들었다. 양송 편에 뭉친 이 세력이 이후 조선 정치를 지배한 노론의 핵이 된다. 그러나 이것이 기해예송의 끝은 아니었다. 미래를 누가 알리요. 또 다른 대반전이 기다리고 있었다. 14년 후. 현종의 억눌렀던 한이 폭발한다.

오늘날 전하는 윤선도의 여러 논설과 작품들을 보면 그가 철학적, 이론적이라기보다 문학적, 감성적인 인간이었음을 알 수 있다. 그의 예론을 송시열이나 윤휴, 허목에 비해보면 이론 수준이 높은 것은 아니었다. 그는 정이, 주희와 같은 경학(經學)형이 아니라 당송팔대가형의 사장(詞章)형, 문학형 유자였다. 그가 사태를 죽느냐 사느냐의 문제로 격화시킨 것은 사실이다. 그러나 사태의 모종의 핵심을 감성적으로 단박에 꿰뚫어보는 직관과 이를 온 천하가 부르르 떨 만큼 날카롭게 표현한 수사력만큼은 그 시대 누구도 따라오지 못할 최고 수준이었다. 오늘날도 마찬가지다. 뛰어난 시인들의 직관이 사회의 심부를 꿰뚫고 뒤집어 보이는 경우가 얼마나 많은가.

4. 유교 공론장과 유교 국민국가

기해-경자 뜨거웠던 두 해의 예송의 여파는 궐내에 국한되지 않았다. 일파만파 팔도 각처로 퍼져나갔다. 유교화된 조선 사회의 유자 네트워크는 매우 신속하고 기민했다. 지방 깊숙이까지 서원, 사우(祠宇), 향교가 세워졌고, 유자들은 혈연, 학맥, 당파에 따라 분주하게 모이고 흩어졌다. 유자들은 집안일의 핵심을 '봉제사(奉祭祀) 접빈객(接賓客)'이라 했다. 4대 조상 제사를 모시고, 찾아오는 손님을 접대하는 일이다. 이름 있는 유자의 기제(忌祭)에는 직계 자손만이 아니라 인근의 유자들이 구름처럼 모여든다. 노드가 있고 허브가 있다. 각 점들을 잇는 연결선의 빈도는 매우 높다.

전국적으로 아주 강하고 촘촘한 유교 네트워크가 쫙 깔린 것이다. 요즘 한국이 IT 강국이요 세계 어느 나라보다 이(e)−네트워크가 잘 깔린 나라라고 하지만, 당시 유교 네트워크의 수준이 이미 그랬다. 하드웨어(인맥), 소프트웨어(공유된 지식)가 다 그랬다. 이 세계 최상의 유교 네트워크를 통해 예송의 논의 내용은 입으로 글로 순식간에 퍼져갔다. 주요 논설과 상소문은 필사되어 전국을 돌았다. 경향 각지에 이를 일필휘지 필사, 재필사할 수 있는, 요즘 말로 하면 박사급 인재들이 즐비했다.

1666년 3월 23일. 유세철 등 영남 유생 1000여 명이 서명한 장문의 상소가 올라왔다. 기해년 복제 논의에서 송시열의 설을 격렬히 탄핵하는 내용이었다. 주로 허목의 설에 윤선도와 윤휴의 의론을 섞은 것이었다. 당시 남인 예론의 결정판이었다 하겠다. 영남 유림은 남인 세력이 강했다. 그 시대에 지방에서 무려 1000여 명이 서명을 했다는 사실이 놀랍다. 그만큼 당시 조선 사회는 향촌 단위까지 유교 네트워크가 잘 발달되어 있었다.[12] 이틀 후 즉각 성균관의 유생들이 반론을 펴는 상소를 올렸다. 4월 19일에는 충청도 유생들이 유세철 등의 상소를 비판하는 장문의 연명 상소를 올렸다. 유세철의 소는 아마 며칠이 못 되어 기호 호남에 퍼졌을 것이다. 반

---

12) 조선 최초의 1000인소는 1650년 2월 22일 영남 남인 950여 명이 서인(西人)의 조종(祖宗)인 이이와 성혼의 문묘 종사(從祀) 추진을 반대해 올린 상소였다. 이때 안동을 중심으로 영남 72개 읍 각지에서 상소 모임(疏會)을 개최하고 대표 상소자(疏頭)를 선출했다. 한 세기가 지나면 연명소의 규모가 1만인 단위로 대거 증폭된다. 1792년(정조 15) 사도세자의 억울한 원을 풀어주라는 영남 유생 1만 57명의 연명소가 올라온다. 1823년(순조 23)에는 경기, 호서, 호남, 영남, 해서, 관동의 전국 유생 9996명이 연명 상소하여 서얼(庶孽)도 차별 없이 임용할 것을 요구했다. 1855년(철종 6)에도 경상도 유생 1만이 사도세자의 추존(追尊)을 요청하는 소를 올렸다. 1881년에는 이만손을 소두(疏頭)로 하는 영남 유생 1만여 명이 개화정책을 반대하는 소를 올렸다. 지금은 보통 이만손의 마지막 만인소만을 알고 있는 경우가 많다. 그러나 수백 명 단위의 대규모 연명 상소가 이미 16세기부터 시작되었고, 17세기가 되면 천인 규모, 18세기에는 만인 규모로 가파르게 성장했다는 사실은 잘 알려져 있지 않다.

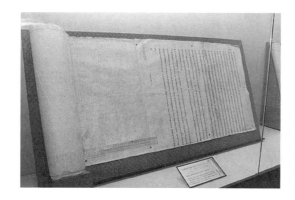

1792년 1만 57명의 영남 유생들이 연명한 '사도세자 추존 만인소.' 다 펼쳐 놓으면 길이가 96.5미터에 달한다.

론을 위한 상소 모임이 만들어지고 의논하여 소를 쓰고, 연명을 받는 데 2주쯤 걸렸을 것이다. 그리고 상소 대표(疏頭) 및 몇 명의 팀이 상소문을 품고 서울을 향했을 것이다. 결국 한 달이 채 못 되는 시간 동안 전국에 말이 돌고 글이 돌아 반론이 서울로 피드백되었다.

근대적 의미의 유럽 공론장(public sphere)은 상업 정보의 회람에서 비롯되었다. 여기에 정치 정보가 간간히 포함되는 식이었는데, 이러한 회람이 정례화된 것은 17세기 말엽부터다. 주로 영국 또는 화란과 프랑스에서 시작된 이러한 정례화된 공공 논의의 네트워크를 하버마스는 부르주아 공론장이라 하였다(하버마스, 2001). 같은 시기 조선에서 형성된 유교적 공론 네트워크는 정보 회전의 폭과 속도에서 당시 유럽에 비해 결코 못하지 않았다. 한 달 안에 정치의 핫 이슈가 전국을 휘돌아 중앙으로 피드백될 수 있었다. 이로써 조선의 유교정치는 전국화(nationalize)되었고, 근대적 수준의 유교적 공론장이 탄생했다. 12~13세기 송대에 처음 출현했던 초기근대 유교 공론장의 수준을 크게 뛰어넘는 것이었다. 17세기에 이런 수준의 **전국정치**(national politics), 담론정치(discourse politics)가 행해지고 있던 나라가 조선 말고 또 있었을까? 문화 상황이 달라 동렬의 비교는 곤란하지만, 아마 격렬한 혁명과 내전이 벌어지고 있던 영국 정도가 아니었을까.

베네딕트 앤더슨은 국민국가(nation state)를 '상상의 공동체'라 하였다. 그가 말한 상상의 요체는 공통의 언어, 공통의 담론이었다. 그러면서 남미의 크레올(creole)형, 유럽형, 동남아형 등을 예시했다(Anderson, 1991). 그렇다면 유교형 국민국가도 존재했다고 할 수 있을까? 특히 조선의 경우는 어떠했을까? '유교형 국민국가'라니! 말도 안 되는 망발이다! 국민국가란 오로지 17세기 서유럽의 베스트팔렌 체제, 절대주의 체제에서 인류 역사상 최초로 탄생했다고 배워오지 않았는가? 그 말이 원래 서양 언어 아닌가? 언어의 문제가 핵심이 아니다. 실제 역사의 상황을 정확히 아는 것이 중요하다. 그리하여 국민국가든, 공론장이든, 그 언어가 뜻하는 바가 더욱 넓어져야 한다. 이 지점에서 이탈리아 출신의 미국 사회학자인 조반니 아리기의 최근의 다음과 같은 언급을 다시 음미해볼 필요가 있다.

> 국민국가와 국가 간 체제 조직이 유럽의 발명품이라는 생각은 서구사회과학의 최대 신화(myth) 중 하나일 뿐이다. 동아시아를 보면 실제는 전혀 그렇지 않다. 인도네시아, 말레이시아, 필리핀과 같이 유럽 식민 세력이 만든 소수 몇몇 나라가 있기는 하다. 그러나 일본에서부터 조선, 중국을 거쳐 베트남, 라오스, 타이와 캄보디아에 이르는 동아시아의 모든 주요 국가들은 유럽의 어느 나라보다 오래 전부터 국민국가(national states)였다. 이들 국가들은 중국이라는 중심을 직간접으로 경유하면서 무역과 외교 관계로 서로 연결되어 있었고, 그들 간의 교호적 연동을 규제하는 원칙, 규범 및 규칙을 이해하고 공유했다. 이러한 방식으로 〔당대의 유럽과 같은〕 여러 세계들(other worlds) 중 하나의 세계를 이루고 있었던 것이다. (Arrighi, 2007: 314)

기존의 사회과학 교과서의 '근대 국민국가' 정의에서 빠지지 않는 것이 국가 간의 주권 관계이고, 서유럽의 베스트팔렌 조약이 이것을 국제법적으로 확립했다고 가르친다. 문제는 이것'만'이 국민국가고, 여기에서 '만' 국민국가가 탄생했다고 보는 관념이다. 오히려 국가 간의 관계로서 주권을 인식하는 데 유럽이 매우 늦었다고 해야 할 것이다. 몇 개의 왕가(王家)가 유럽의 이 지역 저 지역을 나눠먹기로 돌아가며 통치했던 봉건 유럽의 주권의식은 확실히 근대 국민국가적 주권의 모습과는 크게 달랐다. 베스트팔렌 조약에 이르러서야 이런 혼돈 상태를 어느 정도 교통 정리할 수 있었다. 그러나 동아시아의 경우 국가 간 구획이 오래 전부터 선명했다. 국가 간의 외교 관례도 중세 유럽과 비교할 수 없는 높은 수준으로 발전해 있었다. 흔히 '전근대적' 주권 관계의 대표적 사례처럼 운위되는 동아시아 '조공체제'라는 것도 국가 간의 질서라는 관점에서 보면 오늘날의 한미 관계, 미일 관계와 크게 다르지 않았다. 반면 중세 유럽적 주권 상황을 동아시아 차원에서 보면 고대 중국의 춘추전국시대에 이미 경험했던 것이 아니겠는가.

달을 봐야지 손가락을 볼 일이 아니다. 앤더슨도 '국민=민족(nation)' 관념의 시작은 유럽이 아니라 남미가 먼저였다고 하지 않았던가? 물론 'nation'이니 'nation state'라는 말 자체는 유럽에서 나왔다. 그러나 그 용어가 지칭하는 내용이 무엇이었는지를 바로 보는 것이 요점이다. 문화권마다 다른 맥락을 일반의 큰 특징과 연결해볼 수 있어야 한다. 베네딕트 앤더슨의 국민국가론이 주목을 끌었던 것은 'nation', 'nation state' 개념을 유럽 밖의 맥락과도 연결시켜보았다는 점에 있다. 우리에게 필요한 것은 그의 설의 요체를 더욱 확장하여 발전시켜가는 것이다. 앤더슨은 nation이라는 상상의 감정을 창출한 매체에 주목했고, 그것은 국지(局地) 언어(vernacular language), 즉 국어로 쓰인 소설과 신문이었다. 공통 국어, 공통 매체, 공통 담론이 전국적 단위에서 유통되고 있었느냐가 요체다. 이런 관점에서 17세기 조선 사회는 어떠했던가?

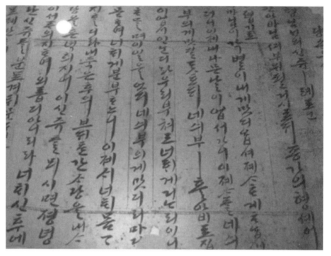

송시열이 손자며느리에게 써준 친필 한글 편지. 우암은 딸이나 며느리들에게
한글로 쓴 가르침의 글을 자주 보냈다.

17세기 조선의 문자층은 한문으로 글을 썼지만 토를 달아 우리말로 읽
었다. 라틴어로 쓰고, 쓰여진 그대로 라틴어로 말했던 유럽과 달랐다. 이미
반은 우리말화한 한문이었다. 물론 한문만 썼던 것이 아니다. 17세기에는
이미 사대부층까지 한글을 널리 쓰고 있었다. 이 장의 주인공의 한 사람인
우암이 딸과 며느리들에게 보낸 한글 편지들이 남아 있고, 그 이전에 선조
가 딸들에게 보낸 한글 편지도 있다. 17세기에 들어오면 많은 사대부들이
딸과 며느리, 부인에게 한글로 편지를 쓰고 있었다. 또 가사, 시조를 비롯
한 많은 한글 작품들이 나왔다. 이 한글에 이미 한글화한 한문이 농밀하게
섞여 들어갔다. 18세기에 들어가면 민간에 한글 소설이 널리 읽히게 된다.
민간 출판(press)도 매우 활발했다. 17세기에는 이미 조선식의 자국어
(vernacular language)가 쓰는 문자 차원에서도 확립되어 있었다고 보아야
한다. 문자 언어의 국어화와 함께 중요하게 고려해야 할 점이 그렇게 쓰여
진 담론 네트워크의 밀도와 빈도다. 그 수준이 17세기 조선에서 매우 높았

음을 보여주는 것이 기해예송 과정에서 드러난 예송 담론의 전국화다. 전국을 빠르게 돌며 수많은 사람들을 빨아들였던 예송 논설과 상소문이 조선형 언론이요 신문(press)이 아니었던가?

민족의식, 민족주의를 논할 때도 역시 손가락이 아니라 달을 보아야 한다. 근대적 의미의 조선형 민족의식의 시작은 호란 이후의 소중화(小中華) 의식이었다. 그 이전 왜란의 영향도 있었다. 그 결과 중국과도 일본과도 다르다는 민족 단위의 독립 차별 의식이 분명했다. 이 소중화 의식은 일부 척화파 사대부만의 관념적 사치가 아니었다. 민간에 널리 파고 들어간 대중의식이었다. 기해예송을 계기로 유교적 담론이 대중화, 세속화된 형태로 향촌으로, 그리고 양인, 노비층으로까지 퍼져나갔다. 그 결과 반상(班常) 신분제도의 선명한 구분선이 모호해지고 흔들린다. 제13장에서 말하는 '유교적 평등화 과정'이다. 그렇듯 대중화, 세속화한 유교가 '대중유교'다(제14장). 대중유교의 세례를 받은 수많은 평범한 장삼이사(張三李四)가 '소중화 조선'이라는 상상의 공동체로 묶였다.

이렇듯 베네딕트 앤더슨이 상상의 공동체, 국민＝민족을 구성한다고 하였던 글과 말과 언론과 의식, 그리고 국가 간의 관계 속에서 본 주권관이 모두 17~18세기 조선에 존재했다. 그렇다면 이 시기 조선에는 국민국가(nation state)가 분명히 태동하고 있었다고 말해야 한다. 개념 일반과 종차(differentia)를 감안하면 조선형 국민국가, 또는 유교적 국민국가가 되겠다. 그 출발점을 굳이 명시해본다면, 조선에 본격적인 전국정치(national politics)가 출현했던 기해예송 연간이었다.

5. 왕의 반격

기해예송의 불씨는 꺼지지 않았다. 1674년 갑인(甲寅)년 2월 23일 현종의 어머니이자 효종의 왕비인 인선왕후(仁宣王后) 장씨가 서거했다. 여전히 생존해 있는 자의대비 조씨의 상복이 다시금 문제가 되었다. 며느리의 상에 어떤 상복을 입을 것이냐. 먼저 예조에서는 기해년에 입었던 것과 같은 1년 기년복으로 정해 현종의 재가를 받았다. 26일이었다. 그런데 이 소식을 듣고 궐 밖의 서인 박세당이 조정의 홍문관〔玉堂〕에 편지를 보내 기해년에 자의대비가 송시열의 사종설에 따라 둘째 아들을 위해 입는 상복을 입었으니, 이번에도 마찬가지로 맏이 아닌 둘째 아들 며느리를 위해 입는 대공(大功) 9개월복을 입어야 한다고 지적했다.

예조는 다음 날 황급하게 대공 9월로 결정을 바꿔 올렸다. "시의를 거스르는 죄를 얻을까 두려워서(畏得罪於時議)"라고 했다(『현종실록』 2월 27일). '시의'란 요즘 말로 하면 '당대의 공론' 정도의 뜻이 되겠는데, 여기서는 물론 송시열을 영수로 하는 세력의 입장을 말하는 것이다. 송시열의 설=공론이라는 공식이 이미 서 있었던 것이다. 현종은 이번에는 그냥 넘어가지 않았다. 결정을 바꾼 실수를 날카롭게 포착했다. 바꾼 이유를 추궁했다. 예조는 송시열의 설을 직접 언급하지는 않고 예론을 자세히 보니 기년과 대공의 구분이 있음을 알았다 답했다. 자신들의 불찰이 있었다 하였다. 뜻밖에도 현종은 이 실수를 초강경 수단으로 문책했다. 예조의 판서, 참판, 참의, 정랑 등 복제 논의를 한 관료 모두를 잡아들여 취조하라 하고, 이들의 관직을 모두 삭탈했다. 모두가 깜짝 놀랐다. 상복 결정 번복으로 장례 진행에 차질을 주었다는 이유였다.

그러나 그런 이유만으로는 예조의 관료들을 일거에 모두 해임해버린 초강경 징계를 설명하기 어려울 것이다. 현종은 내심 불쾌하였을 것이다. 선왕(효종)이 돌아가셨을 때 송시열 일당은 아버지를 서자니 중자니 하며 모독했다. 그런데 이번에 어머니가 돌아가시니 저들이 또 같은 짓을 벌이고 있구나! 여러 신료들을 한꺼번에 잘라버린 데서 그런 분노가 느껴진다. 그렇지만 이때까지도 정면으로 이 문제를 꺼내지는 못했다. 대공 9월복을 재가해주었다. 가슴 깊이 응어리를 품은 채.

5개월 후, 7월 6일. 묘한 상소가 하나 진통 끝에 현종에게 전달되었다. 2월의 대공복 결정을 비판하는 상소였다. 도신징(都慎徵)이라는 이름의 대구 유생의 단독 상소였다. 전혀 알려지지 않은 인물이었다. 그동안 2월의 결정에 아무도 이의를 제기하지 않았다. 또 기해년 결정에 관련된 상소는 금지되어 있는 상황이었다. 도신징은 보름간 궐문 밖에서 농성하듯 떼쓰면서 상소를 받아 달라 승정원 관원들과 승강이를 벌였다. 어떤 힘이 작용하였는지 모르지만 아무튼 이 문제의 상소는 결국 임금의 손에 들어갔다.

영리하고 교묘한 내용이었다. 기해예송 때 기년복을 장자복이라 전제했다. 그런데 2월의 대공복은 중자(衆子)를 위한 상복이니 틀렸다 했다. 역시 장자를 위한 기년복을 입어야 한다 했다. 그리고 나서는 예조의 논리로 하면 현종도 자의대비의 중서손(衆庶孫)이 되는 것이냐고 아픈 곳을 찔렀다. 사실을 교묘하게 왜곡한 셈이다. 실은 기해년의 기년복은 장자복이 아니라, 『경국대전』에 따라 '장자, 중자 구분 없는' 기년복이었다. 여기에 송시열의 사종설은 효종이 중자임을 분명히 해두었다. 그것이 세상에는 '공론(公論)'으로 알려져 있는 상황이었다.

현종은 이 상소를 받아 읽고 통상 그렇듯 승정원에 돌려보내지 않았다. 손 안에 쥐고 일주일간 장고(長考)에 들어갔다. 그동안 병풍에 "영남 유생 도신징"이라고 써두었다고 한다(이영춘, 1998: 253). 밤낮으로 골똘히 이 문제를 생각했던 것이리라. 7월 13일 경연(經筵)에 영의정 김수흥, 호조판서 민유중 등이 모인 자리에서 현종은 문제를 터뜨렸다. 한 사람만 빼고 모두 송시열에게 충실한 사람들이었다. 그 한 사람은 현종의 처남인 김석주였다. 그의 당시 직위는 좌부승지(左副承旨). 지금의 대통령 비서실 정무 수석비서관 정도로 보면 되겠다.

2월에 복제를 바꾼 이유가 무엇인지 다시 물었다. 왜 새삼스럽게? 다 지난 일 아닌가? 뭔가 감이 이상하다는 느낌이 있었을 것이다. 그러나 이것이 엄청난 대반전의 시작이라는 것은 전혀 짐작할 수 없었을 것이다. 기해년 기년복 때문이라는 답이 나왔다. 기해년 결정은 국제(國制)에 따른 것인가 고례(古禮)를 따른 것인가 물었다. '고례'를 거론한 것은 바로 송시열과 그의 사종설을 암시한 것이다. 둘 다라는 답변이 왔다. 왕은 단호히 말했다. 아니다. 결정은 분명 국제에 따른 것이었다. 사사로이 뒤에서 고례를 들어 장자니 아니니 하는 말이 나왔을 뿐이라고 응수했다. 그리고 과연 기해년의 복제는 차장자를 위한 것이었는가 따져 물었다. 대신들이 당황하여 즉답하지 못하고 우물우물 하고 있을 때, 김석주가 끼어들었다. "송시열이 그때 말하기를 '효종대왕을 인조대왕의 서자라고 하여 해될 것이 없다(孝宗大王不害爲仁祖大王之庶子)'고 하였습니다"(『현종실록』 7월13일). 얄밉도록 아픈 일침이었다. 송시열의 설을 현종에게 가장 불쾌하고 자극적일 '서자' 한마디로 압축해서 박아넣었다. 김석주는 현종의 뱃속을 훤히 들여다보고 있었다.

김석주(1634~1684)는 당시 현종의 최측근이었다. 평소 송시열 등 청류 세력들은 김석주가 외척 세력(처남)이라 하여 견제하고 있었다. 그래서 그는 자신이 능력이 있음에도 송시열 일당 때문에 더 높은 관직에 오르지 못하고 있다는 불만을 품고 있었다. 사실이 그랬다. 김석주는 효종 때 공서파〔효종 때는 한당(漢黨)이라 했음〕의 영수인 영의정 김육의 손자다. 김육의 아들로 역시 한 시대를 풍미했던 대신(大臣) 김좌명의 아들이기도 하다. 숙부 김우명의 딸이 현종비(명성왕후)가 되면서 현종의 사촌처남이 된 것이다. 이렇듯 그는 당대 최고의 명문 자제인데다가 대과(大科)에 당당히 급제한 수재였다. 그러나 왕의 외척 세력을 정치에서 배척하는 것은 유교 정통파의 오랜 전통이었다. 왕권견제형 모럴폴리틱의 필연적이고 논리적인 귀결이다. 서인 청류는 김석주의 중용을 번번이 반대했다.

김석주는 머리가 비상하고 막후 음모에 뛰어난 인물이었다. 은밀한 정보 라인을 만들고 스파이를 써서 정적을 함정에 빠뜨리는 데 능했다. 현종의 처남이자 현종을 이은 숙종의 외삼촌으로서 정계의

식암(息庵) 김석주. 틀림없이 후대의 노론 주류 계열 화가에 의해 그려졌을 그의 과장된 악인 이미지가 재미있다.

핵심이 되어 김석주가 보여준 모습이었다. 1674년 갑인예송의 의문에 싸인 전말을 볼 때, 그가 도신징의 의문의 상소에서부터 이 사건 배후의 기플레이어가 아니었는지 의심해볼 만한 근거가 충분하다. 갑인예송에서 김석주의 타깃은 두렵고 두려운 송시열, 자신의 출세길을 그토록 막았던 송시열이었다.

국왕은 대신들이 기해년의 일도 제대로 모르면서 이번 국상의 상복을 근거도 없이 바꿨다고 역정을 냈다. 당장 대신들과 육경(六卿), 삼사장관(三司長官), 참찬(參贊), 판윤(判尹), 예조참판과 참의를 모두 불러 복제를

재심하라고 지시했다. 대신들은 당장은 어렵다고 하였다. 왕은 언성을 높였다. 부랴부랴 궐내 빈청(賓廳)에 소집된 대신들이 논의했다. 그 결과를 김수흥이 구두 보고했다. 왕은 이런 형식적인 보고를 하라고 대신회의를 소집한 것이 아니었다 역정을 냈다. 그런 일이라면 승지 한 사람으로 충분하다 했다. 인선왕비 복제를 재논의하라고 명했다. 김수흥은 당황하여 왕의 뜻을 잘 몰랐다 변명했다. 재논의하여 결과를 서면으로 올리겠다고 답했다.

빈청으로 돌아온 김수흥은 대신들에게 왕의 뜻을 전했다. 이미 늦은 밤이었다. 대신들은 다급히 논의를 재정리하여 서면으로 올렸다. 『경국대전』 오복례 중 아들 편에서는 장자·중자를 구분하지 않았는데, 장자의 처에 대해서는 기년으로, 중자의 처에 대해서는 대공으로 구분하고 있다. 그러니 대공이 맞다고 본다. 그러나 워낙 중요한 일이니 『왕조실록』을 더 참조해 유사 사례를 조사해볼 필요가 있다고 하였다. 현종이 워낙 다급하게 몰아대니 숨 쉴 시간을 벌고 싶었던 것인지도 모른다.

다음 날 7월 14일 아침. 왕은 이미 작심하고 있었다. 실록은 강화도에 있으니 참고할 시간이 없다. 당장 다시 회의를 열어 확실한 결론을 내라고 하였다. 김석주를 통해 기해년에 중장자 구분 없이 결정해놓고 이제 와서 구분하자고 한다면서 불만을 토하고 이를 전하라 했다. 세 번째 빈청회의가 열렸다. 종일 계속된 회의였다. 이제 국왕의 의중을 짐작한 대신들 역시 강경해지기 시작했다. 기해 복제에서 장중자 구별 없는 기년 결정을 했지만, 국제에 없었을 뿐 어찌 장중의 윤서(倫序)가 없겠느냐고 했다. 또 『경국대전』에 중자가 승중하면 장자가 된다는 말도 없지 않느냐고 했다.

이 답변서를 보고 현종은 비서실(승정원)에 중자가 승중하면 장자가 된다는 근거를 모조리 찾아내라고 했다. 허목과 유세철의 만인소, 그리고 『의례주소』 참최장이 올라왔다. 현종은 김석주에게 『의례주소』 참최장을 축조(逐條) 해석하여 올리라 했다. 분명 『의례주소』 참최장 가공언의 소(疏)에 "맏아들이 죽어 둘째 아들이 대를 이으면 맏아들이 된다"는 구절이 있다. 이미 윤휴와 허목이 지적했던 대목이다. 같은 장 '사종설'과 모순되는 대목이고 송시열이 뜻이 명확하지 않은 대목이라 했던 부분이다. 김석주는 이 대목을 강조하면서 아울러 은근히 사종설 체이부정의 '서자'는 첩의 아들을 말한다는 점도 강조했다. 허목의 설이다. 송시열이 명백히 틀렸다고 지적한 부분이다. 김석주는 현종 가슴에 붙은 불에 휘발유를 뿌려대고 있었다.

그날 저녁 국왕은 김수흥과 김석주를 불러 앉혀놓고 김수흥을 강하게 밀어붙였다. 같은 말이었다. 그대들은 기해년 때 없었던 중장자 구분에 대해 사론(私論)을 끌어와 고례를 빙자해 감히 중자를 운운한다. 여기에 새 논리를 하나 더했다. 그대들이 고례를 운운하지만 고례라고 다 그런가. 장자가 죽으면 차장자가 장자가 된다는 구절이 『경국대전』에는 없지만, 『의례주소』에는 있지 않은가? 굳이 고례를 들겠다고 한다면 이 구절을 들어 효종을 장자로 하고, 인선왕후를 위해 대공이 아니라 기년을 입을 수 있는 것 아니냐는 압박이었다. 이 문제에 대한 현종의 이론 공부가 만만치 않았음을 보여준다. 하루 이틀 공부로 나올 수 있는 수준이 아니다. 임금 역시 노련하고 수준 높은 모럴폴리틱을 펼쳐 보이고 있었다.

『실록』에는 이 대목에서 현종의 지극히 개인적인 소회에 대한 표현도 자주 등장한다. "지난 2월 복제를 바꿔 올렸을 때는 내가 정신이 혼미하여(予在其時, 精神荒迷) 그냥 넘어갔지만 이번에는 바로잡겠다고 했다. 자신의 어머니 장례에 "대공(大功)은 어딘가 미안하다는 뜻을 작금 누차에 걸쳐 말했는데도 당신들은 마치 그것은 들은 일이 없는 것처럼 하고 있다"고까지 하였다(『현종개수실록』 7월 14일). 논리와 인정을 다 들어, 임금으로서는 젖 먹던 힘까지 다 짜서 논변한 셈이다.

김수홍으로서는 난감한 일이었을 것이다. 십수 년을 지켜온 청류의 공론을 여기서 무너뜨릴 것인가? 우암 선생의 추상 같은 '불이참 무이통'이 쪼개질 것인가? 공맹(孔孟) 정주(程朱)의 하늘 같은 맑음이 여기서 흐려질 것인가? 그럴 수 없지! 송구한 일이라 거듭 조아리면서도 끝까지 버텼다. 중자 며느리를 위해 기년복을 입는 것은 중국 고례에도 없고, 조선 국제(國制)에도 없는 일이라 했다. 왕은 분노했다. 내일 빈청회의를 다시 열어 국제의 미비함을 고례를 들어 바로잡으라 강압했다. 승통한 중자는 장자라고 함을 이번에 분명히 해서 기해년과 올 2월의 잘못된 결정을 바로잡으라는 뜻이었다. 김석주가 곁에서 왕의 비답(批答)을 분주히 받아 적었다.

셋째 날 7월 15일, 네 번째 빈청회의가 열렸다. 빈청에 모인 대신들도 이제 막다른 길이라고 느꼈넌 것일까. 그들 가슴속에 있던 자신들의 '정론(正論)'을 이리저리 돌리지 않고 토해냈다. 『의례주소』 사종설의 체이부정론을 그대로 적고, 여기에 『의례주소』 적부조(嫡婦條)에 나오는 "전중하지 않은 아들 며느리를 위해서 시부모는 서자(庶子) 서부(庶婦)의 복을 입는다"는 구절을 더했다. 그러니 기해년에는 기년복이, 갑인년에는 대공복이 맞다고 결론을 내렸다. 갈 데까지 가보자는 뜻이었을까? 아니면 죽더라도 원칙을 지키다 죽겠다는 것이었을까?

드디어 체이부정이다. 이제 왕도 결단했다. 최종 비답을 내렸다. 먼저 자신이 사흘간 펼쳤던 논변을 총정리했다. 그리고 선왕을 가리켜 감히 체이부정 운운하는 그대들은 "임금에 대해서는 박절하고 (임금이 아닌) 어딘가에 대해서는 후한 사람들이라 하지 않을 수 없다(可謂薄於君而厚於何地耶)"고 격하게 몰아붙였다. 그 "어디[何地]"가 송시열의 당파를 말하고 있음은 너무도 자명하다. 이어 "막중한 예를 (군주가 아닌 어디에) 빌붙어 의탁하는 논의에 따라 결정할 수 없다(莫重之禮, 決不可以附托之論)"고 못을 박은 후, 끝으로 "이제 제도를 바르게 하기 위해 결단하노니[斷爲定制],

이번 인선왕후 복제는 예조에서 변경하기 전의 복제인 국제(國制)에 따른 기년으로 한다(依當初磨鍊國制朞年之制). 이제 이를 시행하라(定行)"고 하였다(이상 인용 모두 『현종개수실록』 7월 15일).

국왕의 직권으로 국제(國制) 기년(朞年)을 선포한 것이다. 대공을 지운다는 것은 장자가 아니라는 주장의 근거를 지운다는 것이다. 인선왕후를 장자 며느리로 인정한다는 것이다. 아울러 기해년의 기년복도 장중자 구분없는 기년이 아니라 장자로서의 기년이었다 확정한다는 것이다. 결국 기해년 기년복은 장자복이었다! 바로 도신징의 논리다. 도신징이 그렇게 말할 때 그것은 있었던 사실의 교묘한 왜곡이었다. 그러나 이제 국왕이 예제를 바로잡는다는 이름으로 그것을 선포한 이상 그것은 '시왕(時王)의 예=조선왕조의 국제(國制)=국법'이 되었다.

이 사흘의 전말을 보면 현종은 처음부터 이미 정답을 내놓고 그렇게 관철시킬 것을 작심하고 있었다. 다만 대신들이 따라주기를 혹시나 하는 마음으로 기대했을 것이다. 끝까지 버티는 것을 보고 그는 실망했다. 끝내 체이부정이 나오는 것을 보고 그는 분노했다. 현종이 국제(國制)의 정제(定制)와 정행(定行)을 선언한 바로 그날, 지난 2월 복제를 바꿨던 예조의 당상관들을 다시 잡아들여 옥에 가두었다. 그 다음 날은 영의정 김수흥을 춘천으로 중간유배(中途付處) 보냈다. 빈청회의 항명의 책임을 물은 것이다. 빈청회의에 참석했던 다른 대신들은 모두 성 밖에서 대죄(待罪)하라 하였다. 물론 김석주는 제외였다. 고향에 머물던 송시열에게도 성 밖 대죄를 명했다. 여기에 대간을 위시한 많은 관료들이 벌떼처럼 항의했다. 독재다! 그러나 현종의 반응은 싸늘했다. 그렇다. 독재 맞다! 항의하는 족족 즉각 관직삭탈하고 유배지로 쫓아냈다. 7월 18일 인선왕후의 삭제(朔祭) 때 자의대비는 기년복으로 바꾸어 입었다. 벼락과 같은 힘, 번개와 같은 속도다.

그로부터 딱 한 달 후인 8월 18일. 현종이 서거했다. 혹 자신의 죽음을

동구릉(東九陵)에 위치한 현종(왼편)과 왕비 김씨(오른편)의 쌍릉

예감했던 것일까? 그는 생의 마지막을 돌아가신 그의 아버지와 어머니에게 씌워진 '체이부정＝서자＝서자 며느리'라는 불명예를 벗기는 데 불살랐다. 그리고 생명의 모든 힘을 다 소진한 듯 쓰러져 눈을 감았다. 1674년 갑인년의 예송은 현종의 억눌렸던 15년 한이 불과 사흘 사이에 너무나 극적으로 분출했던 사건이었다. 평소 유하고 온건했던 그의 모습과는 너무나도 달랐다.

　후일담을 간단히 붙인다. 현종을 이은 숙종은 현종과 성품이 물과 불처럼 달랐다. 감정이 격하고 과단성이 있었다. 숙종이 즉위하면서 대대적인 남인으로의 물갈이가 시작되었다. 윤휴와 허목이 조정에 불려 나왔다. 그러나 서인에 공서파와 청서파가 있었던 것처럼, 남인에도 탁류(濁流)와 청류(淸流)가 있었다. 남인 탁류의 영수는 현종 대 서인 밑에서도 높은 벼슬을 누렸던 허적(許積)이었다. 현실파다. 반면 청류란 원칙파다. 윤휴, 허목이 리더였다. 숙종과 김석주는 허적을 주된 파트너로 선택했다. 윤휴와 허목은 들러리 신세였다. 윤휴는 현종의 장례에 자의대비가 최고복인 참최 3년을 입어야 한다고 했다. 그의 독자적인 예론이 드디어 빛을 본 것이다. 그러나 허적이 나서서 반대했다. 국제(國制) 결정대로 장자에 입는 기년으로 했다. 허적의 현실론이 윤휴의 원칙론을 이겼다.

6년 후인 1680년 남인은 권좌의 정점에서 한순간에 굴러 떨어진다. 허적을 필두로 한 남인의 힘이 너무 커지자 숙종과 김석주가 반격을 가한 것이다. 김석주는 허적을 역모로 몰았다. 약간의 사실을 함정 수사로 뻥튀기하고, 치밀한 각본으로 포장한 김석주의 작품이었다. 많은 남인들이 참형되고, 사약받고, 유배당했다. 쫓겨났던 송시열의 서인 세력이 컴백하여 남인 사냥에 가담했다. 윤휴 역시 사약을 받았다. 그러나 9년 후인 1689년 송시열도 꼭 같은 신세가 된다. 이번엔 노론이 굴러 떨어진다. 송시열 역시 숙종의 사약을 받는다. 유교정치의 큰 별들이 졌다.

6. 유교주권의 내파와 국민국가의 태동

기해년 예송으로 조선의 유교 모럴폴리틱 수준은 유교 종주국 중국을 넘어섰다. 청출어람 청어람. 앞서 제4장에서 본 것처럼 역대 중국과 조선에서 왕위 계승을 둘러싼 예송은 주로 선왕의 직계 아들이 아닌 자가 왕위를 이었을 때 발생했다. 유교 종법은 이런 형태의 계승을 입후(立後)라 하였다. 입후란 양자이되, 혈통이 같고, 항렬이 같아야 한다. 그런데 입후를 부정하는 왕들이 종종 나왔다. 정통 유자들은 여기에 맞섰다. 전통 질서를 어기고 일탈한다 보았기 때문이다. 나라의 주권을 쥔 군주이기 때문에 더 위험하다. 아울러 여기에 맞서 반대한다는 것도 몹시 위험한 일이다. 그럼에도 유교 정통론자들은 때로 생명까지 걸어가며 반대했다. 그것이 기해

〈표 1〉 기해예송, 원종 추숭, 명나라 예종 추숭 비교

	집중된 시기	이슈	대립	귀결
기해예송	1659~1660 (조선 현종)	先王(효종)의 長庶 문제. 효종 사후 생존한 조대비의 (喪) 복제 문제. 서인은 효종을 非적장자로 보아 1년복을 주장한 반면, 남인은 효종을 적장자로 보아 3년복을 주장.	西人(송시열, 송준길 등) 對 南人(윤휴, 허목, 윤선도 등). 현종은 내심 남인에게 동의하였으나, 다수파인 서인의 대세를 인정할 수밖에 없었음.	1660년 남인 윤선도를 귀양보냄으로써 서인이 승리. 그러나 1674년 현종은 효종비 상의 복제 문제 때 서인의 분열을 이용, 기해년의 송시열의 해석을 뒤집는다.
원종 추숭	1623~1635 (조선 인조)	인조의 生父 정원군의 追崇(사후에 왕으로 높이는) 문제.	인조+근왕파(이귀, 최명길, 박지계 등) 對 조야의 다수 官人 및 儒生(서인+남인).	1635년 정원군을 元宗으로 추숭함으로써 인조의 목적 달성.
예종 추숭 (大禮議)	1521~1524 (중국 明 세종)	세종의 生父 興獻王의 추숭(사후에 황제로 높이는) 문제.	세종+근왕파(장총, 계악 등) 對 조야의 다수 관인 및 유생.	1524년 세종은 추숭에 반대하는 조정 핵심 관료 134명을 일거에 숙청하고 흥헌왕을 睿宗으로 추숭함.

예송 이전의 예송의 주요 패턴이었다. 중국 한나라 선제 이후 명나라 세종까지, 그리고 조선 인조까지 모두 같았다. 입후자임을 거부하고 군주가 아니었던 친아버지를 사후에 왕으로 추숭했던 경우들이다.

기해예송은 달랐다. 입후된 군주가 선왕을 아버지로 잇느냐 마느냐의 문제가 아니었다. 계승한 군주가 맏아들이냐 아니냐의 문제였다. 전례가 없는 미묘한 문제였다. 구체적으로 둘째 아들이었던 효종의 상에 그 어머니가 누구를 위한 상복을 입을 것인가의 문제였다. 맏아들을 위한 것이냐, 맏아들이 아닌 중자를 위한 것이냐. 여기서 서인 청류(송시열파)와 남인이 갈렸다. 서인 청류는 중자복, 남인은 장자복. 인조의 친부 추숭 논의 때만해도 이 두 정파의 입장은 같았다. 그러나 기해예송에서 갈렸다. 인조 추숭 때는 청서나 남인이나 모두 정통파, 왕권견제형 모럴폴리틱의 입장이었다. 이때 추숭을 지지하여 왕권강화형 모럴폴리틱을 구사했던 쪽은 서인 공신파 ,즉 공서파였다. 그러나 기해예송에서 남인이 왕권강화형으로 분지해나갔다. 이후 남인이 공서파 계열과 친화성을 보인 데는 그럴 이유가 있다. 모두 왕권강화형인 것이다.

기해예송의 근원은 인조의 정통성 하자였다. 인조는 쿠데타로 집권하였고, 친부를 추숭했을 뿐 아니라, 맏아들인 소현세자를 살해했다. 깐깐한 정통 유자들에게는 이 모든 게 비례요 비리였다. 그래서 효종 상복이 문제가 되었다. 권위 있는 정답이 없는 문제였다. 정통 주자학자를 자부한 송시열은 주희를 입에 달고 살았지만, 주희가 꼭 이런 경우에 어떤 상복을 입어야 하는지 의견을 낸 적은 없다. 해석의 싸움이었다.

기해예송에서는 중국 당나라 시대 저작인『의례주소』가 아주 중요한 논거가 된다. 특히 가공언의 소가 중요하다. 이 문헌을 기해예송에서 최초로 거론한 쪽은 송시열이 아니라 오히려 윤휴였다. "맏아들이 죽으면 둘째 아들을 맏아들로 삼는다"는 구절을 들었다. 송시열이 이 말을 듣고 즉각 반격했다. 같은『의례주소』의 '사종설'을 들었다. 훨씬 체계적인 반론이었다. 사실 이 최초의 순간 윤휴의 언급은 짧은 코멘트에 불과했다. 조정이 아닌 재야에 있던 그의 위치도 본격적인 의론을 펼치기에 불리했다.

윤휴가 들었던『의례주소』의 문제의 대목은 앞뒤 연결이 애매한 것이 사실이고, 윤휴 이론에 그다지 중요한 근거도 아니었다. 윤휴에게는 맏아들이냐 아니냐는 구분 자체가 무의미하다(제11장). 거기에 그런 말도 있다고 언급한 정도였다. 송시열은 달랐다. 맏아들이냐 아니냐가 결정적으로 중요했다. '사종설'은 그의 신념과 잘 부합하는 내용이었다. 그의 학문 폭이 윤휴보다 좁았을지 모르나 한 구멍을 죽도록 판다는 점에서는 윤휴보다 강했다. 여기서 기해예송이 불붙었다. 정치 너머 학문적 경쟁심도 없지 않았으리라.

맏아들이냐 둘째 아들이냐. 일단 논점이 여기에 맞추어지면 이 논쟁은 송시열 측이 절대적으로 유리했다. 담론의 판이 그렇게 된다. 송시열은 군주 승통의 하자를 어쨌거나 잡아서 군권을 견제해보겠다는 입장이다. 사거한 군주의 장자 여부 논의가 심각한 논의 대상이 되었다는 사실 자체가 송시열의 승리다. 이런 정도의 하자를 가지고 왕권에 브레이크를 걸 수 있었다는 사실이 놀랍다. 조선 중기 이후 꾸준히 성장한 조선 유교예학의 승리이기도 하다. 종법논리가 그만큼 원리 원칙대로 철저하게 관철되어야만 했다. 맏이면 맏이대로, 둘째면 둘째대로, 상복도 그에 따라 마땅히 달라야 한다! 왕가라고 예외가 없다!

김장생─송시열로 이어지는 조선 예학의 정통론은 군주에게 아니라고 할 권한을 인정하지 않았다. 우리 유교 사문의 종법원리에는 예외가 없거든요. 임금이라고 왜 달라야 하나요? 왕가라고 왜 달라야 하나요? 이 종법원리가 어디에서 왔습니까? 주공 어른과 공자님에게서 온 것입니다. 지켜주세요, 따라주세요 했던 것이다. 그럼으로써 자신이야말로 군주 앞에서 아니요를 선언할 수 있는 예외 권력임을 입증한 것이다. 룰을 만드는 자가 판을 지배한다. 판을 지배하는 자란 누구에게도 아니라고 말할 수 있는 자, 누구에게도 예외를 인정하지 않을 권력을 거머쥠으로써 자신이 유일한 예외임을 선언하는 자다. 바로 주권자다. 현종은 여기에 저항했다. 그는 생의 마지막 한 달 온 힘을 다해 자신 역시 룰을 만들 수 있는 군주, 주권자임을 기어코 증명해 보였다. 그렇게 사력을 다하고 재처럼 스러졌다.

이중 권력이었다. 윤선도가 맞았다. 송시열(서인)과 임금, 두 개의 권력이었다. 현종이 뼈저리게 절감했던 그대로다. 그러나 이 이중 권력은 중세형 군주─귀족의 이중 권력과는 질적으로 다르다. 봉건 세습귀족의 권력은 자신이 세습하는 봉토·신민에 대한 권력이라는 점에서 군주의 권력과 질적으로 같다. 그러나 유교 모럴폴리틱의 권력은 물리 권력이 아니다. 이념 권력이다. 성왕론의 권력이다. 유자가 군주의 일신에 성왕의 혼을 씌워 자기 것으로 만든다는 점에서 고도의 이중 권력이다. 둘이되 하나다. 군주 당신의 그 몸이 바로 나의 것이다! 그러니 나의 이념에 철저히 복종하라! 하나 돼라! 천명하고 명령하는 것이다. 불이참! 무이통!

이념 권력이 군주 권력을 집어삼킨 융합 권력, 융합 주권은 유교 모럴폴리틱의 오랜 꿈이었다. 송시열은 그 꿈을, 유자의 오랜 꿈을 마침내 이루었다. 그 꿈을 이룬 순간, 그는 문자 그대로 생사를 건 투쟁의 장에 서게 된다. 이념의 몸이 아닌 인간의 몸으로. 기해예송에서 서인의 승리는 유자 권력이 군주주권을 내파(內破)하는 유교정치의 정점이었다. 이로써 조선의 유교주권은 새로운 단계로 접어든다(다음 장). 여기서 우리가 주목할 점은 이미 기해예송 과정에서 새로운 힘이 밑으로부터 꿈틀거리며 형성되고 있었다는 사실이다. 이 시기 유교정치는 전국화되었고 유교는 급속도로 대중화되고 있었다. 조선형의 유교 국민국가가 태동하고 있었던 것이다.

제11장

유교군주와 근대주권

윤휴, 정약용, 정조

1. 유교, 군주주권을 내파하다

> 대한민국은 민주공화국이다.
>
> 대한민국의 주권은 국민에게 있고, 모든 권력은 국민으로부터 나온다.

대한민국 헌법 1조 1항과 2항이다. 100년 전까지도 조선은 군주 국가였고 조선의 주권은 군왕에게 있었다. 당시까지만 해도 지구상의 거의 모든 나라가 그랬다. 민주공화제 나라가 오히려 극히 소수의 예외였다. 그러나 지금은 대부분의 국가가 민주주의 체제다. 주권이 국민에게 있다고 천명한다. 대단한 변화다.

그러나 이런 큰 변화가 하늘에서 갑자기 뚝 떨어진 것은 아니다. 모든 변화는 그 이전의 지배적인 주권 형태인 군주제 안에서 시작되었다. 유럽은 중세 군주권의 내적 변화의 결과 절대왕정에 도달하고, 또 이 절대왕정이라는 정거장에서 시민혁명이라는 열차로 갈아타고 민주주의로 진입했다. 조선도 크게 다르지 않았다. 18세기 조선 조정에서 유교형 절대주의가 출현하고, 19세기에는 사회 밑바닥으로부터 유교형 인민주권 운동이 치솟아 올랐다.

대한민국 민주주의는 순전히 1945년 해방과 함께 미군이 가져다준 것, 즉 전적으로 바깥에서 온 것이라는 생각은 뿌리는 보지 못하고 말단만 보는 단견이다. 유교에 이미 군주주권을 내파하는 싹이 들어 있었다.

주권(主權)이라는 말 자체가 이미 군주(君主)를 내포하고 있다. 서양말 'sovereignty(주권)'도 마찬가지다. 'sovereign'은 'monarch(군주)'와 동의어다. 결국 'sovereignty'란 군주의 권한이라는 뜻이다. 이 주권의 내용이 서서히 변해서 오늘날의 국민주권에까지 이른 것이다. 고대나 중세의 주권은 귀족들의 연합주권이었다. 왕은 귀족 중의 제1귀족인 셈이었다. 절대주의란 왕 이외의 귀족들의 힘을 왕 일인이 흡수 독점하는 체제다. 유럽에서는 17세기에 본격화된 현상이지만, 유교사회에서는 이미 11세기 중국 송나라 때부터 나타났던 일이다.

오늘날 유럽을 보면 가톨릭이 강했던 나라에서는 군주제가 완전히 사라졌음을 알 수 있다. 군주제 시대 가톨릭은 왕권에 깊숙이 개입했다. 깊숙이 개입한 결과 군주제 자체가 사라졌다. 대표적인 나라가 프랑스다. 반면 가톨릭의 정치 개입을 반대하면서 나온 개신교가 강했던 나라들에서는 형식적이나마 군주제가 남아 있는 경우가 많다. 영국, 덴마크, 스웨덴 등이 그렇다. 유교권인 동아시아 역시 정확히 마찬가지다. 정치유교가 강했던 현대 한국과 중국에서 군주제는 완전히 사라졌다. 일반인들의 의식 속에 군주제가 들어설 자리가 깨끗이 사라졌다는 것이 중요하다(프랑스 역시 그러하다). 그러나 같은 유교권이라 하여도 유교의 정치 개입이 매우 약했던 일본에는 군주제가 여전히 남아 있다.

역설 같지만 필연이다. 가톨릭이나 유교나 윤리종교다. 윤리종교는 현실의 불완전성에 대해 깊은 우환의식을 가지고 있다. 현세의 힘의 정상인 군주의 권력은 항상 가장 큰 우환의 대상이요, 따라서 윤리적 통제의 대상이 된다. 그래서 중세 유럽 군주는 교황 주교의 서임(investiture)을 받아야 했고, 유교군주는 유자의 도통 계보가 요구하는 성왕윤리에 묶였다. 왕위의 신성화와 윤리적 규제는 동전의 양면이었다. 그러한 윤리종교가 왕과 깊이 밀착할수록 인간으로서의 왕은 지워진다. 프랑스 절대주의 사상의 발전사를 보면 이 점이 명백하게 드러난다. 절대주의가 심화될수록 구체적인 인간으로서의 왕은 사라진다. 인간적인 요소를 완전히 배제한 순전히 비-인간(the impersonal)으로서의 왕의 개념이 출현한다. 이른바 '왕의 두 신체' 중 인간으로서의 몸은 사라지고 비-인간으로서의 공적인 몸만 남는다(Kantorowicz, 1957). 이 비-인간의 몸이 절대주의 왕정의 주권자요, 국가이성(raison d'Etat)의 담지자(carrier)였다. 여기서 이미 주권은 고도로 추상적이고 초월적인 개념이 된다. 이것이 절대주의 주권이다.

프랑스 혁명은 인간 왕의 목을 치고 그 자리에 인민을 앉혔다. 이미 이론적으로 인간 몸을 가진 왕의 자리는 없었다. 껍데기만 남은 인간 왕의 목을 친 것이다. 그 후 인간 왕은 나폴레옹의 전설을 끝으로 다시는 프랑스에 출현할 수 없었다. 고도로 추상화된 비-인간으로서의 왕의 자리에 인민이 대신 들어섰다. 이것이 유럽에서 근대적 인민주권의 출현 역사다.

시작부터 정치종교였던 유교의 경우는 더욱 명백하다. 이미 요순의 성왕개념 안에 인간 몸을 한 왕은 설 자리가 없었다. 이 책 제3장에서 상세히 논한 바와 같이 요순은 현실에서는 존재 불가능한 군주다. '왕의 두 신체' 중 인간 몸은 없고 비-인간의 신성한 몸만 소유한 존재다. 중국의 황제를 천하를 다스리는 천자(天子)라 하였다. 천자란 무엇인가.『예기』「예운(禮運)」편에서 말하는 바와 같이 "천하위공(天下爲公)"을 실현하여야 할 존재다. 유교의 공(公)은 지극히 윤리적인 개념이다. 일체의 사사로움이 없는 것〔無私〕, 완전한 정의(正義, justice)다.

일체의 사사로움이 없다는 것은 왕위의 계승과도 관련된다. 당나라 공영달은 '천하위공' 구절에 해설〔疏〕을 달아 "천하위공이란 천자의 지위를 가리켜 말한 것이다. '공으로 한다' 함은 성인이나 덕망 있는 사람에게 그 지위를 넘겨주고, 자손에게 사사로이 전하지 않음을 말한다. 요순의 경우가 거기에 해당한다"고 하였다(미조구치, 2004:18에서 재인용). 유자(儒者)란 군주 앞에서 지극한 예를 다했던 사람들이었지만 동시에 군주제에 대해 엄청나게 래디컬한 사상을 품고 있는 사람들이기도 하였다. 군주는 인정하되 요순 같은 성인군주만을 인정한다는 것이었고, 왕위를 세습하는 왕조제는 실은 제대로 인정하지도 않았던 것이다. 다만 타락한 현실에서 불가피한 타협책으로 인정한다는 정도였다. 그렇기에 뜻 높은 유자일수록 왕조사회의 현실에 대해 지극히 '불행한 의식'을 품고 있었다. 헤겔의 말을 빌려보자면 말이다.

모든 유자들이 대스승으로 숭앙했던 주희가 보통사람들이 높이 평가하는 한당 시대를 싸잡아서 "단 하루도 도(道)가 이루어진 적이 없던 때"라고 단칼에 평가절하해버리는 이유가 여기에 있다. 그런가 하면 중국인이라면 누구나가 위대한 군주로 추앙하는 한 고조와 당 태종에 대해서 "사적인 탐욕에 사로잡힌 인물들"이라고 혹평한다. 겉으로는 인의(仁義)를 운운하지만 "이것을 오직 술수로 사용했을 뿐"이라고 꼬집는다(『주자대전』 권 36, 「답동포(答同甫)」). 놀라운 일이 아닐 수 없다. 한 고조와 당 태종 정도 되는 비범한 군주를 그렇듯 신랄하게 혹평할 정도로 드높은 도덕─윤리적 기준이라면, 인간적·제도적 한계 안에서 허덕였던 범용한 대다수의 '보통' 군주들이 이들 뜻 높은 이상주의적 유학자들의 눈에 어떻게 비쳤을까는 충분히 미루어 짐작할 수 있다.

주희는 결코 예외가 아니었다. 유자라면 모두가 따라 배우려 했던 모범이었다. 그러다 보니 후대 유자들의 군주 비판 역시 주희보다 더했으면 더했지 결코 못하지 않았다. 앞 장에서 살펴본 기해예송 과정에서도 유교 정통론자들의 군주 비판적 태도를 여실히 볼 수 있었다. 이를 아주 직설적으로 표현한 유자들도 적지 않았다. 예를 들어 명말 청초의 애국자이자 대학자인 황종희는 "군주들은 자신의 사적인 이익과 …… 일신의 음락(淫樂)을 추구"할 뿐이어서 "군주는 천하의 대해(大害)가 되었을 뿐"이라는 가히 핵폭탄급 발언을 한다(『명이대방록』「원군(原君)」). 물론 망해가는 명왕조의 말기적 작폐를 보면서 쌓였던 분노가 폭발했던 것이리라.

　그렇지만 이렇듯 엄청나게 급진적인 주장이 나오는 것은 결코 우연한 일이 아니었다. 유교의 성왕론, 공(公)사상 자체에 이미 강한 현실 비판적 요소, 유토피아적 비전이 내재해 있었기에 가능한 일이다. 어쨌거나 이런 정도가 되면 유교 정통파는 군주제나 왕조 체제의 지지 세력이 아니라 오히려 공화주의나 민주주의의 지지 세력이라고 보아야 하지 않을까 싶다. 19세기 유교세계의 붕괴기에 유교 배경을 가진 수많은 지식인들이 공화주의자, 민주주의자, 사회주의자, 무정부주의자가 되었던 사실 역시 결코 우연한 일이 아니었다. 급진적인 공화주의적 세계정부를 꿈꾸는 강유웨이(康有爲)의 『대동서』는 유교 고경의 정신을 풀어 쓴 것이었다.

　유교에는 군주주권을 내파(內破)하는 싹이 들어 있었다. 그러나 그 싹은 역설을 통해, 즉 군주주권을 강화하는 방향으로 자라면서 그 목적을 이루게 되어 있었다. 황종희와 같은 일부 유자들의 사상이 군주 부정으로까지 나갔던 것은 그들이 철저히 이상적인 군주제의 옹호자들이었기 때문이다. 성스러운 왕은 그들의 신앙이었다. 진실하고 학문 높은 유자일수록 이 신앙은 더 깊고 절실했다.

　왕권견제, 왕권강화 두 가지 형의 유교 모럴폴리틱은 궁극적으로 군주주권을 내파하게 되는 강철 싹의 양날이었다. 물론 유교정치가들이 이것을 의식하거나 목적하고 있었다는 뜻은 아니다. 그들은 다만 성왕이념의 실현을 위해 성심을 다해 전력했을 뿐이다. 그들의 노고는 한 가지 공통된 목표를 향해 간다. '왕의 두 신체'에서 성스럽고 공적인 비-인간의 몸만 남기고, 황종희의 표현대로 "사적인 이익과 일신의 음락을 추구하는" 인간의 몸을 지우는 것. 그렇게 함으로써 군주의 주권을 지극히 추상적이고 초월적인 것으로 만드는 것. 그들은 알 수 없었다. 그들이 목숨을 걸고 진력했던 이 일이 궁극적으로 군주주권을 내파하는 일이 되는 것임을. 인민주권, 국민주권의 앞길을 닦는 일이 되는 것임을.

앞 장에서 우리는 두 가지 형의 모럴폴리틱이 구체적으로 어떻게 작동되었는지 살펴보았다. 예송은 주권을 둘러싼 투쟁이다. 기해예송은 유교주권론이 사실은 이중권력론이었음을 여실히 드러내 보였다. 한쪽에는 '군주권력＝왕통(王統)권력'이, 그리고 또 다른 편에는 '유자권력＝도통(道統)권력'이 서 있었다. 주희의 도통론은 동시에 유교주권론이었던 셈이다. 유교주권은 왕통주권과 도통주권의 연합 체제였다. 유자가 세습귀족이 아니었다는 점에서 이 연합 주권은 고대나 중세의 주권과 달랐다. 이렇듯 특이한 유교 연합 주권이 최초로 성립했던 시기는 송대 이후의 중국이었다. 당나라 때까지도 중국의 주권은 군주와 세습귀족들의 연합 권력이었다. 그러나 송나라 조정을 석권한 유자들은 더 이상 봉건적 세습귀족이 아니었다. 유교교양의 능력주의에 따라 과거로 선발된 이념 세력이었다. 신분 제약 없는 공개 경쟁을 통해 선발된 집단이라는 형식만을 보면 근대형 정치-관료 집단이다. 반면 군주의 왕통권력은 여전히 중세 봉건형 세습귀족 권력이다. 조선에서는 중기 이후 송나라 붕당 세력과 유사한 사림 세력이 조정을 장악한다. 따라서 송대 이후 중국과 조선 중기 이후의 유교주권은 중세 봉건형 왕통권력과 근대형 이념권력의 연합 주권이었다. 중세적 요소와 근대적 요소가 뒤섞여 있었던 것이다. 이것이 중세에서 근대에 걸치는 긴

경과기, 즉 초기근대시기(the early modern era)의 유교적 주권 형태였다. 이 시기에는 왕권견제형의 모럴폴리틱이 주도 세력이 되었고, 이 입장이 유교 공론이요 정통론이 되었다.

그러나 초기근대적 주권 형태에서 근대적 주권 형태로 이행해가는 과정에서는 왕권강화형 모럴폴리틱이 보다 적극적인 역할을 맡게 된다. 아직 걸려 있는 마지막 중세적 고리를 끊어내는 역할을 떠맡게 되는 것이다. 그것은 유교주권에 남아 있는 친족 요소다. 왕권에 길러 있는 친족질서, 친족윤리의 고리를 끊어내야 한다. 종법의 이름으로 종법을 지워야 한다. 유교의 이름으로 유교를 지워야 한다. 그리하여 군주의 주권을 더욱 높은 수준의 추상 단계로, 현실의 어떤 끈으로부터도 자유로운 초월적 대상으로 만들어야 한다.

조선에서 이 과정은 결코 완전하게 마무리되지 못했다. 그러나 어떤 현실에도 완전은 없다. 이념형은 결코 현실이 아니다. 여러 힘들과 요소가 착종한다. 그런 형태로 현실은 진행한다. 유교 조선에서 근대적 주권의 전개도 마찬가지였다. 조선에서 유럽의 절대주의 사상에 비견되는 논리를 전개한 이론가는 앞 장의 기해예송 논의에서 친숙해진 윤휴였다. 또 프랑스의 태양왕 루이 14세에 비견되는 조선의 절대군주는 정조였다. 이 둘을 이어주는 인물은 다산 정약용이다. 이 세 사람이 이 장의 주인공들이다.

2. 윤휴, 가(家)와 국(國)의 고리를 끊다

제10장에서 상세히 살펴본 바와 같이, 기해예송에서는 서인의 1년복〔기년(朞年)〕과 남인의 3년복이 대립하였다. 양 당파의 입장 차이는 서거한 효종을 맏아들〔嫡長子〕로 볼 것이냐 말 것이냐에 있었다. 그러나 윤휴는 문제의 초점이 맏아들이냐 아니냐에 있지 않다고 하였다. 백호는 군주복

제에 관한 그의 입장을 단 한 구절, 즉『주례』의 '위천왕참(爲天王斬)'으로 요약한다. 왕[天王]을 위한 상복은 모든 이에게 최고의 상복인 참최 3년 복일 뿐이라는 뜻이다.

서인의 공론을 이끌었던 우암 송시열이 1년설을 주장했던 근거는 효종이 맏아들이 아니기 때문이었다.『의례주소』의 '사종설' 중 체이부정(體而不正)에 해당한다 하였다. 반면 남인의 거두 미수 허목은 같은『의례주소』중 "제1자가 죽으면 적처 소생의 제2장자를 취하여 또한 장자라 한다"는 구절을 취하여 효종을 맏아들로 보아야 한다고 하였다.

송시열과 허목이 난해한 고문 텍스트를 놓고 해석의 우열을 가리는 모습을 보면 이 시대의 유교정치 투쟁이 얼마나 높은 학문적 근거를 가지고 진행되었던가 경탄을 불러일으킨다. 그렇지만 두 사람의 양 입장은 모두 친족윤리와 정치윤리의 동형 구조에 몰두하고 있다는 점에서 근본적으로 동일한 입장에 서 있다. 즉 우암은 현종이 맏아들이 아님을 주장하는 반면, 미수는 현종이 그럼에도 맏아들로 해석될 수 있다는 입장의 차이일 뿐, 맏아들이냐 아니냐가 왕권의 정통성을 판별하는 데 핵심적 기준이 된다는 기본 견해에서는 양자 간에 별 차이가 없는 것이다. 이러한 가족(친족윤리)과 국가(정치윤리)의 동형 구조는 진관다오가 '초안정적 봉건성'이라고 명명했던 유교적 봉건성의 중핵을 이루는 원리다(진관다오, 1997).

물론 정주학의 종법론인『주자가례』의 원리는 봉건적 세습귀족 체제가 결정적으로 붕괴한 이후인 중국 송대에 다듬어졌다(『의례주소』는 정이-주희가 종법론을 재정리하면서 참고했던 한당 시대 예론서의 하나였다). 봉건 권력의 핵심이 최고 세습귀족인 군주와 군주 이하의 세습귀족들 간의 연합에 있다고 한다면, 이미 중국 송대 이후에는 봉권 권력의 한 축이 무너져 있었다. 그 자리를 유교 문인 관료층이 채웠다. 이 세력은 이미 봉건적 세습귀족이 아니었다. 능력주의에 따라 과거로 선발된 관료 계층이었다. 따라서 중국사 전체가 '초안정적 봉건성'에서 한 걸음도 벗어나지 못했다고 하는 진관다오의 주장은 매우 과장된 것이다. 유교세계 내부의 꾸준한 진화 과정을 놓치고 있다. 이미 송대 이후 중국사가 중세 봉건 단계를 넘어 초기근대로 진입하고 있었음을 파악하지 못하고 있다.

조선에서도 재야의 사림세력이 조정을 장악하게 되는 조선 중기 이후는 중세적 봉건 권력의 한 축(=세습귀족 세력)이 이미 크게 무너진 상황이었다. 중종 이후 조정 관료는 모두 봉록을 받는다. 작위와 봉토〔수조권(收租權) 및 통치권〕의 세습은커녕 일개 봉급쟁이가 되었다고 해도 좋다. 그렇지만 왕가는 분명 의연히 남아 있는 봉건적 존재였다. 봉건귀족이 사라진 상황에서 군주란 모든 봉건적 권력을 일신에 독점하고 있는 최후 최대의 봉건적 주권자였다. 도통의 자부심에 넘친 유자층은 이 봉건적 주권자의 새로운 권력 파트너였다. 봉건 세력이 아닌 유자 관료층이 최강의 봉건 권력인 군주를 견제했던 수단이 성왕론과 종법제였다. 이 점에서 우암과 미수는 같다. 전통적인 종법논리 안에서 다툰다. '맏아들=적장자'냐 아니냐.

반면 백호 윤휴의 입장은 우암, 미수와 판이하게 달랐다. 왕위에 오른 자가 적장자냐 아니냐 따위는 문제가 아니라 했다. 왕위에 오른 자는 그의 친족적 서열과 무관하게 전왕의 대통을 잇는 적장자가 된다. 따라서 왕이 죽었을 때는 가장 높은 상복이자 적장자에 대한 상복인 참최 3년복을 마땅히 입어야 한다. 이것이 백호의 주장이었다. 허목이나 송시열에게 '친족례=가례'와 '왕례=방국(邦國)례'의 원칙은 서로 다를 수 없었던 반면 윤휴는 마치 알렉산더 대왕이 고르디우스의 매듭을 칼로 쳐 끊어버린 것처럼 이 둘을 날카롭게 끊어버린다. 정치적으로 보자면 서인(우암) 대 남인(미수·백호), 즉 1년설과 3년설이 대립하는 것으로 보인다. 그러나 좀 더 근본적인 차원에서 보면 윤휴의 시각과 송시열, 허목의 시각이 대립하고 있다. 우암 대 미수의 대립선은 정통적인 종법논리 안에서의 다툼일 뿐이다. 반면 백호 대 우암·미수의 대립선은 종법논리와 종법을 넘어서는 초종법논리 사이의 대립이다. 우암 대 미수의 논쟁은 초기근대 유교주권관 내부에 머무르고 있었다. 그러나 우암·미수 대 백호의 대립선은 초기근대적 주권관과 이를 넘어서는 근대적 주권관 사이의 대립이었다.

윤휴 견해의 적극성은 유교 왕조사회의 사유 틀 안에서 그 구조의 관건인 고리를 내파(內破)하고 있다는 데 있다. 그것이 앞서 말한 친족윤리와 정치윤리의 동형 구조의 절단, 가와 국의 분리다. 뫼비우스의 띠처럼 서로 이어

백호(白湖) 윤휴(1617~1680)

반복되고 있는 존존(尊尊)과 친친(親親)의 원리를 분리해버린 것이다. 존존과 친친이란 예론의 전문용어인데, 쉽게 말하면 존존이란 정치적 상하 관계를 말하고 친친이란 혈연적 유대 관계를 말한다. 현대의 시각에서 보면 존존이란 공적 윤리에, 친친은 사적 윤리에 해당한다고 할 수 있다. 그러나 유교 종법제에서는 이 둘이 분리하기 어렵게 뒤섞인다. 종법제란 원래 제후가(諸侯家), 즉 왕가의 친족법으로서 왕권승계에서 장자계승을 정당화하기 위해 만들어진 원리다. 따라서 부자 관계란 군신의 존존 관계이면서 동시에 부자의 친친 관계일 수밖에 없다. 이러한 왕가의 친족원리가 일반 사가에도 그대로 침투한다. 종자(宗子)를 이어가는 대종(大宗)의 라인이 가장 높고, 이로부터 분기해가는 소종의 라인들은 분기의 순서대로 차례로 낮다. 항렬의 친소에 따른 혈연적 거리는 대종을 축으로 한 신분적 위계와

연결되어 있다. 결국 유교적인 친족 관계는 혈연적 유대와 신분적 상하가 교직하고 있는 구조일 수밖에 없다. 이는 예법에 그대로 투영된다. 예컨대 상례에서 상기(喪期)를 결정하는 주된 요소는 친친이며, 상장(喪裝)의 차이를 정하는 원칙은 존존이다(장동우, 1998).

이 친친 존존의 원리를 기해예송에 적용하자면, 우암·미수 양인은 친친 존존이 뗄 수 없이 연결되어 있다고 본 점에서 같다. 반면 백호는 이 둘을 떼어버렸다. 우암은 친친의 혈연적 원리가 존존의 정치적 원리를 이끈다고 보았다. 따라서 장자인가 중자인가라는 생물학적 서열이 우선이 된다. 미수 역시 큰 차이가 없다. 역시 장자임이 존존의 근거라고 보되 다만 장자가 죽으면 차장자가 장자로 간주된다고 하였을 뿐이다. 그런데 백호는 일단 왕위에 올랐으면 장자냐 중자냐 첩자냐가 문제가 안 된다고 하였다. 존존이 있을 뿐 친친은 없는 것이다. 그래서 죽은 효종에 대해 자의대비가 입는 상복도 친친과는 무관하게 오직 신하가 왕에게 입는 복, 즉 존존의 복으로서 참최 3년복이라고 하였다.

백호의 주장은 어머니(자의대비)가 아들(효종)에게 신하가 된다는 식으로 왜곡되어 그의 정적들에게 '신모설(臣母說)'이라고 불렀다. 우암은 조정의 어법에서 임금이 어머니에게 자신을 신(臣)이라 불러 스스로를 낮추고 있는데 신모설이 웬 말이냐고 백호를 공격했다. 결국 윤휴는 어미를 아들의 신하로 만드는 사문난적의 패륜자라는 인신공격이었다. 백호는 모후 역시 임금을 가리켜 전하 또는 전교(傳敎)라고 불러 서로 사양하지 않느냐고 반론해보았지만 효제를 으뜸으로 치는 일반 유학자들은 백호의 설에 지나친 감이 있다고 생각하였다. 백호의 주장은 예법을 따지면 그렇게 된다는 것이었지 어미가 아들의 신하라는 식의 주장을 한 것은 아니었다. 그러나 오해의 여지가 충분한 이 미묘한 문제들 간의 파열을 백호는 섬세하게 봉합하려 하지 않았다. 그에게는 군주복제에 관한 한 효제가 아닌 존존의 대일통 원리가 대원칙이었기 때문이다.

백호 견해의 강점은 오히려 이렇듯 거친 파열에 있다. 존존과 친친의 원리 사이의 불화를 교묘하게 봉합하려 하지 않고 거칠게 터트려버린 채 그대로 두고 있는 것이다.[1] 이렇듯 친친과 존존 사이를 파열시켰던 백호 의론의 적극적인 의미는 정치윤리와 친족윤리 간의 분리를 위한 개념적 물꼬를 튼 데 있다.

3. 정약용의 기해예송 정리와 예론 구상

다산 정약용이 기해예송을 재정리하기 시작했던 1801년은 그의 생명이 풍전등화처럼 위태로웠던 시기였다. 당시 다산은 정조가 서거한 후 신유사옥에서 노론 벽파와 공서파 남인에 의해 서교당(西敎黨)으로 지목되어 국문을 받았고, 그 과정에서 평생 동지들이 거의 절명한 상황에서 구사일생으로 살아남아 장기현(현재의 포항 인근)에 유배되어 있었다. 곧 황사영 백서(帛書) 사건이 터져 그의 죄는 더 무거워지고 유배지는 강진으로 옮겨질 처지였다. 그의 한 많은 18년 유배 생활의 시작이었다.

다산이 그의 「자찬묘지명」에서 밝히고 있듯이 그가 유배된 후에도 그의 정적들은 "천 사람을 죽이고 약용을 죽이지 않으면 아무도 죽이지 않은 것

---

1) 명대 세종 연간의 대예의(大禮議) 때 세종 편에 선 장총(張璁, 1475~1539)이 윤휴와 유사한 입장을 전개한다. 장총은 황제의 생물학적 계승을 '사(嗣)'라 하고, 정치적 계승을 '통(統)'이라 하여 왕권의 공적 성격과 사적 측면을 개념적으로 분리하고 있다(Fisher, 1990). 장총은 이러한 방법으로 존존과 친친의 원리를 교묘하게 병립시키는 데 성공하고 있다. 이런 의미에서 윤휴보다는 정약용에 가깝다. 그러나 병립이 아닌 분리에서 역사적인 의의를 찾는 이 글의 취지에서 본다면 오히려 정교한 봉합 대신 그냥 둑을 터버리고 있는 윤휴의 입장이 훨씬 힘 있어 보인다.

다산이 18년 동안 유배되어 있던 전남 강진의 다산 초당. 유배 기간 다산과 교우했던 초의선사가 직접 그린 것이다.

과 같다"고 하면서 다산을 반드시 죽이려 하였다. 이러한 절체절명의 절박한 순간에 흔들림 없이 예론의 논구에 집중한 다산의 태도는 경이롭기까지 하다. 더구나 조선 후기 당쟁의 발원인 기해예송을 당쟁의 궁극적 패배자인 남인의 입장에서 정리한다는 것은 매우 위험한 일이었을 것이다. 그렇지만 후일 역설적이게도 이때 저술한 예송론 때문에 정약용이 살았다는 평을 얻게 된다. 과연 다산이 어떠한 입장을 취하였기에 그토록 민감한 주제를 그렇듯 위태로운 순간에 다루었으면서도 당시의 지배적인 공론을 거스르지 않을 수 있었을까?

다산의 입장은 백호의 견해를 취하면서도 백호가 무너트린 친친 존존의 동형 구조를 다시 복구하는 것이었다. 이 과정에서 미수는 철저히 비판되고 우암은 곳곳에서 나름대로 일관성을 갖춘 예론의 대가로 취급된다. 이러한 교묘한 절충 방식이 그 당시 다산이 처했던 절체절명의 상황과 전혀 무관한 것이었으리라고 보기는 어렵다. 그렇지만 다산은 자신을 구명하기 위해 학문적 소신과 근본적으로 어긋나는 논설을 펼 사람이 아니다. 「기해방례변」을 위시한 다산의 예송론은 그의 예론관의 대지(大旨)를 벗어나는 것은 아니다. 다만 우암·백호·미수 등 극히 민감한 정치적 인물들에 대한 의론을 할 때 강조의 정도나 수사의 차이가 미묘하게 작용하였다고 볼 수 있는 정도라고 하겠다.

다산은 백호가 『주례』 「춘관」에서 취한 '천왕을 위해서는 참최 3년복(爲天王斬)'이라는 견해를 기해예송에서 유일하게 바른 입장으로 보았다. 결국 백호가 말한 대로 자의대비는 효종을 위해 참최 3년을 입었어야 했다는 것이다. 또한 『의례』 경문에서 말한 '장전중(將傳重)'에서 '장(將)'한 자로 논쟁을 끝내야 한다는 백호의 주장도 그대로 수용하였다. 이른바 사종설에 관한 논란들은 모두 '장차 대를 이을(將傳重)'사람에 관한 설들에 불과하고 이미 대를 이은(旣傳重) 자, 즉 이미 왕위에 오른 자에게는 해당하지 않는다는 것이다.

그렇지만 자의대비를 위해 참최 3년을 입는 이유는 백호가 이야기한 것과 같은 존존의 원칙 때문이 아니라 친친의 원리에 따른 것이라 하였다. 다산은 백호가 '대일통의 원리'를 앞세워 어미조차 아들의 신하로 만든 것은 극히 잘못되었다 하였다. 그렇지만 모후가 사왕(嗣王)을 위해 참최복을 입는 것은 어머니보다 친소 관계가 소원한 사람들이 모두 군왕을 위해 참최복을 입고 있는데, 가장 친근한 사람이 도리어 그보다 낮은 복을 입을 수는 없기 때문에 참최복을 입어야 한다는 것이다. 즉 백호의 참최설을 지지하면서 그 근거를 친친의 원리로 뒤집은 것이다. 이는 자신의 입장 근거를 친족윤리와 정치윤리 양편 모두에 두면서 참최 3년설을 구제하는 교묘한 해결법이었다.

이렇듯 기해예송에 대한 다산의 정리는 백호가 허문 친족윤리와 정치윤리의 동형 구조를 교묘하게 복구함으로써 우암 예론과 백호 예론의 타협할 수 없는 대립의 각을 둔화시킨 외양을 띠고 있다. 그렇지만 실천적인 함의를 보면 다산은 분명 백호의 편에 있다. 군왕에 대해서는 번쇄한 논의가 필요 없이 참최 3년이라는 것이다. 모후가 참최 3년을 입는 근거를 교묘하게 친친으로 뒤바꾼 다산의 묘기는 사실은 백호 의론의 합리적 핵심을 구제하려는 일종의 권도(權道)로 볼 수 있다.

이러한 추정을 가능하게 하는 것은 다산 역시 백호와 같이 왕례와 가례의 이원화에 대한 구상을 공유하고 있기 때문이다. 이 이원화에 대한 이론적인 문제의식은 다산에게서 더욱 구체화된다. 즉 다산은 기해예송에서 주요 전거가 되었던 『의례』를 군주복제와는 무관한 것으로 간주하는 반면 군주복제, '천자의 예'는 『주례』에 따르는 것이라고 보았다. 다산이 백호를 따라 군주복제의 핵심 근거를 "위천왕참"이라는 『주례』의 구절에서 취하고 있는 것도 그 때문이다. "병 없이 더 살 수 있다면 『주례』 전문에 대한 주를 쓰고 싶다"고 했던 다산의 희원은 불행히도 이루어지지 못했다(『전집(全集)』 1:20 「답중씨(答仲氏)」). 4서6경을 모두 주해한 다산이었지만, 실은 가장 중시했던 『주례』에 대한 주해는 정작 손대지 못했던 것이다.

결국 다산이 가례와 왕조례의 이원 구도를 가지고 있었다고 볼 수는 있지만 그가 구상한 왕조례의 전모는 구체화되지 못했다. 반면 다산의 가례 구상은 『상례사전(喪禮四箋)』을 통해 대략 그 모습이 드러나고 있다. 그는 여기서 소종주의와 친친주의를 강조하고 있다. 소종주의란 『예기』에서 말하는 "오세즉천(五世卽遷)"의 소종(小宗)도 대종과 실제적으로 같은 역할을 하게 하는 소종 중심주의, 또는 적극적 소종 역할론을 말한다. 이는 제후나 공경의 가문이 아닌 일반 사서인의 가문에서는 현실적인 입장이라고 볼 수 있다. 대대로 왕위나 특정한 고위 관직을 세습하는 가문이 아닌 경우 굳이 '백세불천(百世不遷)'의 대종만이 중시될 이유가 없기 때문이다.

또한 이는 2, 3대 동거를 기본 단위로 하는 '소농사회'의 현실을 반영하는 것이기도 하다(제9장). 이렇듯 경제적 생활원리가 기본이 되는 상태에서는 정치적–신분적 논리인 존존의 원칙보다 혈연적–유대적 원리인 친친의 원리가 부각되기 마련이다.

다산이 가례에서 친친주의, 즉 존에 대한 친의 우위, 의(義)에 대한 은(恩)의 우위를 강조하고 있는 대표적인 예로서『상례사전』중의「상기별(喪期別)」의 첩자(妾子) 후계론을 들 수 있다. 적자는 없고 첩자만 있을 경우에는 입후(立後)를 반대하고 첩자를 후계로 삼아야 한다고 주장한다. 첩이 낳은 자식이지만 아비의 피를 직접 잇고 있기 때문에(恩의 우위), 입후자의 자격 요건인 형제나 종형제 또는 족형제의 아들(義의 우위)보다 천륜에 가깝기 때문이라는 것이다.[2] 다산은 이러한 소종주의, 친친주의를 통해 주자가례를 일반 사서가들이 실행하기에 보다 익숙하게 만들어 종법적 가례를 널리 유포하려고 하였을 것이다. 물론 소종주의나 친친 원리는 친족적 윤리관이다. 그러나 앞서 언급한 '소농사회'의 현실을 반영했다 함은 이미 당시의 사회 상황이 봉건 이후(post-feudal) 상태에 있었다 함을 말한다. 종법 역시 귀족 종법에서 사서인(士庶人), 즉 평민 종법으로 초점이 이동한 것이다. 다산의 소종주의 종법론은 이러한 점에서 한편으로는 고대

---

2) 다산이 가례에서 친친주의를 취했다는 입장은 상대적인 의미에서 이해되어야 할 것이다. 다산은 경우에 따라서는 가례에서도 존존의 원칙을 친친의 원칙 앞에 두기도 한다. 예를 들면 아버지가 살아 있을 때는 어머니의 제사에 3년복을 입지 않아야 한다고 하는 대목들이 그렇다. 그러다 보니 다산의 가례는 친친보다 존존이 월등히 더 강조되고 있다는 견해도 있다(최진덕, 2002). 가례에서 친친과 존존의 원리가 교직되는 것은 불가피하고, 그중 어느 하나의 원리만이 항상 우월할 수는 없다. 따라서 가례 내적 차원에서만 보면 다산의 가례가 친친주의냐 존존주의냐는 항상 논란의 여지가 있을 수밖에 없다. 그렇지만 다산이 가례와 왕조례의 이원 구도를 가지고 있었고, 이런 이원 구도 속에서 상대적으로 가례에서는 친친주의를, 왕조례에서는 존존주의를 강조하고 있었다고 본다면 사실에 비추어 큰 무리가 없을 것이다.

의 종법 형식을 복구하려 한다는 점에서 보수적이고, 다른 한편으로는 변화된 소농사회의 현실에 적합한 사회 규율 원리를 찾으려 했다는 점에서 진보적이다.

그러나 다산은 이러한 가례에서의 소종주의, 친친주의를 '천자의 예', 즉 왕조례에는 그대로 적용하려 하지 않았다. 오히려 그는 천자의 예의 세계를 별도의 원리에 따라 체계화시켜보려는 구상을 가지고 있었다. 다산은 구상의 전모를 완성된 형태로 남기지 않았다. 그러나 그 구상의 기본방향은 가늠해볼 수 있다.[3] 그 핵심적인 단서는 역시 백호가 제기했던『주례』에서의 "위천왕참" 한 구절이다. 다산의 교묘한 설명대로 모후가 참최복을 입는 것은 결국 친의 논리 탓이라고 하더라도 '위천왕참' 구절 자체는 친에 대한 고려 없이 오직 존의 원리를 표현하고 있다. 이 한 구절이 군주복제의 핵심이라고 한 점에서 다산과 백호는 일치한다. 군주복제, 왕례의 대원리는 친친주의가 아닌 존존주의라는 것이다.

4. 백호·다산의 예론·정치관의 근대적 함의

이러한 존존과 친친 원리의 분열, 왕례와 가례의 분열이 시사해주고 있

---

3) 최진덕은『정체전중변(正體傳重辨)』과『국조전례고(國朝典禮考)』뿐만 아니라 다산의 일표이서 자체가 왕조례에 속한다고 보고 있다. 그 근거로 그는 주희가『의례경전통해』에서 왕조례에는 법률과 제도가 포함된다고 한 점을 들고 있다(최진덕, 2002: 305, 주 27). 다산의 기본 구상을 고려할 때, 이러한 해석은 정확하다고 생각된다. 다산이 친족적 가례, 친족적 윤리에서 해방된 왕조례, 국가례를 구상했다고 했을 때 그것은 오늘날의 헌법과 유사한 것이다. 이러한 다산의 헌법적 왕조례에 대한 구상은 특히『방례초본』이 원제였던『경세유표』에서 가장 가깝게 이루어진 것으로 볼 수 있겠으나 그것이 완결적이었다고 보기는 힘들다. 다산이 생애 마지막까지『주례』에 대한 본격적인 재해석을 염원하였으나 결국 그 뜻을 이루지 못했던 아쉬움을 여기에 연결시켜볼 수 있을 것이다.

는 핵심적인 의미는 국가주권에서 공적인 성격이 부각되고 사적인 측면이 퇴조한다는 데 있다. 전통적 정체(政體)의 주권에는 공사의 구분이 모호하다. 왕조 국가의 왕권은 공적인 권력임과 동시에 왕가의 사적 권력이기도 하다.[4] 유교 왕조 국가의 경우 이렇듯 공사가 혼재된 왕권의 성격은 친친과 존존 원리의 혼합, 친족윤리와 정치윤리 간의 동형 구조로 나타났다.

백호와 다산처럼 군주복제를 '위천왕참'의 원리에 귀속시키면 적장(嫡長)을 따지는 가례 원칙이 끼어 들어올 틈이 없어진다. 이로써 군주의 주권은 그의 적통성(嫡統性)과 장서(長庶) 문제, 즉 친족적 구속력으로부터 해방된다. 군주의 주권에서 사적, 친족적 성격이 탈색되어감에 따라 공적, 정치적 성격은 강화된다. 어떤 관습적 규제로부터 자유로워진 군주의 주권은 추상적이고 절대적인 것이 된다. 종법이나 기타 다양한 관습으로 왕권을 규제했던 유가의 이데올로그들은 그들의 교육에 순치된 군주를 '무위지치(無爲之治)의 성군'이라 불렀다. 그러나 종법과 관습으로부터 군주를 해방시키려는 다산은 역대의 진정한 성군은 모두 힘써 일하여 미래를 개척한 '유위지치(有爲之治)'의 군주들이었다고 주장했다(배병삼, 1993). 다산과 백호가 그린 군주는 바로 그러한 적극적이고 능동적인 군주였다.

이렇듯 적극적이고 능동적인 군주의 배면에 백호와 다산이 동시에 강조하였던 "세상사에 적극적으로 개입하고 주재(主宰)하는 인격신적 상제(上帝)"라는 후광을 띄워보는 것은 자연스러운 연결이다(이동환, 1990, 1996). 무위지치의 군주는 형이상학적 자기 구현의 원리인 이의 흐름에 자신을

---

4) 물론 왕가나 왕 자신을 사적 단위로 간주하는 기준 자체가 근대적인 것이다. 전통 시대에는 '왕권=공적, 왕가=사적'이라는 구분 자체가 분명치 않았다. 그러나 왕가의 정통성이 실추되거나 약화되었을 때는 그 특정한 무슨무슨 왕가는 한낱 사적인 단위에 불과하다는 주장들이 흔히 제기된다. 즉 전통 정치에서 '사적인 것'이란 정통성이 상실된 상태를 의미한다.

맡긴다. 반면 유위지치의 군주는 상제의 의지의 구현자다. 이제 군주의 신성은 '행사(行事)'의 능동 속에서 찾아진다.

백호와 다산은 군주의 주권은 결코 나누어가질 수 없는 것이라고 주장했다. 기해예송 때 백호를 추종했던 고산 윤선도는 서인의 입장을 [적통(嫡統)과 종통(宗統)이라는] '두 개의 통(統)'을 만들었다고 고발했다. 유교질서에서 '두 개의 통'이란 두 개의 정통성, 두 개의 주권을 의미한다. 백호, 고산이 보기에 서인의 입장은 주권을 분할시키고 있었다.

주권을 나누어가질 수 없다는 입장은 백호와 다산의 대간 폐지론에서 강력하게 표명된다. 조선의 조정에서 대간 3사의 언론의 힘은 왕권에 능히 맞설 만큼 강했다. 즉 대간은 조정 안에서 왕과 함께 두 개의 주권, 두 개의 권력의 한 축을 이루고 있었던 것이다. 정주학의 정통론적 시각은 대간 제도를 매우 중시하였다. 간(諫)은 왕권을 성인의 도덕 세계로 이끌어가는 주요 수단이라고 믿었다. 따라서 대간을 철폐하자는 주장은 정주학적 정통론에 매우 도전적인 논의다. 그러나 백호와 다산이 보기에 조선의 대간은 너무 세력이 커져버렸고, 당시에는 벌열 세력의 세습 권력 구축의 장치요 소모적인 파당정치의 온상에 불과하였다.

물론 여기서도 다산의 대간 혁파론은 백호에 비해 다소 우회적이다. 『경세유표』에서 다산은 다음과 같이 말한다.

　　이제 대간을 혁파하고 그 일을 공경대부로서 존귀하고 친밀한 자에게 맡겨서 진언하는 길을 넓히고자 하나, 시속 사람의 식견이 얕아서 선왕의 법을 모르고, 다만 "간원(諫院)을 없애서 남의 말을 받아들이지 않으려 한다"라고만 할 터이니, 그 말이 두려워서 우선은 그대로 두기로 한다(「춘관 예조 3」, 강조는 인용자).

백호는 그냥 혁파하자고 한다. 반면 다산은 진정 두려운 막강한 집권당이 군림하고 있는 상황에서 겨우 목숨을 부지해야 하는 처지에서 저술하고 있었다. 그럼에도 불구하고 "우선은 그대로 둔다"고 했지만, 실은 권력구조의 근본적 전환을 제안하고 있다. 즉 『경국대전』에 의거한 조선의 통치체제가 6조 3사의 2원 구조였다면, 다산은 『경세유표』를 통해 주나라 때의 통치구조대로 6관 1원 체제로의 전환을 제언하고 있다. 여기서 사간원과 홍문관은 춘관(예조)에, 사헌부는 추관(형조)에 부속시키고 있다. 즉 대간 자체를 없애버리지는 않되, 6조 산하로 편입시켜 부속화시킨 것이다. 이 부분에서도 근본 축은 개혁을 지향하면서 세목에서는 타협을 포함하는 다산의 태도가 드러난다.

17~18세기 조선의 대간은 같은 시기 프랑스의 삼부회 또는 최고법원의 위치와 유사하다. 삼부회와 최고법원은 군주를 견제하는 주요 기관들이었고, 프랑스 군주는 이들 기관들을 무력화시키기 위해 노력했다. 절대주의 이론가들은 이러한 군주의 노력을 '주권의 불가분리성'이라는 이론으로 정당화하였다. 대간을 공격하는 백호 · 다산과 삼부회 · 최고법원을 공격하는 프랑스 절대주의 이론가들의 이론적 취지와 정치적 동기는 너무도 흡사하다.

그러나 주권을 나누어가질 수 없다는 관념은 주권을 왕 일인이 사유화하려는 기도로 보일 수도 있다. 바로 이것이 실제로 절대주의 왕권에 의해 유구한 전통적 권리들을 박탈당한 유럽 구귀족들의 항변이었고, 정조에 대해 노론 신료들이 반발했던 이유이기도 했다. 전통적 권리의 시각에서 보면 왕권이란 다른 왕족, 귀족들과 나누어가지는 것이었다. 중국의 고경이 왕권의 공(公)은 공(共)이라 풀이했던 이유도 여기에 있다. 그래서 왕권의 불가침성, 불가분리성, 비공유성이 강조되어가면 주권을 나누고 있던 기득권 세력들은 왕이 주권을 독단하고 사유화하고 있다고 공격한다.

분명히 왕좌의 일인에게로 주권이 집중되고 있다는 점에서 일인에로의 사유화라고 볼 수 있다. 그렇지만 여기서 그 '일인'이란 친족적, 전통적, 정치적인 입지, 서열, 채권·채무 관계와 무관한 개인이다. 즉 현세적 관계망들과는 무관한, 그것들을 초월한, 추상적인 개인이다. 이러한 초월적 지위는 군주의 사적 이익을 보장하기 위해서가 아니라 국가의 공적 권능과 정의를 위해서 군주에게 부여된 것이다. 따라서 전통적 시각에서 보면 이러한 군주의 초월적 지위가 사적인 것이었겠지만, 절대군주론자, 일반 인민의 시각에서 보면 사적인 것을 배제한 순수히 공적인 것으로 된다. 근대적 의미의 공개념이 여기서 모습을 드러낸다.

5. 백호·다산과 정치신학

중세 유럽에서의 현세란 오직 가톨릭 교회(Church)의 매개를 통해서만 구원으로 연결될 수 있는 죄의 시간과 공간이었다. 군주는 이러한 죄의 시간과 공간의 왕일 뿐이고, 교황은 죄를 정화시켜 하늘과 연결시켜주는 신성한 시간과 공간의 왕이었다. 따라서 군주에 대한 교황의 우위는 교리상 확고하였다. 반면 종교개혁이 촉발시킨 종교적 부흥 운동의 교리는 중세 가톨릭 교회의 절대적 권한을 부인하였다. 믿음과 구원은 신과 개인의 대면을 통해서만 확인될 수 있는 것이 되었다.

정치신학(political theology)은 16~17세기 종교개혁과 종교 내전의 산물이다. 종교개혁은 세속적 권력화한 교황주의에 대한 반발이었다. 그 결과 루터주의, 캘빈주의는 현세에서의 군주의 권능을 (교황의 권능보다) 더욱 강하게 인정하게 된다. 종교개혁 후에는 가톨릭 국가들에서도 교황지상주의(les id es Ultra Montaines)보다는 국가 교회주의가 우위를 점하게 된다. 프랑스 교회파(les Gallican)와 영국 국교회(the Anglican)가 그것이다. 개신교와 가톨릭 간의 빈번한 내전과 국제전의 파국적 결과 역시 강한 왕권에 대한 요구로 이어졌다. 그 결과 신성한 군주권(droit divin) 관념이 성장하였다. 이 정치신학은 보댕, 리슐리외, 드브레, 보쉬에 등 프랑스 왕권론자들에 의해 주로 발전되었지만 그로티우스, 홉스, 엘리 메를라, 스피노자 등 네덜란드와 영국의 법학자, 철학자들에 의해서도 지지되었다. 크게 보아 유럽의 17세기는 정치신학의 세기다.

종교개혁은 신앙의 거점을 내면화-개인화하였지만, 동시에 지상 권력의 지위를 격상시켰다. 교황과 가톨릭 교회의 신성함이 실추되는 만큼 개인 내면과 군주의 주권이 격상되고 신성화되었다. 신앙의 거점으로서의 개인의 내면과 내면화한 신앙의 수호자로서의 군주의 결합. 그 결과가 정치신학이며, 이는 근대 국민국가 출현을 예비하는 이념적 기반이 된다. 18세기 중반부터는 내면화-개인화한 신앙의 거점이 철학화·윤리화(탈신학화)하며, 정치신학적 정체(政體)는 계몽주의적 정체로 변모한다. 세속화 과정이 본격화되기 시작하는 것이다.

서양 정치사상사에서 정치신학의 뿌리는 깊다. 윤리종교 탄생 이전(pre-Axial era)에는 군주와 신의 이미지는 보통 결합되었다. 전쟁 영웅이 그 자체로 신격화되는 것이다. 윤리종교가 탄생하면서 왕과 신은 분리된다. 신의 허락을 맡고서야 왕권은 신성화된다. 신을 대리하는 세력은 윤리종교다. 그래서 중세 유럽의 군주들은 교회 사제의 서임(investiture)을 받아야 했고, 유교군주들은 유자들이 가르치는 성왕의 덕목을 준수해야 했다. 이런 점에서 유럽의 정치신학에는 중세 이전으로의 복귀라는 측면이 있다고도 한다. 왕권에 대한 교회의 제약을 풀어주는 논리였기 때문이다. 그래서 기독교사 또는 서양문명사에서 정치신학의 원조로 평가되는 사람은 중세 이전 로마제국의 기독교 교부(敎父) 시대(4세기) 때 황제권을 적극적으로 신성화했던 에우세비우스 주교다. 유교사로 보자면 한나라 초기 동중서(董仲舒)와 비견될 수 있겠다.

그렇다면 16세기 이후 유럽의 정치신학은 어떠한 점에서 그 이전의 고대적, 중세적 정치신학과 차이가 있는 것일까? 16세기 유럽은 외적으로는 활발한 해상 진출과 내적으로는 격심한 종교전쟁으로 중세적 신분 질서와 가치 체계가 크게 흔들리던 시점이다. 성이 속을 통섭하던 질서가 전도되기 시작하면서 사회질서가 인간의 힘으로 만들어져간다는 작위(作爲)의 관념이 형성된다. 그러한 변화의 결과 신분적 평등화가 진행되고 각 사회는 오늘날의 국민국가와 유사한 모습을 취하기 시작한다. 근대적 국민국가주권론의 특징은 비분할성, 비공유성이다. 주권이 봉건귀족들 간에 느슨하게 분점되어 있는 중세적 상황과는 완전히 다르다. 결국 16세기 이후 유럽의 정치신학은 국민국가와 근대적 주권 개념[5]의 모태를 형성하였다는 점에서 고대적, 중세적 정치신학과 다르다.

그렇다면 유교사회에서 그러한 변화는 언제 시작되었던 것일까? 그 최초의 시점은 중국의 송대다. 한당 제국의 붕괴 그리고 그를 이었던 혼란기에 귀족 신분제는 붕괴했다. 그 결과 중국 고유의 신분 상황이라고 하는 만천명월(萬川明月), 월인천강(月印千江), 일군만민(一君萬民)의 새로운 신분 상황이 출현했다. 이제 군주 아래 만민은 모두 같다는 이념이다. 송대의 독점적 황제권은 이러한 배경에서 출현했다. 이 시기에 탄생한 정주학도 이러한 신분적 평등화와 비분할적 군주관을 배경으로 하고 있다. 중국이 유럽을 선행하여 초기근대의 단계에 진입했다. 절대주의라는 용어의 유럽적 기원을 털고, 이것을 보편적 차원의 역사 개념으로 인정하며, 그

---

5) 칼 슈미트가 "결코 나누어가질 수 없는, 비상 상황에서의 유일한 결정권"(Schmitt 1988:5)이라고 정의했던 근대적 주권 개념의 배후에 있는 것이 바로 정치신학이 정립한 군주 개념이다.

핵심이 중세적 신분 질서의 붕괴 그리고 비분할적 주권관의 성립에 있다고 한다면, 절대주의의 최초의 형태는 유럽이 아닌 중국의 송대에 출현했다 할 것이다.

조선에서 중국 송대에 비견할 봉건귀족 세력 붕괴는 조선조 중기 이후에 진행된다. 사실상의 세습귀족이었던 조선 건국 공신 세력이 재야의 사림세력에 의해 대체되기 시작한 중종 이후였다. 조광조를 첫 순교자로 한 조선 중기 네 차례의 사화(士禍)는 이 대체 과정이 결코 순탄하지 않았던, 피로 점철된 고난의 길이었음을 말해준다. 그리하여 선조 대에는 사림세력이 조정을 장악하고 이어 이들 세력 간에 동·서 분당이 이루어진다. 붕당정치가 출현했다. 이어진 임병양란은 조선 사회의 봉건적 기저를 밑으로부터 크게 흔들어놓았다. 전란 중에 곳곳에서 노비문서가 불태워졌다. 왕조의 위기였다. 그러나 조정을 장악한 새로운 유자 권력은 효과적으로 위기관리를 했다. 이들은 향촌 단위에서도 의병을 주도하여 새로운 권력 재편의 밑바탕을 더욱 공고하게 하였다. 이들은 성왕론과 종법론을 내세워 송나라형의 초기근대적 주권 상황을 창출했다. 기해예송에서 서인과 남인의 격돌은 이들 신흥 사림세력이 조정과 재야를 이미 확고하게 장악하고 있었음을 보여준다.

그러나 조선에서는 중국형의 절대적 황제권이 들어설 수 없었다. 기해예송에서 보듯 유자 권력(서인-노론 세력)이 왕권을 오히려 능가하는 현상까지 벌어졌다. 기해예송 이후 숙종-영조-정조로 이어지는 기간 동안 왕권은 점차 강화된다. 그러나 조선의 왕은 중국 황제가 가졌던 비상대권을 결코 가질 수 없었다. 중국 황제는 언제나 제국의 막대한 병권을 장악하고 있었다. 중국의 유자 권력은 이 부분에 대해서는 무력했다. 반면 중국에 대한 조공체제로 안보를 담보했던 조선의 왕권은 무인(武人) 권력의 성격이 약했다. 중국이라는 안보 우산을 쓴 만큼 조선 국왕의 주권에는 공백 지대가 있었다. 그 공백만큼을 유자 권력이 채워 그 힘을 확장했다. 군주의 왕통 권력에 비해 유자의 이념 권력이 특이하게 강한, 독특한 유형의 유교 연합주권이 조선에 성립했다. 역사상 유례 없는 순도 높은 문치주의였다(이 책 4장 보론 참조).

이런 상황에서 윤휴라고 하는 이단아가 출현했다. 윤휴는 정통 경학만이 아니라 백가사상과 역사에도 폭넓게 정통했다. 역사와 세계를 정주학이라는 안경만으로 보지 않았다. 병술에도 밝았고 조선이 중원을 휩쓸어 보는 꿈까지 품어보았던 풍운아였다. 그러나 윤휴의 근본은 어디까지나 엄격한 윤리적 원칙론자였다. 그 윤리 원칙이 주희가 세워놓은 설에 갇히지 않았을 뿐이다. 이 점에서는 무인의 풍모를 가졌으면서도 고도의 독자적인 윤리론을 전개했던 명나라의 대학자 왕양명과 통한다고 하겠다. 윤휴는 고대 주나라의 유학정신을 되살리려 했던 한나라 왕망이나 송나라 왕안석 같이 패기(覇氣)에 찬 정치가들을 존경했다. 모두 정이–주희 이전의 인물들이고, 또 정이–주희가 경계했던 인물들이기도 했다.

분명 윤휴와 그를 사숙했던 정약용은 정주학에 머무르지 않았다. 그러나 그들이 그 시대의 집권 세력이었던 노론 정주학파에 맞서 새로운 사유의 발단을 열어보려 했던 에스프리의 결연성만은 오히려 정주학 창립기의 정주와 흡사한 바가 있다고 할 것이다. 그들은 모두 그들 시대의 주류 유학의 흐름에 근본적인 문제제기를 하였다. 종교적–윤리적 근거를 가지고 군주권을 강조하였다는 점에서도 정이나 주희 그리고 윤휴, 정약용은 상통하는 바가 크다.

백호, 다산 등 근기(近畿) 일대에 근거를 둔 경남(京南) 남인 계열의 학자들 속에는 윤리와 공부와 통치의 근거로서 하늘(天, 上帝)을 강조하는 사람이 많았다(이동환, 1990, 1996). 물론 하늘(天, 天命)의 강조는 정주학에서도 이루어진다. 그러나 정주의 성리학이 이신론적 경향을 띠는 데 비해,

퇴계 이래 남인 계열의 학통에는 심학적 경향[6]이 강하게 이어졌고 상제의 관념은 점점 더 인격신적 뉘앙스를 강하게 띠게 된다. 이러한 경향은 윤휴를 지나 다산에 이르면 더욱 강해진다. 다산 세대 남인 학자들의 학풍과 중국을 통해 들어온 천주학, 즉 가톨릭의 친화성은 결코 우연한 것이 아니었다.

형이상학적 이가 현세 편재적(omnipresent, ubiquitarian)이라면, 인격신적 상제는 현세 초월적(transcendental) 성격이 보다 강하다. 종교적 개혁운동은 대체로 기성의 종교 체제가 기득권적 질서를 신성한 권위의 이름을 빌려 정당화하는 것에 강한 반대를 표명하면서 일어서는 것이 보통이다. 다산에게 윤리적 초월자는 현 질서의 격물치지에서 찾아지는 인식 궁구적 (cognitive-investigating) 이치[理]가 아니라 내면에서 고독하게 대면하는 윤리실존적(ethical-existential) 상제(上帝)로 전화한다. 이는 윤리적 주체를 상대적으로 보다 내면화하고 개인화시킨 것이라고 볼 수 있다. 이렇듯 내면화-개인화된 주체는 전통 질서의 편재망으로부터 이탈해나가는 근대적 자아의 발아다.

여기서 유학사에서 이학(理學)과 심학(心學)의 문제를 재검토할 필요가 있다. 보통 이학은 정주학의 정통 계열의 학이고, 심학은 이 흐름에서 비켜선 육상산-왕양명의 학으로 정리한다. 그러나 이 흐름 모두를 송학으로 묶는 해석도 가능하다(고지마, 2004). 이렇듯 크게 묶어보는 전제 위에서 상호 강조점의 차이를 짚어보는 것이 순서에 맞을 것이다. 이학이나 심학이란 상호 배타적인 것이 아니기 때문이다. 정주학 자체가 초기근대적 배경에서 성립했다. 근대성 이해의 핵심은 성속의 통섭 전도에 있다. 정주학

---

6) 여기에는 송 진덕수(眞德秀)의 『심경(心經)』, 그리고 여기에 명 정민정(程敏政)이 주석을 단 『심경 부주(附註)』의 역할이 중요하다. 『심경』을 매개로 한 다산과 퇴계의 관계에 대해서는 이광호(1996) 참고.

의 천즉리, 즉 이신론적 우주관은 분명 속이 성을 통섭하는, 통섭 II의 질서, 즉 근대적 세계관에 속한다. 심학이란 내면으로 숨은 성을 찾는 노력이 더욱 치열해졌다는 것을 말해주고 있다. 같은 통섭 II의 질서 안에 있되 성이 더욱 깊숙이 숨고 있는 상황에 대한 대응이라 하겠다.

정주학은 천즉도(天卽道)로 요약되는 '통섭 I'의 기존 질서를 천즉리(天卽理)로 집약되는 '통섭 II'의 질서로 전도시킨 '천년래 대사건'이었다(제7장 4절). 당나라 때까지 천즉도를 표방하며 일세를 풍미했던 기득권 세력은 봉건귀족이었다. 그러나 조선 후기의 상황은 그와 달랐다. 정주학의 정통 적자를 자임하는 세력이 이미 조선 사회의 기득권층을 이루고 있었다. 이러한 상황에 맞섰던 세력, 즉 현세의 기존 질서에 강한 문제의식을 지니고 있던 세력들이 현실긍정적－이신론적 낙관주의가 아니라 현세비판적－초월적 심학으로 경도되었다.

이러한 현세초월적 심학이 종교적 색채가 농후한 상제 개념에 친화성을 품게 되었던 것도, 그리고 그러한 상제관이 군주권의 신성화로 연결되는 것도 매우 자연스러운 경로다. 동시에 정주 교조주의에 의해 장악되어 있는 현실을 타개해나가는 데 가장 적절하고 강력한 동맹자로서 군주에 주목하게 된다는 정치적 연결도 매끄럽다. 다만 백호－다산의 군주론은 한비적 전제군주론과는 다른 궤도 위에 있음을 거듭 확인하자. 한비는 『군주론』의 마키아벨리와 같이 군주를 윤리적 기준으로부터 해방시킨다. 반면 백호－다산의 군주관은 일종의 능동적 성군론이다. 단순히 현실 군주의 리얼폴리틱을 추인해주는 군주관이 아닌 군주가 실현하여야 할 신성한 의무를 강조하는 군주관이다.

백호가 친족례와 왕례의 연관을 끊었다는 것은 그 사이에 신성의 선을 새로 그었음을 말한다. 이는 신성한 도통의 계승선을 요순우탕의 군주 라인에서 공맹정주의 학인 라인으로 옮겨놓았던 정주학 도통론을 거꾸로 뒤집는 획기적인 변화다. 백호-다산의 예론에서 신성의 거처는 도학 라인에서 군주 라인으로 다시 한 번 이동했다. 그 결과 왕례의 신성성이 가례의 그것을 압도하게 된다.

정주학 역시 일종의 종교개혁운동이었다. 정이와 주희는 왕실과 민심이 노불(老佛)에 경도되는 현상에서 큰 문제의식을 가졌다. 불교, 도교를 종교로 보는 데는 누구도 이견이 없을 것이다. 정주는 세태가 불교, 도교에 쏠리는 원인이 한당 시대 유학이 사장(詞章)화(문학화)되어 도학으로서의 종교성을 상실했기 때문이라 생각했다. 물론 유교에는 종교(religion)라는 말이 없다. 그러나 내용으로 보면 분명히 그렇다. 정주학의 비조인 정이는 추종자들의 '신종(信從)'을 요구하는 종교적 카리스마가 강한 학자였고, 송대의 도학은 근본주의적 비타협성이 강했다(Bol, 1992). 유교 개혁운동으로서의 정주학은 왕실과 사회에서의 유교 재부흥에 결국 크게 성공했다.

이런 종교적 사명감의 맥락에서도 윤휴와 정약용은 정주를 잇고 있다. 다만 그들이 살았던 사회 상황에서는 오히려 정주 교조주의가 오히려 유교윤리의 퇴락을 조장하고 있다고 보았을 뿐이다. 말하자면 정주의 본정신을 회복하기 위해 정주에 반대한다는 식이 된다. 그런 이유로 정주 이전, 선진 공맹 시대 고례의 정신으로 되돌아가려 하였다. 이것은 항상 시원으로 되돌아가려 하는 모든 종교개혁운동의 보편적 모습과 일치한다.

시대 이행의 싹은 과거로의 회귀라는 문법을 통해서 움튼다고 하는 역사직 아이러니가 유교 조선에서도 발생하였던 것이다. 그리하여 백호와 다산은 『서경』, 『시경』과 같은 선진 고경에서 종교적 요소를 재발견하였다. 상제와의 접점으로서 군왕의 신성한 지위를 『주례』를 근거로 이론화하였다. 그러면서 노론 일당화하고 있는 정국을 타개할 영명한 군주의 능동적 역할에 크게 기대를 걸었다. 윤휴에게는 그가 숙종이었고, 정약용에게는 정조였다. 이들에게서 전통적인 유교 모럴폴리틱은 근대를 여는 절대주의적 정치신학으로 변모했다.

6. '만천명월 주인옹' 정조와 그가 보낸 비밀편지

  그렇다면 윤휴, 정약용이 그렇듯 높은 기대를 걸었던 군주의 실제 모습은 어떠했을까? 일단 숙종의 성적표는 기대 밖이다. 숙종과 윤휴의 밀월 기간은 극히 짧았다. 감정 통제가 잘 안 되었던 숙종에게 윤휴가 그렸던 정치신학적 군주는 도저히 무리한 목표였다. 숙종은 김석주나 허적 등 도덕 수준이 낮은 모사가형이나 실무가형의 인물들에 의존했다. 결국 5년 만에 싫증이 난 숙종의 사약을 받고 윤휴는 죽는다. 숙종의 변덕에 찬 시소 정치로 고준(高峻)했던 유교 붕당정치는 피가 피를 부르는 진흙탕 당파 투쟁으로 전락했다.

  이에 비하면 정약용과 같은 인물을 끝까지 아낄 줄 알았던 정조는 확실히 영명한 군주였다. 정조 치세에는 숙종과 같이 극에서 극을 달리는 감정과 기호의 변덕과 그로 인한 정치적 대형 참사가 없었다. 영조는 분명 신중하면서도 집요함과 과단성을 가진 유능한 군주였다. 그러나 그에게는 세자를 뒤주에 가둬 죽였다고 하는 커다란 결함이 있었다. 정조에게는 이러한 사적 문제와 관련한 과오나 흠결이 크게 눈에 띄지 않는다. 학문 수준도 당대의 내로라 하는 유학자들을 오히려 가르칠 만큼 탁월했다. 글씨는 인품을 드러낸다. 정조의 친필이 많이 전하는데, 그의 자신감과 기백이 잘 드러난다.

  정조의 안정된 치세는 숙종, 영조와 같은 군주가 궂은 일을 치워주었기 때문에 가능했다. 숙종의 환국정치와 영조의 탕평정치는 송시열류의 왕권 견제 세력의 힘을 크게 약화시켰다. 숙종기 거듭된 숙청과 재숙청의 순환

속에서 많은 기개 높은 유자들이 목숨을 잃었고, 정치판에서 영원히 배제되었다. 복잡했던 당쟁사 속에서 결국 노론은 영조의 즉위와 함께 최후의 승자, 부동의 주류 세력이 되었다. 그러나 김장생–송시열 대에 보였던 원칙적 철저성과 준열함은 생존을 위한 이전투구 속에서 크게 훼손되어 있었다. 소론이나 남인이라 하여 나을 것이 없었다.

이러한 상황에서 즉위하였기 때문인지 정조에게는 현종이 송시열에게 품었고 숙종이 윤휴에게 품었던 바와 같은, 사림의 영수들에 대한 두려움에 가까운 존경의 마음이 애초부터 별로 없었던 듯하다. 정조 자신의 높은 학문 수준도 이를 부추겼다. 그러다 보니 오히려 이들 사림과 당파의 영수들을 지적으로나 정치적으로 다소 깔보면서 위에서 내려다보고 있었던 것으로 보인다. 그래서 정조는 스스로 군주스승(君師)을 자부하고 군주도통(君主道統)설을 주창했다. 군주 자신이 모든 유자의 스승이고, 공맹정주의 도통을 군주인 자신이 계승했다는 것이다. 송시열이 들었다면 기함하여 뒤로 넘어질 일이다.

그리하여 자신의 호를 '만천명월 주인옹(萬川明月 主人翁)'이라 하였다. '만천명월', 세상의 모든 물 위에 비치는 유일한 달빛. 바로 송대에 절대화된 황권을 표현하기 위한 만들어진 말이 아니던가. 여기에 '주인옹'을 더하였다. 그런 유일한 빛의 노련한 주인이 바로 자신이라는 말이다. 자신을 태양왕(Le Roi Soleil)이라 칭했던 프랑스 루이 14세와 너무나 흡사한 비유 아닌가. 이쯤 되면 윤휴와 정약용이 대망했던 유위지치의 능동적 군주의 모습은 정조의 일신에 확실히 체현되었던 것이라 해야 할 것이다.

그렇다면 유교적 신성을 일신에 성공적으로 체화하였다고 볼 수 있는 정조가 정치 현실에서 보여준 모습은 어떠했던가.

『정조실록』에 나타난 정조의 모습은 '진실한 선비의 전형'이라기보다는 국왕 지지 세력조차도 당혹스러워 할 정도로 기만과 독단을 자주 사용한 정치가였다. 예컨대 정조는 노론산림의 세력을 약화시키기 위해 송덕상이나 이성보와 같은 대표적 산림들을 초치해놓고 공개적으로 그 권위를 실추시키기도 했으며, 신하들과의 약속을 일방적으로 파기하거나 신하들을 기만하는 조치를 빈번히 취하기도 했다. 또한 그는 자신의 국정운영 방침에 반대하는 벽파 집권 세력(노론)에 대해 직접적이고 전면적인 공격 대신 간접적이고 우회적인 방법으로 위협하곤 하였다. 벽파의 내부적 분열과 이들의 국왕 지지 세력(시파)〔로〕의 전향을 압박하곤 했던 노련한 현실 정치가였던 것이다. 실제로 노론과 소론의 벽파 중에서 시파로 돌아선 경우도 많았다. 요컨대 종래 대부분의 연구들이 "신하들로부터 제왕학을 교육받은 왕의 의무사항"으로서 군자학, 즉 성학론의 관점에서 정조를 설명한 데 비해, 정조는 군자학이나 성학론의 기준으로 파악할 수 없는 언행과 통치 방식을 보였다. (박현모, 2001: 23~24)

보통 정조를 근엄한 학자 군주로만 생각했던 통념을 깨는 참신한 평가다. 정조는 노회한 현실 정치가였던 것이다. 2009년 공개된 정조의 비밀편지[7]에 드러난 그의 모습은 더욱 놀랍다. 이 비밀편지는 1796년 8월부터 1800년 6월 정조가 죽기 직전까지, 지금까지는 정조의 적대 세력으로만 알려져왔던 노론 벽파의 영수 심환지에게 보낸 것으로 무려 297통에 이른다. 하룻밤에 세 통의 편지를 보내기도 했다.

이 편지를 보면 정조가 심환지를 자신의 수족처럼, 입안의 혀처럼 마음대로 놀렸음을 알 수 있다. 그 수준이 매우 높다. 예를 들어 심환지를 공격하는 상소가 올라오면 심환지에게 사직할 것과 자신(정조)이 괜찮으니 등

---

7) 『정조어찰집』(성균관대 출판부, 2009), 『대동문화연구』 63집 '새로 발굴한 정조어찰의 종합적 검토' 특집, 안대회, 『정조의 비밀편지』(문학동네, 2010) 참조.

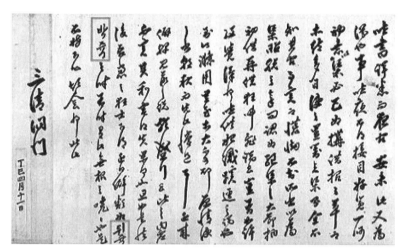

심환지에게 보내는 정조의 비밀 어찰. 굵고 자신감 있는 필세(筆勢)를 느낄 수 있다. 네모로 표시한 부분에서 "뒤죽박죽"이라고 한글을 쓰고 있는 점도 재미있다.

청하라 불러도 일부러 몇 차례 사의(辭意)를 지키면서 강직한 모습을 보일 것을 주문한다. 게다가 자신을 비판한 상소를 오히려 상찬하는 상소문을 심환지가 써서 올릴 것도 권유한다. 그 상소문의 내용에 대해서까지 몇 가지 주문을 한다. 이런 식으로 심환지나 심환지를 공격하는 쪽이나 모두 강한 의리를 표현한 것으로 만든다. 이 비밀편지를 통해 정조 시대 수많은 상소문들이 실은 정조의 막후 공작에 의해 쓰여졌음이 분명히 드러났다. 심지어 성조 자신에 대해 반대하는 상소를 올리도록 사수하기도 한다. 그러고는 신하들이 모인 공식적인 자리에서 한편으로는 이를 꾸짖는 모습을, 다른 한편으로는 그럼에도 너그럽게 관용해주는 모습을 동시에 보여준다.

정조의 이런 수법이 이번에 처음 알려진 것은 아니다. 정조가 노론 벽파의 실력자 김종수를 시켜서 홍국영(정조 젊은 시절의 최측근)을 탄핵하는 상소문을 쓰게 했던 것은 『한중록』을 통해 이미 알려져 있다. 조선의 왕 중에서 정조만 이런 수법을 썼던 것은 아닐 것이다. 그러나 비밀편지에 드러난 것과 같은 정도였다는 사실은 지금껏 누구도 상상조차 하지 못했다. 이러한 정도는 오직 정조만이 가능했을 것임이 분명하다. 대상은 심환지나 노론 벽파만이 아니다. 모든 유력한 신료들이 대상이다. 정조가 직접 초를 잡은 상소문을 보내주기까지 한다. 자기가 읽을 상소문을 자기가 쓰는 것이다. 만천명월이 이런 뜻이었던가? 자기가 비추고 자기가 본다. 정조 비밀 어찰을 발굴하고 정리한 안대회 교수는 정조의 이런 정치 행태를 막후정치, 공작정치, 어찰(御札)정치라 했다(안대회, 2010).

이런 식이었으니 『실록』이나 『승정원일기』 같은 공식 기록만 가지고 정조 대 정치의 실상을 정확히 이해한다는 것은 난망한 일이다. 비밀편지로 보면 벽파가 정조의 반대당이었다는 기왕의 학계의 정설도 어쩌면 너무 순진한 것이 아니었던가 싶을 정도다. 오히려 자신 앞에서 강하게 버티는 모습을 보이라고 정조가 벽파를 부추기고 있다. 벽파가 정조에게 정말 위협적인 세력이었다면 그 영수인 심환지와 그렇게 집중적으로 비밀편지를 주고받을 수 있었을까? 그러기에는 편지의 내용이 너무나 허물이 없다. 아무리 감춘다고 하여도 마음속으로 위협적인 세력이라고 생각하고 있는 인물에게 쓰는 편지라면 어느 구석인가에는 숨겨진 긴장의 흔적이라도 보이게 마련이다. 그러나 이번에 드러난 비밀편지에는 그런 점이 느껴지지 않는다. 정조는 비밀편지에서 시파도 마음껏 욕하고 벽파도 실컷 조롱한다. 그러면서 하려면 제대로 강단 있게 해보라고 심환지를 자극하고 재촉한다.

문화 행태가 다를 뿐 정조 대 조정의 권력 상황은 베르사이유로 모여든 귀족들을 군주가 마음대로 조종했던 프랑스 절대왕정의 궁정과 너무나도 비슷하다. 다분히 희극적인 요소, 또는 과다하게 연극적인 요소가 있었던 점에서도 두 나라의 궁정 상황은 매우 닮았다. 17~18세기 프랑스 왕국이 아주 분주하게 전쟁을 벌였던 전쟁국가였다는 점만을 빼면, 조선과 프랑스의 국가 내 신분구조나 권력 상황은 일단 외형상 너무나 비슷했다.

프랑스 대귀족 출신 토크빌이 17~18세기 프랑스를 분석하면서 날카롭게 지적했듯이 군주의 주권이 배타적으로 공고화되는 과정은 한편으로는 귀족 세력의 약화, 그리고 다른 한편으로는 군주 이하 만민의 평등화 과정과 깊이 맞물린다(Tocqueville, 1954, 1955). 조선의 유력 유자 당파 세력은 프랑스형의 봉건귀족은 아니었지만 어쨌든 왕권을 견제하는 막강한 준(準)귀족 세력이었다. 정조는 이 세력을 조정과 재야 모두에서 크게 약화시켰다. 프랑스 군주가 귀족의 삼부회를 무력화시킨 것과 마찬가지다. 중간 유림 세력을 무력화시켜 군주와 지방수령 간의 직통〔通下情〕 통치 구조를 세웠다. 프랑스 군주가 각 주에 직할행정관(intendant)을 파견했던 것과 같다. 정조의 신해통공(상업독점철폐), 서얼허통(서자차별철폐), 노비 추쇄관 혁파 정책은 그의 만천명월적 통치이념의 표현이었다. 평등화 경향은 밑으로부터도 진행되고 있었다. 17~18세기 프랑스에서는 '귀족 인플레 현상'이 일어나 너도나도 '신사(gentilhomme)'를 자처하는 일이 벌어졌다. 같은 시기 조선에서는 '온 나라가 양반 되는' 유교적 평등화 과정이 급격하게 진행되었다(제12장).

숙종, 영조를 거치면서 기해예송 때 현종을 두렵게 하고 또 분노케 하였던 조징의 이중권력, 대간(臺諫)의 견제권력은 사실상 무력화되어 있었다. 정조 대에 이르면 윤휴가 일찍이 주창했고 후일 정약용이 지지했던 대간 폐지론은 이미 이론이 아니라 현실이었다. 아울러 재야를 지배하던 유림 세력, 그리고 이 세력의 공론의 대표자로 존중받던 '산림(山林)'의 권위도 현저히 추락했다. 그 결과 조정은 군주 일인의 의지에 조종되었고, 지방도 국왕이 직접 챙기는 직할관리 대상이 되었다. 유교국가의 '상층유교(high confucianism)' 세계가 이렇듯 현저하게 변모해가는 동안, 사회의 밑바닥에는 '대중유교(mass confucianism)'의 새로운 파고가 높게 일어나고 있었다 (제13장).

그러나 영·정조가 만들어낸 이러한 만천명월형 중앙집중 정치 시스템의 열매는 조정의 몇몇 척족 집안의 손아귀로 넘어가고 말았다. 그토록 영명하고 정력적이었던 정조가 갑자기 사거한 이후의 일이다. 정조가 구축한 시스템의 문제는 과연 정조와 같이 학문과 정력이 탁월한 군주가 아니라 지극히 평범한 군주가 그 자리에 앉게 될 때 무슨 일이 벌어질 것인지에 대한 대책이 분명하지 않다는 점이다. 정조 밑에서 정치를 배운 순조의 장인이자 시파의 영수인 김조순과 그 가문 일족이 이제 그 역할을 대신하게 된다. 그리하여 정치는 영명한 군주가 아니라 소수 벌열(閥閱)의 손에 사유화된다.

숙종, 영조 그리고 최후로 정조가 세도(世道)정치, 즉 유교 공론정치를 무력화시키고 난 후, 이제 소수 가문이 정치와 국고를 사유화하는 세도(勢道)정치가 되었다. 공론정치를 무력화시킨 강한 군주가 사라진 후 이를 억제할 세력은 남아 있지 않았다. 유교정치의 내부 정화 시스템이 파손된 것이다. 세도(世道)를 죽이자, 세도(勢道)가 기승했다. 그럼에도 순조, 헌종 때까지만 해도 그럭저럭 나라꼴은 유지된다. 조선 경제는 국가의 재분배 비율이 매우 큰 소농경제였고, 그 재분배 기능은 주로 환곡(還穀)제도로 나타났다. 그 규모는 18세기 초 500만 석에서 18세기 말 1000만 석까지 증가하는데, 호당 할당 비율로 계산하면 당시 중국의 재분배 비축미인 상평곡의 5배에 해당한다고 한다(박이택, 이영훈, 2002). 그러나 그 규모는 19세기 들어 급격히 감소한다. 여기엔 대(對)중일(中日) 무역의 퇴조, 시장 기능의 저하, 연이은 가뭄, 생산량과 인구의 감소, 물가 상승 등 여러 요인이 중첩되지만, 이러한 위기 상황을 추스르고 적극적인 반전을 모색해야 할 정치체제는 오히려 퇴화하고 있었다. 앞서 '정치와 국고의 사유화'라고 했던 세도정치는 국가 전체를 거대한 사적 수탈 체제로 전락시켰다. 퇴화하는 정치 시스템이 위기 상황을 수습하기는커녕 더욱 부채질하고 있었던 셈이다. 철종 때부터는 쌓였던 여러 적폐가 걷잡을 수 없이 터져 나오기 시작한다. 때는 중국이 아편전쟁에서 영국에게 굴욕적으로 패배하고, 영화로웠던 17~18세기 동아시아의 시대가 급격하게 기울어지기 시작하던 즈음이었다.

제12장

"온 나라가 양반 되기"
조선 후기 유교적 평등화 메커니즘

내가 소망하는 것은 온 나라를 양반 되게 하여 온 나라에 양반 없게 하는 것이다.

(정약용, 「발고정림생원론(跋顧亭林生員論)」)

앙시앵 레짐을 구성했던 사람들, 최소한 눈에 두드러지게 마련인 상층과 중간층 계급에 속하는 모든 사람들이 너무나도 서로 비슷하게 되어갔다.

(토크빌, *The Old Regime and the French Revolution*)

이러한 〔신분의〕 경주에 관여한 모든 집단은, 그들이 점하는 위계가 어디든지 간에, 계속 앞으로 달려 그들을 바짝 뒤쫓고 있는 집단으로부터의 거리를 떼어놓지 않고서는 그들의 위치, 희소성과 위계를 유지할 수 없게 되는데, 이는 동시에 그들의 바로 앞을 달리고 있는 집단과의 차이를 끊임없이 위태롭게 하는 과정이기도 하다.

(부르디외, *Distinction*)

1. 평등 지향과 신분 지향

어느 사회에서 평등 지향성과 신분 지향성이 동시에 강할 수 있을까? 길게 고민할 것 없다. 바로 한국이 그렇다. 한국인의 평등 지향성은 세계 어느 나라에 비해 보더라도 결코 뒤떨어지지 않는다. 그러면서도 암묵적인 지위 차등 의식은 매우 크다. 이 둘은 모순인가? 그렇기도 하고 그렇지 않기도 하다.

우선 평등을 철학적 차원에서 보면 그 둘은 분명 모순이다. 철학자 임마누엘 칸트가 말하는 평등은 도덕적 자율성(moral autonomy)이 내면화된, 그리하여 사회적 층위가 인격적·도덕적 층위로 침하되지 않는 자유로운 시민으로서의 평등이다. 따라서 평등 의식의 수준이 높을수록 사회적 차등 의식은 약화되기 마련이다. 유교사상 내부에도 이러한 철학적 평등관이 분명히 존재한다. 『맹자』의 "모든 사람이 요순이 될 수 있다(人皆爲堯舜)"는 주장이나, 『예기』의 '천하위공(天下爲公)' 사상, 그리고 송대 정주학의 창건자 중 한 사람인 장재(張載)의 "민과 나는 하나(民吾同胞)"라는 담론(「서명(西銘)」) 등 몇몇 예에서도 알 수 있다.

그러나 평등을 사회학적 차원에서 보면 이 둘이 꼭 모순인 것은 아니다. 오히려 비례 관계가 될 수도 있다. 글머리에 인용한 정약용, 토크빌, 부르디외의 글들이 모두 사회학적 의미의 평등이 가지는 양면성과 역설을 잘 드러내주고 있다. 평등화 경향이 강하다는 것은 그만큼 신분 경쟁도 치열하다는 말이다. 내가 뛰고 있지만 내 옆의 그가 더 빨리 뛰면 나는 뒤떨어진다. 그러니 더 열심히 뛰어야 한다. 평등 의식과 차등 의식은 여기서 오히려 비례적 상승 관계에 있다. 이렇게 보면 평등 지향과 신분 지향이 동시에 강한 사회는 한국만이 아니다. 다만 한국에서 특이하게 그 상승 관계가 강한 것뿐이다. 물론 현대사회의 '신분(status)'은 봉건시대의 신분

(estate)과는 크게 다르다. 봉건적 신분은 세습되어 미리 고정되어 있으므로 오히려 신분 경쟁이 지극히 약하다. 봉건적 신분이 해체될수록 신분 경쟁이 강해진다. 여기서 신분이란 봉건적 의미에서의 고정된 세습 신분이 아니라 직업 위세(occupational prestige)의 차등 서열이 되겠다.

필자가 뉴욕의 한 한식집 주인에게 들은 말이 "내가 미국이 좋은 이유는 국밥집 주인인 내가 미국 대통령 앞에서 꿀릴 게 없다는 것이다"였다. 200년 넘는 공화국 역사를 가진 미국 시민들의 평등 의식 수준은 물론 높다. 그러나 이러한 언급이 미국에는 신분 경쟁이 종식되었다는 것을 반영하고 있는 것은 아니다. 오히려 미국 이민 1세대 중년 남자로서 자신이 처한 신분 경쟁의 명백한 한계에 대한 자인 역시 전제되어 있다고 보아야 할 것이다. 미국에는 유럽형 봉건제의 역사는 없지만, 인종적 봉건제는 여전히 존재한다. 눈에 보이지 않는 신분 경쟁의 주어진 한계가 있다. 미국 주류 사회에 끼어들수록 그 유리벽이 잘 보인다. 오바마가 대통령이 되었다고 해서 이 유리벽이 없어진 것이 아니다. 물론 그 구조에 큰 구멍이 났다는 것은 매우 중요하다.

유럽이나 일본은 어떤가. 이들 나라의 봉건적 신분 의식의 잔재는 서구 지향의 교육을 받은 비서구의 일반인들이 흔히 알고 있는 것보다 훨씬 강하다. 여기서는 아직도 봉건적 귀족 의식을 가지고 있는 왕가나 귀족이 엄연히 존재한다. 일반인들이 이들 귀족 가문에 대해 품고 있는 존경심도 상당하다. 물론 이에 대한 거부감이나 경멸감도 그에 못지않게 강하지만. 사회 상황이 이러하기 때문에서 구미 사회에서 '신분정치(status politics)'니 '차별짓기(distinction)'니 하는 분야에 대한 연구가 활발한 것이다(Turner, 1988; Bourdieu, 1984).

그렇기 때문에 현대 한국사회의 평등 의식의 분열, 서로 모순되는 강렬한 양면성은 두 갈래로 구분하여 읽어야 한다. 첫째, 그만큼 한국사회에서 봉건적 신분이 깊숙하게 해체되었다는 점이다. 둘째, 그 결과로 현대적 신분 경쟁이 더욱 치열해졌다는 점이다. 이 둘을 갈라 읽는 것이 중요하다. 왜냐하면 첫째 측면은 민주주의 심화의 근거가 되는 반면, 둘째 측면은 자본주의적 무한경쟁 논리에 쉽게 이용될 수 있기 때문이다. 첫째 근거를 심화시켜서 둘째 측면을 규제해야 한다.

봉건신분제가 깊게 거세되었다는 것은 그만큼 한국이 민주주의의 심화 발전에 좋은 토양을 가지고 있다는 것을 말해준다. 실제로 한국 민주주의는 세계 어느 나라에 비교하더라도 특이한 활력과 역동성을 가지고 있다. 이 장의 목적은 그렇듯 특별히 강렬한 한국사회의 민주주의적 지향과 평등화 경향의 역사적 뿌리를 캐보려는 것이다.

칸트는 인류사를 장기적 관점에서 보면서 사회적 층위 격차가 점차 감소해갈 것이고, 이런 경향 속에서 도덕적 자율성이 내면화된 자유로운 시민으로서의 평등 역시 점차 실현되어갈 것으로 믿었다. 칸트적 평등관은 근대세계의 규제적 이념(regulative idea)으로서 영원한 가치를 갖는다. 독특하게 강한 한국사회의 평등 지향성을 칸트적 의미의 평등으로 심화시켜가는 것이 우리에게 남은 과제다. 그 과제를 풀어나갈 단서를 포착하기 위해서라도 한국형 평등화 경향의 역사적 전개 과정을 정확히 이해해야 한다.

2. 조선 후기 '온 나라가 양반 되기'의 개괄

"민(民) 가운데 사족(士族)이란 명색의 사람들이 5분의 2에 이르고 있습니다(民之以士族名者, 殆五之二)"(『정조실록』). 1778년(정조 2) 윤6월 23일, 대사성 유당이 올린 상소의 한 구절이다.

사족(士族)이란 양반이다. 조선의 16세기를 '양반의 세기'라 한다. 정통 유학을 제대로 익힌 향촌의 유자들이 중앙정계에 맹렬히 진출하기 시작했던 때다. 그로부터 200년, 민의 40퍼센트가 사족=양반을 자처하고 있다는 말이 나왔다. 그것도 조정 최고 관료의 발언을 통해서다. 이로부터 수십 년 후 정약용은 "내가 바라는 바는 온 나라를 양반 되게 하여 온 나라에 양반 없게 하는 것이다"라고까지 하였다(「발고정림생원론(跋顧亭林生員論)」). 이어 19세기 이후에는 통상 양반 신분으로 분류되는 '유학(幼學)'층이 "전 인구의 60퍼센트를 넘어서 인구의 절대다수를 차지"하게 된다는 놀라운 현상을 목도하게 된다(김성우, 2003:26). 다산이 말했던 '온 나라가 양반 되기'가 꿈이 아닌 현실이 된 셈이다.

"온 나라가 양반이 되어 온 나라에 양반이 없게 되기 바란다"는 정약용의 언급은 이후 전개된 사태의 요체를 찌르고 있다. 실로 모두가 양반이면 누구도 양반일 수 없을 것이다. 양반을 없애는 데 이보다 더 확실한 방법은 없다. 모두가 '사족=유자=양반'일 때 유교왕조의 이념은 완료된 것이며, 그로써 그 역사적 소임을 다한 것이다. 역사상 어느 왕조보다 더 유교적이었던 조선은 유교가 갈 수 있는 극한까지 유교의 길을 갔다. 유교세계가 보여줄 수 있는 모든 것을 다 보여주었다. 그리하여 온 나라가 양반이 되었을 때, 유교의 담지자 사족=유자=양반은 그 사명을 다하고 사라진다. 유교가 유교를 지운다.

조선 양반층의 증가 추세는 17세기 후반부터 시작되어(전체 인구의 대략 10퍼센트) 18세기에 본격화되며(대략 40퍼센트) 19세기에 절정에 이른다(대략 60퍼센트). 이 시기는 조선사에서 '소농사회'의 정착기이기도 하다. 이 증가율은 가히 폭발적이다. 이런 놀라운 규모의 지배 신분 증가가 조선 후기 이외의 어느 곳, 어느 시대에 존재했는지 필자는 알지 못한다. 그나마 비교해볼 만한 사례는 16~17세기 영국과 프랑스다. 이 시대 이들 나라들에서는 재정 조달을 위한 귀족 작위 매각이 늘어 귀족 수가 급속히 증가했던 적이 있다. 이 분야 역사가들은 이 현상을 '귀족 인플레(inflation of nobility)'라 부른다(Stone, 1958, 1971). 증가율은 분명 컸다. 롤랑 무스니에는 1665년의 프랑스 관직보유자가 1515년에 비해 10배 이상 증가했다고 했다(Mousnier, 1971, 1983~1984). 그럼에도 원래 관직과 귀족의 수가 많지 않아 전체 인구 대비 귀족 비율은 매우 낮았다. 프랑스의 경우 17세기 중후반 이후 왕권이 강화되고 귀족 단속이 심해지면서 귀족의 수는 오히려 감소한다.

같은 유교권인 중국과 일본에서는 어떠했는가. 중국의 경우에는 이미 명대 중반 이후에는 신분 개념 자체가 무의미해졌다. 17세기에 이르면 국가가 신분을 조사하여 편적(編籍)하는 관행 자체가 사라졌다. 정복왕조인 청나라 만주족 왕족과 공신 귀족들은 봉건적 지배층을 형성하고 있었지만, 일반 민(民)의 차원에서 세습 신분은 존재하지 않았다. 유자층의 비율이 특별히 증가하는 현상도 발견되지 않는다. 반면 일본은 막부 시대 내내 부시(武士), 노민(農民), 쵸닌(町人), 에타(穢多), 히닌(非人) 등의 신분 획정이 엄격해서 그 비율에 큰 변동이 없었다(미야지마, 2003).

조선의 양반은 특이한 신분이다. 유럽과 일본의 지배 신분이었던 봉건 영주 계급과 전혀 다르다. 작위, 봉토, 봉신을 세습하지 않는다. 이 점에서 조선의 양반과 송대 이후 중국의 '향신(鄕紳)=신사(紳士)층'의 성격은 유사하다. 모두 과거제도가 만든 신분이라 할 수 있다. 그러나 중국의 신사층은 최소한 1차 시험에 합격한 자와 그 가족으로 한하였다. 과거 합격 결과 획득하는 생원·진사의 칭호가 세습되는 것은 물론 아니다. 과거도 엄격하게 3년마다 시행되어, 인구 전체적으로 신사 신분의 유자(儒者)와 그 가문의 수는 극히 적을 수밖에 없었다. 반면 과거 응시 자격에는 거의 제한이 없었다. 중국의 봉건 신분제는 일찍이 송대 이래 해체 과정에 있었기 때문이다. 그 결과 신분의 사회적 유동성이 매우 강했다. 그만큼 생원을 준비하는 층은 굉장히 넓었다. 그러나 생원의 자격과 신분 자체는 엄격히 제한되어 있었다.

조선의 양반은 중국의 향신에 비해 기준이 더 넓고, 세력도 강했다. 양반의 기준에는 두 가지가 있었다. 하나는 법제적 기준이고, 다른 하나는 사회적 기준이다. 전자는 좁은 기준이고 후자는 넓은 기준이다. 우선 법제적으로 가장 좁은 범위에서 양반의 기준은 본인의 관직 획득과 4조(부, 조부, 증조부와 외조부)의 관직 보유 여부였다. 이 기준 역시 중국처럼 과거 등제를 전제로 하고 있지만, 4대조까지 범위를 확대한다거나 혼인을 통해 양반이 될 수 있다거나 하는 점에서 이미 중국의 신사 신분보다 그 범위가 넓다. 더욱이 조선왕조의 과거 시행 빈도는 중국에 비해 훨씬 많았다.

여기에다 실제의 사회적 관계에서 양반으로 인정되는 현실적 범주는 법제적 범주보다 훨씬 넓었다. 사회적, 관습적 기준이라 할 수 있다(지승종, 1989; 김필동, 1999). 쉽게 말하면 지역 유지로 인정받으면 된다. 철저히 유교사회였던 조선시대에는 유교적 예법 실천과 학문 수련에서 어떤 가문이 지역사회에서 어느 정도의 사회적 인정 또는 위신(prestige)을 획득하고 있느냐의 여부가 관건이었다. 조선 후기로 가면 양반가의 행태를 모방하는 층이 늘어난다. 경제력 상승도 바탕이 되었다. 이런 신흥 세력이 지역의 양반 명부라고 할 수 있는 향안(鄕案)이나 청금록(靑衿錄)에 이름 올리기를 요구하고 얼마간의 알력 끝에 받아들여진다. 이런 경우 국가가 신흥 세력의 편을 드는 경우가 많았다는 것이 흥미롭다. 이런 세력들이 호구조사에서 양반으로 분류되는 '유학(幼學)' 직역을 획득한다. 참봉이나 생원 등 하급직위를 사기도 한다. 그러면서 양반으로 행세한다. 결국 조선의 양반은 법제적 기준과 사회적 기준이 느슨하게 중첩되어 있어서 얼마든지 그 범위가 넓어질 수 있었던 특이한 신분이었다. 조선의 왕권은 이러한 양반 확대를 오히려 왕권 강화의 수단으로 이용한 감이 있다. 특히 영·정조가 그랬다.

조선왕조는 양반층 확대에 관용적인 정책을 폈다고 할 수 있다. 잦은 과거 시행도 그렇고 신흥 세력의 양반권 요구에 대해서도 그랬다. 영·정조와 같은 강한 군주들은 아전, 서얼, 향리 등의 양반 되기 운동인 통청(通淸) 요구를 오히려 적극적으로 이용했다. 왕권을 능가할 만큼 강했던 사림정치세력을 양반 내 분쟁을 유도하여 약화시키고, 신흥 양반 세력을 자신의 수족으로 삼아 왕권을 강화하려 하였던 것이다. 조선이라는 유교국가 자체가 양반층 확대에 강한 제동을 가하지 않아 후일 양반층 폭증의 근거를 제공하고 있었다고 할 수 있다.

16~19세기는 동서를 막론하고 '시장=상업경제'가 활성화되고, 그 결과 경제력을 갖춘 신흥 세력이 부상했던 시대다. 19세기 전반의 프랑스인으로 대귀족 출신 정치가이자 지식인이었던 토크빌은 17~18세기의 프랑스와 19세기 미국의 사회상을 비교 분석하면서, 이들 시대에 공통적으로 발견되는 특징을 "사회적 조건의 일반적 평등(general equality of social conditions)" 경향이라 하였다. 그 결과 "상층과 중간층의 사람들이 너무나도 서로 비슷해지고 있다"고 진단했다(Tocqueville, 1945, 1955). 동아시아도 상황은 비슷했다. 중국과 일본에서도 '시장=상업경제'가 강화되어 상업농-도시상인층의 사회적 지위는 지속적으로 상승하고 있었다. 장시가 크게 증가하고 화폐경제가 확대되었던 조선도 예외는 아니었다. 일종의 평등화 현상이 발생하는데, 이는 초기근대에서 근대로 이행하는 사회에서 일반적으로 관찰되는 현상이다.

그러나 그 평등화의 양상이 상층 신분 인구 비율이 60~70퍼센트에까지 이르는 방식으로 나타난다고 하는 것도 도대체 비교의 대상을 찾아볼수 없는 지극히 특이한 현상임에 분명하다. '온 나라가 양반 되기'는 오직 조선 유교사회에서만 발생할 수 있었던 지극히 특이한 평등화 현상이었다. 이 지극히 특이했던 평등화 경향의 동력과 논리 역시 지극히 유교적이었다. 그동안 존재했던 어떤 사회, 어떤 왕조보다 더욱 유교적이었기 때문에 생길 수 있었던 기이한 현상이었다. 그 핵심은 유교적 예법의 폭발적인 확산 메커니즘에 있었다. 조선 후기 유교적 평등화는 유교 예법의 3단계 동심원적 확대 운동, 또는 3중 파장 운동을 통해 전개되었다. 이는 아래와 같이 요약된다.

①제1평등화 과정(제1파장): 16세기부터 성리학적 예론이 주류 이념으로서 조선의 상층 사족층에 확산되고 17세기에 이르러 성리학적 예론은 기해, 갑인년의 주요 예송을 통해 강력한 정치투쟁의 수단으로 벼려진다. 예를 통한 정치투쟁이 전국화(nationalize)한다. 다시 말하면 유교 예법의 전국정치(national politics)가 전개된다. 이에 따라 성리학적 예론에 내재한 평등적 예관(禮觀) 역시 향촌 사족 속으로 널리 전파된다.

②제2평등화 과정(제2파장): 18세기에 들어서면 향촌 사회에서 신양반층이라고 할 수 있는 이른바 '신향(新鄕)'이 대거 출현한다. 이들과 구양반층인 구향(舊鄕)과의 주도권 다툼이 전개되는데 예는 주도권 다툼의 주요 수단이 된다. 이러한 구향과 신향 사이의 신분 투쟁을 향전(鄕戰)이라고 하는데, 이 향전은 양반층이 인구학적으로 확장되는 유교적 평등화 메커니즘의 제2의 계기를 이룬다.

③제3평등화 과정(제3파장): 향전의 본격화보다 다소 늦게 노비의 속량, 탈주가 가속화, 대규모화하기 시작한다. 노비의 수는 급감한다. 이들 탈주 노비들은 타향으로 흘러 들어가 양인 행세를 하고 이들 중 성공한 부류는 한 발 더 나아가 양반 행세를 하면서 향전의 한 축을 이룬다. 노비층이 양반 되기에 가담함으로써 이제 양반 되기는 온 나라의 강박이 된다. 양인과 노비 양대 인구층이 급감하고 반대로 양반 직역은 급증한다. 이로써 '온 나라가 양반 되기'는 절정에 이른다.

이상의 세 개의 계기는 시기적으로 이어지면서 중첩적으로 가중되어 후기로 갈수록 폭발적인 양상을 보인다. 조선 후기에 관찰되는 신분제 자체에 대한 광범한 냉소, 회의, 부정은 바로 신분 상승의 압력이 거세어지면서 나타나는 현상이었다. 대대적인 양반화 현상은 양반층 내부에서의 차별짓기를 일층 강화시켰다. 따라서 조선 후기 사회는 신분제가 해체 중인 사회였다는 주장과 신분적 차별이 오히려 강화되고 있던 사회였다는, 기왕의 학계에서 평행선을 그려왔던 두 가지 해석이 실은 동일한 사태의 양면이었던 것이었다.

조선 후기에 신분 차별이 오히려 강화되었다는 주장은 송준호(1987)가 대표한다. 송 교수는 조선 후기에 크게 증가하는 유학, 향임, 생원 층을 일괄하여 양반으로 분류하는 데 대해 반대했다. 양반도 아닌 사람들을 양반이라 부르니까 양반이 부풀려져 보일 뿐이라는 이야기다. 송 교수는 반대로 조선 후기에 양반 신분제가 오히려 강화되고 있다고 했다. 그의 연구는 향촌의 명문 양반가에 집중했다. 조선 후기에 서울의 몇몇 벌열과 향촌의 지배적 명문 양반가가 자신의 위세를 더욱 강화시켰던 것은 분명한 사실이다. 그러나 그것은 전체 그림의 일부분일 뿐이다.

조선 후기의 전체 그림은 양반 신분의 하단이 느슨하게 열리고 인구의 많은 수가 그 안으로 맹렬하게 몰려 들어가는 모습이다. 송 교수 주장의 요점은 그렇듯 쏠려 들어가는 사람들이 '진짜양반'인지 '가짜양반'인지 구분하자는 것이다. 그렇게 보면 이들 대부분이 가짜양반이고, 따라서 '온 나라 양반 되기'는 허상이라는 것이다. 그러나 양반의 기준 자체가 느슨하게 열려갔고 그 안으로 많은 인구층이 진입했다. 이들이 진짜양반이냐 가짜양반이냐는 문제의 핵심이 아니다. 그 모두가 가짜양반 아니었느냐고 누군가 주장한다고 해도 굳이 아니라고 우길 생각은 없다. 사실 가짜도 많았으니까. 대신 이렇게 말하겠다. 좋습니다. 백보 양보해서 설령 그렇다 합시다. 그러나 바로 그 가짜양반이 폭증하는 현상이야말로 '온 나라 양반 되기'의 핵심이요 실체입니다.

'온 나라 양반 되기'가 심각해질수록 양반 내부의 서열 차등이 중요해진다. 18세기 즈음이면 도주한 노비까지 신분 세탁을 해서 양반 행세를 한다. 어찌 진짜양반, 가짜양반의 엄격한 구분이 중차대한 사회적 문제가 되지 않았겠는가. 평등화와 차별짓기는 한 동전의 양면이었다. 송 교수는 신분 차등에 대한 자의식이 극히 높아지는 순간이야말로 신분 평등화의 경주가 절정에 이른 시점이라는 역설적 진실을 놓쳤다. 양반이 되고자 하는 사회적 열기와 동력이 인구층에 폭넓게 존재했느냐가 문제의 핵심이다. 과연 그러한 동력이나 열기가 전혀 없었는데도 양반 직역이 그와 같이 폭발적으로 증가할 수 있었겠는가? 손가락이 아니라 달을 보아야 한다. 거대한 사회적 흐름의 추이, 향방, 의미를 음미해야 한다. 최근의 호적 연구는 지역사 차원에서 매우 세밀해지고 있다. 미시사 연구는 매우 중요하다. 그렇지만 그럴수록 사회변동의 큰 흐름을 포착하는 문제의식을 놓치지 않는 것이 중요하다. 그렇지 못하면 달을 잃어버린다.

3. 기존 연구가 말해주는 것

1) 신분 변동의 실제 추세

이 주제는 일제시대 시카타[1962(1938)]의 대구 지역 호구장적(호적) 연구를 시발로 하여 일찍부터 많은 연구가 이루어진 분야다(김인걸, 1989; 지승종, 1989; 이해준, 김인걸 외, 1993). 호적, 양안, 문집 및 기타 고문서를 자료로 사용했고, 분석 지역은 울산, 단성, 산음, 언양, 진해, 상주, 금화, 서

〈표 1〉 양반호 증가가 두드러진 세 지역의 양반호 구성 비율

	대구	울산	언양
18세기 초반	18.7% (1732)	26.29% (1729)	29.1% (1711)
18세기 후반	37.5% (1783)	40.98% (1765)	32.2% (1786)
19세기 중반	70.3% (1858)	65.48% (1867)	84.4% (1861)

* ( ) 안은 연도

울 북부, 곡성 등이었다. 기본 방법은 조선왕조 호구조사의 '직역(職役)' 표기가 크게 유학(幼學), 양민(良民), 노비(奴婢)로 구분된 것을 이용한 것이다. '유학'이란 과거를 준비하고 있는 직역을 말한다.[1] 많은 연구가 유학을 넓은 의미의 양반 신분으로 해석했다. 그 결과는 조사 지역 모두에서 뚜렷한 "양반호의 증대, 상민호의 감소, 노비호의 격감" 경향으로 모아진다(지승종, 1989: 2~3). 이 가운데서도 양반 가구 수와 양반 인구의 극적인 증가가 눈에 띄는 현상이다. 특히 대구(시카타, 상동), 울산(정석종, 1972), 언양(박용숙, 1986) 지역에서는 그 증가가 두드러진다(〈표 1〉 참조).

〈표 1〉에서 보이는 양반층의 급증 현상은 지역적 편중, 호적 신뢰도, 신분 판별 방식의 문제가 연구자들 간에 신중하게 지적되고 있지만, 19세기 중반까지는 반대 추세가 발견되지 않는 확고한 사실로 인정되고 있다(지승종, 1989; 김인걸, 1989; 김성우, 2003). 조선사 장기 추세 현상으로 이만큼 풍부한 실증 근거로 뒷받침되는 사실도 흔치 않다.

당연한 말이지만, 〈표 1〉에서 보이는 양반호의 구성 비율이 조사 시기 조선 사회 전체의 정확한 신분 구성 비율과 같은 것은 아님을 유념해주기 바란다. 기왕의 연구들은 호적대장이 비교적 잘 보존되어 있는 지역을 선

---

1) '유학'과 비슷한 성격의 직역 종류로는 진사, 생원, 가선, 통정, 학생, 품관, 교생, 절충, 업무, 업유, 한량, 족친위, 통친위 등이 있다.

택할 수밖에 없었고, 이들 지역은 양반 가구가 상대적으로 많았던 반촌(班村)일 가능성이 높다. 그리고 이 시기 호적이나 양안의 유학(幼學) 비율에는 허수가 상당히 많았을 것임을 염두에 두어야 한다(최승희, 2003; 정진영, 2003; 김성우, 2003). 특히 조선 행정 체계의 기강이 크게 문란해진 19세기 중반의 시점에는 더욱 그렇다. 〈표 1〉은 그런 한계를 가진 연구 결과 중에서도 양반 가구 증가율이 가장 큰 지역들만을 뽑아 보여준 것일 뿐이다. 추세를 충격적으로 보여주는 사례들이라고 생각하면 되겠다. 이러한 모든 고려 사항을 신중하게 고려해보아도 양반층 폭증-노비층 격감이라는 대추세는 부인될 수 없는 분명한 사실로 남는다.

위 표와 함께 주목해볼 만한 자료가 또 하나 있다. 조선왕조 최후의 호적조사 결과다. 조선에서 오늘날의 근대적 통계조사 방식과 유사한 최초의 조사지침은 1896년에 칙령으로 발표된 '호구조사규칙'이다. 이 지침은 이전 호적조사에서의 '직역' 대신 '직업'을 표기하도록 되어 있다. 이때는 이미 신분제가 법적으로 폐지(1894)되어 신분과 부세·군역과의 연관이 끊어진 상태였다. 부세·군역을 면하기 위해 양반 신분으로 위장할 필요가 없어진 것이다. 따라서 통계상 양반 비율에 허수가 빠졌다고 볼 수 있다. 이 지침에 따라 1903년과 1906년에 작성된 한성부(서울) 호적에서 양반의 비율은 34.8퍼센트(상민 53.8퍼센트, 근대직업 3.8퍼센트, 무응답 7.5퍼센트)로 나타난다. 이는 1905년 《대한매일신보》에서 서울 중심의 자체 조사를 토대로 전국의 양반 인구를 전체 인구의 3분의 1로 추정한 것에 대략 근접한다(김영모, 1982; 조성윤, 1992; 지승종, 2000). 직역에 의거한 호구조사의 신빙성을 의심하는 연구자들도 19세기 말, 20세기 초의 이 조사 결과를 무시할 수는 없을 것이다.

그렇다면 이제 17~19세기의 '직역' 호구조사와 1903년과 1906년의 '직업' 호구조사 결과를 묶어서 하나의 그림으로 만들어보면 어떻게 될

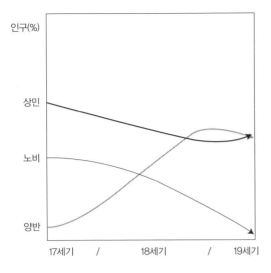

<그림 1> 조선 후기 '온 나라 양반 되기' 현상의 신분 추세

까? 물론 두 가지 호구조사는 기준과 목표, 포괄 범위에서 큰 차이가 있다. 따라서 엄밀히 말하면 같은 차원에서 한 그림으로 묶이기 어렵다. 그럼에도 양 조사가 모두 양반이라는 신분의 비율을 보여주고 있으니만큼 대략의 큰 추세를 읽어보고자 하는 목적이라면 이 둘을 묶어보는 것도 의미가 있을 것이다. 이런 점을 전제로 두 가지 호구조사 결과를 묶어보면 대략 〈그림 1〉과 같이 된다.

〈그림 1〉의 세로축은 인구 수(퍼센트)를 나타내지만, 동시에 양반 되기 추세의 강도(強度, intensity)를 보여주는 것이기도 하다. 왕조의 체제 전반이 무너져갈 때, 그 무너져가는 체제의 지배 신분이 되어 보겠다는 신분 상승의 동력이 함께 떨어지는 것은 당연한 일이다. 따라서 〈그림 1〉에서 양반층의 비율 곡선의 동향은 조선이라는 특이한 유교 왕조 시스템의 활력을 나타내주는 것이기도 하다. 이를 풀어 이야기해보자.

앞서 1778년 조정의 핵심 관료가 "민의 5분의 2가 명색이 사족(民之以士族名者, 殆五之二)"이라고 했던 진술과 1903년 '직업' 조사에서 서울의 인구 35퍼센트가 양반으로 분류되었다는 사실은 놀랍도록 일치한다. 그러나 이 두 시점 사이에 행해진 여러 다른 호구조사 결과들을 참고하면, 1778년과 1903년이라는 두 시점 사이에 '온 나라가 양반 되기' 추세의 상승 운동과 하강 운동이 있었고, 그 사이 어느 지점에 이 운동의 정점(頂點)이 있을 것이라 추정할 수 있다. 조선 후기의 '온 나라가 양반 되기'란 18세기 말의 근 4할(殆五之二)이 1903년의 근 4할로 그대로 변화 없이 이어지는 것과 같은 평온한 지속이 아니라 거세게 움직이는 운동이요 열기였기 때문이다. 그렇다면 1903년 조사에서 양반 근 4할은 일단 '직역' 분류가 아닌 '직업' 분류였기 때문에 그 비율이 낮게 나왔다는 점도 있겠지만, '온 나라 양반 되기' 또는 '양반열'의 동력이 한풀 꺾인 이후의 사회 상태와 신분 구성을 표현하고 있다고 해석할 수 있을 것이다.

조선이 가장 번성했던 시기는 영·정조 연간이었다. 반면 철종 대(1849~1863)는 왕조의 몰락 징후가 확실하게 터져 나오기 시작했던 때다. 사회적 동역학으로서의 '온 나라 양반 되기'란 신분 상승의 욕구가 그만큼 크고 또 그러한 신분 상승을 실제로 가능하게 하는 물질적 조건이 갖추어졌을 때 비로소 가능한 일이다. 이런 차원에서 명과 실이 서로 부합하는 '온 나라가 양반 되기'란 왕조 말폐의 징후라기보다 오히려 국운의 상승기에 나타나는 현상일 것이다. 실제로 '온 나라 양반 되기' 현상이 선명했던 17세기 후반에서 18세기는 조선에서 인구, 생산, 시장, 재정, 무역 등 모든 경제지표가 두드러지게 상승하던 시기였다.

이러한 거시적 사회 추세는 물리적 운동처럼 일정한 관성을 갖는다. 최적 조건이 사라졌음에도 운동의 관성은 일정 기간 존속하는 것이다. 이런 점들을 고려하면 명실상부한 의미에서의 '온 나라가 양반 되기' 추세는 정조 사거 이후 국운의 하락이 뚜렷해지는 철종 시대 이전까지의 시간 사이 어느 지점에서 정점에 이르렀을 것이라 추정할 수 있다. 경제지표 역시 비슷하게 나타난다. 18세기 말 정점에 이르러 대략 1820~1840년에 완만한 하강 곡선을 그리다 이후에는 급격한 하락 현상을 보인다. 그렇다면 왜 여러 경제지표가 급격히 하락하는 철종 연간의 '유학' 비율이 (일부 지역에서) 오히려 가장 높게 나타나는 것일까? 이 시기에 국가 기강이 가장 크게 무너졌고 그만큼 헐값으로 유학 신분을 매득할 수 있었기 때문일 것이다. 헐값으로 양반 직역을 샀다 해도 도생하기 어려울 만큼 생활이 피폐하게 되면 향청이나 향회에 얼굴을 내밀 수도 없고 따라서 양반 노릇도 불가능한 일이다. 이런 식의 '유학' 증가는 실제적인 의미가 없는 진짜 허수다. 1801년 관노비가 혁파되고, 1887년에는 노비 신분의 세습이 부정된다. 노비 제도 자체가 폐지되면 맹렬한 탈출욕, 상승욕도 풀이 꺾이기 마련이다. 그래서 이때쯤이면 이미 양반열도 꺼졌다고 보아야 할 것이다.

이렇게 볼 때, 1903년 조사에서 서울 인구의 근 4할이 양반으로 분류되었다는 사실은 놀라운 일이다. 이 조사에서 '직업'으로서의 양반이란 오늘날의 감각으로 말하면 중산층에 가깝다 할 것이다. 양반이란 유업(儒業)을 본으로 삼는 사람이고, 유업이란 유교적 교양의 연마다. 서울 인구의 근 4할이 나름대로 생계를 유지하면서 그 수준이야 어떻든 나름의 양반적 생활양식을 영위하고 있었다는 이야기다. 양반 국가가 망해가는 순간에 그 수도의 인구 근 4할이 양반이었다는 사실을 냉소적으로 볼 수도 있다. 그러나 동시에 이 지극히 유교적인 왕조의 과거 전성기 때의 저력을 미루어 짐작케 해주는 대목이라 읽을 수 있지도 않을까?

2) 어떻게 해석해왔는가

지금까지 이 현상에 대한 다양한 분석을 대별해보면 크게 세 가지로 요약할 수 있다. 첫째는 조선왕조 통치 기강의 붕괴 증거로 해석하는 것. 둘째, 전통 사회 질곡의 내부 극복과 새로운 사회질서의 형성 과정의 일환으로 해석하는 것. 셋째는 조선적 내지는 한국적 정치문화의 항구적 특징으로 해석하는 것이다.

첫째 입장은 일제 시대 시카타의 연구가 대표한다. 시카타는 봉건사회의 신분적 구분의 엄격성이 무너졌다는 사실 자체를 조선왕조가 '사회적 통제' 능력을 잃고 있었다는 증거로 해석한다(시카타, 상동: 29). 그는 아울러 양반 신분을 불법적으로 위조하거나, 또는 합법적으로 사들이는 방법이 광범위하게 일어났음을 들어 조선 "사회의 부패상"은 "상상하고도 남음이 있을 것"이라 하였다(상동). 결국 시카타의 해석은 조선왕조 지배 엘리트의 무능과 부패에 초점이 맞추어지며, 이러한 해석은 '자기 유지의 능력을 상실한 사회'에 대한 일제 식민 통치의 정당화 근거로 이용되었다.

둘째 입장은 김용섭(1963), 정석종(1972), 신용하(1985), 김인걸(1988) 등 일군의 역사학자들과 사회사학자들로 대표된다(김인걸, 상동). 이 연구들의 공통점은 조선 후기의 신분제 동요를 19세기 활발했던 농민 저항과 결합시키고 있다는 데 있다. 이 입장은 조선 지배층의 부패와 수탈의 심화를 인정하면서도, 신분제 동요의 현상 속에서 조선 사회 내부에서 성장하고 있던 탈봉건적 맹아의 성장과 표출을 발견하려 하였다. 이 시각은 양반화 현상을 하층 신분들이 부세(賦稅)와 요역(徭役)을 면하기 위해 채택했던 수단으로(경제적 동인), 또는 신분적 지배질서에 대한 저항으로(정치적 동인) 해석한다. 이 입장은 이후 김인걸(1991), 이준구(1993), 고석규(1998) 등에 의해 보강되었다. 크게 같은 흐름의 연구로서 조선 사회 내부에서 '중간 계급'의 출현과 그 근대적 발전 가능성에 분석의 초점을 맞춘 김필동(1999)과 노비제 문제에 천착한 지승종(1995)의 연구도 주목할 만하다. 이 두 연구자는 아울러 (조선시대) 신분제 개념 정립을 시도하였다(지승종, 1988, 1989; 김필동, 1991, 1999).

셋째 입장은 그레고리 헨더슨의 '소용돌이(vortex)' 이론(Henderson, 1968; 헨더슨, 2000)이 대표한다. 헨더슨은 한국(코리아)의 신분 상승압이 고대부터 현대까지 일관되게 작용했던 '영원한 법칙＝apeiron'이라고 본다. 이런 해석을 콘하우저(Kornhauser, 1960)의 대중사회론에 착상했다는 점이 흥미롭다. 콘하우저의 대중사회론은 20세기 중반의 미국 사회를 묘사하는 이론이다. 헨더슨은 조선사 속에서 모종의 극히 현대적인 움직임을 포착했던 것이다. 그런데 헨더슨은 한국의 신분 상승 현상을 조선 후기만의 특수한 현상이 아닌 조선사, 더 나아가 한국사 전반의 항구적 특징으로 본다. 한국＝코리아는 지정학적 고립과 문화적 동질성으로 인해 고대부터 정치문화의 중앙 지향이 유난히 강했고, 조선 후기의 양반화 현상은 그러한 중앙 지향이 낳은 소용돌이 현상의 일례일 뿐이라는 것이다. "예(禮)의 독점 상실"을 조선 후기 신분 변동의 원인으로 본 최재현(Choe, 1985)의 연구도 사회학적 쏠림현상에 주목했다는 점에서 헨더슨과 비슷한 접근을 했다. 다만 체계화시키지 못하고 짧은 시론에 그치고 만 점이 아쉽다.[2] 최재현은 엘리아스(Elias, 1994〔1939〕)가 프랑스 절대주의, 절대왕정 분석에 적용한 '문명화 과정론'에 주로 의거했다. 토크빌의 프랑스 앙시앵 레짐 연구에 관심이 깊었던 헨더슨과 이 점에서도 유사하다.

이제 이상 세 종류의 해석에 대해 간단히 논평해본다. 먼저 시카타의 연구는 조선조 신분 동향에 대한 실증적 연구의 단초를 열었음에도 식민 통치 합리화라는 정치논리에 함몰되어 사태를 공정하게 읽지 못했다. 이런

---

2) 해외 한국학 학자인 수에나리(Suenari, 1994) 역시 양반층 확산에 예(禮)의 모방이 중요하다고 보았다는 점에서 최재현과 비슷하다. 그러나 인상비평적인 지적에 그쳤고, 그 현상을 전통으로의 퇴보로 해석한다는 점에서 시대의 흐름을 잘못 읽었다. 왈라번(Walraven, 1994)은 이덕무의 『사소절(士小節)』을 에라스무스의 *De Civilitate*와 비교했다. 역시 엘리아스의 예법 이론을 조선 후기에 적용해본 것이다. 그러나 정치사·사회사의 흐름과 무관하게 『사소절』이라는 특정 문헌에 대한 평이한 해석에 그치고 있다.

종류의 결함은 학술적 정합성과 신뢰도에 치명적인 타격을 준다. 시카타는 양반 확대가 조선 통치 능력의 붕괴 증거라 했지만, 반대로 아전·향리·서얼 등 신향 세력의 통청운동(양반화운동)에 긍정적으로 반응하여 이들의 지위를 강화시켜주었던 것은 영·정조 대의 강력한 왕권이었다. 18세기까지의 양반 확대는 왕권 강화의 방략이기도 하였다. 시카타의 논리대로라면 '귀족 인플레'가 두드러졌던 16~17세기 영국과 프랑스도 곧 망할 나라였어야 할 것이다. '온 나라 양반 되기'나 '귀족 인플레' 현상에는 기존 질서의 동요와 함께 신흥 세력의 부상이라는 양면이 있다. 19세기 세도(勢道)정치로 인한 말폐(末弊)가 있었음은 사실이다. 그러나 그것을 조선조 전반의 상황으로 확대 일반화하는 것은 너무나 빤한 왜곡 수법에 지나지 않는다.

둘째 범주의 연구들은 풍성한 성과에도 불구하고 하나의 명료한 전체상으로 모아내지 못했다는 아쉬움이 있다. 이 범주의 연구자들 스스로 지적해왔듯이 이 방향의 기존 연구들은 "모두 〔신분〕 동요의 사실만 일방적으로 강조하고 확인하였을 뿐이고 그것이 각각 어떠한 결과와 위치를 전체 역사 과정에서 지니고 있는지에 대해서는 논급하지 못하였"(지승종, 1989:4)고, "조선 사회 구성상 신분제가 갖는 역사적 의의는 무엇이며 중세 해체기의 신분제에 대한 평가는 어떻게 내려져야 할 것인가"(김인걸, 1989: 354~355)의 문제도 충분히 규명하지 못했다. 구체제의 붕괴에만 초점을 두는 민중사관의 맹점이 없지 않았다. 그러다 보니 조선 후기 신분사의 매우 특이했던 실제 양상, 즉 '유교적 평등화'라고 하는 몸체를 놓치고 말았다. 그럼에도 이 둘째 범주의 연구가 축적해온 풍성한 성과가 없었다면 이 글에서 시도하는 새로운 종합도 불가능했을 것이다.

둘째 범주의 다양하고 풍성한 연구 결과가 한 단계 높은 틀에서 종합되기 위해서는 보다 적극적인 이론적 구상력이 요청된다. 이런 각도에서 셋째 범주의 접근 방법, 연구 태도에는 배울 점이 있다. 물론 이들의 이론은 미완성이다. 크고 작은 오류가 많다. 그러나 역사의 복잡한 흐름을 단일한 통합적 이미지로 포착할 수 있다는 뛰어난 강점이 있다. 특히 헨더슨의 연구를 주목할 만하다. 물론 헨더슨의 저작에서 '온 나라 양반 되기' 현상에 관해 언급하고 있는 부분은 막상 매우 적다.[3] 그러나 그의 이론적 상상력이 가장 잘 적용될 수 있는 부분이 바로 여기다. 헨더슨이 그 논리를 너무 확장하여 한국사 모든 시대에 적용하려 했던 것은 명백한 오류다. 그러다 보니 논의 전체가 엄밀한 이론이라기보다 인상비평이라는 느낌을 준다. 또 모든 것이 소용돌이라고 하니 소용돌이가 정확히 무엇인지 혼란스럽다. 이런 점을 바로잡으면 그의 통찰은 대안적 이론을 구성하는 데 유용하게 쓰일 수 있다.

4. 온 나라 양반 되기의 3중 파장 운동 —새로운 종합

앞서 두 번째 범주의 연구들은 양반화 현상의 경제적 동기를 가장 중시했다. 조선 사회에서는 양반 신분을 획득하면 부세(賦稅)와 군역(軍役)이 면제되었기 때문에 이를 모면하기 위해 양반 신분을 얻으려 했다는 것이다. 물론 이는 틀린 주장은 아니다. 그러나 그 설명만으로 충분할까에 대해서는 매우 회의적이다. 그것만으로 그처럼 대규모의 급격한 양반화가 설명될 수 있을까? 그러한 동기는 조선 후기만이 아니라 조선시대 내내 항상 존재했다. 그렇다면 왜 조선 후기에만 그런 폭발적인 팽창 현상이 벌

---

3) 1968년의 영문판에서는 시카타의 연구만이 언급되고 있을 뿐인데(Henderson, 1968:41~42), 2000년 한글 번역본에는 1970년대 이루어진 연구들이 반영되어 있다(헨더슨, 2000:111).

어졌을까?

단순히 생존의 극한상황에서 부세와 군역의 압력을 회피하기 위해서만이라면 노비 투탁(投託)도 하나의 방안이다. 따라서 노비 인구의 증가가 관찰되어야 할 것이다. 지배신분이 강하고 분열되어 있지 않아서, 신분의 상향 이동이 어려운 상황이라면, 이러한 부세 압력은 오히려 신분의 하강 이동으로 나타날 수 있을 것이다. 실제로 이러한 현상이 조선의 16세기 후반~17세기 초반에 관찰된다(Wagner, 1972; Shin, 1972). 그러나 대대적 양반화 현상이 진행되는 18세기 이후에는 노비 가구 수와 인구가 오히려 격감하고 있다. 따라서 조선 후기의 양반 격증 현상을 온전히 이해하기 위해서는 면역(免役)이나 생산력 상승에 따른 잉여생산물의 축적과 같은 경제적 동기만 가지고는 충분하지 못하다.

또 두 번째 범주의 연구들이 아울러 강조한 것은 이들이 '정치적 요인'이라 부른 신분제에 대한 저항이다. 그러나 양반 신분제에 대한 저항으로 양반 신분이 폭증했다는 것은 어딘지 이상하다. 19세기 거듭된 민란이 양반 신분제를 동요시킨 것은 맞다. 그럼에도 양반화 현상은 지속되고 있었다. 앞서 살펴본 바와 같이 양반열이 꺼진 한참 이후인 1903년까지도 30~40퍼센트의 인구층의 '직업'이 양반으로 분류되고 있다. 신분제에 대한 저항은 분명히 존재했다. 그런데 그 결과가 왜 양반층의 격증으로 나타났던 것일까? '온 나라 양반 되기' 현상 자체가 평등화 운동이었으며, 이 운동에는 신분적 평등화 경향과 함께, 반(反)신분적 평등화 경향이 뒤섞여 교직되고 있었기 때문이다. 반(反)신분적 평등화 경향도 '온 나라 양반 되기'의 모습으로 나타난다는 점을 기왕의 '정치적 요인' 분석은 놓치고 있다.

신분제에 대한 저항과 항거에도 불구하고 지속되었으며, 경제적 이유만으로 설명되지 않는 폭발적인 '온 나라 양반 되기' 추세의 숨은 동력이 무엇이었던가? 여기에는 분명 유교적 평등화의 모종의 고유한 논리가 작용하고 있다. 평등과 유교는 애당초 상극이요 전혀 무관한 것이라는 흔한 통념 너머를 보아야 한다. 다음 장에서 상세히 살펴보겠지만 죽창을 들고 나선 동학도들도 유교적 신념을 가지고 있었다. 인민주권을 몸으로 구현하고 있었던 그들의 사상이 유교적이었기 때문에 반평등적이었다고 말할 수 있을까? 유교와 평등화 경향에 어떤 친화성이 존재했던 것은 아닐까?

일찍이 맹자는 "사람이면 누구나 요순이 될 수 있느냐(人皆可以爲堯舜)"는 질문에 "그렇다(可然)"고 답한 바 있다(『맹자』 「告子 下」). 요순은 유자의 모범이다. 누구나 노력하면 좋은 유자가 될 수 있다는 생각이 유교 사상의 내부에 처음부터 있었다. 물론 중국 고대의 인(人)은 민(民)과 구분되었다는 연구가 있다(자오지빈, 1999). 그렇지만 송대 이후 중국에서는 실제로 어떤 직업을 가진 사람이든 능력만 된다면 유학을 공부하고 과거를 응시하는 데 제한이 없었다. 맹자가 말한 인(人)의 범주가 계속 확장되어왔다고 할 수 있다. 다음 장에서 자세히 보겠지만 동학의 창시자인 최제우는 맹자의 말을 "민(民) 모두가 요순이 될 수 있다(民皆爲堯舜)"는 말로 변용시킨다(『동경대전』 「논학문」). 이제 문자 그대로 모든 사람이 요순=유자가 될 수 있다. 가만 보면 '온 나라가 양반 되기'는 '민개위요순'의 번역이라 해도 무리가 없다. 조선의 유자가 바로 양반이니 말이다. 그렇다면 '온 나라가 양반 되기'는 '인개위요순', '민개위요순'이라는 유교의 오랜 이상이 실현된 것이라고 해도 무방하지 않겠는가?

그러나 이런 진술이 심한 아이러니로 느껴지는 것은 온 나라에 양반화가 진행되었던 실제 과정과 논리가 맹자님 말씀대로 그럴듯 아름답기만 하였던 것은 아니기 때문이다. 맹자의 말은 요순을 따르라하면 그렇게 될 수 있다는 뜻을 담고 있다. 높은 이상을 따라하는 셋 자체에 문제는 없다. 그러나 그 이상의 순수성, 그리고 그 이상을 추구하는 진지성, 치열성에는 커다란 차이가 있게 마련이다. 어느 순간 그 이상의 알맹이는 다 빠지고

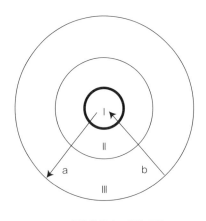

* a=예의 확산. b=예의 모방

〈그림 2〉 유교적 평등화의 3중 파장 운동

껍데기만 남게 되며, 따라하기란 껍데기만 흉내 내는 것 이상이 되지 못한다. 주희가 강조했던 위기지학(爲己之學), 즉 내면 공부가 아니라 다른 사람들에게 과시하고 다른 사람들 위에 올라서는 것을 목표로 하는 껍데기 공부가 된다. 이 모든 요소가 복잡하게 섞여 있는 것이 조선의 '온 나라가 양반 되기'였다. 현실이란 언제나 순수와 부잡(腐雜)이 뒤섞인다. 유교사회라고 예외가 아니었다. 그러나 항상 염두에 두어야 할 핵심은 유교이념 자체에 래디컬한 평등적 요소가 내재해 있다는 점이다.

이제 그렇듯 순수와 부잡이 뒤섞인 실제 과정을 차근차근 풀어보기로 하자. 앞서 '온 나라 양반 되기'는 3단계 확장 운동 또는 3중 파장 운동을 통해 이루어졌다고 했다. 〈그림 2〉는 이 과정을 압축하여 보여준다.

우선 〈그림 2〉의 기본 구조를 먼저 설명하기로 한다. 굵은 선으로 그려진 동심원 I은 16~17세기 조선왕조의 조정(朝廷)을 향해 구심적으로 응축되는 상층 사대부들의 활발한 사림정치 활동을 표현한다. 동심원 II는 대략 18세기 초반부터 본격화되기 시작하여 18~19세기 내내 활발했던 향촌에서의 신향과 구향 사이의 신분투쟁〔鄕戰〕 현상을 나타낸다. 동심원 III은 대략 18세기 중반부터 현저해지는 노비층의 속량, 탈주 그리고 이들의 양민화, 양반화 현상을 나타낸다. 동심원 I, II, III은 시기적으로 구분되지만 연속적으로 이어지면서 겹치기도 하는 중첩적·누진적 확산 과정이다.

그림에서 동심원 I은 굵은 실선으로, 동심원 II, III은 가는 실선으로 구분하여 표시한 이유는 무엇인가? 동심원 I에서의 운동이 최상층 신분층 내에서 벌어지는 상층유교적(high confucian) 현상인 반면, 동심원 II, III에서의 운동은 최상층 이하의 층에서 벌어지며 그 내용에 있어서도 세속화(secularized)된 성격을 띠는 대중유교적(mass confucian) 현상이기 때문이다. 이 둘은 그 종교성(religiosity)의 밀도와 심각성에서 질적 차이가 있다.

유교 모럴폴리틱은 이러한 동심원적 확대 운동의 기본 동력이다. 모럴폴리틱의 원형은 군주를 도덕적으로 통제(moral control)하기 위한 정치 양식이니만큼, 조정(朝廷)을 중심으로 최상층의 신분층 내에서 전개되기 마련이다. 동심원 I은 그러한 원래적 의미의 모럴폴리틱, 즉 조정을 중심으로 상층의 사대부 및 그 당파들과 국왕 사이에 벌어졌던 정치 양태를 표현하고 있다. 이 시기에 정주학적 명분론과 예론으로 무장한 사림세력이 훈구파를 대체하여 신지배층으로 부상하였고, 이러한 세력 교체가 완료된 이후에는 이들 내부에 격렬한 예송이 발생했다. 이 단계에는 '온 나라가 양반 되기'가 본격적으로 발생하지는 않았지만(오히려 노비 인구가 증가한다), 정주학적 예법을 향촌 사회에 광범하게 확산시킴으로써 이어지는 시기에 벌어진 하층 신분층의 신분 확산 운동을 위한 환경을 구축한 시기였다.

동심원 II, III의 시기에는 향촌 사회에서 신향, 양민, 노비 층이 연이어 신분 상승 운동에 가담하여 대대적인 양반화 현상에 가속도가 붙어간다. 여기서 유교적 예법은 하층 신분들이 양반 신분으로 행세하기 위한 주요 수단이 된다. 따라서 이 시기에도 유교적 윤리와 예법은 I시기와 마찬가지로 중요한 의미를 가지지만, 그 성격과 의미는 상당히 세속화, 희화화되는 모습을 보인다.

결국 I, II, III의 과정은 유교적 모럴폴리틱이 확산되어가는 과정이라 요약할 수도 있는데, I기와 II, III기는 전자가 윤리적 순도가 높은 심각한 모럴폴리틱

(serious Moralpolitik)이었다면 후자는 모사되고, 의제적이며, 대중적인 형태의 세속적 모럴폴리틱(secularized Moralpolitik)이었다는 점에서 질적인 차이가 있다.

이 과정에 강한 구심운동과 원심운동이 함께 작용한다. 동심원의 확장이 역동적일수록 이 양 운동이 서로 잡아끄는 긴장은 팽팽하다. 구심운동이란 안쪽, 중심을 향하려는 모방 운동이다. 우선 확장의 바로 앞 단계를 모방하게 되지만 모든 구심운동은 원의 중심, 핵을 지향한다. 이 모든 운동의 핵, 중심은 무엇인가? 군주와 조정? 현상적으로는 그렇다. 그러나 그것만으로는 부족하다. 군주와 궁정이 있는 모든 사회에서 그러한 운동이 벌어지는 것은 아니다. 〈그림 2〉 굵은 원의 중심에는 정주학의 성왕론과 예론이 있다. 또는 맹자가 말한 "인개위요순"이라는 모토, 또는 더 집약하여 '요순=성왕'이 있다고 해도 좋다. 이것을 붙들고 모럴폴리틱으로 무장하여 조광조를 필두로 하는 사림세력이 조정으로 진출했다. 그 핵은 엄청난 후속 파장을 일으켰다. 그 중심, 핵을 향한 구심적 모방원은 계속 확장한다. 강한 구심력은 그만큼 강한 원심력을 수반한다. 모방과 확장은 동전의 앞뒷면과 같은 것이다. 이제 각 시기 확산운동의 보다 상세한 과정을 살펴보기로 하자.

1) I기의 특징

I기의 주인공들은 16~17세기 재야에서 조정으로 진출한 신진 사림세력이다. 이 진출은 고난의 길이었다. 4대 사화(士禍)가 그것이다. 조광조의 순교자적인 결연한 태도는 이들 세력의 종교적 진지성과 치열성을 잘 보여준다. 율곡은 사림을 "마음속으로는 고도(古道)를 그리워하고, 몸으로는 유행(儒行)에 힘쓰며, 입으로 법언을 말함으로써 공론(公論)을 가진 자"라

하였다. 이들은 중국의 정통 유학인 정주학을 신봉했다. 주희가 정립한 도통(道統)정치, 모럴폴리틱을 추구했다. 이들은 재지(在地) 지주 세력이었다. 조선의 16세기는 농업생산력과 생산량이 크게 높아진 시기인데, 사림은 향촌에서 이를 주도했던 세력의 일부이기도 하였다. 예를 들어 퇴계 이황은 고향에 서너 채의 집, 150여 명의 노비, 그리고 수천 두락의 전답을 소유하고 있었다. 이런 경제력을 기반으로 유학 공부에 몰입할 수 있었고, 여기서 과거 등제자도 나오며, 그럼으로써 지체 높은 양반 신분으로 진출했다. 그렇게 하여 자신들과 비슷한 수준에 있던 다른 지방 호족들과 신분적 차별을 창조했다.

사림세력의 공통점은 정주학의 성왕론과 예론으로 무장되어 있다는 점이다. 정주학의 예론은 보수적, 진보적 양 측면을 모두 가지고 있다.『근사록』「치법」편에서 정이는 종법제가 요청되는 이유가 당나라 때와 같은 귀족적 세신(世臣)이 조정에 필요하기 때문이라 하였다. 그렇지만 그는 동시에 "종법적 오복제도는 위로는 천자에서부터 밑으로는 일반 평민까지 모두 지켜야 할 것"(『이정집(二程集)』15 : 167)이라 하여 종법적 예의 평등적 성격을 강조하였다. 주희의 『가례』는 이러한 예의 평등적 원리의 집대성이다. 『가례』의 제1장인 「통례」편이 '사당(祠堂)'으로 시작하고 있는 것은 시사적이다. 왜냐하면 그 이전 시대까지는 천자나 황족, 경대부만이 조상의 제사를 모시는 신전을 따로 둘 수 있었고 그 신전은 '묘(廟)'라 불렀기 때문이다. 주희는 봉건적 신분으로 제한된 '묘' 대신 보다 신분 개방적인 '사당'이라는 용어를 제시했다.

이렇듯 정주학적 예법으로 무장한 사림이 전개했던 정치문화의 성격을 정확히 이해할 필요가 있다. 유교적 모럴폴리틱에서는 도덕적 통제(moral control)의 방향이 군주에서 신하로 향하는 것이 아니고, 반대로 군주를 둘러싼 신하로부터 군주를 향한다. 이 도덕적 통제의 방향은 엘리아스(Elias,

1983〔1969〕, 1994〔1939〕)가 묘사하고 있는 프랑스 절대주의 궁정의 통제 방향과 반대다. 엘리아스(Elias, 1983, 1994)에게 문명화 과정을 추동하는 핵심 동력은 독점된 폭력이 유발하는 억제의 집중이다. 폭력의 독점자는 물론 절대군주다. 반면 유교적 문명화 과정을 촉발시키는 중심 동인은 독점된 폭력을 향한 경계의 집중이다. 엘리아스의 예법(civilité)은 폭력의 독점자인 왕을 중심으로 하여 원심적으로 방사되면서 형성되지만, 유교의 예법은 폭력의 독점자인 왕을 향해 구심적으로 제약하면서 구축된다(Kim, 2002). 프랑스 절대왕정의 군주의 이미지가 방사적(放射的)인 태양('태양왕' Le Roi-Soleil)인 반면, 유교군주의 이미지는 반사적(反射的)인 달(萬川明月, 月印千江)이라는 점은 결코 우연하지 않다. 엘리아스의 궁정 사회 예법 구축의 제1인(第1因)은 왕이지만, 유교사회 예법 관계 형성의 주동인(主動因)은 왕을 둘러싼 유학자들이다. 물론 숙종 – 영조를 거쳐 정조 대에 이르면 왕권강화형 유교정치가 상당히 강화되고 군주의 주도권이 크게 도약한다. 앞 장에서 본 것처럼 이 경향은 정조 대에 절정에 이르지만 정조 사후 물거품이 된다. 확실히 정조 대의 조정 상황은 프랑스 왕정과 상당히 유사한 점이 있다. 그럼에도 그는 역시 만천명월의 반사적 군주를 넘어서지 않았다. 그럴 수가 없었다. 그 자신 성왕(聖王)을 자처할 때, 요순을 자처할 때, 이미 성왕 자체=요순 자체가 태양왕과 같은 전쟁 군주일 수는 없다. 유교 조정의 광원(光源)은 왕이 아니라 그를 둘러싼 유자들이다. 반면 앙시앵 레짐 베르사이유 궁정의 유일한 발광체는 왕이었다. 토크빌이 묘사한 프랑스 절대왕정의 중앙집권적 현상을 그대로 조선 후기 사회에 대입하려 한 헨더슨은 이렇듯 통제의 방향이 뒤집어져 있음을 파악하지 못했다. 따라서 유교적 윤리와 예가 주요 수단이 되는 조선적 중앙집중화의 비교 사회학적 특징도 정확하게 정리할 수 없었다. 엘리아스의 논리를 그대로 적용한 최재현 역시 이 차이점에 주목하지 못했다.

16세기 후반에서 17세기는 사림파가 훈구파를 대체하여 지배 세력으로 자리 잡은 시기이며 아울러 노비 인구가 증가한 시기였다(Wagner, 1972; Shin, 1972). 당시의 자연재해와 연이은 전란으로 인한 경제적 피폐는 한계 상황에 몰린 양민층의 노비 투탁을 불러왔다. 살기 위해 별수 없이 노비가 되었다. 이를 흡수한 층 가운데 신흥 세력이 있는데 이들은 향촌사회의 지방 호족층으로 농지 개간과 농업생산력 향상을 주도하여 경제력을 확장했다(이태진, 1989, 2002; 미야지마, 1996). 신흥 사족층의 사회적 기반이 강화됨에 따라 양반 인구도 점진적으로 증가하였다. 17세기의 호적 분석(시카다, 1938; Wagner, 1972; Shin, 1972; 한기범, 1982; 이준구, 1983)은 이미 이 시기의 양반층이 10퍼센트 내외를 점하고 있는 것으로 나타나, "15세기나 16세기에 비해 〔17세기에는〕 이미 양반 호의 비율이 상당히 높아진 것"(강만길, 1994:128)으로 보인다.

이 시기에 중요한 점은 양반층의 증가가 시작되었다는 것보다는 뒤이어질 양반 격증 현상의 내적 논리와 환경을 구축하였다는 데 있다. 16세기에 일어난 4대 사화가 신진 사림세력이 중앙 정계에 진출하고 장악하게 되는 발판이었다면, 17세기 예송에서의 치열한 붕당 간의 투쟁은 유교정치를 전국화(nationalize)하였다. 이는 조정을 향한 중앙 지향적 회오리 정치, 군주를 향한 구심적 도덕정치를 본격화시키는 계기였다. 특히 예송은 향촌의 사족층을 넓게 끌어들이면서 진행되어 구심적 도덕정치의 동심원을 한 단계 확대하였다. 제10장 4절에서 논의한 '유교적 공론장'이 여기서 본격화되기 시작하였다. 조정의 3사(대간)를 비롯한 중앙 공론장이 중핵이 되고, 향촌의 서원, 사우, 향교가 유교 공론 네트워크의 허브가 되었다. 이 정치적 공론장은 18세기에 이르면 문학〔詩社〕·회화·판소리·완물·기호 등 문예적, 문화적 공론장으로 확장된다. 어쨌거나 사림파는 예를 무기로 도덕적 정치투쟁을 전개하고 이 투쟁을 성공리에 마감했다. 그 결과 정주학적 예의 권위가 크게 높아졌다. 이를 존숭하고 모방하여 실행하려는 층이 급속히 확대되었다. 이렇듯 높아진 유교적 예법의 권위가 이후 이어지는 시기에 하위 신분층이 예법을 신분 상승의 수단으로 활용하려 하는 동기의 근거가 되었다. 『주자가례』 등 예서가 급속히 보급되었다. 사당을 두고 사대봉사를 행하는 가구의 수가 급속히 확대되었다.

2) Ⅱ기의 특징

유교정치를 전국화(nationalize)한 예송의 파도가 휩쓸고 지나간 조선의 방방곡곡에 향전(鄕戰)이 벌어지기 시작했다. 17세기 후반부터 서서히 시작되어 18세기가 되면 아주 뜨거워진다. 향전이란 신양반층(신향)의 구양반층(구향)에 대한 도전이요, 구향의 신향에 대한 응전이다. 이미 발판을 잡은 구양반층에 대해 새롭게 성장한 세력들이 자신들도 양반임을 인정해달라고 요구하는 것이다. 향전은 일단 그 외양에서 조정에서의 모럴폴리틱이 향촌사회에서 재연되고 있는 양상을 띤다. 신향이 구향에 도전하는 수단이 유교적 명분과 예법이었기 때문이다. 신향의 주체는 양반 서얼, 몰락 공신 및 세족의 후예, 향리, 아전, 업유(業儒), 기술직 중인 등이다.

이들 새로운 부상 세력의 모습은 농업생산력의 향상과 장시-화폐경제 활성화를 통해 부유해진 부농이나 자작 소농이 향임(鄕任)의 자리를 매득하고 향회, 향교, 서원 등에 활발하게 진입해 들어가는 데서 관찰된다(고석규, 1998; 윤희면, 1989; 김인걸, 1988). 이 상층 농민과 향리층의 양반 신분 취득은 국가의 재정 보강을 위해 시행하는 관직의 대량 매매(납률직, 공명첩 등)가 반복되면서 점차 증가하였는데 이러한 증가 경향은 18세기 중반 들어 급격한 상향 곡선을 그린다.

그렇지만 구향의 상대적 힘의 약화, 즉 사림세력의 분열을 전제하지 않고는 신향층의 구향층에 대한 본격적인 도전이 발생하기 어려웠다고 할 것이다. 그 조건은 17세기 치열했던 예송의 결과로 당파 간에 분열과 대립이 심화됨으로써 주어졌다. 당파의 분열 대립은 숙종, 영·정조 시대에 환국정치, 탕평정치를 초래했다. 분열 대립하는 당파들을 교체 등용하거나 혼합 등용하는 방식으로 왕권은 자체 강화를 도모하며 특히 정조 대에 이르면 절대군주 사상을 연상케 하는 '황극탕평' 사상이 강조되기에 이른다(박광용, 1994; 김문식, 1996; 김성윤, 1997; 박현모 2001).

이러한 상황, 즉 엘리트층이 분열 갈등하면서 그 조정자로서 왕권이 부각되고 있는 정세는 토크빌이 묘사한 구체제의 프랑스 상황과 유사성을 보인다. 귀족과 부르주아층의 경쟁 상황을 이용한 부르봉 왕들과 당파들의 대립 관계를 이용한 영·정조의 공동 목표는 왕권의 강화였다. 이 과정이 봉건적 지방 권력을 약화시키고 중앙적 행정 권력을 강화시켰다는 점도 양측이 흡사하다. 토크빌에 따르면 이러한 중앙적 행정 권력의 강화는 각 지방과 지방 인민들을 서로 비슷하게 만든다. 사회적 조건의 일반적 평등 현상(general equality of social conditions)을 조성하는 것이다. 조선의 경우 영·정조(특히 정조기)의 지방통치 강화는 주목할 만하다. 이 시기에는 지방통치의 지침을 통일하고 수령의 권한을 강화하는데, 이 과정은 임금 아래는 모두가 같다는(萬川明月 一君萬民), 절대주의적 평등관이 확대되는 환경이 조성되었다.

중앙-지방통치의 행정 라인 강화는 향전 격화의 보조 기폭제이기도 하였다. 수령권의 강화를 위해서는 관례에 따라 지방에 대한 통치권의 상당 부분을 장악하고 있던 구향을 견제, 무력화시킬 필요가 있었다. 따라서 중앙 권력과 지방 수령은 신향의 부상과 구향에 대한 도전을 최소한 묵과 내지 방조하였다. 그 예로 영조 14년(1738) 안동에서 벌어진 김상헌의 서원 건립 사건을 들어본다. 김상헌은 집권당인 서인-노론의 거두다. 안동에 안동 김씨인 김상헌의 서원을 세운다는 것은 겉으로는 자연스러워 보인다. 청풍 김상헌 자신이 안동 소산에서 태어나기도 했다. 그러나 청풍은 중앙 조정에 진출하여 서인 청류의 영수로서 크게 활약했고 그의 근거지는 서울, 경기 일대였다. 그러나 막상 안동의 안동 김씨 주류, 그리고 그뿐 아니라 경상 일대의 유자의 압도적 다수가 반(反)노론 세력이었다. 서인-노론 세력은 서울과 경기-충청 일대에서는 강했지만, 경상도 지역에서는 그렇지 못했다. 오히려 그들의 반대 세력인 남인들의 완강한 세거지요 거점지역이었다. 안동에 자리 잡은 안동 김씨는 김상헌과 본관은 같지만 파가 다른 남인 세력이었다. 김상헌의 서원을 추진하려던 사람들은 '양반이 되고 싶어 하는 사람들(欲爲兩班者)'이라 불렸는데 이런 사람들이 바로 신향이었다. 지역에 확고히 뿌리내린 남인 양반 세력의 틈새를 파고 들어가기 위해 이들 신흥 세력은 '지역당'인 남인 당색을 버리고, 노론으로 당색을 바꾸었다. 요즘 말로 하면 전향해서 집권 여당이 되어 양반 자리를 꿰차보려 했던 것이다. 이들의 뒤를 경상감사 유척기와 부사 어유룡 등 노론 관료들이 봐주고 있었다. 결국 안동에 청풍의 서원을 세우려던 일은 사실은 매우 인위적이고 정치적인 계략이 숨어 있는 사건이었다. 결국 김상헌 서원 건립은 기왓장을 올리는 마무리 단계에 일대 유생들이 몰려들어 밧줄을 걸고 넘어뜨림으로써 불발되고 말았다.

서원 건립이란 가장 유자적인 예법 행위이자 동시에 가장 정치적인 행위였다. I시기에는 예송에서 최상층 사림세력이 당파로 분열되어 서로 다투었다. 반면 II시기에는 향촌의 신향 세력이 구향이 독점하고 있던 예적 권위를 모방하면서, 구향이 독점하고 있던 향촌사회의 지배권의 분점을 요구하며 다툰다. 구향과 신향 간의 투쟁이었다.

신향은 경제력을 밑바탕으로 하여, 과거에 구양반이 독점하던 향임의 자리 또는 향교나 서원의 학생 자리로 밀고 들어간다거나, 양반 모임의 회

향안(향촌 양반 명부)　　　　　　　　　청금록 표지

원 명부라 할 향안이나 청금록에의 기입을 끈질기게 요구하여 관철시킨다
거나 하는 등의 다양한 방법으로 구향의 영역을 잠식하여 들어갔다. 이 시
기 향촌은 구향과 신향 간의 조상 다툼, 예의(禮儀) 다툼, 상석 다툼, 나이
다툼으로 몹시 소란스러워졌다. 양반 행세의 권위, 유교적 예법의 권위,
그리고 그 권위의 모사는 보다 넓은 인구층에서 신분 상승을 위한 실용 수
단으로 널리 퍼져나갔다. 그만큼 권위의 질 자체는 저하되었다. 유교적 예
의 독점 상실과 함께 예의 수단화, 예에 대한 냉소적 시각 역시 확산되었
다. 유교적 세속화의 피할 수 없는 결과들이었다.

　예의 독점 상실–세속적 확산의 양면을 가장 선명하게 표현해주고 있는
것은 18, 19세기에 집중적으로 출현했던 '쟁년(爭年)·송사(訟事)형 우화
소설' 작품들일 것이다. 「두껍전」, 「녹처사전」, 「토끼전」 등이 대표적이다.
이들의 공통점은 여러 동물들이 연회에 모여서 서로 자신의 나이, 학식,
가문혈통을 놓고 따지고 다투어서 결국 이긴 동물이 연회의 상좌를 차지
하게 된다는 데 있다. 이들 우화소설의 배경이 되는 연회 자리를 향전이
전개되었던 조선 후기의 향회(鄕會)로 연결하여 해석한 연구들이 있다(정

출현, 1999). 이런 작품들에서 여러 동물이 모여 서로가 상좌에 앉을 자격이 있다고 다투는 모습은 크게 보아 이 장에서 검토한 온 나라가 양반 되는 현상, 유교적 평등화 현상의 문학적 표상이라고 보아 큰 무리가 없다고 생각된다. 이들 소설에서 인간이 아닌 동물들이 주인공이 되고, 그 주인공들의 언행이 극히 풍자적으로 묘사되고 있다는 점에서, 당시의 조선인들은 광범하게 확산되는 양반 행세의 풍조를 몹시 냉소적으로 바라보고 있었음을 읽을 수 있다. 양반 행세에 대한 냉소에서 더 나아가 양반의 행색 자체, 신분제도 자체에 대한 냉소, 회의, 비판, 부정의 정신은 위의 우화소설들뿐만 아니라 판소리의 모든 대본들, 더 나아가 박지원의 양반전과 사대부 한문 소설에서까지도 풍부하게 발견할 수 있다.

양반 사족층이 자칭, 타칭, 모칭을 통해 물타기식으로 확대되고 그에 따라 양반과 유교 예법의 권위가 실추되는 만큼, '뼈대 있는' 구양반층은 기왕의 권위를 수호하기 위해서라도 확대되는 '저속한' 신흥 양반층과의 교류를 제한하고 스스로 배타적으로 되어간다. 토크빌이 말하는 '〔귀족층과 부르주아가〕 비슷해지면서 점점 더 멀어지는〔배타적 고립적으로 되어가는〕' 현상이 조선 후기에도 외양상 비슷하게 전개되었던 것이다. 이러한 최상층 엘리트의 고립화 경향은 이 세력의 민중과의 전통적인 연계 단절(책임 방기)로 이어진다는 점도 토크빌이 강조했던 바였다. 결국 양반 내에서의 차등이 강화되는 운동은 양반 확대에 수반되는 현상이었던 것이다. 양반 격증과 내적 차등의 동시 진행은 양반화의 상승 압력을 지속적으로 유지 강화시켰다.

3) III기의 특징

그렇지만 이상에서 살펴본 모든 이유들도 조선 후기의 노비제 붕괴라는

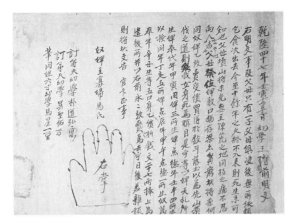

조선시대 노비 매매 문서

현상과 결합되지 않았다면 '온 나라가 양반 되는' 강박적 신분 상승 현상
으로까지 발전할 수 없었을 것이다. 즉 자신보다 위 신분이 약화되고 있어
서 신분 상승을 도모해볼 수 있게 되었다는 기회의 상황이었을 뿐 아니라,
자신보다 아래의 신분이 끊임없이 자신의 위치로 올라오고 있어서, 마치
자신의 발밑이 무너지고 있는 것 같은 위기감을 느끼게 하는 상황이기도
하였다. 멈춰 있다는 것은 굴러떨어짐을 의미했다. 노비들이 일단 대량으
로 양민으로 유입되면 양민층 내부에서도 양민화한 노비들과의 차별을 위
한 신분 상승 압력이 강화된다.

조선 사회에서 진정한 세습 신분은 양반이 아니라 노비였다. 17세기까지 부
모 중 어느 한쪽만 노비여도 자식이 노비가 되었고[고려시대 이래 일천즉천
(一賤卽賤) 원칙)], 동산으로 취급되어 매매되었다. 물론 과거를 볼 수도 없
었다. 1669년 송시열이 양처종모종량법(良妻從母從良法)을 제기하는데,
모(母)가 양인이면 그 소생은 양인으로 하자는 것이다. 이 법대로 되면 결
국 노비의 수는 줄게 되므로 노비 소유주들로부터 저항을 받았다. 그러나
1730년(영조 6년)에는 항구 입법된다. 그리하여 영·정조 때는 노비 가구

『청구야담』

수가 급속하게 감소한다. 노비 가구의 격감은 종모종량법 때문만은 아니었다. 도망 노비가 크게 늘었고, 노비의 경제력으로 양인 신분을 사는 속량(贖良)과 면천(免賤)도 크게 늘었다. 이미 대세는 노비제 해체 쪽으로 기울고 있었다. 1801년에는 관노비가 폐지되고, 1887년에는 노비 신분 세습이 철폐되었다. 공식적인 노비제 철폐는 1894년 갑오경장 때 이루어졌다.

노비제 붕괴의 요인은 복합적이지만, 광범한 탈주가 가능했던 사회 상황이 무엇보다 중요하다. 장시가 활성화되고 도시가 확대되어 인구 이동이 활발해지면 탈주 노비의 추쇄도 어려워진다. 18세기경이 되면 도주 노비를 통제하기 어려운 상황이 된다. 속량(贖良)과 면천(免賤)도 크게 증가한다. 이렇듯 탈주·속량·면천한 노비들의 상당 부분은 단순히 양인화하는 데 머무르지 않고, 적극적으로 양반화 현상에 가담하여 신분 상승을 도모하였다. 이 단계에 이르면 신분 조작 수단(위조 가보, 위조 홍패, 매향 매직, 모칭 등)에의 접근이 보다 용이해지는데, 이는 양반 신분으로의 진입 문턱(비용)이 그만큼 낮아졌음을 의미한다.

노비가 양반으로 신분 상승을 하였다는 이야기는 이미 1622년에 쓰여진 유몽인의 『어우야담』에서부터 보인다. 김의동이라는 남자 종이 열아홉에 도망을 갔는데, 10년 후 같은 집 노비인 업산이라는 사람이 영남에서 그를 우연히 만났더니 양반 노릇을 하고 있더라는 이야기다(「인륜 노비」). 실존 인물로서 중종 때 벼슬을 시작해서 명종 때 의정부좌찬성까지 오른 반석평(潘碩枰)이 실은 재상가의 노비 출신이었다는 설화도 전해온다〔우하영(禹夏永, 『천일록(千一錄)』)〕. 18, 19세기의 야담집이나 소설에서는 이러한 종류의 이야기가 크게 증가한다. 그중 『청구야담』에 실려 있는 「양반 송씨가 어려울 때 옛 종을 만나다(宋班窮途遇舊僕)」라는 이야기를 일례로 들어본다.

송씨 성의 가난한 양반에게 막동(莫同)이라는 총기 있는 어린 종이 있었는데 어느 날 갑자기 사라졌다. 30, 40년 후 송씨가 빈궁이 심해져서 관동지방에 원님을 하는 옛 친구에게 의탁하고자 가는 길에 가구가 1000여 호나 되는 기와집이 즐비한 큰 마을에 이르렀다. 마을 사람들에게 어느 댁이 이 마을에서 가장 고명한 양반이냐 물으니 최 승선(崔承宣, 승선은 벼슬 이름) 댁이라고 하였다. 하룻밤 묵으려고 찾아가 뵙기를 청하였다. 만났더니 그가 바로 어릴 적 도망간 막동이었다는 것이다. 막동, 아니 최 승선이 스스로 양반된 내력을 다음과 같이 말한다.

내가 댁이 빈궁한 것을 보고 도망 나온 후 집안이 당당하고 대 이을 자식이 없는 최씨 가문에서 얼마간 일하며 사랑을 받아 이후 최씨 행세를 하였습니다. 그리고 서울에서 재물을 벌어 수년간 수천백금을 모았습니다. 이후 영평으로 이사해서 문 닫고 글을 읽어 행신(行身)을 근신(勤慎)히 하니 향중(鄕中)이 다 사대부로 일컬어주었습니다. 재물을 써서 가난한 백성의 마음을 사고 뇌물을 후히 써서 부자의 입을 막고 서울의 아는 유협객을 시켜 큰 양반으로 행세하고 화려한 치장을 해서 자신을 방문하도록 하니 마을 사람들이 더욱 믿었습니다. 사오년 후 철원으로 이사 가서 행신하기를 예와 같이 하니 철원 사람이 또 일향의 사족으로 대접하였습니다. 그래서 한 무변(武弁)의 딸을 빙례(聘禮)하여 재취(再娶)한다 칭하고 아들딸을 낳았습니다. 혹 일이 발각될까 염려하여 다시 회양으로 옮겼다가 다시 이 고을로 이사하니 회양 사람은 철원 사람에게 묻고 철원 사람은 회양 사람에게 물어 인구전파(人口傳播)하여 나를 최고 양반(甲族)이라 하였습니다. 이후 과거에 등재하여 벼슬을 하였습니다.

도망하여 먼저 성을 얻고, 돈을 벌고, 여러 곳을 옮겨가며 신분세탁을 한 후, 양반 행세를 한다. 일종의 공식과 같은 경로다. 위의 반석평, 최 승선 같은 '어린 종' 이야기는 사생아 이야기일 공산이 크다. 양반이 집안 노비에게 낳은 자식인 것이다. 어미가 노비면 꼼짝없이 노비다. 홍길동과 같은 존재다. 이들 양반가 사생아 집단은 세력과 영향력이 컸다. 영·정조 때 이들 양반가 서얼층의 통청운동, 즉 과거 응시 자격과 관직 임용 허통 운동이 강하게 벌어졌다. 영조는 이들에 동정적이었고, 정조는 한 걸음 더 나아가 서얼 출신 관료를 중용했다. 영조 자신이 서얼이다. 모친이 궁중 노비 출신이었으니까.

이야기 속의 노비의 모습은 조선 후기로 갈수록 공격적인 모습이 된다. 충노(忠奴)가 아니라 반노(叛奴) 이야기가 압도적이다. 다시 마주치게 된 탈주 노비의 모습은 전 주인에게 더 이상 공손하지 않다. 밀린 신공(身貢)의 납부를 거부한다. 이를 요구하면 상전의 생명까지 위협한다. 대양반가는 보통 토지를 전국에 넓게 가지고 있었고, 상전 자신이 순회하거나 또는 대리인을 보내 신공을 거두었다. 이때 지역에서 신향으로 집단 세력화한 노비들이 신공 납부를 공공연히 거부하는 모습도 많아진다. 이러한 모습이 야담·소설만이 아니라 관아의 민장(民狀)에도 다수 등장한다. 외거노비의 지위는 원래부터 독립농가의 성격을 가지고 있었고 조선 후기로 갈수록 이런 자립성이 부각된다. 따라서 이런 송사의 판정이 상전에게 일방적으로 유리한 것만은 아니었다. 쌍방의 권리가 오랜 세월에 걸쳐 복잡하게 얽혀 판단하기 쉽지 않았다. 속량전을 받고 노비 문서를 불태워주는 게 어떠하냐는 식의 중재안이 많이 나온다. 관이 노비 주인의 편만을 들어주는 것이 결코 아니었다.

이제 겉모습만으로는 양반과 비양반을 구분하는 것이 불가능해졌다. 토크빌이 말했던 그대로 앙시앵 레짐하의 사람들, 특히 상층과 그 아래층 사람들은 서로 너무나도 비슷해졌던 것이다. 아래 인용은 정조 때 조정 관료들 사이의 논의다.

문장은 귀천을 표시하는 것인데 무슨 까닭인지 근년 이래로 문복이 문란하여 천한 사람들〔小民賤隷〕이 갓을 쓰고 도포를 입는 것이 마치 관직 양반〔朝官士夫〕 모양과 같으니 진실로 한심합니다. 심지어 시전(市廛)의 상인배들과 항오(行伍)의 역(役)을 지는 상민들까지도 서로 양반이라 호칭합니다. 양반의 칭호는 동서반의 역을 이르는 것인데 어찌 조관도 아니요 사부도 아니면서 양반 칭호를 모점(冒占)한다 말입니까. (『일성록』 정조 10년 1월 22일) …… 시정의 무리들이 서로 양반이라 칭합니다. 갓은 조정관료〔朝士〕의 건(巾)인데도 천한 아전(吏隷)들이 어렵지 않게 쓰고 다니며 도포는 유생의 옷인데도 상인배들이 입기를 보통으로 합니다. (『일성록』 정조 7년 6월 20일) …… 근래에 시정의 겸종과 하천(下賤)의 무리가 모두 도포를 입고 가죽신발〔唐鞋〕을 신으며 백정이나 군문의 포수들도 모두 창의(氅衣)를 걸치고 총모(驄帽)를 씁니다. 그들이 사사로이 출입할 때는 모두 양반의 모양을 하기 때문에 길에서 정말 양반을 만나더라도 입고 있는 옷이 같으므로 바라보는 중에도 스스로 같은 체하며 혹 읍하고 같이 이야기하기도 하고 혹 모르는 체 지나치기도 합니다. (『일성록』 정조 10년 1월 22일)[4]

유학을 모칭한 이들 중에는 이야기 속의 최 승선처럼 정말 과서 공부를

해서 과거장에 나가 과거를 보는 자들도 증가하고 있었다. 양반의 최고·최후의 보증인 과거시험을 직접 보아 이제 모칭·참칭에 그치지 않고 정말 양반이 되고자 하는 것이다.

> 밭 갈고 농사짓던 자나 다른 사람의 노비로서 면천된 부류들로 의식이 좀 풍부한 자들은 모두 유학이라 칭하면서 과거 보러 몰려가며 그 가운데 돈이 많은 자는 한 몸으로서 3, 4명으로 분작(分作)하여 문필에 능한 자를 각처에 나눠 보내 시험을 치게 합니다. (유수항, 『우서』)[5]

물론 합격하면 확실한 양반이 되는 것이고, 또 합격하지 못하더라도 과거에 응시했다는 사실 자체가 양반 신분을 확증해주는 것이 된다. 그래서 정조 연간에 서울로만 15여만 명의 과거 응시자가 몰려들었다. 순조 연간에는 과거 응시에 몰려든 인파로 서울 근교의 길거리가 북새통이 되고 주막마다 초만원이 되었다. 과거 응시자들의 열망의 대상이었던 홍패(紅牌), 즉 과거 합격증조차 서울 장안에서는 위조와 매매의 대상이 되었다. 18세기 후반부터 출판업이 활성화되는 데는 족보 발간열이 컸고, 그 수요의 절반 이상은 위조 족보였다 할 것이다(정석종, 상동).

세습노비가 19세기까지도 잔존하였다는 것은 조선사의 가장 어두운 면이다. 그러나 17세기까지도 성했던 세습노비제가 불과 100년 만에 결정적으로 무너졌다는 사실 역시 놀랍다. 더 놀라운 것은 이 기간 결코 적지 않은 노비 출신의 사람들이 지배 신분으로 환골탈태를 모색하였다는 사실이다. 이 환골탈태가 모칭이든 참칭이든 이것이 요점은 아니다. 조선 양반의 신분은 상당 부분 사회적인 인정(recognition)에 근거했던 것이니만큼, 이

---

5) 정석종(상동: 292)에서 재인용.

들 나름의 각고의 노력을 통해 실제로 사회적 인정을 획득할 수 있었다는 사실이 중요하다. 이러한 현상이 몇몇 개인의 예외가 아니라 일대 사회적 현상으로 대대적으로 전개되었다는 사실이 놀라운 것이다. 이러한 사례는 동서 역사상 결코 전례가 없다.

조선시대 홍패(과거 합격증)

'온 나라가 양반 되기'가 단지 상층 신분에 대한 무비판적인 선망만으로 전개되었던 것은 아니다. 신분 상승의 압력이 거세어갈수록, 이 경주에 '신분 제한 없이' 모든 사람들이 뛰어들게 될수록, 신분 체제 자체에 대한 냉소, 회의, 부정 역시 점차 그리고 급격하게 확대되어 갔다. '유교적 평등화' 과정에는 양적인 의미에서 많은 사람들이 양반으로 비슷해진다는 '신분적 평등화'뿐 아니라 신분제 자체에 대한 부정이 확산되어가는 '반(反)신분적 평등화' 역시 포함되어 있었던 것이다. 물론 무차별적 평등화에 대한 냉소가 내면의 평등화나 질적 평등화로 승화되어가는 것은 더 긴 시간을 요하는 역사적 숙제로 남았다.

이상 I, II, III기의 유교적 평등화의 세 개의 동심원적 파고가 서로 중첩하고 가속하면서 나타났던 모습이 조선 후기 '온 나라가 양반 되기'의 총체상이었다. 이렇듯 특이한 신분적 역동이 진행되었던 조선 후기는 두 가지 서로 모순되는 신호를 보내면서 관련 연구자들을 혼란스럽게 했다. 한편으로는 볼 만한 경제적 · 문화적 번영이 있고, 다른 한편으로는 왕조 말기의 말폐 현상이 있다. 그러나 크게 보면 시기적 구분이 가능하다. 17세기 후반에서 19세기 초반까지는 상승기류, 그 이후는 급속한 하강기류였다. 상승기류는 회화·문학·판소리·완물·기호 등의 영역에서 자신감에 찬 새로운 창작 기풍이 일어나고 이를 후원·소비하는 층들이 확장되는 것에서 잘 나타난다. 역사학자들이 '조선의 문예부흥'이라 부른 장관이었고, 17세기에 형성된 정치적 공론장이 문예적 공론장으로 확장된 모습이었다.

하강기류는 1840년대 이후 현저해진 민생의 피폐 상황과 1860년대부터 격렬해진 민란에서 뚜렷하게 드러난다. 이 모순된 신호의 중첩은 동아시아 문화권의 운명이 서세동점의 거센 파고 속에서 운명적인 기로에 서 있었다는 상황과 무관하지 않다. 1840년 아편전쟁의 패배 이후 16~18세기 동아시아 번영의 시대는 급격히 종말을 고해가고 있었다. 다가오는 시련의 시기를 이겨낼 몸체는 무엇이 될 것인가. 시대는 묻고 있었다.

5. 과연 온 나라가 양반 되어, 온 나라에 양반 없게 되었는가

정약용은 온 나라가 양반 되고 있는 것을 우려한다 하였다. 그럼에도 불구하고 또는 바로 그렇기 때문에 차라리 온 나라가 양반 되어 온 나라에 양반 없게 되기를 '소망'한다 하였다.

중국에 생원이 있듯이 우리나라에는 양반이 있다. 고정림(顧亭林)이 온 천하가 생원이 되고 있는 것을 우려한 바와 같이 나는 온 나라가 양반이 되고 있는 것을 우려한다. 그러나 양반의 폐단은 더욱 심한 바 있다. 생원은 실제로 과거에 응시해 생원 칭호를 얻는 것이지만 양반은 조정 문무의 관료도 아니면서 허명만 쓰고 있다. 생원은 정원(定員)이 있지만 양반은 도대체 그 수에 한계가 없다. 생원은 세대가 지나면 변하지만 양반은 한번 얻으면 백세토록 버리지 않는다. 그러면서 생원의 폐단은 모두 가지고 있다. 비록 그렇다고 하여도 내가 소망하는 바는 있은즉(雖然若余所望卽有之) 온 나라가 양반 되게 하여 온 나라에 양반 없게 하자는 것이다(使通一國而爲兩班　卽通一國而無兩班矣). (『丁茶山全集』「跋顧亭林生員論」)

다산의 이 글은 아이러니로 가득 차 있다. 그 자신 여실히 목도했던 '온 나라가 양반 되기' 현상을 우려하면서도 오히려 차라리 온 나라가 양반이 되자고 한다. 그럼으로써 온 나라에 양반이 없게 하자고 한다. 그는 철저한 정통 유자였다. 그의 시대의 양반열을 우려하고 있었지 결코 환영하였던 것은 아니었다. 그럼에도 그의 '소망'에는 '정통' 유자의 고식화된 정통론적 견해를 넘어서는 다산 특유의 통찰, 깊은 진실의 울림이 있다. 앞서 우리는 유교의 이상(理想)은 人皆爲堯舜(맹자), 民皆爲堯舜(최제우)에 있다고 했다. '온 나라가 양반 되기(通一國爲兩班)'란 그런 이상의 조선적 번안이라 보아도 무방하다고 했다. 모든 사람이 요순이 될 때 어떤 신분이 남겠는가? 유교의 뿌리에 일체의 신분 너머를 지향하는 래디컬한 평등주의, 민주주의 사상의 요소가 잠재해 있었다. 다산의 위 언급은 그렇듯 잠재된 무의식이 지극히 역설적인 형태로 표출된 것이었다고 보아야 할 것이다.

한국인치고 설이나 추석 때 고향집에 모여 조상에게 올리는 제사 행사에 한 번도 참여해보지 않은 사람은 아주 드물 것이다. 이 사대봉사(四代奉祀)는 16세기까지만 해도 오직 극소수의 최상층 양반만이 행하던 특권적 의례였다. 이제는 온 국민 누구나가 다 한다. 이로써 '온 나라가 양반 되기'라는 다산의 예언이 실현되었다고 해도 무방하다고 본다. 아마도 1980년대가 완료 시점이 아니었을까 생각한다. 1990년부터는 명절 때 제사 대신 가족 단위 여행(특히 해외 여행)을 떠나는 층이 서서히 늘어나기 시작했으니 말이다. '명절 증후군'의 저항, 여성의 힘이 컸다. 그러나 그것이 전부는 아니다. 남녀를 막론하고 이제 양반 되기에 삶의 의미를 두지 않는 세대가 갑자기 두텁게 돋아나기 시작했다. 미래에는 이러한 신사고를 가진 세대가 주류가 되고 대세가 될 것이 분명하다.

그런 의미에서 다산 '소망'의 전반부, 즉 '온 나라가 양반 되기'는 이미 이루어졌다. 확실히 다산이 맞았다. 오직 모두가 양반이 되어야만 양반의 존재도 양반의 의식도 끝난다. 식민지 시대에도 지겹게 잔존했던 양반, 양반의식이었다. 한국전쟁에서 그 뿌리는 치명적인 타격을 받았다(지승종 외, 2000). 그러나 고루한 양반, 양반 의식, 양반 선망 의식, 양반 되기 지향이 진정으로 사멸한 것은 결국 온 국민이 어렵지 않게 양반이 됨으로써, 즉 각각 나름의 여유를 갖고 각각의 집안에서 조용히 사대봉사를 올리게 됨으로써였다.

조선시대에는 과거시험을 준비하고 응시한다는 사실 자체가 양반 신분을 의미하였다. 이제 온 나라, 온 국민, 온 가정이 대학 입시생을 두고 몸살을 앓는다. '온 나라가 과거 보기'라 하지 않을 수 없고, 이 역시 '온 나라가 양반 되기'가 실현된 증거라 하지 않을 수 없다. 어느 나라보다 문자 가독율이 높고, 어느 나라보다 대학에 많이 진학하며, 대학생 없는 가구를 찾아보기 힘든 나라. 이 정도면 그 요란했던 '온 나라 양반 되기'가 드디어 300여 년 만에 현실이 되었다고 할 수 있지 않겠는가.

그리하여 다산 '소망'의 후반부도 이루어졌는가? 즉 온 나라가 그렇듯 양반 되었으니, 이제 온 나라에 양반 없게 되었는가? 다산이 신분 일체를 넘어선 영역을 체계적으로 사유한 사상가는 아니었다. 그러나 그의 방대한 저작의 단편들에는 그런 사유의 편린들이 풍부하다. 과연 온 나라에 양반 없게 되는 다산의 꿈은 이루어졌는가?

한국인은 유난히 평등 의식이 강하다. 17세기부터 300년 이상 계속되어 온 '온 나라가 양반 되기 운동'의 결과다. 식민지와 전쟁을 겪으면서 그 굴욕과 고난의 정도만큼 구체제는 꺾이고 구귀족은 뿌리 뽑혔다. 역사의 흐름을 크게 보면 1960~1980년대의 치열했던 민주화 운동도 조선 후기에 시작된 유교적 평등화 운동과 결코 무관하지 않다. 막상 민주화 운동의 주역들은 반(反)유교를 자부했지만, 역사의 문법은 항상 아이러니를 통해 관철된다. 유교의 내부에 반(反)유교의 싹이 있지 않았던가. 민주화 운동이 절정에 이르렀던 80년대가, '명절 때 사대봉사 지내기'가 절정에 이르렀던 시점이라는 것도 결코 우연한 일치만은 아니다.

그러나 그렇듯 '온 나라가 양반 되기'가 완료된 그 자리에 또 다른 신분 경쟁이 가속화되기 시작했다. 1997년에 일어난 IMF 경제 위기가 새로운 신분 경쟁을 격화시키는 큰 계기가 되었다. 명절 날 사대봉사 대신 해외여행을 떠나는 것이 새로운 상층 신분의 징표가 되고, SKY 대학 대신 미국 명문대 졸업장이 슈퍼 양반의 표지(標識)가 되었다. 개천에서 용 나는 일은 갈수록 희귀해지고, 경제력과 학력의 상관도는 높아만 간다. 이러한 현상을 합리화하는 사람들도 늘어간다. 신분 하이어라키(hierarchy)는 '문명사회'의 징표라고. 엘리아스의 탈봉건적 '문명화 과정' 이론을 대신하여, 신자본주의-신자유주의적 신귀족, 노블레스 오블리주 찬양론이 뜬다. 그러한 찬양론자들은 이제 자본주의 시대의 새로운 벌열(閥閱)이 세도 시대의 벌열을 대신하여 들어서는 것을 긍정하고 환영하는 사람들이라고 보아도 좋을 것이다. 이런 점에서 다산 소망의 후반부는 아직도 실현되지 않은 이상(理想)으로 남았다. 그러나 다산의 남은 꿈은 깊고 밝다. 새롭게 대두되는 신분적 역추세를 억제하고 견제할 만한 충분한 근거와 자원이 있기 때문이다. 300년 넘게 지속되어 온 평등화·민주화 지향, 그리고 300년 이상의 뿌리를 가진 강한 정치적·문예적 공론장의 존재가 그것이다. 이 유산을 스스로를 정화시킬 힘으로 한 단계 높게 승화시켜내는 일은 이제 이 글을 읽는 사람들의 몫이다.

제13장

동학(東學)
대중유교와 인민주권

1. 동학과 대중유교, 그리고 근대

조선 후기 연구자들이 널리 공유하고 있는 불멸의 공식이 하나 있는 듯하다. '유교=반근대', '반유교=근대'라는 공식이 그것이다. 연구 대상이 유교를 표방하고 있으면 반근대가 되고, 반유교를 내세우면 근대가 된다. 이제 이 공식은 폐기되어야 한다.

우리는 여기서 최제우가 창도한 동학(東學)이 유교적 자원에 크게 의존하고 있으며, '그럼에도 불구하고'가 아니라, '바로 그렇기 때문에' 그리고 '바로 그러한 방식으로' 매우 근대적인 면모를 가지고 있었음을 밝히고자 한다. 그 가치 체계, 교의적 상징들, 대안사회의 상(像), 특징적인 행위 양식 모두에서 동학은 유교의 언어와 규범, 이상, 사회적 상상력에 크게 의존하고 있다. 동학은 유교적 자원에 의거하여 조선 유교사회 안으로부터 근대적 지평을 활짝 열었다.

동학의 근대성에 관한 기왕의 연구는 찬반의 평행선을 그려왔다. 한편에서는 동학을 반봉건·반제국주의를 분명히 표방하였던 근대적 사상운 동이요, 사회운동이라 본다(동학농민혁명기념사업회, 1993 ; 한국역사연구회, 1991~1997). 이 입장에서는 앞서 말한 '불멸의 공식'에 따라 동학의 반(反) 유교성을 강조한다. 반면 다른 편에서는 동학은 정당한 봉건 질서의 회복 을 지향했던 복고적 운동이었고, 중국 중심의 질서에 의문을 제기하지 않 고 다만 일본의 침탈에 반대하였던 반일 운동에 국한된다고 주장한다(유영 익, 1998 ; 권희영, 2001). 이러한 시각에서 보면 동학은 오히려 복고적·반 근대적이며, 반제국주의적 단계에 이르지 못한 반일 감정과 반일 운동에 지나지 않게 된다. 이 입장에서는 동학이 유교의 틀을 벗어나지 못했음을 강조한다. 따라서 역시 '불멸의 공식'에 따라 반근대요, 역사 퇴보가 된다. 전자(前者)의 입장이 관련 연구의 절대적 다수를 이루고 있기는 하지만 여 기에 대한 반론과 문제 제기 역시 나름대로의 충분한 근거를 가지고 존속 해왔다.

이 두 입장의 평행선은 좁혀질 기미가 없다. 흥미로운 사실은 이러한 교 착상태가 이 두 입장의 이론 근거가 서로 완전히 다르기 때문이 아니라, 오히려 공유하는 바가 크기 때문에 지속되고 있는 것으로 보인다는 점이 다. 그 공유점이란 근대성의 출현을 전통과의 단절에서만 찾는 입장이다. 여기서 조선 사회에서의 전통이란 물론 유교적 전통을 말한다. 그래서 한 쪽에서는 동학이 유교를 거부했으니 근대적이라 하고, 다른 한편에서는 유교를 거부하지 못했으니 의연히 전(前)근대요 반(反)근대라 한다. 사실의 해석에 차이가 있을 뿐, 판단의 근거는 동일한 것이다. 표면상 대립하는 듯 보이는 이 두 입장이 사실은 거울상(mirror image)처럼 뒤집혀 있는 동 형(同型)이다.

근대성은 전통과의 단절에서 탄생한다는 이 입장은 일견 자명한 말인 듯 하고, 또 너무나 익숙하게 들리기 때문에 별생각 없이 당연하게 생각하고 넘어간다. 그러나 그러한 익숙함이 옳음의 근거가 될 수는 없다. 근대성의 진행이 전통으로부터의 의식적이고 가속적인 단절을 수반하는 것은 사실이다. 모든 중세적, 봉건적 잔재가 모두 녹아 허공 속으로 사라져 버린다고 하였던, 마르크스의 『공산주의자 선언』에서 자본주의의 역사적 역할에 대한 유명한 묘사는 이러한 근대성 진행의 가속적인 성격을 잘 표현하고 있다. 그러나 이러한 묘사는 근대성이 이미 본격화된 상황 속에서의 진술이지, 근대성의 기원 발생이 어떻게 전개되었던가에 관한 설명이 아니다. 마르크스가 관찰했던 19세기 중반 이후의 영국과 프랑스의 자본주의 현상, 그리고 그 미래의 예측이란 근대성의 기원에 관한 고찰과는 아주 다른 문제고 연구 주제다. 역사적 사실을 조금만 깊이 검토해보더라도 근대성이 전통과의 단절에서 기원한다는 주장은 매우 허점이 많은, 일면만을 부각시키고 있는 주장임을 알 수 있다.

흔히 근대적 사고의 핵심은 과학적 사고에 있다고들 한다. 근대과학은 근대성 자체를 상징할 만큼 막강한 권위를 누린다. 그러니만큼 그 근대과학이야말로 전통과의 단호한 단절에서 시작했을 것이라고 생각한다. 이런 통념을 압축하는 모토가 '미신(전통)에서 과학(근대)으로!'다. 여기서 미신이란 아직 과학화되지 못한 중세적 미망(迷妄)과 그 관행이고, 과학이란 그러한 중세적 미망과의 철저한 단절을 뜻한다. 이것이 우리가 보통 배워온 유럽근대과학사의 요점이다.

그러나 근대 유럽 과학의 발생 과정을 조금만 더 세심히 들여다보면 이야기가 그렇게 단순하지 않음을 알 수 있다. 유럽근대과학의 발생은 중세 마술의 전통과 깊이 관련되어 있다. 우선 근대과학의 핵심 수단인 수학은 고대 피타고라스적 또는 신플라톤적 수비학(數秘學, numerology)에 기초를 둔 다양한 수적 기법에 기원을 두고 있다. 또 근대과학의 핵심 방법인 실험은 고대 헤르메티시즘(hermeticism)에서 유래한 중세의 마술, 연금술과 긴밀하게 연결되어 있다. 이러한 고색창연한 중세적 전통의 오래된 관행과 의미 구조가 없었다면 근대과학의 출현 역시 없었을 것이다.

유럽근대과학사의 스타들인 16~17세기의 코페르니쿠스, 티코 브라헤, 케플러, 갈릴레오 갈릴레이가 그러했고, 놀랍게도 18세기의 뉴턴조차 연금술에 깊은 관심을 품고 많은 글을 썼다. 경험적, 실험적 태도를 근대과학의 방법론으로 격상시켰던 프랜시스 베이컨은 일면 헤르메티스즘의 신비적 요소를 비판하였지만, 동시에 중세 마술과 연금술이 자연을 실제적으로 통제하고 조절하는 태도와 방법으로부터 많은 것을 배웠다. 그의 경험적, 실험적 방법이란 중세 마술과 연금술과 일면 단절적, 비판적이면서 동시에 일면 연속의 관계에 있었다. 결국 '미신에서 과학으로'라는 구호는 오늘날에까지 이르는 과학의 발전사 전 과정을 한마디로 요약하는 데는 쓸모가 있을지 모르지만, 근대과학의 기원, 발생 과정에 대한 정확한 역사적 맥락을 이해하는 데는 오히려 장애가 될 수도 있는 셈이다.

서양 근대의 기원에 대한 다양한 연구 분야 중에서 위와 같이 근대성의 기원을 전통성의 맥락 속에서 찾은 사례는 무수히 많지만, 여기서 편의상 하나의 예를 더한다면, 근대의 민주주의적, 공화주의적 정치사상의 기원에 대한 포콕(James Pocock)과 스키너(Quentin Skinner)의 연구를 들 수 있겠다(Pocock, 1975 ; Skinner, 1978). 이제는 이 분야의 고전이 된 이들의 연구는 유럽에서 근대적 정치사상의 출현이 아리스토텔레스 철학, 로마법, 스토아주의, 스콜라철학 등, 유럽 중세를 석권했던 전통적 중세 사유 체계와 관습에 크게 의지했음을 보여주었다.

근대란 전통에 착목하여 발아하고 성장한다. 또는 근대성이란 전통적 의미망 속에서 발아하여 자라난다. 이 책에 실린 모든 글에서 시종 강조했던 바다. 물론 여기서 '전통'이란, 토착주의(nativism)의 시각에서 강조하는 바와 같은, 특정 문화권(또는 '민족', '인종', '부족')에만 고유한 어떤 것을 말하는 것은 아니다. 그런 식으로 말하면 우리에게 유교나 불교조차 유입사상이지 전통이 아니다. 우리가 말하는 전통은 문명적 교류의 역사적 사실을 전제하고 포괄한다. 그러한 문명적 교류를 통해 유입된 사상들이 토착적인 자기화 과정을 거치면서 전통화되는 것이다. 모든 전통이란 그렇듯 종적으로 전승되는 과정과 횡적으로 교류하는 과정의 교직의 결과다. 이러한 의미에서의 전통에 착목하여 근대가 싹이 트고 자라난다.

유교세계 역시 마찬가지였다. 이 점은 이 책에서 시종 강조해온 것이니 여기서 반복하지 않겠다. 다시금 확인하고 싶다면 우리의 입장을 총괄한 제1장으로 충분할 것이다. 이 책 제4부에 실린 네 편의 글은 조선 후기 사회에서 유교적 근대가 전개되어간 역동적인 맥락을 추적해가는 것이다. 네 편의 글 모두가 조선 후기 사회의 다양한 측면을 조명하고 있지만, 이 속에서 하나의 주제적 연관을 추려볼 수도 있다. 유교 국민국가(제10장)–유교 근대주권(제11장)–유교 대중사회(제12장)–유교 인민주권(제13장)이라는 주제 흐름이다. 이 주제들을 선명히 포착하기 위해 우리는 그에 적합한 역사적 사례들을 선택하여 분석했다. 제10장에서는 예송, 제11장에서는 백호–다산–정조의 주권론, 제12장에서는 '온 나라가 양반 되기' 현상이었다. 이 장에서 주목하는 사례는 동학이다. 이 과제를 위해 먼저 풀어야 할 문제가 유교와 동학과의 관련성 여부다.

유교와 동학, 인민주권을 한 올로 엮어주는 개념은 '대중유교(mass confucianism)'다. 대중유교는 유교적 자원에 입각하여, 유교의 내적 논리를 따라 확장하였으면서도, 동시에 초기근대적 한계를 내파(內破)하고 근대적 질서로 안내하는 도체(導體)의 역할을 한다. 따라서 대중유교는 유교면서 동시에 탈유교다. 유교를 딛고 유교를 뛰어넘는다. 원래 유교 밖에 있다가 유교를 뛰어넘는 것이 아니라, 유교 안에서 유교를 딛고 서 있다가 유교를 뛰어넘는 것이다. '탈(脫)'이란 안에 있다 밖으로 가는 것이지, 밖에 있다 밖으로 나갈 수 없는 일이다. 제12장에서 '온 나라 양반 되기' 추세 속에 반(反)신분적 평등화의 흐름이 존재하고 있다고 하였다. 대중유교에서도 마찬가지였다. 또한 대중유교는 유교사회에서의 근대적 대중운동의 효시요, 근대적 인민 주권의 모체였다. 동학과 동학운동에 내재된 근대성의 요소들은 유교적 사유 체계, 언어와 상징 자원(confucian cultural repertory)에 크게 의존하여 발생, 전개되었다. 대중유교라는 개념은 이러한 다양한 연관성을 한마디로 묶어 압축해준다.

2. 최제우가 남긴 텍스트 : 유교 밖이냐 유교 안이냐

먼저 동학의 경전이자 최제우의 문집인 『동경대전』과 『용담유사』에서 뽑은 몇 구절에 대한 분석에서 시작해보자.

元亨利貞天道之常, 惟一執中人事之察.
故生而知之夫子之聖質, 學而知之先儒之相傳.
雖有困而得之淺見薄識, 皆有於吾師之盛德, 不失於先王之古禮.

원형이정은 하늘의 변치 않는 도요, 순임금이 전해주신 16자는 사람 일에서 살펴야 할 바라. 고로 태어나 아는 것이 공자님의 성스러운 결이요, 배워서 아는 것은 앞선 유학자들이 서로 전한 바이다. 비록 [후세의 사람들이] 곤궁한 상황에 처하여 얕고 얇은 견식만을 얻게 되더라도, 그 역시 우리 공자님의 풍요한 덕망에서 비롯한 것이고, 옛 성왕(聖王)님들께서 세우신 예법으로부터 벗어나지 않아 갖추게 된 것이다. (『동경대전』 「수덕문(修德文)」)

위의 인용에서 "원형이정 천도지상" 부분은 시경과 주역의 사상을, "유일집중 인사지찰"은 『서경(書經)』과 주희의 「중용장구서(中庸章句序)」의 사상을 축약하고 있고(요임금이 순임금에게 전했다는 16자 비의), 이어 "부자(夫子)" "선유(先儒)"는 공자와 그를 잇는 유학자들을, 우리 선생님, 즉 "오사(吾師)" 역시 공자를, "선왕고례"란 요순과 삼대(三代, 하-은-주)의 성왕들이 세워놓았다는 유교 예법을 지칭하고 있다. 위 인용이 유교적 전거(典據)가 상대적으로 더 밀집된 구절을 선택한 것이기는 하다. 그러나 최제우의 저술 어느 쪽을 펴 보더라도 위와 같은 유교적 관념과 관용구들을 쉽게 발견할 수 있다. 유교와 동학과의 관련을 최제우 자신이 아래와 같이 간명하게 정리한다.

覺來夫子之道則 一理之所定也. 論其惟我之道則 大同而小異也.

공자의 도를 깨닫고 본즉 다 하나의 이치로 정해진 것이요. 우리 도와 비교해서 말하면 크게 같고 작게 다를(大同而小異) 뿐이라. (상동 5절)

혹 『동경대전』이 한문으로 씌어진 문집이기 때문에 그런 것은 아닐까? 한문을 읽고 쓴다는 것은 유교 경전을 배웠다는 것을 말한다. 그래서 한문을 아는 층을 대상으로, 어느 정도 포교를 위한 일종의 전략으로, 유교적 전거를 내심 그가 생각하고 있던 것 이상으로 강조하였을 뿐이지 않을까? 이러한 추정은 그가 한글(이른바 '언문')로 남긴 『용담유사』를 읽어보면 금방 근거를 잃는다. 최제우가 남긴 한글 가사들은 한글로 씌어진 판소리 대본이 유교적 관용구, 개념, 상징, 사상으로 빼곡한 것과 크게 다르지 않다. 아니, 판소리에 비해 유교적 전거가 훨씬 농밀한 것으로 보인다. 아래에 『용담유사』의 한 대목을 인용해본다.

요순지세(堯舜之世)에도 도척(盜跖)이 있었거든

하물며 이세상에 악인음해 없단말가

공자지세(孔子之世)에도 환퇴(桓魋)가 있었으니

우리역시 이세상에 악인지설 피할소냐

수심정기(修心正氣) 하여내어 인의예지(仁義禮智) 지켜두고

군자(君子)말씀 본받아서 성경이자(誠敬二字) 지켜내어

선왕고례(先王古禮) 잃잖으니 그어찌 혐의(嫌疑)되며

세간오륜(世間五倫) 밝은법은 인성지강(人性之綱)으로서

잃지말자 맹세하니 그어찌 혐의(嫌疑)될꼬

(『용담유사』「도덕가」, 당시 '언문'을 현대 어법으로 바꿈)

　요순, 공자, 수기정심, 군자, 인의예지, 성경(誠敬), 선왕고례, 오륜, 인성지강. 이 모든 개념들이 매우 유교적(특히 정주학적)인 것임은 두말할 나위가 없다. 조선 후기에 한글로 씌어진 다양한 문학 작품들 속에서 유교적 전거가 문학적 교양의 관용구(idioms)로서 동원되고 있다면, 최제우의 한글 가사들 속에서 유교적 전거는 믿음의 근거로서 강조되고 있다. 이런 점에서 유교적 전거의 빈도뿐 아니라 그 심도에 있어서, 『용담유사』가 조선 후기의 한글 문학 작품들에 비해 더욱 유교적이다. 더욱 세분하여 사장(詞章) 위주의 한당(漢唐) 유학과 '신종(信從)' 중심의 정주학을 나누어본다면(Bol, 1992), 최제우의 저술들은 정주학 계열의 유교성(종교성)을 짙게 내포하고 있다.

　최제우의 저작들이 아주 농밀하게 유교적이라는 지적은 이미 윤사순 선생에 의해 정리된 바 있고(윤사순, 1998), 그 사실 자체에 대해서는 이 글이 크게 더할 바는 없다. 윤사순 선생은 동학의 주요 개념인 '천', '천주', '천생만민(天生萬民)', '개벽', '삼재(三才)', '영장(靈長)', '누구나 요순(堯舜)이

수운(水雲) 최제우
(1824～1864) 영정

될 수 있다는 사상', '안빈낙도', '보국안민' 등이 모두 유교 경전에서 온 것임을 언급하면서, 아래와 같이 단언했다.

> 동학사상은 유학의 사상 그대로이거나, 유학사상의 동학적 변용이라 할 수 있다. 유학의 사상 요소를 제외하면 동학이 성립할 수 없을 정도로, 동학에서 유학 성격의 사상이 차지하는 비중은 막중한 것임에 틀림없다.(상동 : 106)

필자는 동학에서 유학이 차지하는 비중에 대한 인식에 관한 한, 윤사순 선생의 견해에 완전히 동의한다. 윤 선생의 위 연구 역시 이 글과 같이 수운의 저작에 국한하여 분석을 집중하고 있다. 아마 그러했던 취지도 이 글과 비슷한 것이리라 본다. 유학(특히 정주학)의 조선 후기 사회에 대한 포괄적 지배력이나 최제우의 가문 내력[1]을 고려한다면, 최제우의 정신적 세계란 유교라는 '문화적 저수지(cultural repertoire)' 속에 목까지 잠겨 있는 상황이었다고 말하는 것이 자연스러울 것이다.

나는 '문화적 저수지'라는 개념을 언어, 의식, 제도, 복식(服飾), 풍경(landscape) 속에 표출되고 잠재된 상징, 관용구, 가치 체계, 습속(習俗), 행위 방식, 미감 등의 문화적 요소들로 물처럼 빈틈없이(watertight) 꽉 차 있

---

1) 최제우의 부친 근암 최옥은 퇴계 영남학파의 문인인데(유고로 『근암집』, 『근암유고』가 있다), 수운은 『동경대전』 「수덕문」에서 그의 부친의 이름을 (영남 일대에서) 모르는 유학자가 없었다고 적고 있다(家君出世 名盖一道 無不士林之共知).

는 거대한 삶의 공간, 장(場)을 뜻하는 것으로 정의한다. 물론 이 문화적 저수지에는 무(巫), 불(佛), 도(道)의 요소도 혼재되어 있다. 그러나 조선의 무, 불, 도는 유교적 가치와 의례에 자신의 코드를 정합시킴으로써 생명력을 이어갈 수 있었다는 점에서—다시 말하면, 유교가 무, 불, 도의 요소를 포섭하고 있었다는 점에서—그 문화적 저수지의 수질은 압도적으로 유교적이었다고 말할 수 있다. 저수지 대신 '문법'이라는 비유도 가능할 것이다. 즉 여러 계통의 어휘가 혼재하고 있었지만, 그 언어를 흐르고 소통하게 했던 중심 문법은 유교였다는 것이다. 저수지나 문법의 비유는 조선 사회에서 비유교적 문화 자원들의 존재를 인정하되, 그 비유교적 자원들이 유교의 통섭하에 포괄되어 있었음을 가리키고자 하는 것이다. 이렇게 본다면 "동학에서 유교가 차지하는 비중은 막중한 것"이라는 윤 선생의 단언은 전혀 과장 없이 오히려 당연한 것으로 보인다.

윤 선생의 그러한 입장은 이 글의 출발점, 전제가 된다. 그러나 여기서 한 발 더 나가면 윤 선생의 동학 이해와 이 글의 그것 사이에는 미세하지만 중요한 차이가 잠재해 있다. 이 문제는 윤 선생의 위 글의 '맺음말'에 노출되고 있다. 이 맺음말은 이 글의 문제의식과도 일정하게 닿아 있는 문제를 제기하기는 하지만, 대체로 글의 앞부분의 논의들과 잘 화합되지 않는 지점들이 있다. 이 점을 밝혀볼 필요가 있다. 윤 선생은 '맺음말'에서 그렇듯 압도적인 유교성에도 불구하고 동학이 유학과 구분되는 정체성을 인정받고 있는 까닭이 무엇인지를 물으면서 다음과 같은 대답을 내놓는다.

그것은 바로 수운(水雲＝최제우)이 유학사상을 적극 원용하였지만, 유학을 벗어난 입장에서 자유자재로 취사선택하고 심지어 변용하는 형식으로 원용하면서, 그 시대의 요구에 맞도록 체계화한 데에 기인한다고 할 수 있다. 예를 들면, 남녀노소 반상(귀천)을 가릴 것 없이 21자로 된 주문을 외우면서 동학을 믿으면, 누구나 병고를 비롯한 사지(死地)의 현실을 극복하고 신선이 되어 요순지세나 선계(仙界)와 같은 국태민안(國泰民安)의 태평성세를 이룬다는 이론이 그러한 것이다. 이러한 이론은 비록 유학적인 사고를 많이 원용한 것임에 틀림없지만, 당시 유학적 통치체제, 특히 사회 체제적 한계를 파기한 것임도 의심의 여지가 없다.(상동:107~108, 강조는 인용자)

먼저 첫 문장에서 "유학을 벗어난 입장"이란 무엇을 말하는 것일까? 그것은 무엇이며 어디서 유래했다는 것일까? 앞서 "유학의 사상 요소를 제외하면 동학이 성립할 수 없을 정도"라고 단언하면서도, 동학이 동시에 "유학을 벗어난 입장"에 서 있다는 주장이 양립할 수 있는 것일까? 이러한 문제의식을 가지고 이어지는 다음 문장들을 검토해보자.

세 번째 문장에서 "유학적 통치체제, 특히 사회 체제적 한계를 파기[극복?]"했다는 표현의 의미는 매우 애매한 것이지만, 일단 미루어 짐작하자면, "유학적 통치체제"란 신분 질서를 의미하는 것이고, 반면 "사회 체제적 한계를 파기[돌파?]"한다는 것은 바로 이러한 신분 질서의 파기를 의미하는 것으로 보인다. 그래야 왜 "쉽고 간략한 21자 주문을 남녀노소 반상귀천 차별 없이 외우"고[2] "누구나 병고를 비롯한 사지(死地)의 현실을 극복"한다는 것이 유교를 벗어난 입장이 된다는 것을 연결시켜볼 수 있기 때문이다. 그러나 이런 태도나 여망이 반드시 유교를 벗어난 것이라고 이야기할 수 있을까?

유교의 우환의식은 도를 잃은 현실에 대한 비관적, 비판적 의식을 담고 있다. 유교란(유교 교의 내부의 시각에서 바라보면) 불의와 피폐의 현실을 극

---

2) 21자 주문이란 '至氣今至 願爲大降'이라는 강령주문 8자와 '侍天主 造化定 永世不忘 萬事知'라는 본(本)주문 13자를 합한 것을 말한다.

복하기 위한 내성외왕(內聖外王)의 학이요, 교라 할 수 있다. 유교가 지배체제의 한 기둥이었다고 해서 그 교리에 내재한 비판적 계기들을 놓쳐서는 안 될 것이다. 윤 선생 자신이 (위 인용에 앞선 논의에서) '누구나 요순이 될 수 있다는 사상'이 원시유교에서부터 강조되어오던 유교사상의 일부라고 하였던 것도, 유교에 내재된 그러한 비판적, 이상적 지향을 짚어낸 것이라고 볼 수 있다. 누구나 남녀반상의 구분 없이 성인이 될 수 있다는 사상은, 전혀 비유교적인 것이 아니고, 오히려 유교적인 기원을 가지고 있는 발상이기도 하다. 신분 질서를 넘어서는 발상이 유교에 내재하고 있는 것이다.

또 간략한 잠(箴)이나 결(訣)을 지어 외우는 것 역시 많은 유자들이 애용했던 유교적 수련 방식의 하나다. 물론 오늘날로 말하면 지식인들인 유자들의 잠과 결이 농민들인 동학도들의 주문과 같을 수는 없는 일이다. 전자가 (베버 종교사회학의 용어를 빌려 말하면) 지성주의적(intellectualist) 종교성의 소산이라면, 후자는 민중적(popular), 대중적(mass) 종교성의 표현이다. 그러나 종교적 도달의 수단 또는 기법이라는 보다 근본적인 차원에서 양자는 같은 범주에 속한다. 이런 점을 연결시킨다면 "남녀노소 반상귀천 구별 없이" 간략한 주문을 외워 깨달음을 추구하는 방식 그 자체가 "유교를 벗어난 입장"이라고 단언하기는 어려워 보인다. 더구나 이러한 방식으로 목표하는 세계가 '요순지세 국태민안의 태평성세'라고 하고 있는데, 이것이 순전히 유교적인 언어요, 세계관이라고 하는 것은 너무나 자명하다.

물론 주문을 외고 부적을 태워 병을 치료한다거나, 신선이니 선계니 하는 말로 이상사회의 전망을 그려 보이는 수운이 유가 외의 (도가, 불교, 무속 등) 다양한 문화적 자원들의 영향을 받았으리라는 것은 쉽게 짐작할 수 있다. 그러나 그의 글 속에서 무(巫), 도(道), 불(佛)에서 온 자원들이 어떤 '의미 맥락(context of meaning)'을 구성하고 있는 것은 오직 압도적인 유교적 자원으로 치밀하게 짜여진 틀, 진용(陣容) 속에서 그러하다.[3] 수운이 병을 치료했던 것은 사실이지만, 그에게 병이란 항상 사회적 병, 천하의 우환과 연관된 것이었고, 이 맥락에서 병의 치료란 항상 개인 구원을 넘어서는 사회 구원, 천하 구원의 유교적 함의 속에서 그 의미가 정향되어 있다. 신선, 선계의 상징 역시 요순지세, 태평성세, 보국안민이라고 하는 유교적 상징들의 압도적이고 치밀한 포진(布陣) 속에서 그 의미를 확보한다.

수운이 사찰과 암자에서 종교체험을 하고 저술을 했다거나(불교, 도교적), 1860년의 결정적 신비체험이 매우 기독교적이라는 점 등을 들어 동학이 유교 외적 계기에 크게 의지하고 있다는 주장도 제기된다(박맹수, 1998; 최동희, 1979). 이러한 사실의 지적 자체에는 문제가 없다. 그러나 거듭 강조하건대 수운의 텍스트 속에서 이러한 여러 자원들이 배치되고 있는 문맥(의미 맥락)이 압도적으로 유교적인 점에 주목해야 한다. 위에서 언급한 요소들 자체가 유교적 자원들과 습합될 수 있고, 또 그렇게 되어온 역사적 배경을 가지고 있다.

주희가 「중용장구서」에서 "황홀한 상태에서 홀연히 도리를 얻었다(恍然似有得其要領)"고 하였던 바에서 드러나는 도통 계승과 수련 방법에서의 신비성·종교성은 정주학에서 보편적으로 확인된다. 물론 정주학의 종교성과 수련 방법 자체가 선종과 도교로부터 상당 부분 도입된 것이라는 지적이 많다. 정이천과 주희 자신이 불교적 수련 체험을 가지고 있었다. 그러나 그 때문에 정주학을 유교 외적 체계라고 말한다면 이는 어불성설일 것이다. 천주교의 인격신관 역시 마테오 리치 이래 유교적 언어와 습합되

---

3) 필자는 막스 베버가 그의 방법론 논문들에서 그토록 강조했던 '의미(Sinn, meaning)'와 '이해(Verstehen, understanding)'가 바로 이러한 '의미 맥락의 구성 원리'를 말하고 있는 것이고, 그 결실인 이념형은 바로 이러한 '의미 맥락의 (통일적) 구성체'를 지칭하는 것으로 본다(Weber, 1946, 1949, 1978).

어온 역사를 가지고 있다. 인격신적 요소(上帝)가 선진(先秦) 유교(특히 『시경』)에는 오히려 강하게 드러난다. 다산이 연루된 근기남인 신서(信西)파가 천주교리와 함께 선진고경에 관심을 기울였다는 사실은 예사롭지 않다(조선 후기사에서 진정으로 '유교 외부의 입장'에 최초로 서본 사람들은 바로 이 신서파, 그중에서도 가톨릭으로 개종한 이들일 것이다). 수운 자신이 서학의 천주와 자신의 천주가 도(道)와 운(運)에서 같음을 언급했지만 동시에 이치가 다르다고 하였다(『동경대전』 「논학문」). 수운의 신관은 정통 기독교보다는 유교의 천, 도, 리와 훨씬 친화성을 갖는다.

이런 사정은 전근대 중국과 일본에서도 기본적으로 타당하다고 보지만, 특히 조선에서는 유교가 비유교적 종교 자원에 대한 통섭력이 상대적으로 훨씬 강력했다는 점을 유념할 필요가 있겠다. 그렇다면 "유교를 벗어난 입장에서" 유교를 자유자재로 변용했다기보다는, 거꾸로 유교적 맥락에서 무, 도, 불, 그리고 서학의 자원을 자유자재로 변용했다고 보는 것이 타당할 것이다.

앞서 문화적 저수지(cultural repertoire) 비유에 대한 설명에서 강조했던 것처럼, 유교적 의미 맥락의 강조는 조선의 전통 사회에서 비유교적 문화 자원들을 유교로 환원시키는 것이 아니다. 다만 비유교적 요소들조차 유교적 문법 속에서 유통되고 있었다(또는 의미 맥락을 구성하고 있었다)는 점을 강조하는 것뿐이다. 다시 말하면, 윤 선생이 "유교를 벗어난 입장에서"라고 말할 때의 무, 불, 선의 비유교적 문화적 자원들 역시 유교적 문화 저수지의 내부, 유교적 의미 맥락의 포진 내부, 유교적 문화 문법의 내부에 존재하고 있었던 것이지 결코 밖에 존재하는 어떤 것일 수 없었다는 것이다.

우리는 윤 선생이 주목했던 (그리고 "유학을 벗어난 입장"에 있다고 오해했던) 동학의 대중적 성격이야말로, 지극히 유교적인 사회질서가 특정한 역사적 상황 속에서 그 자신의 논리에 따라 산출할 수밖에 없었던 대중유교의 핵심이라고 본다. 유교의 대중화 현상은 "유학을 벗어난 입장"에서 외삽(外

挿)된 것이 아니라, 바로 유학, 유교정치, 유교사회의 내적 전개의 필연적 산물이었던 것이다. 또 이렇게 보아야만, '요순지세'나 '국태민안', '보국안민'과 같은, 유교로부터 빌려온 것이 분명한 동학운동의 목표 역시, 유교적 문화자원에 깊이 의존하고 있으면서도, 바로 그 의존을 통하여 '사회체제적 한계를 돌파'(신분 질서를 극복)하는 계기로서의 역할을 한다는 역설을 이해할 수 있게 된다.

3. 대중유교

우리는 동학을 대중유교(大衆儒敎, mass confucianism)의 한 형태 또는 한 변형으로 본다. 필자는 이 개념을 2001년 발표한 글에서 유교를 상층유교(high confucianism)와 대중유교로 구분하면서 처음 언급한 바 있다(김상준, 2001). 중요한 점은 대중유교가 탄생했던 역사적 맥락인데, 이를 다시 정리해보기 전에, 먼저 개념적, 이론적 근거를 여기서 보완할 필요가 있겠다. 상층/대중유교 구분의 발상은 막스 베버 종교사회학에서의 종교성(religiosity) 구분, 즉 지성주의적(intellectualist)/민중적(popular) 또는 대가적(virtuoso)/대중적(mass) 종교(또는 종교성)의 대비적 구획을 참고했다. 베버는 지성주의적 또는 엘리트적 종교가 "비인격적(impersonal)이고 윤리적인 우주적 질서"를 강조하지만, 대중적, 민중적 차원에서는 그러한 고도의 지적 질서는 이해될 수 없어 민중과 무관하다고 주장한다. 민중은 보다 직접적인 구원적, 구복적 효능을 가져다주는 다양한 종류의 시혜, 시술 행위(흔히 마술과도 연관된다), 그리고 그러한 시혜, 시술을 행하는 다양한 모습의 성자들, 신들의 형상, 그리고 그러한 구원자들이 주인공이 되는 신화를 원한다. 엘리트적, 지성주의적 종교는 사제의 종교, 성스러운 텍스트 중심의 종교인 반면, 민중적, 대중적 종교는 마술적 행위와 시술의 종교다(Weber, 1956: 103 passim, 1946: 287 passim).

베버는 유교 헤게모니가 정립된 사회에서 유교는 엘리트적, 지성주의적, 공식적/관료적(officialdom) 종교이고, 도교와 불교는 민중적, 비공식적 종교로 존속하며, 여기서 유교는 도교와 불교를 포섭하고 있다고 생각했다(Weber, 1956, 1951). 이는 중세 가톨릭교회가 공식적으로는 다양한 토속 신앙과 종교 관행(가톨릭은 이의 많은 부분을 '마술'이라 불렀다)을 배척하면서도 지방 교구 차원의 농민 사목에서는 이들 관행과 타협하지 않을 수 없었던 것과 비슷한 사정이다. 물론 마찬가지로 유럽 각지의 전래 토속 신앙은 가톨릭의 질서에 자신을 일정하게 조율해 넣지 않을 수 없었다.

이상은 개념적 배경일 뿐이다. 대중유교 개념의 착상에 결정적인 근거는 조선 후기 사회에서의 특이한 신분 현상, 즉 다산이 언급했던 바와 같은 '온 나라가 양반 되는' 지극히 특이한 신분적 평등화 경향이다. 베버의 지성주의적/민중적, 대가적/대중적 종교성의 구분 자체는 근대성의 판명 기준이 되지 않는다. 근대성과의 관련은 특정한 역사적 맥락 속에서 이 기준을 해석함으로써 얻어진다. 조선 후기 사회에서 유교의 대중화는 역설적이게도 유교적 신분 질서의 동요와 와해와 맞물린다. 다른 말로 하면, 예의 확산을 통해 예적 신분 질서가 흔들린다. 이러한 구체적인 역사적 맥락 속에서 대중유교는 '유교적 근대성'의 하나의 표현 형태가 된다. 이 역사적 흐름의 동학(動學)을 압축해서 정리하면 아래와 같다(이 절에서는 유교적 신분제의 동요와 해체 현상에 집중하고, 다음 절에는 성속의 통섭 역전 문제를 다룬다).

제12장에서 상세히 살펴본 것처럼 유교적 평등화 경향은 3단계 농심원적 확대 과정을 경과한다. 먼저 16~17세기를 통해 확립된 정주학적 경학과 예론의 권위를 전제한다. 정주학적 경학과 예론의 권위란 사회경제적,

정치적 권위의 공고화를 의미하기도 한다. 또한 이 시기 확립된 조선의 사림정치, 붕당정치는 유교적 도덕정치의 과숙(過熟)을 의미하기도 한다. 유교적 공론(公論)이 실로 이 정도로 왕권을 깊숙이 통제했던 경우는 유교의 '종주국'인 중국 왕조에서도 찾을 수 없다. 붕당정치, 즉 조정과 향촌의 지배권을 완전히 장악한 정주학적 정치의 자기 균열은 새로운 세력의 지배층으로의 진입을 위한 조건의 하나가 되었다. 신흥 유교 지배층의 등장. 이는 이미 17세기 말부터 여러 문헌에 등장하기 시작하는 '신향(新鄕)'을 말한다. 신흥 세력과 기득권 세력 간의 갈등을 이 시기 문헌들은 '향전(鄕戰)'이라 부른다.

동심원적 확대는 또 하나의 계기를 통해 다시 한 번 격발된다. 그 격발의 근거는 세습노비라는 조선에 특이한 신분의 존재에서 비롯한다. 신분적 구별과 차등이 미세하고 명료하게 구획되어 있는 일본의 막부 시대에 비하여, 중국과 조선은 그 구별이 명확하지 않다. 그러나 조선과 중국을 비교하면, 조선에는 양반보다 더 명확한 세습적 신분이 존재하여 왔으니, 그것이 노비다. 신향의 등장과 향전의 격화를 통해, 신분의 최상층이 느슨하게 열리고 있는 상황은 세습노비층에게 신분적 압력의 증대와 함께 신분 탈출의 기회를 함께 제공하였다. 18세기 중반에 이르면 이미 광범하게 진행되고 있었던 매향 매직, 모칭, 위조 가보, 위조 홍패 등을 통한 양반 신분의 인플레 현상은, 이제 탈주 노비의 가담으로 인하여 또 한 번 격발의 계기를 맞게 되었던 것이다. 신분 상승의 줄달음질에 노비층이 가담하게 됨으로써 이제 이 경주에는 신분적 강박이 작용하게 되었다. 멈추어 있다는 것은 사실상 신분 하강을 뜻하게 되었기 때문이다.

이 과정은 조선이라는 유교 국가의 몰락 과정이면서 동시에 유교 대중 전파의 전례 없는 성공 과정이기도 하였다. 양반이 면세 특권을 독점하고 있었기에 양민과 노비의 부세와 요역 그리고 신공(身貢)에 의존하고 있었던 조선은 양인과 노비 신분의 인구 감소에 따라 쇠멸해갈 수밖에 없었지만, 동시에 위신 있는 유교적 풍속과 관행은 양민과 노비층 안으로 깊고 넓게 확산되어갔기 때문이다. 유교적 풍속과 관행을 철저히 익히고 흉내 내는 길이야말로 신분 상승의 요로였기 때문이다.

그래서 이미 많은 조선 후기 신분사 연구자들이 밝힌 바 있는 양반 신분(유학, 향임, 생원 등)의 급증 현상은, 동시에 유교의 급격한 대중화 과정의 표현이기도 하였다. 이렇듯 대중화된 유교는 아전유교, 생원유교, 참봉유교, 서얼유교이기도 하고 농민유교, 상인유교이기도 하다. 즉 조선 후기 사회에 모습을 드러낸 대중유교란 느슨하게 열린 양반 신분의 말단을 차지하고 있는 다양한 신분층과 이 층 바로 밑에서 이 층과의 빈번한 접촉을 통해 밀접한 영향을 받고 있었던 양인과 노비층이 맹렬하게 흡수했던, 대중화된 유교다. 대중유교는 사대부와 정통 유자(儒者)들이 그 주체가 아니라는 점에서 정통유교(orthodox Confucianism), 상층유교(high Confucianism)는 아니지만, 그 외곽적 주체들이 맹렬하게 (유교적) 중심을 지향(모방)하였다는 점에서 확고한 유교적 구심성을 유지하고 있었다. 그 발생과 전개의 이러한 동학(動學)의 원리를 깊이 음미해본다면, 대중유교는 정통유교의 확장운동(강력한 구심성에 기초한 맹렬한 원심운동)의 결과이며 따라서 유교의 내부이지 결코 유교의 밖일 수 없다는 사실이 분명해질 것이다.

유교의 대중화, 대중유교의 출현은 조선만의 현상이 아니다. 중국과 일본에서도 대중유교의 활발한 모습을 확인할 수 있다. 중국의 경우 명말에 두드러지게 유교의 대중 강학이 폭증하는데, 그 중심에는 양명학 좌파로 불리는 태주학파가 있다. 태주학파는 '온 거리가 성인(聖人)'이라는 『전습록(傳習錄)』의 단서를 실천적으로 발전시켰는데, 태주학파의 강학생들에는 농민, 수공업자, 상인 들이 압도적으로 많았다. 명말에 두드러지게 부각한 사상(士商) 또는 유상(儒商)이라고 불리는 층도 이러한 대중유교적 경

향과 연관되어 있다(미조구찌 유조, 1999; 박병석, 2001; 위잉스, 1993). 일본
에서는 도쿠가와 막부 시대 겐로쿠(1688~1704)에서 쿄호(1716~1736) 연
간에 형성되어 이후 확산된 쵸닌(町人)유교를 들 수 있다. 이 조류에서는
이시다 바이간이 중요한 유학자다(미나모토 료엔, 2000; Bellah, 1957). 이 양
자는 상인유교이자 농민유교로 정리할 수 있는데, 그 주체는 몇몇 직업적
유학자들과 그를 따르는 다수의 평민, 민간 학도들이다.

　양명학이나 쵸닌유학이 확산되게 된 시대적 상황의 큰 밑그림은 조선과
유사하다. 정주학이 정통학으로서, 관학으로서 확고한 지위를 차지한 이
후의 상황인 것이다. 유학이 정주학이라는 체계를 통해서 이념적, 제도적
권위를 확고히 하였을 때, 이 교의가 대중적으로 확산되어갈 가장 중요한
밑그림이 조성되는 것으로 보인다. 다만 그 전개 양식은 3국이 상당히 다
를 수밖에 없다. 조선의 경우 양반과 (세습)노비라고 하는 특이한 신분 상
황이 유교의 대중화 현상을 중국이나 일본에 비해 더욱 급격한 형태로 진
행되게 하였다.

4. 동학, 구세계의 알을 깨다

　이처럼 해빙의 격류가 폭포처럼 내리흐르는 듯한 유교의 대중화 추세
속에서 동학은 창도되었다. 동학은 유교의 대중적 변형 중의 한 천재적 형
태다. 남은 논점은, 대중유교로서의 동학이 유교적 맥락 속에서 어떻게 전
통의 고리를 끊고 근대성의 계기를 열었는가를 밝혀보는 것이다.

　이 책 제1장에서 우리는 근대성의 핵심이 '성속의 통섭 관계의 역전',
즉 '성이 속을 통섭하는 관계(통섭 I)에서 속이 성을 통섭하는 구조(통섭 II)
로의 전환'에 있다고 하였다. 이 전환을 통해 초기근대가 시작되며, 송대

중국에서 그 첫 계기를 본다고 하였다. 하늘에 대한 관점의 전환, 즉 천즉도에서 천즉리로의 전환은 그 한 징표였다(제7장). 조선에서는 사림이 조정을 장악하는 중종에서 선조 연간에 이러한 전환이 이루어진다. 이 시기 봉건적 귀족제가 무너지고 유자 관료층이 이를 대체한다. 사회적 유동성이 증가하고 양반−노비제가 흔들린다. 이 과정을 통해 성속의 통섭 전환은 일층 심화된다. 그 결과 초기근대를 넘어서는 근대적 징후가 출현하기 시작한다.

통섭 II의 심화란 성(聖)이 속(俗)의 안으로 더욱 깊이 숨는 과정이다. 정주학적 세계관은 하늘의 뜻을 인간의 이성으로 파악할 수 있는 이(理)로 파악했다는 점에서 성속 통섭의 전환 계기를 마련했다. 이로써 현실 질서가 존재 그 자체로 신성하다는 믿음에 의문부호가 달렸다. 중세 봉건귀족제의 알을 깨고 나온 세계관이라는 점에서 초기 정주학은 비판 정신이 강한 대안의 교의였다. 그러나 정주학적 교의 자체가 관학이 되고 국교가 되었을 때, 즉 스스로가 현실 질서가 되었을 때, 이제 정주학적 세계 자체가 깨어져야 할 알이 된다. 동학은 이 알을 안에서 쪼고 있는 새 생명의 부리였다. 이제 최제우의 발언으로 돌아가 보자. 그가 본 조선 유교사회는 어떠한 것이었는가?

영험도사 없거니와 몹쓸사람 부귀하고
어진사람 궁박(窮迫)타고 하는말이 이뿐이오
약간어찌 수신(修身)하면 지벌(地閥)보고 가세(家勢)보아
추세(趨勢)해서 하는말이 아무는 지벌도 좋거니와
문필이 유여(有餘)하니 도덕군사 분명타고
모몰염치 추존(推尊)하니 우습다 저사람은
지벌이 무엇이게 군자를 비유하며

문필이 무엇이게 도덕을 의논하노

(『용담유사』「도덕가」, 한자 첨가하고 현대 문법으로 바꿈)

요약하면, 도덕군자가 지벌과 가세로 결정되는 세상, 어진 사람은 궁박하며, 몹쓸 사람이 부귀를 누리는 사회다. 19세기에 지벌과 가세가 좋은 사람이란 주로 경화벌열(京華閥閱) 출신의 자제를 말한다. 권력을 독점한 서울의 몇몇 세도(勢道) 가문을 뜻한다. 물론 서울만은 아니다. 경화벌열들의 파트너로 선택된 일부 지방의 명문가들도 포함된다. 과거 합격자조차 이들 몇몇 명문 대족들이 대대로 나누어 먹는 세상이 되었다. 원래 신성한 도통(道統)의 계승자를 자임했던 정주학이었다. 정주학을 신봉하여 조정 요로를 장악한 유자(儒者)들이었다. 그러나 이제 바로 그들이 "부귀를 누리는 몹쓸 사람"들이 되었고, "어진 사람을 궁박하게" 하는 세력이 되었다. 그들의 "문필"에는 더 이상 도덕이 없다. 그럼에도 이 세상 질서는 그들 지벌과 가세 좋은 벌열가의 문필가들을 "도덕군자"라 부른다. 이로써 정주학적 질서가 현실의 신분 질서에 부여한 도덕적 권위, 신성함의 위광이 부서진다. 그 반대물인 부도덕과 타락의 대상이 된다.

한편으로는 유교적 신성함이 부정되고 회의되며, 다른 한편으로는 숨어 버린 신성을 찾는 구도(求道)의 열정이 뜨거워진다. 이 회의와 열정을 천재적으로 통합한 것이 최제우고 그의 동학이다. 조선 후기 사회에서 유교의 대중화 현상 자체가 유교의 정통적 신념들 간의 불구대천의 투쟁을 역사적 전제로 한다. 그 투쟁의 격렬함을 통해 지배 질서에 남긴 성스러운 자국들을 스스로 지워간다. 그 파고를 타고 유교적 풍속과 관행은 최상층 사대부층을 거침없이 넘어 확산되어갔지만, 동시에 이 유교적 풍속과 관행 자체에 대한 회의와 냉소가 마찬가지로 확산되고 있었다. 이 회의와 냉소의 확산과 병렬하여, 지배 체제의 외곽에서 발생한 두 가지 흐름의 열정이 있었다. 하나는 위로부터의, 또 다른 하나는 아래로부터의. 전자는 유교적 원리주의 즉 위정척사 운동이고, 후자는 유교적 대중주의, 즉 동학운동이다. 위정척사 운동이 회의와 냉소로 쓸려 내려가고 있는 정주학적 세계관을 수호하고 복구하려 하였다면, 동학은 정주학적 통섭 전환을 한층 근본화하고 있었다.

현실의 지배 질서의 표면에서 철저히 부서진 신성함의 거소는 어디가 되어야 할 것인가. 지벌 가세 없고 문필 없는, 가장 평범한 사람들의 마음 깊은 속이다. 현세의 성공과 평판, 즉 현세가 그리고 있는 지벌과 가세라는 외양의 결은 더 이상 신성한 뜻의 표출이 아니다. 여기서 신성한 뜻은 현실 질서의 이면으로 퇴각한다. 신성함이 숨는다. 노심초사 전전긍긍 힘써 찾고 모셔야 할 아지 못할 손님과 같은 존재로(시천주). 인간의 심사 깊은 곳으로. 그곳에 신성한 하늘이 있다(인내천).

최제우의 인내천-시천주 사상은 유교에 내재한 평등사상을 더욱 근본화시킨 것이다. 사람 안에 신성함이 내재한다는 사상은 원시유교에서부터 존재했던 발상이며, 정주학에서 특히 강조된 사상이기도 하다. 하늘의 신성한 뜻이 내린 사람 또는 받은 사람이 유교에서 말하는 성인(聖人)이다. 유교사는 이 성인의 범위를 확대해나간 역사라고 요약할 수 있다. 주희의 표현으로, 최초로 신성한 하늘의 뜻을 받은("聖神繼天") 사람이 요임금이다(『중용장구서』). 요임금을 본받자는 것이 유교의 핵심이다. 이미 맹자는 "사람이면 누구나 요순이 될 수 있느냐(人皆可以爲堯舜)"는 질문에 "그렇다(可然)"고 답한다(『맹자』「고자 하(告子 下)」). 다만 중국 고대의 인(人)은 생산 대중인 민(民)을 포함하지 않는 말이었다. 유교사를 이 성인됨의 범위가 넓어진 역사로 풀이할 수도 있다. 명나라 왕양명의 제자들은 "온 거리가 성인으로 가득하다" 하였다. 이는 최제우의 "민 누구나 요순(성인)이 될 수 있다"는 말과 아주 가깝다.

근대적 사회 구성 원리는 월인천강(月印千江) 만천명월(萬川明月)에서의 달빛처럼 하늘에서 비추어 내려오는 것이 아니라 민의 마음으로부터, 합의를 통해 밑으로부터, 안으로부터 구성되어 올라오는 것이다. 모든 인간 자체로부터 비롯되어 새로이 구성되는 어떤 것이어야 한다. 끝으로 과연 최제우의 사상 속에서 그런 근대적 사회 구성의 원리를 찾아볼 수 있을까. 우리는 그러한 생각의 단초를 최제우의 '다시 개벽'관 그리고 그의 접(接) 조직의 실천 원리에서 찾아볼 수 있다고 생각한다.

물론 이 지점에서도 최제우는 늘 그렇듯 일관되지 않고 혼란스러운 모습을 보인다. 알을 깨고 나오는 자의 보편적인 모습이 아닐까. 한편으로는 그가 지향하는 세계는 '요순지세, 보국안민, 국태민안'의 유교적 관용구에 머문다. 이러한 관용구가 함의하는 바는 '파사현정하고 성군현신 세워 태평성세 이뤄보자'는 식의 유교적 세계관을 근본적으로 넘어서기 어려운 것이다. 그러나 최제우는 또한 여기서 멈추지 않는다. 바로 그 지점에서 늘 어떤 파열구를 낸다. 아래 대목을 보자.

> 소위서학 하는사람 암만봐도 명인없데
> 서학이라 이름하고 이몸발천 하렸던가
> ......
> 가련하다 가련하다 아국운수 가련하다
> 전세(戰世)임진 몇해런고 이백사십 아닐런가
> 십이제국 괴질운수 다시개벽 아닐런가
> 요순성세 다시와서 국태민안 되지마는
> 기험하다 기험하다 아국운수 기험하다
> (「안심가」)

요순성세 국태민안이 될 것이라고 일단 크게 씌우고 있지만, 그는 이러한 유교적 이상향의 테두리 속에서도 '가련하다, 기험하다'라는 경고음을 연발한다. 이 맥락에서 그의 '서학'과 '전세임진'의 언급은 매우 긴박하다. 최제우는 중국의 태평천국운동, 아편전쟁 그리고 1860년 영불 연합군의 북경 점령 소식을 알고 있었다. 천주학을 크게 흡수했던 홍수전의 몰락의 전말, 그리고 급기야 청조의 권능까지 서양의 함포 앞에 유린되었다는 풍문은 수운의 예민한 심중을 크게 흔들어놓았을 것이다. 끝 모를 불길함과 동시에 무엇인가 전혀 새로운 세계가 감지되는 흥분. 이 둘이 격렬하게 뒤섞인 모종의 종말론적 감흥이 아니었을까. 그가 "십이제국 괴질운수"라고 하였던 것은 중화적 세계 전체가 크게 요동치고 있다는 상황 인식을 말하고, 이러한 상황 인식 속에서 "요순성세 국태민안"을 언급하지만, 그와는 무엇인가 발본적으로 다른 새로운 질서, "다시개벽"(그리고 '상원갑(上元甲)' '후만고(後萬古)' '오만년지운수' 등)을 언급하게 되는 것이다.

윤 선생은 개벽이란 소옹(邵雍)과 서경덕 등이 기적(氣的) 우주관(先天과 後天)을 논하면서 일찍이 애용했던 용어이되, 최제우가 이를 사회체제적 전환으로 변용하였다고 지적한 바 있다(윤사순, 상동: 104). 물론 최제우 자신은 이 다시개벽 사상의 사회체제적 구상을 구체화하지 못했다. 그러나 최소한 우리는 그가 이전 수천 년 동안의 유교적 질서와는 발본적으로 다른 어떤 새로운 사회질서의 도래를 그의 시대 상황 속에서 예민하게 감지하고 있었음을 분명히 확인할 수 있다.

그가 새로운 사회체제 구상을 체계적으로 펼쳐 보이지는 못했지만, 실천 양식에서 그 단초를 엿볼 수는 있다. 수운은 1861년부터 포덕(布德, 동학의 포교)을 시작하는데, 1년 후에는 경주 본부(本府)와 경주 부서(府西), 영덕, 영해, 대구, 청도 및 경기도 일대, 청하, 연일, 안동, 단양, 영양, 영천, 신영, 고성, 울산, 장기 지역에 16명의 '접주'를 정한다(『최선생문집도

원서기』). 접(接)은 동학의 공부 모임이고, 동학 신앙 공동체의 기초단위였다. 접지(接地)란 이렇듯 동학교도가 모여 공부하는 넓은 집이나 장소를 말하고, 접주는 이러한 접 모임의 지도자다. 이들 중 많은 수가 유학, 향임, 생원, 아전, 참봉, 서일 등의 하층 유자, 즉 대중유교의 주역들이었다. 수운의 '다시개벽' 구상의 실현은 바로 이 접에서 시작된다.

동학교도들은 자신들을 도인(道人)이라 하였다. 같은 도를 나누고 있는 평등한 사람들. 이들에 의해 자발적으로 이루어지는 강학과 생활의 조직화가 접의 생활 모습이었다. "한국 역사상 처음으로 농민 통치를 실행한 농민의 기관"(신용하, 1993:125)으로 평가받는 1894년의 '집강소', 그리고 농민전쟁의 실질적인 지도 기관으로 밝혀지고 있는 도소(都所)는 갑자기 생겨난 것이 아니고, 이미 수운이 그의 생전에 시작했던 접의 조직과 생활 속에서 싹이 트고 영글어왔던 것이다.[4]

1894년 봉기의 좌절 이후에도 다양한 대중운동을 통해서 잔존 동학 세력(천도교 그리고 일진회)이 지속적으로 보여준 놀라운 조직력과 대중 동원력[5]은 수운의 접의 원리가 근대적 사회 조건과의 친화성, 그리고 근대적 사회조직의 원리와 어떤 상통성을 가지고 있었음을 말해준다. 애초에는 해체와 재구성이 전혀 가능하지 않았던, 즉 저마다 전통의 두터운 의미망 속에 깊이 입착(入着)되어 있던 사람들이, 온 나라 양반 되기 그리고 대중유교라는 흐름 속에서 분자운동을 시작하고, 이제 동학이라는 교리의 빛을 통해 또 점차 비슷하게 되어간다. 입착된 존재에서 탈착(脫着)된 존재

---

4) 1894년 농민 봉기의 동원망은 동학의 포접 조직을 기반으로 한 설접, 설포, 도소, 도회 체계였다고 한다(김양식, 1996; 김선경, 2003).
5) '조선 최초의 근대적 대중운동으로서의 동학'이라는 발상의 초기 형태는 헨더슨에게서 찾을 수 있다(Henderson, 1968). 다만 '조선 최초의 대중정당으로서의 일진회'라는 다소 도발적인 주장 때문에 그 바탕에 깔린 동학에 대한 신선한 발상이 묻혀버린 감이 있다.

로, 그리고 입착과 탈착이 자유로이 전환되는 존재로. 즉 해체와 재구성(再入着)[6]이 이론적으로는 언제나 가능한, 현대의 다양한 자발적 조직의 구성 주체로 점차 변모해갔던(그리고 변모해갈) 것이 아니겠냐는 것이다. 물론 근대적 결사체 이론의 핵심은 해체보다 재구성의 역량에 있다. 자유로운 개인들의 자발적 결사체. 이 자발적 결사를 가능하게 해주는 자유로운 개인들의 공약성(共約性, commensurability). 이러한 주체들이 사회계약의 이론 상황 속의 주체들(시민)이고, 근대 대중운동에 그 모습을 드러내는 다수의 개인들이다.

5. 동학혁명과 유교적 인민주권

최제우를 죽인 것은 그의 고향 경주의 유림(儒林)이었다. 그의 동학은 유학에서 나왔지만, 결국 유학에 의해 죽임을 당했다. 이는 동학의 위상을 상징적으로 압축해준다. 동학은 대중유교의 한 변종이지만, 그 변종은 정통유교의 족보로부터 추방당하는 운명이었다. 대중유교 자체가 탈유교의 가능성을 내포한다. 일찍이 대중유교화한 명말 태주학파의 일단이 유교의 틀을 벗어났다는 평가를 받고 정통유학 측의 맹렬한 공격을 받았던 것은

---

6) 입착(embedding), 탈착(disembeddding), 재입착(reembedding) 개념은 Giddens(1990) 참조. 원래 입착(embedded) 개념은 칼 폴라니(Karl Polanyi)가 경제와 사회의 관계를 설명하면서 사용하여 유명해졌다. 경제란 사회 안에 입착되어 있는 것이지, 시장근본주의자들의 주장처럼 그 밖에 따로 있을 수 없다는 뜻이었다. 기든스는 이 개념을 탈착, 재입착으로 응용 확상하였다. 이 개념들에 대한 기왕의 번역어는 사용자에 따라 매우 혼란스럽다. 이 개념들은 서로 연관된 한 다발이기 때문에 번역어도 이를 고려해야 한다. 또 가능한 간략하고 간명해야 한다. 입착, 탈착, 재입착이라는 번역어는 이런 요청에 잘 부합한다.

우연한 일이 아니었다. 그러나 여기서 탈유교의 '탈'이란, 누차 강조했던 것처럼, 유교라는 땅에 발을 딛고 나서야 발생할 수 있는 넘어섬이다. '탈'이란 그 안에서 나온다는 말이지, 원래 밖에 있으면서 밖으로 나온다는 것은 있을 수 없는 일이다. 유교가 동학을 탄압했으니, 동학이 유교적일 리가 없지 않겠는가? 이는 너무 단순한 생각이다. 종교나 이데올로기의 세계에서는 비슷할수록, 가까울수록 더 격렬하게 적대하는 경우가 비일비재하다, 아니 오히려 일반적이다.

그러나 수운이 1864년 대구감영에서 참수된 이후, 해월(海月) 최시형의 지도 아래 동학은 실제적으로, 그리고 상당히 의식적으로, 점차 탈유교화되어갔다. 태생의 정당성을 의심받던 사람 또는 그 후손들이 일단 종가로부터 공식적인 추방을 그것도 참형이라는 극단적인 방식으로 당하고 보면, 더 이상 그 일문의 일족임을 증명하려는 몸부림 대신, 확실한 거리 두기와 독자적 정체성 구축 쪽으로 노력이 집중될 수밖에 없다. 물론 교조신원(教祖伸寃) 운동이 말해주는 것처럼, 아직 자신을 추방한 본가를 완전히 부정하지는 못한다. 그렇지만 최소한 본가에서 좀 떨어져서라도 당당하게 자기 집 짓고 한 하늘 아래서 살아갈 권리를 인정해달라는 것이다.

해월은 수운만큼 유교적 교양을 쌓지 못하였으나, 예민한 서민적 영성(靈性)이 조직가로서의 천재성과 융합되어 동학사상의 심화에 큰 영향을 주었다. 여성에로, 어린이에로, 모든 생명체로 깊고 넓게 확대되어가는 그의 평등론, 생명론은 중세적, 유교적 신분관을 거인의 발걸음처럼 훌쩍 뛰어넘어 현대성이 지향하는 미래의 규범적 차원을 여전히 열어주고 있다. 이어 의암 손병희의 단계에서는 근대적 대중조직으로서의 동학(천도교)의 성격이 선명해진다.

그렇다면 해월의 동학과 의암의 천도교 사이에 거대하게 솟아 있는 동학농민봉기는 어떻게 해석되어야 할까? 특히 봉기한 농민군이 내세운 권귀(權貴)척결, 보국안민의 입장이 여전히 유교적, 봉건적 테두리를 벗어나지 못한 것이라는 지적(유영익, 1998; 권희영, 2001)은 어떻게 이해해야 할까? 동학 농민군이 중세적 군주제를 넘어서는 모종의 '합의법'에 의한 '합의정치'에 대한 구상을 지니고 있었다는 지적(신용하, 상동:136)은 위와 같은 종류의 문제제기에 대한 일종의 적극적인 반론이다.[7] 또 농민봉기 속에서의 '전

해월 최시형(1827~1898)

복적 민중성'의 표출을 중시하면서, 보국안민 자체는 봉건적 언어지만 농민군 자신이 그 의미와 실현 방안을 "해석하고 발언할 수 있다는 입장에 섰다는 점"을 강조하는 견해도 있다(김선경, 2003:215). 그러나 완벽한 반론이 되기에는 아직 부족하다. 동학운동이 봉건적 주권을 넘어서는 대안적 권력의 몸체를 구성하고 있었으며, 동시에 그것은 유교적 자원에 깊게 의지하고 있었던 것임을 분명히 할 수 있어야 한다.

앞서 제11장에서 우리는 윤휴와 정약용 등 근기(近畿)남인의 예론과 정치관이 유럽근대 초입의 절대주의 사상의 근거가 되었던 '정치신학(political theology)'과 흡사함을 지적하였다. 그러나 백호와 다산의 정치신학적 국체관은 근대적 주권론의 시각에서 보면 아직 미완성이라고 하였다. 신성한 군주만 있을 뿐, 신성한 인민이 존재하지 않기 때문이다. 이 신성한 인민이 등장하면서 정치신학은 점차 근대 공화주의와 민주주의로 전

---

7) 전봉준의 '寡頭監國체제' 구상과 관련하여 이와 유사한 문제를 제기한 최근 연구로는 김정기(2004) 참조.

체포되어 압송되고 있는 동학군 지도자 전봉준(1854~1895). 중앙 맨머리에 들 것에 탄 이가 그이다.

환해간다. 국가주권(the sovereign, sovereignty)의 신성한 몸체의 주체가 군주에서 인민으로 이동하는 것이다. 동학은 바로 그 '신성한 인민'을 창조했던 것이 아닐까? 그렇다면 동학군이 권귀척결, 보국안민을 내세웠다 하여 그것을 바로 봉건 회귀적이라고 말하는 것은 너무나도 단순한 생각이 아닐 수 없다. 동학군의 정치관은 최소한 백호-다산이 꿈꾸었고 정조가 어느 정도 실행해 보였던 능동적인 유교정치를 의미하고, 여기에는 이미 근대적 정치로 향하는 동인이 내포되어 있다(제11장). 그리고 무엇보다 봉기한 동학군 자신이 새로운 정치적 힘, 능동적 정치의 몸체를 구성하고 있었다. 따라서 동학과 동학운동은 근대적 주권론으로 가는 길에서 백호-다산-정조의 정치신학이 남긴 나머지 절반의 과제를 완성시키고 있었던 것이라고 할 수 있다. 그럼으로써 초기근대의 절대주의적 정치신학을 넘어 근대적 인민주권으로 나아가는 계기를 마련했던 것이다.

동학군의 지도자들과 다산의 서책(書冊)들과의 신비로운 연계에 관한 여러 민담들은 물론 민중의 주관적 여망의 신화적 표현일 것이다. 그렇지만 유교사회에서의 근대적 주권론의 완성이라는 시각에서 본다면, 백호─다산─정조의 정치신학과 동학의 정치관은 실제로 매우 상보적이다. 이 둘을 묶어보았을 때만이 조선 유교사회에서 고유한 방식으로 출현했던 근대적 주권의 형상이 온전하게 그려지기 때문이다. 즉 유교적 정치신학이 세속 주권(secular sovereignty)의 신성화로 요약되는 근대적 주권의 틀을 주형(鑄型)했다면, 동학은 그 틀 안에 신성한 군주 대신 신성한 인민의 쇳물을 부어 넣었던 것이다. 이렇게 보면 동학군의 권귀척결, 보국안민 주장은 봉건적인 것이 아니라, 근대적 인민주권론에 육박하고 있다는 점에서 이미 충분히 근대적이다. 동학혁명이 직접 왕을 겨냥하지 않았고, 왕의 목을 치지 않았고, 공화제를 내걸지 않았다 하여 봉건적이었다고 단정해버리는 것은 우습다. 17세기 영국혁명에서도 대부분의 봉기 세력들은 '(진정한) 왕을 위한 반대'를 내세웠다. 그럼에도 이것이 봉건적 봉기였다고 주장하는 이론은 없다. 남(유럽)이 하면 근대 로맨스고 내(조선)가 하면 봉건 불륜인가? 더욱이 동학 봉기 당시 국가권력을 거머쥐고 인민의 고혈을 흡착하고 있던 세력은 왕이 아니라 봉건적 세도 벌열 세력, 당시 동학도들의 언어로는 '권귀(權貴)'가 아니었던가.

인민주권론 자체가 깊은 유교적 근거를 가지고 있다. 다시 말해, 유교사상 자체에 인민주권론이 깊이 내장되어 있다. 정약용이 「원목」과 「탕론」에서 전개했던 군주추대론, 폭군방벌론은 모두 가장 오래된 유교 경전이지, '경전 중의 경전'이라 부르는 『서경』에 근거를 둔 것이다. 우리는 이 책 제3장에서 『서경』의 내면을 깊이 분석해본 바 있다. 유교적 이상(理想) 군주인 요임금은 왕위를 세습시키지 않고 순임금에게 선양했다. 순임금 역시 우임금에게 마찬가지로 그렇게 했다. 이것이 중지를 모아 어진 이를 추대한다는 발상의 근거다. 다산은 이를 민(民)이 군(君)을 추대하는 "밑에서 위로(下而上)"의 방법이라 풀이했다(「탕론」). 다음 은나라 탕왕과 주나라 무왕은 폭군을 방벌(放伐)했다. 무찔러 몰아낸 것이다. 방벌은 정당하다. 다만 유자들은 방벌에 내재된 폭력에 곤혹스러워했다. 탕왕과 무왕의 손에 묻은 피를 지워내려는 고심이 『서경』의 텍스트에 역력히 드러난다. 유교 모럴폴리틱 자체가 피를 지워낸 방벌론이요, 교묘히 감추어진 선양론이었다. 강학과 경연을 통한 군주 교화와 대간 종법 등의 제도를 통한 군주 견제를 통해 성왕의 이념을 관철하려 하였다.

그리하여 유교 조정에는 두 개의 권력이 성립했다. 하나는 왕의 권력, 또 하나는 유자의 권력. 전자는 왕통(王統)권력 후자는 도통(道統)권력이었다. 주희는 성왕의 계승자는 도통 계보에 있다고 하였다. 성왕인 요-순-우-탕-무왕을 이은 자는 후대의 왕들이 아니라 공-맹이요, 공맹을 이은 유학자들이라 했다(「중용장구서」). 하늘의 뜻을 이은 것은 도통 계보다. 하늘의 뜻은 바로 민의 뜻이다. 동시에 민의 뜻은 바로 하늘의 뜻이다. 이러한 논리로 유자들은 하늘의 뜻=민의 뜻을 바로 자신이 대변하고 있다고 자임하고 확신했다.

17세기 영국 혁명, 18세기 프랑스혁명에서도 무기를 들고 일어선 인민과 그들을 이끌었던 자들은 자신들이 하늘(신)의 뜻을 대변하고 있다고 보았다. 신이 마련해준 시원헌정(ancient constitution)의 회복. 유럽의 인민주권론도 이렇듯 중세적, 종교적 기원을 가지고 있다. 오랜 전통을 가진 폭군방벌론과 대(對)군주투쟁론(monarchomaque) 역시 마찬가지다. 이들 모두 왕 위에 민(People)이 있고 민 위에 하늘(신)이 있으며, 그 하늘(신)을 대변하는 것은 교회라고 믿었다.[8] 폭군방벌론은 즉위의 정당성이 없는 군주만을 방벌할 수 있다고 보았고, '왕의 두 신체(king's two bodies)' 이론과 결합하여 절대주권의 합리화 이론으로 이어졌다(제11장). 반면 모나르코마크는 즉위의 정당성이 있더라도 잘못된 통치를 하면 방벌할 수 있다고 주장했고 이 흐름이 근대적 인민주권론으로 발전해나갔다.

우리는 이 책 여러 곳에서 유교사상 내부에 군주주권을 내파(內破)하는 싹이 들어 있었음을 밝힌 바 있다. 성왕론과 도통론, 규제적 종법론, 그리고 유교 모럴폴리틱이 모두 그 내파의 날이요, 화약이었다. 성왕과 도통의 기원은 모두 하늘(天, 上帝)에 있다. 따라서 성왕론과 도통론이란 한마디로 하늘이 바로 민(民)이라고 하는 사상이었다고 요약할 수 있을 것이다. 이로써 우리는 유교주권론의 배경에 유교 인민주권론이 깊이 깔려 있었음을 이해할 수 있게 된다. 성왕론 자체에 인민주권 사상의 단초가 깊이 박혀 있었다. 정약용의 「원목」 「탕론」[9]에만이 아니라, 도통의 계승자라는 송시열의 자부심 안에, 더 거슬러 올라가 주희와 공맹과 『서경』의 사유 체계 안에, 넓게 말하여 유교 모럴폴리틱 자체에 유교적 인민주권론이 깊이 내장되어 있었다.

그러한 고래(古來)의 인민주권 사상이 19세기 중후반 조선의 새로운 주체들에 의해 한 걸음 더 나아간 형태로 체현되었다. 인내천 – 시천주로 깊

---

8) 유럽에서 이러한 상황을 보여주는 아주 흥미로운 예로는, 16세기 중엽 독일 융커 귀족과 왕에 대항하여 '정의를 세우기 위해 봉기한 말장수 미하엘 콜하스의 이야기가 있다. 그는 자신의 봉기가 신이 자신에게 부여해준 권리를 되찾기 위한 것이라 믿었다. 그러나 그가 신을 대변하는 사제로 깊이 믿고 있던 마틴 루터가 그를 비난하자 큰 충격을 받는다. 하인리히 클라이스트, 『미하엘 콜하스』 참조.

9) 많이 분석된 내용이지만, 다산의 「원목(原牧)」과 「탕론(蕩論)」의 요지를 간단히 부기해 둔다. 「원목」은 다스리는 자(牧)가 民을 위해 있는가, 민이 다스리는 자를 위해 있는가를 묻는다. 물론 전자, '牧爲民有也'가 다산이 내리는 답이다. 「탕론」에서는 먼 옛적에는 고을의 현명한 사람을 뽑고, 이 사람들이 모여 더 넓은 지역을 대표할 사람을 뽑아가서, 마지막 단계에 임금(皇王)을 뽑았다는 내용이다. 모두가 유교 민본주의의 정치사상을 잘 드러내고 있다.

어진 신심을 공유한 동학 도인(道人)들, 그리고 이들 도인들이 평등한 개인으로 모여 엮어낸 접(接)–포(包)–도(都)라는 근대형의 자발적 결사체가 그것이다. 이 새로운 주체가 무기를 들고 봉기하여 환국(換局)을 요구함으로써 고래의 인민주권은 이제 근대형의 새로운 인민주권이 되었다. 이들 새로운 주체는 바로 거국적인 유교 대중화, 즉 '온 나라가 양반 되기'의 격류 속에 생성된 대중유교의 주체이기도 하였다. 이로써 동학운동은 유교적 자원에 의거하여 조선 유교사회 안으로부터, 지극히 유교적인 방식으로, 근대 인민주권의 지평을 열었다.

이제 여기서 우리는 유교적 자원과 한국 현대 정치 현실의 연속성과 뒤섞임의 풍경을 전면적으로 다시 바라볼 수 있게 되었다.

> 헨더슨이 날카롭게 추출해낸 한국사의 회오리(vortex) 현상이란 강렬한 평등주의적 상승압을 말한다(Henderson, 1968). 이 역시 밑에서부터 올라온 민주주의적 참여 자원이라고 풀이 못할 이유가 있을까. 또 드 배리가 읽은 유교의 또 다른 반면, 즉 '자유전통'에 주목한다면(de Bary, 1983), 유교의 경법주의와 치열한 간쟁(諫諍) 전통을 유교적 입헌주의로 읽고, 조선 유교의 이른바 '당쟁'을 근대 자유주의 정치학에서 강조하는 '견제와 균형'의 초기근대적 모습으로 읽지 못할 이유 역시 없을 것이다. 동학의 강렬한 민본주의와 밑에서부터 구성된 포접 조직 원리 역시 우리 전통 속의 민주주의적 자원이었다.(김상준 2009 : 252, 2011 : 266)

군주주권을 내파하는 유교의 숨은 원리가 오랜 시간의 우회와 부침, 그리고 단련을 거쳐 인민주권의 모습으로 형상화하였다. 그러기에 이 책 제11장 글머리에서 언급하였듯이, "대한민국 민주주의는 순전히 1945년 해방과 함께 미군이 가져다준 것, 즉 전적으로 바깥에서 온 것이라는 생각은 뿌리는 보지 못하고 말단만 보는 단견"이라고 하였던 것이다. 위의 인용은 2008년 촛불집회에 대해 논평하면서, 그 역사적 배경을 포괄적으로 정리해보았던 장의 글머리 부분이다. 이제 세계의 많은 이들이 한국사회에는 특이하게 강인한 반독재 전통과 민주주의에 대한 강한 열망이 있다고 인정한다. 미래 민주주의의 새로운 가능성을 열어갈 잠재력이 한국사회에 아주 강하다고 말한다. 그러한 에너지는 우리 역사가 살아온 유교체제의 경험과 결코 무관하지 않다. 이러한 역사적 유교 체험, 유교적 생애사는 우리 아이덴티티의 일부가 되어 바로 오늘의 우리 현실과 생활 속에 낱낱이 이미 도착해 들어와 있다.

결론

21세기 문명의 흐름과 유교의 재발견

1. 중층근대의 시간관

많은 이들이 유교는 버리고가야 할 과거라고 말한다. 그러나 유교는 과거가 아니다. 오늘 여기 우리 현실 최첨단의 비늘마다에 낱낱이 도착해 있는 엄연한 현재다. 버려야 할 소극적 무엇이 아니라 오히려 적극적으로 딛고서야 할 디딤돌, 도약대로 보아야 한다. 유교를 넘어서자고들 말한다. 좋다. 그러나 넘기 위해서는 딛고 서야 한다. 버려서는 딛고 설 수도 없고, 딛고 설 데가 없으면 넘어설 수도 없다. 그런데 버리자니, 도대체 무엇을 딛고 넘자는 말인가?

많은 이들이 한국사회의 병폐는 전근대, 근대, 탈근대가 병존하는 데 있다고 한다. 근대는 한편으로 아직도 이루지 못한 미완의 과제이자, 동시에 넘어서야 할 대상이라고 말한다. 이 전근대, 근대, 탈근대의 병존을 '비동시성의 동시성'이라고 부른다. 전근대란 근대를 이루기 위해 버려야 할 과거, '비동시(非同時)'다. 그 전근대, 비동시를 대표하는 것이 유교, 유교적 유산, 유교적 전통이라 말한다. 널리 통용되는 말과 생각이요, 이런 표현에 일말의 유용성이 없다 할 수 없겠다. 그러나 이러한 사고방식에 아주 근본적인 혼란이 하나 있다. 지극히 상식 수준의 의문이다. 도달하지도 않았는데 어떻게 넘어선다는 말인가? 이루어지지도 않았는데 어떻게 극복한다는 것인가?

우선 인간의 역사에서 서로 다른 시대가 동시에 존재하고 있는 것처럼 생각하는 것에 큰 문제가 있다. '비동시성의 동시성'은 아인슈타인의 상대성 이론에서 빌려온 말이다. 이것을 상대성 이론에서는 '동시성의 상대성(relativity of simultaneity)'이라고 한다. 우선 이 말이 뜻하는 바를 정확히 이해할 필요가 있다.

상대성 이론은 시간과 공간이 하나로 묶여 시공간(spacetime)을 이루고 있음을 가르쳐준다. 그래서 한 사람이 공간 이동을 하게 되면, 그 사람의 시간은 멈춰 있는 다른 사람의 시간과 차이가 생긴다. 그러니 한 시대에 사는 사람들의 시간이 서로 다를 수 있다는 주장이 이론적으로 가능하다. 동시를 살되, 아주 정밀한 의미에서는 비동시를 산다고. 그러나 한반도 또는 지구 차원에서 이렇듯 운동 상태에 따라 발생하는 시간의 차이란 수십조에서 수십억 분의 1초에 불과하다(이 차이는 운동 속도의 차이에 의해 발생한다). 또한 움직임과 정지는 모든 사람들이 반복하는 것이니 그러한 미세한 차이조차 대부분 상쇄되고 말 것이다.[1] 결국 이는 시간과 공간 관계의 물리적 상대성을 말하는 것으로, 여기에는 어떠한 역사학적 의미도 개입되어 있지 않다.[2] 그렇기 때문에 여기에 역사적 의미를 과도히 부여하면

---

1) 상대성 이론에 따르면 바쁘게 빨리 움직인 사람의 시계는 늦게 간다. 따라서 (지극히 초현대적으로) 평생 비행기만 타고 다니며 바쁘게 산 비즈니스맨은 (지극히 전근대적으로) 평생 한자리에서 좌선을 한 동시대의 다른 도인보다 분명 과거를 산다고 말할 수 있다. 그래봐야 눈 깜빡할 사이 정도이겠지만.

큰 왜곡이 발생할 수 있다.

　불행하게도 이와 같은 일이 실제로 벌어지고 있는 듯하다. 서로 다른 역사적 시간대가 한 시대 안에 동시에 존재할 수 있는 것처럼 생각하면서, 현실을 몇 개의 시대별 시간대로 나누고, 그중 어느 현실은 과거의 시대에 속하는 것으로 버려야 하고(전근대), 또 어떤 현실은 달성 또는 보존해야 할 현재이며(근대), 또 다른 어떤 현실은 오히려 미래에 속하는 것(탈근대)으로 어서 미리 성취해야 할 것으로 나누어보는 것이다. 그러나 역사적 의미에서 지구적 차원의 시공간은 유일하게 하나이고 사실상 동시다. 상대성 이론에서 말하는 시간의 차이란 인간의 역사 차원에서는 지극히 미미할 뿐 아니라 무수한 행위자의 반복적 움직임 속에서 상쇄되어버리는 값이다. 또 상대성 이론이 시간 공간 관계의 상대성을 말하지만, 이 둘이 묶인 시공간 자체는 하나의 절대적인 실체(absolute spacetime)라고 말한다. 모든 현실은, 이 순간 이 우주의 모두는 오직 하나의 절대적 시공간 안에 존재하는 연관된 하나다.

　이것이 이 책이 제기한 중층근대성론의 시간관이다. 이 하나의 실체, 하나의 현실, 하나의 시공 안에 유교 역시 들어 있다. 중층근대성론은 근대성의 중층 구성을 말했다. 여기서 '중층'은 앞서 말한 '비동시성의 동시성'이 말하는 비동시적인 것들의 '병존'과는 크게 다르다. 먼저 중층근대성론은 근대성의 세 층위, 즉 원형근대성, 식민-피식민근대성, 그리고 지구근대성, 그 어느 것도 비동시적이라고, 서로 다른 시간이라고 하지 않는다. 모두가 동시에 존재하는 하나다. 서로 삼투되고 절합(切合, articulate)

---

2) 빛의 속도의 운동이 개입하는 우주론의 차원에서는 (예를 들어 100억 광년 떨어진 곳과 지구와의 시간 관계) 상당히 큰 시간 차의 '비동시의 동시성'이 가능하다. 그러나 여기에도 어떤 역사적 의미는 없다. 움직임에 따라 동시의 시간대가 조금 더 크게 달라진다는 것뿐이다. 여기서 움직임이란 항상 가변하고 상쇄되는 물리학적 운동일 뿐 항구적 지속성을 갖는 역사적 변동이 아니다.

된 하나의 전체로만 이 시점의 근대성, 근대가 존재하고 진행하고 있다.

이 책 제1장 〈그림 1〉에서 보듯 유교적 자산은 원형근대의 층위에서 유래했다. 그러나 시간의 진행 속에서 원형근대의 층위는 차례로 식민-피식민, 그리고 지구근대성의 층위와 서로 삼투하고 절합하여 뒤섞인다. 앞으로 나아가야 한다면 어느 사회든 이 셋이 묶인 하나의 전체를 딛고서만 가능하다. 전근대, 근대, 탈근대라는 식으로 별개의 비동시적 시간으로 구분되어 따로 존재하는 것이 아니다. 유교적 자산을 버려야 한다는 생각에 반대하기 이전에 그런 식으로 버려서는 도대체 앞으로 나갈 수가 없다.

우리 사회에서 원형근대의 층위에서 비롯한 유교적 자원은 현실의 정치, 경제, 사회, 문화, 윤리, 사상, 일상의 모든 첨단적 부면 속에 뒤섞여 들어와 있다. 혹자는 탈근대라고 부를 모든 현상에도 이미 깊이 절합되어 들어와 있다. 예외가 없다. 한국 민주주의에도, 한국 자본주의에도 그 첨단의 현상 안에 이미 다 도착해 들어와 있다. 그런데도 여기서 '유교적인 것'만을 딱 집어내고 잘라내서 버릴 수 있는가? 또한 이것만을 구분하여 이것을 과거의 시간, 전근대의 시간이라고 부르는 것이 적절한가? 더 오래된 유래를 가지고 있다고 하여, 바로 이 순간 여기 엄연히, 우리 곁에, 우리 안에 존재하고 있는데 과거이고 전근대인가?

유교적 자산은 이미 오늘 이 공간 안에 도착하여 중층근대의 전체 구성 안으로 들어와 있다. 그래서 근대를 넘어서야 한다고 하든, 또는 근대가 더욱 심화되어야 한다고 하든, 그것은 중층근대 속에 녹아 있는 유교적 자산을 동시에 딛고 넘어설 때 비로소 가능하다. 우리 현실에서 유교만 잘라내서 버릴 수 있다는 생각은 단순히 시공의 직관, 과학의 상식에 위배되는 것만은 아니다. 그 배경에는 더 깊은 윤리적 문제가 있다. 그것은 시간에 대한 차별 문제다.

2. 시간의 차별

1492년 콜럼버스가 스페인 파로스 항을 떠나 두 달여의 항해 끝에 바하마 제도 산살바도르에 도착하였을 때, 그는 그가 만난 원주민들이 4만여 년 전 중앙아시아에서 동과 서로 갈라진 같은 조상의 후손들이라는 사실을 꿈에도 알 수 없었을 것이다. 시공간의 단일성은 진화의 장엄함 앞에 인간을 겸손하게 만드는 열쇠이기도 하다. 현대 진화론이 거듭 강조하는 바 이지만, 인간은 이 시간 지구상에서 가장 많이 진화한 생명체가 아니다. 이 시간 존재하는 모든 생명체가 동일한 진화 단계에 있다. 모두가 동일한 하나의 시간대를 살고 있다. 30여억 년 전 동일한 생명체의 기원으로부터 동일한 장구한 시간의 궤적을 밟아 오늘에 이른, 한 뿌리의 동등한 생명체다. 인간의 윤리감이 생명 전체와 더 나아가 우주 전체로 향할 수 있는 것은 이러한 명확한 사실에 근거해 있을 것이다. 같은 종으로서 동시대를 살아가고 있는 인간의 인간에 대한 윤리감 역시 거기에 기초해 있음은 두말할 나위가 없다.

우리는 훌륭한 인류학적 현장 보고들을 통해 오세아니아와 아메리카의 원주민들이 자연과 인간에 대해 매우 깊은 공감과 사랑의 마음을 가지고 있었음을 알고 있다. 이들은 인류학적으로나 생물학적으로 우리와 같은 종이다. 모두가 6만 년 전 아프리카에서 홍해의 밥엘만뎁을 건너 유라시아로 퍼져나간, 같은 조상을 가진 한 뿌리의 친척이다(제2장 3절). 문명의 진전과 함께 문명적 잔인성도 함께 자라왔기에, 오히려 국가와 체제 없이 살았던 그들의 심성과 영성에서 생명에 대한 깊은 공감과 사랑, 그리고 공존의 마음을 오늘날 우리는 배우고 있다.

이제 헤어진 지 수만 년 만에 다시 만나, 우리와 대면하고 있는 그들의 시간을 어떻게 보아야 하는가. 아마존과 호주의 그들에게 우리 '문명인'

들의 지나온 시간을 고스란히 답습시켜야 하는가. 그들의 시간은 우리 '문명인'들의 지나온 과거를 아직 채 살지 못한 과거의 시간인가. 그리하여 그들에게 우리 '문명인'이 지나온 시간을 압축 반복시켜야 하는가.

그들의 시간은 우리의 시간에 비해 뒤떨어진 과거이고, 따라서 열등하다는 생각, 이러한 생각에 우리는 익숙하다. 차별적 시간관이다. 어린아이 적부터 그렇게 배워왔기에, 천진무구하고 순진한 마음에도 그런 시간관이 들어 있다. 그러나 이러한 차별적 시간관이 우리 문명, 특히 자본주의 문명의 끔찍한 탐욕의 소산임을 이제 우리는 안다. 개발과 발전의 이름으로, 문명의 이름으로, 뒤떨어졌다고 따라서 열등하다고 이름 붙인 시간을 점령하고 약탈했다. 영화 〈아바타〉처럼.

차이는 차이로 그쳐야 한다. 존 롤스의 정의관을 빌려 말하면, 차이가 '최소 수혜자층'을 해롭게 하는 것이 되어서는 안 된다. 차이를 차별로 만들어, 격차가 커지고 '최소 수혜자층'의 불이익이 커지는 것을 정당화해서는 안 된다. 차이는 공존의 논리가 될 수 있다. 그러나 차별은 반드시 지배의 논리로 전락한다.

아마존이나 뉴욕이나 단 하나의 동일한 시공간을 산다. 이 하나의 시공간 속에서 아마존의 미래를 놓고 차별의 논리와 차이의 논리가 충돌한다. 아마존의 삶을 동등한 시간, 동등한 가치로 인정하는 시간관과, 이를 열등한 시간으로 보는 시간관의 차이다. 잘 알려진 사실이지만, 아마존 원주민이 비행기를 조종하고 IT 기술에 익숙해지는 학습 속도는 우리와 크게 다르지 않다. 그들에게는 그들의 가치에 부합하는 삶의 길이 있다. 현대 문명을 빠르게 익혀가면서 그들 나름의 길을 그들 스스로 열어갈 수 있도록 도와야 할 일이다.

아마존과 호주 원주민의 시간은 이 책 제1장 〈그림 1〉의 중층근대의 시간과 꼭 같지는 않을 것이다. 그러나 근본 구조는 같다. 이들의 시간에서 원형근대의 계기는 약할 것이나, 그럼에도 '맹자의 땀'을, 그리고 올더스 헉슬리가 말한 인류 보편의 '영원철학(perennial philosophy)'의 영성(靈性)을 공유한다[Huxley, 1985(1945)]. 그 위에 식민-피식민근대가 얹혀 있고, 또 가장 위에 지구근대성이 놓여 있다. 큰 틀, 기본 구조는 같다.

앞서 말한 것처럼, 시간의 차이란 관측자의 위치와 운동 속도에 따른 상대적 차이일 뿐이다. 그 차이는 인간사에서 부단히 상쇄되는 극미량의 차이일 뿐이고, 따라서 인간 역사에서 매 특정 시점의 모든 시간을 동등하다고 말해도 과학적으로 전혀 문제가 없다. 인류문명사에는 늘 상대적인 주도 세력이 있어왔다. 이 주도 세력은 늘 바뀌어왔고, 주도 세력과 그렇지 않은 세력 간의 차이는 그다지 현격하지 않았다. 그 차이가 두드러지게, 폭발적으로 벌어지기 시작한 것은 19세기 이후다. 유럽의 독주, 세계 식민지화가 진행되었다. 운동 속도에 따른 시간의 상대적인 차이를 절대 시간의 차이라도 되는 것처럼 왜곡하기 시작한 것도 그때부터였다. 서로 다른 시간에 살 뿐 아니라, 서로 질적으로 다른 창조물로 생각했다. 나는 축복받은 인간, 문명인이고, 저들은 저주받은 야만인, 비인간이라 보았다. 문명인과 야만인이 사는 공간은 천국과 지옥처럼 질적으로 다르다. 시간 역시 꼭 같다. 그러나 하늘은 수많은 타인을 지옥에 떠밀어놓고 홀로 승천하는 천사를 결코 반기지 않으신다.

3. 유교의 재발견

이상 우리는 '유교는 버려야 할 과거'라든가, 또는 '비동시성의 동시성'이라고 하는 보통 흔히 하는 말과 생각 속에 감추어져 있는 폭력의 뒤안을 들여다보았다. 이러한 사고법은 유교와 아마존을 정도의 차이가 있을 뿐 같은 시각으로 본다. 모두 뒤떨어진 과거다. 다르다면 한쪽은 100 보, 다른 쪽은 50보 뒤떨어졌을 뿐이다. 그러나 진정한 문제는 이오십보소백보의 차이가 아니라 '뒤떨어진 시간'이라는 관념, 근원적인 시간 차별의 논리다.

모두가 하나의 선두를 향해 달리는 이 구조, 이 시간 관념이야말로 문제다. 50보와 100보에게 허여된 차이란 이 마이너스(뒤떨어짐)의 수만큼을 따라잡아야 하는 압축의 강도에 있을 뿐이다. 이 구도에서 정상은 오직 하나, 유일한 선두뿐이다. 뒤따르는 모두는 선두와의 거리만큼의 마이너스를 살고 있고, 그 마이너스의 수만큼, 그에 따라 요구되는 압축, 따라잡기의 강도만큼, 비정상 사회다. 그렇기에 그 유일한 선두는 차라리 악의 축이라 불러야 한다. 자신을 제외한 모두를 비정상으로 만드는 거대한 비정상의 대량 생산 체제이며, 거기서 생산되는 비정상을 악이라 명명하는 체제이기 때문이다.

이 책은 악을 대량 생산하는 이러한 시간 차별의 질주 체제에 근본적인 이의를 제기했다. 인간 역사의 시간에는 어떠한 차별도 없다. 모두 동일한 하나일 뿐이다. 인류가 하나의 기원, 아프리카에서 기원하여 점차 가로질러 진입했던 대륙들도, 주어진 풍토도, 서로 가능했던 왕래의 빈도도 서로 달랐다. 그러나 그 모두가 오늘날까지 공유하고 있는 동일한 시간이 있다. 그것은 '맹자의 땀'의 시간이었고, 악의 축이 아닌 윤리의 축, 기축시대 (Axial Age)의 시간이다. 이 시간을 모든 인류는 공유한다. 유교문명이든, 기독교 문명이든, 힌두 문명이든 같다. 아마존의 원주민이든 호주의 원주민이든 역시 근본적으로 다를 것 없다.

유교에 관한 이야기도 바로 여기서 시작해야 한다. 우리가 도달해 있는 동일한 시간 안에서 우리가 딛고 서 있는 발판의 어디를 딛고 어디로 나가야 하는지를 생각해야 한다. 미리 주어진 문명 서열, 시간 차별의 줄자를 우선 버리자. 이 책은 여기서 시작했다. 그곳에 서서 우리가 딛고 넘어야 할 도약점들을 찾았다.

　그래서 찾은 것이 철저한 타자, 가고 없는 존재자에 대한 윤리적 부채감이다. 바로 '맹자의 땀'이다(제2장). 여기서 폭력과 전쟁에 대한 철저한 반대가 나온다(제3장). 폭력의 주인인 군주에 대한 결연한 비판과 억제의 마음이다. 아울러 공정함과 정의로움을 지키려는 강직한 태도다. 천하가 바르지 않게 될까 걱정하는 천하위공의 마음, 우환의식이다. 마음에 그치지 않았다. 근심하고 있지만 않았다. 현실의 중앙에서 천하위공을 실현하려고 했다. 여기에 유교의 핵심이 있다. 군주와 대면하고 국가의 중심으로 들어갔다. 여기서 유교세계에서의 자유 전통과 인민주권, 그리고 민주주의의 사상적, 제도적 기원을 찾았다. 더 나아가 유교 속에서 국가 너머를 생각하는 문명의 싹을 읽었다. 유교가 국가의 사상, 군주의 이념에 불과하다는 통념은 지극히 일면적인 인식에 불과하다. 이를 차례로 풀어보자.

　먼저 유교는 일면 군주와 주권을 나누어 가지면서, 동시에 그 주권을 윤리적으로 통제함으로써 군주주권을 내파(內破), 즉 안으로부터 해체하고 있었다. 이것이 이 책이 강조한 유교 모럴폴리틱과 유교 성왕론의 핵심이다. 유교 성왕론은 일단 외양으로는 비분할적 주권이라고 하는, 지극히 현대적인 국가주권론의 모습을 하고 있다. 그러나 그 내면에는 그 비분할적 주권을 윤리적 도통(道統) 계보로, 더 나아가 하늘의 마음, 즉 민의 마음으로 대체하는 또 하나의 논리가 병립하고 있다. 여기서 우리는 유교 속에서 권력 견제의 자유주의적 전통, 그리고 주권의 실체를 민(民) 속에서 찾는 인민주권과 민주주의의 싹을 찾았다.

　유교는 국가의 폭력성을 밑으로부터 민의 힘에 의지해 통어하려 했다. 그들의 정치가 고대 그리스의 민주정체와 같은 직접 민주주의 방식은 아니었으나, 늘 민의 복리, 민심을 내세워 군주의 자의적 권력 행사를 통제하려 했다는 점에서 민주주의의 원리와 친화성을 가지고 있었다. 세습귀족 체제가 크게 무너진 당송 교체기 이후의 유교가 특히 그러하다. 그 시대 이후 유교체제의 힘은 지방 토호의 무장력이 아닌, 향촌 소농의 안정적 공동체 질서에 의거했다. 유교 향촌 사대부의 사회경제적 자립성은 동아시아 수도작(물을 끌어 짓는 논농사) 소농체제의 높은 생산성에 근거를 두고 있었다. 이것이 유교 전통 내에서 자유주의를 말할 수 있는 경제적 근거이기도 하다(제9장과 9장 보론). 자유주의의 기원은 어디에서나 만민의 주인이었던 군주의 힘에 대한 상대적 자율성이다. 학자들은 유럽 자유주의의 한 뿌리를 봉건적 병립의 역사에서 찾는다. 그러나 송대 이후 유교 사대부층은 근본적으로 군사력에 의존했던 봉건적 세습귀족이 아니었다는 점에서 유교적 자유주의의 특징이 있다.[3] 군주야말로 봉건 세습귀족의 우두머리다. 유교 사대부층은 오히려 근대적 관료에 가깝다. 관료이면서 정치가였고, 그러면서 군주의 자의적 권력 행사를 강하게 안으로부터 통제했다.

유자층의 신분적 지위가 봉건적 세습귀족이 아니었다는 사실은, 그들과 향촌 소농들과의 신분의 분별선이 상당히 유동적이었음을 말해준다. 여기에 유교사회의 특이한 평등화 경향의 근거가 있다. 이 평등화 현상이 특히 조선에서 폭발적으로 전개된 사유는 역설적이다. 조선은 중국에 비해 유자층의 신분 구획이 상대적으로 강했다. 이러한 상황이 조선 후기에 '온 나라 양반 되기'라는 초유의 신분 상승 바람을 일으킨 원인이 되었다(이 책 제4부, 특히 제12장). 신분 경쟁의 이러한 양상은 매우 현대적이기까지 하다. 조선 그리고 한국만이 아니다. 오늘날 과거 유교가 강했던 나라들에서 평등화 경향이 강한 것은 결코 우연이 아니다. 동아시아에서 유교 전통이

---

3) 유교의 자유주의 전통에 대해서는 컬럼비아 대학의 드 배리 교수가 가장 두드러진 연구 업적을 내왔다. 특히 그의 『중국의 자유전통』은 꼭 일독할 것을 권한다(de Bary, 1983). 하버드 대학의 피터 볼 교수도 드 배리의 유교관을 잇고 있다. 그의 최근 저작 『역사 속의 성리학』도 최근 번역되어 나왔는데(볼, 2010), 이 역시 일독할 가치가 있다.

강했던 나라들일수록 군주제가 일반인들의 마음 수준에서 철저히 사라졌다.[4] 이것은 우연의 일치가 아니다. 여기서 민주주의와 유교의 친화성이 다시 나온다. 평등화는 민주화와 같은 궤적을 그리기 때문이다.

이제 유교에 국가 너머를 생각하는 문명 구도가 내재해 있었다는 점을 살펴보자. 막스 베버가 특유의 단도직입적 어법으로 요약했듯, 모든 국가의 본질은 '폭력의 합법적 독점'에 있다. 더 줄여 이야기하면, 국가 문제의 핵심은 폭력이다. 기축시대(Axial Age)의 윤리적 교의 중에서 국가폭력에 대해 가장 근원적인 반대를 표방하고 있는 것이 유교다. 제3장 결론부에서 언급했듯, 유교 성왕론 안에는 '국가에 대항하는 국가'라는 유토피아적 신화가 감추어져 있다. 유교는 국가폭력의 주인인 현실 군주를 절대적으로 평화로운 '무결점의 요순 임금'이라는 신화로 꽁꽁 묶었다. 유교의 국가 이념이 있다면, 그것은 폭력 없는 국가다. 폭력 없는 국가체제, 그리고 국가 간 체제가 가능한가? 그것은 이미 국가 너머의 국가요, 국가 간 체제일 것이다. 일례로, 청말 '최후의 유자'라 불리는 캉유웨이가 『대동서』에서 펼친 것이 바로 그러한 비전이었다.

유교체제는 정치체제였던 것만이 아니라 경제체제이기도 했다. 이에 관해서는 제9장에서 제시한 '동아시아 유교소농체제'에서 집중적으로 논했다. 제9장 논의에서 우리의 초점은 동아시아 유교소농체제가 산업화 이전 시대에 세계적으로 가장 앞선 생산력을 자랑하던 시스템이었다는, 회고적 자부감에 있지 않다. 오히려 후기 산업사회에서 소생산자가 새로운 모습으로 재탄생하고 있는 점에 주목하고, 이를 유교소농체제의 역사적 경험과 연결하여 생각해본 것이 초점이다. 소농적 존재, 즉 소생산자층을 사라져가는 과거의 계급으로 보았던 정치경제학의 고전적 시각은 더 이상 유

---

[4] 유럽의 경우에는 가톨릭이 강했던 나라들일수록 그러하다. 그 이유에 대한 설명은 제11장 1절 참조.

효하지 않다. 그러한 시각이 너무나 낡은 것일 뿐 아니라, 이제는 오류임이 분명하게 되었다. 과거 '표준' 정치경제학의 '표준' 거점이었던 영국과 미국의 농업 종사자조차, 그 압도적 대다수는 농업 자본가가 아니라 독립 자영 농민이 되었다. 현대사회의 소생산자의 압도적 거점은 물론 농촌이 아니라 도시다. 유연노동화, IT산업의 확장이 새로운 소생산자층의 증가라는, 예상치 못했던 새로운 현상을 낳고 있다. 표준 정치경제학은 소생산자층에 대해 부정적 규정을 했지만, 이제 이러한 생각은 바뀌어야 한다. 오히려 자본 논리의 무차별적 관철을 억제하고, 자율적이고 공동체적인 자생 공간의 거점이 될 가능성이 새로운 소생산자층의 생활양식, 자유로운 연대에 있지 않은지 진지하게 탐색해야 한다. 앞서 논의한 '국가 너머 문명'의 비전은 다른 무엇보다 우선 이러한 자율적, 자생적 공동체 공간들의 협력 시스템 속에서 찾을 수 있을 것이다.[5] 정치든, 경제든, 문화든 '유교의 재발견'이란 유교적 과거로 돌아가자 함이 아니다. 딛고 넘어설 엄연한 현재로 유교를 보아야 한다는 것이다.

사족을 달자면, 이 책의 '유교 재발견'의 기본 방법은 유교 내부의 언어로부터 시작하여 문명사적 보편성의 맥락을 찾아가는 것이었다. 이러한 기본 방법을 통해 앞서 말한 '자유전통', '민주주의', '인민주권', '국가'와 '국가 너머', 그리고 '소생산자 경제' 등의 개념의 문명사적 함의를 확장할 수 있었다. 이러한 개념들이 순전히 서구적인 것에 불과하다고 보는 논자들이 없지 않지만, 우리가 보기에 이러한 주장은 옳지도 않고, 제기하는 문제의식이 본질적이지도 못하다. 놓치지 말아야 할 핵심은 이 책 '책머리에'서 말했듯 "인류 보편 가치의 확장과 심화를 통해, 보이지 않았던 문명 간 통로들이 넓고 다채롭게 열리고, 횡단 불가능하다 생각했던 해협

---

5) 이에 관한 상세한 논의는 『미지의 민주주의』 증보판의 결론과 제5장 보론 참고.

들로 수많은 배들이 오가도록 하는 것"이다. 인류 새 천 년의 평화와 공존, 번영의 기틀을 여기서 찾을 수 있을 것이다. 해협을 가로지르는 다리와 배들의 제작 공법이 누구의 것, 어디의 것이라는 것을 놓고 여러 이야기가 가능할 것이다. 그러나 그러한 문제로 다투느라 이해와 교류의 폭을 넓혀가는 일 자체를 작파하고 중단할 수는 없다. 순전히 언어에 관한 문제로 한정해보더라도 그 역시 더 많은 다리와 더 많은 배를 함께 만들어가다 보면 문제를 보는 시야 자체가 넓게 열릴 것이다. 이런 길을 통해서만 언어에 대한 논의의 수준도 지속적으로 높일 수 있다. 이솝 우화의 여우처럼 '저것은 신 포도야' 하며 돌아서 봐야, 해결되는 것은 아무것도 없다.

4. 두 개의 유교

유교는 하나가 아니라 둘이다(제3장 7절). 한편에는 딛으면 튀어 올라 미래로 넘어서게 하는 도약대로서의 유교가 있다면, 다른 한편에는 딛으면 발이 쑥쑥 빠지는 보수의 모래펄, 수구(守舊)의 수렁으로서의 유교도 있다. 이 점이 유교에 관한 우리의 생각을 혼란스럽게 만든다. 그러나 이는 모든 종교의 보편적인 양면이기도 하다. 현세초월적 측면과 현세적응적 측면이다. 그러나 진정한 윤리종교의 근원과 본질은 현세초월성에 있다. 유교 역시 마찬가지이며, 20세기 초의 위대한 사회학자 막스 베버가 유교에서 보지 못한 것이 바로 이 점이다.

막스 베버는 유교를 왕권종교, 현세적응종교, 친족종교로만 보았다. 우리 유교권 사회의 유교 비판자들에게 그러한 비판의 대상으로서의 유교의 모든 특징을 대표하는 인물로 표상되는 '주자학'의 창건자 주희를 생각해보자. 보통 그를 과거(科擧)를 위한 유학, 절대왕권의 이론으로서의 유학,

주자가례＝친족종교로서의 유학의 집대성자로 생각한다. 그러나 실재의 주희는 그 반대였다. 유학이 과거의 학이 되는 것을 누구보다 근본적으로 비판하였다. 이 점이 그가 '위기지학(爲己之學)', 즉 윤리적 자아의 완성을 위한 학으로서의 유학을 강조하였던 핵심이다. 출세의 수단으로 공부를 보아서는 안 된다는 것이다. 또한 주희는 천하위공의 원칙을 벗어나는 왕권 행사에 대해 목숨을 건 비판을 서슴지 않았던 직유(直儒)요, 감언지사(敢言之士)였다. 그리하여 조정과 왕의 주변에 그의 학문을 적대시하는 무리가 생기고, 그와 그를 따르는 유자 집단을 '위학(僞學)'이요, '역당(逆黨)'이라 기소하고 공격했다. 그의 많은 학생들이 체포되어 형을 받고 유배되었고, 그 자신 체포와 처형의 위협 속에서 깊은 산중의 학당(學堂, 東陽石洞)에 은거하여 강의하다 병사했다.

『주자가례』는 주희 자신이 아니라 그의 추종자들이 편찬했다. 친족주의가 그의 학문의 우선 주제는 아니었다. 그렇기는 하지만 그의 가례 사상이 당시로서는 매우 평등주의적이고 진취적인 것이었음을 기억해야 한다. 예법이 군주의 것만이 아니라 모든 평범한 사서인(士庶人), 모든 백성의 것이었음을 강조했다. 당시 의례와 예법이 바로 권력이었음을 생각하면 매우 혁신적이기조차 했던 주장이다. 조선 후기의 특이한 유교적 평등열이 '온 나라가 양반 되기'라는 역설적 경로를 타고 흘렀으며, 그 배경에 『주자가례』의 전 민중적 확산이라는 현상이 있었음도 주목해야 할 것이다. 주희의 교육론이 신분적 차별 없이 모든 사람을 대상으로 했던 것도 이러한 평등사상에서 자연스럽게 이어진다. 주희의 이러한 면모는 결코 예외가 아니라 공맹 이래 모든 존경받았던 유자들에게서 공통적으로 발견되는 특징들이다.

유교의 근본이 무조건적인 왕권 비호가 아니라 왕권의 윤리적 규제를 목적으로 했던 교의 체계였음에 대해서는 큰 이의가 없을 것으로 안다. 그러나 유교와 친족주의와의 연관이 본질적인 것이 아니었다는 점에 대해서는 조금 더 설명이 필요할 것이다. 유교에 대한 일반의 인식과는 상당히 다른 주장으로 들릴 것이기 때문이다. 유교사에서 친족윤리의 등장 배경에 대해서는 이미 제3, 4, 5장에서 상세히 분석한 바 있으니, 여기서는 핵심 논지만을 간단히 요약하기로 한다. 유교의 친족윤리, 친족주의는 천하위공이라는 큰 목적을 위해 채택된 일종의 부속 교리였다. 공맹의 유교는 당시 만연하던 전쟁 상황을 종식시키려 하였다. 그 핵심은 횡행하던 군주와 왕가의 폭력을 바로잡는 것이었다. 당시 패도(覇道)의 폭력성은 주로 왕권 쟁탈을 중심으로 벌어졌다. 국가 내, 그리고 국가 간 폭력은 대부분 왕가 내부, 왕족 간의 폭력이기도 하였다. 당시 쟁패하던 제후 가문들은 대부분 가깝고 먼 친족 관계로 엮여 있었다. 유교는 왕가의 폭력성을 다스리는 것을 천하위공을 위한 가장 중요한 요체로 보았다. 그 수단이 친족윤리, 친족예법이었다.

친족주의, 친족예법 그 자체는 유교의 본령이나 핵심이 아니었다. 물론 유교는 왕권의 정당한 승계를 강조하면서, 그를 보장하기 위한 친족 서열과 친족례를 강조했다. 바로 종법(宗法)주의다. 그러나 그것은 일종의 방편이었다. 유교 교의의 핵심인 성왕론을 들여다보면 그것을 분명히 알 수 있다. 요순 임금은 친족질서에 따라 왕위에 오르지 않았다. 오직 중의(衆意)에 따라, 밑에서 위로 올라가는 절차를 거쳐, 가장 뛰어난 덕을 가진 사람을 뽑아 그에게 왕위가 선양(禪讓)된다. 정약용의 「탕론」과 「원목」에서 되풀이해서 강조되는 원리가 바로 그것이다. 올곧은 유자들에게 왕위의 세습제도는 오히려 늘 우환거리였다. 유교정신의 핵심 속에서 세습 왕조사회는 요순시대에서 한 단계 격하된, 타락된 질서였다. 그렇기 때문에 명말 청초의 대유학자인 황종희가 세습군주제 자체를 규탄하고 부정하는 지극히 급진적인 글을 쓸 수 있었던 것이다.

많은 현대 공자 연구자들이 『논어』 안의 과도한 세부 예법에 관한 부분들이 후대의 유자들에 의해 첨삽된 것이라는 견해를 공유하고 있다(Waley, 2005; Schwarz, 1975). 여기서 '후대의 유자들'이란 관학(官學)으로 편입된 의례주의자들을 말한다. 공자의 진면목은 55세에서 68세까지 14년 동안 노구를 이끌고 온갖 냉대와 조롱, 핍박과 고난 속에서 유랑하며 바른 정치와 바른 삶을 설파했던 점에 있다. 이미 그가 높은 이름을 얻은 후였다. 그가 단순히 비단 두른 예법, 의례의 이름으로 치장한 권력 행사에 뜻을 두고 있었다면 전혀 이해할 수 없는 행동이었다. 그 14년간 공자는 자신의 가족조차 버렸다.

유교사에서 이러한 모습은 반복적으로 나타난다. 한편으로는 자유와 자존을 지향하는 유교가 있고, 다른 한편으로는 적응과 출세를 지향하는 유교가 있다. 정주학의 도통(道統) 계보가 선별해내는 유학의 정통은 언제나 적응과 출세를 지향하는 학을 비판하고, 자유와 자존을 지향하는 학의 체계를 이루었던 사람들이었다. 정이와 주희 자신이 그러했고, 그들이 이해했던 공맹이 그러했으며, 그들 후대의 올곧은 유자들이 모두 그러했다. 유교의 핵심은 언제나 관방(官方), 호세(豪勢)의 편이 아니라 오히려 반대편, 고난받는 폄관(貶官)과 폄적(貶謫)의 면면한 전통 안에 있었다. 모든 잎이 지는 추위 속에서 비로소 송백의 푸르름을 안다는 세한(歲寒)의 정신이 그것이다.

유교 도통(道統) 사상은 인습과 시속에 따르기를 배격한다. 도가 상실된 세상의 혼미에 대한 깊은 우환 의식과 성왕―공맹의 가르침에 대한 창조적 재발굴을 통한 '홀연한 깨달음'을 강조한다. 자임(自任)의 책임감과 자득(自得)의 깨침이 있다. 어떠한 권력자 앞에서도 한 치 흔들림 없는 올곧은 자세는 여기서 온다. 참된 자유인의 모습이다. 현세주의를 넘어서는 초월의지가 반드시 요청된다. 정주학의 창건자인 정이와 주희, 그리고 관직

추사 김정희의 「세한도」. 유배에 처한 유자의 곧은 정신을 표현했다.

나가기를 거부하고 내면의 자유와 자존을 추구한 조선의 퇴계 이황과 남명 조식, 명나라의 오여필(吳與弼)과 진헌장(陳獻章) 등 수많은 유자들의 모습에서 우리는 이를 거듭 확인할 수 있다.

공자는 『논어』의 「자로(子路)」, 「공야장(公冶長)」 등에서 '광견(狂狷)', '광간(狂簡)'의 정신을 높이 평가한다. 대충대충 시습(時習)에 따라 살고 편한 자리나 찾고 바른 사람을 모해(謀害)하는 세태를 비판하는 대목들에서다. 공자가 말한 광(狂)이나 견(狷), 그리고 간(簡)이란 세속에 구애받지 않고 곧음과 깨끗함을 추구하는 자세로서, 성(聖)과 바로 통하는 말이다. 성(聖)에 이르기 위해서는 세속과 시습을 넘어서는 혼과 기백이 필요하다. 정주학의 도통론은 이렇듯 원시유교에서부터 선명했던 초월성, 종교성을 다시 한 번 날카롭게 벼려낸 것이었다. 굴절되고 혼탁한 시습을 바로잡아 도(정의, 천하위공)를 세워야 한다는 의지의 재표명이었다.

두 개의 유교의 구분은 새로운 것이 아니다. 그중 청말의 캉유웨이와 한말(韓末)의 박은식의 경우를 들어보자. 캉유웨이는 유교를 금문(今文)경학과 고문(古文)경학 둘로 나누어보았고, 박은식은 '민위중(民爲重)의 유교'와 '존군권(尊君權)의 유교'로 구분했다. 금문·고문의 구분은 한대(漢代)

유학의 대(大)구분선이었는데, 캉유웨이의 새로운 해석을 통해 금문경학은 미래를 밝히는 유토피아적 지침으로 새롭게 태어났다. 그의『대동서』는 계급, 인종, 남녀의 차별을 없애고, 국가의 구분을 넘어서며, 심지어 가족제도를 부정하는 파격적인 미래관(태평세)을 제시하고 있다. 박은식은 '존군권'의 유교가 지배적이었던 탓에 당시의 유교가 몰락의 위기에 처했다고 진단하고, 공자의 정신으로 돌아가 인민 속에 널리 설파하는 '민위중'의 유교로 환골탈태할 것을 제언한다.

캉유웨이와 박은식의 두 개의 유교론이 왕조사회의 일몰기에 제기되었음에 주목해야 한다. 유교는 왕조 체제를 다스리기 위한 윤리체제이자 왕권을 통제하기 위해 창조된 특이한 정치종교였다. 그렇다면 왕조 체제 자체가 사라진 사회에서 유교는 어떻게, 무엇이 되어야 할 것인가? 캉유웨이와 박은식은 이 점을 고민했다고 생각한다. 우선 종법제의 근거가 사라진다. 통제해야 할 왕권, 왕가, 왕조가 사라진 이상, 통제 수단으로서 종법제의 정치종교적 근거가 상실되기 때문이다. 종법친족주의, 종법의례주의의 근거가 사라진다면, 종법으로 묶였던 여러 차등의 질서 역시 사라진다. 이를 통해 유교가 와해되지는 않는다. 오히려 반대다. 강한 왕권을 묶어두기 위해 부차적으로 동원되었던 종법적 예법주의 차등 질서가 무너질 뿐이다. 그 결과 유교 본연의 윤리정신, 자유전통, 민주주의, 인민주권, 자유자존, 천하위공의 사상은 스스로 걸어둔 제약으로부터 오히려 해방된다. 그 결과 유교는 더욱 순수하고 강해진다. 이것이 캉유웨이와 박은식의 생각의 흐름이요, 주장하고 싶었던 바일 것이다. 이제 남은 과제는 역사 속의 유교가 아니라 '왕조사회 이후의 사회'를 사는 우리들 자신에게 주어져 있다. 이에 관한 우리의 생각은 제5장의 말미에서 다음과 같이 정리한 바 있다.

유교 성왕론은 공공성의 정치철학, 평화사상, 세계시민사회론, 윤리론으로, 예의 사상은 민주주의 사회의 시민윤리로 승화되고 변모해야 한다. 그랬을 때 유교의 핵심인 천하위공의 정신이 보존될 수 있을 것이고, 그래야 유교가 21세기의 '이념적 이해' 또는 '도덕적 동기'의 하나로 살아남을 수 있다. 보다 성숙한 민주주의 사회, 정의롭고 평화로운 세계를 이루어가는 데 유교가 기여할 자원이 많다. 이제 지켜가야 할 것은 거센 물을 힘을 모아 건넜던 정신이요 지혜이지, 구예법, 즉 뗏목 그 자체가 아니다.

21세기의 시민사상, 시민윤리로 거듭날 유교는 밝은 주체, 당당한 주체의 교의일 것이다. 성왕론, 종법론의 유교는 어두운 주체, 숨은 주체의 교의였다. 왜인가. 존재하는 현실 군주, 왕조 체제를 양에서 인정하되, 음에서 부정하는 교의일 수밖에 없었기 때문이다. 유교의 진정한 주체는 성왕의 이름으로 현실에 투사한 '왕위 없는 왕(素王)'이라고 하는 그늘 주체, 그림자 주체였기 때문이다. 그렇기 때문에 유교에서 자유전통, 민주주의, 평등주의, 인민주권, 국가 너머를 생각하는 문명, 그리고 소생산자의 자유로운 연합이라고 하는 사상은 항상 숨어 있는 그늘 속의 싹으로 머물러야 했다. 그리하여 그들의 투쟁은 항상 피동적인 치열성에 머물러야 했다. 절대 강자인 군주와 왕조 체제 앞에 목숨을 내걸고 간언하고 그 결과 유배와 처형을 감수하는 비극적 도덕 영웅의 모습을 취하지 않을 수 없었다.

그러나 이제 모든 시민이 주권자로 등극한 시대에 유교는 더 이상 숨은 주체의 교의에 머무를 이유가 없다. 그들의 우주론, 자연론, 정치론, 교육론, 경제론은 이제 왕조 체제와 현실 군주라는 매개항을 통해 변곡되고 제한될 이유가 없다. 거듭날 유교란 그늘에서 빛으로, 음에서 양으로 나온 유교일 것이다. 죽음 앞에서 원칙을 지킨다(見死不更其守)고 하는 비장과 위기의식의 교의로부터, 삶의 능동성 자체에서 힘의 근거를 찾는 교의로

590

탈바꿈한 유교일 것이다. 비극미와 부정성에서보다, 유쾌함과 적극성에서 활력을 찾는 새로운 유교일 것이다. 유교의 천하위공, 천지인 사상이 21세기에 오히려 그 가능성을 더욱 전면화할 수 있을 것이라고 보는 이유다.

5. 21세기 문명의 흐름과 동아시아 유교문명

유교의 재발견, 유교문명의 거듭남은 21세기 주요 현상의 하나가 될 것이다. 이를 충분히 이해하고 준비하기 위해서는 무엇보다 우선 20세기의 낡은 사고방식에서 벗어나야 한다. 그렇지 못하면 유교가 과거이기 때문이 아니라, 오히려 확실한 미래일 것이기에 이를 두려워하고 부정한다고 하는, 괴이한 역(逆)현실의 심리 상태에 빠질 수 있다.

20세기는 그 전반은 제국주의 전쟁으로, 후반은 동서냉전으로 얼룩진 세기였다. 동아시아, 그중에서도 특히 한반도는 20세기의 상처를 가장 크게 받았던 곳이다. 그러한 20세기 상처투성이의 사유법 안에서 한국과 일본은 생존자(survivor)이고, 북한과 중국은 패배자(loser)라는 논리가 생겼다. 이 논리는 생존과 패배의 구분선을 서구화와 비서구화로 나눈다. 탈아입구(脫亞入歐)의 논리다. 과거의 수렁에 빠져 탈아입구를 이루지 못한 중국, 그리고 그 길을 따른 북한은 패배자가 되었고, 아시아라는 수렁을 빠져나와 과감히 새 길을 간 일본, 그리고 그 길을 따른 한국은 생존자가 되었다는 논리다. 과거의 수렁이란 탈아입구의 논법에 따르면(제8장 참조) 이른바 '아시아적 전제주의'의 과거, 바로 유교적 과거이고, 새 길이란 유교를 버리고, 중국을 버리고, 아시아를 버리고, 구라파와 미국으로 향하여, 구라파와 미국이 되는 길을 말한다.

그리하여 한반도의 일제 식민지 경험도, 한국의 대미 종속의 역사도, 그

것이 아무리 비참하고 부끄러웠다 하더라도, 중국과 북한의 실패에 대비해보면 오히려 축복이요 영광이었다고 당당히 말하는 사람들이 생겨났다. 이런 시각에서 보면, 탈아입구의 편에 서지 않은 중국과 북한과의 거리를 멀리 할수록, 그들과의 대립을 날카롭게 할수록 항상 무조건 옳고 좋다고 하는 논리가 성립한다. 또한 이러한 사고법에서 북·중과의 대립 격화는 미·일과의 결속 강화와 항상 동의어가 된다. 제로섬이다. 이쪽이 커지면 저쪽이 작아지고, 저쪽이 커지면 이쪽이 작아진다고 하는 단세포적 사고법이다. 대한민국은 오직 탈아입구의 길, 서구화의 길, 바다 문명의 길, 반공의 길, 친미의 길, 친일의 길을 통해서만 번영할 수 있다고 단언한다. 이 길에서 한 치라도 벗어남은 몰락이다. 여러 경로의 병립과 배합의 가능성은 이러한 완고한 사고 체계에 들어설 자리가 없다. 이렇게 생각하기에 탈아입구의 편에 서지 않은 아시아의 부상(浮上)은 오직 외면과 거부와 부정의 대상이 될 뿐이다. 이 책에서 제기하는 유교의 재발견이나 거듭남이란 그저 망국과 실패의 길을 되풀이하자는 망상일 뿐이라고 도리질한다. 이제 탈아입구의 주체가 아닌, 아시아의 아시아라는 주체가 오랜 망각과 억눌림의 세월을 딛고 새롭게 일어서고 있다는 사실을 다만 불길하기만 한 전조로 느낄 뿐이다. 지구적 문명 재편의 가능성 이야기가 나오면 이를 그저 부정하고만 싶어 한다. 뛰어봐야 벼룩이다. 결국 변할 것은 아무것도 없다고 믿고 싶어 한다. 어디서 이런 심리가 나오는가? 변화가 두렵기 때문이다. 그저 기득권에만 안주하고 싶어 하기 때문이다. 이러한 심리는 너무나도 명백한 변화의 징후를 굳이 외면하려고만 한다. 그저 철 지난 20세기 냉전 불패의 공식을 여전히 신주단지 모시듯 숭배할 뿐이다.

중국과 북한 체제에 문제가 있음은 분명한 사실이다. 중국 문화혁명기의 혼란이나 북한의 장기 대기근의 편력, 그리고 삼대 세습 등의 현상은 이들 체제에 대해 커다란 실망감을 주었다. 냉전논리는 이러한 실패들을 자기 근거로 삼았다. 그러나 상대가 처참한 실패를 계속해야만 비로소 자신의 정당성이 확증되는 논리란 매우 불안정한 것이다. 이러한 논리를 가장 혼란스럽게 하는 것이 이제 누구도 부인할 수 없게 된 중국의 급부상이다. 실패해야 할 중국이 오히려 성공을 거듭하고, 급기야 세계정세의 판도를 변경시킬 만큼 큰 힘으로 성장하고 있다는 사실은 완강한 냉전논리를 근본에서 흔들어놓고 있다. 중국 역시 비로소 중국 자신의 길을 버리고 탈아입구의 길로 나선 것인가? 중국의 실상을 잘 알게 될수록 사정이 그와 다름을 알게 된다. 서구의 길의 모방만으로 결코 환원되지 않는 중국 고유의 발전 기반과 경로가 있다(이는 베트남 역시 마찬가지다). 탈아입구와 같은 식의 아시아 버리기, 중국 버리기, 통째로 서구 따라하기와는 매우 다르다. 이 속에서 중국의 역사는 오히려 새롭게 다시 조명되고 있다. 우리가 '동아시아 유교소농체제'라고 하였던 유구한 발전 모델이 오히려 새로운 형태로 부활하고 있다. 중국, 동아시아의 과거를 철저히 지우려 했던 것은 오히려 문화혁명과 같은 극좌적 실험들이었다. 잘 알려진 것처럼 문화혁명은 특히 유교적 유산, 유교적 요소를 공격하고 파괴하려 하였다.

거듭 강조하거니와, 20세기식 사고방식을 벗어나고 넘어서야 한다. 20세기에 동서냉전 구도보다 더 뿌리 깊었던 것은 서구(the West) 대 비서구(the non-West), 또는 널리 쓰였던 다른 말로, '서구(the West)' 대 '서구가 아닌 나머지(the Rest)'라는 이원 구조였다. 우월과 열등, 성공과 패배, 흑과 백, 선과 악의 이항 대립 구조, 절대적인 서열 체제였다. 한번 만들어진 가치 패턴, 사고 패턴은 쉽게 사라지지 않는다. 그러나 1990년대 동구권 붕괴로 냉전 구도의 축이 우선 무너졌다. 그와 거의 동시에 서구 대 비서구라는 이원 구도 역시 밑바탕에서부터 크게 흔들리고 있었다. 21세기 징후의 진정한 시작은 서구 대 비서구의 시간 서열 체제의 첨단에 서 있던 월가의 금융 권력과 아프간-이라크 침공을 주도한 네오콘 일극주의가 동시에 크게 흔들렸다는 사실에 있다. 2009년 G20 회의 이후 의장인 영국 총리 고든 브라운이 워싱턴 컨센서스, 신자유주의는 끝났다고 선언했지만, 그러한 선언 이전에 이미 종언을 고한 상태였다. 이로써 순수한 사회주의–공산주의만이 아니라 순수한 자본주의라는 생각 역시 근거를 잃었다. 역사속에 그러한 것은 존재하지 않았고, 이를 시도했던 실험들은 모두 실패했다. 이러한 전제 위에서 인류문명의 지구적 재편이 이미 활발하게 작동 중이다. 동아시아권의 도약만이 아니다. 앞으로 십수 년 안에 이슬람권이 크게 환골탈태하여 부상할 것이고, 힌두와 남미권의 진출이 두드러질 것이다. 19세기 이래 영원한 질서처럼 보였던 서구 대 비서구의 일극(一極)적 서열 구도는 이러한 격변 속에서 다문명의 비서열적 공존, 동등한 관계 정립으로 나갈 수밖에 없다. 따라서 진정한 상호 존중에 기초한 공존과 번영의 길을 찾지 않을 수 없다.

19, 20세기 동아시아에서 탈아입구의 길은 분명 상대적 우위를 누렸다. 이 길을 주도한 일본 내부에서 그 경로에 대한 날카로운 자기비판이 있었고, 한반도가 그 방향으로의 진출의 일차적이고 가장 큰 피해자가 되었던 역사가 있음에도 그렇다. 낙동강 전선을 사수하고 흥남 철수에서 살아남은 한국과, 한국전쟁 특수(特需)의 바람 위에서 재기의 기회를 잡은 일본은 세계 냉전체제의 동아시아 첨병의 역할로 서서히 그 국제적 위상을 높여갈 수 있었다. 그러나 이 기간 일본인과 한국인이 오직 철저하게 경제적 동물이 됨으로써만 생존할 수 있었던 것은 아니다. 부단히 자신의 영혼을 단련하고, 문명적 인간, 민주적 시민으로서의 책무 역시 추구했다. 이제 대한민국 사람들이 세계 앞에 한 점 부끄럼 없이 자랑할 수 있는 진정한 성취와 자산은 단순히 경제 발전이 아니라 오히려 민주화요, 여전히 강하고 진취적인 시민적 에너지다. 한국을 잘 알고 사랑하는 많은 외국인들의 이야기이기도 하다. 일본의 경우에도 헌법 제9조의 평화 조항이 의연히

흔들림 없는 안정성을 유지하고 있다는 사실은 일본 사회, 일본 시민의 조용하지만 깊은 민주적 저력을 입증하고 있는 것이라고 생각한다.

처음에는 영국을, 다음에는 미국을 모범으로 추구했던 탈아입구란, 실은 절충적 프로젝트였다. 나를 다 지우고 철저히 남이 될 수는 없는 것이다. 앞서 '시간의 동시성'에 대해 이야기했던 것처럼, 자신을 구성하는 어느 한 시간을 완전히 지워버린다고 하는 것은 애초에 불가능하다. 나를 구성하는 시간이란 항상 복합적이다. 오늘날 한국과 일본은 분명 중국과 북한에 비해 서구화된 사회다. 그렇지만 서구화의 한편에는 영혼을 내다 판 공허와 신경증이 있지만, 동시에 서구 전통에서의 비판성과 창조성을 흡수해 쌓아온 축적이 있음을 부정할 필요는 없다. 아울러 그동안 한국과 일본이 동아시아의 오랜 전통과 문화 역량을 몽땅 포기하고 내다버렸던 것도 아니다. 동아시아 문명 전통의 온축을 소중하게 여기고 이를 묵묵히 연찬해온 흐름들이 양 사회에 공히 강하게 존재했다. 흑백 대립식, 제로섬식의 동서 대립 문명관이 너무나 거칠고 단순하고 빈곤할 뿐이다.

동남아를 포괄하는 넓은 의미의 동아시아권과 환태평양권의 접면에 위치한 한반도의 위치는 이제 21세기 문명 재편의 시대에 특별히 역동적인 기회를 주고 있다. 탈아입구의 구호를 국시(國是)처럼 떠받들어온 일본에서도 이제 다시 아시아로 들어가자〔入亞〕는 취지의 다양한 주장들이 제기되고 있다. 세계의 흐름을 볼 때 불가피한 일이다. 서구권 질서에 오래 편속(編屬)되어 있었던 일본과 한국이 20세기 중후반 동아시아의 부흥을 선도하였다는 것도 흥미로운 역사의 역설이다. 그 토대 위에서 이제 중국의 부상을 계기로 보다 폭넓은 지구적 문명 재편의 적극적인 촉매자 역할을 자임해야 할 때다. 천 년에 한 번 올, 매우 귀한 역사적 호기다.[6] 동아시아인들이 과거의 낡아빠진 냉전적 이념 틀에 붙잡혀 스스로의 발목을 묶는다면 이 절호의 기회를 놓치고 말 것이다. 동아시아 동반 번영의 기틀을 세워야 할 이 중차대한 시기에, 동아시아 내부의 대립과 긴장을 부추기는 것만을 능사로 아는 것은 철 지난 냉전 체제의 주인 없는 번견(番犬) 노릇에 불과하다. 이러한 눈먼 적대감과 단세포적 사고법이야말로 미래에 대한 맹목적 두려움에 휩싸여 있다는 증거다. 이제 20세기적 냉전 의식을 가지고는 5대양 6대주 어디에서도 세계인, 세계시민의 역할을 할 수 없다. 한국인은 세계인이 되어야 하며 이를 위해서는 무엇보다 먼저 문명인이 되어야 한다. 그 시작은 동아시아를 껴안는 문명적 품을 갖추는 일이다.

유교의 재발견, 거듭남을 포함한 이 책의 여러 분석과 제언들은 이러한 거시적 흐름의 향배를 오랜 시간 숙고한 결과다. 문화적 노스탤지어, 역사적 호고(好古) 취미만으로는, 또는 20세기식의 선악 흑백의 이항 대립의 냉전 논리만으로는, 이러한 상황 전체의 흐름을 균형 있게 바라보기 어렵다. 이 책에서 주목했던 것처럼 역사 속의 유자들은 늘 자신의 좁은 한계를 넘어서 천하위공의 영역에 이르고자 부단히 수양하고 분투하였다. 이제 그 후예들인 동아시아 여러 나라의 식자(識者)들, 깨어 있는 시민 모두가 나설 차례가 아닌가. 자신의, 자기 지역의, 자기 나라만의 이해 관계를 넘어서는 공공(公共)의 정신, 천하위공의 마음으로 동아시아의 거듭남, 지구 문명권의 정의로운 재편에 뜻을 모아야 할 때가 아닌가.

---

6) 최근 한반도의 미래를 매우 낙관적으로 보는 전망들이 많이 나오고 있다. 일례로 2009년 9월 골드만 삭스는 2050년 한국의 1인당 GDP가 8만 달러에 이르러 세계 제2위가 될 것이라는 전망을 내놓았다. 이러한 전망들은 두 개의 가정을 전제하고 있다. 하나는 중국이 최대 경제 대국이 될 것이고(1인당 GDP가 아니라 총 GDP에서), 또 하나는 남북한이 통일된다는 가정이다. 이 두 가정이 합해지면 글로벌한 파워 시프트의 최대 수혜자가 한반도가 될 것이라는 예측이다. 이 가정들은 주로 서구의 투자기관과 싱크탱크에서 내놓고 있다. 이런 식의 전망에 큰 무게를 두는 것은 아니지만, 어쨌거나 외부의 시각이 갖는 최소한의 객관성은 있다고 본다. 한국인이나 동아시아인들의 주관적 여망이 아닌 것이다. 이러한 가능성을 우리 자신이 미리 포기하고 폄하할 필요가 있을까? 그래야 한다면 그 이유는 과연 무엇일까?

동아시아의 여명

2011년 3월. 원고를 넘기고 중국 승덕(承德)을 둘러보았다. 1780년 늦여름, 연암 박지원이 찾았던 열하(熱河), 『열하일기』의 바로 그 장소다. 연암이 엿새의 짧은 열하 일정을 마치고 돌아간 13년 후(1793년), 이번에는 영국 왕 조지 3세의 사절 매카트니(McCartney)가 바로 같은 장소를 찾았다. 연암이 보았던 것은 절정의 중국이었고, 매카트니가 보았던 것은 오만의 중국이었다. 때는 건륭 말년, 과연 중화제국의 절정기였다. 그러나 어찌 알았으리오. 절정의 순간이 바로 쇠락의 시작이었음을.

승덕은 만리장성 너머에 있다. 북경과 승덕은 일종의 두 개의 수도였다. 북경은 장성 내부, 내(內)중국의 수도였고, 승덕은 장성 바깥, 외(外)중국의 수도였다(제4장 보론 참고). 북경은 내치(內治)의 수도요, 승덕은 외치(外治)의 수도였다고도 할 수 있다. 청나라 황제들은 외국 사절들과 대표들을 주로 승덕에서 접견했다. 그리하여 박지원 일행도 북경에서 부랴부랴 승덕으로 향해야 했다. 청나라 황제가 상대한 몽골의 왕만 48명이었다. 여기에 신장의 회교도 왕들과 티베트의 군소 왕들, 그리고 조선, 베트남, 타이, 버마, 라오스, 유구의 왕들이 더해진다. 당시 건륭이 보기에는 영국이라고 이들 조공국들과 달라야 할 특별한 이유가 없었다. 영국 역시 그들 중 하나일뿐이었다.

영국 왕의 사절은 중국 황제 앞에 세 번 절하고 아홉 번 조아리는 '삼궤구고(三跪九叩)'의 예를 거부했다. 요즈음 말로 하면 글로벌 스탠더드를 거부한 셈이다. 주변국을 평정하는 크고 작은 전쟁을 모두 승리로 이끌어 '10전노인(十全老人)'이라 자부했던 건륭제는 노여워했다. 자신이 천하의 중심이거늘! 그 자부(自負) 안에는 다른 관점, 다른 세계를 포용할 여백이 없었다. 그의 세계, 그의 천하가 이미 완전했다. 그 바깥에 더 이상 또 다른 세계가 존재하지 않는다, 존재할 수 없다는 자부였다. 불행의 시작이었다. 중국 문명뿐 아니라 서양 문명의 흡수에도 열정적이었던 그의 조부 강희제는 그렇지 않았다. 강희제의 세계는 아직 완성되지 않은 세계였다. 완성을 향해 나가는 창업형 군주였기에 그의 세계는 넓게 열려 있었다. 강희제는 타이완 평정 이후 세계를 향해 여러 항구를 열었다. 반면 건륭은 하나만을 남기고 모두 닫았다. 영국 왕의 교역 요구도 물론 거절했다.

승덕은 청 제국이 중화 안에 갇히지 않고 중화 밖으로 열려 있다는 상징이었다. 티베트의 판첸 라마를 불러 모시고 그 앞에 황제가 고개를 숙였던 곳이었다. 고개를 숙임으로써 그들을 포용할 수 있었다. 연암이 목격했던 건륭 연간은 진정 청 제국 영화(榮華)의 정점이었다. 건륭이 자신있게 써 내린 수없이 많은 판액과 비문들은 그의 영광과 또 그 영광에의 자아도취를 증언한다. 그의 글씨에는 비어 있음의 긴장이 없다. 기름진 만족(滿足)으로 가득하다. 매카트니에게 전한 건륭의 서한 내용이 또한 그러했다.

우리 안에 건륭은 없는가. 난 승덕에서 생각했다. 오늘날 우리 안의 건륭은 이제 오히려 매카트니의 얼굴을 하고 있지 않은가. 역사는 반전(反轉)의 연속이다. 그러나 그 반전을 관통하는 보편이 있다. 절정의 순간 미지의 여백을 지우고 자폐에 빠져든다. 승덕은 중국만이 아니라 동아시아 전체를 조망하는 곳이었다. 이 곳, 동아시아에서 새로운 문명의 여명이 밝아올 것인가, 밝아오고 있는 것인가. 승덕은 청조가 흥기할 때 그러한 가능성을 열었던 곳이며(강희제), 청조가 영화의 정점에 이르렀을 때 그 가능성을 스스로 닫았던 곳이기도 하다(건륭제).

이제 한국이 세계 2위의 부국이 되리라는 전망까지 나오고 있다(일인당 GDP). 2009년 골드만 삭스가 그린 2050년 통일 한국의 모습이다. 한쪽으로 미국을, 다른 한쪽으로 중국을 낀 통일 한국의 미래는 확실히 가능성으로 충만하다. 이러한 때야말로 기성의 것, 기지(既知)의 것 너머를 보는 혜안이 필요하다. 익숙했던 것 안에 갇혀 우리에게 알려지지 않은 낯선 이를 환대할 기회를 놓쳐서는 안 된다. 알려지지 않은 낯선 이를 칸트의 언어로 말하면 '물(物) 자체'가 된다. 칸트의 물 자체는 윤리의 근거다. 칸트는 우리 안에도 물 자체가 있다고 했다. 우리 자신 안에도 아직 우리에게 알려지지 않은 낯선 이(他者)가 있다는 것이다. 칸트 윤리학은 이렇듯 우리 안팎의 아직 알려지지 않은 타자를 중심으로 구성된다. 이 시대에 우리는 물론 외부로 향하는 문을 활짝 열어야 한다. 그러나 동시에 내면으로 향하는 문 역시 열어야 함을 놓쳐서는 안 된다. 내면의 열림 없는 바깥 보기는 허황하다. 이 책은 내면으로 향하는 문을 열고 그곳에서 미지의 손님을 찾았다. 그가 유교였다. 이미 알려진 유교가 아니라, 아직 알려지지 않은 유교였다. 이미 알려진 우리 자신이 아니라, 아직 알려지지 않은 우리 자신의 모습이었다. 새로 발견한 동아시아였다. 이제 동아시아에서, 한반도에서 움터오는 빛은 윤리의 빛을 담은 새 문명의 빛이 되어야 할 것이다. 타자를 지우고 가두어 강해지는 지배의 문명이 아니라, 타자를 발견하고 환대하는 나눔의 문명이 되어야 할 것이다.

| 참고문헌 |

각 장의 저본(底本)이 된 저자의 글들

제1장. 「중층근대성: 대안적 근대성 이론의 개요」, 《한국사회학》 41(4):242~279, 2007; 「조선 후기 사회와 '유교적 근대성' 문제」, 《대동문화연구》 42:59~92, 2003.

제2장. 「주자와 스피노자는 왜 비슷한가?: 한형조 교수가 〈주자신학논고 시론〉에서 제기한 화두에 답함」, 《정신문화연구》 32(3):385~415, 2009.

제3장. *Inventing* Moralpolitik: *A Sociological Interpretation of Confucian Ideology, Ritual, and Politics* (Columbia University 박사학위논문), Chapter III, 2000; 「禮의 기원과 유교적 안티노미」, 『사회와 이론』 2:49~92, 2005; "Moralpolitik(Confucian)," Blackwell Encyclopedia of Sociology, V.6, 2007.

제4장. *Inventing* Moralpolitik, Ch. I, V, VI, 2000; 「조선시대의 예송과 모랄폴리틱」, 《한국사회학》 35(2):205~236, 2001; "The Genealogy of Confucian Moralpolitik and Its Implications for Modern Civil Society", *Korean Society: Civil Society, Democracy and the State*, 2002.

제5장. 「禮의 사회학적 해석을 위한 이론적 단서 막스 베버의 '이념적 이해(Ideal Interests)'」, 《사회와 역사》 59:11~50, 2001.

제6장. 「유교적 노블레스 오블리주와 도덕권력」, 《사회비평》 겨울호:159~176, 2002.

제7장. 「잊혀진 세계화」, 《사회와 이론》 13:251~283, 2008.

제8장.「진관다오의 '초안적적 봉건사회론'과 가라타니 고진의 '아시아적 사회구성체
　　　론' 비판」,《경제와 사회》90:166~200, 2011.
제9장.「동아시아 유교소농체제」, 국학진흥원 유교포럼 발표논문, 2010.
제10장. *Inventing* Moralpolitik, Ch. VII, 2000;「조선시대의 예송과 모랄폴리틱」,
　　　《한국사회학》35(2):205~236, 2001.
제11장.「백호, 다산의 예론과 정치신학」, 한국정신문화연구원 발표문, 2002;「남인
　　　예론과 근대주권론」,《다산학》4:163~195, 2003;「儒敎, 君主 主權을 內破하
　　　다」(日譯), 제98회 공공철학 쿄토 포럼 발표문, 2010.
제12장.「"온 나라가 양반되기": 조선후기 유교적 평등화 메커니즘」,《사회와 역사》
　　　63: 5~29, 2003.
제13장.「대중유교로서의 동학」,《사회와 역사》68:167~206, 2005.

한문문헌

『서경(書經)』,『논어(論語)』,『맹자(孟子)』,『춘추좌전(春秋左傳)』,『회남자(淮南子)』,
『산해경(山海經)』,『초사(楚辭)』,『한비자(韓非子)』,『사기(史記)』,『시자(尸子)』,『상
군서(商君書)』,『순자(荀子)』,『예기(禮記)』,『대학(大學)』,『의례(儀禮)』,『설문해자(說
文解字)』,『의례주소(儀禮注疏)』,『소학(小學)』,『충경(忠經)』,『열녀전(烈女傳)』〔이상
선진(先秦) 시대부터 당(唐)까지〕
『주자대전(朱子大典)』,『주자어류(朱子語類)』,『주자가례(朱子家禮)』,『근사록(近思
錄)』,『예기집설(禮記集說)』,『세종숙황제실록(世宗肅皇帝實錄)』,『명통감(明通鑑)』,
『전습록(傳習錄)』,『분서(焚書)』,『명이대방록(明夷待訪錄)』,『대동서(大同書)』〔이상
송(宋)부터 청(淸)까지〕
『인조실록(仁祖實錄)』,『현종실록(顯宗實錄)』,『현종개수실록(顯宗改修實錄)』,『송자
대전(宋子大典)』,『백호전서(白湖全書)』,『정체전중변(正體傳重辨)』,『여유당전서(與
猶堂全書)』,『동경대전(東經大全)』,『용담유사(龍潭遺詞)』,『최선생문집도원기서(崔
先生文集道源記書)』,『당의통략(黨議通略)』〔이상 조선시대〕

한글문헌

가라타니 고진(柄谷行人), 『네이션과 미학』, 도서출판b, 2004.

_____, 『세계공화국으로』, 도서출판b, 2007.

강광식, 「조선조 붕당정치문화의 구조와 기능」, 《정신문화연구》 41, 1990.

_____, 「정파정치와 관련한 조선조의 유교정치문화: 사화와 당쟁의 정치문화 비교 분석」, 《한국의 정치와 경제》 3 : 181～227, 정신문화연구원, 1993.

강만길, 『한국사』, 한길사, 1994.

강성호, 「아시아적 생산양식 논쟁과 시대구분 문제」, 《서양사학연구》 3 : 69～89, 1999.

강주진, 『이조당쟁사연구』, 서울대학교 출판부, 1971.

고석규, 「1894년 농민전쟁과 '반봉건 근대화'」, 『동학농민혁명과 사회변동』, 한울, 1993.

_____, 『19세기 조선의 향촌사회 연구』, 서울대학교 출판부, 1998.

고영진, 『조선중기 예학사상사』, 한길사, 1995.

고지마 츠요시(小島毅), 신현승 옮김, 『송학의 형성과 전개』, 논형, 2004a.

_____, 신현승 옮김, 『사대부의 시대』, 동아시아. 2004b.

공제욱 · 정근식, 『식민지의 일상, 지배와 균열』, 문화과학사, 2006.

국민호, 「동아시아 경제발전과 유교」, 《한국사회학》 31(1) : 29～59, 1997.

권희영, 『한국사의 근대성 연구』, 백산서당, 2001.

그루쎄, 르네, 『유목제국사』, 사계절, 1998.

금장태, 『(茶山)정약용 : 실학의 세계』, 성균관대학교 출판부, 1999.

김기현, 「백호 윤휴의 이기성정 및 인심도심설」, 《민족문화연구》 17: 45～82, 1983.

김돈, 「조선중기 사림의 공론과 그 구현형태」, 《국사관논총》 86: 1～40, 1999.

김문식, 『조선후기 경학사상 연구』, 일조각, 1996.

김상준, 「온 나라가 양반 되기 : 조선후기 유교적 평등화 메커니즘」, 2001년도 한국사회학회 전기 사회학대회 발표논문집, 2001.

_____, 「백호, 다산의 예론과 정치신학」, 한국정신문화연구원 발표문, 2002.

_____, 「조선 후기 사회와 '유교적 근대성' 문제」, 《대동문화연구》 42: 59~92, 2003.

_____, 『미지의 민주주의: 신자유주의 이후의 사회를 구상하다』, 아카넷, 2009.

_____, 『미지의 민주주의: 신자유주의 이후의 사회를 구상하다(증보판)』, 아카넷, 2011.

김선경, 「갑오 농민 전쟁과 민중의식의 성장」, 《사회와 역사》 64: 200~227, 2003.

김성우, 『조선중기 국가와 사족』, 역사비평사, 2001.

_____, 「조선후기 사회변동과 호적대장 연구의 과제」, 《역사와 현실》 62: 223~246, 2003.

김성윤, 『조선후기 탕평정치 연구』, 지식산업사, 1997.

김양식, 『근대 한국의 사회변동과 농민전쟁』, 신서원, 1996.

김영식, 『과학혁명』, 민음사, 1984.

김영모, 『조선지배계층연구―관료양반의 사회적 고찰』, 일조각, 1977.

_____, 『조선 사회계층 연구』, 일조각, 1981.

_____, 『한국사회계층연구』, 일조각, 1982.

김영호, 「관념과 이해 관심: 막스 베버 『종교사회학 모음 논집』의 「서론」과 「중간고찰」의 이해」, 《한국사회사연구회 논문집》 31, 『사회사 연구와 사회 이론』 40~53, 문학과 지성사, 1991.

김용섭, 「조선후기에 있어서의 신분제의 동요와 농지소유―상주양안연구의 일단」, 《사학연구》 15: 1~48, 1963.

김용직, 「한국정치와 공론성(1): 유교적 공론정치와 공공영역」, 《국제정치논총》 38(3): 63~80, 1998.

김인걸, 「조선후기 향촌사회 권력구조 변동에 대한 시론」, 《한국사론》 19: 313~353, 1988.

_____, 「조선후기 신분사 연구현황」, 『한국중세사회 해체기의 제문제(하)』 331~376, 한울, 1989.

_____, 「조선후기 향촌사회변동에 관한 연구―18, 19세기 鄕權 담당층의 변화를 중심으로」, 서울대학교 박사학위 논문, 1991.

김정기, 「대원군 카리스마의 후광과 전봉준의 반응」, 《역사비평》 봄: 192~215, 2004.

김종덕, 「이조당쟁에 관한 사회학적 일연구」, 《한국학보》 24: 165~199, 1981.

김진균 · 정근식, 「식민지 체제와 근대적 규율」, 『근대주체와 식민지 규율권력』, 문화
　　과학사, 1997.

김태영, 『실학의 국가개혁론』, 서울대학교 출판부, 1998.

＿＿＿, 「다산 경세론에서의 왕권론」, 《다산학》 1: 162~262, 2000.

김필동, 「신분이론 구성을 위한 예비적 고찰」, 『사회계층: 이론과 실제』, 다산출판사
　　(『차별과 연대』, 19~48에 재수록), 1991.

＿＿＿, 『차별과 연대』, 문학과 지성사, 1999.

김호동, 『동방 기독교와 동서문명』, 까치, 2002.

나카무라 사토루(中村哲), 안병직 옮김, 『세계자본주의와 이행의 논리』, 비봉출판사,
　　1990.

＿＿＿, 안병직 옮김, 「역사학에 있어서의 아시아 인식의 과제」, 『세계자본주의와 이
　　행의 이론』, 비봉출판사, 1991.

＿＿＿, 안병직 옮김, 『노예제 농노제의 이론』, 지식산업사, 2000.

＿＿＿, 박섭 엮고 지음, 「동북아시아 경제의 근세와 근대, 1600-1900」, 『근대 동아시
　　아 경제의 역사적 구조』, 일조각, 2007.

다이아몬드, 제러드, 김정흠 옮김, 『제3의 침팬지』, 문학사상사, 1996.

＿＿＿, 김진준 옮김, 『총, 균, 쇠』, 문학사상사, 1998.

동학농민혁명기념사업회, 『동학농민혁명과 사회변동』, 한울, 1993.

로스키, 이블린, 구범진 옮김, 『최후의 황제들』, 까치, 2010.

루종다(陸宗達), 김근 옮김, 『설문해자통론』, 계명대학교 출판부, 1994.

리보중(李伯重), 이화승 옮김, 『중국 경제사 연구의 새로운 모색』, 책세상, 2002.

리치, 마테오, 송영배 외 옮김, 『천주실의』, 서울대학교 출판부, 1000.

릴리스포드, 존, 이경식 옮김, 『유전자 인류학』, Human & Books, 2003.

마루야마 마사오(丸山眞男), 김석근 옮김, 『일본정치사상사연구』, 통나무, 1995.

마르크스, 로버트, 윤영호 옮김, 『다시 쓰는 근대세계사 이야기』, 코나투스, 2007.

맥닐, 존 · 맥닐 윌리엄, 유정희 · 김우영 옮김, 『휴먼웹 (세계화의 세계사)』, 이산, 2007.

문영철, 「다산 정약용의 주례 수용과 그 성격」, 《史學志》 19, 1985.

미나모토 료엔(源了圓), 박규태 · 이용수 옮김, 『도쿠가와 시대의 철학사상』, 예문서

원, 2000.

미야자키 이치사다(宮崎市定), 임중혁 · 박선희 옮김, 『중국중세사』, 신서원, 1996.

미야지마 히로시(宮嶋博史), 노영구 옮김, 『양반』, 강, 1996.

_____, 「일본 '국사'의 성립과 한국사에 대한 인식 —봉건제에 대한 논의를 중심으로」, 『근대교류사와 상호인식』, 아연출판부, 2001.

_____, 「동아시아 소농사회론과 사상사연구」, 《한국실학연구》 5: 121~149, 2003.

_____, 「조선시대의 신분, 신분제 개념에 대하여」, 《대동문화연구》 42 : 289~308, 2003.

_____, 「동아시아 소농사회론과 사상사연구」, 《한국실학연구》 5: 121~149. 2004.

_____, 「일본사 인식의 패러다임 전환을 위하여」, 《창작과 비평》 148: 433~462, 2010.

미조구치 유조(溝口雄三), 김용천 옮김, 『중국 전근대 사상의 굴절과 전개』, 동과서, 1999.

_____, 동국대 동양사연구실 옮김, 「중국근세의 사상세계」, 『중국의 예치 시스템』, 청계, 2001.

_____, 정태섭 · 김용천 옮김, 『중국의 공과 사』, 신서원, 2004.

민은경, 「고대와 근대 논쟁: 템플과 워튼의 중국관을 중심으로」, 《영국연구》 9: 33~54, 2003.

박광용, 「조선후기 정치세력 연구 현황」, 『한국중세사회 해체기의 제문제(상)』 93~132, 한울, 1987.

_____, 「조선후기 「탕평」 연구」, 서울대학교 박사학위 논문, 1994.

_____, 「조선시대 정치사 연구의 성과와 과제」, 『조선시대연구사』, 정신문화연구원, 33~130, 1999.

박맹수, 「동학과 전통종교와의 교섭」, 『동학사상의 새로운 조명』, 109~198, 영남대학교 출판부, 1998.

박병석, 『중국 상인 문화』, 교문사, 2001.

박용숙, 「조선후기 향촌사회연구」, 경북대학교 박사학위 논문, 1986.

박이택 · 이영훈, 「18-19세기 조선에 있어서 곡물 저장과 교역」, 한국국제경제학회 동계학술대회 제D권, 2002.

박현모, 『정치가 정조』, 푸른역사, 2001.

배병삼, 「정다산의 '정치'에 대한 인식」, 《한국정치학회》27(1): 331~350, 1993.

_____, 「유자 이황이 '溪谷으로 물러난' (退溪) 까닭」, 제98회 교토포럼 발표논문, 2010.

배상현, 「조선조 기호학파의 예학사상에 관한 연구 — 송익필. 김장생, 송시열을 중심으로」, 고려대학교 박사학위 논문. 1991.

베이커, 도날드, 김세환 옮김, 『조선후기 유교와 천주교의 대립』, 일조각, 1997.

볼, 피터, 김영민 옮김, 『역사 속의 성리학』, 예문서원, 2010.

브로델, 페르낭, 주경철 옮김, 『물질문명과 자본주의 I, II, III』, 까치, 1995~1997.

설석규, 「16~18세기 儒疏와 공론정치」, 경북대학교 박사학위 논문, 1994.

세노, 장 외, 유승희 · 김윤호 옮김, 『마르크스와 아시아』, 소나무, 1990.

세오 다츠히코(妹尾達彦), 최재영 옮김, 『장안은 어떻게 세계의 수도가 되었나』, 황금가지, 2006.

송복, 「예의 이념적 고찰」, 《인문과학》45: 321~352, 1981.

송영배, 『유교적 전통과 중국혁명』, 철학과 현실사, 1992.

_____, 『중국 사회사상사』, 사회평론, 1998.

송정남, 『베트남 역사 읽기』, 한국외국어대학교 출판부, 2010.

송준호, 『조선후기 사회사연구』, 일조각, 1989.

송홍빙(宋鴻兵), 차혜정 옮김, 『화폐전쟁』, 랜덤하우스, 2008.

슈미트, 칼, 김효전 옮김, 「정치신학 II—모든 정치신학은 일소되었다는 전설」, 《동아법학》16: 249~356, 1993.

스기야마 마사아키(杉山正明), 이진복 옮김, 『유목민이 본 세계사』, 학민사, 1999.

스펜서, 웰스, 황수연 옮김, 『최초의 남자』, 사이언스북스, 2002.

시카타 히로시(四方博), 이대사회학과 옮김, 『이조인구에 관한 신분계급별적 관찰』, 이화여자대학교 출판부, 1962(1938).

신용하, 「갑오농민전쟁의 주체세력과 사회신분」, 《한국사연구》50, 51 합본호: 225~273, 1985.

_____, 「집강소의 성립과 개혁의 성격」, 『동학농민혁명과 사회변동』 125~154, 한울, 1993.

신종화, 「정치적 과제들의 창조적 구상을 위한 근대성의 재인식: 근대성 담론에 대한 역사사회학적 기여에 관하여」, 《사회와 이론》 2(1): 177~206, 2003.

신채식, 「宋 이후의 황제권」, 『東亞史上의 왕권』, 동양사학회 편, 한울, 1993.

심광현, 「자본주의로부터 해방된 시장」, 《문화과학》 32: 15~51, 2002.

쎄, 앙리, 나정원 옮김, 『17세기 프랑스 정치사상』, 민음사, 1997.

쓰노 유킨도(津野幸人), 성삼경 옮김, 『소농』, 녹색평론사, 2003.

아감벤, 조르조, 박진우 옮김, 『호모 사케르』, 새물결, 2008.

아우구스티누스, 성염 옮김, 『신국』, 교부문헌총서 15~17, 분도출판사, 2004.

안대회, 『정조의 비밀편지』, 문학동네, 2010.

안병직·이영훈, 『대한민국 역사의 기로에 서다』, 기파랑, 2008.

앤더슨, 페리, 함택영 외 옮김, 『절대주의 국가의 계보』, 경남대학교 극동문제연구소, 1990.

야마구치 게이지(山口啓二), 김현영 옮김, 『일본 근세의 쇄국과 개국』, 혜안, 2001.

야마다 케이지(山田鹿兒), 김석근 옮김, 『朱子의 自然學』, 통나무, 1991(1978).

양영진, 「막스 베버의 종교사회학에 대한 일고찰—종교신앙과 사회행위를 중심으로」, 배동인 외, 『막스 베버 사회학의 쟁점들』, 민음사, 1995.

오문환, 『동학의 정치철학 : 도덕, 생명, 권력』, 모시는 사람들, 2003.

오일주, 「조선후기 재정구조의 변동과 환곡의 부세화」, 《실학사상연구》 3 : 59~118, 1992.

월러스틴, 이매뉴얼, 나종일·백영경 옮김, 『역사적 자본주의/자본주의 문명』, 창작과 비평사, 1993.

_____, 김인중·나종일·유재건 외 옮김, 『근대세계체제 I, II, III』, 까치, 1999.

위잉스(余英時), 정인재 옮김, 『중국근세종교윤리와 상인정신』, 대한교과서주식회사, 1993.

위치우이(余秋雨), 심규호·유소영 옮김, 『중화를 찾아서』, 미래인, 2010.

유석춘, 「유교자본주의의 가능성과 한계」, 《전통과 현대》 1 : 74~93, 1997.

유영익, 『동학농민봉기와 갑오경장』, 일조각, 1998.

유인선, 「베트남 전통 사회와 유교화 문제, 그리고 우리의 베트남사 연구」, 《동양사연구》 50 : 129~144, 1995.

_____, 『(새로 쓴) 베트남의 역사』, 이산, 2003.

윤사순, 「동학의 유교적 성격」, 『동학사상의 재조명』, 영남대학교 출판부, 1998.

윤해동, 「식민지 근대와 대중사회의 등장」, 『국사의 신화를 넘어서』, 휴머니스트, 2004.

윤희면, 『조선후기 향교연구』, 일조각, 1989.

이광호, 「이퇴계 찰학사상이 정다산의 경학사상 형성에 미친 영향에 관한 고찰」, 《퇴계학보》 90집, 1996.

이대근 외, 『새로운 한국경제발전사』, 나남출판, 2005.

이동환, 「다산사상에서의 '상제'도입경로에 대한 서설적 고찰」, 『민족사의 전개와 그 문화, 하』 191~211, 1990.

_____, 「다산사상에 있어서의 '상제' 문제」, 《민족문화》 19: 9~41, 1996.

이득재, 『가족주의는 야만이다』, 소나무, 2001.

이병도, 『조선유학사략』, 아세아문화사, 1986.

이성무 편, 『조선후기당쟁의 종합적 검토』, 정신문화연구원, 1992.

_____, 『조선시대 당쟁사』 1, 2, 동방미디어, 2000.

이수건, 『영남학파의 형성과 전개』, 일조각, 1995.

이영찬, 「유가의 불평등 이론」, 『동양사회사상』 1: 161~192, 1998.

이영춘, 「종법의 원리와 한국사회에서의 전통」, 『가족과 법제의 사회사』, 《한국사회사학회 논문집》 46, 문학과 지성사, 1995.

_____, 『조선후기 왕조계승 연구』, 집문당, 1998.

이영훈, 「한국사에 있어서 근대로의 이행과 특질」, 《경제사학》 21: 75~102, 1996.

_____, 「다산 경세론의 경학적 기초」, 《다산학》 1: 122~161, 2000.

_____, 「18-19세기 소농사회와 실학」, 《한국실학연구》 4: 1~33, 2002a.

_____, 「조선후기 이래 소농사회의 전개와 의의」, 《역사와 현실》 45:3~38, 2002b.

_____ 편, 『수량경제사로 다시 본 조선후기』, 서울대학교 출판부, 2004.

이영훈 · 박이택, 「18세기 조선왕조의 경제체제」, 『근대 동아시아 경제의 역사적 구조』, 일조각, 2007.

이원택, 「현종대의 복제논쟁과 공사의리에 관한 연구」, 서울대학교 박사학위 논문, 2000.

이재룡, 『예의 사상에서 법의 통치까지』, 예문서원, 1995.

이준구, 「조선후기양반신분 이동에 관한 연구 (상), (하)」, 《역사학보》 96, 97: 139~184, 1~29, 1983.

_____, 『조선후기 신분직역 변동연구』, 일조각, 1992.

이춘식, 『중화사상의 이해』, 신서원, 2002.

이태진, 「당파성론 비판」, 《한국사 시민강좌》 1: 53~69, 1987.

_____, 『조선유교사회사론』, 지식산업사, 1989.

_____, 「조선왕조의 유교정치와 왕권」, 《한국사론》 23: 102~117, 1990.

_____, 『의술과 인구 그리고 농업기술—조선유교국가의 경제발전모델』, 태학사, 2002.

_____, 『의술과 인구 그리고 농업기술』, 태학사, 2002.

이해준 · 김인걸 외, 『조선시기 사회사 연구법』, 정신문화연구원, 1993.

이헌창, 「총론」, 「조선왕조의 경제통합체제와 그 변화에 관한 연구」, 『조선후기 재정과 시장 경제체제론의 접근』, 이헌창 엮음, 서울대학교 출판문화원, 2010.

임승휘, 「구체제 프랑스의 '노블레스': 검과 혈통, 금권 그리고 관복」, 《역사비평》 52: 303~325, 2000.

임현진, 「21세기 한국의 발전전략: 강중국 발전모델」, 석학과 함께하는 인문강좌 제4강 자료집, 2011.

임형택, 『실사구시의 한국학』, 창작과 비평사, 2000.

자오지빈(趙紀彬), 조남호 · 신정근 옮김, 『반논어』, 예문서원, 1999.

장동우, 「다산 예학의 성격과 철학적 함의: 예송에 대한 비판적 재검토를 중심으로」, 《한국사상사학》 11: 253~289, 1994.

_____, 「『의례』 「상복」 편에 대한 다산 해석 『상례사전』 「상기별」에 나타난 종법과 입후에 대한 해석을 중심으로」, 《다산학》 1: 264~291, 2000.

장철수, 「주자 『가례』에 나타난 사당의 구조에 관한 연구」, 『한국사회 발전이론 비판』

299~349, 정신문화연구원, 1994.

전병재, 「예의 사회적 기능」, 《인문과학》 43: 285~319, 1980.

_____, 「예악사상의 사회 통제론적 고찰」, 《한국사회학》 21: 1~10, 1987.

전성우, 「근대성: 하나인가 여럿인가?—막스 베버와의 가상 대담(II)」, 《사회와 이론》 6: 7~33, 2005.

정두희, 『조선시대의 臺諫연구』, 일조각, 1994.

정석종, 「조선후기 사회신분제의 붕괴—울산부호적대장을 중심으로」, 《대동문화연구》 9: 267~342, 1972.

_____, 『조선후기사회변동연구』, 일조각, 1983.

정순우, 「조선시대 제향공간의 성격과 그 사회사적 의미」, 《사회와 역사》 53: 39~60, 1998.

정옥자, 「17세기 사상계의 재편과 예론」, 《한국문화》 10: 211~240, 1989.

정진영, 『조선시대 향촌사회사』, 한길사, 1998.

정출헌, 『조선후기 우화소설 연구』, 고려대학교 민족문화연구원, 1999.

정태섭, 「"大禮議"의 典禮的 分析」, 《동국사학》 24: 48~79, 1990.

조성윤, 「조선후기 서울 주민의 신분 구조와 그 변화—근대 시민 형성의 역사적 기원」, 연세대학교 대학원 사회학과 박사학위 논문, 1992.

_____, 「정치와 종교—조선시대의 종교의례」, 《사회와 역사》 53: 11~37, 1998.

조준하, 「예론의 연원과 그 전개에 관한 연구—선진유가를 중심으로」, 성균관대학교 박사학위 논문, 1992.

조혜인, 「베버의 종파 및 당파 이론의 확충—조선조 붕당에 기초하여」, 『사회사연구의 이론과 실제』 216~238, 정신문화연구원, 1990.

_____, 「조선향촌질서의 특성과 그 정착과정」, 『유교적 전통 사회의 구조와 특성』 149~184, 정신문화연구원, 1993.

주경철, 「페르낭 브로델 사관의 재점검」, 《서양사연구》 26: 87~125, 2000.

주치안지(朱謙之), 전홍석 옮김, 『중국이 만든 유럽의 근대: 근대유럽의 중국문화 열풍』, 청계, 2003.

지두환, 『조선시대 사상사의 재조명』, 역사문화, 1998.

_____,『조선전기 의례연구』, 서울대학교 출판부, 1994.

지라르, 르네, 김진식·박무호 옮김,『폭력과 성스러움』, 민음사, 1997.

지승종,「신분개념 정립을 위한 시론」,『한국 고·중세사회의 구조와 변동』11: 58~90, 한국사회사연구회, 문학과 지성사, 1988.

_____,「조선후기사회와 신분제의 동요」,『조선후기의 체제위기와 사회운동 한국의 사회와 문화』10: 1~73, 정신문화연구원, 1989.

_____,『조선전기 노비신분연구』, 일조각, 1995.

지승종 외,「갑오개혁 이후 양반신분의 동향」,『근대사회변동과 양반』, 아세아문화사, 2000.

진관다오(金觀濤), 하세붕 옮김,『중국사의 시스템이론적 분석』, 신서원, 1997.

차장섭,『조선후기 벌열연구』, 일조각, 1997.

최동희,「동학의 신관」,《신인간》371: 34~58, 1979.

최석기 외 (엮음),『주자』, 술이, 2005.

최승희,『고문서를 통해 본 조선후기 사회신분사연구』, 지식산업사, 2003.

최재현,「한국 전자본주의 생산양식의 개념규정 문제」,『한국사회의 전통과 변화』, 이만갑 교수 회갑기념 논총, 법문사, 1983.

최종식,『아시아적 생산양식 논쟁』, 평민사, 1986.

최진덕,「주자예학과 다산예학」,《다산학》3: 280~315, 2002.

최홍기,「조선시대의 지역사회 엘리트 집단」,『한국사회의 전통과 변화』, 이만갑 교수 회갑기념 논총, 70~90, 범문사, 1983.

카발리-스포르자, 루이기, 이정호 옮김,『유전자, 사람, 그리고 언어』, 지호, 2005.

칸트, 임마누엘, 백종현 옮김,『실천이성비판』, 아카넷, 2002.

캐럴, 션, 김명주 옮김,『한 치의 의심도 없는 진화 이야기』, 지호, 2008.

_____, 김명남 옮김,『이보디보: 생명의 블랙박스를 열다』, 지호, 2007.

클라스트르, 피에르, 변지현·이종영 옮김,『폭력의 고고학』, 울력, 2002.

클라이스트, 하인리히, 배중환 옮김,『미하엘 콜하스』, 서문당, 1999.

클라크, J. J., 장세룡 옮김,『동양은 서양을 어떻게 계몽했는가』, 우물이 있는 집, 2004(1997).

킹, 프랭클린, 곽민영 옮김, 『4천년의 농부』, 들녘, 2006.

타니가와 미찌오(谷川道雄) (편저), 박영철 옮김, 『일본의 중국사 논쟁』, 신서원, 1996.

펑린(彭林), 전광진 옮김, 「정다산과 주례」, 《대동문화연구》 28: 179~204, 1993.

_____, 「경세유표에 나타난 정다산의 실학사상」, 《영남어문학》 26: 307~326, 1994.

_____, 「정다산 예학과 청인예학의 비교연구」, 《다산학》 3: 316~388, 2002.

페치르카, 얀, 김경현 옮김, 「아시아적 생산양식과 노예제 구성체―소련의 연구동향」, 『사학지』, 1987.

폴라니, 칼, 박현수 옮김, 『사람의 살림살이 I』, 풀빛, 1998.

한국역사연구회, 『1894년 농민전쟁연구』 1-5, 역사비평사, 1991~1997.

한국칸트학회 엮음, 『포스트모던 칸트』, 문학과 지성사, 2006.

한기범, 「17세기초 단성현민의 신분구성」, 《호서사학》 10: 29~57, 1982.

한도현, 「향약의 조직 원리와 지역자치: 베트남 모짝사(Xa Mo Trach 慕澤社)의 사례」, 《동남아시아연구》 13(2): 287~322, 2003.

한상권, 「조선후기 향촌사회와 향촌사회조직 연구현황」, 『한국중세사회 해체기의 제문제(하)』, 한울, 1989.

_____, 『조선후기 사회와 소원제도』, 일조각, 1996.

한우근, 「백호 윤휴 연구(2)―특히 경세론을 중심하여」, 《역사학보》 16: 63~108, 1961.

한형조, 『주희에서 정약용으로』, 세계사, 1996.

_____, 『왜 동양철학인가』, 문학동네, 2000.

_____, 「다산과 서학: 조선 주자학의 연속과 단절」, 《다산학》 2: 128~155, 2001.

_____, 「조선유학의 지형도」, 《오늘의 동양사상》 11: 275~322, 2004.

_____, 『왜 조선유학인가』, 문학동네, 2008.

호이징가, 최홍숙 옮김, 『중세의 가을』, 문학과 지성사, 1988.

호지슨, 마셜, 이은정 옮김, 『마셜 호지슨의 세계사론: 유럽, 이슬람, 세계사 다시 보기』, 사계절, 2006.

황선명, 『조선조종교사회사연구』, 일지사, 1985.

일문문헌

키노시타 테츠야(木下鐵矢), 『朱子』, 岩波書店, 2009.

시바 요시노부(斯波信義), 『宋代商業史研究』, 風間書房, 1968.

_____, 「宋代の 社會經濟」, 松丸道雄 等, 『世界歷史大系―中國史』, 山川出版
    社, 1997.

미야자키 이치사다(宮崎市定), 『東洋的近世』, 敎育タイムス社, 1950.

미야지마 히로시(宮嶋博史), "東アジア 小農社會の 形成", 『アジアから 考える 長期
    社會變動』, 東京大出版部, 1994.

중문문헌

김상준(金相俊), 王曉玲 譯, 「現代性理論的革新」: 「多層現代性理論槪要」, 《遼寧
    大學學報》 37: 76~83, 2009

영문문헌

Abu-Lughod, Janet. 1989. *Before European Hegemony. The World System A.D.
    1250~1350.* New York: Oxford University Press.

al-Hassan, Ahmand and Donald Hill. 1986. *Islamic Technology.* Cambridge:
    Cambridge University Press.

Allan, Sarah. 1981. "Sons of Suns: Myth and Totemism in Early China". *Bulletin of
    the School of Oriental and African Studies* 44(3): 290~326.

_____. 1984. "Drought, Human Sacrifice and the Mandate of Heaven in a Lost
    Text from Shang Shu". *Bulletin of the School of Oriental and African
    Studies* 47(3): 523~539.

Allsen, Thomas. 1997. *Commodity and Exchange in the Mongol Empire.*
    Cambridge: Cambridge University Press.

Anarson, Johann. 2001. "Multiple Modernities and Civilizational Context:
    Reflections on the Japanese Experience". *The Peripheral Center.*
    Melbourne: Trans Pacific Press.

Anderson, Benedict. 1991. *Imagined Communities: Reflections on the Origin and Spread of Nationalism*. New York: Verso.

Appadurai, Arjun. 1996. *Modernity at Large: Cultural Dimensions of Globalization*. Minneapolis: University of Minnesota Press.

Argyrou, Vassos. 2003. "'Reflexive Modernization' and Other Mythical Realities". *Anthropological Theories* 3(1): 27~41.

Armstrong, Karen. 2006. *The Great Transformation. The World in the Time of Buddah, Socrates, Confucius and Jeremiah*. London: Atlantic Books.

Arrighi, Giovanni. 2007. *Adam Smith in Beijing*. London: Verso.

_____. 1994. *The Long Twentieth Century: Money, Power and the Origins of Our Times*. London: Verso.

Arrighi, Giovanni, Po-Keung Hui, Ho-Fung Hung and Mark Seldon. 2003. "Historical Capitalism, East and West". Giovanni Arrighi, Takeshi Mamashita and Mark Selden, eds., *The Resurgence of East Asia*. Ithaca: Cornell University Press.

Arthur, Lovejoy. 1936. *The Great Chain of Being*. Cambridge: Harvard University Press.

Bell, Catherine. 1992. *Ritual Theory, Ritual Practice*. New York and Oxford: Oxford University Press.

Bellah, Robert. 1957. *Tokugawa Religion*. Boston: Beacon Press.

_____. 2005. "What is Axial about the Axial Age?". *European Journal of Sociology* 46(1): 69-89.

Benjamin, Walter. 1968. *Illuminations*. New York: Shocken Books.

Berlin, Isaiah. 1997. "Two Concepts of Liberty". *Isaiah Berlin: An Anthology of Essays*. New York: Farrar, Straus and Giroux.

Berman, Marshall. 1989. *All That is Solid Melts into Air: The Experience of Modernity*. New York: Penguin.

Billings, Dwight and Shaunna Scott. 1994. "Religion and Political Legitimation".

Annual Review of Sociology 20: 173~202.

Blaut, James. 1993. *The Colonizer's Model of the World: Geographical Diffusionism and Eurocentric History.* New York and London: Guilford Press.

Bloch, Maurice. 1989. *Ritual, History and Power.* London: Athlone.

Bol, Peter. 1992. *This Culture of Ours.* Stanford: Stanford University Press.

Bourdieu, Pierre. 1977. *Outline of a Theory of Practice.* Cambridge: Cambridge University Press.

_____. 1979. *Algeria 1960.* Cambridge: Cambridge University Press.

_____. 1980. *The Logic of Practice.* Stanford: Stanford University Press.

_____. 1982. *Distinction.* Cambridge: Harvard University Press.

_____. 1992. *An Invitation to Reflexive Sociology.* Chicago: The University of Chicago Press.

_____. 2000. *Pascalian Meditation.* Stanford: Stanford University Press.

Boxer, C.R.. 1990. *Portuguese Conquest and Commerce in Southern Asia 1500~1750.* Aldershot, U.K.: Variorum.

Braudel, Fernand. 1972~1973. *The Mediterranean and the Mediterranean World in the Age of Philip II,* vols. 1, 2. New York: Harper Colophon Books.

Bray, Francesca. 1994. *The Rice Economies: Technology and Development in Asian Societies.* Berkeley: University of California Press.

Brubaker, Rogers. 1984. *The Limits of Rationality.* London: George Allen & Unwin.

Buck-Morss, Susan. 2000. "Hegel and Haiti". *Critical Inquiry* 26(4): 821~865.

Calinescu. 1987. *Five Faces of Modernity.* Durham: Duke University Press.

Cannadine, David and Simon Price. 1987. *Rituals of Royalty.* Cambridge: Cambridge University Press.

Casanova, Jose. 1996. *Public Religions in the Modern World.* Chicago: University of Chicago Press.

Cavalli-Sforza, Luigi Luca, Menozzi P. and Piazza A.. 1994. *The History and Geography of the Human Gene*. Princeton: Princeton University Press.

Colas, Dominuque. 1997. *Civil Society and Fanaticism*. Stanford: Stanford University Press.

Chang, Kwang-chih. 1976. *Early Chinese Civilization: Anthropological Perspectives*. Cambridge: Harvard University Press.

_____. 1977 [1963]. *The Archaeology of Ancient China*. New Haven: Yale University Press.

_____. 1980. *Shang Civilization*. New Haven: Yale University Press.

_____. 1983. *Art, Myth, and Ritual*. Cambridge and London: Harvard University Press.

Chase-Dunn, Christopher and Thomas Hall. 1997. *Rise and Demise: Comparing World-Systems*. Boulder: Westview.

Chaudhuri, N.K. 1990. *Asia Before Europe: Economy and Civilization of the Indian Ocean from the Rise of Islam to 1750*. Cambridge: Cambridge University Press.

Ching, Julia. 1997. *Mysticism and Kingship in China*. Cambridge: Cambridge University Press.

_____. 1977. *Confucianism and Christianity*. Kodansha International.

Ching, Julia and Willard Oxtoby, eds. 1992. *Discovering China: European Interpretation in the Enlightenment*. Rochester, N.Y.: University of Rochester Press.

Cho, Hein. 1997. "The Historical Origin of Civil Society in Korea". *Korean Journal* 37: 24~41.

Choe, Jae-Hyeon. 1985. "The Endogenous Dynamics of Social Transformation in Traditional Korea". *Social Science and Policy Studies* (사회과학과 정책연구) 7(4): 169~174.

Chow, Kai-wing. 1994. *The Rise of Confucian Ritualism in Late Imperial China*.

Stanford: Stanford University Press.

Connerton, Paul. 1989. *How Societies Remember*. New York: Cambridge University Press.

Coomaraswamy, Ananda. 1993 [1942]. *Spiritual Authority and Temporal Power in the Indian Theory of Government*. Oxford: Oxford University Press.

De Bary, Wm. Theodore. 1983. *The Liberal Tradition in China*. New York: Columbia University Press.

_____. 1991a. *Learning for One's Self*. New York: Columbia University Press.

_____. 1991b. *Trouble with Confucianism*. New York: Columbia University Press.

_____. 1994. *East Asian Civilizations*. Cambridge: Harvard University Press.

_____. 1998. *Asian Values and Human Rights: A Confucian Communitarian Perspective*. Cambridge: Harvard University Press.

De Bary, Wm. Theodore and JaHyun Kim Habush, eds. 1985. *The Rise of Neo-Confucianism in Korea*. New York: Columbia University Press.

De Bary, Wm. Theodore and Irene Bloom, compile. 1999. *Sources of Chinese Tradition*, vol I. New York: Columbia University Press.

De Bary, Wm. Theodore and Tu Weiming, eds. 1998. *Confucianism and Human Rights*. New York: Columbia University Press.

Deng, Gang. 1997. *Chinese Maritime Activities and Socioeconomic Development, c, 2100 BC~1900 AD*. London: Greenwood Press.

Deuchler, Martina. 1999. "The Practice of Confucianism: Ritual and Order in Chosŏn Dynasty Korea". paper prepared for the seminar on Neo-Confucianism at Columbia University.

Di Cosmo, Nicola. 2001. *Ancient China and Its Enemies: The Rise of Nomadic Power in East Asian History*. Cambridge: Cambridge University Press.

Dirik, Arif. 2003. "Global Modernity?: Modernity in an Age of Global Capitalism". *European Journal of Social Theory* 6(3): 275~292.

Dobbelaere, Karel. 1987. "Some Trends in European Sociology of Religion:

Secularization Debate". *Sociological Analysis* 48(2): 107~137.

Dumont, Louis. 1980. *Homo Hierachicus.* Chicago and London: University of Chicago Press.

Durkheim, Emile. 1995. *The Elementary Forms of Religious Life.* New York and London: Free Press.

Ebrey, Patricia. 1986. "The Early Stages in the Development of Descent Group Press Organization". Patricia Ebrey and James Watson, eds., *Kinship Organization in Late Imperial China.* Berkeley and London: University of California Press.

_____. 1991. *Confucianism and Family Rituals in Imperial China.* Princeton: Princeton University Press.

Economist. 2005. "The Proper Study of Mankind". *Economist* 24: 3~12.

Eisenstadt, Shmuel. 1981a. "Heterodoxies, Sectarianism and Dynamics of Civilizations". *Diogenes* 116: 1~21.

_____. 1981b. "Cultural Traditions and Political Dynamics: the Origins and Modes of Ideological Politics". *British Journal of Sociology* 32(2): 155~181.

_____. 1986. "The Axial Age Breakthrough—Their Characteristics and Origins", "The Axial Age Breakthrough in China and India". Shmuel Eisenstadt, ed., *Axial Age Civilizations.* Albany: State University of New York Press.

_____. 2000. "Multiple Modernities". *Daedalus* 129(1): 1~29.

_____. 2001. "The Civilizational Dimension of Modernity". *International Sociology* 16(3): 320~340.

_____. 2002. "Some Observations on Multiple Modernities". Dominic Sachsenmaier, Jens Riedel, Shmuel Eisenstadt, eds., *Reflections on Multiple Modernities.* Boston: Brill.

_____. 1987. "Macrosociology and Sociological Theory: Some New Directions". *Contemporary Society* 16(5): 602~608.

_____. ed. 2002. *Multiple Modernities.* New Brunswick, N.J.: Transaction

Publishers.

_____. ed. 1986. *The Origins and Diversity of Axial Age Civilizations.* Albany: State University of New York Press.

Eisenstadt, Shumel and Wolfgang Schluchter. 1998. "Introduction: Paths to Early Modernities—A Comparative View". *Daedalus* 127(3): 1~18.

Eisenstadt, Shmuel, Jens Riedel, Dominic Sachsenmaier. 2002. "The Context of the Mutiple Modernities Paradigm". Dominic Sachsenmaier, Jens Riedel, Shmuel Eisenstadt, eds., *Reflections on Multiple Modernities.* Boston: Brill.

Eisenstadt, S. N., W. Schluchter, and B. Wittrock, eds. 2001. *Public Spheres & Collective Identities.* London: Transaction Publishers.

Elias, Nobert. 1978. *What is Sociology?.* New York: Columbia University Press.

_____. 1983 [1969]. *The Court Society.* Oxford: Blackwell.

_____. 1994 [1939]. *The Civilizing Process.* Oxford: Blackwell.

Elvin, Mark. 1973. *The Pattern of Chinese Past.* Stanford: Stanford University Press.

Evens, T. 1999. "Bourdieu and the Logic of Practice: Is All Giving Indian-Giving or is 'Generalized Materialism' Not Enough?". *Sociological Theory* 17(1): 3~31.

Fabian, Johannes. 1983. *Time and the Other: How Anthropology Makes Its Object.* New York: Columbia University Press.

Fairbank, John. 1974. "Introduction: Varieties of the Chinese Military Experience". John Fairbank and Frank Kierman, eds., *Chinese Ways in Warfare.* Cambridge: Harvard University Press.

Fairbank, John and M. Goldman. 1998. *China: A New History.* Cambridge: Harvard University Press.

Falkenhausen, Lothar von. 2006. *Chinese Society in the Age of Confucius(1000~250 BC): Archaeological Evidence.* LA: Cotsen Institute of Archaeology, UCLA.

Featherstone, Mike, Scott Lash, Roland Robertson, eds. 1997. *Global Modernities.*

London and Thousand Oaks: Sage.

Fernandez-Armesto, Felipe. 1996. *Millennium*. London: Black Swan.

Feuwerker, Albert. 1992. "Presidential Address: Questions about China's Early Modern Economic History that I Wish I Could Answer". *Journal of Asian Studies* 51(4): 757~769.

Fisher, Carney. 1990. *The Chosen One*. Sydney and London: Allen & Unwin.

Foucault, Michel. 1984. "What is Enlightenment?". Paul Rabinow, ed., *The Foucault Reader*. New York: Pantheon Books.

_____. 1991. *The Foucault Effect*. Paul Rabinow, ed. Chicago: University of Chicago Press.

Frank, Andre Gunder. 1998. *ReOrient: Global Economy in the Asian Age*. Berkeley: University of California Press.

Frank, Andre Gunder and Gills Bary. 1993. *The World System: Five Hundred Years or Five Thousand?* London and New York: Routledge.

Frankfort, Henri. 1948. *Kingship and the Gods*. Chicago and London: University of Chicago Press.

Gaonka, Dilip. 2003. "On Alternative Modernities". Dilip Gaonka, ed., *Alternative Modernities*. Durham: Duke University Press.

Gellner, Ernst. 1995. "The Importance of Being Modular". John Hall, ed., *Civil Society*. Cambridge: Polity Press.

Gilroy, Paul. 1993. *The Black Atlantic Modernity and Double Consciousness*. Cambridge: Harvard University Press.

Giddens, Anthony. 1984. *The Constitution of Society*. Berkeley and Los Angeles: University of California Press.

_____. 1990. *The Consequences of Modernity*. Stanford: Stanford University Press.

Goffman, Erving. 1959. *The Presentation of Self in Everyday Life*. Garden City, NY: Doubleday.

_____. 1967. *Interaction Ritual*. Chicago: Aldine-Atherton.

_____. 1969. *Strategic Interaction*. Philadelphia: University of Pennsylvania Press.

Goody, Jack. 1996. *The East in the West*. Cambridge: Cambridge University Press.

Gorski, Philip. 2000. "Historicizing the Secularization Debate". *American Sociological Review* 65(1): 138~167.

Habermas, Jürgen. 1984 [1987]. *The Theory of Communicative Action I, II*, Boston: Beacon Press.

_____. 1971. *Knowledge and Human Interests*. Boston: Beacon Press.

Haboush, JaHyun Kim. 1999. "Constructing the Center: The Ritual Controversy and the Search for a New Identity in Seventeenth−Century Korea". J. Haboush and M. Deuchler, eds., *Culture and the State in Late Chosŏn Korea*. Cambridge and London: Harvard University Asia Center.

_____. 1985. "The Education of the Yi Crown Prince: A Study in Confucian Pedagogy". W.T. de Bary and J.Haboush, eds., *Rise of Neo−Confucianism in Korea*. New York: Columbia University Press.

Hahm, Chaibong and Daniel Bell ed. 2003. *Confucianism for the Modern World*. Cambridge: Cambridge University Press.

Hamashita, Takeshi. 1994. "The Tribute Trade System and Modern Asia". A. J. H. Latham and Heita Kawakatsu, eds., *Japanese Industrialization and the Asian Economy*. London: Routledge.

Hartwell, Robert. 1966. "Markets, Technology, and the Structure of Enterprise in the Development of the Eleventh−Century Chinese Iron and Steel Industry". *Journal of Economic History* 26: 29~58.

Helman, Sarit. 1989. "Turning Classic Models into Utopias: The NeoConfucianist Critique". Adam Seligman, ed., *Order and Transcendence*. Leiden, NY and Köln: E.J. Brill.

Henderson, John. 1991. *Scripture, Canon, and Commentary A Comparison of Confucian and Western Exegesis*. Princeton: Princeton University Press.

Henderson, Gregory. 1968. *Korea the Politics of the Vortex*. Cambridge: Harvard

University(헨더슨. 2000. 『소용돌이의 한국정치』. 박행웅·이종삼 옮김. 한울 아카데미).

Hennis, W. 1988. *Max Weber: Essays in Reconstruction*. London: Allen & Unwin

Hirschman, Albert. 1977. *The Passions and the Interests*. Princeton: Princeton University Press.

_____. 1992a. "The Concept of Interest: From Euphemism to Tautology". *Rival Views of Market Society*. Cambridge: Harvard University Press.

_____. 1992b. "Against Parsimony: Three Easy Ways of Complicating Some Categories of Economic Discourse". *Rival Views of Market Society*. Cambridge: Harvard University Press.

Hobson, John. 2004. *The Eastern Origins of Western Civilization*. Cambridge: Cambridge University Press.

Hocart, A.M.. 1941. *Kingship*. London: Watts.

Hodgson, Marshall. 1993. *Rethinking World History: Essays on Europe, Islam, and Wrold History*. Cambridge: Cambridge University Press.

_____. 1974. *The Venture of Islam*, III. Chicago: Chicago University Press.

Hoeller, Stephan, 2002. *Gnosticism*. Wheaton: Quest Books.

Holmes, Stephen. 1995. *Passions and Constraint*. Chicago: The University of Chicago Press.

Hsu, Cho-yun. 1965. *Ancient China in Transition*. Stanford: Stanford University Press. New Haven: Yale University Press.

Hume, David. 1978 [1749]. *A Treatise of Human Nature*. Oxford: Clarendon.

_____. 1985. *Essays: Moral, Political, and Literary*. Indianapolis: Liberty Classics.

Hung, Ho-fung. 2004. "Early Modernities and Contentious Politics in Mid-Qing China, c. 1740~1839". *International Sociology* 19(4): 478~503.

_____. 2003. "Orientalist Knowledge and Social Theories: China and the European Conceptions of East-West Differences from 1600 to 1900". *Sociological Theory* 21(3): 254~280.

Huxley, Aldous. 1985 [1945]. *The Perennial Philosophy*. Salem: Ayer Company, Publishers.

Jaspers, Karl. 1953 [1949]. *The Origin and Goal of History*. London: Routledge & Kegan Paul. New Haven: Yale University Press.

Kalberg, Stephen. 1980. "Max Weber's Types of Rationality: Cornerstones for the Analysis of Rationalization Processes in History". *American Journal of Sociology* 85(3): 1145~1179.

Kane, Anne. 1991. "Cultural Analysis in Historical Sociology: The Analytical and Concrete Forms of the Autonomy of Culture". *Sociological Theory* 9(1): 53~69.

Kant, Immanuel. 1973 [1791]. "On the Failure of All Attempted Philosophical Theodicies". *Kant on History and Religion*. Montreal: McGill–Queen's University Press.

_____. 1991. *Kant: Political Writings*. Cambridge University Press.

Kaya, Ibrahim. 2004. "Modernity, Openness, Interpretation: A Perspective on Multiple Modernities". *Social Science Information* 43(1): 35~57.

Keightley, David. 1999. "The Oracle–Bone Inscriptions of the Late Shang Dynasty". W.T. de Bary, W.T. and Irene Bloom, eds., *Sources of Chinese Tradition*. New York: Columbia University Press.

_____. 1983. *The Origins of Chinese Civilization*. Berkeley: University of California Press.

_____. 1978. "The Religious Commitment: Shang Theology and the Genesis of Chinese Political Culture". *History of Religions* 17: 211~225.

Kern, Stephen. 1983. *The Culture of Time and Space*. Cambridge: Harvard University Press.

Kim, Kyong–Dong. 1997. "Confucianism, Economic Growth and Democracy". *Asian Perspective* 21(2): 77–97.

Kim, SangJun. 2000. *Inventing Moralpolitik: A Sociological Interpretation of*

Confucian Ideology, Ritual, and Politics. Ph.D. dissertation, Columbia University.

_____. 2001. "Ritual and Power: A Narrative Analysis of the Confucian Ritual Disputes in the Seventeenth Century Korea". *Korean Social Science Journal* XXVIII (2): 87~114.

_____. 2002. "The Genealogy of Confucian *Moralpolitik* and Its Implications for Modern Civil Society". Armstrong, Charles ed., *Korean Society: Civil Society, Democracy and the State*. New York and London: Routledge and Kegan Paul.

_____. 2002b. "Reconsidering the Term 'Asian Values' and Reformulating the Debate: What is Ethical in Confucian Ethics?". *Korea Journal* 42(4): 231~242.

_____. 2007. "*Moralpolitik* (Confucian)". *Blackwell Encyclopedia of Sociology*, vol. 6. Malden and Oxford: Blackwell Publishing.

Kornhauser, William. 1960. *The Politics of Mass Society*. London: Routledge and Kegan Paul.

Kuhn, Dieter. 1988. *Science and Civilization in China*, vol.9. Cambridge: Cambridge University Press.

Lach, Donald and Edwin Van Kley. 1965. *Asia in the Making of Europe*, vol.1~vol.4. Chicago: Chicago University Press.

Latourette, Kenneth Scott. 1946. *The Chinese, Their History and Culture*. New York: The Macmillan Company.

Lattimore, Owen. 1962. *Inner Asian Frontiers of China*. Boston: Beacon Press.

Lee, Raymond L.M. 2006. "Reinventing Modernity: Reflexive Modernization vs Liquid Modernity vs Multiple Modernities". *European Journal of Social Theory* 9(3): 355~368.

Lee, James and Wang Feng. 2001. *One Quarter of Humanity: Malthusian Mythology and Chinese Reality*. Cambridge: Harvard University Press.

Leibniz, Gottfried. 1952. *Theodicy: Essays on the Goodness of God. The Freedom of Man. And the Origin of Evil*. New Haven: Yale University Press.

Lewis, Mark. 1990. *Sanctioned Violence in Early China*. New York: State University of New York Press.

Liu, James. 1988. *China Turning Inward*. Cambridge and London: Harvard University Press.

Loewe, Michael ed. 1993. *Early Chinese Texts: A Bibliographical Guide*. Berkeley: The Society for the Study of Early China and The Institute of East Asian Studies, University of California, Berkeley.

Lovejoy, Arthur. 1936. *The Great Chain of Being*. Cambridge: Harvard University Press.

Luckmann, Thomas. 1990. "Shrinking Transcendence, Expanding Religion?". *Sociological Analysis* 50(2): 127~138.

Luhmann, Niklas, 1988. "Familiarity, Confidence, Trust: Problems and Alternatives". Diego Gambetta, ed., *Trust*. New York: Blackwell.

Lukes, Steven. 1975. "Political Ritual and Social Integration". *Sociology: Journal of the British Sociological Association*. 9(2): 289~308.

Maddison, Angus. 1998. *Chinese Economic Performance in the Long Run*. Paris: OECD.

_____. 2001. *The World Economy a Millennium Perspective*. Paris: OECD.

_____. 2007. *Contours of the World Economy 1~2030 AD*. New York: Oxford University Press.

Mannheim, Karl. 1940. *Man and Society in an Age of Reconstruction*. New York: Harvest Book.

Martin, David. 2005. *On Secularization: Towards a Revised General Theory*. Hants: Ashgate.

Marx, Karl. 1973. *Grundrisse*. New York: Penguin Books.

Mauss, Marcel. 1985 [1938]. "A Category of the Human Mind: the Notion of the

Person; the Notion of Self". Michael Carrithers, Steven Collins, Steven Lukes, eds., *The Category of the Person*. Cambridge: Cambridge University Press.

McMeill, William. 1963. *The Rise of the West: A History of the Human Community*. Chicago: Chicago University Press.

_____. 1995. "The Rise of the West after Twenty-Five Years". Stephen Sanderson, ed., *Civilizations and World Systems*. London: Altamira Press.

Moore, Barrington. 2000. *Moral Purity and Persecution in History*. Princeton: Princeton University Press.

Moore, Sally and Barbara Myerhoff (eds.). 1977. *Secular Ritual*. Amsterdam: Van Gorcum.

Morgan, David. 1985. *The Mongols*. Cambridge: Blackwell.

Mousnier, Roland. 1971. *La Vénalité des Offices sous Henri IV et Louis XIII*. Paris.

_____. 1983~4. *The Institutions of France under the Absolute Monarchy 1598~1789, I, II*. Chicago: University of Chicago Press.

Needham, Joseph. 1954~1959. *Science and Civilization in China*, vol.1~vol.3. Cambridge: Cambridge University Press.

_____. 1971. *Science and Civilization in China vol.4*. Cambridge: Cambridge University Press.

_____. 1990. Mansel Davies, ed. *A Selection from the Writings of Joseph Needham*. Lewes: The Book Guild.

Nietzsche, Friedrich. 1956. *The Genealogy of Morals*. New York and London: Anchor Books.

Ong, Aihwa. 1999. *Flexible Citizenship*. Durham: Duke University Press.

Otto, Rudolf. 1950 [1925]. *The Idea of the Holy*. Oxford: Oxford University Press.

Pocock, J.G.A. 1975. *The Machiavellian Moment*. Princeton: Princeton University Press.

Polanyi, Karl. 1957. *The Great Transformation*. Boston: Beacon Press.

Pomeranz, Kenneth. 2000. *The Great Divergence: China, Europe, and the Making of the Modern Political Economy*. Princeton and Oxford: Princeton University Press.

Rahman, Abdur, ed. 1984. *Science and Technology in Indian Culture*. New Delhi: National Institute of Science.

Rodinson, Maxime. 1974. *Islam and Capitalism*. London: Allen Lane.

Ronan, S.J. and Bonnie Oh, eds. 1988. *East Meets West The Jesuits in China, 1582~1773*. Chicago: Loyola University Press.

Rowley, H.H. 1956. *Prophecy and Religion in Ancient China and Israel*. New York: Harper & Brothers Publishers.

Schatzki, T. 1997. "Practices and Action: A Wittgensteinian Critique of Bourdieu and Giddens". *Philosophy of the Social Sciences* 27(3): 283~308.

Schmidt, Volker. 2006. "Multiple Modernities or Varieties of Modernity?". *Current Sociology* 54(1): 77~97.

Schmitt, Carl. 1988. *Political Theology*. Cambridge and London: MIT Press

Schroeder, Ralph. 1991. "'Personality' and 'Inner Distance': The Conception of the Individual in Max Weber's Sociology". *History of the Human Sciences* 4(1): 61~77.

Schulchter, Wolfgang. 1989. *Rationalism, Religion, and Domination*. Berkeley and Oxford: University of California Press.

Schwartz, Benjamin. 1975. "Transcendence in Ancient China". *Daedalus* 104(2): 57~68.

_____. 1985. *The World of Thought in Ancient China*. Cambridge: Belknap Press.

Sen, Amartya. 1977. "Rational Fools: A Critique of the Behavioral Foundations of Economic Theory". *Philosophy and Public Affairs* 6: 317~344.

Shaughnessy, Edward. 1997. *Before Confucius: Studies in the Creation of the Chinese Classics*. Albany: State University of New York Press.

_____. 2006. *Rewriting Early Chinese Texts*. Albany: State University of New York

Press.

Shiba, Yoshinobu. 1975. "Urbanization and the Development of Markets in the Lower Yangtze Valley". John Haeger, ed., *Crisis and Prosperity in Sung China*. Tucson: University of Arizona Press.

Shiba, Yoshinobu. 1992. *Commerce and Society in Sung China*, trans. Mark Elvin. Michigan: Michigan University Press.

Shield, Rob. no date. "The Limits of Reflexive Modernization" www.carleton.ca/kbe/beck2.pdf

Shils, Edward. 1965. "Charisma, Order, and Status". *American Sociological Review* 30(2): 199~213.

Shils, Edward. 1981. *Tradition*. Chicago: University of Chicago Press.

Shin, Jong-Hwa. 2006. "Actors, Historical Time and Spacial Difference: Dilemmas of Theorizing Multiple Modernities in Comparative Historical Sociology," paper presented to the spring conference of Korean association of sociological theory.

Shin, Susan. 1972. "The Social Structure of Kumwha County in the Seventeenth Century". *Occasional Papers on Korea* 1: 9~35.

Sica, A. 1988. Weber, *Irrationality and Social Order*. Berkeley: University of California Press.

Silver, Allan. 1997. ""Two Different Sorts of Commerce"—Friendship and Strangership in Civil Society". Jeff Weintraub and Krishan Kumar eds., *Public and Private in Thought and Practice*. Chicago and London: University of Chicago Press.

Skinner, Quentin. 1978. *The Foundations of Modern Political Thought*. Cambridge: Cambridge University Press.

Smith, Paul Jakov and Richard von Glahn, eds. 2003. *The Song-Yuan-Ming Transition in Chinese History*. Cambridge: Harvard University Asia Center.

Sophocles. 1982. *Oedipus Rex*. Cambridge: Cambridge University Press.

St. Augustine. 1963. *The Confessions of St. Augustine*, trans. Rex Warner. New York: New American Library.

Stone, Lawrence. 1958. "The Inflation of Honors, 1558~1641". *Past and Present* 14: 45~70.

_____. 1965. *The Crisis of the Aristocracy*. Oxford: Oxford University Press.

Stringer, Christopher and Robin McKie. 1997. *African Exodus : The Origins of Modern Humanity*. New York: Henry Holt.

Suenari, Michio. 1994. "The Yangbanization of Korean Society," paper presented to the 8th international conference on Korean Studies, Seoul, Korea. (『유교문화의 보편성과 특수성』, 제8회 한국학 국제학술대회 논문집. 정문연)

Sugihara, Kaoru. 2003. "East Asian Economic Development". Arrighi, Giovanni, Takeshi Hamashita, Mark Selden eds., *The Resurgence of East Asia*. Ithaca: Cornell University Press.

Swidler, Ann. 1986. "Culture in Action: Symbols and Strategies". *American Sociological Review* 51: 273~286.

Tai, Hung-Chao, ed. 1989. *Confucianism and Economic Development*. Washington D.C.: The Washington Institute for Values in Public Policy.

Taylor, Peter. 1999. *Modernities: A Geohistorical Interpretation*. Minneapolis: University of Minnesota Press.

Taylor, Rodney. 1990. *Religious Dimensions of Confucianism*. New York: SUNY Press.

_____. 1978. *The Cultivation of Sagehood as a Religious Goal in Neo-Confucianism*. Missoula, Mont.: Scholar's Press.

_____. 1986. *The Way of Heaven: An Introduction to the Confucian Religious Life*. Leiden: Brill.

Temple, Robert. 1999. *The Genius of China*. London: Prion Books.

Tenbruck, F. 1980. "The Problem of Thematic Unity in the Works of Max Weber". *British Journal of Sociology* 31(3): 316-351.

Tilly, Charles. 1990. *Coercion, Capital, and European States.* Cambridge: Blackwell Publishing.

Tiryakian, Edward. 1996. "Three Metacultures of Modernity: Christian, Gnostic, Chthonic". *Theory, Culture & Society.* 13(1): 99~118.

Tocqueville. 1945. *Democracy in America.* New York: Vintage Books.

_____. 1955. *The Old Regime and the French Revolution.* New York and London: Anchor Books.

Toulmin, Stephen. 1992. *Cosmopolis: The Hidden Agenda of Modernity.* Chicago: University of Chicago Press.

Tran, Nhung Tuyet and Anthony Reid, eds. 2006. *Vietnam: Borderless History.* Wisconsin: The University of Wisconsin Press.

Tu, Wei-Ming, ed. 1987. *The Triadic Chord: Confucian Ethic, Industrial East Asia and Max Weber.* Singapore.

Turner, Bryan. 1988. *Status.* Minneapolis: University of Minnesota Press.

_____. 1996. *For Weber.* London: Sage Publications.

Voegelin, Eric. 1956-1974. *Order of History,* vol. 1~4. Louisiana State University Press.

_____. 2000 [1974]. *The Ecumenic Age.* Columbia and London: University of Missouri Press.

von Glahn, Richard. 2003. "Imagining Pre-Modern China". Paul Jakov Smith and Richard von Glahn, eds., *The Song-Yuan-Ming Transition in Chinese History.* Cambridge: Harvard University Asia Center.

Wagner, E.W. 1972. "Social Stratification in Seventeenth Century Korea". *Occasional Papers on Korea* 1: 36~54.

Waley, Arthur. 2005. "Introduction". *The Analects of Confucius.* London and New York: Routledge.

Wallerstein, Immanuel. 1974. *The Modern World System I.* New York: Academic Press.

Walraven, Boudewijin. 1994. "The Confucianization of Korea as a Civilizing Process," paper presented to the 8th international conference on Korean Studies, Seoul, Korea. (정문연. 『유교문화의 보편성과 특수성』, 제8회 한국학 국제학술대회 논문집.)

Weatherford, Jack. 2004. *Genghis Khan and Making of the Modern World.* New York: Three River Press.

Weber, Max. 1946. *From Max Weber.* New York: Oxford University Press.

_____. 1946. "The Social Psychology of World Religions". "Religious Rejections of the World and Their Directions". Hans Gerth and Wright Mills, eds., *From Max Weber.* New York: Oxford University Press.

_____. 1949. *The Methodology of the Social Sciences.* Glencoe: The Free Press.

_____. 1958. "Author's Introduction". *The Protestant Ethic and the Spirit of Capitalism.* New York: Scribners.

_____. 1963. *Sociology of Religion.* Boston: Beacon Press.

_____. 1964. *Religion of China.* New York: Free Press.

_____. 1978. *Economy and Society.* Berkeley and London: University of California Press.

White, T.D., Asfaw, B., DeGusta, D., Gilbert, H., Richards, G.D., Suwa, G., et al. 2003. "Pleistocene Homo sapiens from Middle Awash, Ethiopia". *Nature* 423: 742~747.

Wink, Andre. 1990. *Al−Hind: the Making of the Indo−Islamic World.* Leiden: E.J.B.

Wittfogel, Karl. 1957. *Oriental Despotism.* A Comparative Study of Total Power. New Haven: Yale University Press.

Wittrock, Björn. 1998. "Early Modernities: Varieties and Transitions". *Daedalus* 127(3): 19~40.

_____. 2000. "Modernity: One, None, or Many? European Origins and Modernity as a Global Condition". *Daedalus* 120(1): 31~60.

Wong, Bin. 1999. *China Transformed: Historical Change and the Limits of European Experience*. Ithaca: Cornell University Press.

Woodside, Alexander. 1971. *Vietnam and the Chinese Model*. Cambridge: Harvard University Press.

_____. 2006. *Lost Modernities: China, Vietnam, Korea and the Hazards of World History*. Cambridge: Harvard University Press.

Wrigley, Edward. 1989. *Continuity, Chance and Change: The Character of the Industrial Revolution in England*. Cambridge: Cambridge University Press.

Yang, C.K. 1961. *Religion in Chinese Society*. Prospect Height: Waveland Press.

| 찾아보기 |

맹자의 땀, 성왕의 피

중층근대와 동아시아 유교문명

대우학술총서 603

1판 1쇄 펴냄 2011년 7월 18일
1판 보정 3쇄 펴냄 2013년 8월 22일
신장판 2쇄 펴냄 2019년 5월 8일

지은이 ┃ 김상준
펴낸이 ┃ 김정호
펴낸곳 ┃ 아카넷

출판등록 2000년 1월 24일(제406-200-000012호)
10081 경기도 파주시 회동길 445-3
전화 031-955-9511(편집) · 031-955-9514(주문) ┃ 팩시밀리 031-955-9519
www.acanet.co.kr ┃ www.phildam.net

ⓒ 김상준, 2016
국가 및 정치윤리, KDC 193

Printed in Seoul, Korea.

ISBN 978-89-5733-479-9 94100
ISBN 978-89-89103-00-4 (세트)